Coleção
FILOSOFIA
ATUAL

Impresso no Brasil, maio de 2012

Título original: *Eric Weil, Logique de la Philosophie*
Deuxième édition revue
Copyright © Librairie Philosophique J. Vrin, Paris, 1996.
www.vrin.fr. Todos os direitos reservados.

Os direitos desta edição pertencem a
É Realizações Editora, Livraria e Distribuidora Ltda.
Caixa Postal: 45321 · 04010 970 · São Paulo SP
Telefax: (11) 5572 5363
e@erealizacoes.com.br · www.erealizacoes.com.br

Editor
Edson Manoel de Oliveira Filho
Gerente editorial
Gabriela Trevisan
Revisão técnica
Marcelo Perine
Preparação de texto
Heloisa Beraldo
Revisão
Geisa Mathias de Oliveira e Cristiane Maruyama
Capa e projeto gráfico e diagramação
Mauricio Nisi Gonçalves e André Cavalcante Gimenez / Estúdio É
Pré-impressão e impressão
Prol Editora Gráfica

Reservados todos os direitos desta obra.
Proibida toda e qualquer reprodução desta edição
por qualquer meio ou forma, seja ela eletrônica ou mecânica,
fotocópia, gravação ou qualquer outro meio de reprodução,
sem permissão expressa do editor.

Coleção
FILOSOFIA
ATUAL

LÓGICA DA FILOSOFIA

ERIC WEIL

TRADUÇÃO
LARA CHRISTINA DE MALIMPENSA

Realizações
Editora

Sumário

INTRODUÇÃO

A. Reflexão sobre a filosofia 11

B. Reflexão da filosofia 37

C. Filosofia e violência 83

LÓGICA DA FILOSOFIA

1. Verdade 131

2. Não sentido 139

3. O verdadeiro e o falso 147

4. Certeza 157

5. A discussão 175

6. O objeto 201

7. O eu 225

8. Deus 249

9. Condição 287

10. Consciência 329

11. Inteligência ... 371

12. Personalidade ... 399

13. O absoluto ... 449

14. A obra ... 487

15. O finito ... 521

16. A ação ... 555

17. Sentido ... 583

18. Sabedoria ... 609

Para Alexandre Koyré

INTRODUÇÃO
FILOSOFIA E VIOLÊNCIA

A. REFLEXÃO SOBRE A FILOSOFIA

I. O homem como razão

O sentido da definição de homem

É provável que existam mais definições do homem do que de qualquer outro animal, e justificadamente: não é ele o autor das definições? Como não sondaria com um cuidado todo particular o que ele próprio é?

As formulações são, portanto – naturalmente, por assim dizer –, numerosas. Existe uma, porém, cujo emprego parece mais difundido que o das outras. Não que ela tenha mais sucesso em conquistar a unanimidade – nesse ponto, ela praticamente não leva vantagem sobre as concorrentes; ela é mais popular porque foi consagrada pela tradição filosófica e religiosa, e porque constitui, historicamente, a base de nossa civilização, de nosso pensamento e até de nossos sentimentos, se é que se pode ter sentimentos por um conceito, mesmo aquele no qual classificamos a nós mesmos.

Essa definição é a do homem como animal dotado de razão e de linguagem, mais exatamente de linguagem razoável. O *logos* grego remete à palavra, já a *ratio* latina está mais associada às faculdades do cálculo e da reflexão; ambos, no entanto, se amalgamam para nós, e já se haviam amalgamado muito cedo; e se restam dois aspectos que o observador atento ainda pode distinguir, nem por isso deixa de ser verdadeiro que são dois aspectos do mesmo "conceito".

Ora, o sucesso histórico (e escolar) dessa definição é de surpreender. Dizer do homem, como também se disse, que ele é um animal cujas extremidades anteriores são formadas de maneira tal que um dos dedos se opõe aos outros, dizer que o homem é o animal que ri, que, entre os seres superiores, ele é o animal cujo senso do tato é desenvolvido de modo predominante, isso não é a um só tempo mais científico e mais prudente? As características enunciadas nestas últimas definições – sem falar de outras mais modernas, mas que talvez se oponham menos abertamente àquela que citamos em primeiro lugar – podem ser constatadas com facilidade e quase não dão margem a confusões. Será que a razão e a linguagem razoável são tão dignas de confiança como sinais distintivos? Não parece.

Por isso, os homens de ciência[1] – acrescentemos: *na qualidade de* homens de ciência, pois tão logo tenham saído de seus laboratórios e de seus estudos costumam falar e pensar como todos os mortais – abstêm-se dessa definição clássica e entregam-na aos filósofos, a pessoas que, a seu ver, são os porta-vozes do senso comum, pessoas que formulam o que todo o mundo pensa, isto é, sem método e sem verificações. Quanto a eles, atêm-se às características nítidas, bem delimitadas, realmente distintivas que sua ciência lhes fornece ou lhes permite depreender.

Isso não seria em si demasiado grave: se o filósofo é o homem que formula o que todo mundo pensa, ele desempenha uma função muito útil, e o que ele faz no exercício dessa função será do maior interesse para aqueles que ele representa, isto é, para todo mundo, inclusive para os homens de ciência em sua vida cotidiana, essa existência comum que sustenta sua atividade de especialistas.

Mas existem coisas mais graves. Os filósofos – e, portanto, provavelmente seus mandantes também – não estão muito convencidos de sua própria definição; em todo caso, parecem conservar algumas dúvidas, se não quanto ao valor da

---

[1] *Homme de science*: em sua acepção geral, opõe-se a *homme de lettres* (homem de letras, literato, intelectual); aplica-se tanto ao erudito em uma área de conhecimento quanto ao cientista. (N. T.)

formulação, ao menos no que tange ao direito e à possibilidade de aplicá-la a todos os indivíduos incluídos, também para todo mundo, no conceito de *homem*. O homem é razoável: os homens o são? O filósofo, se for sincero e egoísta, deverá responder com um decidido *não*, caso contrário, não teria função a desempenhar. Não sabemos muito bem o que significa ser razoável, mas, seja lá o que for, os filósofos o são de maneira eminente – e o que seria deles se essa distinção lhes fosse tomada?

Mesmo que aos filósofos faltasse egoísmo, ou sinceridade, eles sempre admitiriam que o homem concreto, o indivíduo, não é pura e simplesmente razoável. Sim, ele não é destituído de razão; mas ele a possui num grau mais ou menos elevado: talvez não chegue nunca à posse total da razão plena; nem por isso deixa de ser garantido que ele pode ser desprovido dela, que existem animais que têm tudo do homem no sentido das definições científicas, até mesmo a linguagem, e que não possuem o essencial no sentido do filósofo: loucos, cretinos, *homines minime sapientes*. Embora lamentável, esse fato não pode ser contestado: o homem, em certos momentos e em certos lugares, não foi suficientemente destituído de razão para matar os filósofos?

É isso o que pode explicar as hesitações dos homens de ciência: o que se pode fazer com uma definição cuja *diferença específica* convém ou não convém ao objeto da definição e que, além disso, é de difícil emprego, visto que o conceito decisivo dessa diferença específica é mais obscuro que o conceito que devia ser definido, e visto que essa diferença admite graus que vão de zero até um valor indefinidamente grande, mas provavelmente sem jamais alcançar a unidade (se a unidade indicar a totalidade), e graus que não podem ser medidos, porque a escala deveria ser fixada por essa mesma razão cujo ser é tão pouco evidente, e por homens cuja razão, em cada caso concreto, é tão sujeita à confirmação?

Mas isso explica também, talvez, por que essa definição é tão cara aos homens e aos filósofos. Com efeito, a boa definição *científica* deve antes de tudo permitir que se reconheça o que ela descreve. Ora, os homens se perguntam com frequência se certo objeto é uma pedra ou um corpo orgânico, se aquele outro é um animal ou uma planta, e é muito importante para eles poder distingui-los corretamente; mas no que diz respeito a eles próprios, desconhecem a dúvida, ou só a conhecem em situações que qualificam de extraordinárias, precisamente porque nesses casos não têm certeza se o que encontram é um homem, um deus, um espectro ou um macaco; preferem, nesses casos, limitar o domínio do humano ao que conhecem com certeza como – a expressão é significativa – seus semelhantes. Eles sabem com uma certeza absoluta que eles próprios são homens e que o que se assemelha a eles é indubitavelmente humano, e sabem-no sem reflexão, de imediato. Se excluem seres, que, para o biólogo, por exemplo, trazem todas as características do homem é, portanto, porque aqui uma definição que permite reconhecer o objeto pela *differentia specifica* não lhes parece interessante: já que é uma honra ser homem (afinal, não o são eles próprios?), a definição do homem não pode ser simples demais em sua aplicação, e o que faz a força da definição científica aos olhos do homem de ciência se torna uma fraqueza perigosa do ponto de vista do senso comum: é inadmissível que todo ser que mostre esses traços seja *ipso facto* homem e, assim, meu igual. O homem no sentido da ciência deve merecer o título de homem no sentido *humano*.

O homem é um animal dotado de razão e de linguagem: isso quer dizer, portanto – e está destinado a dizer exatamente o que há pouco parecia surpreender, isto é –, que os homens não costumam dispor da razão e da linguagem razoável, mas que *devem* delas dispor para serem homens *plenamente*. O homem natural é um animal; o homem tal como ele quer ser, tal como ele quer que o outro seja para que ele próprio o reconheça como seu igual, *deve* ser razoável. O que a ciência descreve é apenas a matéria à qual é ainda preciso impor uma forma, e a definição *humana* não é dada para que se possa reconhecer o homem, mas a fim de que se possa realizá-lo.

A dialética do ser, do homem e da razão

Basta projetar o que acabamos de dizer num único e mesmo plano para desembocar em afirmações paradoxais e "dialéticas". A simples justaposição das teses nos autorizará, então, a descrever o homem como o ser que é aquilo que ele não é, e que não é aquilo que ele é: ele é natureza dada e descritível, ao mesmo tempo em que está em busca de seu ser verdadeiro, que nunca é dado nem pode ser descrito; ele é essencialmente razão e linguagem razoável, ao mesmo tempo em que sempre está abaixo do nível da razão. Mais que isso, e bem pior: ele é até mesmo o ser que não é, visto que ele é essencialmente seu próprio devir, e que esse devir não é um devir natural e descritível, mas seu próprio *fazer-se*.

Sim, essa nova definição, que leva em conta todos os dados (e não dados), não poderia deixar de ser muito atraente. Mas por mais nova que ela seja, tem o inconveniente de ser também uma definição e de estar, assim, em contradição consigo mesma: teríamos definido o homem como o ser (e o único ser) do qual definição alguma pode ser dada, nem mesmo por ele próprio, mas que se de-fine a cada instante (a cada instante em que quer ser ele próprio), se de-fine, isto é, põe um fim e põe limites entre o que ele quer e não quer ser.

Talvez essa contradição não seja tão grave – nada, no fundo, prova que a contradição seja um vício redibitório enquanto ela não levar à confusão e à ambiguidade – e poderíamos nela encontrar inclusive outra formulação para nossa definição e dizer, por exemplo, que o homem se caracteriza precisamente por essa contradição bem determinada. Mas a verdadeira objeção tampouco reside nisso. A definição do homem a que chamamos definição humana, para contrapô-la à definição científica, tinha por objetivo levar o homem a conceber seu ser como perfectível em sua essência, como algo que *deve* realizar-se. Sem dúvida alguma nossa nova definição não o desconsidera; mas em que ela permitiria que se procedesse a essa realização do homem em cujo intuito ela havia sido elaborada? Em nada. O homem sabe que ele não *é* de uma vez por todas, que ele não pode se tornar (legitimamente, se aceita para si mesmo essa definição) uma coisa, um objeto dado, que ele só pode se realizar se não esquecer que ele não é *real* com aquela realidade das coisas (*res*) que se definem positivamente por seu gênero e por sua diferença específica ou pelo procedimento que permite engendrá-las. O que ele fará, em posse desse saber, o que ele pode fazer? Não querer ser o que ele é, não se contentar, não parar? Mas para querer ser o quê? Para buscar quando e onde? Para ir a qual direção? A definição não lhe dá resposta e tampouco parece indicar como se pode chegar a uma solução desses problemas, que são, no entanto, os únicos que interessam àquele que se concebe de acordo com esse conceito. Quando tudo foi dito sobre aquilo que acabamos de dizer, o que resta senão a simples regra que recomenda ao homem – na qual o homem recomenda a si mesmo – que ele seja razoável? Será que fizemos o mínimo progresso desde o início?

Pode ser, no entanto, que apesar das aparências não tenhamos caminhado em vão. Não sabemos, é verdade, o que é a razão, nem o que é ser razoável. Descobrimos, porém, o que ser razoável não é: não é a qualidade de uma coisa, de um objeto que o homem encontra, que ele acha no mundo, assim como ele aí acha árvores e a cor verde, e depois o vermelho, e enfim o marrom de suas folhas. A razão não se descreve do exterior, como um *outro*, ela descreve a si mesma, se é que se *descreve*: ela se coloca em movimento, ela se engendra, ela se produz, ela só é objeto porque – e na medida em que – é sujeito, e ela só é sujeito ao se separar de tudo que é somente objeto e a isso se contrapor.

Todo predicado que fosse atribuído à razão seria, por conseguinte, não tanto falso, mas insensato: ela se interpretaria mal assim que começasse a se interpretar. Se ela *é*, seu ser não será (se for permitido empregar termos velhos, mas sempre úteis) *em ato*, ela será *ato puro*. A conclusão parece inevitável, e o fato é que nenhum dos grandes filósofos acreditou poder prescindir dessa realidade superior a tudo que denominamos real ou, ao menos, da ideia de uma realidade que transcenda todo dado – e isso quer dizer *tudo*, sem restrição alguma, no plano em que se podem formar somas e conjuntos. O Uno, o ato puro, Deus tal como é em si mesmo, a Substância, o intelecto arquetípico, a Razão: sempre os filósofos desembocaram (se é que não começaram por lá) *naquilo que não é*, porque esse *suprasser indescritível*, esse *indizível* (não é por acaso que esses vocábulos reaparecem sempre, e sempre em seu sentido etimológico) lhes pareceu o fundamento de toda descrição, de todo discurso e todo ser.

Isso não é uma prova. Mas constitui uma presunção bastante forte: seria espantoso que o acordo entre homens que são separados por tantas diferenças fosse inteiramente fortuito e não escondesse, ao menos, a verdade de um *problema*. Soma-se a isso o fato de que muito naturalmente, por assim dizer, nós nos encontramos diante da mesma dificuldade, da mesma questão – o que, evidentemente, não tem autoridade comparável à do acordo entre os homens aos quais fizemos alusão, mas não deixa de ser preocupante, porque nós mesmos teremos agora de enfrentar esse problema, e muito mais preocupante do que qualquer autoridade, porque se trata de um problema para nós mesmos.

A linguagem razoável como instrumento da negatividade

Sendo assim: devemos falar sobre a razão se quisermos saber o que o homem é (repitamos: não para a ciência, mas para ele próprio, em sua vida).

Mas a razão nos interessa? Com certeza não em si mesma, com certeza não exclusivamente; devemos falar sobre ela, não o esqueçamos, porque tivemos de admitir que o homem concreto, o indivíduo – eu e você e os outros –, não é razoável e talvez jamais o seja. Ele, isto é, eu, você, eles, nós deveríamos ser razoáveis, tornarmo-nos razoáveis. É preciso se perguntar o que é esse "X" que deve ser alçado à categoria do razoável, à participação na razão.

Talvez avancemos mais facilmente por esse caminho, visto que o caminho direto, aquele que em aparência conduzia à razão em sua pureza, se mostrou impraticável: sabemos apenas que algo deve ser feito, que devemos ir a algum lugar, mas ignoramos como e onde. Não é preferível tentar fixar o ponto de partida? É possível que, na falta do ponto de chegada, a posição desse ponto nos indique a direção.

O homem é um ser, um animal que quer algo de si próprio e para si próprio; já se pode adivinhar do que se trata, já se pode reconhecer aquele traço, que, em Hegel, se chama a *negatividade* do homem. O homem é um ser como os outros, um ser vivo; mas mesmo sendo como os outros, ele não é apenas como os outros. Tem necessidades, mas também desejos, isto é, necessidades que ele próprio formou, que não estão em sua *natureza*, mas que ele deu a si mesmo. O instinto sexual existe nele como em todos os animais; mas ele não se contenta com a posse do parceiro, quer também ser amado por este. Como qualquer organismo, precisa de alimento e só pode se alimentar de certas substâncias; mas não lhe basta saciar a fome, ele transforma o que a natureza lhe oferece. Luta com seus congêneres por seu hábitat, pelas fêmeas, pelo alimento; mas não lhe basta ter afugentado o concorrente, o adversário, quer destruí-lo ou forçá-lo à submissão e a reconhecer sua supremacia e seu domínio, a fazer em seu lugar o que, até então, ele próprio havia feito, a transformar o que a natureza apresenta imediatamente ao homem, a procurar, produzir, preparar o alimento, a casa, a proteger as mulheres, a criar os filhos.

Em suma, o homem ignora o que quer. Mas sabe muito bem o que não quer: como descobrimos há pouco, o homem não é o que ele é. Ora, o sentido dessa formulação torna-se agora definido: o homem não é aquilo que ele é, porque ele não quer ser aquilo que ele é, porque ele não está contente em ser o que ele é, em ter o que é. Ele é o animal que fala, um dos animais que fala, mas é o único animal que emprega a linguagem para dizer *não*. Outros seres vivos além dele sabem se expressar e se fazer compreender por seus pares e até por outras espécies: só o homem sabe falar sobre o que não é e, a bem dizer, sabe falar apenas sobre o que não é. Fala sobre o que ainda não é, sobre o que não é mais, e fracassa lamentavelmente assim que tenta falar sobre o que é; todo juízo que não é juízo idêntico (e quem o enuncia?) é uma mentira quando tomado como juízo e não como expressão de um sentimento humano, de um desejo, de uma paixão, de um interesse qualquer: um leão não é um felino, não é nem mesmo um leão, ele é *aquele ali*, e dizer essa mentira de que ele é um leão só tem sentido para refutar uma outra mentira, ainda mais grosseira, segundo a qual *aquele ali* seria uma águia da família das serpentes.

Apresentado dessa maneira, o fato pode parecer chocante. Mas não se deve esquecer que todos que buscaram a verdade absoluta acabaram por descobrir que a linguagem é mentira e que somente o silêncio é aquela coincidência com o outro que é verdade absoluta; dos mais antigos hindus aos mais humildes discípulos de Platão, de Aristóteles, do Buda e de Parmênides, sempre se reconheceu que a verdade não se formula, mas se vive, e se vive, portanto, fora da linguagem. Isso porque a linguagem não é um instrumento destinado a enunciar o que é, mas a expressar o que não satisfaz o homem e a formular o que ele deseja; seu conteúdo não é formado por aquilo que é, mas por aquilo que não é. O homem não se contenta em transformar o que lhe é dado – a abelha também o faz; o modo de transformação, na medida em que é dado, em que é *natural*, é transformado por sua vez, e o homem cria o que uma reflexão tardia denominará a técnica. Jamais contente com o que encontra e com o que possui, ele não apenas muda a natureza: sua negatividade muda também as maneiras de mudar. Ora, o instrumento especificamente humano dessa atividade negadora e transformadora é a linguagem ou, caso se prefira um termo mais usual e menos claro, o pensamento, a razão: aquilo que nega o que é imediatamente.

Então, poderemos substituir nossa definição do homem por outra equivalente, porém mais concreta: o homem é o ser que, por meio da linguagem, da negação do dado (negação que ele expressa e da qual, consequentemente, ele dispõe, que não é, ela própria, um modo de transformação dado de uma vez por todas), busca a satisfação; mais exatamente – pois não temos a mínima ideia do que a satisfação poderia ser –, busca libertar-se do descontentamento. Seu verdadeiro nome não será, portanto, *homo sapiens*, mas *homo faber*, não o de ser que *sabe*, mas o de ser que *faz*, que *fabrica*, o de ser-*artesão* (e não *operário*, pois não é o trabalho, e nem mesmo o trabalho de transformação que distingue o homem). A linguagem é razoável se e quando ela permite essa intervenção do homem no dado, essa transformação da natureza – nada mais, nada menos: só a eficácia conta. Ser razoável significa: ser capaz de realizar sua própria negatividade, não apenas dizer *não* àquilo que é, mas produzir daquilo que é o que ainda não era, um novo objeto, um novo procedimento, ambos liberados daquilo que era incômodo na coisa e no modo de transformação oferecidos pela natureza.

A negação da negatividade: a linguagem do filósofo como libertação do descontentamento

Fizemos bem, portanto, ao escolher como ponto de partida não mais o que o homem diz de si mesmo, mas o que ele faz em sua vida: se não encontramos respostas para todas as nossas perguntas, se, em particular, continuamos a ignorar para onde tende a atividade do homem, aprendemos em quê ela consiste e começamos a enxergar o que é essa razão, que devia caracterizar o homem e que, agora, recebe por sua vez um início de definição por parte do filósofo, que formula o que todo mundo não digamos *sabe*, mas *pratica* o tempo todo. É ele quem o expressa, quem o coloca em discurso, quem fala a respeito de modo coerente; é ele quem descobre e proclama a unidade oculta daquilo que os homens pensam, sem saber que o pensam.

No entanto, a linguagem é o instrumento da negatividade, todo juízo relativo ao presente é falso como juízo e verdadeiro apenas na medida em que expressa um interesse, um desejo, um descontentamento do homem, e não poderia ser diferente em se tratando do falar do filósofo. Se o homem é o ser que não se contenta com o dado, tampouco se contentará com esse ser dado que é o seu e que consiste em negar o dado. Uma vez que uma *natureza* do homem é dada, ela será transformada pela atividade do homem; uma vez que o caráter do homem é dado – e é o que acontece na e pela linguagem do filósofo –, o homem, sendo negador de todo dado, fica descontente com esse ser que pretende ser o seu. Ele só o expressa para superá-lo, para transformá-lo, para negá-lo – para negar a si mesmo; uma vez que sua vida é compreendida por ele como expressão agente de seu descontentamento, ele se erguerá contra esse mesmo descontentamento e contra essa mesma atividade: ele já não buscará se desvencilhar do que o descontenta, mas criará o contentamento pela vitória sobre esse mesmo descontentamento e essa mesma negatividade.

Assim, tudo recebe uma função e um sentido novos. De porta-voz do bom-senso, o filósofo se torna educador, médico, mestre da humanidade doente de seu descontentamento; de instrumento sempre por ser empregado, sempre por ser aperfeiçoado, a razão se torna o remédio universal e agente no próprio instante da *conversão*, da mudança de direção: basta deixar de estar descontente para estar contente; de que serve agir se a celeridade não favorece o corredor, se a coragem não ajuda o combatente, se o cavalo mais rápido não salva seu cavaleiro da preocupação, visto que a preocupação está montada atrás dele?

Nada é menos fortuito que o uso popular que atribui o título de filósofo àquele que se contenta e que não busca modificar aquilo que é. Nada mais legítimo do que a acepção geralmente aceita da palavra "razão": é razoável quem não quer aquilo que não se obtém, isto é, que renunciou a buscar o contentamento na perseguição, indefinida e interminável, de satisfações sucessivas, que admitiu que toda satisfação e toda eliminação de um descontentamento dado apenas produzem outros dados, igualmente insatisfatórios, apenas de outra maneira, visto que, eternamente, o dado, mesmo modificado, mesmo negado, só é modificado e negado por meio do resultado de um outro dado e com ele. "Não quero mais *disso*", e esse *isso* é então descartado; ele não é *mais*, e o que *ainda não* era foi realizado; mas o que *não* era *ainda* se torna o que *não* deve *mais* ser, e um outro *não ainda*, um outro desejável e desejado toma seu lugar: jamais o homem estará contente.

Pois o contentamento seria a *presença*. Mas a presença – como vimos – não é dada, ela não pode se dar ao homem, é preciso que o próprio homem a dê a si mesmo, negando-se na medida em que ele próprio é dado e natureza para si mesmo: somente a dupla negação, a negatividade voltada para a negatividade pode permitir que ele seja razoavelmente razoável. Não existe outro caminho capaz de conduzir ao que ele procura, ao que ele sempre procurou sem saber, à liberdade, não daquilo que o incomoda – pois sempre haverá algo que o incomoda –, mas do incômodo que existe dentro dele, que é sua natureza imediata. A razão deixa de ser instrumento, ela será o próprio homem, e a razão, ao se emancipar, ao se tornar, em vez de serva, senhora da vida, libertará assim o homem, não mais *disso* e *daquilo* na natureza, mas da própria natureza. Ao dominar o descontentamento, ao se dominar em seu ser natural, o homem será livre e contente, porque não deseja mais nada, mas *é* diante daquilo que *é*, sem esperar nada, sem recear nada, mas sendo olhar, olho aberto para o mundo verdadeiro, bom e belo, que lhe dá a existência e a possibilidade, a realidade do olhar e da presença. A linguagem é boa, a linguagem é verdadeiramente humana, porque permite ao homem chegar ao silêncio do olhar, ao desprendimento.

A razão como presença

O que é o homem? Uma vez mais, é preciso perguntá-lo: ele não é o animal dotado de linguagem razoável, dotado no sentido em que é dotado de mãos ou da estação vertical; tampouco é artesão e fabricante, no sentido em que a abelha o é; se ele é ele próprio, ele é razão, não apenas razoável, mas razão encadeada num corpo de animal, corpo indigente, corpo que tem necessidades, tendências cegas, paixões. Seu trabalho verdadeiramente humano consiste na transformação desse ser composto, no intuito reduzir, tanto quanto possível, a parte que não é razoável, a fim de que, por inteiro, ele seja razão. Por certo ele não será completamente bem-sucedido, em absoluto; sempre terá de arrastar um resto de animalidade; jamais será totalmente razão; mas algumas vezes o será, algumas vezes será livre; algumas vezes, por alguns instantes, será deus, estará presente diante do mundo presente, positividade pela negação da negatividade inconsciente; e é por esses instantes de suprema felicidade, de plenitude indizível, inenarrável, que ele viverá, que ele aceitará, como homem, o incômodo do qual o animal dentro dele jamais escapará. Ele poderá se calar, não porque desistiu, mas porque conseguiu; já não se servirá da razão, não porque se tornaria não razoável, mas porque se tornou razão.

Volta-se, assim, ao ponto de partida, fechou-se o círculo: o homem é, com efeito, animal razoável. Mas a viagem não foi feita em vão, pois o que era incompreensível quando começamos o caminho ganhou agora um sentido. Não se podia falar da razão: agora, sabemos que isso prova não a fraqueza da razão, mas sua força suprema, que não compreendêramos como tal. Estávamos presos num preconceito, num juízo que nem mesmo se havia mostrado a nós como juízo; ora, não se trata de *julgar*, trata-se de *ver*, e de se ver: o homem é animal razoável, mas isso não é um juízo como a ciência o enuncia, um projeto que visa a transformar o mundo ou a uma negação de erros, mas a expressão da aspiração mais elevada, mais humana do homem: quando o homem se declara razoável, ele não fala de um fato e não pretende falar de um fato, mas expressa seu desejo último, o desejo de ser livre, não da necessidade (ele jamais o será, e isso o incomodará tão pouco quanto a necessidade incomoda o animal), mas do desejo. É o homem que o homem deve transformar, pela razão e com vistas à razão, e o filósofo é o homem *in statu nascendi*, o *sábio* nascente, o animal negador que acabará por negar a animalidade nele: a razão não dá satisfações, porque a razão é o *contentamento*. Ou, para formular de outra maneira o mesmo resultado, o homem só é *homo faber* para se tornar *homo theoreticus*, ser que vê, ser a quem é revelado o que é na presença, ser que é fora do devir e da destruição, ser que alcança o *nunc stans*, a verdadeira eternidade, que não é a duração infinita do que não dura, mas a visão que apreende o todo em sua unidade: não é por fraqueza, é por força transcendente que essa visão está além da linguagem, sempre negativa e negadora – que ela é indizível.

II. O homem como violência

A unidade dos problemas filosóficos

Sabe-se que a filosofia, desde que os homens se dedicam a ela, se nutriu da substância dessas reflexões. Sabe-se também do enorme trabalho que ela realizou para elaborar e explicitar seu discurso. Isso porque, por ser filosofia e não ignorar que não existe discurso da sabedoria, mas apenas introdução à sabedoria, destruição da negatividade por essa mesma negatividade, chamado à conversão, abandono da linguagem por meio da linguagem, ela sempre foi obrigada a se voltar para o discurso – discurso essencialmente irônico, mesmo quando faz de tudo para não parecê-lo: não é ele que importa, e ele sabe disso, e sabe também que o que lhe importa, ele não pode *dizê-lo*, e que o deturparia e trairia se tentasse dizê-lo em vez de *indicá-lo* falando do contrário e fazendo como se levasse esse contrário a sério, a fim de explicitar a insuficiência e o não sentido desse contrário e a fim de impelir o homem pelo caminho que o conduz à razão, à presença, ao contentamento. Nenhum sistema filosófico (a menos que se queira reconhecer, como sistema filosófico, corpos de doutrina que só pretendem formular as regras da ciência e organizar a atividade transformadora do homem na natureza), constitui uma exceção e todos se orientam unicamente para o contentamento.

É possível, e até mesmo altamente provável, que os próprios filósofos tenham por vezes esquecido o que estava em questão em seu empreendimento, e que tenham simplesmente continuado a tratar os problemas do discurso que se haviam apresentado a seus predecessores – mais conscientes do que eles – como simples questões "técnicas", ou que tenham buscado "revolucionar" a tradição, sem compreender bem que estavam apenas voltando às origens. Isso não é de grande importância, e tampouco o fato de que os filósofos tenham frequentemente caído em contradição: suas lutas, pela identidade do que estava em questão e do fim, pelo fato (e pela consciência) de que suas desavenças diziam respeito apenas aos meios, não ao fim, confirmam, em vez de refutarem, o que acaba de ser dito. Contentamento e descontentamento, razão e animalidade, ser (presença) e não ser (devir), liberdade e dado – toda filosofia gira em torno desses polos; ora mais preocupada com um par do que com o outro, mas obrigada a seguir a unidade do encadeamento, cada uma delas acabará, se não quiser renunciar à solução de seu problema principal, por resolvê-los todos.

O filósofo e o homem comum. A recusa da filosofia

Poder-se-ia parar neste ponto, se não restasse um problema que nos fizesse hesitar – um problema ou, antes, uma constatação muito simples, muito banal: a saber, que os homens encaram os filósofos como seres curiosos, notáveis (num sentido bom ou ruim), como humanos diferentes deles. Quem diz a seu interlocutor "Você é um filósofo" não tem, é claro, a intenção de lhe dizer algo de ofensivo ou meramente desagradável, mas parece sempre querer indicar que o outro, sendo um filósofo, nada compreende sobre as coisas sérias da vida, que ele conseguiu construir para si uma existência na qual se encontra à vontade, que ele tem razão, que ele tem razão para ele quando se põe a falar, mas que, enfim... O homem que assim qualifica a si mesmo de *comum* fica muito constrangido se lhe for pedido para completar sua frase e formular claramente o que existe – para falar como ele – por trás de sua ideia. Na verdade, disso que lhe parece tão curioso no caso do filósofo ele não tem a menor ideia e não poderia, portanto, expô-la; mas ele não deixa de conhecer sua fraqueza: o outro é inteligente, sabe se expressar, é melhor não tentar contradizê-lo, ele é bom demais no assunto e acabará sempre por lhe mostrar que você está errado. Mas, no fim das contas, lá no fundo, por trás de sua ideia, mais longe que o discurso e a linguagem razoável, o homem comum sabe ou, se for preciso deixar a palavra "saber" ao filósofo – que provaria muito facilmente que o homem comum sabe menos que nada, porque o próprio filósofo nada sabe –, tem certeza de que "tudo aquilo", tudo aquilo que o filósofo diz tão bem talvez seja muito bom para o filósofo, mas não tem importância alguma na vida comum. "Você é um filósofo", eis um elogio que escarnece de seu destinatário.

Digam o que disserem, os filósofos não são menos sensíveis que o resto dos mortais; eles sentem esse escárnio e se inquietam com isso. Não duvidam de que têm razão e de serem capazes de explicar por que têm razão, e o que é ter razão. Os homens acabarão, afinal, por lhes dar razão – é assim que eles tentam ganhar coragem –, se ao menos se dispuserem a escutá-lo. Que lhes oponham qualquer argumento, difícil, falacioso, tradicional, pouco importa para eles: estão seguros de que não apenas se sairão bem, mas ainda retornarão o argumento contra o adversário, de tal modo que, no fim, este seja obrigado a admitir o que eles afirmam.

Devem constatar, no entanto, que encontram coisa pior que argumentos. Encontram-se diante de um muro de civilidade (somente os desajeitados entre seus interlocutores serão grosseiros), e ouvem: "O senhor é filósofo", e o filósofo compreende muito bem o que desejam lhe comunicar: "O senhor está me aborrecendo; vamos falar de coisas sérias ou nos despedir". Em suma, o filósofo está seguro de que convencerá o outro se o outro quiser ouvi-lo; mas o fato é que o outro não quer ouvir.

O que o filósofo deve fazer então? Não é difícil dar uma resposta: é preciso deixar as pessoas e encontrar a salvação, realizar o contentamento para si, chegar ao silêncio preenchido pela presença. Que importa àquele que busca a sabedoria se os outros a buscam com ele ou preferem correr de satisfação em satisfação, nunca saciados, nunca contentes, sempre impelidos adiante por uma negatividade que eles não compreenderam em si como um fato dado, como o dado humano – dado, embora humano? O filósofo passará a falar apenas consigo mesmo, na medida em que ainda não tiver conseguido se emancipar completamente, ou falará àqueles que se reconhecem descontentes e insatisfeitos e lhe pedem conselho e cura. Quanto aos outros, que façam como quiserem: tanto melhor para eles se conseguirem mergulhar em suas atividades a ponto de se distraírem de sua infelicidade e de sua obsessão. Uma vez mais: que importa, para aquele que caminha rumo à sabedoria?

Mas eis que o filósofo não é sábio, ele não tem (ou não *é*) a sabedoria, ele fala, e mesmo que o único objetivo de seu discurso fosse suprimir-se, ele falará até o momento em que for bem-sucedido, e fora dos instantes perfeitos em que o tiver sido. Ele não tem nada mais a fazer. Ele nega o discurso pelo discurso, a negatividade pela negatividade, o que equivale a dizer que deve haver um tema de seu discurso, uma matéria que possa devorar sua negatividade de filósofo. Nós o sabíamos, mas o discurso do filósofo nos fizera esquecê-lo: não foi a partir da razão que havíamos compreendido o que era, podia ou devia ser a razão, foi partindo da vida ativa, essa vida para a qual a razão era apenas um instrumento. O fato paradoxal é que, se não houvesse homens a quem a filosofia aborrece, o próprio filósofo morreria de tédio. Assim como a negatividade do homem comum, do *homo faber*, depende do fato de ele encontrar diante de si o que ele pode negar e transformar, o filósofo se nutre do que ele reprova como abominável.

É belo viver na presença do Uno. Mas quem sentiria essa beleza sem antes ter vivido na feiura do *não ainda* e do *nunca mais*, se não se lembrasse disso, se não soubesse que para isso há de retornar inevitavelmente? Não se alcança o silêncio *preenchido* pela presença renunciando ao discurso e descartando-o pura e simplesmente. Talvez uma existência fora do discurso seja possível; é evidente, no entanto, que nada podemos saber sobre a existência do iogue: o filósofo com o qual estamos lidando fala e quer falar e permanece sempre um aprendiz do silêncio; afinal, ele não compreendeu o homem como o animal de discurso razoável? É possível que um silêncio *vazio* liberte o homem de todo sofrimento, mas libertá-lo-á também e necessariamente do contentamento, e não haverá sábio, haverá apenas *nada*.

Fato curioso – e cuja história não será fácil esclarecer –, os filósofos têm a tendência de esquecer a origem da filosofia, de recalcar, como uma lembrança vergonhosa, a narrativa de seu nascimento. É compreensível; importa-lhes libertarem-se, e já que eles não enxergam sua libertação na transformação daquilo que é, mas na transformação de seu próprio ser dado, ficam mais inclinados – para não dizer exclusivamente inclinados – a negar do que a olhar bem para o que negam, do que a elucidar por que negam, como negam, em que medida negam. Dizem negar a negatividade inconsciente, e isso é verdadeiro; mas deveriam acrescentar que, graças à sua negação da negatividade primeira e primitiva, esta deixa de ser inconsciente. Sim, o homem da vida cotidiana e comum dá a entender ao filósofo que este o aborrece e que ele tem coisas mais urgentes por fazer, isto é, por *viver*, em vez de se preparar incessantemente para *ser*. Mas o filósofo deveria ver nessa declaração o reconhecimento de sua própria influência: sem ele e sem seu discurso o homem que não quer filosofia para si mesmo jamais teria podido declarar o que ele acaba de dizer, porque estaria imerso em sua vida e essa vida não lhe seria visível. Ora, os filósofos não apreciam esse efeito de sua ação, que os relembra daquilo que querem esquecer: a origem da filosofia no desejo e na negatividade primitiva. Eles não podem se abster de admitir que não é irrelevante que eles neguem esse discurso da negatividade primitiva, que eles o neguem agora e aqui; mas desagrada-lhes tanto mais que se lhes fale disso.

É que as consequências dessa confissão podem ser sérias. Não se trata apenas do fato de que a filosofia não está fora do tempo e da história: após um curto momento de reflexão, os filósofos responderão, e corretamente, que a filosofia é só o caminho, e que o caminho, é evidente, muda de acordo com o lugar de seu início, mas que o ponto de chegada é sempre o mesmo, que é no tempo que se alcança a libertação do tempo, mas que o tempo deixa de existir para quem está livre. Infinitamente mais grave, porém, ou simplesmente grave, é que a filosofia já não é a única possibilidade para o homem tão logo se tenha de admitir que ela brota de um solo que pode produzir outras plantas e outros frutos, e que os produz. O homem *pode* se tornar filósofo, isso é mais do que garantido, já que se pode tranquilamente concluir da existência à possibilidade; mas o mesmo princípio prova igualmente que o homem *pode* não se tornar filósofo. E como o filósofo o ensinou a falar razoavelmente, o homem da vida comum, aquele que não quer se tornar filósofo, é perfeitamente capaz de cuidar *razoavelmente* de seus assuntos, que não são os da filosofia.

A razão científica do homem comum e o filósofo

Razoavelmente: vê-se que já não se trata em absoluto da razão que o filósofo buscava realizar, mas daquela outra sobre a qual havíamos falado em primeiro lugar, a razão servidora da vida, do desejo, da necessidade, aquela razão que não havia satisfeito o filósofo. Mas por que, afinal, ela não o havia satisfeito? Porque o filósofo *queria* ser filósofo, porque ele queria que o termo *razão* tivesse um sentido, porque havia optado e não havia escolhido a vida do dia a dia. Ora, a vida do dia a dia lhe dá o troco optando, e agora com pleno conhecimento de causa, por esses dias e contra a razão do filósofo. Tranquilamente ela se põe a afastar o filósofo e a sua razão, e tranquilamente e sem remorso algum ela tira proveito do trabalho do filósofo.

De fato, o que o filósofo fez não é em absoluto destituído de interesse para a vida interessada. Com a intenção de sair disso, ele desenvolveu o discurso: a vida não deseja de forma alguma sair disso, mas quer tirar proveito de um discurso que lhe permite se orientar, compreender o que ela quer e como pode obtê-lo, discernir o que se opõe a essa obtenção. Por isso, os filósofos sempre viram, confusos e um pouco orgulhosos, que seus esforços produziam o que lhes parecia mais perigoso, a saber, a ciência. Estão prontos para reconhecer o valor da ciência e não estariam em boa posição para se recusarem a isso, já que foi a exigência por parte deles de um discurso razoável que transformou os conhecimentos tradicionais primeiro em afirmações, depois em teses demonstradas; mas, para eles, o valor da ciência consiste em seu papel pedagógico, na *formação* do indivíduo, que, sem desejar nada, exceto conhecer, saber, *ver*, se desprende do que o retém no mundo no qual se procuram satisfações. Mas eles foram dolorosamente surpreendidos, e continuam a sê-lo após tantos séculos, ao constatar que os homens demonstram um vivo interesse pela geometria, não porque ela permite ao animal razoável tornar-se cada vez menos animal e cada vez mais razoável, mas porque ela lhes permite construir máquinas de guerra; que eles acompanham avidamente os progressos do conhecimento do homem, mas de forma alguma no intuito de se desprender daquela existência humanamente natural, mas porque, muito pelo contrário, esse conhecimento das leis da vida humana deve ajudá-los a dominar o homem por meio de suas paixões e de suas reações inconscientes, ajudá-los a permanecer, eles também, passionais e inconscientes, apenas mais fortes e mais hábeis na perseguição de fins, que, para eles, são evidentes e, para o filósofo, são os menos razoáveis. O discurso da ciência teorética, esse discurso que deve preparar o homem para a visão daquilo que *é* por meio daquilo que jamais está *presente*, mas *não é mais* ou *não ainda*, discurso que, pela ascensão de princípio em princípio, deve conduzir ao princípio absoluto, ao Uno, esse mesmo discurso é tomado como instrumento no intuito de controlar o dado, como instrumento de transformação do dado em si mesmo, e se torna a via pela qual o homem, ao descer do princípio às consequências materiais, se afunda e se engolfa – seduzido pelas satisfações e pelos sucessos – na existência humanamente natural, mais elevada que a de todos os outros seres vivos, mas tanto mais entregue à natureza quanto mais o homem acredita dela se emancipar: ele será senhor da natureza, mas senhor natural, e que permanece o servidor de seus súditos.

E, também, graças à obra do filósofo, o homem da vida comum não procede assim por uma espécie de instinto; ele sabe o que faz e sabe dizer também por que o faz: o que o filósofo lhe propõe o entendia. Ele não tem vontade alguma de renunciar a tudo o que lhe é dado e a tudo que pode produzir servindo-se do dado, a fim de refletir sobre o caráter caduco daquilo que não é, mas vem a ser e perece. Ele próprio, diz ele, é uma dessas coisas que vêm a ser e perecem, e, ao se ocupar dessas coisas, ele sabe exatamente para que ele é feito; não alcança o contentamento, é certo, e o filósofo não se enganou nesse ponto, mas o que o filósofo negligencia é que ele, homem comum, homem como todos os outros, não quer desse contentamento que lhe causa horror: só os mortos e as pedras, e os animais, talvez, são contentes, caso ser contente signifique ser desprovido de desejo, não ter decepção, simplesmente *ser*. Mas o que faria ele com uma felicidade de cadáver e de pedra? Não ser contente, mas viver e sentir-se viver, na satisfação e no fracasso, na alegria e na tristeza, eis a sua felicidade, a única que ele conhece, a única que ele quer; testar sua força, seja quando vence todas as resistências, seja quando suporta corajosamente a adversidade, eis a única dignidade do homem. Ele joga, dir-lhe-á o filósofo, ele não é razoável; de fato, ele joga, mas o que está em jogo é ele próprio e ele joga alto, um jogo que é a própria grandeza. E ao final, se o filósofo não quiser compreender que se trata desse jogo e que cada um joga, quer ele o proclame quer não, o homem da rua e da praça pública fará que ele o sinta, demonstrando-lhe pelo fato de que ele, o filósofo, jogou, assim como os outros, mas jogou mal, perdeu e vai pagar, como se paga uma perda total, um jogo absolutamente ruim – com sua vida.

A recusa da filosofia como problema para o filósofo

Não é pequena a dívida que tem, para com o filósofo, o homem que assim lhe fala. Sem esse ensinamento, ele nunca teria sido capaz de se opor ao ideal do filósofo e de compreender o que ele próprio é e o que quer ser. Ora, é possível que ele preste o mesmo favor ao filósofo, tão pouco intencionalmente, aliás, quanto este o havia esclarecido.

Isso porque o filósofo, tendo constatado que a filosofia não é a única possibilidade do homem, e tampouco, para falar mais corretamente – já que o conceito de uma possibilidade única é um contrassenso –, a única realidade verdadeiramente humana, que ela é, portanto, muito pelo contrário, uma *possibilidade* do homem, pertencente ao âmbito do que o homem pode fazer ou não fazer, o filósofo é agora obrigado a dar um passo a mais: se a filosofia é possibilidade (ou, o que dá no mesmo, se a razão, tal como ele a entende, é apenas uma faculdade do homem), possibilidade no sentido forte do termo, portanto realizada ou não, qual é a realidade no interior da qual essa possibilidade se desenha?

De nada adiantaria se o filósofo respondesse que a possibilidade e a faculdade de que se trata aqui são reais como possibilidade e faculdade. A resposta não seria falsa; mas ela passaria ao largo do ponto essencial. Por certo uma possibilidade de existência é uma possibilidade real, e é perfeitamente correto declarar que o homem possui realmente, de fato, essa possibilidade e essa faculdade. Mas ninguém o havia contestado; o que se havia posto em dúvida era a tese segundo a qual o homem é filósofo, bom ou ruim, consciente ou inconsciente, mas sempre filósofo, isto é, sempre em busca do contentamento na razão e pela razão, que ele se engana a seu próprio respeito se acredita perseguir outros fins, que, em suma, a realidade do homem é a razão, e que afirmar o contrário é simplesmente um erro, isto é, um modo deficiente da mesma realidade.

O ponto em questão é muito distinto. Não se trata de razão e de erro; o erro existe, por certo, mas para o não filósofo ele é apenas aquilo que causa o insucesso na busca das satisfações. A oposição estabelecida pelo filósofo entre razão razoável e razão delirante agora oscila: a oposição é entre a razão do filósofo e a vida, e o erro não tem incidência alguma nessa questão, já que ele é apenas o perigo do qual a razão do homem da vida comum, a do *homo faber*, deve se proteger.

Evidentemente, o filósofo pode desconsiderar por completo essa afirmação. Nada o impede de continuar como ele começou, pois nada pode lhe acontecer. Os outros o matarão? O filósofo não ignora que nada poderá contra eles, que, diante de seu tribunal, tem tão poucas chances de ser absolvido quanto um médico, diante de uma corte de crianças, acusado pelo confeiteiro de ser o homem malvado que proíbe aos pobres pequerruchos o que faz toda a sua alegria e os obriga a beber as poções mais amargas e repugnantes. Isso, no entanto, não o refuta; basta-lhe levar em conta esse perigo: ele pode ser ridicularizado, perseguido, banido, morto, mas o que significa tudo isso diante da preocupação incessante, da pressão dos desejos e temores do homem que se entregou ao que ele chama *a vida*? Ou ele será morto, ou viverá como viveu até então, ser razoável em busca da presença.

O filósofo é, assim, irrefutável. O inconveniente é que seu adversário o é na mesma medida. E esse inconveniente é infinitamente mais grave para o filósofo que para seu adversário – em verdade, ele é grave apenas para o primeiro, pois este último escarnece das refutações, reconhece exclusivamente as vitórias e as derrotas. Que o filósofo se acredite invencível, que ele até mesmo o seja de acordo com seus próprios critérios, que importância isso tem para o homem da vida comum, enquanto esse filósofo se mantiver à parte ou aquele homem estiver seguro de poder eliminar este último caso ele ouse incomodá-lo? Para o filósofo, as coisas são diferentes. Se é da linguagem razoável que tudo depende, é insuportável a existência de um discurso que negue a linguagem razoável, que negue a razão do filósofo e que, no entanto, não seja um discurso incompreensível, um discurso de louco. O filósofo, agrade-lhe ou não, se não quiser renunciar à filosofia, ao movimento do discurso, deve tirar a conclusão disso, e ela diz que o homem escolhe livremente a razão, livremente – portanto, sem razão. A escolha da razão não é uma escolha não razoável (pois o razoável e o não razoável se opõem no interior dos limites da razão), mas uma escolha a-razoável ou, num sentido distinto do temporal, pré-razoável.

A realidade da possibilidade filosófica

Eis, portanto, o grande favor que o homem da vida comum presta ao filósofo: obriga-o a confessar para si mesmo que sua primeira confissão não ia longe o suficiente, que não bastava confessar que o discurso do filósofo, a busca da razão, se originava na negatividade primitiva, naquele desejo que era a natureza humana. Sem dúvida alguma isso permanece assente, mas agora se patenteia, além do mais, que não é a negatividade simples e natural, mas uma forma determinada da negatividade que o filósofo rejeita.

É preciso ser sincero. Ora, com toda franqueza, o filósofo tinha tanto assim contra a negatividade primitiva do homem, contra o desejo? Antipatizava tanto assim com o que nascera do desejo e da negatividade transformadora? Certamente não, pois deveria ter rejeitado também – e, provavelmente, sobretudo – a própria filosofia: os animais não a têm, nem os homens que vivem como os animais, ganhando sua subsistência por meio de procedimentos sem história e sem mudança. Na realidade, ele não queria retroceder, queria frear um movimento que, a seu ver, havia proporcionado todo o bem que podia proporcionar, já que havia conduzido o homem à filosofia: é somente a partir desse ponto que a marcha da humanidade se torna descida. Ele realmente gostaria que o homem tivesse tempo para se ocupar da razão, ele admitia (ou teria admitido, se lhe houvessem perguntado) que o homem, sob o império não do desejo, mas da necessidade, não é mais que um animal. Não, ele nada tem contra o que se chama a civilização, a vida organizada da comunidade ou das comunidades humanas, nada contra as regras e os procedimentos dessa comunidade; está até mesmo pronto para obedecer a essas leis e para contribuir, por sua vez, para a satisfação das necessidades, e até dos desejos legítimos. Acrescenta apenas que nem todos os desejos são legítimos, nem todos são razoáveis.

É evidente que a dificuldade se esconde por trás desse *apenas*, por trás dessa restrição tão *natural*. Com efeito, o que significa esse "nem todos são legítimos"? No sentido do homem da vida comum, isso se compreenderia perfeitamente: é ilegítimo um desejo que, por razões técnicas (seja essa técnica de que ordem for), não puder ser satisfeito ou só puder ser satisfeito à custa de outras satisfações mais desejáveis e desejadas. Mas o filósofo não terá uma resposta tão fácil. Se ele disser que o ilegítimo é o que impede o advento do contentamento, estará se contradizendo, porque então quer negar uma vez mais a negatividade, enquanto por outro lado acaba de admitir que a atividade transformadora do homem do desejo é a condição necessária da realidade da filosofia. Dirá ele que é preciso frear esse movimento? Ser-lhe-á pedido, então, que prove que o ponto culminante da evolução foi alcançado e, para fazê-lo, ele será obrigado a desenvolver não mais a filosofia, mas a ciência, a se ocupar das condições do mundo, não mais da busca da sabedoria. Por certo não se deve perder de vista que um filósofo pode se calar, que ele pode encontrar a salvação; no entanto, ele assim renunciaria a qualquer discurso, e nós que, colocando-nos em seu lugar, tentamos esclarecer as implicações de sua escolha *tal como ela foi expressa em seu discurso* estaríamos na obrigação e no direito de deixá-lo de lado para nos interessarmos apenas pelo filósofo que assume a responsabilidade do discurso. Mas se ele não quer se calar, se não quer renunciar ao discurso, se não sai do mundo, se não é sábio e sabe que não o é, por que fala de desejos legítimos e ilegítimos? Por que proíbe certos desejos, dado que não proíbe mais o desejo?

O medo do homem filosófico

É que o filósofo tem medo. Ele não é covarde, longe disso; quer realmente enfrentar a morte, quer até mesmo submeter-se a ela, se preciso for – não de ânimo leve, é claro, mas se tiver de escolher entre uma vida não razoável ou a-razoável de um lado, e o fim de sua existência, de outro, é pela morte que se decidirá. Covarde à maneira daquele que teme uma coisa ou um acontecimento e foge diante desse perigo ele não é. Ao contrário, nesse sentido ele é corajoso, e talvez mais corajoso que a maioria dos heróis que só se defendem tão bem do medo porque não são suficientemente inteligentes para enxergar os riscos que correm. Mas ele tem medo do que nele não é razão, e convive com esse medo, e tudo que faz, tudo que diz e pensa se destina a eliminar ou acalmar esse medo. A tal ponto é assim que se poderia dizer a seu respeito que, acima de tudo, ele teme o medo. Ele não teme o desejo, não teme nem mesmo a necessidade, não teme a morte: ele teme temer.

Porque é o medo, mais do que qualquer outra paixão, que lhe faria perder o domínio de si mesmo. O desejo, que priva a maioria dos homens da presença, foi por ele subjugado; ele aspira à visão, à *theoría*, ele sabe que é nessa única atitude que ele poderá se contentar. O que resta nele que possa preocupá-lo? A possibilidade de se perder, de decair, não de reincidir no desejo, mas de recuar diante do que ele não pode evitar, de esquecer o que é, em vista do que pode lhe acontecer: medo do medo.

Medo do medo? Será mais simples dizer: medo da violência. É verdade que o filósofo está decidido a aceitar a violência, a submeter-se a tudo que pode lhe acontecer, a lutar, arriscando a vida, contra tudo que quiser dominá-lo. Mas ele é homem, ele ainda não é sábio, e se por vezes o é, nem sempre o é; guarda em si a animalidade do ser vivo: se a cada instante deve tensionar-se contra as ameaças, como pensará ainda, como terá simplesmente o tempo para se libertar? E não deve temer a violência, e temê-la como filósofo, visto que é ela aquilo que o impedirá de se tornar sábio ou de sê-lo? Ele sabe o que é ser sábio: que garantia ele tem de que ele será sábio – este homem, este animal razoável –, de que não cederá, de que não sucumbirá diante do perigo, de que não terá medo diante do touro do tirano ou da testa franzida do ser amado? Ele quer não ser indigno, espera não sê-lo, está decidido a morrer em vez de sacrificar a razão; mas essa decisão válida hoje, tomada ontem, será ele capaz de colocá-la em prática no dia indeterminado do teste? A paixão não terá ganhado terreno dentro dele, insidiosamente? Não terá ele sido minado do interior antes de se encontrar face a face com a violência exterior? Assim como os outros temem o que lhes acontece do exterior, não deve ele temer o que o ameaça do interior? Estará ele alguma vez razoavelmente seguro de sua razão?

Não poderia estar – a menos que a vida dos homens seja tal que ele possa saber que seu medo do medo não tem fundamento. Em outras palavras, é preciso que o mundo dos homens seja tal que a paixão aí não tenha lugar, que a negatividade e o desejo contribuam para construir uma forma de vida na qual o homem, os homens estejam ao abrigo da violência, que seu caráter seja formado ou transformado de maneira tal que o indivíduo não seja impelido para a paixão, mas para a razão.

Existe, portanto, uma resposta à pergunta que parecia tão difícil e que se relacionava ao desejo legítimo: só é legítimo o desejo que busca a razão e o contentamento. Quando e se todos os homens só quiserem ser contentes, quando mais ninguém continuar a buscar a satisfação e o prazer, quando ninguém seduzir mais ninguém, ameaçar mais ninguém, quando todos juntos acudirem àquele que sofre da paixão, então, e somente então, o filósofo poderá viver sem medo do medo: a razão terá penetrado toda a existência do homem e da humanidade.

Graças ao discurso do adversário do discurso razoável, graças ao antifilósofo, o segredo da filosofia foi assim revelado: o filósofo quer que a violência desapareça do mundo. Ele reconhece a necessidade, admite o desejo, aceita que o homem permanece animal mesmo sendo razoável: o que importa é eliminar a violência. É legítimo desejar o que reduz a quantidade de violência que entra na vida do homem; é ilegítimo desejar o que a aumenta.

A necessidade para a filosofia de se realizar no mundo da violência

O pensamento do filósofo muda assim de direção. Ele fora precipitado: a objeção do não filósofo tinha fundamento. Com efeito, permanece sempre verdadeiro que apenas a razão pode proporcionar o contentamento, que apenas ela *é* o contentamento, mas não é menos verdadeiro que essa razão só poderia ser, para o homem, no ambiente da violência; isso porque jamais o homem sai do domínio no qual a violência, o medo, o medo do medo são possíveis. Não basta fazer como se a violência não existisse, não falar a respeito, recalcar o medo: ela se anuncia, mesmo ao filósofo, no medo do medo; também no homem que quer ser razoável, que se pretende razão, a paixão ainda é a mola propulsora de seu movimento de fuga diante do movimento e do devir, e a violência, o que não depende dele, mas lhe acontece, é o que lhe dá a coragem de seu medo. É preciso que ele se volte para a violência e a olhe de frente. Ele já não pode rejeitar como erro e engodo o que o homem fez de seu discurso de filósofo na vida do dia a dia; deve, assim como ele, servir-se do que a razão do *homo faber* inventou: se existe uma diferença, é que o filósofo sabe por que deve servir-se disso e com que objetivo quer fazê-lo. Em suma, ele não pode saltar presença adentro: o único caminho que a ela conduz passa pelo conhecimento da *realidade*, do que resiste e ameaça e só pode ser negado pelos meios que são de sua própria natureza. Embora seja indispensável que ele diga sempre: "razão, razão", ele não fez o suficiente com esse chamado à dignidade do homem; pois essa dignidade deve ser provada na existência do dia a dia.

B. REFLEXÃO DA FILOSOFIA

I. A lógica da comunidade

Filosofia e lógica formal. Forma e conteúdo do discurso

Talvez seja útil resumir o resultado das reflexões anteriores numa linguagem mais técnica – técnica, entenda-se, no sentido dos filósofos. Se definirmos assim, de acordo com a tradição, o filósofo como o homem que fala de modo coerente com vistas à unidade, o resultado parece então de uma simplicidade surpreendente: compreender o discurso razoável não basta para compreender a filosofia. Em suma, a lógica não é a filosofia.

Dir-se-á provavelmente que foi muito barulho por nada, desenvolver argumentos tão complicados para chegar a uma tese evidente. No entanto, assim é com a filosofia: suas teses em si não têm grande valor, nem mesmo grande sentido, quando se desconsidera a via pela qual se chegou a elas. A lógica não é a filosofia; certamente isso é algo que se pode encontrar em qualquer manual e em textos mais veneráveis que os manuais. Mas essa afirmação, cortada de suas raízes na vida do filósofo (e do não filósofo), é ela mesma mera lógica. Diriam: já que existem outras partes da filosofia que todos consideram como pertencentes a ela, a lógica não pode ser toda a filosofia, caso não se queira cair numa contradição flagrante; e que novato ignoraria que a contradição não é admitida? O problema da lógica se tornaria, assim, um problema lógico entre outros, e encontraria, como eles, uma solução lógica. No entanto, trata-se de uma coisa muito distinta, não de um problema para a lógica, mas da lógica como algo problemático, duvidoso em suas pretensões e em seu alcance: o que o homem pode fazer com a lógica? Pode fazer alguma coisa importante para ele?

O lógico fará aqui uma objeção: ao falar assim – ele nos dirá –, vocês falam logicamente ou não? Se afirmam que falam de acordo com a lógica, que demonstram uma tese conforme as regras que a lógica elaborou para toda demonstração, reconhecem o valor e a validade da lógica; se o negam, confessam ao mesmo tempo que nada demonstraram e que apenas falaram sem nada dizer. Que isso não nos preocupe: não afirmamos e não tivemos nenhum interesse em afirmar que a lógica seja destituída de valor ou validade. Ao contrário, pareceu-nos da maior importância que o filósofo, encarando a si mesmo como ser razoável, desenvolvesse um discurso que *se sustentasse*, um discurso que de fato *se sustentava*. A questão é outra: se o discurso deve ser lógico (e lógico pode significar aqui: sem contradição, visto que a contradição o privaria de qualquer sentido preciso), resta perguntar se essa característica basta ao discurso, se graças a essa única característica o discurso chega a se compreender em seu ser e sua intenção. E o que descobrimos se resume na constatação de que não é esse o caso. O homem pode fazer muitas coisas por meio da lógica, mas nada pode fazer exclusivamente com a lógica.

Pode-se expressar esse resultado de outra maneira. A lógica, sendo a ciência do discurso não contraditório, não é capaz de encontrar um conteúdo para esse discurso; é até mesmo incapaz de compreender de onde esse conteúdo poderia provir-lhe. No entanto, ela é capaz de permitir uma triagem entre todos os discursos possíveis e de encontrar aqueles aos quais os homens podem se ater, isto é, aqueles que se sustêm.

A lógica assim considerada é a lógica formal, aquela que se destina a permitir a investigação (ἔλεγχος) sobre o valor do que um e outro afirmam ao longo da conversa contraditória, do diálogo. Por isso, seu primeiro nome, o de *dialética*, é preferível:

essa lógica concebe a si mesma como regra do diálogo, e é concebida com um único fim: o de testar a consistência do discurso. Ora, essa consistência é tão somente a não contradição: se você puder levar seu adversário a admitir uma tese que ele havia começado por negar ou se o obrigar a negar o que ele havia afirmado no início, ele terá de se calar; tendo proferido um discurso incompreensível, um discurso ao qual não é possível se ater e que não se sustém, ele terá perdido e deverá retirar-se do jogo.

Ora, cedo se descobriu que a contradição impossibilita o discurso; mas igualmente rápido se notou que a contradição só pode se apresentar quando algo – nem que seja uma única tese – foi reconhecido como válido por todos os participantes do diálogo: com aquele que não admite nada, qualquer conversa séria, isto é, qualquer conversa destinada, em princípio, a chegar a um acordo, se torna impossível; não se deve discutir com quem nega os princípios, aquelas teses que, por serem evidentes para todo mundo, não requerem nem admitem discussão, mas constituem os elementos nos quais toda discussão se baseia; para dar um único exemplo, o diálogo não poderia ser travado com um parceiro que negasse o valor da contradição como critério decisivo, ou não admitisse que existe a possibilidade de contradição, ou ensinasse que toda afirmação do discurso é contraditória.

Mas além dos princípios, dados factuais são igualmente pressupostos: se a discussão deve chegar a algum lugar, é preciso excluir que tudo seja posto em dúvida em cada diálogo individual. A qualquer instante, por certo, tudo que não faz parte dos princípios *pode* ser colocado em dúvida. Mas para que o diálogo tenha um objeto, é indispensável que, ao menos no que tange a esse diálogo concreto, fatos sejam reconhecidos, dados, admitidos: assim como, na ausência de princípios, a decisão se tornaria impossível, o diálogo já não trataria de nada, ele não poderia começar se um e outro interlocutor não estipulassem que existe algo do que falar. Pode-se perguntar o que é a virtude, mas é preciso, então, estar de acordo quanto à existência da virtude; pode-se entrar em contradição quanto ao caráter sagrado deste ou daquele fenômeno, mas apenas quando os adversários estiverem de acordo quanto ao fato de que existe um sagrado. A lógica, a ciência do diálogo, se aplica ao que é comum a ambos os interlocutores, serve apenas para eliminar as contradições *restantes*, ajudando-os, assim, a constituir um discurso coerente sobre um assunto dado, impelindo-os a se desvencilharem das contradições que eles não haviam percebido entre as diferentes afirmações que eles haviam sustentado uma após a outra, e que agora se veem obrigados a sustentar ao mesmo tempo, com o resultado de que eles abandonarão uma delas ou demonstrarão a possibilidade de conciliação de ambas. A lógica não constitui o discurso, ela o constitui como discurso coerente ao purificá-lo das contradições.

O diálogo como âmbito da não violência. Seus limites

Esse é o primeiro resultado, traduzido no jargão. Não deve permanecer o único. Resta compreender o próprio diálogo, em seu sentido e em seu alcance.

Em aparência, essa questão sai do quadro de nossas primeiras reflexões. Em verdade, o problema que se apresenta a quem busca a natureza do diálogo não é outro senão o da violência e o de sua negação, pois o que é necessário para que possa haver diálogo? A lógica só permite uma coisa, a saber, que o diálogo, uma vez iniciado, seja bem-sucedido, que se possa dizer qual dos interlocutores tem razão e, mais exatamente, qual dos dois está equivocado: isso porque, se é garantido que quem se contradiz está equivocado, não está provado em absoluto que quem o convenceu desse único crime contra a lei do discurso não esteja errado ele também, com essa única vantagem, totalmente temporária, de ainda não ter sido convencido disso. A lógica, no diálogo, lapida o discurso. Mas por que o homem aceita uma situação na qual pode ser pego em equívoco?

Aceita-a porque a única alternativa fora essa é a violência, se excluirmos, como o fizemos, o silêncio e a abstenção de qualquer comunicação com os outros homens: quando não se tem a mesma opinião, é preciso pôr-se de acordo ou lutar até que uma das duas teses desapareça junto com aquele que a defendeu. Se não se quiser essa segunda solução, é preciso escolher a primeira, cada vez que o diálogo versar sobre problemas sérios e que têm importância, aqueles que devem levar a uma modificação da vida ou confirmar sua forma tradicional contra os ataques dos inovadores. Para falar concretamente, quando ele não é um jogo (que só se compreende como metáfora do sério), o diálogo sempre diz respeito, em última instância, à maneira como se deve viver.

Quem deve? Os homens que já vivem em comunidade, que já possuem esses dados que são necessários para que possa haver diálogo – os homens que já estão de acordo sobre o *essencial* e aos quais basta elaborar em comum as consequências das teses que eles já aceitaram, todos juntos. Eles discordam quanto à maneira de viver porque estão de acordo quanto à necessidade de uma maneira: trata-se apenas de completar e de definir. Aceitam o diálogo porque já excluíram a violência.

Os "verdadeiros" homens e a não violência

No entanto, não a excluíram inteiramente. Ao contrário, ela lhes parece necessária para resolver desavenças que podem surgir entre eles e os que não têm a vantagem de viver em comunidade com eles, aqueles seres, que, embora tenham um exterior de seres humanos, não são homens de pleno direito porque não reconhecem o que faz o homem. Esses ainda não se ergueram acima da natureza; podem até possuir uma fisionomia humana, mas não se compreende nem a eles, nem o que fazem, nem o que dizem: têm jeito de bárbaros, pipilam como passarinhos, ignoram o sagrado, vivem sem pudor e sem honra – servem no máximo para serem usados como máquinas inteligentes por verdadeiros homens, se estes os domesticarem e lhes derem a condição, que, por direito e por natureza, é a deles: a de escravo, de ser que não sabe pensar, mas sabe agir como um ser verdadeiramente humano quando um senhor pensa em seu lugar e lhe dá ordens a serem executadas. A violência é a única maneira de estabelecer um contato com eles – e é por isso que eles não são homens.

É entre os verdadeiros homens que a violência é proibida. Por certo ela não foi excluída de fato, ela não é impossível, mas aquele que a emprega se separa, assim, dos homens e se coloca fora daquilo que os une, fora da lei. Já não tem parte na herança comum, pois a violência é aquilo que destruiria a comunidade concreta dos homens, essa comunidade cujo sentido é defender todos os seus membros contra a violência exterior, a da natureza, quer ela se apresente sob o aspecto da necessidade, quer provenha dos animais com rosto humano, os bárbaros. A comunidade sabe como deve se defender contra a necessidade: possui uma ciência e uma organização do trabalho; sabe também como resistir aos bárbaros: deu a si mesma uma constituição política e militar. Ora, aquele que ao empregar a violência no interior da comunidade contra seus irmãos destrói a organização e torna fútil essa ciência que só é útil contanto que o trabalhador possa trabalhar em paz, esse é o inimigo mais perigoso de todos e de cada um. Portanto, se surge uma divergência de opinião entre os membros da comunidade, se não se está de acordo quanto à interpretação de uma regra de direito, quanto à aplicação de um procedimento técnico, quanto à escolha de uma linha de conduta política, é do interesse vital da comunidade como um todo que não se assente a mão, mas que se *ouça*, que se permaneça dentro dos limites da troca de argumentos. A comunidade só subsiste enquanto o diálogo for suficiente para tudo resolver do que pode dividir os homens.

A consciência dos "verdadeiros" homens. A comunidade como sujeito

Não se trata, para nós, de história, nem mesmo de uma história idealizada, de um esquema da evolução histórica. Por isso, não nos perguntaremos quando e onde o diálogo (ou, caso se prefira, a discussão) foi descoberto em sua importância, nem quais foram as condições reais que tornaram possível o estabelecimento de uma regra da discussão. Poder-se-ia dizer, em linhas gerais, que esse diálogo se desenvolveu em todos os lugares onde se alcançou certa medida de igualdade entre os cidadãos, onde se formou uma comunidade de senhores na qual cada membro se sabe protegido da necessidade – e, consequentemente, da luta com a natureza – e deixa de ter (ou ainda não tem) senhor, humano ou sobre-humano, ao qual todos devam obedecer: o diálogo se desenvolve numa comunidade de homens que se sabem, todos juntos, livres da necessidade imediata, isto é, em posse de técnica suficiente para suprir suas necessidades pelo emprego de intermediários – escravos, máquinas – , que fazem o trabalho físico exigido de tal modo que os *iguais*, os verdadeiros homens, possam deliberar e refletir em paz sobre o que lhes parece bom realizar.

É tarefa do historiador mostrar o modo como esse estado de coisas se produziu aqui ou ali: o que nos interessa é a maneira como os homens que vivem sob essas condições tomam consciência desses fatos fundamentais. E a primeira constatação à qual eles procedem é a da inadmissibilidade da violência entre eles. Para eles próprios, eles são seres que possuem – e nisso consiste sua essência – um discurso razoável; que exista uma violência além da exterior (que inclui a violência dos bárbaros) é algo em que eles não pensam, de tanto que se desincumbiram e defenderam dela: o trabalho manual desonra (a menos que traga – que traga ainda, porque isso quase não dura – a marca do sagrado); o único esforço honrado é o que tem por fim defender a comunidade e preparar para essa luta aqueles que fazem parte da comunidade.

Por isso, o verdadeiro sujeito é a comunidade, não aqueles que são homens apenas por dela participarem: é ela que pensa, que decide, é ela que vive; fora dela, o indivíduo – o que chamamos indivíduo humano, e que, sob essa lei, justamente não é humano na medida em que é indivíduo e não é indivíduo na medida em que é humano – não é nada, nem para os outros, nem para si mesmo, ao passo que, no interior da comunidade, nada pode lhe acontecer. É verdade que ele morrerá; mas o que morrerá com ele é apenas um elemento de um todo imortal, e seu desaparecimento é tão pouco trágico quanto a queda de um cabelo da cabeça de um homem. Morto, o homem já não será, e nada de grave lhe terá acontecido; ou ele continuará, num além que não lhe interessa muito enquanto está vivo, uma existência em todos os aspectos semelhante à sua vida presente, na companhia dos grandes ancestrais; ou ele subsistirá como sombra dotada de uma consciência apenas nos momentos em que seus descendentes lhe pedem isso ou lho permitem. O homem está realmente ao abrigo da violência enquanto sua comunidade está convencida de que sobreviverá, protegida dos perigos exteriores por sua organização política e técnica, dos perigos interiores por sua constituição.

Eis por que tudo que é essencial à vida da comunidade traz a marca do sagrado – ou, traduzido em outra linguagem, pertence ao âmbito das coisas que não podem ser modificadas por uma decisão da comunidade e que, consequentemente, não podem ser submetidas a uma discussão. Mas esse âmbito não é claramente delimitado: o sagrado pode ser dessacralizado em parte, novos sacramentos podem ser introduzidos e instaurados. Para nós, isso é a expressão de uma mudança nas formas e nas condições de vida: quando a agricultura é sobrepujada pelo comércio marítimo, os deuses do mar se sobrepõem aos do solo e do subsolo; quando a reflexão do viajante ardiloso é indispensável à aquisição daquela riqueza que a partir de então constitui o homem de bem, a deusa empreendedora da inteligência se torna o árbitro que decide a luta entre as divindades antigas e as de uma época mais recente, rindo-se das potências que lhe são superiores por sua idade e sua força cega. A passagem, porém, é imperceptível para quem a vive e a efetua sem saber. Para ele, em instante algum a continuidade é rompida, e se ele sabe que o passado não é igual ao presente, ele só constata, no entanto, um enriquecimento ao qual não corresponde nenhuma perda. A comunidade perdura, pois os deuses perduram, e o número destes últimos aumentou, assim como aumentou a força da comunidade que permaneceu una e idêntica.

II. O discurso do indivíduo e o ser

A morte da comunidade e o homem isolado diante da violência

Aquele que declara, portanto, que a comunidade já não é a mesma, que seu sagrado realmente mudou, que tudo deve ser submetido à investigação do diálogo contraditório é verdadeiramente um ímpio e um criminoso e não pode não ser condenado. Mas o fato de que um homem como esse possa aparecer é suficiente para mostrar que a comunidade já não é o que ainda acredita ser. Se o homem ainda fosse membro da comunidade e fosse apenas isso, ninguém poderia conceber a ideia de um exame sem limites; basta que um só a conceba e torna-se claro, para nós, mas também para ele, que a própria comunidade foi posta em questão, e não apenas essa comunidade determinada, mas a comunidade como tal.

Na verdade, a comunidade só pode se tornar problemática onde a comunidade determinada se sente e se sabe em perigo. Que ela se depare com adversários de mesma língua e de mesma tradição e que, portanto, não podem ser por ela denegridos como um grupo de animais com rosto humano; que ela se encontre diante de bárbaros, que, por mais inumanos que sejam, dispõem de uma força que a comunidade não está certa de poder vencer e com os quais ela se vê obrigada a pactuar, atribuindo-lhes, contra suas convicções íntimas, um *status* humano, pouco importa: a partir desse momento, o indivíduo já não está protegido da violência. Pode perder sua comunidade e, portanto, toda participação numa comunidade; pode se ver sozinho diante da natureza, sem o socorro de seus iguais, privado de seus colaboradores-parceiros, de seus escravos-máquinas, talvez reduzido ele próprio ao papel de instrumento na mão de um senhor bárbaro; em todo caso, entregue a si mesmo.

No momento em que essa reflexão aparece pela primeira vez, a comunidade ainda subsiste e o homem não foi destituído de sua dignidade: de outro modo, já não teria a possibilidade de expressar seus temores, a menos que tivesse a ocasião, excepcional, de ser recebido dentro de outra comunidade de mesma língua e de mesma tradição (na qual sua situação seria a de um cidadão que teria compreendido a possibilidade da infelicidade absoluta). A comunidade não está morta, mas já não é imortal, e o homem, na apreensão da catástrofe, se prepara para sofrê-la.

Ora, para seu problema não existe solução única e pronta: é possível que ele não queira sobreviver ao que ainda constitui sua vida; ele pode se estabelecer como indivíduo isolado, como homem capaz de se fazer aceito em qualquer lugar ou porque proporciona um novo conceito da vida, ou porque está qualificado para ensinar uma nova técnica, ou porque pode indicar (ou convencer seus anfitriões de poder indicá-lo) o meio de fortalecer a comunidade à qual oferece seus serviços; pode igualmente se fechar em si mesmo, decidido a não reconhecer nada do que lhe acontecerá, contente em ser quem ele é, satisfazendo-se com a existência que a natureza, fora de toda comunidade humana, oferece ao homem que renunciou a todo desejo e se basta tão logo encontra o que é necessário para a vida animal de seu corpo; ele pode, enfim, tentar construir e constituir uma nova comunidade fundada num novo sagrado, um sagrado verdadeiramente imortal e imutável, porque concebido no intuito de sua imortalidade e de sua imutabilidade.

Seja qual for sua decisão, o certo é que a tradição, que até então havia sido o fundamento de sua existência, foi depreciada: visto que ela *pode* fracassar, ela *já* naufragou; visto que ela *pode* ser posta em dúvida, ela não é nada, e o homem está só, só diante da violência. É sozinho que deve se defender da necessidade, sozinho que deve dar um sentido e uma dignidade à sua existência: já não basta que ele esteja de acordo com seus pares e seus irmãos; deve estar de acordo consigo mesmo, isto é – já que mais nenhum discurso é impossível para ele, visto que nenhum discurso tradicional manteve seus direitos sobre ele –, com todos os discursos possíveis. Ele ainda é o ser que é dotado do discurso razoável, mas esse discurso já não tem conteúdo seguro e válido para sempre, passou a ser constituído apenas pela lembrança de discursos depreciados, de discursos que foram válidos, mas que já não o são sem exame prévio. Ele está só: indivíduo diante da violência que ele pode recusar, pode aceitar, pode se empenhar em submeter, mas já não pode esquecer.

O nascimento da ontologia. O discurso

Na história da filosofia, essa crise marca a data do nascimento da *ontologia*.

O homem está só diante da violência, diante do que pode lhe acontecer. Ora, se ele pode tomar uma posição qualquer diante da violência, uma condição ao menos, é necessário, a saber, que também a violência seja compreensível, que aquilo que domina o homem e pode esmagá-lo tenha em si mesmo um sentido, uma estrutura, possa ser apreendido. Seja qual for o caminho escolhido por ele entre os que estão à sua frente, é preciso que o homem possa se orientar, para que possa escolher: até esse retraimento em si mesmo pressupõe também a existência de uma natureza que fornece o que é necessário e por ela prescrito para a manutenção da máquina corporal. Mesmo que o que acontecesse ao indivíduo fosse incompreensível, na medida em que é violência para o indivíduo, um sentido deve permanecer visível e visto; uma orientação possível e atual.

O diálogo se torna, assim, discurso. Já não importa que os homens, os *verdadeiros* homens, estejam de acordo em sua comunidade perecível e, portanto, acidental; importa apenas que o discurso do homem apreenda o que é, mas tal como é em si: o acordo entre os homens estabelecer-se-á por si mesmo se os homens não se ocuparem consigo mesmos, mas com aquilo que é. Se os homens não falarem de seus interesses em suas comunidades, nem dos interesses de suas comunidades, mas do que é, nenhuma desavença será possível e a violência já não os ameaçará, seja porque, todos juntos, eles a desprezam (se a natureza for tal para eles que o homem não possa tomar outra atitude), seja porque todos juntos, igualmente, a subjugam. Todos juntos: pois já não existe a diferença entre os homens verdadeiros e aqueles animais que apenas se assemelham aos homens; diante da violência, todos são iguais, e o discurso de cada um é válido para todos se é válido em si mesmo, isto é, diante daquilo que pode acontecer a qualquer homem, diante da violência.

O que a violência é concretamente, em que consiste a razão que despreza ou subjuga a violência, somente o conteúdo do discurso poderá mostrá-lo. Seja ele qual for, ele será humano e versará sobre o que pode acontecer ao homem, a qualquer homem. E uma vez mais a contradição recebe o valor de um signo distintivo essencial. Com efeito, como se orientar na vida, como tomar uma decisão diante da violência se o que o discurso diz a seu respeito não é consistente, nega a si mesmo, se aquilo que é, ora é isso, ora é aquilo? A natureza do homem, aquilo que dentro dele não é discurso, a natureza exterior, a violência, portanto, sob seu duplo aspecto, o que o homem não domina, não domina ainda ou não dominará jamais nas condições de sua existência, tudo isso deve ser conhecido, deve poder ser descrito sem ambiguidade para que o discurso possa desempenhar sua função.

Mas a contradição se estabelece agora em outra parte: ela tinha seu lugar no diálogo, na contradição, onde cada um dos interlocutores tentava mostrar que o outro não apenas dizia algo em contradição com as afirmações de seu adversário, mas contradizia também a si mesmo ao negar um princípio que havia admitido (juntamente com todos os homens verdadeiros). Agora, a contradição ameaça o homem, que, representante de todos os homens, fala consigo mesmo não para estar de acordo consigo mesmo – pois quem não estaria de acordo consigo mesmo se fala consigo na ausência de qualquer contraditor? E a contradição não podia sobreviver no acordo dos homens de uma comunidade determinada, de toda comunidade determinada, se ninguém criticava os princípios e se a contradição residia nesses mesmos princípios? –, mas para ter certeza de que detém a verdade sobre aquilo que é: não deve haver contradição entre o que o homem diz da realidade e a própria realidade, o que ele diz não deve estar em contradição com o que ele encontra, com o que lhe acontece, com o que ele observa. Em suma, seu discurso deve explicar o mundo.

O não ser

Não é, portanto, apenas a simples não contradição do discurso em si mesmo que decide seu valor. Por certo a não contradição é indispensável e, sem ela, nenhum discurso compreensível pode ser pensado. Mas essa condição necessária já não é suficiente: mais nenhum princípio está acima da investigação, exceto os princípios formais do discurso; mas visto que o caráter puramente formal destes últimos é reconhecido com clareza, o interesse se dirige para a *verdade objetiva* do conteúdo. A lógica formal é indispensável, mas ela só tem sentido na medida em que conduz a conhecimentos objetivos; mais estritamente, na medida em que permite controlar a forma de todo discurso que trate ou pretenda tratar daquilo que é.

Evidentemente, esse novo interesse nada proporciona à lógica: tal como ela foi estabelecida, como ciência do discurso, ela é útil e basta para a solução dos problemas formais que são e devem continuar a ser os seus. Por isso, a lógica – é a partir daqui que ela deve receber esse nome e perder o de dialética – não faz parte da filosofia que agora se torna *ciência primeira*; ela mesma é um instrumento, uma técnica, uma ciência, se preferirem, mas uma ciência subordinada e derivada, porque não diz respeito ao essencial. Pode, portanto, parar em sua evolução, já que é perfeita: o próximo passo não será dado por ela, mas pela ciência daquilo que é, considerado na medida em que é.

Na medida em que é: a restrição importa, pois é impossível construir um discurso que registre tudo e que seja ao mesmo tempo livre de qualquer contradição. O que o homem observa, o que acontece dentro dele e fora dele não é imediatamente traduzível em discurso não contraditório: a água é ora quente, ora fria e, quando se aqueceu determinada mão e se resfriou a outra, e ambas são colocadas juntas na mesma bacia, a água é quente e fria ao mesmo tempo. O homem, o próprio filósofo, escolhe conforme a razão e submete-se ao que é, mas sabe que os movimentos das paixões a que está submetido vencem malgrado seu e o levam a fazer o que desaprova no momento em que o realiza.

O que o homem observa não é, portanto, o que é: mistura de ser e de outra coisa, de um elemento de não ser, o observado precisa ser lapidado. Mas esse não ser não é simplesmente desprovido de ser; ele *é* não ser, e seu ser comporta um signo negativo, ele consiste em diminuir – nisso reside sua própria realidade – a realidade do que é verdadeira e completamente, daquilo de que o discurso pode tratar sem se contradizer. Isso porque é sinal daquilo que é verdadeiramente prestar-se ao discurso, não parcial e relativamente, mas absolutamente e em sua totalidade. Com efeito, o *fenômeno*, na medida em que contém realidade, é consistente, consiste em si mesmo: como seria possível que o homem vivesse, se orientasse, agisse na realidade se essa realidade não fosse tal que pudesse ser reconhecida, isto é, traduzida em discurso?

O que aparece ao homem, é verdade, não é inteiramente razoável e contém aquilo que faz que o homem não tenha disso inteiro domínio, que não possa explicá-lo em seu discurso sem deixar resíduos; mas também esse resíduo pode ser determinado, se não em si mesmo (pois seria um contrassenso querer determinar o indeterminado em seu ser, que é o de derivar por dedução da determinação), ao menos em relação à determinação: ele é o que a determinação determina. A contradição está nos fenômenos, naquilo que aparece ao homem, mas essa contradição pode ser enunciada sem que o discurso que fala a seu respeito seja ele próprio contraditório, e o indeterminado se determina como aquilo que não é razoável, mas é para a razão, positivamente, como aquilo que *é* não razoável.

O que é reconhecido nesse discurso (mas primeiramente não reconhecido *por* esse discurso: é só mais tarde que se mostrará essa pressuposição, quando já não se ficar nos limites do discurso da ontologia primitiva) é o negativo: o mundo não pode ser compreendido sem que se admita um elemento negativo, um não ser no ser, um modo de aparecimento que esconde aquilo que é, ao mesmo tempo em que o revela. O homem é o ser que traz à luz o que o fenômeno encerra de realidade; ele é o ser dotado de discurso razoável, não porque pode se entender com seus iguais e excluir a contradição do que diz, mas porque pode formar um discurso não contraditório e fundá-lo numa realidade não contraditória. Ele é razoável não porque seu discurso decorra, em acordo consigo mesmo, de princípios quaisquer, mas porque pode descobrir princípios que são os da realidade, daquilo que é na medida em que é verdadeiramente. Ele não é razoável porque não se contradiz, ele o é porque está protegido da contradição pela posse da verdade, pela posse do Ser na verdade.

Por isso, a verdade não reside no discurso ou nele só reside de maneira derivada. O discurso é o lugar do erro: o homem pode falar do que não é; portanto, é na medida em que se abstém disso que o homem diz a verdade e que seu discurso é verdadeiro. Mas a verdade não está essencialmente no discurso: ela tem seu lugar na visão que penetra a aparência e a aparição para apreender aquilo que é. Importa, por certo, que o homem se sirva da verdade; mas isso importa apenas ao homem que, no erro, engana a si mesmo e impede a si mesmo de orientar-se no mundo, condenando-se ao insucesso seja porque busca dominar a natureza (em si mesmo e fora de si), seja porque busca libertar-se dela cedendo a ela: é sempre necessário que ele saiba com o que está lidando. Mas o que ele sabe ao saber a verdade não é o discurso, é o que o discurso designa. A discussão na comunidade podia se contentar com a verdade do discurso, com a coesão formal entre os princípios reconhecidos por todos os membros da comunidade e as consequências que cada membro tirava disso: a comunidade estava segura de seus princípios e cada membro estava seguro de si e de sua vida no seio dessa comunidade. Agora, outra coisa é exigida: o homem, cada homem, todo indivíduo, se quiser se dirigir apenas ao que é comum a todos, àquilo que é, deve poder apreender a verdade do ser. O discurso não decide nada, nada se decide no discurso: é a realidade que decide a verdade, e o desacordo não pode ser resolvido pelo simples consentimento (que poderia igualmente se dar no erro), mas apenas pelo recurso ao Ser revelado.

O ser revelado e o discurso da comunidade

O homem é o ser, que, por ser razoável, pode enganar e ser enganado. A bem dizer, ele se engana sempre e sempre é enganado: a filosofia é o trabalho incessante do ser razoável que quer alcançar a verdade. Trabalho necessário, porque a verdade não é dada naturalmente: embora ele viva diante da natureza, na natureza, no mais íntimo contato com aquilo que *é* dentro e fora dele, o homem não traduz automaticamente em discurso aquilo que é. Ao contrário, a linguagem herdada por ele é uma linguagem dos interesses e das convenções, suficiente para as necessidades da vida na comunidade, inventada pela comunidade para seus fins, mas de forma alguma destinada a apreender o que está no fundo das aparências. Eis por que o homem pode se instalar no erro e nele perseverar enquanto a parte de verdade contida em seu discurso (sem que esse discurso seja capaz de separar seu verdadeiro de seu falso) satisfizer às exigências da existência organizada da comunidade; também por isso esse discurso se mostra insuficiente tão logo a comunidade deixe de aparecer como imortal e os homens se encontrem dispersos em toda a superfície da Terra. O que havia sido mais seguro, mais positivo, deve agora se deixar confrontar com o que fora esquecido nessa positividade e que se mostra, nesse teste, como o negativo mais perigoso existente para o homem, como a mistura inextricável de verdade e de erro. Será preciso outra prova disso além do próprio fato de que essa confrontação se tornou necessária? Não é evidente que os homens erraram se a comunidade está em perigo? Poderia ela estar em perigo se tivesse sido fundada, não sobre as aparências, mas sobre aquilo que é, não sobre o que aparece e desaparece, nasce e perece, não sobre o que se contradiz e, portanto, não poderia durar, mas sobre a rocha do real que *é*, e que é o que confere o ser até mesmo às aparências? Poderia a negatividade irromper na vida dos homens se os homens, no erro e pelo erro, não lhe tivessem aberto as portas? Essa mesma violência interior, que só colocava em perigo a comunidade forte o suficiente para não temer os inimigos exteriores, rica o suficiente para saber-se ao abrigo da necessidade, como ela poderia ter vindo um dia a ser uma ameaça se os homens tivessem sabido o que é a realidade, o que é seu próprio ser e o ser do mundo?

Uma tarefa prima, portanto, sobre todas as outras: que o homem se desvencilhe desse negativo, que ele negue esse negativo que o seduz ou pelo qual ele seduz a si mesmo, que ele purifique seu discurso daqueles erros que o desfiguram e o impedem de ser razoável e de apreender a verdade. Não é tanto que seja preciso aprender a falar da verdade, é preciso desaprender a mover-se no erro. A verdade está aí, aberta ao olhar do homem, contanto que ele queira olhar, que ele queira ser olhar puro e desinteressado. Que ele pare de seguir suas inclinações, que pare de crer no que lhe foi transmitido como princípios eternos, que renuncie ao que lhe parece ser o seu interesse – mas que é apenas o desejo da parte não razoável de seu ser –, e a verdade mostrar-se-á tal como é em si mesma.

III. O saber do ser e a ciência daquilo que é: teoria e práxis

a) O discurso que apreende a realidade

O saber como negação do indivíduo

O resultado paradoxal desse movimento que havia isolado o indivíduo é o de negar o indivíduo: é erro o que é individual, seja porque um discurso se apresenta como essencialmente discurso *desse* indivíduo em particular, seja porque um discurso pretende tratar em verdade desse indivíduo particular. Com efeito, não há e não pode haver uma verdade, nem para o indivíduo como tal, nem sobre o indivíduo como tal: o verdadeiro é aquilo que é, não o que vem a ser e perece; o verdadeiro é o que todo homem, na medida em que é homem e na medida em que é, pode ver e deve enunciar. O homem erra enquanto ele é este ou aquele; erra enquanto quer falar disto ou daquilo: só *o homem* pode falar, o homem que é o mesmo em todos os indivíduos, e ele só pode falar daquilo que, nas coisas, é, por trás das aparências. O homem é razoável – o homem, não os homens; e é o Ser que se mostra na verdade, não as coisas que parecem ser.

Para ser homem, o indivíduo deve, portanto, começar por se negar. Nem o que ele deseja lhe dará a certeza razoável, nem o que, na tradição de sua comunidade, ele havia tomado como garantido e indiscutível; não se trata de saber o que é proveitoso, o que até aqui passou por proveitoso, trata-se de apreender o que jamais poderá trair o homem. O acordo entre os indivíduos, por certo, é um sinal de que eles não perseguem, cada um por si, interesses pessoais; mas se esse acordo não tem seu fundamento no Ser, pode expressar apenas um acordo acidental entre indivíduos. A discussão constitui o primeiro passo rumo à certeza razoável, mas ela também só é um primeiro passo.

A elaboração do discurso ontológico

Ora, ainda que o filósofo possa desprezar o saber tradicional, não pode renunciar a ele, e se não escolhe o silêncio e a morte na solidão, se não opta pela existência do animal (que, com efeito, vive sem discurso e sem ciência), deve voltar-se para o estudo daquilo que é. Dizer que os fenômenos a um só tempo ocultam e revelam aquilo que é constitui certamente, com relação à lógica da discussão, um passo decisivo; mas é preciso ir mais longe, é preciso distinguir, num fenômeno específico, o que é realidade daquilo que aí não é essencial. Não basta declarar que um discurso que trata do Ser é o único sobre o qual os homens podem pôr-se de acordo, que eles podem e devem basear-se nele: a simples afirmação não fornece o discurso requerido.

Esse discurso é a obra da ciência, ou melhor: das ciências particulares que tratam dos diferentes âmbitos do ser. Isso porque o Ser, ao mesmo tempo em que é uno, é múltiplo para o homem que vive no mundo, nascido numa comunidade determinada, situado numa "civilização" particular, herdeiro de uma tradição específica. Ele sabe que o Ser é uno: mas sabe também que essa unidade do Ser se encontra (se porventura se *encontrar*) além de todo ser e que ela é a supressão da individualidade, tanto da sua própria quanto daquela das coisas e das circunstâncias que o circundam e ocupam. A ascensão à origem é a condição da unidade do discurso sobre o Ser; mas só o descenso do Uno ao múltiplo permite ao homem falar aos homens, viver com eles num entendimento concreto e sólido, que estabelece a possibilidade de uma triagem entre as aparências, de uma escolha do essencial, do que importa ao homem na qualidade de homem – a todo homem.

Todo princípio tradicional pode e deve ser submetido à investigação da razão, como dissemos: o que mais, senão a crítica dessa tradição, guiou e continua a guiar o homem? Existem ciências, a do sapateiro, a do médico, a do padre, a do político, a do poeta: chegou a hora de se perguntar se elas são bem constituídas, se fornecem verdadeiramente o que prometem proporcionar ao homem – a certeza, fundada em razão, de que seus procedimentos são inatacáveis e podem resistir à discussão universalizada; de examinar se elas não pressupõem princípios que são supremos apenas de acordo com suas pretensões, e que se revelam arbitrários tão logo se tente reduzi-los à unidade do Ser e avaliá-los pelo ideal de um discurso verdadeiramente uno e livre de qualquer elemento meramente tradicional. Existem domínios do Ser: mas estarão eles realmente recortados de acordo com os planos de clivagem do próprio Ser ou respondem apenas aos interesses tradicionais de uma dada comunidade? Permitem reencontrar a unidade do Ser? Podem ser concebidos como derivados dessa unidade?

Nenhuma reflexão sobre a forma do discurso poderia satisfazer essas exigências: é preciso elaborar o discurso, é preciso organizar realmente a totalidade da herança tradicional em ciência e em ciências, reconduzi-la parte após parte à unidade e deduzi-la da unidade. O filósofo deve se tornar homem de ciência (e deve formar homens de ciência) para poder viver como filósofo: tudo que é deve ser imbuído de razão, formado e reformado pela razão. Não basta postular a unidade do discurso e a unidade do Ser: é preciso mostrar a possibilidade de um discurso uno que apreenda a unidade do Ser na multiplicidade daquilo que é; e só mostraremos essa possibilidade realizando-a.

A multiplicidade dos discursos e o fracasso da ontologia

As respostas ontológicas concordam necessariamente, portanto, na medida em que reconhecem a legitimidade dessa exigência. As divergências aparecem tão logo se trate de preencher esse quadro.

Quais foram essas respostas? Essa é uma questão que pertence ao âmbito da história da filosofia e não nos diz respeito. Sem falar da recusa do discurso ontológico – já dissemos que optamos por aquele que recusa o silêncio vazio, não por esta ou aquela razão, mas, de fato, falando e continuando a falar –, poder-se-iam distinguir duas direções principais do pensamento ontológico: uma que não reconhece nada que seja superior ao discurso ontológico e que vê a realização da razão na visão daquilo que é, na pura *theoría*, e outra que pede à ciência a libertação de todo medo tradicional para poder entregar-se ao Ser: uma que quer viver para filosofar, a outra que quer filosofar para viver. Poder-se-iam enumerar as diferentes soluções que foram dadas ao longo da história, analisar as formas mistas, determinar os vínculos necessários entre as formas puras, a dialética que relança o homem sempre de uma a outra e desta àquela (não foi isso que se mostrou ao longo das nossas reflexões anteriores?). Mas não reside aí o nosso problema.

Trata-se, para nós, do fato da multiplicidade dos discursos e de nada além disso. O homem constrói discursos coerentes, discursos que não contêm contradição, que abarcam todo o essencial e o reduzem à unidade para, em seguida, deduzi-lo dessa unidade: ora, existem vários discursos. Não seria correto dizer que esses discursos estão em contradição; pressuporíamos, então, sem justificativa alguma, que eles formam, ao menos em princípio, um discurso único, embora equivocado. Mas a dificuldade só ficaria mais grave. Cada discurso é determinado pelo que, para ele, é o essencial, e o essencial é determinado pelo discurso: o que isso quer dizer, senão que inexistem aqueles princípios comuns que são requeridos para a possibilidade de qualquer discussão? Cada discurso satisfaz às condições colocadas, em cada discurso os homens podem se entender pelo recurso ao Ser, àquilo que é essencial nos fenômenos, àquilo que *é* no fundo do que vem a ser e perece: o que isso quer dizer, senão que entre os discursos não existe arbitragem e que somente a escolha livre e injustificável pode separá-los na realidade da vida dos homens? Não será preciso reconhecer que fracassou a empreitada que queria libertar o homem da violência pelo estabelecimento de um discurso único?

Não é que os homens não tenham conseguido edificar uma ciência primordial a partir da qual as ciências particulares possam ser construídas ou rumo à qual, como rumo a seu centro ou a sua origem, possam ser reconduzidas: é que, ao contrário, vários discursos primordiais são imagináveis e foram inventados e que, quando confrontados, nem mesmo se contradizem, mas são incomensuráveis porque cada um, considerado em si mesmo, mantém o que promete e é irrefutável, com a condição – e essa condição é legítima – de que a refutação se sirva exclusivamente dos próprios princípios do discurso a ser criticado. Que o Ser seja determinado como puro pensamento ou como pura matéria, como pessoa ou como impessoal, que aquilo que é seja compreendido como existente desde sempre ou como criado, que o caráter essencial dos fenômenos – sua parte de Ser – consista na qualidade deles ou em sua quantidade, é sempre possível formar um discurso que não se contradiga e que explique todas as experiências – ou, ao menos, todas as experiências *essenciais*: restrição da mais alta importância, pois seria de uma facilidade pueril "refutar" um discurso criticando-o por não ser completo, por não explicar, sobretudo, o que precisa ser explicado. Mas o *essencial* para cada discurso é fixado pelo próprio discurso e apenas se ocultaria a dificuldade ao pedir ao teólogo, por exemplo, uma explicação do trovão ou ao físico moderno uma interpretação do pecado, pedindo-lhes assim, sub--repticiamente, para reconhecer como essencial o que, para eles, pertence precisamente ao âmbito do não ser.

Fracasso, portanto, no ponto decisivo: o recurso ao Ser não permite fundar um discurso *único* sobre o qual *todos* os homens estejam de acordo, um discurso que não seja o desta ou daquela comunidade, mas *o* discurso *do* homem. Não se discute a respeito dos fenômenos: todo mundo admite que uma pedra largada cai, que o sol nasce regularmente, que os homens precisam beber e comer para viver; mas tão logo se tente reduzir esses fenômenos a seu substrato comum, ao Ser, ao Uno, a discórdia volta a reinar: não existe essencial universal *e* concreto, e continua-se a viver como sempre se viveu, renunciando à busca do discurso absoluto e fundado no absoluto, limitando-se a lutar contra a violência pelos meios da tradição, aperfeiçoando-os, por certo, e completando-os – pois a ideia de ciência, de um discurso que trata da realidade continua assente e serve para *racionalizar* as técnicas do trabalho e da organização –, mas sem pretender que se tenha resolvido o conflito com a violência pela razão, para todos e de uma vez por todas.

Sentido do discurso único para quem adere a ele. Seu sentido para nós. O ceticismo e o desespero

Fracasso, portanto, mas fracasso somente para nós, pois nada impede que cada um dos que formaram discursos tenha o seu por verdadeiro e se atenha a ele: a pluralidade dos discursos nada tem que possa incomodá-lo, visto que cada um está convencido não apenas de ter razão, mas também de que todos os outros estão errados.

Mas, se é assim, não devemos nos perguntar se nosso conceito de um discurso único não contém uma ambiguidade? Com efeito, não existe um discurso único para cada um dos que buscam um discurso único? E nosso procedimento, que é o de projetar todos os discursos únicos no mesmo plano, não é absurdo? E esse absurdo não salta aos olhos quando se acrescenta, como convém fazer, que todos esses filósofos, em busca do contentamento na ou pela visão do Uno, renunciaram à violência e que não existe o mínimo perigo de que eles um dia cheguem às vias de fato? Eles não pertencem, ao menos de acordo com suas convicções, a uma comunidade cujos interesses teriam de defender; desejam se libertar de todo desejo tradicional e, assim, de todo interesse pessoal, seja ele qual for, riquezas, honras, relações: como a violência irromperia na esfera deles? Seus discursos não concordam, é verdade, mas essa concórdia não lhes *interessa*; no máximo eles desejam a todos os homens que alcancem a paz encontrada por eles. Não desejam outra coisa senão convencê-los; mas nenhum deles quer vencer pela força natural, com os meios da animalidade. E no que concerne à violência da natureza, eles já assumiram sua posição, e embora nem tudo lhes tenha ainda sido revelado em seu sentido positivo, em seu ser, em sua participação no Ser, eles sabem muito bem que um pouco de paciência e de esforço lhes bastará para chegar ao fim.

Ora, a discussão não tem nada de ameaçador fora da comunidade: se ela não ameaça a existência desta última, que perigo representa? Aqui, não há comunidade de trabalho e de luta: com que direito, então, procedemos a essa projeção no plano da discussão? Será simplesmente porque recaímos, sem perceber, naquele plano do qual, no entanto, acreditávamos haver saído? Ou será que o termo de *único*, empregado sem índice distintivo, nos enganou e que teria sido necessário determinar, em cada caso, para quem o único é único?

As duas críticas têm fundamento: deixamo-nos levar pelo hábito da discussão e caímos na sedução da facilidade ao empregar esse termo – *único* – sem atentar para sua ambiguidade essencial. Mas será suficiente renunciar a nossos erros? De que meio disporemos para corrigi-los? Será que deveremos admitir que existe efetivamente – e talvez legitimamente – uma pluralidade de discursos ontológicos, de discursos únicos, que os homens podem encontrar a salvação cada um a sua maneira – entenda-se: aqueles que querem encontrá-la? E será que os outros deverão ser abandonados à sorte, à caça das satisfações, às suas lutas, à violência?

Talvez. No entanto, teríamos ainda uma questão a resolver: quais são os *outros*, esses *outros* que *nós* abandonaremos *à sorte* sem salvação, e quem (ou que) somos *nós* que os abandonamos, e o que é esse *abandonar*, o que é essa tranquilidade com a qual os abandonamos, agindo como aqueles que se atêm a um discurso único – e, no entanto, conscientes do fato de que nós mesmos estamos, diante desses discursos, como o célebre asno entre seu balde de água e sua ração de aveia, incapazes de escolher um ou outro, e até mesmo, para sermos totalmente sinceros, de forma alguma tentados a escolher um em vez do outro ou a escolher um qualquer? Será que nós próprios fazemos parte do rol dos *abandonados*? De onde vem esse desprendimento que nos faz falar, como de algo que nos é estranho e exterior, tanto da violência de uns quanto do discurso único, dos discursos únicos dos outros? Seremos seres que planam acima do mundo onde se luta ou de onde se sai para o discurso que versa sobre o Ser e para a visão do Uno, e será que planamos, ao mesmo tempo, acima do discurso, de todo discurso, à maneira, mas sem a decisão, daqueles que só retêm do discurso a sua insuficiência e que, sem se demorar na transformação, adentram o silêncio? Em outros termos, seremos nós apenas céticos, pensadores que reconhecem que o homem não pode não pensar, não falar, não formular discursos, mas inteligentes o suficiente, perspicazes o suficiente para reconhecer que o discurso, por mais inevitável que seja, jamais apreende a verdade do Ser e que a única verdade para o homem é essa prudência que lhe ensina a nunca tomar partido, a deixar a verdade ao Ser e abster-se, conter-se, suspender todo juízo?

Tudo indica que seja esse o nosso caso. Mas qual é o sentido desse ceticismo? Que se seja cético, que sejamos céticos, vá lá;

mas de que vive o cético, se ele despreza tanto a violência quanto o discurso único? Da demolição dos discursos sustentados por outros, e que ele se diverte em confrontar? Provavelmente. No entanto, será isso mais do que um passatempo e, sobretudo, será esse realmente o nosso passatempo, ou será que, ao contrário, levamos a sério, desesperadamente a sério, questões, problemas que não conseguimos formular e que, no entanto, pesam sobre nós e fazem que nos desprendamos de tudo que formulamos, de tudo que outros formularam para nós, tanto mais quanto menos conseguimos apreendê-los e expressá-los sob a forma da pergunta e do problema teóricos? Será que somos *céticos* diante de tudo que foi considerado importante porque estamos, por assim dizer, seguros demais de um ponto, de uma coisa, de alguma coisa que seria inexprimível em todos esses discursos, para não duvidar, para não fazer pouco de todas essas belas certezas que nos são exaltadas de todos os lados? E se empregamos há pouco a expressão *desesperadamente*, será que não devemos tomá-la em seu sentido mais literal, indicação de que não esperamos nenhuma resposta, nenhuma solução, nenhum contentamento de tudo que dá esperança aos homens dos discursos únicos?

Teríamos, então, chegado a um limite: falamos e sabemos que nosso falar nada apreende daquilo que nos importa e que o que é expresso pelo discurso, seja qual for esse discurso, não nos importa; pareceria que nos chocamos contra algo pior que um muro, que estamos diante de um nada ou de um espaço preenchido por um elemento no qual não podemos nem nos mover nem respirar, no qual nenhum de nossos olhares distingue nem objetos, nem formas, nem forças e onde, no entanto, se situa, deve se situar aquilo que tem mais peso que qualquer *realidade*, um espaço no qual não poderíamos penetrar e no interior do qual, contudo, por um paradoxo insolúvel, impensável, nos teríamos colocado para olhar e julgar e desvalorizar tudo que nos é conhecido e acessível. E todas essas reflexões não impedem em absoluto que saibamos – ou será preciso dizer: *sintamos*? – que não podemos desistir, que não *queremos* desistir desse jogo sério no qual tentamos compreender a nós mesmos graças ao discurso: esse próprio desespero não prova que nos importa, no fim das contas, apesar de tudo, antes de tudo, saber o que somos?

O abandono dos discursos ontológicos como resultado das condições históricas de nossa comunidade. Nossa situação

Uma coisa é certa: não somos daqueles que elaboraram e repetem esses discursos, que nos deixam frios assim como, por outro lado, sabemos bem que não queremos a violência e que, portanto, tampouco somos daqueles que vivem tranquilamente numa dada comunidade, prontos para defendê-la pela violência, "seguros" do que é o interesse da comunidade e dos indivíduos, assentes num discurso não contraditório, tradicional e reconhecido por eles e seus pares. O que resta para nós, sendo assim?

Não somos – ao menos não o somos no discurso que estamos sustentando para nós – daqueles que se acreditam ao abrigo da violência em sua comunidade e que perseguem os fins que o homem persegue tradicionalmente nessa comunidade, e não somos daqueles que, vivendo ainda na comunidade, compreenderam que ela não é imortal e se preparam, em seu discurso, para uma vida isolada e, ao mesmo tempo, universalizada diante do universal: somos daqueles que, na realidade, perderam a comunidade, que já não têm preocupações a respeito de uma perda possível da comunidade, da morte da comunidade, mas que passaram por essa perda e por essa morte e sabem que a vida continua, e continua a ser suportável. Falando como falamos, assumindo a posição do cético desprendido, nada fizemos além de admitir que os interesses do homem *verdadeiro* não são os nossos, assim como seus medos não o são: não somos de sua família, nem pela segurança nem pela apreensão. Somos do gênero daqueles que o homem verdadeiro considerava e considera como animais feitos à imagem do homem, como instrumentos.

É compreensível, portanto, que não possamos nos reconhecer no discurso do homem *verdadeiro* e, consequentemente, vê-se por que seu universalismo, sua tentativa de encontrar um discurso que seja válido para o homem e, assim, para todos os homens, não nos comove: esse discurso pode ser bom para um homem que, ao menos no tempo durante o qual ele fala, está seguro de que o mundo de sua comunidade subsiste ainda e que pode considerar, portanto, que, se a catástrofe realmente acontecer um dia, ele não terá vontade de sobreviver a ela ou retirar-se-á das ruínas de seu mundo para viver em seu discurso, isolado e universal. Quanto a nós, sobrevivemos a ela e constatamos que o resultado, afinal de contas, não é tão ruim quanto o homem *verdadeiro* o previa, porque a perda não foi para nós, mas para ele, porque nós nunca fomos *iguais* e somos herdeiros dos escravos, daqueles que trabalhavam, que não tinham *discurso* e não precisavam dele, mas viviam e trabalhavam por meio de uma *linguagem*, de um meio de comunicação voltado para o trabalho, destinado a facilitar e garantir o sucesso do trabalho. Em suma, vivemos ocupados com nossos desejos, com nossas necessidades, e queremos satisfazê-los pelo trabalho tranquilo, porque sabemos por experiência que a luta entre os trabalhadores torna impossível o sucesso do trabalho e nos expõe, a todos e a cada um, à violência da natureza.

Nosso desinteresse quanto ao discurso único, nosso interesse pelo acordo no, pelo e para o trabalho e pela defesa contra a violência da natureza, a violência extra-humana, indicam, portanto, que a atitude dos homens *verdadeiros* é, por assim dizer, posterior e anterior a nossa. A práxis, tão negligenciada, tão desprezada por eles, precedeu seu orgulho, assim como, após o fracasso desse orgulho, ela retoma o primeiro lugar: somos os herdeiros dos primeiros homens, daqueles que lutavam com a natureza por sua subsistência e por sua existência naturais. Mas não somos seus descendentes diretos; o simples fato de que falemos deles e de nós, de que tenhamos presente ao espírito o discurso daqueles que haviam esquecido a necessidade, mostra que não somos *instrumentos*, homens que não vivem na história e cuja existência é um eterno retorno das mesmas condições, dos mesmos dados, das mesmas tarefas. Somos também e tanto quanto os herdeiros do discurso ou, para falar sem metáfora, nossa história é tal que, por já não termos senhores devemos assumir o papel dos senhores, por não termos possuído discurso próprio assumimos a responsabilidade pelo discurso dos homens *verdadeiros* no momento em que sua comunidade desapareceu, em que a catástrofe tão temida se produziu e a igualdade dos homens se realizou, não pela elevação dos homens inferiores, como previam e preconizavam os homens *verdadeiros*, mas pelo rebaixamento dos senhores (ou seu desaparecimento, se preferiam desaparecer). Temos assim uma *linguagem*, a linguagem que nos é útil em nossa vida e para nossa vida, e um *discurso* graças ao qual tentamos nos apoderar de nossa vida, a exemplo dos antigos senhores que possuíam uma vida própria e se perguntavam apenas o que fazer com ela. Nós temos, nós mantemos uma lógica formal, porque aprendemos que a violência entre os homens constitui um perigo para todos os homens, e que o acordo é o meio indispensável para a defesa de nossos interesses *naturais*; mantemos a exigência de uma ciência primordial, não porque estaríamos convencidos de que só a *visão* pode proporcionar ao homem o contentamento, mas porque aprendemos que é preciso saber o que se passa com a natureza para poder sobreviver a sua hostilidade; não porque queiramos nos repousar do fluxo dos fenômenos na apreensão do Ser, mas porque não encontramos outro meio de nos orientar nesse fluxo. Precisamos de razão, porque já não há senhor que seja razoável para nós.

Em suma, não nos importa viver como *sábios*. Temos uma filosofia, mas não é para ter a sabedoria, é para consumar, na medida do possível, nossa ciência da natureza, da luta com a natureza, da organização dessa luta. Não lutamos como cegos, sem consciência dessa luta, e sob esse ângulo somos de fato os descendentes dos homens *verdadeiros*; fomos até mais longe do que eles, visto que compreendemos a importância da luta com a natureza que eles haviam relegado a outros e acabado por esquecer; e não acreditamos, como bons herdeiros dos antigos escravos, que a consciência seja tudo e que baste lutar consigo mesmo para alcançar o contentamento: aceitamos a luta com a natureza e aceitamos levá-la a sério. Mas falamos, sabemos que falamos e que falar não é um divertimento, mas um procedimento, o procedimento humano por excelência para travar a luta contra a violência, não o falar para não dizer nada, como faz aquele que não evita a contradição, tampouco o falar para viver como se a luta com a violência não existisse: somos homens da ciência, mas da ciência útil, ex-escravos que se servem do discurso dos ex-senhores, das partes desse discurso que parecem ter uma aplicação e um sentido *práticos*.

É por isso, portanto, que não atribuímos um grande valor aos discursos únicos e por que, ainda assim, sua multiplicidade nos comove: a projeção de todos esses discursos no mesmo plano e a ideia de uma discussão entre eles eram ilegítimas, mas só o eram do ponto de vista do discurso único. Continua verdadeiro que o homem, qualquer homem, pode se ater a seu discurso, a qualquer discurso sobre o Ser, contanto que esteja disposto a renunciar à vida se aquilo que o seu discurso qualifica de inessencial e insignificante assume, nos fatos de sua existência de animal pensante, uma importância insuportável. Todavia, como herdeiros do discurso do senhor e da linguagem do escravo, não tínhamos menos razão ao projetar todos os discursos únicos no mesmo plano: mas enquanto esse plano era – para os senhores – o do acordo de todos os homens *verdadeiros* a partir de princípios comuns, ele se mostra agora como o da práxis, da atividade do homem que quer agir razoavelmente na natureza, lutando com a natureza, com os meios que a natureza coloca à sua disposição ou, mais exatamente, que ele sabe extrair da natureza. E como é o sucesso que decide essa luta, é de grande importância para nós encontrar o discurso *verdadeiro* sobre o Ser; verdadeiro, isto é, agora: *eficaz*. Comparamos os discursos que nos prometem um ensinamento utilizável. E então constatamos que esses discursos se contradizem em suas consequências práticas.

Com efeito, o que esperamos do discurso? Tão somente que nos dirija na vida, que nos permita assumir a sucessão dos senhores na direção do trabalho. Por certo a ideia formal de um discurso válido para todos os indivíduos nos é preciosa em nossa luta com a natureza. Mas aprendemos que o acordo entre os indivíduos não nos faz avançar enquanto depende apenas da boa vontade de todos os participantes do diálogo: é preciso que as coisas decidam entre as opiniões, e a realidade deve ser o juiz de nossas desavenças. Passo a passo, desenvolvemos uma técnica não apenas do trabalho, mas também – e, sobretudo, talvez – do exame da natureza, uma ciência natural *eficaz* e cujas respostas não dependem de nós e de nosso acordo, mas da própria natureza. Como herdeiros dos escravos, nós não lutamos com nossa própria natureza e nosso descontentamento, mas com a natureza exterior, e lutamos nós mesmos, todos nós participando dessa luta; e somos os herdeiros dos senhores na medida em que lutamos por meio do discurso razoável, nosso discurso, e que, se trabalhamos, trabalhamos para nosso contentamento. Mas nosso discurso não trata de nós mesmos e nós, que dirigimos a natureza ao nosso dispor, não sabemos nos dirigir. Tendo vencido a natureza, somos escravos de nossa vitória, e a natureza subjugada nos subjuga por sua vez: vencemos, mas não sabemos o que fazer de nossa vitória, a luta vitoriosa não tem sentido para nós, que não passamos de combatentes de uma guerra sem chefe, sem fim, sem projeto geral, sem paz possível. Separamo-nos da tradição do trabalho antigo e estamos atados, mais que os antigos senhores, pela tradição inconsciente e por isso mais forte – nem mesmo pela tradição, mas pelas tradições, nossas tradições, diferentes tão logo queiramos nos servir de nossa vitória: do senhor, mantivemos apenas o desejo de nos apropriar do produto do trabalho de todos, cada qual do produto todo, e como perdemos toda tradição que possa limitar nossas pretensões, só nos resta lutar a partir do instante em que deixamos de trabalhar e de sondar a natureza. O senhor havia esquecido a luta com a natureza exterior: nós esquecemos a luta com a nossa natureza interior e só vencemos a violência exterior para nos deixarmos arrastar pela interior, a paixão, o desejo tradicional sem tradição concreta. Não podemos escolher entre os múltiplos discursos dos senhores, nós que vivemos dentro, com, contra a natureza do mundo exterior e, no entanto, não podemos viver sem um discurso que dê sentido ao nosso trabalho, à nossa vitória, à nossa vida, se não quisermos nos entregar ao desespero da violência, à violência do desespero. Temos necessidade de um discurso nosso.

***

b) O discurso como liberdade na condição

A escolha do problema

Se fizéssemos aqui um trabalho de historiador, se apenas considerássemos o encadeamento dos conceitos fundamentais a partir dos quais o homem constrói, conscientemente ou não, o mundo de sua vida, teríamos de nos perguntar o que é a existência daqueles que chamamos de escravos. Isso porque é evidente que o homem, sempre e em toda parte, viveu na e pela práxis, que ele sempre possuiu uma técnica – e uma técnica que transforma a si mesma (sempre, porque é a partir do momento em que aparece uma técnica *em evolução* que se pode falar da espécie *homo sapiens*, oposta a uma espécie desaparecida de supermacaco: é apenas uma definição) –, que sempre uma linguagem contribuiu para o desenvolvimento e o aperfeiçoamento dessas técnicas e da organização. O próprio discurso do homem *verdadeiro* reporta-se a essa raiz e os princípios, os valores, o sagrado de cada comunidade se originam na forma concreta da existência dessa comunidade. Teríamos de nos perguntar qual é a forma da *certeza* que domina essa vida e na qual essa vida expressa a si mesma, com seus mitos, seus deuses, seus ritos, seus procedimentos. Teríamos de nos perguntar, enfim, o que resta de toda essa tradição no momento em que o homem, que nasceu como membro de uma tal comunidade, perde, com aquilo que chamaríamos de sua liberdade, toda a sua tradição, toda a sua linguagem. O que tratamos apenas de modo alusivo assumiria então um relevo maior e seria iluminado de modo tal que se poderia ver a estrutura dessa linguagem do escravo e do discurso comum, numa medida que seria preciso determinar, para o ex-escravo *e* para o ex-senhor, dessa mistura que só pode se produzir porque esses dois componentes têm suas fontes no mesmo solo: de um falar, se for permitido expressá-lo assim, *residual* tanto num caso como no outro, nostalgia de um mundo da certeza em um e no outro, sonho de um restabelecimento da unidade em ambos.

Não nos cabe empreender essas análises neste momento. Mas era essencial, para nosso propósito, mencionar esses temas de análise, visto que os fatos aí focalizados explicam como é possível continuarmos sempre e ainda a nos interessar pela tradição *sagrada*, mesmo que ela tivesse se tornado uma pura forma que mais nenhum conteúdo vem preencher desde que o escravo aprendeu que seu próprio sagrado não o protegeu da escravidão, e que o senhor viu que seus princípios não resistem à violência. Esses mesmos fatos explicam por que, por outro lado, continuamos a nos perguntar o que o discurso da ciência, destinado, no entanto, à luta contra a natureza, significa *para nós*, por que não conseguimos esquecer a nós mesmos nessa luta e não nos entregamos completamente a ela, mas exigimos saber o que nós próprios somos: assim como o discurso do senhor não faz desaparecer o problema da luta com a natureza, a linguagem do ex-escravo não chega a apagar a questão e a busca do contentamento.

É fato – e nunca seria demais insistirmos nesse ponto – que o homem *pode* se desviar de si mesmo para viver inteiramente no trabalho e na linguagem das ciências; mas é igualmente um fato que nem sempre ele se atém a isso e que ele pode escolher, e por vezes escolhe, uma via que o conduz novamente ao problema de sua existência, na medida em que ela constitui, para ele, problema (o que é lançado diante dele) e tarefa. Não repetiremos o que dissemos anteriormente, quando a questão da escolha se havia apresentado: o fato de que falemos como o estamos fazendo mostra qual é nossa posição, qual é o caminho que escolhemos. Aqui, tão pouco quanto lá, não existe argumento que possa obrigar o outro a fazer a mesma escolha. Mas depois que essa escolha tiver sido feita, será preciso considerar o que ela comporta para o homem.

Determinação e liberdade

Uma vez admitido isso, nada foi resolvido ainda e a oposição entre as atitudes que herdamos, longe de estar vencida, não foi sequer formulada: foi apenas evocada. Tentemos explicitá-la. Ela pode ser formulada assim: na ciência, o homem determina aquilo que é; essa linguagem científica das determinações é a única que, a seus olhos, é válida, alcança a verdade e a contém; é somente nessa linguagem, portanto, que ele pode expressar o que ele é; consequentemente, ele só se conhece, em verdade, como ser determinado. Ora, um ser determinado não pode fazer perguntas, porque perguntas só se compreendem da parte de um ser não completamente determinado, de um ser que não está feito, mas faz a si mesmo, que se forma e se transforma. Em outras palavras, parece que o homem só pode falar validamente de si mesmo numa linguagem científica, por meio de um discurso ontológico fundado no Ser e, no entanto, não pode falar de si mesmo, não pode sequer falar (no sentido de que *falar* significa também a pergunta e remete, consequentemente, à práxis), se semelhante ciência total do Ser for possível: a pergunta só é possível para o ser livre, para o *não ser* livre, e só pode receber resposta se tudo estiver determinado.

Assim, surge uma vez mais o problema do discurso, o problema lógico, mas transposto, transfigurado, transmutado em sua substância. Já não se trata do acordo dos discursos individuais, todos decorrentes de princípios reconhecidos pelas pessoas que discutem; não se trata de uma escolha entre os discursos relativos ao Ser: o que se tornou problemático foi o próprio discurso, a possibilidade de falar daquilo que é na medida em que é ou, mais exatamente, a possibilidade de conciliar a *liberdade* do homem com as determinações da ciência, de conciliar o conceito do homem como ser que fala, questiona, escolhe, age com aquele de um mundo razoavelmente determinado e que determina o homem.

Não se cometeria nenhuma injustiça com a ontologia nem com a lógica da não contradição ao se dizer que a ontologia não fez que essa lógica avançasse em nada. No entanto, se a ontologia se contenta com o discurso não contraditório e quer apenas elaborar um *sistema* que se sustente quando julgado a partir de seus próprios princípios, se ela não contribui em nada com a história da lógica, contentando-se com o instrumento que já encontra pronto, é ela que, por outro lado, impele a lógica a uma reflexão revolucionária ao obrigá-la a enfrentar o problema da possibilidade de um discurso que verse sobre o real e que, no entanto, seja ao mesmo tempo discurso humano. No presente, o homem que quer se orientar no mundo porque sabe ter perdido a orientação que outrora lhe era dada, que quer saber o que é o mundo e qual é seu lugar nesse mundo, esse homem vê que ele não é capaz de responder a perguntas – de cuja formulação ele não pode se abster – antes de ter resolvido o problema da possibilidade de um discurso humano não contraditório a respeito daquilo que é, na medida em que é, *e* a seu próprio respeito, na medida em que ele é livre: determinante não determinado.

O homem, ser agente, quer determinar aquilo que é, o mundo; para fazê-lo, ele se deixa determinar pelo mundo, que lhe fornece o conteúdo de sua ciência, e apreende a si mesmo como parte desse mundo no qual sua ação não surtiria efeito se ele não fizesse parte dele. Não existe liberdade sem ciência, porque não existe ação razoável sem conhecimento do mundo: não existe ciência sem liberdade, pois a condição que revela a ciência só existe para uma vontade que busca essa condição apenas porque a nega.

O problema transcendental

A filosofia transcendental, em todas as formas que ela assumiu ao longo da história, provém do reconhecimento desse problema fundamental: o primeiro resultado da ciência é que o homem é um ser condicionado; seu primeiro fundamento, que o homem é livre. Como um ser do qual se pode e se deve falar como de uma coisa pode ser livre? Como um ser livre, isto é, sem união imediata com o Ser, pode ter acesso ao Ser? Como o homem, que se sente livre antes de haver elaborado uma ciência qualquer, que sabe imediatamente que pode ou não pode fazer isso ou aquilo, pode falar de necessidade e englobar-se nessa necessidade?

Conhecemos a resposta que Kant deu a essa pergunta depois de ter sido o primeiro a formulá-la em toda a sua pureza, e como ele salvou a liberdade infinita estabelecendo o caráter finito do conhecimento teórico: é um contrassenso querer *conhecer* a liberdade cientificamente; ela pode ser *pensada*. Ela não está em contradição com a ciência porque a ciência é inacabável, não apenas inacabada, mas essencialmente inacabável, porque ela só é possível no âmbito da atividade humana, no interior desse âmbito que não pode ser apreendido em sua totalidade porque é somente no interior de seus limites que *apreendemos*, porque a ciência deve desistir de se apoderar do Ser em sua unidade ou, mais exatamente, porque o homem compreende que, na ciência, não se trata para ele do Ser, mas daquilo que é, e também daquilo que é na medida em que se mostra ao homem, na medida em que aparece àquilo que aparece como homem concreto à liberdade, a qual, por sua vez, nunca é objeto de discurso algum, mas fonte de todo discurso. A ciência é possível como ciência dos fenômenos e o homem pode falar do que é verdadeiro, do que se mostra em todo lugar, sempre, a todos, porque ele próprio em sua liberdade fixa esse âmbito, que, sendo o seu e o da ciência, é mais do que necessário, que faz a própria necessidade da ciência: ser dado ao homem é a mesma coisa que entrar nesse âmbito, e é no campo de forças desse âmbito, na estrutura desse campo, que se mostra tudo que aparece ao homem. O homem livre possui uma ciência do necessário, mas ele não é objeto dessa ciência, na medida em que é livre. Tudo lhe é dado, exceto o que não pode ser dado: ele próprio na qualidade de livre, a quem tudo é dado. Livre, ele pode conhecer-se condicionado; na medida em que é condicionado, nem mesmo concebe a liberdade. O que assim é dado à liberdade é determinado para a liberdade, mas a própria liberdade não pertence ao domínio do determinado, ela é determinadora: não pode ser *conhecida*, mas pode ser *concebida*, sem que por isso o discurso da ciência seja maculado de contradição; isso porque a liberdade *é*, sem ser isso ou aquilo, e está segura de si mesma para além de qualquer certeza científica, que sempre pertence ao domínio do acaso e cujo contrário pode ser pensado, enquanto o homem, ser agente, ser que diz *não* ao que lhe é dado, que compreende o que é a partir do que é possível, a realidade como expressão particular de funções que *poderiam* ser satisfeitas por outros valores de observação; o homem, embora nada o impeça de afirmar o contrário, não pode não estar imediatamente seguro, não de sua realidade, pois a realidade se define no âmbito do dado, mas de si mesmo, de sua ação, da liberdade.

A importância dessa pergunta, tanto quanto dessa resposta, não poderia ser minimizada. Ela pode ser definida de duas maneiras: *quer* pela ênfase no reconhecimento da contradição, que agora é inerente a todo discurso, visto que todo discurso versa e não versa sobre os fenômenos, sobre o que é invariável no fundo de toda experiência *e* sobre o que, essencialmente, nunca é o mesmo, *quer* pela insistência no reconhecimento da violência como um irredutível que não pode ser rejeitado como um fator "acidental", "inessencial", "insignificante", mas que se apresenta como constitutivo de todo conteúdo e de todo o conteúdo da existência humana. É evidente, aliás, que as duas expressões visam ao mesmo fato último. O discurso do homem é inacabável, o Ser como tal é inapreensível e, com a unidade total diante dos olhos, o homem não para jamais, e jamais pode parar de se mover nas contradições; toda a atividade de sua inteligência, de sua razão, é apenas o empreendimento de se orientar no mundo do dado, atividade sempre certa de seu sucesso na medida em que sabe ser ela própria quem impõe e cria a ordem, e que se vê dependente de seu material tão logo queira elaborar essa ordem. Mas o que é isso senão a constatação de que todo conteúdo concreto de seu discurso de ser agente, de que toda condição de sua atividade, tudo que dá ao homem um conteúdo lhe vem de fora, não depende dele, lhe é imposto por uma violência, por uma natureza no interior da qual ele pode agir, mas que ele não pode nem criar nem transformar radicalmente? O próprio princípio de ordem é o que é, sem que o homem possa fazer mais do que constatar que ele é, e que ele é este ou aquele. Forma e conteúdo de sua experiência, de sua ciência, de sua própria estrutura (como sujeito-objeto da ciência) não dependem dele, e ele não pode imaginar que isso seja diferente; seu discurso lhe permite apenas designar a possibilidade vazia de uma liberdade criadora, vazia, não apreendida, não apreensível, designada apenas pela negação (verbal) do que ele julga ser o seu próprio ser.

A vida compreendida como contradição. O discurso da contradição. A atividade e a moral

Reduzir a realidade à possibilidade, compreender aquilo que é e o que é o homem pelo que (ele) poderia ser e não é, descobrir a necessidade não na natureza tal como ela é em si mesma, mas tal como aparece no e pelo olhar que o homem lhe dirige, salvar a liberdade do homem fazendo dela um inacessível para todo discurso positivo e fundando a certeza inabalável dela na consciência imediata da ação e da responsabilidade da ação *que se quis*: eis, portanto, a solução do problema. O homem pode falar daquilo que é, *porque* não pode falar do Ser em sua unidade e em sua totalidade; o homem pode saber-se livre, *porque* não pode falar de sua liberdade, pode apenas experimentá-la em ato. A liberdade, por agir apenas no âmbito do dado, por testar a si mesma apenas contra o dado, não é da natureza do dado, e ela, à qual todos os fenômenos aparecem, jamais pode aparecer: ela fala, mas nunca fala de si mesma positivamente, ela se designa *per viam negationis*.

As consequências dessa solução são impactantes, tanto para a lógica formal como para a ontologia. É verdade que o discurso do homem deve se defender da contradição: isso significa, agora, que esse discurso trata essencialmente do contraditório, que a não contradição, tal como pode ser mantida por uma dedução do discurso de princípios universalmente admitidos, é a característica menos importante do discurso, uma forma vazia que se preenche graças à contradição nos fenômenos, dominando-a, mas sem negá-la: se um dia o homem porventura já não se encontrasse diante da contradição, todo *problema* teria desaparecido para ele, juntamente com toda possibilidade de ação (que nada é além da luta – a contradição – contra a contradição), ao mesmo tempo em que teria desaparecido para o homem toda possibilidade de tomar consciência tanto de si mesmo quanto da natureza. Sem contradição a existência é ou animal ou divina. E visto que essa contradição – em última instância, aquela entre o homem agente e a natureza, âmbito dado de sua atividade e de sua ação – não pode ser eliminada e já não pode ser descartada como um aspecto inessencial, segue-se que não há sábio: o homem não pode encontrar o contentamento na visão do Uno eterno, pois o Uno eterno nunca lhe é dado, pois a ideia de um eterno *dado* encerra uma contradição formal. O que é eterno para o homem é a forma do que está sempre em devir, e se por um lado essa forma permite encontrar leis válidas em todo lugar, sempre, para todos, por outro ela não pode proporcionar ao homem um conteúdo eterno, um objeto transcendente de visão beatífica, visto que ela só se revela unida ao seu conteúdo e que o homem só pode tomar consciência dela mergulhando na experiência, esse composto de forma e matéria, que o pensamento transcendental só tem sentido como reflexão sobre a ciência real do homem que age no dado. Há um eterno, mas ele não entra no horizonte do homem, já que ele constitui esse *horizonte*, o que limita sua visão; e existe visão, mas ela não é do eterno, já que ela é visão do homem que age no *interior* do mundo, não visão concreta *do* mundo.

Não nos perguntamos aqui o que esse resultado comporta para o homem no que tange a sua própria vida. Que seja suficiente relembrar que essa vida é, necessariamente, de acordo com o que precede, uma vida agente, que a ação consciente de si mesma é a luta contra a contradição e contra a violência, que o objetivo do homem não pode ser o de escapar do finito e do dado, mas apenas o de estar de acordo consigo mesmo, com o que é mais ele próprio do que qualquer dado, com sua razão, que ele é, quanto ao fundo, *ser moral*, ser que se orienta de acordo com um discurso cujo conteúdo (as condições de sua ação) não depende dele, mas cuja forma (a regra que ele prescreve para si) é sua, na medida em que ela só admite como critério o acordo do homem consigo mesmo na razão, excluindo, assim, de suas decisões a natureza e sua violência, embora ele nunca possa estar seguro de havê-la excluído de seus atos. Ele pode ter esperança – nenhuma ciência pode proibi-lo disso, visto que a ciência trata apenas do dado –, pode ter a esperança do contentamento na eternidade; só pode estar seguro da satisfação, cada vez que resistiu ao que nele o impele para um ato não razoável e que não está de acordo com o que constitui a humanidade dentro dele, cada vez que resistiu ao que nele existe de violência: ele *deve* agir de maneira tal que o princípio de cada um de seus atos possa fundar um sistema de regras de conduta coerente, isto é, não violento. É irrelevante saber se, na realidade, ele é sempre capaz de se conformar a esse imperativo, visto que ele *devia* sempre se conformar a ele, assim como é irrelevante saber se o ato conforme à regra alcançará o fim visado, visto que isso depende do dado e não da decisão. Antes de qualquer reflexão sobre os fatos, está claro que um fim que não é universal ou *universalizável* em nome de um princípio constitui um contrassenso para a liberdade humana que só se *sabe* liberdade na medida em que ela *quer* submeter o dado, libertar-se do dado, instaurar, no lugar do reino da necessidade e das causas, o dos fins e da razão consciente de si mesma.

Nem sábio, portanto, nem santo, mas alguém que busca, trabalha, luta, livre no âmbito do necessário, inserido num mundo que ele não criou, com uma constituição de todas as suas faculdades não escolhida por ele, negando a violência da natureza que o circunda e da natureza que compõe o seu ser em toda a extensão em que ele pode observá-la e sobre ela falar positivamente, eis o que é o homem. Ou melhor, talvez, eis a vida do homem, se o termo *ser* tiver de ser reservado ao que pode entrar no discurso positivo da ciência: o homem se faz, ele não é, e na medida em que ele *é*, simples dado da experiência, ele não é homem no sentido pleno da palavra. É verdade que tudo que o circunda (ou que o preenche) é da natureza daquilo que é, da natureza do *fato*: fato de que ele possui tal caráter, fato de que ele possui o discurso que é o seu, fato de que o mundo entra nas formas universais que são as desse discurso, fato também de que o homem consegue descer das formas universais para leis cada vez mais particularizadas, fato de que ele possa ascender de suas observações a leis que unem o que lhe é dado de modo disperso no tempo e no espaço. Nada depende dele, exceto querer e decidir-se razoavelmente.

E são também os fatos que dão ao homem a possibilidade de se decidir concretamente, é também o fato de sua vontade que lhe permite falar de sua liberdade, pensar essa liberdade para sempre incognoscível: é somente opondo-se aos fatos que ele se torna não fato, liberdade, subjetividade, e ele nada seria sem os fatos. Ele é razoável, ele persegue, ele deve perseguir fins que estão de acordo com o fim único, a pura e total compreensibilidade razoável de todos os atos e de todos os acontecimentos; mas ele só pode imaginar esse estado final negando tudo que ele conhece concretamente e, mesmo nos momentos de mais profunda confiança, ele só poderia falar de abordagem assintótica, visto que mesmo sua imaginação não pode construir para ele uma imagem positiva do reino dos fins.

Força razoável que se opõe à violência do dado, o homem só se realiza naquilo que não é ele, naquilo que se mostra e que lhe acontece, a ele que nunca é fenômeno se é ele próprio. Não existe condição senão para a liberdade que a nega; não existe objeto senão para o sujeito, que, ao determiná-lo, lhe dá apenas seu ser de objeto: o Ser em sua totalidade é apenas uma indicação de direção para a busca do homem, e o homem tem o direito de se declarar livre, porque seu *saber imediato* não encontra em parte alguma seus *conhecimentos derivados*. Mas ele só pode saber que é livre porque existe condição para a liberdade, porque existe *fato* para a subjetividade: o fundo da coerência de tudo que é, esse fundo que substitui a unidade do Ser pela coerência do discurso a respeito do que é e se mostra, esse fundo não é objeto do discurso, só pode ser anunciado por via de negação, por oposição ao cognoscível na qualidade de cognoscível, e só se *sabe* porque, de *fato*, ele só *conhece* aquilo que não é ele.

O infinito da liberdade e o finito da vida

O alcance dessas elaborações é grande para o discurso. A não contradição não foi eliminada, longe disso, visto que ela continua a ser a forma do discurso, mas foi destronada, pois ela só regula o discurso na forma, sem regular a única coisa que, agora, interessa ao homem, o conteúdo. Esse conteúdo não pode ser deduzido de princípios quaisquer, só pode ser encontrado, e falta tanto para garantir que o encontrado esteja livre de toda contradição que, ao contrário, os juízos relativos aos fenômenos, ao dado, ao devir, à natureza contradir-se-ão regularmente tão logo sejam projetados no plano intemporal e não espacial do discurso não contraditório a respeito do Ser; a tarefa da ciência é precisamente a de *impor* uma unidade que não é dada e que deve ser tal que as contradições da experiência não sejam nem refutadas, nem recusadas, mas conservadas, apesar da redução a que são submetidas, tanto quanto graças a ela. Os princípios por si sós não permitem ao homem se orientar no mundo dos fenômenos, e aquilo que não passa de singularidade da experiência tampouco o ajuda: a ciência procede à união do que não é unido por si mesmo, mas que, na realidade, se presta à ação unificadora. Ao refletir, o homem chega à conclusão de que o que ele assim conhece não é necessariamente tudo que existe, no sentido formal da palavra; mas ele se assegura também de que é tudo o que é cognoscível para ele e, assim, é só o que existe para sua atividade e sua ciência. Não existe *theoría* para ele, mas visão pura do eterno em seu ser positivo; só existe oposição à contradição, a atividade que não se conhece, mas se experimenta na luta sempre renovada, jamais concluída na única vida pela qual o homem passa; toda ideia de uma existência diferente é permitida, mas nenhum conteúdo, nenhuma imagem lhe correspondem. Como, de fato e pelo fato, ele possui apenas um discurso inacabável, o homem não lida com a eternidade, mas, longe de ser enganado pela aparência do temporal, é temporal ele próprio, no âmago do seu não ser.

Entre eu que falo e eu de quem falo não existe, portanto, contradição; existe algo pior, existe um abismo; ponte alguma leva do Eu (*Je*) que conhece ao eu (*moi*) que Eu (*Je*) conheço (a menos que eu renuncie a todo conhecimento e me desvie de todo concreto – inclusive eu mesmo, em meu ser conhecido – e me volte para o que não pode ser demonstrado como impossível, porque se situa fora dos limites do cognoscível). De um lado, o fundo do meu ser, que não alcanço por conhecimento algum; de outro, a exigência de uma conciliação final de todas as contradições num sentido absoluto realizado, num cosmos verdadeiro, um reino dos fins do qual não posso falar positivamente e que alcanço apenas numa quase-apreensão por um ato de fé vazio e exclusivo de todo conhecimento concreto: é apenas ao aceitar essa dupla limitação e essa dupla transcendência de seu discurso concreto que o homem pode compreender seu discurso, seu alcance, sua significação; ele precisa renunciar a conhecer outra coisa que não os fenômenos, para que a própria ideia de conhecimento não seja acometida de absurdez. Ser finito e liberdade infinita, o homem só se aproxima, em seu discurso científico, do finito, e a este último ele só ultrapassa por um pensamento vazio e do qual só se liberta nessa vida para cair no devaneio ou no vazio do silêncio. Existe ciência para o homem, porque não há nem ciência do Ser, nem ciência da liberdade.

***

c) O discurso como apreensão do ser por ele próprio e para ele próprio

A compreensão do finito como superação do finito

Eis o preço ao qual se conciliam ser e liberdade, condição e discurso. E esse preço é elevado quando vem à lembrança o que esperávamos do discurso. Por certo, as palavras liberdade e Ser não perdem todo sentido; ao contrário, todo sentido de todo discurso se orienta na direção delas, mas como na direção de focos imaginários para o discurso: elas são indispensáveis na medida em que fornecem orientação e sentido ao discurso. Mas o homem deve renunciar ao conhecimento delas para poder se dirigir a elas.

Será inevitável pagar esse preço? Sem dúvida, o homem pode se ater à reflexão sobre a possibilidade do discurso concreto que versa sobre aquilo que é, reflexão sobre a *compreensibilidade* do fato de que ele dispõe de um discurso que versa sobre a realidade; ele se contenta, então, com ter ficado em paz consigo mesmo, de ter compreendido como e dentro de quais limites ele pode compreender. No entanto, poderia acontecer que o que ele assim encontrou fosse verdadeiro, mas não fosse toda a verdade. Não se pode forçar o homem a superar essa posição. Mas será que ela não pode ser superada?

O homem que quer se ater a esse discurso finito sobre o finito já não o terá superado, sem percebê-lo? Seu discurso se limita em relação ao Ser: ele não fala por isso mesmo do Ser? Pode-se admitir que a ciência do homem que vive no mundo, do indivíduo agente, não encontra acesso ao absoluto; será ela a única ciência, será ele o único tema? O fato do conhecimento não poder ser deduzido e só se poder compreender como a ciência é possível por via de regressão; mas a razão que compreende sua realidade por essa possibilidade não é presente e real? A liberdade que se testa em sua oposição a todo dado não é estabelecida no interior do dado, tanto pelo ato de conhecimento quanto por sua oposição ao dado em meio ao dado? Será que o Ser não se dá ao conhecimento do homem, não se acomoda à sua atividade, nem que seja ao lhe permitir questionar e encontrar incessantemente, decidir e se decidir?

A coincidência do Ser e da razão

Basta um único passo para que a limitação da razão desapareça; que não se olhe mais a razão do ponto de vista do indivíduo, mas o indivíduo do ponto de vista da razão, e haverá coincidência entre liberdade, razão e ser. O que é *fato* para o indivíduo só o é porque o indivíduo se toma e se compreende como *fato*. Mas todos os fatos, inclusive o fato denominado homem, são fatos da Razão e são fundados no Ser, que nada é senão a Razão que se determina em sua Liberdade. O indivíduo pode apenas universalizar, e esse processo é interminável; a Razão-Liberdade-Ser pode se determinar e se determinou, e a reflexão transcendental só podia se fazer porque, inconscientemente, ela admitia a certeza de um sentido último, de uma liberdade realizada, de um Ser vivendo em si mesmo. Um único passo a dar, uma única prova de coragem a fornecer, e o discurso coerente e truncado transformar-se-á em discurso absolutamente coerente, a um só tempo infinito e fechado em si mesmo: em vez de indagar como o homem pode possuir uma ciência daquilo que é, é preciso indagar como a razão tenha podido duvidar de si mesma. O sujeito pensa o objeto e assim pensa a si mesmo sob essa categoria, refletindo seu ser, na medida em que ele é pensado, nas categorias do objeto dado; nada de surpreendente, portanto, se o resultado é a separação da razão pensante e da razão pensada. Não é preferível reconhecer que esse mesmo pensamento tem seu lugar no âmbito da razão, que a razão-sujeito e a razão-objeto são uma única e mesma razão, que a razão, ao pensar o objeto, nada faz senão pensar a si mesma?

A razão apreende tudo, ela nada apreende que não seja ela mesma: não há nada que ela não possa conhecer – com uma única condição, a de que o homem renuncie a limitar sua ideia de conhecimento ao conhecimento científico do indivíduo que age na natureza. É possível, e é consequentemente necessário, que o discurso se torne discurso absolutamente coerente, isto é, não mais discurso do indivíduo – porque, por definição, esse discurso é interminável, já que o finito não esgota o infinito –, mas o discurso da própria razão, da razão que é Ser e liberdade; é absurdo falar de um *outro* da razão, de um ser (ou de um não ser) que introduziria, seja o irreal da *simples aparição*, seja a obrigatoriedade de uma condição que restringisse a razão-liberdade à maneira de uma força superior ou apenas exterior.

O discurso absolutamente coerente: Ser, Verdade, Liberdade

É evidente que, para o indivíduo, esse discurso que revela o Ser na liberdade é ele próprio um *outro*, um *exterior*, uma restrição; se fosse de outro modo, nunca teria havido nem o problema do discurso, nem o da violência: eles só aparecem porque o próprio indivíduo não é discurso absolutamente coerente, mas finito e particular, mescla de discurso e violência.

No entanto, era preciso aceitá-lo e, assim como o discurso da ontologia, compreender o indivíduo a partir do discurso, não mais o discurso a partir do indivíduo. Ora, essa necessidade não é incondicional para o indivíduo: aquele que está disposto a sacrificar sua vida para não abdicar de seu discurso particular não pode ser levado por meio algum a buscar a coerência absoluta. O homem *escolhe* a possibilidade da coerência, isto é, ele pode muito bem não a escolher, e o discurso absolutamente coerente não possui argumento que valha contra esse homem, visto que todo argumento em favor do discurso pressupõe que se tenha optado por ele.

Se não existe, assim, *de direito*, discussão alguma entre o defensor do discurso absolutamente coerente e aquele que recusa esse discurso, a discussão não desapareceu de fato. O discurso do indivíduo não é naturalmente coerente; é frequente que *se* pare numa espécie de meia compreensão, num pensamento contraditório e particular. O homem que sustenta esse discurso também sabe, portanto, que é seu interesse travar a discussão consigo mesmo, para eliminar as contradições de seu próprio discurso, discurso de indivíduo porque ele só pode se assegurar da coerência do discurso provando (não por uma demonstração abstrata, mas pela elaboração do discurso) que toda realidade, mesmo a realidade não razoável ou arrazoável, está aí compreendida. O discurso absolutamente coerente deve explicar o discurso que se pretende finito, a linguagem que não quer ser discurso, até mesmo o silêncio, se quiser ter certeza de ser aquilo que julga ser. Ao compreender como é possível que ele próprio não seja discurso absolutamente coerente, o homem do discurso absolutamente coerente compreende o discurso, pois se compreende nele.

Sucede então que o homem, ser negador e que quer livremente sua liberdade, age sobre o dado em meio ao dado, nega o que encontra diante de si, nega o que encontra em si mesmo, nega também todo procedimento dado de transformação do dado. Tendo sido exclusivamente consciência do que lhe é dado do exterior, ele toma consciência de si mesmo ao agir sobre si pela ação sobre suas condições, e encontra (ou encontrará) o contentamento depois de haver transformado todo o dado, impondo-lhe sua forma, quer esse dado seja o da natureza exterior, quer o de sua vida de homem determinada pela comunidade humana. É quando compreende, num mundo completamente humanizado, sua situação como o que a liberdade quis desde o início da sua história, que ele é razão na medida em que compreende, razoável na medida em que vive, livre e satisfeito na medida em que sente. Sem dúvida, resta o dado da existência empírica do indivíduo; mas esse dado já não é exterior à razão, ele é compreendido pela razão como resultado de sua própria ação sobre o dado. A razão se realizou e se sabe realizada: ela se compreendeu como a fonte da insatisfação negadora, ela satisfez a negatividade, essa força sob cuja forma ela se impunha ao real; sabendo disso, ela se sabe contente. O homem sabe por que estava insatisfeito, sabe como encontrou o contentamento, sabe que já não tem nada a negar: sujeito e objeto coincidem nele que *é* razão e liberdade e se *sabe* razão livre e liberdade razoável, graças a sua ação negadora, que acabou por devorar tudo que lhe era dado positivamente.

Por isso, uma *theoría* do Ser volta a se tornar possível: o homem, reconciliado com o que é, pode falar do Ser. No entanto, como só pode fazê-lo ao fim do percurso da negatividade, essa visão não será uma visão estática e o Ser não estará como se concentrado em um ponto. É a negatividade, não a positividade, que mantém juntos céu e terra, é a contradição que é o sangue e o sopro do Ser. O Ser não é o substrato oculto daquilo que é, não é o *outro* dos fenômenos, um *ser-por-trás* de tudo o que o homem conhece: ele é totalidade organizada, o Uno que se desenvolve em suas contradições, que apreende a si mesmo em seu *des-envolvimento*, o retorno do Uno para si por meio da alienação, que é sua maneira de ser ele próprio. O Ser imóvel, o Ser do discurso único da antiga ontologia, é o nada e a morte: aqui, o Ser vive como a soma das contradições, mais exatamente como a reconciliação das contradições por meio das contradições.

A contradição que preocupava a primeira lógica e que formava, para a segunda, sua penúltima palavra, não seguida por nenhuma última, a contradição, portanto, não desapareceu: nem poderia desaparecer, visto que ela é o motor do movimento no qual a liberdade se realiza, a razão se encontra, o Ser se des--envolve. É ela própria que redunda na conciliação, mas não no discurso, como o queria a antiga ontologia, e tampouco, como o queria a reflexão transcendental, na consciência finita: ela se faz conciliação, ela se compreende como algo que se faz na realidade do homem. A luta se decide no terreno da luta, da contradição real, tanto aquela entre o homem e a natureza quanto a do homem com o homem e a da comunidade com a comunidade.

É somente após o fim da luta, portanto, que o homem pode tomar consciência do que ele fez, consciência total após a vitória total. Ora, o indivíduo como tal nunca parou de lutar e trabalhar (lutar com a natureza exterior): é a humanidade que pode (ou poderá) se declarar definitivamente satisfeita, verdadeiramente contente, não a pessoa humana. Por isso, o indivíduo humano não tem um discurso coerente seu; opondo-se como violência à violência, ele permanece determinado pela violência; mas *na qualidade de* homem universal, na qualidade de portador do discurso absolutamente coerente, ele se eleva acima do dado de sua existência e *vê*; o que ele vê, então, não é o eterno, o ponto, o Uno, o espetáculo divino, é a violência compreendida como violência e transformada em razão, na medida em que na luta e pela luta ela realmente se emancipou do *exterior*, do *outro*, da violência – de si mesma como de um dado.

Existe, portanto, sabedoria, mas essa sabedoria é inteiramente discurso, assim como o que ela apreende não está fora do tempo, mas é o tempo preenchido. Existe sabedoria, não existe sábio: o homem-indivíduo não escapa à violência, ao que lhe é exterior, ele não é sábio na medida em que age e vive, mas pode ter acesso à sabedoria ao compreender a um só tempo a violência e sua própria negatividade diante da violência, contanto que o pensamento e o trabalho do homem, dos homens, da humanidade, estejam suficientemente avançados para que a violência só incida sobre a individualidade como tal e que tudo que existe no plano humano e universal seja *formado* pela razão-liberdade do homem; contanto, portanto, que o homem tenha certeza, por sua razão (e não pelo simples sentimento) de que sua existência de membro da comunidade humana é uma existência razoavelmente livre, de que seu ser razoável é reconhecido como tal por todos e por cada um, isto é, de que ele não é súdito de ninguém e de que toda limitação de sua individualidade dada é compreensível para sua razão como limitação imposta pela própria razão, por aquela razão que é a única a ter qualidade para negar razoavelmente. Então, o Ser é acessível ao homem – não, melhor do que acessível, já que a noção de acesso pressupõe também uma separação: o Ser se apreende como Ser no homem, no homem universalizado. Tudo que é, tomado separadamente em sua existência dada, não é nem Ser nem Pensamento; mas o Ser, como unidade das contradições, é uno e razão e se sabe Pensamento, assim como o Pensamento, tendo-se retirado do finito ao tomar posse do finito em sua totalidade, se sabe Ser: já não há somente lógica do discurso não contraditório, nem ontologia, nem questão da possibilidade do discurso a respeito do real: há saber absoluto, liberdade que se sabe *logos* e Ser, *onto-lógica*.

C. Filosofia e violência

I. A violência e o discurso

O indivíduo em posse do discurso absolutamente coerente

Tudo está terminado, tudo é per-feito:[1] a oposição, aparentemente irredutível, entre discurso e violência foi compreendida e vencida. Sim, existe violência para o indivíduo, existiu violência para o homem que ainda não chegara ao ponto em que a liberdade razoável se realizou, em que o homem, universal, se sabe universal e definitivamente satisfeito, razoavelmente contente. Mas essa violência é agora reconhecida como a essência do indivíduo como tal; ela não é a essência do homem que já não está sob a violência, e para o qual a violência é não o que ele negligencia e quer esquecer por medo, por preguiça, por covardia, mas o que ele subjugou e transformou. O indivíduo é pego no movimento do devir, e o conteúdo de sua vida lhe chega do exterior; mas o discurso absolutamente coerente do homem universal (que se universalizou na e pela sua história) abraça a totalidade das contradições, e toda violência concreta possui um sentido para a razão que des-envolveu a si mesma. O fato já não oprime o homem e ele também não se

---

[1] Note que essa divisão interna da palavra *parfait* (perfeito) isola a palavra *fait*, que pode significar tanto "feito" como "fato". (N. T.)

dissolve numa facticidade vazia e puramente formal: o que se mostra não é nem um sentido que se opõe a um não sentido, nem um não sentido que postula uma significação somente na confiança da fé, nem conhecedora nem conhecida; com tudo que ele contém, inclusive o homem com sua história, o mundo *é* sentido, o único sentido, sentido totalmente revelado por si mesmo a si mesmo.

Nesse mundo, o indivíduo sempre pode falar como indivíduo; mas essa linguagem não será razoável, não será absolutamente coerente, e mesmo que esteja livre de toda contradição formal, será apenas um dos lados em uma das contradições reais do dado e só poderá ser compreendida como razoável por sua subordinação ao universal que ela contém sem o saber. Todo discurso possui um sentido e, assim, participa do sentido; ora, esse sentido particular só se revela em sua verdade quando situado no sentido absoluto e considerado do ponto de vista do saber absoluto, do discurso totalmente coerente. Mas visto que esse sentido se revela assim, é igualmente verdadeiro dizer que nenhuma forma do discurso humano é absolutamente absurda: a história é a realização do sentido absoluto, e assim a história está terminada, porque ela se tornou compreensível, isto é, porque todos os discursos particulares, mesmo os menos coerentes, mesmo o grito da violência, se tornaram compreensíveis ou, se assim se preferir (mas é equivalente), ela é compreensível porque está terminada: ela terminou seu percurso porque encontrou o que procurava, a coincidência da ciência do Ser com a certeza da liberdade, e porque compreendeu que foi ela mesma que, de negação e discurso particular em negação-discurso particular, produziu essa reconciliação, porque já não é preciso escolher, porque o que aparece como dilema ao entendimento finito e ao sentimento do indivíduo é uma única e mesma coisa: visto pelo saber absoluto, são os diferentes aspectos do mesmo. A violência já não é expulsa do discurso, tampouco é simplesmente desprezada: é compreendida no que ela é positivamente, a mola sem a qual não haveria movimento; sendo em cada ponto particular apenas negatividade, ela é em sua totalidade a positividade do Ser que se reconhece razoavelmente como liberdade.

O indivíduo, portanto, é compreendido; mais exatamente, o homem pode compreender sua individualidade. Ele o *pode*: pode igualmente não se compreender, não querer se compreender, não ser razoável. Pode continuar a falar como se seu discurso particular tivesse um sentido completo em si, e nada o impede de deixar o saber absoluto onde está, de se ater a sua individualidade: o discurso absolutamente coerente não ensina justamente que o homem é objetivamente livre, que o mundo foi transformado em mundo da liberdade, e que o indivíduo pode se permitir viver, visto que o mundo já não tem lugar para o descontentamento razoável, isto é, que o mundo garante o contentamento ao indivíduo que vive nas instituições razoáveis produzidas pela negatividade em sua história? Que ele fale, então, que negue e proteste, mesmo como indivíduo: seu falar e seu protesto já não têm importância para o mundo que se tornou verdadeiramente humano, visto que esse mundo já não lhe fornece aquele ponto de Arquimedes a partir do qual ele poderia abalá-lo. Para o saber absoluto, esse indivíduo será, portanto, infeliz, não por culpa do mundo humano, mas porque ele próprio quer ser infeliz, porque se obstina em sua infelicidade, porque não quer reconciliação com o universal e com aquilo que é, porque ele não se liberta no e pelo pensamento. Que se divirta em sua infelicidade! O discurso absolutamente coerente compreende-o muito bem e não se deixa preocupar com isso.

A revolta contra o discurso absolutamente coerente

Mas será que essa resposta nos satisfaz, a nós? Não ficamos tentados a protestar com um escândalo comparável ao provocado por Diógenes, que, ao passear diante dos olhos dos eleatas, lhes *mostra* o que é impossível lhes *demonstrar*, a saber, que existe movimento? O saber absoluto estará em posição vantajosa enquanto tiver pela frente um indivíduo que não conhece as possibilidades do discurso absolutamente coerente, que ignora que o contentamento está ao alcance de suas mãos, que continua a pensar como se pensou antes que a história se consumasse e o saber absoluto se realizasse; mas e se for um homem que conhece o saber absoluto e que o recusa, que não busca – como o faz inconscientemente o indivíduo no mundo da atividade e da ação – se reconciliar com a realidade na realidade, mas que exige a reconciliação de sua individualidade com a realidade e os discursos tomados em sua totalidade?

Eis o que dirá esse homem: "Eu sofro, eu desejo, eu vou morrer. Eu luto e eu me debato. Serão meu sofrimento e minha luta menos imediatamente presentes a mim porque o saber absoluto pode (e eu mesmo posso, se quiser, por meio desse saber) compreender e reconciliar as contradições entre mim e a violência da luta e da morte, porque ele pode superar meu desespero e rumar para o sentido absoluto no qual eu desapareço? Será a violência menos violência para mim por ser violência compreendida, compreendida por um saber que me destrói, eu que sofro e luto e trabalho e vou morrer?". Talvez, e até certamente, esse discurso seja incoerente do ponto de vista do saber absoluto; mas o grave é que esse homem aceita, prefere a incoerência: parece que, de fato, o discurso absolutamente coerente não reconciliou o indivíduo e a realidade, mas apenas se reconciliou com o Ser. Sim, o saber absoluto não se engana e não engana seus adeptos: ele nunca escondeu que não há reconciliação para o indivíduo em sua individualidade. Mas, para nós, a questão do homem revoltado contra o saber absoluto não é destituída de sentido: o homem pode escolher entre a razão e a não razão, e aqui se evidencia que essa escolha em si jamais é uma escolha razoável, mas uma escolha livre – o que significa, do ponto de vista do discurso absolutamente coerente, uma escolha absurda.

A filosofia como possibilidade humana e a escolha absoluta. A linguagem da violência

É tempo de fazermos uma retrospectiva do que dissemos até aqui. O homem, havíamos suposto – e essa suposição parece agora arriscada –, é um ser pensante, um ser falante, a tal ponto que até mesmo quando não fala ele age *razoavelmente*, isto é, de acordo com o discurso ou pelo menos de acordo com um discurso. Mas será verdadeiro que o discurso é tudo para o homem? Será o discurso simplesmente o essencial para ele? Não resta dúvida, para a filosofia, de que se trata do discurso, de que mesmo quando ela protesta contra o discurso ela o faz por meio de um discurso; mas parece agora que o homem pode rejeitar o discurso com conhecimento de causa e que, ao possuir o discurso, pode renunciar a ele. É difícil dizer com que intuito ele o rejeita, pois tão logo se atribui a esse ato um sentido, um fim, um motivo, retorna-se à razão e ao discurso: talvez – embora isso não queira dizer nada para o discurso – devamos dizer, junto com esse homem, que ele o faz para *viver*. O homem vive, sente-se viver, e nessa vida ele *pode* fazer filosofia, buscar a sabedoria ou o saber; mas essa é apenas uma de suas possibilidades, e as outras possibilidades são igualmente importantes e podem, para o homem, ser infinitamente mais importantes que essa primeira, que é a única verdadeira para a filosofia, mas cuja *verdade* a filosofia não saberia demonstrar ao homem porque o filósofo fez sua escolha antes de demonstrar o que quer que seja e porque a demonstração vale apenas para quem escolheu a demonstração.

A observação que fomos levados a fazer várias vezes, a saber, que o homem podia se ater a um discurso que se mostrava insuficiente a quem o havia superado por um ato de sua liberdade, essa observação é, portanto, de um alcance infinitamente maior do que havíamos acreditado. A oposição não é apenas entre os discursos – se assim fosse, o discurso absolutamente coerente teria razão absolutamente, e o homem, fosse quem fosse, sempre o realizaria, seja total, seja parcialmente –, é entre o discurso e a própria violência. O homem escolhe e sua escolha é livre, isto é, absurda e irredutível a qualquer discurso: o que significa isso, senão que o homem não é essencialmente razoável, que não é por acaso, por ignorância, por circunstâncias históricas quaisquer que ele se opõe ao discurso, mas porque ele é, no fundo de seu ser, tudo menos discurso, um ser que pode se voltar para o discurso, que pode se compreender em seu discurso, mas que não é e jamais será discurso? A razão é uma possibilidade do homem: possibilidade, isso designa o que o homem *pode*, e o homem pode certamente ser razoável, ao menos querer ser razoável. Mas isso é apenas uma possibilidade, não uma necessidade, e é a possibilidade de um ser que possui ao menos outra possibilidade. Sabemos que essa outra possibilidade é a violência.

Violência do homem que não aceita o discurso de outro homem e que busca o contentamento lutando por seu próprio discurso, que ele pretende único não apenas para si, mas para todo mundo, e que ele tenta tornar realmente único pela supressão real de todos que sustentam outros discursos. Violência do homem que se afirma em seu ser tal como ele é para si mesmo, que só quer se expressar tal como se *sente*, numa linguagem que lhe permita compreender-se, expressar-se, apreender-se, mas linguagem que não se expõe à contradição e contra a qual nenhuma contradição é imaginável, visto que ela não conhece princípios *comuns*: o que é comum a todos ou apenas a vários já não é o ser desse homem para esse próprio homem. Violência, embora violência suportada, mas violência ainda, e violência reconhecida como o essencial da vida, essa que não vem do homem, mas que lhe sobrevém de uma natureza, de um ser superior ou supremo: é ela que conta para esse homem, não o discurso, e o homem pode vivê-la sujeitando-se livremente a ela ou erguendo-se, violento, contra ela, experimentando-se como vida numa luta que ele sabe estar perdida de antemão, mas que é tudo que lhe dá conteúdo, valor e dignidade. Violência, enfim, no fundo da existência daquele que, trabalhando, buscando, se dominando, não acredita que pode se livrar do dado como tal e em sua totalidade, e que, ao aceitar seu destino de força menor diante de uma força imensa, sem ênfase e sem *páthos*, se afirma em sucessos temporários, passageiros, vãos, e que ele conhece como tais.

A violência como problema para o filósofo

A outra possibilidade do homem é a violência. No entanto – e nunca se insistiria o suficiente nesse ponto –, é a nós que essa possibilidade aparece sob essa forma: como ela aparece àquele que opta por ela? Será preciso dizer que ela não lhe aparece como possibilidade, pois possibilidade ela só é para nós que falamos, no interior de nosso discurso, que não é violento, mas tende por inteiro para a compreensão, para o que há de mais distanciado da violência. Para o violento, a própria ideia de uma coerência absoluta, de uma verdade total totalmente revelada, é destituída de sentido: ele não está lá para ver, ele luta ou ele se submete e, lutando ou submetendo-se, ele se expressa; mas ele não quer apreender em sua verdade total o que ele deve dominar ou suportar, e não é de uma compreensão e de uma apreensão que ele se ocupa, nem de uma possibilidade ao lado da qual haveria outras possibilidades: ele é negatividade em meio ao que o nega, ele não tem discurso coerente e não busca a coerência, não busca nem mesmo a não contradição mais rudimentar. Ele não é mudo, por certo; pode bradar seu desespero (não o de um homem que perdeu uma esperança, mas o de um ser para o qual a esperança em si é insensata), ele pode até desenvolver toda uma série de discursos particulares, de técnicas, de ciências úteis, até um discurso coerente; mas esse discurso estabelecerá seus próprios limites, e nem ele, nem essa linguagem, nem esses discursos parciais e particulares versam para ele próprio sobre o homem, e não visam ao que nele é essencial para ele próprio – não *devem* fazê-lo.

O essencial: acautelemo-nos. Uma vez mais, não é ele quem fala assim; para ele, falar do essencial seria dar flanco à crítica dos filósofos: se ele fizesse distinções, se reconhecesse que certas coisas importam, que outras podem e devem ser negligenciadas, acabaria por renunciar à violência, por estar ocupado demais em separar o essencial do acessório. É nosso modo de ver que faz do violento um homem da consciência refletida em si mesma e que pergunta o que ele quer, *no fundo*. Quanto a ele, *no fundo* ele não quer, ele nada quer: existem coisas que ele absolutamente não quer. Nada nos impede de interpretar seus atos e suas ações, e de constatar que, na realidade, ele aceita *isto* e recusa *aquilo*, que, em sua ação, um essencial e um inessencial podem ser distinguidos; mas nós nos proibiríamos de compreendê-lo se transformássemos essa diferença em distinção feita por ele em sua consciência, se fizéssemos de sua ação negadora e (para ele) puramente negativa um discurso ontológico. Para ele, o que nos aparece como o essencial de sua existência não pode ser enunciado e se anuncia precisamente no silêncio, não num silêncio absoluto, mas no silêncio da razão que se pretende coerente, não numa renúncia a tudo que, na vida cotidiana, se denominam teorias, mas na renúncia a toda *theoría*, a toda visão e a toda tentativa de uma visão única do conjunto. A violência é um problema para a filosofia, a filosofia não o é para a violência, que debocha do filósofo ou afasta-o quando o considera incômodo e o percebe como um obstáculo no caminho sem plano que é sua realidade para ela própria.

O resultado paradoxal é, portanto, que a violência só tem *sentido* para a filosofia, a qual é recusa da violência. Não é que a filosofia recuse a violência absolutamente, longe disso. Facilmente se poderia sustentar que uma filosofia que se compreende como compreensão e como via de contentamento recomenda o emprego da violência, porque é levada a constatar que deve se erguer contra a violência. Mas essa violência não passa, então, de um meio necessário (tecnicamente necessário num mundo que ainda está sob a lei da violência) para criar um estado de não violência, e não é a violência primordial o conteúdo da vida humana; ao contrário, a vida humana só terá conteúdo humano a partir do momento em que essa segunda violência, dirigida contra a violência primordial pela razão e pela ideia da coerência, tiver eliminado esta última do mundo e da existência do homem: a não violência é o ponto de partida, assim como o fim da filosofia.

Ela tanto o é que frequentemente os filósofos esquecem que é com a violência que eles lidam. É verdade que a filosofia não o esquece ou, para não falar por metáforas, que todo discurso filosófico mostra que quem o formulou foi impelido pelo problema da violência. Não nos importa, aqui, saber em que direção esse impulso agiu nos diferentes *sistemas*, e tampouco nos importa que se tenha ou não reconhecido a violência (sob outros nomes, entenda-se) como o que é irredutível no homem, que se tenha feito da realização da não violência na existência do homem o objetivo do discurso: essas escolhas são apenas os derivados da escolha primordial, aquela entre violência e discurso – escolha primordial porque anterior a todo discurso para o próprio discurso, se ele quiser se compreender.

Ele nem sempre quer se compreender, e nem sempre pode se compreender. E quando dizemos que ele nem sempre o quer e nem sempre o pode, não pensamos na recusa do discurso absolutamente coerente, mas na interrupção do discurso, seja numa atitude de satisfação parcial e particular, a dos senhores numa comunidade dada e que é, para eles, tudo (tudo que conta), seja na atitude do escravo que, tendo a vida salva, continua seu trabalho, ou na do ex-escravo que fica contente por já não ter senhor acima de si, ao menos não um senhor humano, e, mesmo sentindo-se insatisfeito de tempos em tempos, conta com os sucessos e as satisfações por vir. O primeiro, enquanto não temer a escravidão para si mesmo, não fará perguntas. Quanto aos outros, não apreenderão o próprio descontentamento essencial. Assim, torna-se evidente que eles nem sempre podem se compreender; porque para se compreender, é preciso que disponham de um discurso suficientemente coerente para que a ideia de contentamento absoluto possa nele se desenvolver, e enquanto o indivíduo luta com a violência bruta e brutal de um senhor e de uma natureza não transformada pelo trabalho, não existe para ele o *problema* da violência, existe violência e o jeito é defender-se dela, assim como para um homem que morre de fome não existe o problema da fome, mas o problema do alimento, e ele não se dedicará a pensar a fome e a vencê-la dessa maneira (a menos que ele se tenha preparado para essa situação antes de se encontrar diante da dificuldade prática), nem a perguntar como é preciso arrumar o mundo humano para que já não haja o problema prático da fome: ele irá atrás de um pedaço de pão ou de um prato de arroz. Concretamente, não haverá busca do contentamento se o homem não tiver tempo (*otium*, σχολή) para pensar o contentamento, em outras palavras, se ele não for suficientemente senhor da natureza, suficientemente emancipado da violência natural e humana, nem que seja durante o tempo em que fala ou em que ouve o que outros falam sobre isso.

Mas esse esquecimento e essa impossibilidade de fazer a pergunta mostram precisamente que a filosofia tem sua fonte no medo da violência: é o que explica por que os filósofos se desviam o mais frequente e o mais rapidamente possível da violência. É também por isso que os que olham a violência de frente se desviam tanto quanto possível da filosofia, que lhes parece uma invenção destinada a esconder o que a vida verdadeiramente é. Mas mesmo essa negação só alcança sua expressão pura por meio do discurso; o homem pode se calar – digamos mais prudentemente: nada impede que o homem se cale, pois nada sabemos a respeito daquele que, sem haver falado, se mantém no silêncio – sem haver passado pelo discurso. Mas só falam do silêncio e da violência aqueles que podem apreender a própria atitude por meio de um discurso: qualificar o discurso de absurdo não constitui apenas um discurso, mas pressupõe também a existência de um discurso elaborado ao qual se possa lançar seu *Não*, e todos aqueles – entre os silenciosos – sobre os quais estamos informados *abandonaram* o discurso, isto é, se ativeram a ele durante um tempo. Por isso sua negação está à altura do discurso que eles negam e não vai mais longe do que ele: um discurso parcial produz apenas uma negação parcial e um silêncio parcial, e é apenas ao discurso absolutamente coerente que a violência pura se opõe. O pensamento deve estar bem avançado para que alguém possa declarar que saca seu revólver assim que ouve a palavra "civilização".

No entanto, quanto mais claro isso parece, mais complicado se torna o problema da filosofia para a própria filosofia. Com efeito, se a filosofia é apenas uma possibilidade do homem, se essa possibilidade só pode ser reconhecida como tal pelo aparecimento de seu contrário, a violência em toda a sua pureza, que recusa absolutamente o discurso absolutamente coerente, a filosofia deve ser compreendida por seu outro – problema que não seria difícil, visto que tudo que é compreendido é compreendido por meio de seu outro, se aquilo que compreende nessa compreensão não fosse aquilo que deve aí ser compreendido, a própria filosofia. Basta negligenciar essa dificuldade para construir discursos coerentes, *únicos*, como dizíamos anteriormente, e, mais ainda, discursos – e não houve poucos – que compreendem tudo exceto o fato de sua própria existência. Mas como esses discursos podem ser compreendidos como discursos humanos? Como a não violência pode se compreender a partir da violência, a coerência a partir do incoerente?

Afinal, visto que os homens sustentaram esses discursos e que esses discursos não caíram do céu nem saíram da cabeça de Júpiter, visto que, além disso, a realidade é a melhor prova da possibilidade, não é absurdo buscar uma resposta a essa pergunta. Já vimos que a simples não contradição ou a análise das condições da possibilidade da ciência e da liberdade não a fornecerão para nós. É verdade que o discurso absolutamente coerente afirma conhecer, e até constituir, a solução, assim como é verdade que esse discurso, se ele realmente for o que pretende ser – e temos todo interesse em concordar com ele nesse ponto, a fim de formular nosso problema da maneira mais radical –, compreende não apenas tudo, mas também sua própria realidade: ele é o Ser que se pensa, ou a Liberdade que toma consciência dos resultados de seu trabalho inconsciente e se encontra – a palavra deve ser tomada literalmente: faz essa constatação na realidade – contente e fora do âmbito de todo descontentamento. Mas não é menos verdadeiro quanto a mim, que posso estar insatisfeito e posso, se não refutar, em todo caso recusar e rejeitar o discurso. Existe filosofia para mim porque eu *quero* que exista filosofia, porque *postulo* a existência de um sentido, porque *estipulo* que existe a possibilidade de elaborar um discurso que compreenda a tudo e a si mesmo. Mas essa decisão é livre, ela não faz parte do discurso, ela é incompreensível em si mesma, absurda, como se diz, e na verdade mais que absurda, visto que também o absurdo se define por uma relação ao sensato que só existe no discurso: ela é o princípio absoluto, o início que compreende, mas ao qual é inútil aplicar a ideia de compreensão.

Em suma, o sentido, qualquer sentido, tem sua origem no que não é sentido e não tem sentido – e essa origem só se mostra ao sentido desenvolvido, ao discurso coerente. O discurso absolutamente coerente tem razão, portanto, na medida em que a recusa absoluta do discurso só é possível com *conhecimento de causa*. Qualquer recusa é apenas particular se não se apoia no discurso absolutamente coerente, e não passa então de recusa de uma condição determinada que o discurso absoluto pode mostrar como particular, se não aos olhos do violento em questão, ao menos em si, isto é, no e para o discurso: uma recusa como essa admite também um mundo, uma realidade sensata com relação à qual o objeto da recusa é julgado e condenado, e o revoltado, enganando-se sobre a natureza de sua revolta, acredita em seu íntimo na possibilidade do contentamento, *se ao menos...* Tomando-se por violento, ele não passa, para o discurso, de um filósofo que se desconhece, mas que já não se desconhece a partir do momento em que aquilo que o revoltava tiver sido suprimido ou transformado e ele tiver recebido satisfação. Somente a destruição do discurso – seja pelo silêncio, seja pela linguagem não coerente – corresponde à violência pura, que só é pura *com conhecimento de causa*. E ela é possível, e sem essa possibilidade a filosofia não seria compreensível para si mesma: eis a nossa dificuldade, para nós que fazemos filosofia.

Insuficiência e legitimidade da resposta existencialista: a violência no discurso

Parece haver uma solução bastante simples para essa dificuldade: bastaria dizer que o homem é tal que sempre existe um discurso para ele, e que esse discurso é sempre incompleto, que existe sempre uma ordem para ele, que ele vive sempre num mundo que é organizado e no qual ele se orienta, mas que organização e orientação nunca são definitivas, nunca acabadas, inacabáveis pela natureza desse mundo humano que é um mundo em que não se encontra o absoluto, mas apenas o finito, e que isso é evidente, porque só o indivíduo sustenta discursos, porque o discurso não apreende o indivíduo e não pode apreendê-lo, porque o indivíduo jamais consegue se identificar nem com seu discurso elaborado e enrijecido nem com seu mundo, porque ele está sempre adiante de si mesmo, porque todo ponto estabelecido se torna, para ele, ponto de partida. Em suma, bastaria formalizar tudo o que, a nosso ver, parecia suscitar dificuldades tão grandes: os *fatos* são transformados em *facticidade*; a *história* em *historicidade*; a *negação* em *negatividade*; os *discursos* em *para-si*, etc.: assim se saberia o que é o homem.

Discurso certamente sedutor, e certamente insuficiente, assim como o da reflexão transcendental sobre a com-possibilidade da ciência e da liberdade, e pela mesma razão: o homem é aí *eternamente* "histórico", *eternamente* "temporal", está *eternamente* "adiante de si mesmo", *eternamente* "num mundo inacabável": esse discurso compreende (abarca) tudo – exceto a si próprio, e se o homem fosse o que esse discurso diz sobre ele e apenas isso, esse mesmo discurso, na qualidade de eterno, seria impossível para o homem *temporal*.

No entanto, não obstante toda a sua insuficiência, esse discurso é verdadeiro, naquele sentido em que o que ele afirma sobre o homem pode e deve ser afirmado a seu respeito: a prova não está apenas no fato de que não podemos falar sem nos servir de conceitos idênticos ou análogos aos seus, mas, sobretudo, no fato de que sem ele é impossível ver a negatividade e a violência como uma das duas possibilidades últimas do homem que fala e como o fundamento de toda atitude do homem. Ele é insuficiente como o discurso transcendental, mas tão necessário quanto ele. E talvez nos permita chegar perto de uma resposta, se tentarmos determinar em que ele não basta.

O homem, diz esse discurso – e tem razão em afirmá-lo –, é livre. O homem sempre pode dizer *não* a qualquer condição, e o que é para ele só é para ele porque ele o quer: mesmo as situações mais insuportáveis, mais terríveis, a escravidão, a tortura, a ameaça de morte, não o atam quanto ao âmago de seu ser, visto que ele sempre pode negar a situação. Tudo decorre dessa liberdade, âmago de um ser que não existe à maneira das coisas, mas que é *para si mesmo*, que não é no tempo como o peixe no rio, mas que é temporal por inteiro, porvir, por vir, que não está num presente eterno, mas que age e que se decide e que se engaja e assim faz a história, ser que *é* história e que nunca está consumado, pois consumado ele seria coisa e não seria livre – ser para o qual não há sentido absoluto, mas que confere um sentido a tudo e ao qual tudo se revela, graças a esse sentido e no âmbito desse sentido.

Resta a questão de saber o que isso quer dizer *para mim*. Pois eu, tal como existo, não na facticidade, mas na situação de fato que é a minha, não como temporalidade, mas neste momento do tempo, não como historicidade, mas neste presente histórico, eu não sou liberdade, talvez não seja nem mesmo livre. Ser livre significa, para mim, poder fazer o que tenho a intenção de fazer e não estar submetido àquilo a que não quero estar. Sem dúvida, se me trancafiarem, se me ameaçarem de tortura, sou livre para não ceder à violência e à ameaça; mas na prática isso significa que afasto a violência do outro ou da natureza, entregando-me à violência absoluta da morte: sou livre para dizer *não*, nem sempre sou livre para *fazer*; sou livre para morrer, nem sempre sou livre para viver; sou livre para escolher dentro de uma situação, raramente sou livre para escolher a situação.

Alguns responderão que isso mesmo é uma prova suficiente da liberdade ontológica do homem, e por certo se concordará com isso. Mas essa prova não conduz mais longe do que qualquer descrição transcendental: ela enuncia o que é necessário para que aquilo que é possa ser transformado em discurso coerente. Ela fala da negatividade *per viam negationis* e não me ensina nem o que eu posso fazer nem o que eu devo fazer com essa negatividade. Retrata-me não como o indivíduo que sou, mas como individualidade a partir da qual minha existência concreta, a única que me interessa, torna-se apreensível para um discurso transcendental. Mostra-me que sou livre; ora, eu o sabia desde sempre, embora não o tivesse formulado desde sempre; e ela não me interessa tanto assim, porque não desejo ser livre, mas quero ser contente: a bem dizer, minha liberdade não me interessaria em absoluto se eu não estivesse descontente e não quisesse outra vida, outras condições, outro mundo. Por isso não me foi de grande préstimo aprender que tudo depende de mim na medida em que posso me retirar de tudo: justamente, não tenho vontade alguma de me retirar de tudo, mas antes de desfrutar de tudo, e meu problema não é tanto a liberdade quanto o fato de que essa liberdade tem tão poucas ocasiões de agir positivamente que me vejo freado e incomodado e não livre em minhas decisões, ao menos na medida em que quero executá-las.

É claro, dirão alguns, a liberdade é sempre liberdade em situação – e mais uma vez eu concordarei, sobretudo porque foi exatamente isso que acabei de dizer. Mas e se eu achar insuportável *essa* situação que é a minha e não for de forma alguma consolado pela constatação de que a liberdade do homem comporta essencialmente, eternamente, *a* situação? E se eu declarar que não sentiria a situação, se ela me agradasse, mais do que sinto uma roupa que me cai bem? Retrucarão que isso seria de minha parte o abandono da liberdade humana, e que eu seria uma coisa entre coisas se eu não me afirmasse negando aquilo que é. Talvez; mas isso seria muito mais penoso para meu crítico – cujo discurso seria então abalado em seus fundamentos – do que para mim, que estaria contente com minha vida, que não pediria mais nada e que poderia desfrutar tranquilamente de minha existência.

O discurso transcendental nem por isso é desarmado, e aquele que o sustenta não será convencido por minhas objeções; mas se ele quiser levar em conta o que eu digo, ele necessariamente se superará. Será levado a dizer que o que eu acabo de afirmar se compreende perfeitamente e que não há nada de espantoso no fato de eu continuar descontente com seu discurso; porque o discurso é tal que só apreende o universal, as estruturas do homem e da realidade humana, não o indivíduo; que seria até um contrassenso pedir ao discurso que apreendesse não a individualidade, mas o indivíduo, visto que o discurso é próprio do indivíduo, mas o indivíduo não é próprio do discurso e que, consequentemente, o discurso não passa de formas *existenciais*, mas a existência que é a sua não pode ser enunciada, só pode ser vivida e atuada, e só pode sê-lo por mim. Da mesma maneira que eu havia concedido ao discurso transcendental relativo à existência tudo que ele exigia e afirmava, esse discurso aceita agora tudo que eu lhe objetei – e é tão pouco refutado ou preocupado com isso quanto eu o era por ele. Com a diferença, no entanto, que, de transcendental, o discurso se torna – ou, antes, sabe que deve se tornar – discurso absolutamente coerente, que deve compreender a si mesmo, pois viu que o discurso pode ser rejeitado com *conhecimento de causa*, que ele é, portanto, apenas uma possibilidade do homem.

Será que voltamos assim ao mesmo ponto e nos encontramos diante da mesma dificuldade que havíamos esperado contornar dirigindo-nos ao discurso transcendental sobre a existência do homem? Não exatamente, pois a violência, que nos aparecera como o outro do discurso absolutamente coerente, mostra-se agora no próprio discurso. O homem é indivíduo, ele é *eu* ou *você* ou *ele*, e o discurso, sabendo-se abstração, sabe-se ao mesmo tempo discurso da violência, não apenas discurso sobre a violência, não apenas discurso que se ocupa com a violência, mas discurso sustentado e formado e elaborado pela violência. A não violência é o Uno, ela é o universal, é o que engloba e sublima e suprime o indivíduo, e só o conserva sob a forma que o discurso lhe dá não como indivíduo, mas como individualidade. Mas mesmo isso aparece agora ao discurso, e a injustiça cometida contra *mim* e *ti* e *ele* aí se mostra como tal. Assim, o homem do discurso se emancipa daquilo que se pode chamar sua má consciência: ao saber que o homem pode escolher entre o discurso e a violência, ele sabe também que ele escolheu, que essa escolha foi livre (o que significa que a cada instante ele teria podido e ainda pode optar pela violência, em outras palavras, pelo silêncio) e não justificável (porque, de outro modo, seria necessário um discurso acima do discurso para justificar essa escolha) e que, no fim das contas, é um empreendimento absurdo para o próprio discurso querer impor o discurso a um indivíduo dado.

A não necessidade da filosofia e a boa consciência do filósofo

Perguntarão se isso é tudo, se essa é a solução que havíamos procurado por tanto tempo. Afinal, o que ela traz de novo? Que é preciso passar, caso se queira falar *razoavelmente*, ao discurso absolutamente coerente? Nós o disséramos antes. Que, ao formar um discurso coerente (ainda que parcialmente), o homem escolhe livremente? Encontramos mais de uma ilustração disso. Ou, simplesmente, que o filósofo agora se dedica à filosofia *com conhecimento de causa* e *sem má consciência*, que ele quer compreender sem buscar a impossível justificação da compreensão antes da compreensão?

Com efeito, é *simplesmente* isso. No entanto, essa *boa consciência* do filósofo tem consequências que não são nada simples, pois enquanto a filosofia não se sabe fundada na liberdade, enquanto acredita precisar de uma justificativa, ela se constitui inevitavelmente como discurso parcial, mesmo quando se pretende discurso absolutamente coerente: ela quer compreender sua própria possibilidade, não no sentido em que nos fizemos a mesma pergunta, a saber, como a filosofia é possível para *mim* (ou, se assim se preferir, para o indivíduo), mas para si mesma. Ela se interpreta então como *ciência*, no sentimento (que ela toma por uma evidência teórica) de que a ciência pode ser demonstrada a todo mundo. E, por certo, a filosofia é ciência e a ciência pode ser demonstrada como verdadeira a todo mundo – contanto que todo mundo reconheça o valor da demonstração e veja na ciência o conteúdo essencial da vida do homem. Mais que isso, a filosofia é então mais científica do que qualquer ciência, visto que toda ciência aceita da tradição a delimitação de seu domínio (o que não impede que ela possa mudar essas fronteiras que havia começado por aceitar como as suas) e que a filosofia se constitui, vista sob esse ângulo, como a ciência primordial, a ciência daquilo que é, na medida em que é, seja em si mesma, seja para o homem que atua em sua existência concreta. Mas se a filosofia se contenta com essa compreensão de seu ser, ela se proíbe de compreender a si mesma como possibilidade do homem e se expõe ao protesto do indivíduo concreto, e querendo se impor ao indivíduo pelo discurso, acaba por ver-se obrigada a se impor pela violência, tratando quem profere esse protesto (e mais ainda quem pratica sua recusa) de louco ou criminoso, isto é, de animal perigoso que é preciso afastar ou suprimir. A filosofia, por mais científica que seja, não é uma ciência e não é tampouco a ciência: ela *é* o homem que fala e que, ao falar, expõe diante de si mesmo suas possibilidades realizadas; ela é o discurso do homem, que, tendo escolhido estabelecer sua própria coerência para ele próprio, compreende tudo ao compreender toda compreensão humana e a si mesmo.

II. A verdade e a violência

A verdade como fundo dos problemas

O resultado, expresso na linguagem da tradição filosófica, resume-se na tese de que a verdade não é o problema da filosofia e nem mesmo um problema para a filosofia: o que há pouco designamos como boa consciência significa precisamente que toda pergunta sobre a possibilidade da filosofia e toda reflexão "metodológica" quanto ao discurso em sua totalidade são a um só tempo supérfluas e, no sentido estrito, insensatas. O *outro* da verdade não é o erro, mas a violência, a recusa da verdade, do sentido, da coerência, a escolha do ato negador, da linguagem incoerente, do discurso "técnico" que serve sem se perguntar para quê, o silêncio, a expressão do sentimento pessoal e que se pretende pessoal.

Essa afirmação parece paradoxal demais para poder passar sem explicação e explicitação. No entanto, a mesma tradição que fica chocada com ela sempre a defendeu, declarando que o discurso é o lugar da verdade e que tudo que não é discurso não contém verdade nem falsidade. A tradição acrescentou, porém (frequentemente sem ter consciência disso) que o discurso contém, portanto, *também* o falso. O que haveria de mais natural? Eu não me enganei um número incalculável de vezes? Não devo sempre tomar cuidado para evitar novos erros?

O que se negligencia, contudo, quando assim se recorre à experiência cotidiana, é o fato de que o próprio erro só se mostra sobre o pano de fundo da verdade, que ele é erro "em verdade" – em outras palavras, que eu me engano, mas que o discurso não se engana. Eu – esse indivíduo específico – posso deixar a via do discurso coerente, posso seguir a via da violência (que Descartes designava sob o nome de vontade): posso me tornar infiel à escolha que fiz da coerência. Assim, a tradição pode esquecer – e não raro esquece – que o indivíduo não é o sujeito, mas o objeto do discurso. Com efeito, nada impede o indivíduo de se *considerar* o sujeito do discurso, de construir um discurso do qual ele seja realmente o sujeito, de se fixar em sua atitude de ser finito que vive num mundo finito, ser condicionado num mundo condicionado (de se interpretar como o *eu*, não como o *Eu (Je)* da reflexão transcendental), em suma, de se limitar à ciência daquilo que ele encontra no mundo de sua ação: vimos como, para esse indivíduo, a verdade não se torna apenas problema, mas problema insolúvel ou, para falar nos termos desse discurso, como o Ser se torna o *ideal*, e o ideal inacessível, da consciência *científica*. Existem discursos que contêm o falso: *o discurso deverá compreendê-los em verdade.*

O pensamento que perdeu a má consciência diante da "ciência" – que compreendeu que essa ciência é uma das atitudes do homem e deve ela própria ser compreendida como tal – não lida (imediatamente) com aquilo que é, mas com o discurso do homem, e ele pode ter a consciência tranquila justamente porque sabe que o homem não é necessariamente um ser falante, que o homem não busca naturalmente a coerência do discurso, mas que foi ele, o pensamento, quem escolheu, e escolheu livremente, a coerência e a compreensão. O pensamento não perguntará, portanto, como o discurso é possível, pois sabe que o discurso é real: ele se pergunta qual é a realidade do discurso, mais exatamente como o homem realizou o discurso. Trata-se de compreender como o homem, ser que vive num mundo, que cria e destrói e recria mundos, tem acesso, na liberdade de sua escolha, à coerência do discurso para compreender todos os discursos, todos os não discursos, todas as atividades, todos os atos dos homens. Isso porque *o* discurso não é nem do indivíduo, nem para o indivíduo como tal: ao escolher o discurso, não é a mim que eu escolho – eu o faria ao agir ou ao me calar ou ao me expressar numa linguagem que eu não pretendo coerente –, eu escolho, ao contrário, o universal, e o indivíduo que sou é então compreendido pelo discurso, não o discurso pelo indivíduo. O sujeito do discurso é o próprio discurso, seu objeto nada mais é, também, do que ele próprio, e o "problema da verdade", se não for tomado no sentido da ciência, mas da filosofia, não é o da *adaequatio intellectus ad rem*, mas o da *adaequatio hominis ad intellectum*, ao discurso coerente. A expressão parecerá vazia ou contraditória apenas enquanto se estiver na lembrança do discurso tradicional, discurso que pretende versar sobre o *outro* do discurso, sobre o Ser, e que esquece que esse Ser só se mostra no discurso, que o discurso não sai jamais de si mesmo; fórmula paradoxal apenas enquanto houver esquecimento de que se trata de um discurso sustentado por um homem que poderia não sustentar esse discurso ou não sustentar discurso algum; fórmula em contradição com o que nós próprios dissemos sobre a impossibilidade de um discurso individual apenas quando se negligencia que é o indivíduo quem fala, mas que ele não fala como indivíduo, porque não *quer* falar como indivíduo.

A filosofia é o falar de um indivíduo concreto, mas de um indivíduo concreto, que, numa situação concreta, se decidiu a compreender não apenas sua situação, mas também sua compreensão de sua situação. Sou eu que sei que não sou livre neste mundo – um mundo que sei ser o da violência, da pena, da fome, da perseguição e da morte violenta –, mas que *quero pensar* esse mundo e a mim nesse mundo em função do sentido que ele possui, e que, assim, *quero realizar* o sentido do mundo pelo discurso, pela razão, pela ação razoável. Sou eu que, aqui e agora, quero possuir um discurso que não me permita apenas agir, mas que me permita também compreender o que é agir e qual é o sentido de toda ação; sou eu que me sei finito e que, no entanto, quero compreender o finito a partir do infinito, a mim mesmo a partir do universal.

A mim mesmo a partir do universal: portanto, não o que me *sinto* ser, não em minha violência (que não quer compreender, que é a recusa de compreender e à qual sempre posso retornar, se eu quiser), mas em meu pensamento. Basta falar dessa maneira (que é a da tradição) para ver que todos os paradoxos que acabam de ser proferidos não são tão paradoxais quanto parecem. Em linguagem de todos os dias, eles significam simplesmente que, se quero me servir de uma linguagem coerente, essa linguagem não será a minha, não é a minha e não poderia ser a minha. Ela é a linguagem de todo mundo (*todo mundo* sendo algo definido – delimitado – por meu discurso), a linguagem que eu não inventei, mas que encontro. E talvez seja até mesmo insuficiente falar de uma linguagem que eu encontro, como se eu, ser independente do discurso, ao entrar nu numa loja de roupas, me oferecesse o luxo de uma tal roupa: se quero falar de mim, nem que seja comigo mesmo, é só na linguagem que encontro a mim mesmo, e só me encontro nela *objetivamente*, de maneira determinada e de modo tal que eu possa me reconhecer, na medida em que essa linguagem já me transmite um discurso coerente. Nada impede, depois de eu me haver apreendido graças a esse discurso, que eu trate de demoli-lo e de desviar-me dele, seja para modificá-lo, seja para recusar todo discurso *com conhecimento de causa*; nem por isso deixa de ser verdadeiro que eu – que assim me liberto do discurso e, em caso extremo, de toda linguagem – só me decido a fazê-lo no meio, no *ambiente* da linguagem e do discurso.

A linguagem que falamos todos os dias é prova disso. Falamos de nosso corpo. Poderíamos explicá-lo por uma teoria que vê na alma o essencial do homem. Em verdade, essa explicação também confirmaria nossa tese ao invés de infirmá-la, pois mostraria que o homem se *apreende* num discurso-teoria. Mas isso é mais impressionante quando eu digo: *minha* alma e *minha* consciência e *minha* razão, e não é preciso uma análise para mostrar que o proprietário que se anuncia nesses pronomes possessivos não é outra coisa senão o que denominamos a violência, mas uma violência que já se superou e fala – fala do ponto de vista do universal, do discurso em si mesmo, que designa por *minha* razão o discurso particular no *ambiente* do discurso universal. Não existe eu onde só existe violência, e onde existe eu, existe desdobramento de mim, o universal em mim que fala da violência em mim. Por isso se pode dizer que alguém aprende a falar, mas seria contraditório imaginar que alguém dissesse: eu aprendo a falar. O universal, uma vez feita a escolha em favor do discurso coerente, precede o individual, não apenas no sentido transcendental, mas no sentido histórico mais banal, e o homem não começa por ser indivíduo para si mesmo: ele o é primeiro para os outros, e pode vir a sê-lo para si mesmo depois de ter sido *membro* de uma comunidade que só é para si mesma na sua linguagem e só se apreende em seu discurso. Para o universal do discurso, o universal é primeiro (e não apenas *a priori*), e o homem, que só existe como indivíduo, só é homem para si mesmo por sua participação nesse universal.

A identidade da filosofia e da história

Se agora lançamos novamente um olhar para trás, evidencia-se que a definição do homem da qual havíamos partido sofreu uma única modificação: em vez de dizer que o homem é um ser dotado de discurso razoável, diremos que ele é um ser que pode – se assim escolher – ser razoável, que ele é, em suma, liberdade com vistas à razão (ou para a violência), mas que uma vez que ele se tenha decidido a falar de modo coerente, o universal é para ele início e término de seu discurso, e que ele só se emancipará radicalmente do discurso *com conhecimento de causa*, depois de haver percorrido o discurso em sua totalidade.

Modificação aparentemente de pouco peso. E, no entanto, ela significa a unidade da filosofia e da história da filosofia. Não há filosofia *sistemática* separada da tomada de consciência, por parte de filosofia, de sua própria história: e mais, a filosofia só se compreende em sua história e nada é senão essa tomada de consciência, até mesmo quando o discurso sistemático o esquece e o nega. Isso porque a filosofia nada mais é que o discurso do homem concreto, do indivíduo – entenda-se: do indivíduo que optou pelo universal, mas que optou tal como ele é, e cuja decisão não o eleva *imediatamente* ao universal, mas para lá o conduz apenas no lento trabalho de conscientização sobre o discurso que ele *é* (que ele *é*, muito mais do que ele o possui). O Uno só é no tempo e no discurso e no múltiplo, o eterno só se mostra hoje e nada é se não se mostra.

É igualmente verdadeiro – e nossa modificação da definição do homem não muda isso em nada – que o múltiplo só aparece visto do Uno, que o tempo só se revela quando olhado do ponto de vista do presente eterno, que o discurso só se compreende quando oposto à visão total e à apreensão instantânea. Mas o Uno só se mostra a nós no discurso, e não há discurso do eterno, do Uno e da *visão* que não seja discurso do múltiplo e do dado, e discurso sustentado por um homem numa situação dada, portanto, por um ser que, em vez de falar, pode se voltar para a violência, pode tornar-se violência ou expressar-se na violência ou sofrer a violência. Pode também voltar-se para o Uno. Mas toda tentativa de apreender o Uno em si está condenada ao fracasso, pois o Uno que transcende o discurso não *é* fora do discurso (coerente), a menos que o homem escolha o silêncio – escolha que nós, que falamos, podemos conceber, mas que só é visível para nós a partir do discurso, pura possibilidade, no limite inferior ou superior do discurso, antes de seu início ou após sua conclusão, abstenção ou revolta absolutas.

Enxergar essa possibilidade é de uma importância decisiva se a filosofia tiver de compreender a si mesma, e é preciso admiti-la antes que a filosofia possa proceder com boa consciência. Nós o dissemos com certa frequência. Se o repetimos aqui, não é apenas para evitar a aparência de uma contradição entre uma "tese" *absolutista* e uma "tese" *relativista*, é, sobretudo, para mostrar claramente o caráter histórico da filosofia.

Com efeito, se é o homem concreto quem *faz* a filosofia, é evidente que a filosofia é o discurso que compreende a si mesmo como discurso de um ser cuja outra possibilidade é a violência, do qual a violência não é apenas a outra possibilidade, mas a possibilidade realizada em primeiro lugar: o discurso se forma, o homem forma seu discurso na violência contra a violência, no finito contra o finito, no tempo contra o tempo. E então se evidencia por que não basta dizer que o homem é (eternamente) na história: trata-se precisamente de saber *que* homem é em *qual* história, e o discurso transcendental, ao formalizar *o* real em relação *ao* discurso e *à* possibilidade *do* discurso, coloca o problema de modo tal que ele se torna insolúvel – pouco importa que esse real seja compreendido como *a* natureza ou como *a* existência, e esse discurso como ciência ou como interpretação do homem pelo próprio homem. É só em sua história que o homem se revela a si mesmo, é só em seu discurso que ele toma consciência dessa revelação.

Deveremos, então, ir mais longe do que fomos até agora e afirmar não apenas a identidade entre a filosofia e a história da filosofia, mas também entre a história pura e simples e a filosofia. Ao se compreender a partir da violência e com vistas à da coerência, o homem que escolheu o discurso só se compreende em suas realizações, naquilo que *fez* no mundo e naquilo que *fez* de si mesmo: em suma, não existe filosofia do ponto de vista de Deus, e se existe uma sabedoria, ela será silêncio.

A *primeira filosofia* não é, portanto, uma teoria do Ser, mas o desenvolvimento do *logos* – do discurso, para ele próprio e por ele próprio, na realidade da existência humana –, que se compreende em suas realizações na medida em que ela *quer* se compreender. Ela não é ontologia, ela é lógica, não do Ser, mas do discurso humano concreto, dos discursos que formam o discurso em sua unidade.

História humana e filosofia são, assim, apenas os dois aspectos que o homem apresenta a si mesmo de si mesmo. Trata-se, para nós, de saber como ele aí se aprende de modo concreto.

Atitudes puras e categorias

O homem está no mundo (compreendido como aquilo no que ele vive) de determinada maneira, ele vive numa determinada *atitude*. Essa atitude não é necessariamente consciente: de costume ela não o será, mas *realizar-se-á*, negando na ação, no sentimento, na linguagem não coerente, sem refletir sobre si mesma; mas é sempre possível, para o discurso, apreender essa atitude – para o discurso, isto é, para o homem que reflete sobre o que faz, sente, expressa, que quer transformar isso em discurso coerente e que, para fazê-lo, presta contas a si mesmo da medida em que sua vida é universal e válida para todos os homens (para todos que são homens para ele). Uma vez efetuada essa tomada de consciência, é esse discurso que age: o homem que compreendeu o que ele faz já não é o homem que fez, e sua tomada de consciência é a um só tempo a apreensão de sua atitude e sua libertação dela. O universal particular de uma atitude concreta não suporta a luz do discurso, e o *essencial* revelado deixa justamente assim de ser o essencial. Trata-se então apenas de realizar o que agora é *conhecido* como o fim que fora inconscientemente perseguido, e esse "apenas de" indica (para nós) que outro essencial, ainda e uma vez mais inapreensível, aí está: uma vez alcançado o fim, a verdadeira vida começará, saber-se-á em que consiste verdadeiramente o essencial para o homem e isso será vivido, ao passo que, por enquanto, *ainda* se está ocupado por inteiro em realizar o que só é essencial na medida em que prepara o advento do *essencial essencial*.

Mas essa tomada de consciência, repitamo-lo, não se efetua sempre, nem necessariamente: não há atitude na qual o homem (o homem, isto é, certo número de homens, caso contrário a história já teria parado) não possa se contentar e à qual não possa se ater. Para o homem concreto, todas as atitudes são equivalentes, isto é, absurdas, exceto uma, a sua, que não é da alçada de nenhum tribunal, mas constitui o tribunal em que tudo é passível de julgamento.

Ora, nós optamos pelo discurso, e o que queremos compreender é nosso discurso como discurso coerente: *para nós*, a atitude que pode se transformar em discurso coerente – mesmo que, aos nossos olhos, apenas parcialmente – ocupa um lugar especial, e ocupa-o de modo legítimo. Não devemos, portanto, ficar com má consciência por distinguirmos, entre as atitudes reais, aquelas que formaram discursos coerentes e que, assim, formaram o discurso coerente; não devemos nos envergonhar de nosso interesse pelo discurso, pela filosofia – contanto que não esqueçamos que o discurso é apenas uma das possibilidades do homem e que nunca percamos de vista a violência, fator, *momento* essencial de toda atitude, ela própria uma atitude, e que deve ser apreendida pelo discurso para que o discurso se compreenda como discurso do homem. Nada nos impede, então, de dizer que nem todas as atitudes são de igual importância *para o discurso* e que é legítimo e necessário voltar-se para aquelas que produzem discursos coerentes, que, se for permitido falar assim, se produzem em discursos.

Isso porque o homem, em sua existência, em sua vida, ao agir, falar, expressar-se e até calar-se apresenta sempre um lado compreensível para o discurso que busca compreendê-lo, e nada é absolutamente estranho ao homem quando se trata do homem: mesmo aquele que eu qualifico de louco não me está totalmente fechado, nem que fosse porque eu o compreendo suficientemente para qualificá-lo de louco (e, de fato, compreendo incomparavelmente mais, a tal ponto que não consigo imaginar um homem que seja louco absolutamente); mesmo quem renunciou ao discurso, quem escolhe o discurso incoerente, o místico extático que saiu do discurso, não me são totalmente inacessíveis: embora para si próprios eles não estejam no mundo do discurso coerente, eles aí vivem para o discurso, e o discurso versa sobre eles de modo válido – válido para mim que escolhi o discurso: mesmo quem optou pela violência pode apenas me matar, não pode me impedir de vê-lo e de compreendê-lo em sua violência e em seu silêncio.

Mas embora qualquer indivíduo possa ser compreendido, embora um discurso sempre possa integrá-lo no mundo da coerência, os discursos dos homens são compreendidos apenas com relação a certas atitudes que chamaremos de *puras* ou *irredutíveis*. São as atitudes das quais acabamos de falar, aquelas que se transformam em discursos coerentes (a coerência, em cada caso concreto, é determinada pela natureza da atitude), que compreendem a si mesmas, porque querer se compreender lhes é essencial.

A atitude pura é definida, portanto, com relação ao discurso filosófico, ao nosso discurso. Ela não se distingue em nada das outras atitudes, na medida em que ela é atitude: sua diferença em relação às outras reside nesse único traço (e que só é essencial para a filosofia) – o de que ela elabora, num discurso para ela mesma, aquilo que em seu mundo é o essencial para ela. Ela não se contenta em expressar-se, ela se formula positivamente ou por oposição a um discurso que ela *encontra* no mundo contra o qual ela se ergue, e ela diz num discurso o que importa a seu sentimento. Em suma, ela apreende o essencial de seu mundo como conceito. Esse conceito, nós o designaremos sob o nome de *categoria*.

A *pureza* e a *irredutibilidade* das atitudes lhes vêm, portanto, de seus respectivos discursos: é pura a atitude que desenvolve uma categoria pura; ela é irredutível se nenhum meio do discurso permite que o adversário desse discurso o refute. A atitude pura pode ser ultrapassada, mas só poderia sê-lo por uma escolha livre, por um ato que não se justifica no falar do mundo recusado por ele (para o qual esse ato é, ao contrário, incompreensível) e que revestirá um sentido somente a partir de sua própria categoria, que apreenderá, em sua legitimidade relativa, em sua coerência *parcial*, aquela que ela ultrapassou.

São as categorias que determinam as atitudes puras; são as atitudes que produzem as categorias. Quando se trata de filosofia, as categorias primam; mas só podem primar porque sabemos que elas são a obra do homem, que elas não são "construções", que, como obras do homem vivo e fundadas em suas atitudes, elas só se desprendem dessa vida para nela entrar e sobre ela agir.

Atitudes para o homem na vida, categorias para o filósofo, juntas elas permitem compreender o homem, permitem ao homem compreender-se. A partir delas, todas as atitudes se abrem à compreensão, não apenas as que qualificáramos de puras (entre as quais é preciso contar as que recusam o discurso, mas que, pela *consciência* da recusa, definem categorias para a filosofia, embora elas próprias se recusem a designar positivamente um *mundo* e o *essencial* de um mundo), mas também as atitudes incoerentes, de discurso contraditório ou defeituoso, as da linguagem que não quer ser coerente, mas quer apenas *expressar* (tal como a linguagem poética) o que o indivíduo *sente*, até mesmo as atitudes do silêncio alcançado no contentamento absoluto ou na infelicidade absoluta. Todas juntas, elas revelam o sentido da história a quem escolheu o sentido, porque elas se compreendem (acabam por se compreender) como a obra da história.[2]

O discurso em sua totalidade e a lógica da filosofia

Aqui está a raiz comum de onde brotam, como os dois *momentos* da mesma realidade humana, a filosofia e a história: como essa história é una, a filosofia é una, e ambas o são, porque só apresentam os dois aspectos do homem tal como eles se distinguem e se completam *para o discurso*. É o mesmo homem que age e que fala: ele fala uma linguagem que se formou, que ele formou em sua ação, e age conforme uma linguagem que precede e dirige sua ação. Ele não é necessariamente filósofo, mas ele é compreensível para a filosofia, e é ao compreendê-lo que a filosofia compreende a si mesma, compreende-se como uma obra do homem em sua história, oriunda da violência, diante da violência, pronta, se o discurso o exige, para retornar à violência. As atitudes do homem em sua história formam as categorias de seu discurso porque o homem fala sendo violência na violência, opondo-se à violência em seu discurso ou constituindo-se ele próprio como violência por meio do discurso.

A lógica da filosofia é, assim, a sucessão dos discursos coerentes do homem, sucessão cuja orientação é dada (para nós) pela ideia do discurso coerente que compreende a si mesmo. Esses discursos serão particulares, visto que as atitudes que neles tomam consciência de si são atitudes particulares do ponto de vista do discurso coerente, atitudes que distinguem entre um *essencial* e um *inessencial*, e que, por conseguinte, não aceitam em seu caráter positivo tudo o que lhes é dado e que elas reconhecem como dado. São violentas porque não consideram a violência em sua pureza e remetem à violência para criar um mundo compreensível, sem chegar a compreender positivamente o mundo existente e a existência delas próprias; são assim levadas a rejeitar o que coloca em perigo seus "valores".

---

[2] Cf. o que será dito adiante sobre as *retomadas* e sobre o problema do *fim da história*.

De que modo, a partir das atitudes mais simples (e que, justamente por isso, só podem ser compreendidas ao fim da análise), o discurso se desenvolve, de que modo o que só é reconhecido implicitamente (como o que deve ser eliminado ou suprimido) é explicitado na consciência da atitude: mostrá-lo é o próprio trabalho da lógica da filosofia, e é ao longo desse trabalho que ela se constitui como filosofia primeira, fundamento de toda filosofia posterior, seja qual for o nome desta última: ontologia, moral, psicologia, política, filosofia da natureza, da existência ou da ciência: é na lógica da filosofia que todas elas se compreendem em seu sentido para o homem que as *faz*.

III. A lógica da filosofia e a violência da história

O filósofo e a linguagem do mundo histórico

Qualquer antecipação desse trabalho seria absurda: não há resultados a antecipar quando o trabalho é seu próprio fim. É permitido, no entanto, fazer algumas observações sobre a forma da pesquisa, não para fornecer um *programa* dela, mas antes para evitar que preconceitos *naturais* criem a impressão de que esse programa seja não apenas possível, mas natural também e evidente.

Esse preconceito seria o de pedir uma dedução das categorias. Tudo o que dissemos indica claramente que essa exigência é ilegítima: uma dedução só se compreende a partir de um *essencial* reconhecido como tal, e aqui o *essencial*, ou mais exatamente, os *essenciais* devem apenas se mostrar em sua pureza, inclusive o essencial do discurso particular que exige uma dedução porque a dedução é para ele o essencial.

Seria igualmente ilegítimo pedir uma justificação da ordem na qual as atitudes e categorias se apresentam: elas formam em sua totalidade a ordem última do discurso e todas as diferentes ideias de ordem são funções das categorias, a cuja totalidade o conceito de ordem não poderia ser aplicado, por assim dizer, *de fora*.

Esses escrúpulos do pensamento científico – que se formou e deformou ao ocupar-se de uma realidade por ele considerada como exterior, escrúpulos, que, rigorosamente falando, são destituídos de sentido quando se trata do próprio discurso que pode constituir seu próprio exterior para ele próprio, mas que não pode ser exterior a si mesmo – se resolvem tão facilmente como são formulados.

As coisas são diferentes em se tratando das objeções levantadas pelo pensamento que se volta para o próprio homem. Esse pensamento parece ter razão ao desconfiar da identificação da história e da filosofia. Com efeito, dirá ele, essa tese nos liberta de inúmeras dificuldades; mas será que não leva a outras, de gravidade talvez maior? Toda atitude pura se enuncia numa categoria desenvolvida, mas toda atitude se encontra a todo momento da história, portanto, depois de se ter des-envolvido, depois de se ter superado. As atitudes puras têm uma vantagem sobre as outras para o discurso: como é possível, então, que o discurso não seja acabado e completamente coerente desde a primeira vez que o homem se volta para si mesmo e sua atitude? Como pode haver atitudes impuras? Compreende-se bem que o homem, ser finito diante da violência e ele próprio violência, renuncie ao discurso, ao menos à compreensão do discurso; mas não é paradoxal que mesmo o homem que se ocupa de si mesmo, de sua atitude e de seu discurso não se compreenda totalmente? E se isso deve ser reconhecido como um fato, por que ele chega a se compreender? Não peçamos, à maneira dos *cientificistas*, uma garantia que nos assegure que o sistema das categorias é completo; mas não será preciso perguntar como o discurso pode se formar na história a partir de uma atitude primeira da qual nada obriga o homem a sair? Não existem discursos particulares e atitudes particulares – ou que parecem particulares do ponto de vista escolhido aqui – que duram e permitem aos homens orientarem-se em sua existência? Se certas atitudes são atitudes fundamentais e fornecem as categorias do discurso, como pode o homem ter um discurso antes de ter à sua disposição todas as categorias no discurso histórico que ele encontra, que ele forma? E se ele encontra todas, o discurso não é então sempre o mesmo, isto é, presente para si mesmo a cada momento?

Sem dúvida a lógica deverá fornecer respostas a essas perguntas ou mostrar sua solução (que poderá ser a dissolução das perguntas): sem isso ela não seria completa, pois o discurso não teria sido compreendido em sua totalidade. No entanto, é possível desde já indicar o sentido dessa resposta e dessa solução.

A qualquer momento o homem pode ter qualquer atitude; mas ele não a terá a qualquer momento *para si mesmo*, para seu próprio discurso. Ele estará, por exemplo, satisfeito com seu mundo; mas não se saberá satisfeito, precisamente porque o está e porque, assim, seu mundo não se mostra a ele: ele viverá nesse mundo e seu discurso só versará sobre o que está no interior deste último. Ou estará, ao contrário, infeliz, e achará que seu mundo é um caos absurdo; mas essa absurdidade tem um sentido para ele, ela é positivamente o sentido de seu mundo e nessa absurdidade ele possui um mundo, isso é algo que ele será quase sempre incapaz de formular. Não há necessidade alguma de multiplicar os exemplos: o fato é que a atitude do homem nem sempre se expressa adequadamente no discurso do homem, se a palavra "adequado" for empregada para designar o discurso elaborado de modo coerente em torno do que é o *essencial* para o homem nessa atitude.[3]

Ora, é só em caso extremo que essa supremacia da situação no discurso (e não pelo discurso, já que é preciso se abster da ideia de um instrumento empregado por uma razão diferente de seu instrumento) conduz à categoria, isto é, ao conceito que permite construir um mundo coerente e que confere um sentido a tudo que é e à vida do próprio homem que, nesse discurso, apreende e edifica ao mesmo tempo a si mesmo e a seu mundo. O homem não começa por ser indivíduo para ele próprio; não começa, em sua existência, como se tudo o aguardasse desde sempre para ser e para receber um nome:

---

[3] Trata-se de formular o que ocupa o indivíduo em sua existência tal como ela é para ele próprio, e ela só é, para ele próprio, em seu discurso. Excluímos, portanto, a expressão não coerente, aquela que chamamos *poética*, e que não pretende ser a expressão *do homem*, mas a *minha expressão*, e deixamos de lado a possibilidade humana, radicalmente distinta, que não apenas renuncia ao discurso, mas ainda à linguagem e a toda expressão, e que é violência e silêncio. Em que sentido podemos excluí-las, em que sentido essas possibilidades estão e devem sempre estar presentes na filosofia se ela quiser compreender a si mesma, nós o dissemos: importa relembrá-lo, porque só esse lembrete do que excluímos aqui das possibilidades humanas permite ver que o discurso do indivíduo concreto, numa situação concreta (não o *do* indivíduo *na* situação) é o *empreendimento* do indivíduo no qual ele se universaliza, se forma e se formula como homem e, ao apreender a situação, tenta dominá-la.

o discurso de um mundo, do mundo no qual o indivíduo nasce, lhe é anterior historicamente e em dignidade, e o homem é, para ele próprio, esse ser determinado por esse discurso, antes de ser ele próprio, antes mesmo de querer ser ele próprio – e numerosos são os discursos nos quais o homem nunca se faz a pergunta de sua individualidade. É só no momento em que o mundo desse discurso já não contenta o homem que esse mundo é *apreendido* no discurso desse mesmo mundo como um mundo violento, como um mundo que não contenta necessariamente o homem, no qual o homem pode estar descontente – apreendido num discurso que se pretende *novo* e que, ao permitir ao indivíduo apreender-se em seu mundo, separa-o também desse mundo que ele transforma no *outro* do homem: a violência, e a violência sentida violentamente como tal, está na origem de todo discurso que se pretende coerente. É a violência que, época após época, dá a si mesma, no discurso, o que ela pode negar e que, ao se apreender como liberdade em seu discurso e, ao mesmo tempo, contra seu discurso, produz a filosofia.

Mas cada discurso assim nascido na história compreende a si mesmo muito naturalmente como discurso eterno: a violência, sentida violentamente, deve ser descartada *de uma vez por todas*, a fim de que o homem entre na presença, no contentamento, a fim de que se interrompa a história, reino da violência e da revolta violenta do sentimento. Basta saber, ao que parece então, o que é o homem, para que seja possível se pôr a realizar o mundo humano, o mundo no qual o homem já não tenha de se revoltar contra as condições exteriores ou interiores, onde o próprio discurso se tenha tornado supérfluo. E, com efeito, a eternidade da presença não é uma ideia inventada: ela está no fundo e no ponto de consumação de todo discurso humano. No entanto, ela só existe no tempo da história, e o incondicional (a presença na qual o homem já não se sentirá condicionado) só se mostra a quem se sabe e se sente condicionado. É na história que o homem elabora seus discursos eternos, é na condição que ele fala do que a existência incondicionada será: assim como todo discurso histórico sobre o homem fala do homem eterno, do homem tal como ele é em si mesmo, todo discurso sobre o ser eterno do homem é essencialmente um discurso histórico.

Assim, cada discurso pretende apreender o homem por inteiro. Mas ao partir do discurso histórico que o homem histórico, autor desse discurso, *encontrou* em sua entrada no mundo, de seu discurso no qual ele se opõe a esse mundo e a esse discurso, o homem permanece preso nos conteúdos concretos desse discurso e tudo recebe dele, inclusive a forma concreta do seu descontentamento e da sua revolta. Ele protestará contra as condições que encontra no interior desse mundo, ele ainda não protesta contra esse mundo e seu discurso, e só depois de um longo e duro labor ele apreenderá mundo e discurso e os abandonará, assim, no momento em que os apreende, ou se contentará com esse mundo e esse discurso, tendo submetido tudo ao que acabou por compreender como o *essencial* do discurso e do mundo, tendo também, justamente assim, oferecido a outro indivíduo a possibilidade de se revoltar contra esse mundo coerente em si mesmo e que *pode*, portanto, ser sentido como violência e como condição exterior por quem está pronto a dizer *não* a esse mundo, a esse discurso, a esse contentamento. Nesse ínterim, durante todo o tempo desse labor, até que o *essencial* desse mundo tenha sido capaz de se expressar num discurso coerente, no que se chama tradicionalmente um *sistema* (que não é necessariamente um sistema filosófico no sentido ocidental da palavra e não o será nem mesmo habitualmente), o discurso histórico subsiste, incoerente aos olhos do crítico, suficientemente coerente, porém, para permitir aos homens desse mundo orientarem-se nas situações que são as situações desse discurso e desse mundo, dessa tradição. Assim, o discurso, um discurso particular não se perpetua apenas até esse momento, mas muito tempo depois, e até indefinidamente.

Isso porque, se é verdade que o homem não pode superestimar a filosofia (pela razão de que toda avaliação que se pretende razoável pressupõe a filosofia, que precede, assim, toda avaliação), também é verdade que os filósofos são demasiado propensos a superestimar a influência histórica e real da filosofia. O fato é – e nada refuta os fatos – que os homens, em regra geral, não se atêm à coerência nem desejam ser filósofos e possuir um discurso que se sustente. Qualquer discurso humano pode ser compreendido pelo filósofo, e a incoerência encontrada por ele na maioria dos discursos realmente sustentados não apresenta o caráter do incompreensível, mas apenas cria uma dificuldade de compreensão. Essa compreensão é a tarefa própria do filósofo e cabe apenas a ele, e se ele aspira a uma função particular nesse sentido, enuncia apenas a mais simples das verdades. Mas ele se engana se acredita que essa compreensão – que é, se não o que existe de mais importante para ele, ao menos uma de suas tarefas mais importantes – seja importante para o homem na vida concreta de seu mundo e de seu discurso; pois esse homem possui outro meio de se safar da incoerência de seu discurso, ou até dois meios: a linguagem incoerente e o silêncio da violência (para com os outros ou para consigo mesmo).

O discurso, na medida em que se pretende coerente, visa à presença, à eternidade, à essência do homem e do mundo. E essa aspiração à presença só é real no tempo da história; qualquer aspiração à essência imutável tem sua raiz no devir do homem determinado num mundo determinado, de um homem que se determina nesse discurso e nesse mundo contra um e outro.

A lógica da filosofia como compreensão do homem

Esse é o problema que, com mais precisão do que nos era possível anteriormente, circunscreve o trabalho de pesquisa ao qual se pode dar o nome de uma *lógica da filosofia*: lógica não no sentido da não contradição – pois ela trata de soluções contraditórias entre si e que se contradizem –, não lógica da ciência, pois para ela a ciência é apenas uma das possibilidades do homem e não necessariamente a primeira – se é que pode haver uma possibilidade primeira –, mas *logos do discurso eterno em sua historicidade*, compreendido por ele próprio e compreendido como possibilidade humana que se escolheu, mas que sabe também que ela se escolheu e que ela não seria se pudesse ser necessária. Ela é o *logos* que se reflete no fato e o fato que se reflete no *logos*, um e outro humanos e cientes de sua humanidade, liberdade na condição e condição para a liberdade, eternidade no tempo e tempo apreendido na presença, violência para o discurso sem o qual ela não se saberia violência e discurso da violência que se pretende discurso. Repetindo, filosofia e história são uma única e mesma coisa, não uma única e mesma *coisa*, mas o mesmo homem na unidade de suas oposições, que são unidade, porque suas.

Unidade para a filosofia – o que significa que essa unidade não existe para o homem em sua existência concreta, para o homem numa situação particular no interior de uma história particular. Ao contrário, esse homem julga que o discurso que se pretende coerente e o homem que quer compreender aquilo que é e o que ele é fogem do único ato que alcança a satisfação e não levam a sério a forma de vida que lhes daria contentamento. Para quem vive em sua história e se atém à sua história, existe no máximo a linguagem, instrumento indispensável, se esse é seu mundo, da violência que liberta, que destrói o que incomoda e acorrenta e oprime o homem: o homem do discurso, aquele que quer apreender este mundo tal como ele é, é a seus olhos um covarde ou um louco, um traidor ou um destruidor, a ser desprezado ou eliminado, mas não um homem no sentido pleno da palavra. É verdade que essa linguagem não resiste à filosofia e que ela pode – e deve, do ponto de vista da filosofia – ser transformada em discurso, que o *essencial* desse mundo, desconhecido para o homem que se atém a esse mundo, pode e deve ser revelado. Mas a filosofia enganar-se-ia a seu próprio respeito e imitaria o não filósofo se descartasse esse homem como não homem e inimigo que se trata apenas de combater; ela deverá compreendê-lo *em sua não filosofia* (assim como deve compreender – tarefa infinitamente mais fácil e há muito tempo clássica sob o título da interpretação – a linguagem daquele que não quer coerência, mas quer *se expressar* tal como se sente). Por que ela pode se dedicar a esse problema, nós o dissemos: o homem é uno para a filosofia – em outras palavras, toda expressão do homem pode ser compreendida nas categorias do discurso, mesmo que essa expressão se pretendesse *essencialmente* exterior ao discurso, exterior à coerência, exterior até mesmo à linguagem. Mas é preciso que a filosofia jamais esqueça – para não falsear a natureza de seu objeto – que aquele que ela assim compreende não compreende a si mesmo dessa maneira.

Isso equivale a dizer que, na ação histórica, o homem não se compreende como filósofo, mas que a filosofia se compreende como histórica, como nascida da violência, da necessidade, da condição, que ela é para si mesma a libertação consciente do homem da condição. Mas ela sabe também que nela o homem sempre se libertou apenas das condições que ele já havia sentido como grilhões e como obstáculos: para a filosofia, é legítimo e natural que o homem na ação ignore o discurso implícito que o guia e que ele, homem de ação, não tem consciência de haver formado. Também é natural que aquele que reflete sobre a ação e se empenha em formular o que foi o essencial para o homem de ação em sua ação não veja que ele fala de um homem que escarnece da consciência nem veja, tampouco – e isso é muito mais grave –, que, com sua reflexão, ele mesmo prepara uma nova ação, que seu discurso revela como condição o que antes não fora sentido como tal, que ele transforma em grilhão o que até então nem sequer havia sido notado e havia sido *natural*. O homem de ação é, para empregar uma terminologia em voga e extremamente perigosa, materialista; o filósofo, idealista; mas esse idealismo e esse realismo não existem um sem o outro, e assim como o idealismo se transmuta dialeticamente em materialismo, o materialismo só difere do idealismo dialético para o pensamento da filosofia (que é o pensamento puro e simples) pela atitude dos indivíduos que optam por um ou por outro: ora, essa atitude sempre pode ser traduzida em discurso (e o é), e esse discurso sempre pode ser traduzido em atitude (embora o seja apenas raramente pelo mesmo indivíduo).

Eis por que a filosofia é possível não apenas como escolha por parte do homem – a questão já não se coloca aqui –, mas tecnicamente possível. O homem é um ser falante: não necessariamente falante, menos ainda necessariamente convencido de que o falar, e em particular o discurso coerente, seja o essencial de sua existência, mas falante de fato. É provável que homens se calem radical e totalmente: eles então saem da filosofia, ao mesmo tempo em que saem da história, e seu silêncio mostra--se apenas como possibilidade última para a linguagem e para o discurso que apreende a linguagem; mais do que isso, mesmo essa possibilidade não se mostraria se o silêncio não fosse – de fato e historicamente – preconizado em discursos que querem demonstrar sua superioridade como única via para o contentamento, a presença, a coerência absoluta. É com o homem falante que lidamos, e apenas com ele. Que o homem afirme o caráter subordinado da linguagem e do discurso, que ele declare que somente a ação é válida, ou a linguagem "técnica", ou aquela, não coerente, do sentimento, isso não importa para a filosofia: o que ele diz é compreensível e quer sê-lo; é compreendido e deve sê-lo.

Relação entre as categorias e as atitudes

Nada acrescentaremos ao afirmar que toda atitude pode ser transformada em discurso, que toda atitude fundamental pode produzir (*pode* produzir, mas só produz necessariamente para a filosofia) uma categoria, que o que age na atitude como o essencial pode apreender-se ou, se a atitude se recusa a isso, pode ser apreendido por outra atitude como conceito organizador de um sistema, de um discurso coerente – precisamente como o que chamamos aqui uma categoria. Cabe à filosofia dizer quais são as categorias fundamentais, essas possibilidades de organizar discurso, existência e mundo em torno de um essencial, possibilidades realizadas na história do homem, e cabe-lhe também insistir no fato de que essas categorias precedem, *para ela*, as atitudes que têm precedência *na história*: ela organiza as categorias com vistas à coerência absoluta que compreende a si mesma como possibilidade do homem, e é por isso que, advertida pela possibilidade da revolta contra todo discurso coerente, ela sabe também que sua construção vale apenas para ela.

Ao reduzir as atitudes às categorias e descobrir as atitudes por meio das categorias, a filosofia não pode esquecer – para não se trair ou recair num pensamento ultrapassado por ela – que o homem que vive em seu mundo histórico não está preocupado com a pureza lógica de sua atitude e de seu discurso: essa pureza só assume importância a partir do momento em que um homem quer compreender e se compreender totalmente. É só então que as categorias constitutivas do discurso e as atitudes constitutivas da história do discurso emergem, e é só então que o discurso da compreensão se torna o *essencial*, mas torna-se o essencial para ele próprio, que é consciente dessa limitação livre, consciente de ser uma das possibilidades do homem.

Por isso, a lógica da filosofia não esquecerá que o que ela deve explicar é o discurso histórico em sua totalidade, e não apenas o seu: visto que ela compreendeu o que é o seu essencial e que esse essencial foi escolhido para ela, ela não julgará o discurso histórico e a história do discurso e dos discursos conforme o critério que ela aplica a si mesma. Tendo-se compreendido, ela poderá compreender os discursos daqueles que não se compreendem, ou só se compreendem imperfeitamente, ou não querem se compreender, e ela os compreenderá nas intenções deles, não na sua. Ela não poderá deixar de partir das categorias e das atitudes puras e saberá, no entanto, que essas categorias-atitudes puras só têm valor na medida em que permitirão compreender o discurso e os discursos que se sustentam e se sustentaram no mundo histórico, dos quais ela própria é o fruto e a realização final (mas só o é para si mesma).

O homem é uno, o discurso é uno, a história é una: por isso a compreensão é possível. Mas essa unidade não é linear. É verdade que, para a lógica da filosofia, as categorias formam uma sucessão; que, para ela, as atitudes se pressupõem uma à outra; que uma nova atitude só nasce depois que a anterior se formulou num discurso coerente, produziu seu sistema e assim produziu sua categoria: é só a partir desse momento que ela pode ser negada *com conhecimento de causa*, radicalmente, e só então a busca do contentamento substitui a perseguição das satisfações, que, implícita e inconscientemente, ocupara o homem que ainda não havia descoberto (des-coberto) o essencial de seu mundo e se havia deixado guiar e dominar por este último. Mas embora a realidade somente seja compreensível na ideia desenvolvida da compreensão, ela não segue o esquema da sucessão das categorias, esquema absolutamente legítimo para a lógica da filosofia, fonte de toda reflexão sobre a legitimidade, mas legítima e necessária apenas para essa lógica.

Essa diferença dos aspectos do mesmo que são a história e a filosofia explica como, para a filosofia, todo discurso humano contém todas as categorias, e que homens (e não: o homem), a cada momento da história, podem tomar qualquer atitude; ela explica ao mesmo tempo por que seria errôneo afirmar que toda categoria e toda atitude sejam sempre compreendidas como tais por aqueles que vivem de acordo com uma e falam de acordo com outra. O que denominamos *o essencial* de uma atitude só se revela como tal, na maioria dos casos, ao observador, isto é, a um homem que não se insere nessa atitude; o que formaria a categoria dessa atitude, *se* esta fosse formulada num discurso coerente, age no discurso concreto do homem dessa atitude, mas só se mostra ao lógico que olha esse discurso como o de um outro e para o qual esse discurso com efeito o é. Objetivamente, isto é, para a análise, que se baseia na unidade do discurso (que ela sabe haver *escolhido*), todas as categorias estão sempre presentes em todo discurso, mesmo que nos modos da exclusão e da negação, e todas as atitudes estão abertas a todo homem, mesmo que no modo da recusa dessas possibilidades; mas esse fato em si só aparece para a lógica da filosofia depois que os conceitos da atitude e da categoria foram elaborados.

A história é, portanto, a um só tempo circular e linear. É circular no sentido de que a análise reencontra sempre as mesmas atitudes e as mesmas categorias – se houvesse algo de novo sob o sol, algo de absolutamente novo, como o homem compreenderia seu passado? Como se diz, o homem não muda. E a história é linear e, como se diz igualmente, progressiva, porque as categorias não existem a cada momento para o homem desse momento e porque, consequentemente, as próprias atitudes não são compreendidas por ele como irredutíveis, mas se concebem, e justamente por aqueles cuja existência é guiada por essas atitudes, como decisões "pessoais" no interior de um mundo "estável", sem nenhum alcance universal, até mesmo opostas a qualquer universalização possível, como *extraordinárias*, no sentido estrito desse termo, em suma, como violência, como revolta que não pensa a si mesma e não quer se pensar, mas quer *expressar-se* numa linguagem que faz questão de não ser coerente (pois a coerência, nesse caso, é considerada como mentira conformista) ou numa ação que quer destruir o mundo e o discurso existentes, num ato ou num grito des-esperados, sem esperança, que só desejam protestar e não querem nem ensinar nem realizar.

Categorias e retomadas

É esse progresso, essa obra do descontentamento sentido e da violência, que revela ao homem o que ele é: seu ser "eterno" nada é além de sua ação no tempo, uma ação que se torna compreensível e realmente compreendida no tempo preenchido da ação. As possibilidades do homem só se mostram ao homem uma vez realizadas por ele, e o discurso só pode reduzir à unidade as atitudes que o homem tomou: mais que isso, ele só poderá reduzi-las à unidade depois que essas atitudes houverem transformado o mundo no qual apareceram primeiramente como revolta muda, depois de elas se haverem expressado (numa linguagem incoerente e erguida contra a antiga coerência), depois que o indivíduo revoltado se "fez compreender" por outros, pelos outros, e impôs à realidade histórica não a forma de vida que ele projeta (pois ele nada projeta positivamente – ele protesta contra aquilo que é, e na linguagem do mundo que ele quer abandonar), mas sua busca de uma nova realidade: se seu protesto sucumbe na realidade "política", ele não deixa traços na história do "espírito": o homem se compreende, porque ele agiu e na medida em que ele assume como suas as ações do passado. O passado é, portanto, fértil de futuro; mas só o é para esse futuro que é nosso presente, ao passo que, para ele próprio, o que aparece ao nosso novo presente como passado não é passado em absoluto, nem mesmo por antecipação (no tempo do futuro do presente, do "terei sido"), mas é o que é agora e deve ser enfrentado, vivido e combatido agora, nesse agora que, para a análise, se tornou passado.

Não será inútil notar que a própria interpretação – a atitude da inteligência pura que esquece isso – se revelará, justamente por essa razão, como atitude particular; ela será ultrapassada precisamente porque rejeita como inessencial o que não é interpretação; portanto, porque aquele a quem poderíamos chamar historiador intelectualista se recusa a reconhecer a violência naquilo que foi e só foi real em seu agora, impedindo-se assim de compreender tanto sua própria existência no agora de seu mundo quanto a realidade dos mundos passados na unidade do mundo do homem: a pureza da atitude e da categoria lhe aparece como valor supremo não para o filósofo, mas para o homem.

Ora, nós o dissemos, essa pureza não desempenha o menor papel para o homem em sua existência cotidiana. O próprio homem fala *como bem quer*, e o *bem* desse *querer* não é questionado por ele: ao observá-lo, ao analisar as incoerências de sua linguagem, descobre-*se* o que o impeliu; não é *ele* quem o descobre. Ele emprega todos os meios que o discurso de sua comunidade histórica coloca à sua disposição para defender o que ele encara como seus interesses. À luz da análise, esses interesses se revelam como os da comunidade na qual esse homem nasceu (e que foram submetidas, no caso individual, a uma triagem efetuada pelo *sentimento* pessoal): o homem em questão expressa-os numa linguagem incoerente, e se essa linguagem é redutível à coerência pela interpretação, por meio das categorias-atitudes que esta última desenvolveu, o próprio homem salta de atitude em atitude, de categoria em categoria, a todas as atitudes-categorias da coerência, assim como a todas as da violência falante. Sua ação (e seu discurso, na medida em que este faz parte integrante de sua ação) revela ao observador o que ele persegue *no fundo*, o que constitui o centro a partir do qual ele se orienta em seu mundo. Mas aos seus próprios olhos, esse centro não aparece como tal, ele nem mesmo aparece – assim como o lugar no qual ele põe os pés. Ele sempre fala a respeito (para o intérprete), ele jamais o formula: tão logo o formulasse, esse princípio poderia ser colocado em dúvida e já seria excêntrico num mundo que teria mudado de centro justamente em razão dessa descoberta, assim como o solo que eu vejo não é o que me sustém. Habitualmente, isto é, enquanto não se trata do pensador sistemático que formula (e assim faz com que seja ultrapassada) a categoria-atitude, esse centro organiza a vida e o mundo sem ser reconhecido, e o discurso que o aborda – que tenta abordá-lo – não é o discurso desse centro, mas o de outra categoria, em particular o de uma categoria ultrapassada, discurso completamente organizado *porque* de fato ultrapassado e que está, portanto, à disposição do primeiro que chega, do homem comum e normal.

No início de uma nova época – no momento em que um novo interesse, ao querer destruir um mundo envelhecido, organiza um mundo novo –, é, portanto, uma antiga categoria que apreende a nova atitude e fala da nova categoria, e ao falar a seu respeito, também a esconde e deturpa. O homem *retoma* (para nós que, ao chegar mais tarde, conhecemos a categoria que ele está apenas desenvolvendo) um discurso que, em sua ação, ele já ultrapassou, e pode-se dizer que todo o trabalho de uma *lógica aplicada da filosofia* consiste na compreensão dessas *retomadas* de antigas categorias que formam a linguagem e os discursos (não coerentes, embora se pretendam coerentes) dos homens.

Neste ponto, podemos e devemos nos contentar em fixar esse conceito. Ele é essencial à verdade: é ele que permite a aplicação da lógica à realidade histórica, em outras palavras, que permite a compreensão dos discursos concretamente sustentados pelos homens do passado e do presente. Isso porque – nunca seria demais repeti-lo – é apenas para a lógica que a categoria pura e a atitude irredutível (irredutível, porque sua categoria é pura) têm um valor particular, particular e legítimo, porque a filosofia escolheu compreender e só pode compreender por meio do que se desenvolveu na coerência. Mas o que se trata de compreender é precisamente o que não é coerente, não é discurso unido por uma categoria, não é atitude impelida à unidade pela reflexão. Para a filosofia (não para o homem agente, mais exatamente: para todo homem agente), a história tem seu sentido em sua coerência, mas tem seu conteúdo no incoerente, no contraditório, na violência: a retomada, para empregar um conceito kantiano, é o *esquema* que torna a categoria aplicável à realidade e que permite assim realizar concretamente a unidade da filosofia e da história.

***

A lógica da filosofia e o fim da história

A justificação dos conceitos desenvolvidos deve ser obra da própria lógica da filosofia, e poderíamos passar a isso se um último argumento não devesse ser levado em consideração, argumento ao qual, na verdade, essa lógica proporcionará uma solução; mas ele é tal que parece se opor à realização da lógica, antes mesmo de a tarefa ter sido empreendida.

Todo discurso coerente é o fim da história que a ele conduziu. Esse é o resultado ao qual chegamos. Mas essa conclusão, embora inevitável, não colocaria em questão tudo o que havíamos acreditado sustentar de modo seguro? Pois como evitar a aplicação dessa tese a nosso próprio discurso? Não será preciso dizer que a lógica da filosofia só é possível no fim da história? Ou será que devemos admitir o caráter transitório dessa lógica, assim como de toda lógica e de todo discurso sistemático? Será que pode haver uma lógica eternamente verdadeira, se toda eternidade é a eternidade de um momento histórico, só é eternidade para um momento histórico, e se tudo que o homem revelou (a si mesmo) é exposto justamente assim à sua violência e passível de ser rejeitado porque é apreendido?

É fácil – e legítimo – responder que o eterno, embora apareça no tempo, é sempre eterno, justamente porque seria absurdo, rigorosamente falando, falar de um eterno que não se mostra na história. Também seria legítimo remeter ao que foi desenvolvido anteriormente, a saber, que a circularidade é tão essencial à história quanto o progresso e que seria insensato querer falar de um progresso que não fosse progresso de um sujeito idêntico a si mesmo, seja qual for o sentido dessa identidade: a melhor prova e a mais simples se encontra no fato de que os *historicistas* mais extremistas são incapazes de evitar – e justificadamente – falar *do* homem, *da* história, *do* mundo.

Mas é melhor tomar a objeção em seu conteúdo positivo e admitir que, com efeito, a lógica da filosofia só é possível no fim da história. Ora, isso pode significar uma única coisa, a saber, que ela é possível no fim da história que é a sua. Em outras palavras, ela só é possível a partir do momento em que a violência foi vista em sua pureza e em que, consequentemente, a vontade de coerência, como decisão violenta (livre e não justificável) do homem contra a violência (até então "natural"), é compreendida como o centro do mundo no qual essa decisão se toma. E é preciso e possível admitir, ao mesmo tempo, que a história não está terminada naquele sentido de que a violência não foi expulsa da realidade, de que sempre os homens podem recorrer a ela e de que sempre a decisão pela coerência pode ser esquecida, recusada, pode já não ser compreendida como possibilidade concreta do homem.

Todo sistema é o fim da história, de sua história, dessa história sem a qual ele não seria e que só se compreende nele como história sensata. Nesse sentido, a filosofia é eterna porque procura sempre a mesma coisa: a compreensão – e é histórica porque o que importa não é o que ela encontra, mas por qual via ela o encontra, de qual ponto ela parte, em suma, qual é, historicamente, o homem que se põe em busca da coerência. O que ele encontrará, isso é muito fácil dizer de antemão, pois o que mais ele poderia encontrar além da coerência? Mas é sua liberdade determinada, ou mais concretamente, o homem que vive sob condições particulares, num mundo particular, num discurso particular que pede a satisfação e a presença e a coerência, e a *formalização* que fala *do* homem e *do* mundo e *da* coerência, por mais indispensável que ela seja ao empreendimento da lógica da filosofia, não apenas não basta, como deve ter sua insuficiência reconhecida para que esse empreendimento não se enrede no intemporal e na abstração da inteligência do intelectual.

Nesse sentido, todo sistema é verdadeiro e sempre verdadeiro, porque uma coerência foi nele alcançada – *sempre verdadeiro* a tal ponto que, em qualquer momento da história subsequente à elaboração desse sistema, o indivíduo pode se contentar com essa coerência, pode se estabelecer nela e pode retomar sob essa categoria tudo que ele encontra em seu mundo, que, de fato (isto é, do ponto de vista da lógica da filosofia, e já do ponto de vista da simples atitude da interpretação), é formado por uma categoria ou por categorias posteriores àquela que esse homem escolheu. E ele é sempre ultrapassado, porque sua categoria, uma vez revelada, aparece (pode aparecer e apareceu na história) como uma condição, como *outro* do homem que se revolta contra o que lhe é apresentado como válido de uma vez por todas.

Se, portanto, uma lógica da filosofia pode ser elaborada – e somente a realização poderá provar sua possibilidade –, o que acontecerá com ela não será distinto do que acontece com todo discurso coerente, com todo sistema: a negatividade do indivíduo poderá incriminá-la, assim como incriminou a todos os sistemas. A única diferença será, então, que a lógica da filosofia compreenderia também essa possibilidade; que, para ela, seria tão legítimo negá-la quanto contentar-se com ela. Em outras palavras, ela seria realmente o fim da história, assim como todo sistema é o fim da história – de sua história, que é aqui a história da filosofia ou (pois a filosofia não tem história, só o homem tem história) o fim da busca do contentamento *pelo discurso*. Nela, essa busca teria compreendido e apreendido a si mesma tanto em suas possibilidades quanto em seus limites: o homem que recusar isso não rejeitará uma filosofia ou um discurso, mas *a* filosofia e *o* discurso. No entanto, se ele passou pela lógica, ele não os *rejeitaria* como um exterior: pararia de *se ocupar com eles*, porque a filosofia já não o entreteria à maneira de um problema, de um obstáculo em seu caminho. Ele já não seria filósofo, não porque sentiria que a filosofia não pode contentá-lo, mas porque saberia que a filosofia lhe deu o contentamento, todo o contentamento que ele pode pedir ao discurso. Ele já não seria filósofo, porque teria compreendido a filosofia a partir da verdade e da violência e saberia que a verdade é o fim e o início da filosofia, e que já não se trata para ele de compreender como ele pode chegar ao universal, como ele pode entrar na verdade e na presença: ele saberia já estar sempre lá na medida em que as procura, e saberia que, na medida em que quer ser razoável, ele o é.

Será ainda necessário acrescentar que a história, assim, não está terminada, em todos os sentidos da palavra? Ao contrário, dizer que ela continuará é uma identidade simples e banal; pois ela não é mais que a duração do homem para si mesmo. O indivíduo sempre pode optar pela violência e recusar o discurso, qualquer discurso, o da lógica da filosofia tanto quanto os outros, e, por conseguinte, é perfeitamente possível que esse discurso seja destruído ou se torne insensato para uma humanidade que vive na violência, que luta com a violência. Mas a própria lógica terá compreendido e mostrado que o discurso, para o homem – mesmo que ele tivesse escolhido a si mesmo como ser falante –, é apenas uma das possibilidades da linguagem, e que lhe resta a expressão: é possível que o homem se volte para essa expressão, não mais para protestar contra o discurso, mas com boa consciência e livremente, na segurança de que o discurso está consumado. O mundo então se teria transformado num mundo verdadeiramente humano, um mundo do qual a violência teria desaparecido, teria sido descartada pelo homem que age razoavelmente conforme o discurso a respeito da violência: toda violência seria aí violência entre indivíduo e indivíduo no interior de um mundo coerente, a luta já não seria luta com a natureza, submetida pelo trabalho, nem com a sociedade, organizada racionalmente, mas luta do sentimento com o sentimento – luta possível somente num mundo da universalidade realizada, num mundo onde todo discurso particular teria recebido seu lugar e seria assim ultrapassado, onde o universal teria formado a existência de todos os homens e de cada homem na medida plena em que ela pode ser formada por ele, em que o sentimento já não teria de refletir, nem a razão teria de levar em conta os sentimentos, em que o homem seria *o homem* com os homens, mas *este indivíduo* com este indivíduo – num mundo em que a razão, depois de colocar a violência a seu serviço, teria se transformado realmente e de modo tal que nenhum protesto razoável e universal fosse ainda pensável, em que o homem razoável se houvesse contentado absolutamente e houvesse compreendido seu contentamento razoável – para ser livre e viver em presença e no sentimento da presença, não porque ele rejeita a razão, mas por saber razoavelmente que a razão foi realizada.

Nesse ínterim – e nós vivemos nesse "ínterim" –, a lógica da filosofia não garante nem poderia garantir que essa vida seja realmente possível. O que ela pode afirmar, se for bemsucedida em seu empreendimento, é que a verdade *é*, que o discurso é acabável porque está acabado: ela pode mostrar que as categorias se revelaram em sua totalidade porque, de fato, a categoria da categoria, o centro que não organiza apenas os discursos, mas o discurso, se mostra a ela e nela. Ela compreende a tudo e a si mesma, porque compreende o homem na filosofia, a filosofia no homem; porque compreende a coerência na violência e a violência no discurso coerente.

***

Passagem à lógica da filosofia

A justificação dessa pretensão, como dissemos, só pode ser fornecida pela própria lógica da filosofia, cuja possibilidade só será demonstrada por sua realização.

Não se deve contar com reflexões sobre o "método" dessa lógica: não pode haver diferença entre a lógica e seu método, visto que toda reflexão metodológica só pode receber seu sentido da lógica – e só pode recebê-lo num sentido estritamente limitado, o de um discurso determinado no interior do discurso total.

Uma palavra apenas sobre o início que escolhemos. Se o discurso é uno, todas as categorias se equivalem, porque de cada uma delas se deve chegar a todas as outras: a única questão é saber em que sentido se percorrerá o círculo das categorias. Começamos por uma *atitude*, a da Verdade, a atitude mais pobre do ponto de vista lógico, a da satisfação na presença total, tão total que não há discurso, nem mesmo linguagem; que, ao menos em aparência, aí não existe ainda *categoria* para o homem dessa atitude, mas apenas para o filósofo que se dirige a ela. Aí não se pode falar de sujeito e objeto, de homem e mundo, de coerência e violência. Se nos perguntassem as razões de nossa escolha, seríamos obrigados a apelar para a paciência do leitor, pois é apenas no final da pesquisa que seu início pode se revestir de um sentido. Se, no entanto, uma alusão puder esclarecer a razão dessa decisão, diríamos que a Verdade, no sentido definido, não é a categoria de um discurso, mas a do discurso puro e simples, da filosofia, mas que ela aparece como primeira no plano das atitudes que conduzem à busca da coerência e do contentamento, nem que fosse porque é ela que se anuncia na eterna nostalgia do contentamento e da presença que caracteriza todos os discursos do homem.

Quanto ao mais, devemos nos desculpar pelo estilo seco e abstrato deste livro. Mas esse inconveniente é não apenas inevitável, quando se quer evitar a prolixidade e a ênfase: ele é também compensado pelo fato de que o discurso "abstrato" pode prevenir o perigo da compreensão superficial, que faz que não se sinta a obrigação de tudo controlar porque se acredita estar lidando com o conhecido: não é que se trate aqui de novidades, é que a impressão do conhecido não passa de impressão, consequência de hábitos sentimentais ou verbais, um modo de conhecimento inadequado quando se está decidido, não a sentir, mas a compreender. É de recear que a facilidade da leitura, em matéria de filosofia, seja um obstáculo à apropriação e ao juízo pertinente. Que nos perdoem se essa preocupação nos levou longe demais.

LÓGICA DA FILOSOFIA

1. Verdade

1. A Verdade como fundo do discurso

O defeito de todo início em filosofia é o de ser início: a escolha do ponto de partida não é justificada nem justificável, visto que nada está estabelecido, e o leitor terá de dar crédito ao autor, que só poderá fornecer as razões de sua escolha no fim da obra (se um fim tiver de haver), seja voltando ao início, seja mostrando que o movimento do pensamento é infinito, mas que o início é tal que ele não freia nem esconde esse movimento.

Em outras palavras, o início de toda doutrina que se propõe desenvolver o pensamento em sua totalidade (finita ou infinita) é questão de reflexão: o homem concreto busca a sabedoria porque sabe, com um saber fortuito e histórico, que existe, ou poderia existir, algo como uma doutrina: reflexão do particular na ideia de uma totalidade, seja ela qual for, transmitida ao indivíduo e assim preconcebida para ele. O início é então uma tentativa; é preciso começar: comecemos por uma definição da filosofia, colocando-a em relação com a Verdade, sem saber ao certo o que essas palavras querem dizer e se a relação que estabeleceremos entre elas tem um sentido. Ao medir tudo que diremos pela ideia da totalidade do pensamento (isto é, por uma reflexão que só poderá ser transformada em doutrina no final, se é que poderá sê-lo), poderemos tratar não de chegar a um resultado, mas de desencadear um movimento.

Postulemos, então, mesmo que venhamos a descobrir que postulamos algo de insensato: a filosofia é a investigação da verdade, e não é mais que a investigação da verdade.

Essa definição inicial é tão pobre quanto todas as definições iniciais; visto que o domínio que ela deve delimitar ainda não é conhecido, ela é puramente negativa e constitui o domínio em questão por exclusão de todos os outros domínios (supostamente conhecidos): tudo que não é investigação da verdade, ou não o é exclusivamente, não é filosofia.

Essa maneira de proceder pode ser útil em inúmeros casos. Será útil aqui? Será que algo foi realmente excluído por meio de nossa definição? Nesse caso haveria, no plano em que se situa a verdade, outros domínios que não o da verdade. Se assim fosse, não decorreria daí que seria preciso conhecê-los *em verdade*? Em outras palavras: não seria necessária uma investigação da verdade num plano mais elevado para julgar as pretensões da investigação anterior?

É exato que por vezes definimos a filosofia como acabamos de fazê-lo (para poder começar). À investigação da verdade são contrapostos a vida, a religião, o sentimento, a ação. Isso é legítimo, contanto que a posição em que se está seja exterior à verdade (que, nesse caso, é qualificada de "objetiva" ou "desinteressada", porque *subjetivamente* se perde o interesse pela verdade) e que aí se permaneça com prudência e firmeza. Essas atitudes são possíveis e reais. É preciso apenas acrescentar que elas se tornam absurdas (tomamos essa palavra no sentido preciso – de forma alguma pejorativo – de "desprovido de sentido") tão logo queiram tratar da verdade. Para sermos justos, digamos que isso não acontece enquanto essas atitudes forem autênticas. O perigo só existe para aqueles que retomam essas atitudes, para os românticos da fé que não vivem em Deus, mas defendem a religião; para os amantes da poesia que não são sensíveis ao mundo, mas aos poetas; para os ideólogos da política que nunca agem, mas inebriam-se com sonhos de poder. O crente, o poeta e o político ignoram a investigação da verdade, assim como se ignoram mutuamente e estão prontos para matar os outros se constatam que estes não os seguem. Isso é normal e não requer justificação. Já para os românticos, as coisas são diferentes. Para eles, todas as possibilidades coexistem. Eles podem jogar as possibilidades umas contra as outras; podem empenhar-se em "justificar" todas as atitudes, em "coordená-las" todas, em encontrar "soluções" para "contradições". A investigação da verdade e a religião, por exemplo, são para eles duas atitudes equivalentes e que, mesmo mantendo-se separadas, não devem, contudo, se combater. Há assim "verdadeiramente" uma verdade "teórica" e uma verdade "da fé", uma ao lado da outra. O que eles esquecem é que ao falar desse modo tomaram o partido do "teórico" e, por conseguinte, deveriam buscar exclusivamente a verdade. O homem nem sempre busca a verdade. É um fato da vida. Mas no plano da investigação, não há nada que "corresponda" à verdade, que seja seu "outro".

O domínio da verdade não é, portanto, limitado, e a definição inicial não tem sentido. Não se pode falar da verdade, porque a verdade é tudo; tudo que se dissesse sobre a verdade a colocaria em oposição a alguma outra coisa, e ela seria apenas um sujeito ao qual se aplica um predicado mais extenso, igualmente aplicável a outros sujeitos. Por isso, o juízo "A Verdade é tudo" não pode fazer parte da doutrina; faz parte da explicação. A doutrina pode começar exclusivamente pela palavra "verdade". Em outras palavras, *todo* juízo sobre a verdade é absurdo. Encontraremos mais adiante as oposições entre *verdadeiro* e *falso*, as distinções entre *as verdades* segundo suas respectivas dignidades, amplitudes, dependências, etc. Agora, trata-se de eliminar todas as associações habituais, as lembranças provenientes da ciência e da lógica, que, todas elas, pressupõem ou estabelecem relações. Aqui a questão tem por objeto aquilo que funda essas relações – ainda mais perto do início: aquilo que se quer dizer quando se diz que existem relações. Toda explicação positiva é então impossível; querer fornecer uma seria querer falar no silêncio. A verdade não é o ser nem o nada, ela não é nem o objeto nem o eu. Pode-se apenas evocá-la e falar sobre ela por metáforas. Ela é a luz que não ilumina nada, luz invisível, porque ela é apenas luz. É o estado de vigília que não é precedido por sonho algum. É o que precede o início. É o instante eterno, mais velho e mais jovem que qualquer tempo.

Metáforas que podem ser úteis graças à sua incompreensibilidade. Com efeito, o homem está sempre na verdade, e a verdade lhe é, por conseguinte, inacessível, como a base sobre a qual ele se apoia. O que ele denomina "erros" está compreendido na verdade e só é erro "em verdade" por essa razão. O falso não é menos existente. Mas ele não é o contrário da verdade, senão uma verdade superior seria exigida, e assim por diante, ao infinito.

Devemos, portanto, eliminar a confusão entre a verdade e o verdadeiro, pois essa confusão nos é "natural". Como Hegel assinalou, a primeira categoria é, por toda a parte, a que tem menos conteúdo, a mais pobre. Isso é necessário, visto que ela deve ser absolutamente simples. Mas uma época que busca uma primeira categoria e que, além disso, está consciente do fato de buscar, e de buscar uma categoria primeira, não um fato ou uma realidade, uma época assim já não conhece a pobreza que ela busca. O mal-estar que a remete à busca dessa categoria é provocado pelo excesso de riquezas. Ela sabe coisas demais, verdades demais, conhece conteúdos demais, situações demais. Quando encontra o que procurava, só pode apreendê-lo e preservá-lo à custa do maior esforço: as palavras de que ela dispõe estão carregadas de história, seus conceitos entraram em relações infinitas e indefinidas. Ora, ela busca um fundamento simples e que ela deverá manter simples. A dificuldade pertence à própria natureza da tarefa.

No entanto, a verdade de que se trata não é inacessível. Não pode ser exposta, isso é verdadeiro, mas pode ser vivida. O silêncio precede o discurso e o discurso pode se concluir no silêncio. A grande empreitada de Parmênides consiste nisso. Parmênides fala, discute, e até reconhece – negando-a – a existência do erro; é filho de uma "civilização desenvolvida". Mas quando se leva a sério o resultado de Parmênides, chega-se ao silêncio da verdade. O ser e a linguagem são idênticos na unidade eterna, imóvel, imutável; toda pergunta é proibida e impossível; toda resposta, inimaginável. Parmênides falou. Mas poderia ter calado, e nada impede que outros homens tirem tal conclusão desse discurso.

Ainda assim, essa seria uma conclusão tirada e esse silêncio se teria originado no discurso. Ora, o silêncio é uma atitude bastante difundida, mas sob sua forma ingênua. De costume o homem fala sem nada dizer – οὐδὲν λέγει, para retomar a formulação grega –, tudo que conta em sua vida se passa fora do discurso, e, para a consciência do indivíduo, o discurso é supérfluo. Ele sabe o que tem a fazer, a palavra é um instrumento, um instrumento que nem chega a ser indispensável, e fora esse caráter de instrumento, ele é incômodo: as mulheres tagarelam, os homens são sérios e não falam. A verdade é dada onde não há pergunta, onde linguagem e condição coincidem. Eis por que sua presença não é apreendida. Ela só é *constatada* por aquele que busca a verdade e, portanto, se sabe separado dela. É o filósofo, em sua situação determinada pela história (lida por ele como história de sua busca), que *constata* a verdade. A reflexão sobre ele mesmo e sobre seu interesse o conduz ao ponto em que ele encontra a verdade como categoria, como domínio de todas as perguntas. Ela é, então, exclusivamente isso, o terreno do saber, terreno vazio e infinito e que só será preenchido posteriormente.

2. Impossibilidade de uma reflexão prévia sobre o método

A pergunta esperada em primeiro lugar, aquela relativa ao método da filosofia, só será mencionada a esta altura para ser descartada. Quanto a esse ponto, podemos remeter o leitor a Hegel. A questão do método da filosofia não tem sentido e o problema é exatamente o mesmo que o dos limites do domínio da verdade: para elaborar um método da filosofia, seria preciso outra filosofia, com outro fundamento metodológico, para o qual seria preciso estabelecer uma terceira filosofia, e assim por diante. Ora, a filosofia é um fato ou ela é um produto da liberdade (formulação que será justificada na sequência). Não existe nada que preceda esse "fato", nada que preceda a filosofia, que compreende a si mesma e compreende todas as coisas. Ela é, para si mesma, o início absoluto, e é particularmente importante nunca se esquecer disso, pois é particularmente fácil ceder à tentação das coisas "sabidas". Nós observamos que somente uma época que sabe muitas coisas sente a necessidade de uma filosofia. Mas essa carência está do lado do filósofo, do amante da sabedoria, não daquilo que ele busca, da sabedoria. É do saber que o homem parte para sua investigação; mas seu alvo não é um saber que remete a uma investigação. Para o indivíduo, a *reflexão* precede a *doutrina*. Mas a reflexão só *é* na doutrina, que é primordial. O indivíduo, filósofo ou não, não compreende a si mesmo. Ele é compreendido (em ambos os sentidos da palavra) na doutrina. O que é preciso evitar é que se introduzam, no início da doutrina, ideias e associações de palavras que aí não têm sentido. Devemos descartar toda reflexão sobre o verdadeiro, sobre a contradição, sobre a identidade, sobre tudo que só tem sentido no âmbito do relativo. A contradição, em particular, não deve inspirar aqui o medo que ela provoca nos homens de ciência e nos lógicos. Por mais salutar que ela seja lá onde ela tem seu lugar, ela faria esquecer que agora não existe sequer a possibilidade da contradição e que, na realidade, a contradição só é considerada importante muito tarde: pode-se viver na contradição, nela se vive costumeira e essencialmente (toda decisão, por exemplo, se faz na contradição), e não é necessário invocar o exemplo (de valor duvidoso) do primitivo que diz que ele, homem, é um lagarto.

3. O preconceito subjetivista

A última "interpretação" a ser eliminada é a da "verdade para um sujeito"; última não no sentido de que não haveria outras que fossem falsas: toda interpretação o é necessariamente, nesse plano; ela é apenas a mais moderna. A observação que temos para contrapor a isso é sempre a mesma: ainda não existe sujeito, nem objeto, nem relação do *para*. Tudo isso deverá encontrar seu lugar, pois tudo isso *é*, ou, se assim se preferir, é *verdadeiro*. Mas tudo isso corresponde a atitudes particulares (aqui, em particular, à da ciência que quer falar de, e para, todos os particulares na qualidade de particulares, a saber, a atitude fundamental da ontologia transcendental). Ora, o problema é o do terreno de todo discurso.

4. Verdade, Ser, Deus

Já que só temos aqui uma única palavra isolada como todo o "conteúdo" da doutrina e que essa palavra não tem "sentido", seria possível substituí-la por qualquer outra cuja acepção usual não se opusesse a uma compreensão no sentido da universalidade e do absoluto. A escolha, com efeito, é uma questão de conveniência. As palavras "Ser" ou "Deus" seriam igualmente úteis, e não é por acaso que sempre foram reunidas nas mais estreitas relações ao termo "Verdade". Deus é Ser e Verdade, a Verdade apreende (o que significa: é, visto que ela é o que ela apreende) o Ser e Deus, o Ser é a Verdade e Deus. No entanto, a história da reflexão mostrou que ambos os termos, Ser e Deus, são muito difíceis de manejar quando se quer evitar os impasses da ontologia da reflexão que opõe sujeito e objeto, e da fé que, exceto se fizer ontologia sob o título de teologia, se detém na negação de todo concreto e recusa tanto a doutrina quanto a reflexão.

É evidente que seremos obrigados a retornar a esses problemas. No entanto, podemos acrescentar desde já que a filosofia de Hegel, de um lado, e o pensamento místico, de outro, não foram capazes de afastar os perigos inerentes a uma reflexão que não se conhece como tal. É verdade que um São João da Cruz, por exemplo (ou um Calvino, se fizermos a abstração – por impossível que pareça – do papel que a revelação desempenha em seu pensamento), desemboca numa categoria primeira, que, sob o nome de Deus, parece corresponder exatamente ao que designamos (pois nada fizemos além de designá-lo) pelo nome de Verdade. Mas uma vez alcançado esse fundamento-conclusão, já não se terá nem o meio nem a necessidade de entrar no movimento do discurso. Entre Deus, que é Nada, e o místico, que é Nada igualmente, existe apenas o Nada da União. A Verdade é assim apreendida, mas ela o é apenas como o fundo sobre o qual tudo desaparece, não como o fundo sobre o qual tudo se mostra: o discurso é o mal. A categoria central não é, portanto, a própria Verdade, mas a negação e a suspensão do pensamento (μύειν = fechar os olhos), e nós nos encontramos, na realidade, diante de outra categoria, da qual teremos de tratar em breve.

O problema é inteiramente distinto no que tange a Hegel (trata-se aqui do Hegel da *Enciclopédia*, não do Hegel da *Fenomenologia*): o Ser que forma o ponto de partida de sua lógica não *é*, e assim ele evita as dificuldades insolúveis da reflexão do Ser no sujeito ou do sujeito no Ser, os problemas do conhecimento e da existência.

Não queremos nem devemos indagar, como é preciso fazer na concepção hegeliana da filosofia como sistema, se a Enciclopédia reconduz realmente a seu início e se o Ser do fim é o do começo, se, caso fosse inevitável constatar um fracasso, a razão disso residiria na escolha do início ou deveria ser procurada em outro lugar. Talvez se tenha sido injusto com Hegel: o fato é que Marx, que compreendeu Hegel, quis inverter o sistema e colocá-lo de cabeça para cima, e que Kierkegaard, que não o compreendeu, o rejeitou – tanto um como o outro, porque para Hegel o Ser está (ou parece estar) no centro, e eles se acreditaram obrigados a defender, contra uma doutrina ontológica, os direitos imprescritíveis da ação e do coração. Uma vez mais: não perguntamos a esta altura se essa revolta é ou não justificada, nós a citamos para assinalar o perigo do emprego do termo Ser, que – essa foi a história do espírito ocidental – será sempre compreendido como designação do objeto: no plano do Ser, o homem *é*, a natureza *é*, a história *é*, e o saber absoluto do Ser (que não *é*, ao menos em Hegel) será interpretado como ciência de todas as coisas que *são*. Essa única razão, de ordem "pedagógica" – mesmo na ausência de outras –, seria suficiente para nos fazer preferir o termo *Verdade*.

2. NÃO SENTIDO[1]

A verdade é não sentido. Com efeito, visto que a verdade é tão somente a verdade, tudo que se mostra não é a verdade. Tudo é não verdade, tudo é vazio de sentido, visto que todo sentido determinado é inadequado à verdade.

1. Não sentido e verdade

A categoria do não sentido é tão universal e tão vazia quanto a da verdade. A distinção só é possível porque ambas foram superadas em nosso discurso e porque outras categorias, infinitamente mais complexas, se acrescentam a essas primeiras, que só existem para nós porque dispomos das outras.

A reflexão mostra que a vida da consciência está entre o sentido e o não sentido, e ambos estão constantemente presentes no discurso. O modo dessa presença aparecerá no desenvolvimento da doutrina. Por enquanto, basta lembrar as polaridades como linguagem-condição, decisão-situação, eu-mundo. Mas agora este lembrete deve servir sobretudo para eliminar todos esses conceitos concretos. O que devemos reter é a pura dualidade de verdade e de não sentido. Não existe maneira alguma para nós de distingui--los por definições e predicados. Pode-se dizer que a verdade é o

---

[1] "*Non-sens*" é uma palavra francesa derivada do inglês *nonsense*, habitualmente traduzida por "absurdo", "contrassenso", "disparate". No entanto, dada a frequência com que Eric Weil recorre a substantivos compostos nos quais figura o elemento "não" – não contradição, não filósofo, não ser, não discurso, não fato, não violência, não razão, entre outras –, consideramos mais apropriada sua tradução literal: "não sentido". (N. T.)

domínio, e que tudo que preenche esse domínio e que nos revela sua existência é o não sentido. Poder-se-ia explicar a verdade como o "sim" e o não sentido como o "não". Mas isso não seria um grande avanço. A verdadeira dificuldade no início da lógica é não "imaginar" interpretações das categorias, apesar do fato de que essas categorias não existiriam (não se revelariam) sem essa imaginação, que é a existência histórica das categorias.

2. O não sentido vivido. – Não sentido e reflexão

Embora a categoria do não sentido não seja passível de definição, ela pode, no entanto, ser vivida, e o foi, assim como a da verdade.

O exemplo de Parmênides serviria aqui também. Com efeito, à verdade simples e una ele opõe a teoria (θεωρία = visão, espetáculo) da aparência enganadora, que, ela também, é tudo. Tão logo se sai da pura unidade-verdade, se cai naquilo que, sob os mais diversos aspectos, é sempre o que não é e nunca é o que é: o que não tem sentido porque, na verdade, só existe a verdade. Seja qual for o modo como se interpreta a relação ou a ausência de relação entre as duas partes do poema parmenidiano, claro está que o motivo – não consciente – dessa divisão se encontra aqui. A forma (não exterior, mas filosófica) desse pensamento é a da reflexão daquilo que é no Ser, e os discípulos de Parmênides a desenvolveram nessa direção.

No entanto, a teoria de Crátilo, discípulo do grande adversário de Parmênides, Heráclito, é talvez mais instrutiva. Ele parte da instabilidade heraclitiana. É a instabilidade de tudo que existe que o preocupa, não a instabilidade como tal, que havia interessado a seu mestre. Sua atitude é perfeitamente compreensível: visto que não se pode entrar no mesmo rio nem sequer uma única vez, já não há sentido em falar do que quer que seja; tudo que se pode fazer é apontar com o dedo. A interpretação por meio do conceito do ser é, portanto, levada às suas últimas consequências. É preciso que tudo se resolva em relações de ser, e o gesto que resta no ser expulsa a palavra que se relaciona apenas ao ser conferindo-lhe um sentido. Mas o fato é que o não sentido, vivido e, por assim dizer, praticado por Crátilo, ainda não está destacado como categoria: o pensamento deverá se enriquecer muito antes de ter os meios para se apreender sob essa forma.

Parece, no entanto, que o pensamento hindu distingue claramente as duas categorias – verdade e não sentido. O fundamento primordial é tudo, e tudo é apenas ele. Ele não é nem substância, nem ser, nem nada; ele é o fundamento de tudo que se mostra. A esse aparecimento da categoria da Verdade o budismo opõe a descoberta do não sentido. Ele não afirma que a teologia tradicional seja falsa; tampouco ensina uma nova verdade que substituiria a antiga. Nada do que se possa dizer lhe interessa. Evidentemente, existem outras categorias que desempenharam um papel na criação de ambos os sistemas; mais que isso, aí se encontram – até necessariamente – todas as categorias de que o discurso dispõe. Não é de surpreender, visto que o homem compreende tudo no e por meio do conjunto das categorias que são, do ponto de vista da reflexão, as dimensões da análise, as diferentes direções nas quais as questões se orientam. Mas uma única categoria é vivenciada como decisiva, tão logo já não se trate de reflexão, mas de vida. Para o budismo, a vida não tem sentido e não tem verdade. Tudo é vazio: tudo que se mostra e tudo a que esse todo do visível se mostra. Existe a Verdade, mas a Verdade é o não sentido. Não é que aquilo que se havia mostrado como Verdade no fundo das aparências tenha desaparecido. Ele não desaparece, assim como as aparências não desaparecem – nada pode fazê-lo desaparecer, visto que o ser da Verdade consiste em aparecer nele. O não sentido e a Verdade não se distinguem: é preciso reconhecer a Verdade como o não sentido, o não sentido como a Verdade. E mesmo esse reconhecimento é não sentido. Ele é apenas um preâmbulo, um programa que deve ser realizado. Conhecem-se as diferentes técnicas empregadas pelas diferentes escolas para alcançar esse fim. Elas perseguem sempre a mesma finalidade, a saber, esvaziar a consciência de todo conteúdo, a fim de que consciência e conteúdo desapareçam ao final e que, pela realização do não sentido, a Verdade já não apareça, mas *seja*; porque parecer e ser se excluem, e a Verdade só está presente depois que o não sentido foi reconhecido como a Verdade.

Não se pode duvidar que essa atitude seja real. Não há dúvida, tampouco, de que seja impossível refutá-la: uma atitude não se refuta, e o próprio conceito de refutação não tem lugar aqui. Mas sob a influência da reflexão grega, empenhamo-nos em reduzir tudo à demonstração e à refutação. Não que isso seja ilegítimo: trata-se de outra atitude, e todas as atitudes se equivalem quanto a sua "verdade". Mas dado o papel que essa atitude desempenha no pensamento de nossa época, não será inútil assinalar que sua pretensão, *lógica* ou *científica*, não ultrapassa em dignidade a de qualquer outra. Não se refuta o budismo, só se pode combater o homem que prega o budismo.

A lógica fez essa mesma experiência com o ceticismo radical. É uma objeção muito forte responder ao ideólogo cético que sua dúvida não é total quando ele afirma que a dúvida é a única atitude logicamente possível. Mas o cético poderá declarar que também isso não deve ser encarado como uma tese verdadeira; a dúvida pode duvidar de si mesma. E se o lógico insistir, o cético se calará, e já não haverá meio algum de convencê-lo ou de refutá-lo. É preciso notar, contudo, que essa experiência nunca convenceu os lógicos. Com efeito, o cético, tal como é encontrado, avança – ao menos no início – no terreno da discussão (se não o faz, não é "encontrado"). Consequentemente, o silêncio do cético não é compreendido como uma atitude autêntica, mas como prova da superioridade do lógico, que impôs o silêncio a seu adversário e faz com que seu silêncio pareça a expressão da obstinação de um homem que não quer reconhecer o seu erro. Para o lógico, tudo se torna, assim, discussão: o que prova que o procedimento é legítimo. Ora, esse legítimo não é único. O lógico interpreta toda atitude diferente da sua como dirigida contra ele próprio. Pode traduzir e a tudo traduz em seus próprios termos (o que faz a força da atitude). Mas a própria noção de discussão é particular. Por isso não se deve escutar o contendor: o crente não discute, ele crê. O budista não refuta o sentido do mundo, ele vê seu não sentido. Sua atitude, assim como a do lógico, é inexpugnável. O homem pode manter-se nela indefinidamente e nenhuma "evolução histórica necessária" pode distanciá-lo dela.

3. O conceito de retomada

A oposição da segunda categoria à primeira nos leva a falar mais especialmente de um conceito da maior importância, o de *retomada* (cf. anteriormente, p. 120 ss.).

Constatamos que o não sentido é – e que, por outro lado, ele se relaciona à Verdade (como se fosse a mesma coisa): o não sentido pode ser vivido, e o exemplo do budismo mostra que ele pode ser compreendido como a verdade da verdade. Mas o vazio não é necessariamente *compreendido* como a verdade da verdade, pode simplesmente ser *vivido* como o vazio. Portanto, o santo do budismo – assim como o do *yoga* –, depois de haver atingido a perfeição, já não pensa e não fala. No entanto, ele *pode* falar do não sentido, ele *pode* evocar o vazio como a verdade. Constatamos, assim, uma possibilidade essencial, a da *retomada*. Evidentemente ainda não podemos explicar essa possibilidade (que, como δύναμις, é uma realidade).[2] No entanto, podemos dizer que a retomada é a compreensão de uma atitude (ou categoria) nova sob uma categoria anterior, compreensão realizada no interior e por meio dessa atitude anterior. O budista não se cala necessariamente. Ele pode falar do não sentido, assim como da verdade. É possível indagar, e isso foi indagado, por que o Buda, o realizado que se libertou, ainda fala. A resposta ortodoxa é dizer que ele o fez por amor e por compaixão; um historiador ou um psicólogo moderno diriam talvez que ele era um homem e que, como tal, ele devia ensinar para se afirmar diante de si mesmo fazendo-se reconhecer pelos outros. Mas essas respostas são falsas, tanto uma como a outra, porque respondem a uma pergunta destituída de sentido aqui, e que só pode ser compreendida no terreno da reflexão e das possibilidades. Seria tão pouco sensato perguntar por que o Buda falou quanto analisar os motivos pelos quais o homem Jesus, que comandava todas as forças do céu e da terra, se deixou crucificar. Se a reflexão moderna não tivesse a sensação obscura de que existe "algo estranho em tudo isso", ela deveria dar ouvidos a esses eminentes especialistas, que, com a grandeza da imbecilidade, foram até o fim e lhe fornecem a

---

[2] Para o sentido restrito das primeiras retomadas, ver cap. 7, n. 7, p. 173 ss.

história e a teoria desses "casos de psicose ou de neurose". Mas não se trata de reflexão nem de possibilidades. O Buda poderia não ter falado. No entanto, não é um homem que poderia fazer isto ou aquilo. Julgá-lo dessa maneira é recolocá-lo no mundo que ele deixou. Ele não fala: é a verdade que se revela em sua linguagem. Visto que ele fala, não teria podido não falar. Ele não se distingue de seu ensinamento. Ele *é* a verdade: e essa verdade, que é a categoria do discurso do Buda, apreende o não sentido.

É importante notar o fato de que o não sentido não é exclusivamente ele próprio. Pode sê-lo (como é provavelmente o caso no zen-budismo), mas é possível também que ele se compreenda como a verdade. Em linguagem moderna, dir-se-ia que ele se interpreta como a verdade. A expressão tem seus riscos; ela comporta, para nós, a multiplicidade das interpretações, a ideia da escolha entre o verdadeiro e o falso. Na realidade, a retomada é – para ficar na linguagem moderna – sempre "verdadeira". Existe aí, se preferirem, a forma primeira da reflexão, reflexão que não entrou na consciência, reflexão simples, diferente daquela que habitualmente temos em vista e que é dupla, porque a consciência aí se sabe consciência, isto é, reflexão. Na reflexão simples, a categoria retorna a si mesma sob a forma de uma categoria precedente (antecipando, podemos acrescentar: de uma categoria qualquer, ou de várias das categorias precedentes). É por meio da retomada que a atitude se torna categoria.

Eis por que a Verdade era desprovida de discurso. Toda "teoria da verdade" é falsa e só pode ser utilizada, mesmo como simples exemplo, sob a condição de uma abstração que elimine tudo o que torna possível a existência dessa teoria na realidade do espírito, isto é, a totalidade do discurso. Isso porque, para que se fale da Verdade, um grande número de retomadas deve ter ocorrido. O primeiro desses atos é a reflexão do não sentido na Verdade.

Repitamos que essa retomada não é necessária. Toda categoria pode permanecer atitude muda (muda quanto ao essencial – ela pode conduzir ao silêncio pelo caminho da linguagem e da reflexão). Mas tão logo exista retomada, existe linguagem. A categoria da Verdade basta para isso, tão logo o homem possua outra categoria que ele possa retomar sob a primeira. É fácil ver o que essa linguagem é, o que ela não é: ela é a simples revelação do não sentido. Pode-se falar, porque a Verdade precede e porque a Verdade se tornou concreta agora. Existe juízo: a Verdade é o não sentido, o não sentido é a Verdade. A simplicidade deste juízo de identificação completa mostra os limites dessa linguagem. Só existe falar, só evocação. Aplicar aí, como acabamos de fazer, os termos de juízo e de identidade só se justifica do ponto de vista de nossa linguagem, que não pode se desvencilhar de sua riqueza. Em si mesmo, esse falar é apenas a repetição perpétua da mesma verdade, que é *a* Verdade. Ele pode escolher palavras diferentes, visto que ele se forma em e contra um discurso rico e carregado de história; ele falará do vazio, do nada, da negação, do mal, da dor, da morte, da aparência enganadora. O que ele quer dizer permanece sempre a mesma coisa: o não sentido é a Verdade. Ele não fala, se falar significar a expressão articulada do pensamento; ele *diz*. Não se espera que o ouvinte tenha uma verdade sua, uma outra verdade. O mestre não se ocupa com outras teorias (exceto por acidente e para dizer que elas não são a verdade – elas são algo no mundo): nada existe fora do não sentido que ele revela como a verdade. Existe apenas essa reflexão simples. Mas ela basta para criar a primeira linguagem.

4. Prioridade lógica e explicação histórica

Objetar-se-á, talvez, que o que acabamos de denominar uma primeira linguagem é, na realidade, o produto de uma longa evolução, que o budismo foi precedido por toda uma série de sistemas religiosos, cosmológicos, filosóficos, que, assim como os outros sistemas "niilistas", ele não pode não ser o fruto de uma reflexão extremamente avançada. Nós ressaltaríamos então, antes de tudo, que só falamos sobre essas teorias na explicação que se situa necessariamente no plano da consciência moderna, consciência que distingue entre o essencial e o inessencial. Em seguida, diríamos que o próprio plano no qual essa objeção é feita foi mal escolhido. "Primeiro" não significa necessariamente o que precede na ordem cronológica. A origem dessa confusão na interpretação da palavra é clara: somos dominados pela teoria da história tal como foi fundada pelo cristianismo. Essa história, na qualidade de ordem do devir humano, tem um início e um fim, e todo acontecimento tem seu lugar: ordem histórica e ordem lógica coincidem (em Deus). Mas é possível – e este não é o lugar para abordar a questão – que essa seja uma teoria particular que deve ela própria ser compreendida. De qualquer modo, ela não pode ser verificada, já que não se pode imaginar instância alguma para refutá-la: ela pode admitir qualquer objeção de detalhe contra o arranjo dos fatos sem que a ordem como tal seja destruída. Daí decorre que a ideia diretriz não deve ser, *a priori*, a da unidade e da unilinearidade do devir. Talvez essa ideia se mostre, ela própria, inaplicável. A objeção, para ter um sentido, deveria, portanto, ser formulada de outra maneira: contra a ordem das categorias, não contra a das ilustrações. Mas, então, ela se torna indefensável. Não existe outro meio para refutar um sistema de categorias senão elaborar outro, se a crítica aceitar as categorias cuja ordem ela quer combater. Ora, não há diferença entre as categorias e sua ordem. Se houvesse, teríamos retornado ao problema – inexistente – do método da filosofia. Basta dizer, portanto, que não existe linguagem mais simples e que essa linguagem é, consequentemente, a primeira. A reflexão vivida mostrou (ela não o *de*monstrou, pois ela nada *de*monstra) a importância da linguagem. Ela mostra, além disso, que a linguagem se relaciona (termo este tomado em seu sentido mais formal e mais vago) à situação, porque o homem, ao falar do não sentido e ao vivê-lo, *assume uma posição*. Isso basta, por enquanto, à reflexão teórica preocupada em notar a impossibilidade de encontrar uma compreensão mais total do que a efetuada pelas categorias de Verdade e de não sentido.

3. O VERDADEIRO E O FALSO

A compreensão do não sentido como verdade cria a oposição do verdadeiro e do falso. Falar de uma verdade diferente da do não sentido é falso, e dizer que o não sentido é a verdade é verdadeiro. Visto que o não sentido é proclamado verdade, a verdade se determinou e essa verdade pode ser formulada.

1. Introdução da categoria

No momento em que o fiel do não sentido fala, a Verdade se torna categoria no sentido literal. Pode-se falar da Verdade, visto que existe agora outra coisa além dela, outra coisa que, no entanto, lhe é idêntica. A Verdade era apenas atitude muda. Após o aparecimento do não sentido, ela pode retornar a si mesma pela mediação desse outro que é ela mesma. A Verdade, determinada para nós pela categoria do não sentido, torna-se agora real para ela mesma. Torna-se o lugar do que pode ser dito. Não que já existam respostas para perguntas previamente concebidas: a pergunta apenas se origina aqui; mas existe linguagem, existe o que se mostra na linguagem. Existe a Verdade e o outro.

Deve-se atentar para esse desdobramento da Verdade. Por isso, não será inútil traduzir esse desdobramento em linguagem de ontologia, embora o procedimento não deixe de comportar certos riscos, visto que a transformação não é um puro jogo e que a veremos realizar-se "pra valer". No entanto, nossa linguagem filosófica costumeira é a da ontologia, e toda tentativa de explicação deverá servir-se dela.

Digamos, portanto, que tudo que é, porque é, é no Ser. Não se pode então falar do Ser, porque todo falar particulariza o Ser e já não significa o Ser, mas apenas o que é. Ora, o que é não é; se realmente fosse, seria o Ser (substância, Deus, etc.). O Ser é o nada. Eis tudo o que se pode dizer: o Ser é o Ser, o Ser é o nada, o nada é o Ser. É pouca coisa e, no entanto, existe uma linguagem: o nada *é*, e o nada é nada, e o Ser se torna o domínio no qual o nada que *é* se opõe e se conjuga ao Ser que é nada: o que chamamos a existência das coisas (para Hegel, o devir) nasceu.

Retornemos à Verdade. Pode-se falar, isso significa: pode-se dizer a Verdade. Mas a Verdade que é enunciada não é aquela na qual se fala. Diz-se: o não sentido é a Verdade – e fala-se a verdade. Mas pode-se dizer outra coisa (por exemplo, o não sentido é que o não sentido é a Verdade), e já não se está dizendo a Verdade. Em ambos os casos, fala-se no interior da Verdade, visto que não existe nada fora da Verdade. Isso significa que, com o não sentido, a negação entrou na Verdade, negação inicialmente total e que pode permanecer total, isto é, recusa de falar (não silêncio, como a Verdade primeira), mas que ao se compreender como Verdade se particulariza, visto que ela admite outra coisa, a saber, o que ela nega, o que ela declara ser não sentido. Negando--os, ela cria as impossibilidades infinitas que não são a Verdade. O silêncio é e permanece a verdade da Verdade. Mas o silêncio que se pretende silêncio conhece a linguagem e o falar falso, e compreende também esse falso em sua verdade: o falso é o não sentido que não é recusado como não sentido, mas que é recebido na Verdade, precisamente porque ele *é*, sendo não sentido. A Verdade e o não sentido se interpenetram na linguagem.

2. *A categoria como categoria do discurso. Mestre e discípulo*

É apenas sob esta categoria que os exemplos dados até aqui se tornam outra coisa além de motivos para abstração. Continuava a ser-nos necessário eliminar o fator linguagem. No que diz respeito a Parmênides e à sua teoria da verdade una, e também no caso do budismo, deixamos de lado tudo que, historicamente, havia sido necessário para fundar, com base na verdade dos mestres, as seitas e as escolas que afirmam sua filiação a eles.

As verdadeiras ilustrações das duas primeiras categorias teriam sido o que Parmênides e Buda viveram, não o que eles enunciaram: a visão, o nada, o Uno, nos quais, mais do que dos quais, eles *disseram*. O fato de eles haverem traduzido essa vivência em "teoria", "religião", "pensamento" podia ser negligenciado, visto que somente as atitudes nos interessavam, mas essas atitudes, atitudes do silêncio, só nos são acessíveis graças às categorias correspondentes, isto é, graças a um discurso que contém, para a análise, todas as categorias – assim como todo discurso.[1]

Historicamente, não há mestre no sentido absoluto do termo. Ninguém, por si mesmo, começa; cada um se insere numa tradição à qual se opõe. Mas o primeiro a dela se desprender se torna pura e simplesmente o mestre para aqueles que serão libertados apenas por ele. Parmênides é, assim, o mestre do diálogo de Platão; ele próprio se sente discípulo. Ele próprio, em seu poema, é discípulo não dos homens, mas da deusa, e somente nessa qualidade legitimamente mestre para os homens. Para Buda, o problema se apresenta de outra maneira, pois ele não busca uma *theoría*, uma visão, mas uma atitude. No entanto, o aprendizado das existências anteriores o religa, ele também, à história; a característica de que esse aprendizado não faça parte de sua existência presente o estabelece como mestre. Tal como eles aparecem a seus discípulos, Buda, ou Parmênides, ou Xenófanes não falam: proclamam. Mas o que eles proclamam é ouvido pelos outros, que, antes, haviam ouvido outra coisa.[2]

---

[1] O estado de espírito de certos psicopatas (psicopatas apenas em nossa sociedade), de certos músicos, pintores, poetas pode muito bem apresentar o que *é* no fundo dessas atitudes, que só se *mostram* à reflexão e como "objetos", isto é, como possibilidades que *nós* não realizamos.

[2] O que é essa "outra coisa" não vem ao caso. (O próximo capítulo voltará a esse assunto.) A sequência das categorias, repitamo-lo, não é uma sequência histórica: seja o que for que os discípulos tenham ouvido antes de ouvir o mestre, isso foi dito numa linguagem, e a questão da primeira linguagem no sentido histórico da palavra "primeiro" é absurda. Não existe homem antes da linguagem e não buscamos aqui os ancestrais do *homo sapiens*. Esses problemas podem ter um sentido para ciências especiais, mas não são apropriados quando se trata de compreender, entre outras coisas – coisas que têm ao menos uma importância equivalente – a própria ciência. O homem sempre falou. Mas há épocas em que o falar não é levado a sério pelo homem, e ele o leva a sério pela primeira vez quando se cala no silêncio do não sentido.

O discípulo é o homem que pronunciou e ouviu palavras e discursos, que não sabia que os atos de pronunciar e de ouvir tinham importância, e que ouve agora dos mestres o discurso *sério*. Ele aprende o verdadeiro: já não falará "levianamente". O que não é a palavra do mestre é falso, visto que somente essa palavra é verdadeira. É desse ponto de vista, o do aluno que havia aprendido outra coisa, que se compreende verdadeira e completamente o discurso do mestre. O mestre fala aos outros, que não viram a luz que está presente desde sempre, e ele pode lhes dar a visão, porque eles não são surdos nem cegos de nascença: possuem olhos sãos, mas não enxergam com seus olhos, pois o que não é a Verdade lhes impede a visão. O mestre só precisa retirar o obstáculo, e o discípulo verá a luz, verá o ver (Verdade) e o não ver (não sentido). É assim que se aplica a linguagem negativa do mestre, negativa quer se trate de verdade, quer de não sentido: não vos deixeis enganar pelo que se diz, eis o discurso do mestre, tudo que se diz não é nada, não existe – só existe o que não é absolutamente nada, e que é o todo.

É supérfluo voltar a tratar da diferença categorial entre as duas atitudes, que, no silêncio, vivem vidas opostas. Olhemos de um pouco mais perto, no entanto, a expressão do mestre num caso concreto. Segundo Xenófanes,[3] Deus (o Ser) não pode ter vindo a ser, pois teria vindo a ser ou do *mesmo*, o que é impossível, visto que não haveria razão para, de dois iguais, um ser o engendrador e outro, o engendrado, ou do *outro*, o que está igualmente excluído, pois o melhor proviria do menos bom ou o menos bom do melhor, isto é, o que é daquilo que não é ou o que não é daquilo que é. Deus é, portanto, uno, eterno, *eminente* ("A natureza divina é tal que não é vencida"): eis um fragmento qualquer, diriam alguns, de ontologia monista. Nele se trata do Ser, e em parte alguma o Ser é transcendido; a unidade e a unicidade desse Ser não podem ser compreendidas na ordem das coisas que possuem o ser como predicado. E essa linha é rigorosamente seguida quando Xenófanes diz que Deus tem todos os sentidos, visto que de

---

[3] (Aristóteles), de Melisso, Xénophane, Gorgia; ed. Apelt, 977, 14 ss.

outra forma haveria relações de inferioridade e de superioridade entre as partes de Deus: discurso que emprega as noções pertencentes ao ser.

Mas, na sequência, essas noções serão superadas:

"Sendo eterno e uno e de forma esférica, ele não é nem infinito nem limitado. Pois o não ser é infinito; pois ele não tem nem centro, nem princípio, nem fim, nem outra parte, e o infinito é dessa espécie. Ora, o que é não é como o que não é. Se eles fossem muitos, limitar-se-iam mutuamente. Mas o Uno não é igual nem ao que não é nem aos muitos. Pois o Uno não tem nada diante do qual formará limite".

E após a mesma demonstração para o movimento (mudança) e o repouso, a conclusão é que o Deus não é "nem infinito nem finito", não está "nem em repouso nem em movimento". O autor da narrativa tira imediatamente as conclusões dessa tese: "Então, não há nada fora de Deus, ou todas as coisas são eternas... Se o não ser é infinito, por que o Ser não seria ele também infinito?". Com efeito, por que não? Porque as noções do Ser se tornam inaplicáveis. Porque só é possível aproximar-se do Ser após a eliminação de todo predicado. Porque não se pode *falar* do Ser; só se pode *evocá-lo* negando tudo que é tomado pelo Ser. Todas as coisas ou não seriam, ou seriam eternas? Perfeitamente, caso se tratasse de coisas. Mas, justamente, não se trata de coisas, nem disto nem daquilo, nem mesmo da totalidade de todas as coisas. Só se pode falar da impossibilidade de falar; para dar a compreender, é preciso ser incompreensível. Tudo que se pode dizer é falso. Quando se fala do Ser, deve-se rejeitar todo predicado, visto que todo atributo, sendo apenas atributo, é falso. Ao chegar ao não sentido, o mestre se cala.

Sabe-se da importância decisiva do pensamento de Xenófanes para a evolução do pensamento grego, do qual não retraçaremos a história, determinada – como toda história da filosofia – pela reflexão. O adversário de Xenófanes, Heráclito, seu discípulo Parmênides, explicitaram sua ideia. O que entra, com Xenófanes, no pensamento grego – a diferença essencial entre o verdadeiro e o falso – continua a ser a herança inalienável desse pensamento. As categorias particulares sob as quais se compreendem o que é e o que não é diferem de um sucessor a outro: em Parmênides, a Verdade é o Ser, o Ser é a Verdade; para Heráclito, o Ser é a contradição (o falso de Parmênides), a contradição é o Ser. Essas diferenças não têm importância para nossa questão. Ambos sabem que existe um verdadeiro e um falso porque se pode falar conforme suas doutrinas ou contra elas. Xenófanes havia falado sobre a absurdidade das opiniões do homem. Para ele, no entanto, essas opiniões não mereciam ser compreendidas. Aqueles que sofreram sua influência querem apreender o falso e o verdadeiro. Daí essa tentativa surpreendente de Parmênides, que constitui a segunda parte de seu poema, consagrada à elaboração dos sistemas do falso. Daí o "hilozoísmo" de Heráclito, que introduz a contradição absoluta no mundo, que, no entanto, é uno. O fato de falarem aos discípulos, o fato de, tendo sido discípulos eles próprios, estarem conscientes de se dirigir a discípulos, lhes permite falar e eles podem falar de tudo, porque tudo entrou no mundo deles. Parmênides ensina: "Tudo é apenas nome (vazio de sentido) daquilo que os homens fixaram em sua linguagem, acreditando que fosse verdadeiro: devir e perecer, ser e não ser, mudar de lugar ou de cor brilhante";[4] Heráclito adverte: "O senhor a quem pertence o oráculo de Delfos não fala nem cala, mas significa".[5] A linguagem não basta para apreender a Verdade que a transcende; mas ela pode se mostrar em sua verdadeira natureza, que é a de ser falsa. Com efeito, só se pode "significar" a Verdade, mas pode-se falar de todo o resto. Pode-se até fazer uma teoria da opinião falsa. A negação, vivida puramente na atitude do não sentido, torna-se aqui categoria conscientemente empregada pelo discípulo que se dirige como mestre a novos discípulos: ele próprio já não proclama, ensina; mas seu ensinamento só é discurso pela negação de todo discurso.

Assim se compreendem a "primitividade" e a "obscuridade" dos filósofos gregos denominados pré-socráticos, e que seriam

---

[4] Diels, *Vorsokratiker*, fr. 8, v. 38-40.
[5] Idem, ibidem, fr. 93.

mais bem designados como pré-sofistas. Sua atitude, a do verdadeiro e do falso, não conhece a mediação. O verdadeiro e o falso se opõem e se unem sem que intervenha nenhum fator de mediação. Eis por que esses autores são "obscuros". Os conceitos mais bem estabelecidos da reflexão não lhes interessam: mais do que isso, não existem para eles. Que não faça sentido elaborar um sistema do mundo quando se diz, ao mesmo tempo, ser impossível falar daquilo que é, eis uma objeção natural para nós, mas que não afeta Parmênides, e lhe seria até mesmo incompreensível. O falso *é*, tanto quanto o verdadeiro,[6] e o fato da proclamação da verdade não abole a existência do falso. Toda a dificuldade criada para o pensamento moderno vem de que a contradição ainda não possui o caráter de critério absoluto que ela virá a ter. A contradição, aqui, é concreta; existe contradição entre o verdadeiro e o falso, mas o verdadeiro e o falso não são teses verdadeiras ou falsas sabidamente situadas no mesmo plano e declaradas incompatíveis entre si. O verdadeiro é a verdade, o falso é todo o resto. Isso não quer dizer que a contradição não seja sentida ou que Parmênides tenha admitido que duas vezes dois fosse igual a quatro, a cinco e a seis. Mostra apenas que a contradição não é categoria, que não se fazem perguntas no intuito de responder a elas por meio da contradição, que a contradição não é usada para descobrir o verdadeiro ou o falso, mas que se tem necessidade do verdadeiro *e* do falso para estabelecer a contradição.

3. O papel da categoria nas retomadas das categorias ulteriores. – A atitude

Convém insistir na "primitividade" dessa categoria, sobretudo porque frequentemente a consciência moderna, em suas retomadas, não a supera e se expressa, portanto, numa linguagem dominada por ela. É assim que se encontram discursos que parecem depender inteiramente dela e que são, na realidade, constituídos por categorias muito distintas, mas retomadas sob a categoria presente. As doutrinas "absolutistas", mesmo quando recusam ao discípulo qualquer prova, mesmo

---

[6] No sentido moderno (e vulgar) da palavra *ser*, seria preciso dizer até que apenas o falso é (objeto).

quando não reconhecem a contradição, não se originam nessa categoria. Elas empregam conceitos que essa categoria, em sua simplicidade, não produz. Falam de *objeto*, de *consciência*, de *absoluto* e devem falar sobre isso, visto que são posteriores à ciência. Opõem-se à ciência (as teorias voluntaristas, por exemplo) ou reconhecem-na como absoluta (tal como o materialismo não dialético); em ambos os casos, retomam as categorias das quais se servem sob a simples unidade bipolar do verdadeiro e do falso tão logo se dirigem ao "sentimento", à "evidência", à "convicção íntima". Mas não obstante o esforço que despendem para fazer esquecer e para esquecer que elas provêm da consciência refletida, permanecem o que são, produtos de uma intervenção de categorias e atitudes posteriores, incompreensíveis sem estas últimas no que tange a seu "conteúdo" – pelo simples fato de terem um conteúdo determinado, o que é impensável na categoria do verdadeiro, para a qual todo conteúdo determinado está do lado do falso.

A atitude que corresponde a essa categoria é, conforme indicado, a do discípulo que se tornou mestre. Não é uma consciência refletida, isto é, que se sabe consciência. Em verdade, não se deve nem mesmo falar de consciência. A reflexão, quando diz respeito aos representantes dessa atitude, pode empregar esse termo; pode dizer que esses homens foram dilacerados entre os dois polos do verdadeiro e do falso, ou que a vida deles é determinada pela consciência trágica da verdade inexprimível na única linguagem que está à disposição deles, e que é a linguagem do falso. Mas isso não tem sentido no estágio da evolução em que esses pensadores se encontram. Descrever sua "primitividade" com palavras compreensíveis para a consciência refletida, por termos que evocam "valores" e sentimentos, é sacrificar a verdadeira compreensão à aparência da clareza. De seus mestres, esses pensadores aprenderam que só existe a Verdade. Não são homens que "lutam com seu problema" – não existe problema e não existe homem, um oposto ao outro ou apenas separado do outro. Eles seriam mais bem descritos com as próprias palavras de Parmênides: Ser e pensar são uma única e mesma coisa. Eles não estão dilacerados, se essa expressão significar que o dilaceramento lhes é inerente à maneira de um atributo; eles são esse dilaceramento. Ser duplo não é, para eles, uma doença, como o é para a consciência refletida; é seu estado natural.

O dilaceramento do homem moderno existe porque o homem moderno é essencialmente seu próprio observador, e é por isso que ele vê o dilaceramento no pensador primitivo, que, longe de dizer que o Ser é dilacerado, ensina que só o Uno existe. Para ele, o dilaceramento se situa do lado do não ser. Ele fala sobre isso, visto que pode e deve falar do falso. Mas esse dilaceramento entre o Ser e o não ser não está nele, e transportá-lo para lá seria falsear a interpretação: ele próprio *é* esse dilaceramento, mas só o é para nós: não existe nele uma consciência fora desse mundo que é duplo, ser e não ser. Ele é primitivo, isto é, *uno* (*uno* como dilaceramento): não existe outra categoria para compreendê-lo além da sua própria.

4. Certeza

A negação é compreendida como o ser da verdade: o verdadeiro nega o falso. O verdadeiro é o que nega, mas não sofre a negação. Por isso, o verdadeiro é o conteúdo da vida, o essencial positivo, e o homem vive na certeza.

1. Introdução da categoria. – Discurso e linguagem. – O sábio

O verdadeiro e o falso são reconhecidos como inseparáveis. O verdadeiro opõe-se ao falso, o falso, ao verdadeiro.

Para o homem do verdadeiro, o falso se caracteriza pelo fato de exigir a negação, de ser pleno de não sentido. Mas o homem só pode falar do verdadeiro por meio do falso que ele nega. Seu *verdadeiro* não *tem* sentido, visto que ele *é* o sentido, a Verdade, mas que, agora, é determinada. O falar usual, no entanto, permanece oposto à negatividade do verdadeiro; ele aí sucumbe, mas só sucumbe porque a cada momento, com cada uma de suas palavras, esse discurso se relaciona ao falso.

Ele deve, portanto, separar-se desse falso. Mas o discurso deve também permanecer fixado a esse falso se quiser permanecer como discurso, se não quiser desaparecer na *Verdade* ou no *não sentido*, no silêncio.[1] Ele se mostra, então, como discurso no mundo, pensamento, certeza que combate o falar

---

[1] Ele sempre o pode; mas o que nos interessa é o discurso, isto é, o homem que não *quer* silêncio.

divagante dos homens que não conhecem a certeza, mas falam disto e daquilo: a tarefa desse discurso é reduzir ao essencial o que se diz no mundo, e a negatividade do discurso se torna o processo da descoberta do verdadeiro que existe em qualquer falar humano, a um só tempo verdadeiro e falso. O discurso é pronunciado em meio ao falar e aí encontra discípulos que o compreendem: é que, portanto, o falar não é absolutamente falso e contém *algo* do verdadeiro, caso contrário não haveria passagem ao discurso.

O falar é, assim, reconhecido como uma realidade. Mas ele ainda não se tornou o plano no qual toda realidade se mostra e se encontra. O falar não é *o discurso*; discurso e falar se opõem como realidade eminente e realidade menor: pela primeira vez, o essencial é apreendido como essencial; existe o discurso que conta; existe o resto que não conta, mas ambos, o essencial e o inessencial, existem, e a verdade é a propriedade do *sábio*,[2] que, portanto, difere de todos os homens. Seu ser de sábio consiste em deter a certeza: "Não após haver escutado a mim, mas após haver escutado meu discurso, é sábio admitir que tudo é uno", exclama Heráclito,[3] enquanto os homens vivem "como se tivessem (cada um isoladamente) um pensamento (φρόνησις) próprio, embora o discurso seja comum".[4] Os homens têm toda espécie de opiniões, o sábio possui o discurso imbuído de certeza. Em meio às opiniões incertas, o sábio proclama a certeza que é *sua* certeza, e que pode se tornar a certeza de todos os homens.

Assim é destruída a unidade do verdadeiro e do falso que fora a da categoria anterior. O falso não é a totalidade das determinações, o verdadeiro já não é a positividade irrealizável e indizível; ao se separarem, os dois já não formam uma unidade, mas uma mistura. Já não se deve dizer: o falso é (na medida em que tudo que *é* é aparência e falsidade); agora o homem diz: o falso não é. O ensinamento do mestre já não basta: é preciso uma prova (não uma demonstração), e essa prova será que a opinião não é, que a

---

[2] Sobre a *categoria* da sabedoria e sua relação com o *conceito* presente de sábio, cf. capítulo XVIII.

[3] Diels, loc. cit., fr. 50.

[4] Diels, fr. 2.

negação do discurso nega a si mesma, que só existe, na realidade, o discurso, e que qualquer outro falar é inexistente.

Mas ao ser rejeitado, esse *inexistente* é também reconhecido. Visto que o homem só vive inicialmente no falar, é preciso elaborar o discurso: já não é possível se contentar com deixar o falso de lado, com negá-lo em bloco e de modo abstrato; no falso, deve-se reencontrar o verdadeiro, pois o que era o âmbito do falso tornou-se o âmbito do discurso. A certeza deve se tornar a herança de todos os homens. É preciso *contentar* os homens, não apenas indicar-lhes a verdade, não apenas mostrar-lhes um sistema do falso que é, ele próprio, falso. Suas opiniões devem ser compreendidas não no que elas contêm de falso, mas no que têm de verdadeiro. O discurso do sábio não deve permanecer uma pura negação de toda posição, deve preencher-se de conteúdo, deve ser convincente por um ensinamento que já não será o do silêncio. O homem deve ser convencido em sua vida, deve saber a que se ater em todas as ocasiões. Existe o falso, mas existe igualmente o verdadeiro. Somente aquele que pode ter a certeza de situar-se no verdadeiro está de fato em seu lugar na vida, e pode perder esse lugar caso se entregue à incerteza da opinião. É na vida, e não apenas no discurso, que o verdadeiro e o falso devem se separar. No fundo de todo falar existe a certeza, e o discurso a revela.

2. Categoria e conteúdo. – A certeza como categoria constitutiva do mundo. – A subjetividade

A categoria da certeza opõe os maiores obstáculos à análise, precisamente porque a atitude é a primeira a ser "compreensível", isto é, a primeira das que podem ser assumidas por qualquer um, em qualquer momento, no interior de qualquer mundo. Por isso, os exemplos históricos são incontáveis. Mas, ao invés de facilitarem a explicação, tornam-na árdua. Nenhuma dificuldade para o historiador: onde quer que existam documentos humanos, ele encontra a certeza, certeza de uma cosmologia, de uma teogonia, de uma magia, de uma religião, de um sistema qualquer de valores, a tal ponto que a certeza não desperta seu interesse, visto que o que muda – e, assim, é histórico – não é a certeza, mas seu conteúdo. Para o filósofo, o problema se apresenta sob um ângulo oposto ao do historiador. Não que a diferença deva ser buscada numa oposição entre devir e ser, tempo e eternidade, verdades de fato e verdades de razão (cabe à doutrina estabelecer, se for o caso, tais distinções, que não são "óbvias"); a diferença é constituída pelo interesse do filósofo na certeza como *categoria*.

Ora, sendo homem na história, ele fala a uma consciência histórica e deve empregar a linguagem do historiador para descrever o que é, logicamente, anterior a toda história.

O historiador perguntará *por que* a certeza segue as outras categorias, ao invés de precedê-las, *se* verdadeiramente a certeza for anterior a tudo; por que, para voltar aos exemplos dados até aqui, só se fala agora do mito ou da cosmologia mágica, que são certamente mais antigos e mais primitivos que os pensamentos altamente abstratos de Buda ou de Xenófanes, e mais, que constituem as condições historicamente necessárias desses pensamentos. A doutrina está muito longe de querer pôr em dúvida o encadeamento dos fatos dos quais trata o historiador. No entanto, não é a sequência dos acontecimentos o seu objeto. Xenófanes se segue a Homero e não pode ser concebido sem este. Mas Homero não pode ser *compreendido* (isto é, concretamente: criticado e rejeitado) sem a categoria que foi *elaborada* e se tornou apreensível em Xenófanes. Que seja, dirá o historiador, então Homero só será compreendido por meio de todas as categorias das quais dispomos (ou que dispõem de nossa compreensão). Nós o admitimos; é até mesmo uma evidência, visto que é apenas a definição formal da compreensão. E nós o admitimos de mais bom grado ainda porque dessa maneira a objeção é eliminada, visto evidenciar-se assim que a lógica não tem relação imediata com a história: todas as categorias se encontram na compreensão de todo fenômeno e, no entanto, a tarefa da lógica permanece. O problema está mal colocado: uma coisa é encontrar categorias; outra coisa é indicar o lugar em que, historicamente, a categoria aparece pela primeira vez; outra coisa ainda é descrever a atitude que corresponde à categoria. Isso porque – e esta é ao mesmo tempo uma resposta a outra objeção possível – se é verdade que se podem encontrar todas as categorias em toda interpretação, não é menos verdade que a interpretação dada pelo intérprete (ou por outros) de sua interpretação (não do objeto que ele interpreta), o que se denomina sua consciência "metodológica" (que é, ela própria, um fenômeno tardio, pois as interpretações são frequentemente anteriores a toda consciência de si) nasce e vive de uma única categoria dominante. Será preciso, assim, distinguir entre a compreensão simples e a compreensão compreendida. Sempre existe, na história (falamos aqui apenas da história humana), uma interpretação, e a questão do início da história (entendida como compreensão do passado) não tem sentido. Mas nem sempre existem categorias *compreendidas como fundamento dessa interpretação*, nem sempre existe uma compreensão desprendida como tal. Esta é produto de uma reflexão, e o homem não vive necessariamente na reflexão: sua atitude pode ser *primitiva*, no sentido lógico do termo, a qualquer momento de sua história. Nossa compreensão refletida tem a ver com essa compreensão não refletida.

Em suma: *a certeza é a categoria na qual aparece o mundo* (= cosmos) – *o* mundo, não apenas este ou aquele mundo –, categoria da "mundanidade". Mas esse fato permanece necessariamente oculto à própria categoria, porque sua atitude é precisamente: estar em casa, estar num mundo determinado, porque a categoria só se revela ao discurso refletido do homem que nem aceita o silêncio do início nem está seguro de seu mundo, mas que vive e se vê entre o caos e o cosmos. Precisaremos determinar o ponto no qual todo conteúdo da certeza é "depreciado", sem que, no entanto, a certeza desapareça; deveremos buscar saber em que momento a reflexão apreende justamente esse fato: mas a simples remissão a discussões futuras basta para fazer compreender a origem da dificuldade do historiador. O homem vive sempre num mundo organizado, depois de haver chegado à *atitude* da certeza; no entanto, a *categoria* só se mostrará no momento em que, em seu mundo, esse mesmo mundo será por ele colocado em questão. Embora para o discurso do homem no mundo não exista nada que preceda o discurso, o discurso não é, contudo, seu próprio fundamento para o homem – que pode se calar; assim, a atitude da certeza é onipresente historicamente e, no entanto, não é primeira logicamente; a categoria é a base de todo discurso sobre o mundo (sobre todos os mundos), mas só se revela como tal no momento em que nasce a reflexão.

Na certeza, o homem está "seguro de si". E isso – necessariamente – a tal ponto que lhe é impossível dizer: estou enganado. O homem pode dizer: eu me enganei; pode dizer: teria sido um engano meu – o que significa: posteriormente eu ficaria convencido de me haver enganado neste momento presente que será, então, passado. No presente e para o presente, o erro não existe: o presente (exceto em caso de projeção num futuro que permite olhar, por antecipação, o presente como um passado) só conhece a certeza.

Se, no entanto, é mais frequente o hábito de formular a pergunta sobre o acesso à verdade do que a pergunta sobre a consciência do erro, a razão é que o homem "civilizado", o homem "histórico", conta com a possibilidade do erro. Ele sabe que se enganou no passado e tem medo de se enganar de novo. Assim, ele se abstém do juízo. Mas de onde provém esse sentimento do erro, se não da oposição entre seu juízo e o dos outros? O homem que sofre de daltonismo reconhecerá que chamou vermelho ao que em verdade é verde, porque os outros lhe dizem ser esse o caso: nem por isso poderá deixar de ver o objeto à sua maneira. O homem que elabora uma teoria falsa poderá se convencer da verdade de outra tese: nem por isso terá estado menos convencido da sua enquanto nela acreditou. Mas somos formados pelo ceticismo da prudência: podemos estar errados, por isso é melhor não falar de sua certeza, que pode se revelar como uma opinião falsa e sem fundamento; isso porque a sociedade trata como mal-educadas as pessoas que não seguem essa regra e até as coloca, em casos mais graves – justificadamente –, em hospitais psiquiátricos. No entanto, mesmo o homem mais civilizado não pode não acreditar naquilo em que acredita, a menos que retorne à categoria do não sentido. O que o distingue do louco é sua prudência: ele não age de acordo com sua convicção.

Não nos cabe explicar, a esta altura, o modo como se forma esse ceticismo da ἐποχή, da abstenção, que só nos interessa aqui na medida em que oculta o papel constitutivo da certeza. Em todo caso, a certeza é, rigorosamente falando, o que constitui a vida humana. O homem nem sempre pensa ao agir – e seria melhor não exigir isso de todos –, mas sempre age de acordo com um pensamento. A forma sob a qual esse pensamento age é a certeza.

Como em toda parte, também aqui o caso extremo é o mais instrutivo. A psiquiatria descreveu com frequência o caso de certos doentes cuja inteligência guardou toda a sua força, mas que usam essa inteligência para construir sistemas absurdos. É característico desses doentes o fato de serem refratários a qualquer refutação de seu sistema sem, no entanto, serem incapazes de levar em conta as objeções quanto aos detalhes, em tamanho grau que o médico evita fazer-lhes observações críticas, que seriam utilizadas pelos doentes para melhor instalá-los em sua certeza primeira. Pode-se travar, com esses loucos, uma conversa congruente até o momento em que se aborda a ideia deles. Eles não são loucos para si mesmos, são-no apenas para os outros, que não aceitam sua "ideia"; são encarados como gênios e super-homens quando conseguem impor sua ideia ao seu povo ou à sua época. A loucura do louco não está nele, mas nos outros que opõem suas certezas à do "doente" e o impedem de ser o salvador do mundo, porque não querem ser salvos por ele.[5]

Não tornaríamos essa atitude-categoria mais familiar ao pensamento moderno se quiséssemos entrar na explicação de seus conteúdos. São necessárias outras categorias para compreender estes últimos – que se distinguem concretamente –, ao mesmo tempo em que se situam sob a categoria presente. A mitologia, não dos poetas, mas das tribos; as religiões, não dos teólogos, mas dos povos crentes; o fatalismo, não dos filósofos, mas dos "supersticiosos", tudo que, de maneira quase sempre inconsciente, orienta a vida porque não pode ser posto em dúvida sem que a vida se torne diferente, constitui esse conteúdo. Para poder dizer que se trata de certeza, basta que esse conteúdo se distinga de outros conteúdos que parecem possíveis, mas falsos:

---

[5] Não se trata, é claro, de fazer a defesa dos "grandes homens desconhecidos", que a sociedade injusta e cega encarcera nos hospícios. Trata-se apenas de mostrar a atitude que corresponde à certeza.

o verdadeiro já não é o ponto absoluto, como sob a categoria anterior, do qual tudo que não é verdadeiro é rejeitado em bloco. A verdade já não é pontual, ela possui um conteúdo. Para nós, existem assim vários verdadeiros, mas, para cada um desses verdadeiros, todos os outros são falsos.

O que ainda não existe é o estabelecimento de uma relação entre esses diferentes verdadeiros, que, para a certeza, não são coexistentes no mesmo plano. A certeza é, assim, essencialmente limitada. Ela é o que ela é – para falar a linguagem da reflexão, ela é um para-si ao qual não se opõe um em-si, e devemos eliminar com cuidado todo em-si (= para nós) que se encontre do lado do conteúdo. A certeza é, assim, a origem da subjetividade, a origem, mas não a própria subjetividade. Não existe subjetividade sem certeza, mas esta não basta para criar aquela. Isso porque essa *pré-subjetividade* não conhece a objetividade como seu oposto. Mas do ponto de vista das categorias posteriores – que é inevitavelmente o nosso –, pode-se dizer que a certeza é, em si, a subjetividade, porque, para nós, a pluralidade das certezas é dada e toda certeza que não é total (isto é, que não é a nossa) é para nós apenas uma opinião particular. Levando em conta o conteúdo, distinguimos (e, dessa maneira, identificamos categorialmente) as certezas que, para elas mesmas, são absolutamente separadas e sem vínculo. A subjetividade, sobretudo no sentido pejorativo da palavra, se caracteriza para nós precisamente pela presença da certeza "não fundada", a única da qual se trata aqui. Mas a própria certeza está tão distanciada de toda subjetividade que ela empregaria essa palavra (e a emprega onde seu conteúdo lho permite) para rejeitar o que não é garantido: a multiplicidade dos conteúdos não tem sentido para ela, porque ela própria é idêntica ao seu conteúdo. Ela é, poder-se-ia dizer, objetivamente subjetividade: ela é a categoria do mundo-para-o-homem.

3. A certeza, a conversão e a violência

O que é certo se opõe ao aparente, ao que engana, em suma, a tudo que é mistura de falso e de verdadeiro. A certeza, para desemaranhar o verdadeiro do falso, não os separa absolutamente, como o faz a pura oposição do verdadeiro e do falso. Ela está certa, ao contrário, de que nada é absolutamente enganador. O homem da certeza não esqueceu que, antes de chegar à certeza, ele viveu na opinião, acreditou naquilo em que os outros ainda acreditam, disse o que eles dizem. Passou pela atitude da negação, da negação de todo discurso, e sabe, assim, da maneira mais concreta, que a certeza e a opinião não devem ser radicalmente separadas se ele não quiser renunciar ao discurso. Eis por que ele deve combater o que há de falso na opinião, para eliminá-lo dela pela força da negação determinada. Como para ele não há separação absoluta, ele pode sustentar um discurso a um só tempo verdadeiro e determinado.

Isso porque, como ele veio da oposição-unidade do verdadeiro e do falso para a certeza, ele não precisa de uma prova que lhe mostre a possibilidade da passagem: ele a efetuou. Todo discurso é verdadeiro – em parte; a tarefa consiste em enunciar o que faz a sua verdade. Para o homem na certeza, qualquer um pode ser convertido ao discurso verdadeiro: a tarefa é mostrar-lhe que ele já adere à verdade e que apenas a ignora. A certeza é tão segura de si que ela não compreende que um homem possa não a aceitar; deve haver nele outra coisa além do simples falar da opinião, uma qualidade que não depende de seu pensamento nem de sua linguagem, um *caráter* mau e teimoso, uma *força* estranha à sua humanidade, uma *fatalidade* psíquica, física, astrológica, um *demônio* mau, o *diabo*: para ela, o homem *deve* estar aberto ao conteúdo da certeza.

O que é assim postulado – é evidente que esse postulado não se mostra como tal ao homem do qual falamos – é a unidade do gênero humano no discurso: todos os homens têm isso em comum, podem ter acesso à verdade (salvo aqueles acidentes que mencionamos e que fazem um monstro do indivíduo por eles afetado) e falam da mesma coisa – ao menos por direito: a certeza se pretende universal. No entanto, daí não decorre que, entre os diferentes conteúdos, exista discussão; ao contrário, o homem da certeza conhece uma única maneira de se comportar diante daquele que não compartilha sua verdade: se o sermão não força a adesão do próximo – mas é preciso que o conteúdo admita a conversão –, só resta a destruição do infiel, que, por sua própria obstinação, mostrou que só é homem na aparência e que, na realidade, é o mais perigoso dos animais. A discussão só será possível mais tarde. Para ela própria, a certeza é saber de seu conteúdo, do verdadeiro positivamente determinado.

4. O essencial e o ser

A categoria da certeza dá origem ao conceito do essencial. É essencial o que constitui o conteúdo da certeza. A certeza não aceita tudo, sua obra é desemaranhar tudo que lhe é proposto pela opinião e descartar o que pertence ao falso. Mas o conceito do essencial não aparece sob esse nome, que comporta um grau de reflexão ainda não alcançado a esse ponto. O nome que lhe é dado pela certeza é o de *ser*. A certeza diz: isto é – ou: aquilo não é. Para ela, é o ser ou o não ser do conteúdo que faz a diferença entre ela própria e a opinião.

Essa palavra, "ser" – como dissemos –, é extremamente perigosa. Nós a encontramos sob a primeira categoria, e então a descartamos. Ela poderia encontrar seu lugar nos capítulos seguintes; se lá não a introduzimos foi pela mesma razão, para escapar dos mal-entendidos difíceis de evitar, dada nossa própria situação histórica. Mas a situação mudou: o ser era (ou teria sido) sujeito; agora, é predicado, é enunciado. Teríamos podido dizer Ser em lugar de Verdade, Não Ser por Não Sentido, e por Verdadeiro-Falso: não ser do Não Ser. Agora a categoria diz: isto é. Por isso, visto que toda atitude posterior, quando e se ela for formulada em teoria, retomará a categoria da certeza, toda categoria posterior poderá ser lida como uma forma do ser, e o ser encontrará uma determinação em toda categoria.[6]

O ser da certeza não é o Ser que corresponde à Verdade primeira, o Ser que é o terreno infinito sobre o qual aparece tudo que é. Aqui, *ser* quer dizer *durar*. A certeza não esquece que ela vem da opinião que encerra uma parte de falso, que, portanto, *é* e *não é*. Ela constitui, assim, em si (= para nós), uma primeira

---

[6] O emprego contemporâneo mostra-o num caso extremo: não se diz usualmente, entre os filósofos, que o ser do homem é a transcendência de tudo que é?

forma da temporalidade: o tempo é, para a certeza, o que faz a opinião. *Esteve-se* na opinião, *está-se* na certeza, aí se *estará* sempre. Mas mesmo essa apresentação é superficial: a certeza rejeita seu passado e não admite futuro algum: ela esteve no erro, sabe disso, mas sabe que já havia o que é. Nunca mais recairá no falso que ela penetrou. O ser é presença eterna, presença fundamental que permite o jogo da temporalidade, mas que não participa dele. O tempo é reconhecido, mas reconhecido apenas pela negação.[7]

O essencial *é*, isto é, ele *dura* – melhor: é nele que o homem *dura*, que o homem *se mantém aí*.

5. Ciência e certeza. – A orientação do homem no mundo

A categoria da certeza tem conteúdos e ela os determina ao criá-los. Suas palavras preferidas são "sempre" e "todos" (não mais o "todo", que pertence às categorias anteriores). Deus sempre é e sempre está presente em todas as coisas, todas as coisas são "em realidade" (= sempre) água, fogo, matéria, espírito. O homem sabe *alguma coisa*, ele já não sabe de modo absoluto: nasceu a ciência.

É desnecessário dizer que essa ciência não é o que homem moderno chama assim. Mas sua oposição a esse modo de pensar "primitivo", "arcaico", "supersticioso" só é tão irredutível porque ele a isso se opõe na mesma atitude, e retomando a mesma categoria. Para nós importa, ao contrário, ver a unidade profunda entre a crítica e o criticado. O homem na certeza sabe o que é verdadeiro e o que é falso. Ora, não há outra definição da ciência. Outras categorias podem sobrevir, e sobrevirão, nas quais o homem se determina mais, pelas quais ele cria para si outras possibilidades, outros conteúdos. Mas tudo que ele vier a saber, ele o saberá na certeza. Eis por que é muito natural que toda forma concreta de ciência declare falsa qualquer outra ciência e que, para a primeira, a segunda nada saiba, mas creia saber. A ciência

---

[7] Eis por que essa categoria produz a subjetividade em si, não para si. O homem da certeza só é sujeito para nós; para ele próprio, ele é idêntico ao conteúdo de sua certeza, porque nada pode afetá-lo e porque ele está seguro de que sua certeza exclui as outras *possibilidades*: ora, a possibilidade é essencialmente temporal.

no sentido moderno criou regras para si conforme as quais ela escolhe, entre as convicções, regras garantidas, mas garantidas apenas para sua própria certeza. Ela deve constatar – e constata com toda a amargura do crente que tenta em vão salvar seu próximo – que não consegue convencer a todos, e é com desespero que ela se desvia do homem de má-fé (má porque não é a sua).

Aqui, o mito é ciência tanto quanto e da mesma maneira que a física de Newton. Não há meio que permita escolher entre os dois *objetivamente*: ainda não existe objetividade, existe apenas a certeza. Que o céu seja uma abóbada de bronze, uma tenda, a pele de um animal, ou que ele seja um fenômeno óptico ao qual não corresponde nenhuma realidade tangível, isso não faz a mínima diferença categorial. No pensamento mítico, a última definição não é menos absurda do que a primeira para o astrônomo. Um e outro dos adversários ficam chocados de ver que se pode viver no absurdo, um e outro devem, no entanto, admitir que o outro de fato consegue viver à sua maneira, assim como ele próprio vive ao seu modo. A ciência está na vida e é para a vida, não no sentido usual em que tomamos isso, a saber, de que ela serve para preservar a vida ou permitir o progresso: ela existe na vida e para a vida porque permite ao homem perseguir sua atividade com a consciência tranquila. Libera-o da obrigação, que se tornou intolerável, de rejeitar todo determinado e todo conteúdo.

Essa ciência confere um sentido ao mundo. Mais do que isso, é somente por ela que existe um mundo, uma pluralidade *una*. Antes a pluralidade era o oposto da unidade, a única a *ser*. Agora, pluralidade e unidade entraram uma na outra. O essencial já não é o *uno* que se desprende de seu *outro*, para sempre fora dele. Ele está em toda parte no outro, e assim o outro nunca é puramente inessencial, ele o é mais ou menos. Todas as coisas têm um sentido (o que significa que todas as coisas fazem parte do mundo), nada é destituído de sentido ou de valor. O homem é orientado.

A respeito de tudo isso, o homem da certeza (tomada em sua forma primeira da atitude – pois não se pode esquecer que a teoria mais complicada, a mais refletida, é vivida, na medida em que pode sê-lo, na atitude da certeza) nada sabe. O mundo não é *para ele*. Para ele próprio, ao contrário, ele é no mundo. Não é ele que, para ele, cria o mundo; é o mundo que cria, explica e justifica o homem. Para si mesmo, o homem é apenas uma parte do grande todo. Seu próprio valor pode ser posto em dúvida; o mundo é absoluto e fonte de todo valor. Ele é, para si próprio, isto ou aquilo, um lagarto, um filho de Deus, uma alma. O homem que, para nós, determinou o mundo é, para ele próprio, a criatura desse mundo.

Daí a dificuldade de compreender um homem que vive num outro mundo. O que ele diz de seu mundo pode ser admitido sem grandes dificuldades. Mas que sua vida realmente se passe nesse mundo, que ele se interprete nesse mundo e, sobretudo, que ele aí aja, isso parece tão surpreendente que se costuma encará-lo como um contador de histórias cheio de imaginação, mas tão pouco envolvido em seu grande romance cósmico quanto a avó que conta a história de *Chapeuzinho Vermelho* e nem por isso convive, na realidade, com lobos que falam. É verdade que o que o homem diz de seu mundo não corresponde nem sempre nem necessariamente à sua atividade. O mito e a prática mágica do mesmo homem não são a explicação um do outro, e as convicções de um torneiro cristão não explicam ao observador seu comportamento diante da máquina. Mas isso prova apenas que o conteúdo da certeza não é necessariamente lógico (no sentido da lógica da não contradição – de fato, a unidade lógica desse conteúdo, se porventura ela for outra coisa que não um ideal, só é alcançada em casos excepcionais) e que o homem é, do lado de seus conteúdos, duplo, se não múltiplo. O intérprete deverá admitir essa duplicidade sem tentar escamoteá-la pela redução de contradições que só aparecem como tais à ciência moderna.

É preciso persuadir-se disso: nesse sentido, a certeza é cega, ela não é crítica em relação a si mesma. Suas dúvidas só dizem respeito aos detalhes de seu mundo, que ela não pode avaliar porque ele é o fundo e o contexto de todas as suas avaliações. Será isso justo? Será isso perigoso, etc.? Estas são as únicas perguntas que o homem faz a si mesmo, e ele está certo de que vai encontrar em seu mundo as respostas de que precisa para viver. É verdade que ele não tem as satisfações que obteria num outro mundo, que, por exemplo, os mundos nos quais vivem o hindu ou o iroquês não lhes permitem construir aviões. Mas enquanto não forem forçados, não apenas o avião não lhes interessará, como nem mesmo compreenderão de que lhes adiantaria ter aviões. Cada mundo fixa seus fins para os que nele habitam, e nada impede que esse mundo dure tal como é, até que uma catástrofe sobrevenha de fora para transformá-lo ou destruí-lo. Nada impede, tampouco – é verdade –, que um mundo determinado seja essencialmente um mundo de contradição consciente, um mundo "em evolução". Mas trata-se aí de uma questão infinitamente mais complicada, e a categoria da certeza é primitiva demais para compreender o senso lógico daquilo que, de seu ponto de vista, só pode ser um fato irredutível – e que é, para nós, a retomada de outras categorias sob a da certeza.

6. As categorias particulares do conteúdo

O homem vive sempre em um mundo. Eis a expressão antropológica da certeza. Não há objetos separados, valores isolados, pensamentos independentes: tudo se sustenta. Por isso, o que se pode denominar *categorias vitais* encontra seu lugar nesse plano. Por certo serão necessárias outras categorias filosóficas para reencontrar por análise as categorias particulares de tal mundo: a pergunta sobre quais são as ideias-atitudes em função das quais o homem se orienta e as coisas encontram seu lugar só pode ser feita a respeito de um mundo determinado. Aqui se trata apenas de constatar que essa pergunta sempre encontra uma resposta, mesmo – e talvez até mais facilmente que em outros lugares – lá onde, à primeira vista, uma resposta pareceria impossível, porque o mundo estrangeiro parece estranho demais.

A essa expressão antropológica (ou, se assim se preferir, a essa visão de fora) corresponde, para o homem que vive nesse mundo, a sua ciência. A certeza na qual ele está estabelecido é uma certeza quanto às suas categorias particulares. Não é necessário em absoluto – isso é evidente depois do que acabamos de dizer – que essa ciência seja uma teoria elaborada. Uma de suas formas, o mito, não possui praticamente jamais a unidade da lógica formal:

no mesmo povo, no mesmo narrador, os contos se contradizem, as explicações daquilo que, para nós, é o mesmo fenômeno, diferem, pois o mesmo animal não é o mesmo em todas as atividades do homem. Isso apenas confirma uma das características mais importantes da certeza: no homem que a ela se atém, atividade e teoria não estão separadas. Sua ciência é imediatamente agente, sua atividade pode a qualquer momento se justificar, porque todo ato tem um sentido e todo sentido age.

Essa é uma relação – seria mais exato dizer uma identidade – comumente admitida para o mundo do mito e da magia. Na realidade, ela é uma atitude fundamental que pode ser tomada, e o é, eventualmente, a qualquer momento. E, por outro lado, mesmo no mundo mágico essa identificação não é essencialmente consciente. É apenas em situações extraordinárias (as únicas em que a situação é percebida) que se busca justificar o ato pelo mito ou fazer a palavra agir. Na vida comum, tudo se desenrola de acordo com regras que não raro se revelam apenas ao observador vindo de fora e que não as conhece.

Todos nós ficaríamos num grande embaraço se quiséssemos parar nossa atividade até que tivéssemos provado cientificamente (por meio da ciência moderna) que nosso próximo movimento foi condizente com a teoria: seria até de recear que esse movimento não ocorresse, visto que, provavelmente, a ciência nem sempre estaria pronta para responder à pergunta. Na realidade, na vida cotidiana, longe de usar a teoria como referência, as perguntas não são nem mesmo formuladas. A certeza concreta segundo a qual isto decorre necessariamente daquilo é tão forte que nem chega a ser sentida. É preciso um fracasso, um acontecimento imprevisto, para que ela se mostre no modo da privação. E mesmo nesse caso a certeza não é abalada, pois o fracasso não é atribuído à ciência, mas ao mau uso que dela se fez. Eis por que a ciência, quando se expressa, por exemplo, no mito, pode fazê-lo de modo incompleto e inadequado: ela só explica as situações em que o fracasso é uma das possibilidades essenciais ou em que o homem se lembra de haver modificado a vida cotidiana. Dessa maneira, ela não toma consciência da maior parte do que constitui a vida. A totalidade só é visível ao estrangeiro que a percebe porque ela é diferente da sua. É o inglês que enxerga como vive o francês; para compreender a natureza da língua que se fala é preciso olhar para ela do ponto de vista de uma língua estrangeira. O que é mais seguro, a ciência mais "sabida" é a um só tempo o que está mais distanciado da consciência: o *savoir-faire*. Embora o homem reconheça o essencial de seu mundo em sua vida e por meio dela, não é necessariamente capaz de designá-lo em sua teoria.

Parece que chegamos, assim, a um paradoxo. O homem traça, em sua ciência, um mundo tal que contém situações de fracasso possível; em outras palavras, o homem opõe à sua atividade uma natureza da qual ele nem sempre é o senhor. Ele nada sabe sobre essa oposição em sua forma universal e só a apreende caso a caso. O essencial para essa ciência é, portanto, o que, de acordo com ela, decide o resultado das lutas travadas nessas situações críticas. Para nós, porém, como para todo estrangeiro, não está aí todo o essencial, e talvez isso nem seja o essencial em absoluto, o qual se situa alhures, na atividade corriqueira da vida cotidiana, por exemplo, ou na técnica, mesmo mágica, e não na ciência dessa certeza. Ora, se aí vemos um outro essencial e se, por outro lado, o essencial só existe na ciência de um mundo determinado, é evidente que nada fizemos além de opor nossa certeza à do mundo do qual falamos. Com que direito? A pergunta é suscitada e, ao mesmo tempo, se revela insolúvel: não existe juiz imparcial, visto que, nesse processo, todo juiz, por definição, é parte.

Por enquanto só precisamos notar esse paradoxo. É fato que o homem vive na certeza, é fato igualmente que nem todos os homens vivem em conteúdos idênticos da certeza, é fato ainda que esses conteúdos podem entrar em contato e que o homem pode tomar consciência desse contato, ao menos em certos casos, quando então uma certeza julga a outra. A questão do direito desse juízo está na raiz do paradoxo; mas por enquanto ela pode ser descartada, e deve sê-lo, pois só se apresenta em certos casos, isto é, num mundo determinado por outras categorias que não a da certeza, mundo complexo que poderá retomar a categoria da certeza, mas que conhecerá outras e só constituirá o conteúdo de sua certeza pela mediação de atitudes nas quais o homem se desprenderá de seu mundo.

7. As retomadas

A certeza, como dissemos, não apreende a si mesma, visto estar essencialmente voltada para seu conteúdo. Tem um discurso, mas esse discurso versa, como ciência, sobre seu mundo, não sobre ela própria. Por isso ela só aparece em retomadas, subsumida em outras categorias, vista por atitudes-categorias que a precedem e que, de atitudes, se transformam em categorias ao nela encontrar o seu *outro*.

Ora, as categorias que precedem a da certeza não possuem discurso sobre o mundo; isso porque esse discurso se baseia nela e lhe é logicamente contemporâneo. No sentido estrito (isto é, do discurso) não existem, portanto, retomadas da certeza, sobretudo porque a retomada pressupõe não apenas a existência de um discurso da categoria sob a qual a retomada é efetuada, mas pressupõe também, no homem que a efetua, a necessidade de explicar atitudes que ele encontra no mundo – em outras palavras, ela pressupõe a reflexão dupla (ou, o que é a mesma coisa, a consciência de si) que, certamente e mesmo essencialmente, não existe na presente categoria, e com mais razão ainda não se compreende nas atitudes-categorias mais "antigas" que ela. Se há retomadas, só pode se tratar, consequentemente, de retomadas de *atitudes* ou de atitudes compósitas, nas quais a certeza não é imediatamente a atitude do homem, mas vem a sê-lo apenas pela mediação de outra atitude que se apodera da certeza e faz dela sua própria expressão.

Mas essa forma compósita, mesmo já não sendo destituída de discurso (que lhe é fornecido, justamente, pela certeza), ainda não conhece a reflexão, sendo apenas atitude. Seja qual for o lado pelo qual se encare a retomada, nem a certeza sente a necessidade de se compreender por meio das atitudes anteriores – e isso menos ainda porque estas a deixam em paz e porque mesmo a categoria do Verdadeiro e do Falso não opõe outra ciência à da certeza, mas apenas recusa esta última –, nem as atitudes anteriores desejam uma tal compreensão da certeza, que é por elas ignorada ou simplesmente rejeitada quanto ao seu conteúdo, e que lhes é natural demais como forma de atitude para que elas possam formular perguntas a seu respeito (fora o fato de que elas são perfeitamente incapazes de formular perguntas).

No entanto, retomadas da certeza existem, mas formar-se-ão apenas quando outras categorias, as da reflexão, tiverem aparecido: estas podem se compreender na linguagem da certeza – é a regra que uma atitude só alcança sua expressão pura, isto é, sua própria categoria, após longas e hesitantes tentativas, sempre desejosa de formular a si mesma num discurso já existente e, portanto, logicamente mais antigo –, mas não o conseguem diretamente (vimos que nenhuma categoria é mais naturalmente oculta que a presente): são essas categorias que retomam a certeza sob as categorias anteriores. As retomadas mencionadas a seguir se compreendem, portanto, apenas se esse fato for mantido em mente: caso contrário parecerão construções gratuitas. Para exemplificar, a certeza pode, assim, ser vivida como Verdade. O mundo é conhecido, nada é incompreensível, tudo está em seu lugar, tudo se mostra como é "em verdade", não como isto ou como aquilo, isto é, como isto *e* como aquilo, mescla de falso e verdadeiro, mas se revela no todo e como todo. Esse é o lampejo no qual o Platão da *Carta VII* apreende a fonte de todo ser e de todo bem. O homem possui a verdade, está reconciliado com o mundo que o Ser retoma em seu seio. É evidente, aqui, por que essa retomada não pode ser direta. Ela só se produz depois que o homem se separou de seu mundo. Nessa reconciliação, no entanto, trata-se realmente de uma retomada da certeza sob a Verdade que permite a esta última reaparecer.

5. A DISCUSSÃO

A certeza só pode afirmar seu conteúdo contra outra certeza pela destruição violenta desta última. Onde quer que o emprego da violência esteja excluído, os homens regulam sua vida em comum por meio da linguagem formalmente una: eles discutem.

1. O homem privado da certeza. – O senhor, o Estado

O *conteúdo* da certeza concreta forma e funda a comunidade humana aos olhos de seus membros. Para cada homem existe apenas uma comunidade, e originalmente essa comunidade não se opõe a outras, mas é absolutamente única: o que para nós aparece como *outra* comunidade não existe como tal para o homem da certeza, e os membros dessa "outra" comunidade não passam, a seus olhos, de inimigos com os quais relações determinadas podem ser estabelecidas, se essa é a forma concreta na qual ele vive, mas esse contato não pode levar a uma comunidade das comunidades. Só existe luta ou separação, porque cada um dos conteúdos é, no sentido próprio do termo, incomensurável com o outro.

Só a violência, portanto, pode quebrar a resistência do conteúdo e só a luta pode colocar face a face dois "estilos de vida": o homem na certeza, mesmo que compreenda a língua do estrangeiro, não compreenderá o que o outro diz, e este, por sua vez, não lhe dirige a palavra, mas no máximo se faz ouvir por ele. Por isso, o desenlace normal de uma luta é o desaparecimento de um dos dois conteúdos que se enfrentaram, e o vencedor, se não matar o adversário, vai tratá-lo como animal doméstico, como selvagem com rosto humano (e pés de homem, =ἀνδράποδον), que não tem linguagem nem deuses nem ciência, ou então impor-lhe sua própria certeza.

A filosofia não busca saber como esse esquema se traduziu na realidade histórica: pouco lhe importa que uma tribo subjugue a outra, ou que entre certo número de famílias aliadas e contidas por uma pressão exterior uma se sobreponha à outra, ou que o comércio dos escravos se torne a continuação do banditismo por outros meios, em suma, saber de que maneira o *senhor estrangeiro* se estabelece. É apenas esse fato em si que tem importância para ela, visto que é com ele que nasce uma situação que força o homem ao abandono da certeza concreta. Isso porque os homens que vivem agora sob a dominação de outro, indivíduo ou grupo, são obrigados a levar em conta a certeza de seu senhor. Não é necessário que tenham esquecido a própria, nem que participem da do senhor, embora esses casos sejam frequentes na história (é evidente que eles não têm interesse para nós); em todo caso, eles não podem deixar de levar em conta o que o seu senhor considera essencial e verdadeiro. Além disso, os súditos entre si, de origem e vida diferentes, já não podem decidir sobre sua *alteridade* pela força, e a menos que renunciem à linguagem, não podem deixar de entrar em relações num pé de igualdade. Sua simples *alteridade*, sua existência incomensurável e sem contato, se transmuta em *diferença* numa *existência comum*: já não há o conteúdo, há *conteúdos*, e visto que há vários deles e que nenhum pode comprovar seu valor, não há conteúdo garantido, mas apenas a forma do conteúdo, e a certeza sobrevive como simples lembrança e ideal, como desejo de um conteúdo concreto e garantido.

O senhor – como mostrou Hegel – não entra nessa comunidade. Por isso ele acaba por ser destronado, seja porque seus súditos, lutando em seu lugar com a natureza ou contra os adversários do grupo, acabam por tomar o poder, seja porque ele próprio se contenta com desfrutar de sua certeza plena de conteúdo concreto e, satisfeito e sobranceiro, permite que seus súditos vivam como bem quiserem. Para estes, porém, não existe satisfação que lhes pareceria natural: eles perderam seus mundos e encontram-se isolados, cada qual em sua solidão, ligados entre si por um vínculo que encaram como exterior, mesmo no momento em que não tiverem nada acima de si exceto o *Estado*, isto é, a forma de sua comunidade pertencente a todos eles e não mais um senhor estrangeiro.

Ora, esse Estado que eles sentem como uma limitação a seus desejos é compreendido por eles como o maior dos bens: o retorno à sua antiga vida lhes é proibido e, embora conheçam sua comunidade presente como uma forma de vida que lhes é imposta, sabem que, ao perdê-la, perderiam tudo: cada um é por si, em ambos os sentidos da expressão, e visto que para cada um só existe ele próprio, ele se encontra vazio e insatisfeito, reconhecendo ao mesmo tempo que, sem o Estado, eles não passariam de objetos.

É nessa insatisfação que o indivíduo se conhece como indivíduo, indivíduo no Estado, mas indivíduo isolado para si mesmo. Ele busca satisfação, mas só pode buscá-la da única maneira que conhece, à maneira do senhor tal como ele o vê, na fruição, isto é, no poder e na riqueza. Ora, ele compreendeu que só poderá obter e manter essa satisfação se os outros a concederem a ele: não pode lutar contra todos que – como ele sabe muito bem – desejam e temem o que ele próprio deseja e teme. Ele se contentará, portanto, com sua parte, ao mesmo tempo em que busca torná-la o maior possível: embora em seu foro íntimo ele se considere digno de suceder ao senhor, a realidade de sua existência lhe ensinou que ele deve fazer que sua pretensão seja reconhecida por seus concorrentes, e que só será bem--sucedido na medida em que os fizer acreditar que, ao buscar sua vantagem, trabalha em prol da vantagem deles.

Esse novo desejo, porém, está longe de abolir a antiga certeza concreta em todos os seus elementos: ao contrário, grandes porções do velho edifício permanecem de pé e perduram; mas essas partes só resistem porque já não são importantes para a nova comunidade, à qual pouco importa saber o que o indivíduo "crê" ou o que ele "pensa" enquanto essas convicções "pessoais" não ameaçarem a paz e a unidade do Estado. Pode ocorrer, inclusive, que surja uma espécie de sucedâneo do antigo saber, produzido pela fusão de antigas regras, receitas, ritos. Mas essa "religião de Estado", essa "doutrina oficial" se caracteriza precisamente por seu caráter sagrado e oficial, e assim reconhece já não constituir o conteúdo da vida, mas ser algo aceito e que pode, portanto, ser rejeitado assim como foi introduzido: ela já não regula a existência, ela deve regulá-la, e o indivíduo está submetido a ela como está submetido ao próprio Estado. Seu papel nem por isso é menor: mas é um *papel*, compreendido como tal por todo mundo e passível de ser-lhe retirado, porque esse sucedâneo existe para o homem como um objeto exterior: ele não é a vida; ele, no máximo, a forma.

2. A passagem à discussão como ato livre numa situação determinada

É importante ressaltar o caráter dessa passagem à atitude presente. Essa passagem não é "filosófica", ela é violenta. O homem não vai *necessariamente* do inconsciente da certeza ao consciente da nova atitude, do em-si ao para-si. Embora seja correto que ele não possa apreender o que não está ao seu alcance, nem por isso se segue, em absoluto, que ele deva apreender o que possui. O homem vem ao para-si a partir do em-si, e visto que mesmo esse movimento só é visível uma vez alcançado o ponto de vista do para-si, as etapas percorridas e sua ordem parecem necessárias: mas elas só o são *ex parte post*. Uma filosofia que se constrói como necessária vê atrás de si uma história necessária, história unilinear na qual toda forma encontra seu lugar (à custa de uma "redução ao essencial" que é função da linha única), mas só vale como etapa. Que, na realidade, essa "etapa" não se contente com o papel que lhe é destinado, que ela se obstine em durar, que ouse sair da linearidade para formar um plano de vida que persevera e, mesmo tendo talvez sua cronologia, esteja verdadeiramente ao lado dessa história, isso é algo que, aos olhos dessa filosofia, constitui um erro, e, mais que isso, um crime, que é vingado, no decorrer do tempo, pela derrota dessa forma sob a força da forma filosoficamente posterior e, por isso, superior. Ora, o que é assim encarado como prova é, na realidade, o ponto de partida da teoria: se a forma "posterior" não houvesse vencido a forma "anterior", ela não existiria em sua posterioridade, mas teria sido uma tentativa de revolta sem futuro. A vitória nada prova, ela precede as provas; sem ela não haveria esse sistema no qual se tem necessidade de provas, no qual elas são procuradas, e encontradas porque procuradas. Eis por que a pretensão filosófica de provar a necessidade ou a justiça da vitória não pode se apoiar nessa mesma vitória da qual ela se origina historicamente – e não insistimos no contrassenso que existe em denominar vitória o que, ao mesmo tempo, é transformado pela dedução em evento necessário. É verdade que uma forma de vida, que é a nossa, sobrepujou todas as outras, e que ela parece estar prestes a se impor em toda parte com uma força irresistível. Mas isso não *refuta* nada nem ninguém. Também é verdadeiro dizer: se nossa história tem um sentido, não poderia ser diferente. Mas não se pode esquecer que se enunciou, assim, uma verdade hipotética, não se deve suprimir ou silenciar o fato de que, a todo momento de nossa história, homens podem negar e negam de fato o antecedente da afirmação. Em outras palavras, *ex parte ante* o desenlace da luta não é garantido e a vitória não é necessária, mas verdadeiramente vitória. A luta não é entre as ideias, mas entre os homens, entre os grupos que vivem com essas ideias e nessas ideias – exceto no caso da discussão, que é o de certa comunidade, da *civilização* no sentido do século XVIII francês (de *civis*). Mas outras formas de vida existem e subsistem, a tal ponto que não há lugar para discussão entre nós e aqueles que vivem nelas: para eles, nós não passamos de "estrangeiros", capazes de vencê-los, não de convencê-los.

É, portanto, um salto que conduz da certeza à discussão, não uma passagem possibilitada por uma mediação, e esse salto se efetua sob condições bem determinadas. Ele poderia não ter sido dado; depois que o foi, é extremamente difícil ver que ele foi livre, que o homem, por exemplo, poderia ter se recusado a abandonar a luta e preferido morrer, ou que a comunidade poderia ter se dispersado e seus antigos membros terem sido reabsorvidos em comunidades com outros conteúdos. Tudo isso aconteceu e acontece ainda. Certa vez, na Grécia, quando o senhor desapareceu sem encontrar sucessor, ocorreu o contrário e a discussão nasceu: nascimento, não devir. Sim, a discussão não está plenamente amadurecida no momento de seu nascimento; ela se desenvolve, tem sua história. Mas para que se desenvolva, é preciso que ela seja. Digamo-lo com mais simplicidade: a discussão é uma categoria e, por conseguinte, irredutível. Não se a compreende, compreende-se por meio dela. E o homem que vive na atitude da discussão, que, portanto, por não poder opô-la a uma categoria posterior (mesmo que numa retomada desta última sob a categoria da discussão), não a compreende como categoria, mas compreendendo tudo sob ela e não compreendendo mais a certeza que acaba de abandonar, naquilo que ela é para si mesma, a transforma em ideal e a estabelece como o fim da discussão. Para nós, sua aparição é um fato, o fato mais importante da história tal como a lemos, pois ela constitui o ponto de partida dessa história (a condição necessária, não a condição suficiente).

3. O processo diante da comunidade. – O direito e a propriedade. – A luta dos interesses e o processo da discussão. – A discussão e a tradição

O homem na atitude da discussão é o homem que conversa, isto é, que fala com o outro para que o outro lhe responda, e que está seguro de que o outro, todo outro, tem o mesmo desejo. A luta é proibida, essa luta tão mais antiga que a linguagem que ela é a atitude comum ao homem e ao animal (o homem que prefere a luta é *brutal*). Esses homens saíram do isolamento da Verdade, do falar do não sentido que se destrói, do sermão do verdadeiro-e-falso, dos discursos das certezas que são impermeáveis uma à outra. Eles podem e devem conversar, cada qual para tentar impor ao outro seu "ponto de vista". Para nós, eles vivem numa comunidade, a do Estado; quanto a eles, enxergam-se como indivíduos opostos um ao outro por seus interesses, mas que podem e devem falar um *com* o outro, um *contra* o outro.

Assim, seus discursos já não existem lado a lado, eles se tocam. Para cada um, trata-se de ter razão tal como ele é, naquilo que ele é para si em seu interesse particular. Ora, o que ele é para si é algo determinado pelo conteúdo de sua certeza, e não existe aqui outro conteúdo além daquele de sua própria superioridade. No entanto, essa superioridade não pode se expressar naturalmente, brutalmente, pela violência; o indivíduo já não pode pegar o que deseja, fazer o que bem quer, porque aprendeu que teria todos os outros contra si e que isso seria assim sua perda: deve demonstrar seu direito.

Por isso, não é em absoluto surpreendente que, do ponto de vista histórico, a discussão comece diante do tribunal civil, secular. Lá, onde a certeza não foi abalada, não existe processo. A coisa pertence a um ou outro, a ação é permitida ou proibida; quando não se sabe, Deus, os oráculos, o rei inspirado vão dizê--lo. Mas essa certeza já não existe. Os que decidem são homens como os outros, como as partes. É preciso vencê-los, muito mais que ao adversário. É apenas na aparência que a discussão se trava com o outro; na realidade, ela se dirige aos juízes. É preciso lutar e vencer, mas a luta já não é direta entre os dois adversários, ela se decide diante da comunidade e por meio dela.

É preciso ter razão e isso quer dizer, portanto: é preciso ser soberano pela linguagem. A realidade comum, a realidade da comunidade, é o falar. Antes, na certeza, todos falaram "como um único homem"; agora, cada um fala por si. Ora, falar por si é dizer que se compreendeu que somente o falar é verdadeiramente comum, porque a comunidade expulsa aquele que não se limita ao falar em suas relações com ela e com seus concidadãos. Mas cada um pode se empenhar em obter a satisfação de seus desejos, isto é, um lugar tão semelhante quanto possível ao do senhor, e que o dispensa do esforço e lhe proporciona a fruição de seus bens. Só será bem-sucedido, no entanto, na medida em que os outros lhe concederem o que ele busca. Diante de todos, ele deverá ter razão contra cada um, e deverá provar que este ou aquele bem realmente pertence a ele, e não a outrem, que esta ou aquela obrigação incumbe à parte adversa, que ele, com exclusão de seu concorrente, pode e deve dirigir, distribuir, decidir. O processo diante do tribunal, o conselho, a assembleia lhe dão a oportunidade e o meio de fazer que se reconheça o seu *direito*.

Em si, esse mundo é o da propriedade e o da função cívica fundada na propriedade. O homem sem bens não é cidadão, ao menos não plenamente. Não é um *homem de bem*, porque não soube obter sua parte daquilo que outrora foi bem comum ou bem à disposição do primeiro ocupante e, por outro lado, porque, como nada possui, pode a cada instante retomar a luta violenta, pois nada tem a perder e tudo tem a esperar da destruição da ordem estabelecida. O cidadão é proprietário, e como tal ele é funcionário público, porque a propriedade é a base da função social e porque é apenas por ela que o homem está ligado à comunidade do trabalho fundada pelo senhor. Mas à importância da propriedade para a função corresponde a importância da função para a propriedade. Na qualidade de membro da instância que decide, de magistrado que dirige e distribui, o cidadão é o representante da comunidade, e como tal ele dispõe, por sua vez, da propriedade de todos, visto que forma e aplica o *direito*. Ser rico e ser poderoso são os dois objetivos do cidadão, e um não se obtém sem o outro: sem "meios" ele não adquirirá o poder, sem este ele não preservará aqueles.

Ora, o homem que conhece seu mundo como mundo da propriedade é para si próprio um ser falante. É nessa qualidade que ele pode exercer influência sobre os outros para colocá-los de seu lado na discussão com o concorrente. Cabe a ele encontrar o bom discurso, aquele que fará que os outros lhe deem razão. *Deem-lhe razão*: a questão não é demonstrar seu direito, no sentido em que a comunidade que vive na certeza havia tomado essa palavra, como uma entidade oculta, talvez difícil de descobrir, mas que, uma vez descoberta, é imediatamente evidente e decisiva. Aqui o direito é feito pelo homem, pertence àquele ao qual os outros *deram* razão. O velho direito perdeu sua força: já não existe deus que fala ao povo ou inspira o rei. As antigas decisões subsistem, mas já não são sagradas nem imutáveis: foram feitas por homens, podem ser desfeitas por eles. Já não há regras fixas, tudo é possível, contanto que os outros consintam, que estejam convencidos, e pode-se convencê-los, porque nada é proibido.

É a linguagem, portanto, que tudo é e tudo faz: basta falar melhor que o adversário, falar como convém, pouco importa o conteúdo. Sim, enquanto os homens não estão pessoalmente interessados numa determinada disputa, eles ignoram isso e não querem admiti-lo, visto não poderem viver fora de toda certeza; agarram-se ao que lhes restou, os costumes, o direito, os deuses, a honra. Por isso, seria inábil lançar-lhes que tudo isso não passa de uma lembrança. A luta não deve ser nomeada no interior da comunidade; só se pode falar abertamente a respeito dela nos conflitos que opõem uma comunidade a outra, lá onde a luta brutal é admitida. No interior da cidade, a luta é o segredo que todos detêm e todos calam: o cidadão se pretende movido apenas pelo interesse da comunidade, pelo interesse de todos; seu valor consiste em sua utilidade para eles. Em consequência, se quiser convencê-los, deverá demonstrar aos outros que mantém a tradição, defende a paz, é bom cidadão e que seu adversário, ao contrário, quer subverter o direito, empregar a violência, prejudicar a todos os cidadãos, que, no mínimo, ele é um membro inútil. Mas como o outro tem o mesmo interesse que o primeiro e possui a mesma receita, a decisão, a escolha que os outros devem fazer entre ambos depende apenas da técnica do discurso. Vencerá aquele que se fizer ouvir e souber impedir que seu concorrente seja ouvido, quer tornando-o ridículo e fazendo que pareça um homem do qual nada de sério se pode esperar, quer tornando-o suspeito de ser capaz de retornar à violência.

Os outros escolhem, portanto. Mas eles não são apenas *os outros*, os neutros. São também, cada um para si, homens que poderiam ser arrastados para uma luta, são cidadãos, isto é, homens essencialmente interessados em que a comunidade não seja rompida pela violência. Ora, se é o mais hábil que tem *razão*, o menos hábil ficará tentado a tomar seu *direito* pela força. É assim que os outros compreendem que a decisão deles não basta, visto que a decisão pura e simples implica o risco de provocar uma revolta. O acordo deles com um dos adversários excluiria o outro da comunidade e destruiria a comunidade no que tange a esse outro: também ele deve ser convencido, e sobretudo ele; os dois adversários devem falar um com o outro, conversar entre si; a comunidade pode e deve se contentar com fixar a regra que eles terão de observar para serem bem-sucedidos. Ela poderá, então, limitar sua intervenção: ela impõe apenas a regra, e é a regra que decide, porque ela vincula os juízes tanto quanto as partes.

Essa regra será uma regra processual que mostrará o que, no fundo, cada adversário deseja, e impedirá, assim, que a comunidade se deixe enganar. Para tanto, existe um único meio, que é forçar cada um a dizer tudo: os adversários terão o direito de questionar e a obrigação de responder. A oposição assim revelada entre os interesses particulares permitirá ver qual é o interesse da comunidade nessa disputa. Não basta que os discursos de um e de outro se enfrentem; aos olhos da comunidade, seu conteúdo é o mesmo, a saber, o valor absoluto do indivíduo para ele próprio. Não é o que lhe interessa. Ao se pronunciarem, a fim de poder conciliar as partes, os outros devem obrigá-las não apenas a revelar sua opinião por iniciativa própria, mas a tomar posição uma em relação a outra, a conversar diante deles: assim como, para o indivíduo, a linguagem era o único meio de ganhar o consentimento da comunidade, ela é também o único meio possuído pela comunidade para conciliar os interesses particulares em vista de manter sua própria unidade, e para separar os adversários ao máximo de seu próprio interesse.

A regra processual se estabelece, portanto, com vistas ao Bem comum. Na realidade, porém, esse Bem é ele próprio objeto da discussão: visto que já não há conteúdo comum da certeza, não há decisão verdadeiramente comum, e os votos dos juízes, o que quer que eles digam e pensem, serão votos de indivíduos, cada um dos quais só terá conteúdo na certeza inteiramente formal de seu próprio valor absoluto. A discussão se torna, assim, geral: cada indivíduo está em discussão com todos os outros, e visto que não há comunidade fundada num conteúdo comum, a possibilidade da luta violenta não é suprimida, mas apenas afastada pelo medo que cada um tem de provocar a união dos outros contra si: a discussão envolve a comunidade e cada indivíduo, ela continua como se a luta pelo domínio da comunidade pudesse explodir a cada instante. Por isso, ela é sem fim, pois o Bem, em vez de decidir, torna-se o que está em jogo na discussão que não é guiada por nada, exceto pela regra processual que, por mais necessária que seja, não é suficiente. Existe o direito, mas ele deve ser aplicado; existe a tradição, mas ela deve ser interpretada: nada que não se possa colocar do próprio lado, nada que não seja submetido à discussão. É o mundo da linguagem, no qual os indivíduos buscam o domínio da comunidade pela linguagem, onde tudo se ganha ou se perde pela linguagem, onde nada existe para o homem senão na medida em que se mostra na linguagem; a comunidade só é comunidade porque limita a luta à linguagem; o poder só é reconhecido como poder porque se faz reconhecer pela linguagem; o fundamento do poder e da participação na comunidade – e mesmo a propriedade – depende da linguagem. Só ela permite decidir, e a discussão de todos os indivíduos com e contra todos os indivíduos é a única lei e a vida dessa comunidade, na qual todos desconfiam de todos e onde só a linguagem conta com a confiança de todos.

Nada está estabelecido, portanto, antes de ter sido formulado. Para nós, que vemos que essa discussão é apenas a forma assumida pela luta no interior de uma comunidade que já não está na certeza, essa afirmação é de uma insuficiência evidente. Nem por isso ela deixa de ser a do homem dessa atitude, pois o conteúdo real da atitude só existe para ela e só se anuncia na contradição entre os interesses pessoais e a *tradição*, contradição que constitui o perigo supremo para uma comunidade que receia tão somente sua desagregação pela luta brutal e que vê sua unidade concreta nessa tradição comum. Por isso, é da tradição que parte a discussão. No entanto, em cada ponto, basta que um único indivíduo faça uma pergunta ou expresse seu desacordo para que esse ponto preciso da tradição deva ser discutido. Existe sempre um ponto comum aos adversários, ponto do qual ambos partem rumo a direções diferentes, um início da discussão (ἀρχή *principium*). Mas essa partida pode ser repelida para cada vez mais longe, visto que tudo que se fixa na linguagem está exposto à contradição, e a discussão que vive sobre o conteúdo da tradição a devora.

Eis por que ela não se instala sem encontrar resistências. O homem que vive na tradição (isto é, que confia, para suas decisões, nos restos da antiga ciência ou nas ordens do antigo senhor) não passa de bom grado à discussão. Tratará de se agarrar a essa tradição, e com maior força quanto melhor ele sentir sua frágil solidez dentro de uma comunidade da luta não violenta dos interesses. No entanto, ele admite a luta tão pouco quanto seu adversário (se a admite, permanece na certeza ou ultrapassa a discussão) e, assim, deverá provar que tem *razão*. Ele não compreende que, dessa maneira, cede passagem ao adversário e que, na realidade, privou a tradição de seu caráter sacrossanto pelo simples fato de querer *demonstrar* os *direitos* da tradição: se quer reformar a comunidade remetendo-a à tradição, deve convencer os cidadãos pelos mesmos meios que serviram para seduzi-los; é preciso que também ele se torne forte na ciência da demonstração, e a discussão acaba por vencer.

4. A contradição e a lógica formal. – O especialista do discurso. – Sócrates e o discurso formalmente coerente

Essa linguagem da discussão não faz parte do mundo, como era o caso do discurso da certeza, quando a palavra, semelhante a tudo que existe, possuía sua força e seu efeito. A linguagem já não é natural, é humana; em outras palavras, vem do homem e vai para o homem; é apenas sobre o homem que ela age, é apenas ela que deve agir sobre o homem. Para saber aquilo que é e aquilo que ele é, o homem deve estudar a linguagem, que se tornou para ele não a única realidade, mas o único plano no qual ele pode apreender a realidade. Ou antes, não se trata de um plano, algo de passivo que permite a qualquer forma aí se desenhar de acordo com suas próprias leis. Em verdade, a linguagem confere o ser a forças que, sem ela, não seriam nem visíveis nem agentes e que só podem adentrar a realidade contanto que se dobrem às leis próprias da linguagem.

Em consequência, basta se ater à linguagem para saber a que se ater a respeito de tudo que existe no mundo – à linguagem, realidade da comunidade, não ao falar deste ou daquele, que se servem da linguagem para seus fins pessoais e que, assim, se contradizem. A linguagem não é apenas o ser do homem (para nós), é tudo que existe para o homem. O mundo se revela a ele na linguagem, e as leis próprias da linguagem não regem apenas a linguagem, elas são as leis do mundo: se o mundo se mostra na discussão é porque o falar aí se purifica para se tornar linguagem, e porque a *contra-dicção* elimina o interesse dos indivíduos para deixar subsistir a pura identidade das palavras na identidade de suas relações.

"Isto é aquilo", eis o tipo da relação das palavras, da relação das coisas, e a resposta do adversário deve ser: "Isto não é aquilo". No mundo da certeza, ela teria sido: "É aquela outra coisa"; mas os homens falam agora um com o outro, e os falares da certeza são incomensuráveis. Aqui, trata-se de poder decidir; é preciso fazer a pergunta de tal maneira que ela possa ser respondida por um *sim* ou por um *não*. Ora, a pergunta surge pela contradição, lá onde as intenções se opõem; existe, no fundo, uma única pergunta: é bom fazer isto?

Mas como responder a essa pergunta? Onde está o bem, onde está o mal? E mesmo que se o soubesse, como saber se o caminho proposto leva a ele? Existem apenas as leis da linguagem para responder a isso: é preciso que a comunidade dure em sua unidade, que todos persigam o mesmo fim pelo mesmo caminho, é preciso que a contradição das intenções seja eliminada. Ora, visto que não se pode ver à primeira vista se a *contra-dicção* aparecerá no meio do caminho, é preciso buscar as consequências antes de dar seu consentimento ao projeto (*pro-jet*). Assim o interesse se volta para um novo fim. O "isto é aquilo" nada nos ensina; serve no máximo para fixar o ponto de partida da discussão, para permitir que ela seja iniciada. Para que seja consumada, uma outra relação é essencial: se isto é aquilo, segue-se que... e daí decorre que...: a linguagem permite prever. Uma coisa possui uma qualidade, outra coisa, a mesma; trata-se dessa qualidade? Pode-se tomar indiferentemente uma ou outra. Qualquer outra que não a possua deve ser rejeitada; pois *se* eu quero *isto*, e *se* só posso obtê-lo por meio *daquilo*, é preciso que eu obtenha primeiro *aquilo*. Quem não quiser admiti-lo estará errado. Pode-se e deve-se começar por limitar o sentido dos termos, estabelecer um fim à sua tendência de estender-se, defini-los; depois, buscar-se-á de que maneira sua combinação é frutuosa (do λόγος ao συλλογισμός, ao qual se opõe o παραλογισμός dos λόγοι que não se encontram).

Frequentemente observou-se que, de todas as ciências, a lógica é a mais vazia, a menos "interessante". Os princípios da identidade, da contradição, do terceiro excluído são por demais evidentes, as regras do silogismo, naturais demais para reter o interesse. Isso é verdade para nós, mas não vivemos no mundo da discussão. Lá onde a verdade é e é apenas a não contradição, onde o único meio de buscá-la é a demonstração, existe uma única ciência, essa lógica que denominamos formal, porque para nós outra coisa – uma "realidade", um "coração", etc. – vem aí se acrescentar e aí se opor. Falamos de *alguma coisa*, e essa alguma coisa é, para nós (em nossa atitude normal – não se trata aqui de teorias epistemológicas) independente de nossas falas. Ou, para considerar a mesma diferença de outro ponto de vista, vivemos num mundo que não é essencialmente político: a questão não é ter razão, mas fazer alguma coisa. As coisas não se passam de outra maneira *no* mundo da discussão. Mas *para* esse mundo, fazer alguma coisa de importante é ter razão. Sócrates não diz outra coisa quando afirma que a virtude pode ser ensinada e que o vício é um erro; o choque que decide a vida inteira de Platão (e que o leva a ultrapassar a discussão) se produz quando ele é obrigado a constatar que a comunidade mata esse homem que teve razão. Isso porque, na realidade, a comunidade busca o Bem, o Bem é realizado pela virtude – todos estão de acordo quanto a isso; Sócrates, o primeiro, o único, levou a discussão sobre a virtude à conclusão; como pôde ser condenado à morte, justo ele, o único a ter compreendido a discussão? Ele sabe que a lógica (ou a dialética), ciência da linguagem e da discussão, é *a* nova ciência, não apenas outra corrente, que, sem ter existido anteriormente, viria se acrescentar, tal qual um afluente, à ciência existente da certeza; ela destrói e substitui essa ciência antiga, pré-lógica, que era a propriedade dos indivíduos a título pessoal: ciência do rei, ciência do ferreiro, ciência do caçador, ciência do sacerdote. A nova ciência, nascida da morte do conteúdo da certeza, interessa ao cidadão como tal (no mundo da discussão, isso significa: o homem na qualidade de homem). Ela não se transmite, ela não requer iniciação, ela se ensina. Para ela, não existe mestre, existem especialistas e professores. Todos podem a ela se dedicar, não é exigida de ninguém em particular, e qualquer um pode investigar nesse âmbito, no qual toda descoberta acaba por estar à disposição de todos e pode ser utilizada por todos. A ciência já não é a propriedade deste ou daquele, é acessível a cada um. É por isso que todos a deixam nas mãos de especialistas, que a colocam à disposição de todos que não podem prescindir dela, os cidadãos. Ela é elaborada por especialistas para se tornar a ciência de cada um: cada um discute, o especialista discute a discussão.

O caso de Sócrates é, talvez, a melhor ilustração que se pode encontrar da atitude da discussão, assim como das dificuldades que se opõem à sua compreensão.[1] Os retratos que foram dele desenhados desde a Antiguidade quase não se assemelham, os papéis que o fazem desempenhar dificilmente concordam. No entanto, os autores são unânimes quanto a um ponto: Sócrates discute e faz exclusivamente isso; nada ensina, pois não possui certeza, nada aprende, pois os outros tampouco possuem certeza. Ele procura uma técnica: visto que o acordo só pode ser encontrado pela discussão, é preciso que essa discussão seja bem-sucedida. E essa técnica é elaborada com base num princípio, num enunciado aceito por todos, a saber, que o homem quer o contentamento, em outras palavras, que ele busca o bem, pois o bem é o que contenta o homem. Sócrates é, portanto, realmente revolucionário (do ponto de vista da tradição), sofista, isto é, perito na discussão "sem convicções", lógico na qualidade de inventor de leis que governam a linguagem, cidadão perfeito que quer que a comunidade se realize perfeitamente, homem moral que só se preocupa com o Bem. Seus acusadores têm razão, assim como têm razão Aristófanes, Aristóteles, Platão, Xenofonte. As diferenças entre eles provêm do fato de que uns ainda não alcançaram o plano da discussão enquanto outros já o superaram. Para o próprio Sócrates, existe apenas uma unidade, unidade que só podemos alcançar pela demolição das camadas que se sobrepuseram desde que nosso mundo deixou de ser o da discussão, unidade vivida diretamente por ele. Ele é o adversário de uma tradição cujos detentores não sabem se justificar, retóricos que se dirigem à particularidade do interesse ou do hábito, outros *sofistas* na medida em que não vão longe o suficiente em sua pesquisa e não aplicam essa técnica da discussão que prometem a

---

[1] É preciso observar, no entanto, que Sócrates, quando explica o que faz, não fica nos limites do que faz, mas retoma (inevitavelmente) as categorias anteriores.

seus alunos, subversivos que colocam sua vantagem – ou o que acreditam que ela é – no lugar do interesse exclusivo da comunidade, dissolutos que esquecem que são homens apenas porque são razoáveis, isto é, porque falam. Daí sua incompreensão total diante do que denominamos de má vontade. O homem discute, seja com o outro, seja consigo mesmo, desdobrando-se em homem da tradição e homem que busca o acordo;[2] a discussão corretamente conduzida leva à convicção; e isso é tudo, nada mais é necessário: não se pode imaginar homem que queira conscientemente se opor ao Bem, em outras palavras, que busque sua infelicidade. Sócrates, dizem, suprimiu tudo que não é razão. Dificilmente se pode encontrar anacronismo mais extraordinário: ele nada suprimiu onde, antes da discussão da qual ele é o representante, nada havia. Caso se queira criticá-lo, seria preciso repreendê-lo por haver descoberto apenas a razão, por não haver descoberto o que a razão descobrirá.

Aristóteles[3] faz um balanço da obra de Sócrates; ele inventou a definição e o método indutivo. Balanço unilateral, como vimos, e, no entanto, correto, na medida em que resume sob esses dois títulos o resultado do esforço socrático para a ciência: o *termo* deve ser definido, isto é, limitado, e visto que essa limitação só pode ser realizada por meio de outros termos, ele deve ser relacionado com outras palavras, no final, com todas as outras palavras; e essa *definição* é correta se ela se aplica em todos os casos em que a palavra, de acordo com o emprego por parte de todo mundo, está em seu lugar. Eis a realização de Sócrates de acordo com o juízo da segunda geração de seus sucessores. Vê-se que essa avaliação se coaduna muito bem com nosso sentimento diante da lógica formal: o mundo e o horizonte de Aristóteles já não são os do século de Péricles. Mas se Aristóteles ultrapassou esse mundo (e Platão antes dele), foi graças a Sócrates. É que Sócrates, ao reduzir a discussão à definição e, pela indução, à coerência sem contradição, pôs um fim à tradição e estabeleceu a comunidade como

---

[2] Ainda não se trata da discussão *interior* entre paixão e razão (cf. adiante, n. 5, p. 193 ss.). Por enquanto, trata-se de uma reflexão prática, na qual o homem antecipa o argumento do adversário possível, que representa um outro interesse ou, em caso extremo, o interesse comum da não contradição.

[3] Aristóteles, *Metafísica*, A 6, 987 b, 1 ss.

único valor. Ele é, para Platão, o grande castigador dos sofistas; mas não porque se opõe ao radicalismo destes: ele os censura por não terem ido longe o suficiente. O discurso deles apela para as convicções; em outras palavras, admite a tradição para servir-se dela sem acreditar nela; recorre às crenças, aos sentimentos, às paixões. A linguagem deles é o falar da certeza em decomposição, que age como se a tradição ainda fosse uma certeza, mas que só se compreende ao admitir que resta apenas uma tradição convencional. Eles estão na discussão, mas não a compreendem, e escapa-lhes a necessidade de discutir a discussão; buscam apenas a vantagem, não o Bem; querem o progresso na Cidade, não o progresso da Cidade. São os agentes da decomposição, *porque* não são revolucionários. Sócrates tem apenas uma contribuição a oferecer: a discussão com vistas ao Bem. Pode ocorrer que ele não seja imediatamente bem-sucedido, é até provável que a resposta esteja muito distante. Mas ele conhece o caminho e pode demonstrar que não existe outro, porque qualquer outra tentativa destruiria a própria possibilidade do acordo. É preciso poder chegar a um entendimento, e os sofistas não o podem, porque não fazem todas as perguntas ou, para retomar as palavras de Aristóteles, porque não procedem por definição e indução, as únicas que – sendo indispensáveis tanto quanto exclusivas – podem levar a um fim no acordo, e porque, por outro lado, não compreendem que o único objeto da discussão é o Bem, quer o chamem de Cidade, de Virtude ou de Sabedoria. Para Sócrates, e desde Sócrates, existe a ideia da ciência no sentido moderno da palavra, ciência formal, mas também o ideal para onde se dirige toda atividade do espírito que pretenda não ser particular, mas convencer o homem em sua qualidade de puro membro da comunidade. Sócrates descobre na linguagem a possibilidade do discurso formalmente coerente.

As leis da linguagem (ou do pensamento) que foram identificadas ao longo dessa pesquisa socrática são, portanto, válidas para todos, e visto que não há saber que esteja ao abrigo da investigação e que não existe autoridade, a pesquisa com vistas ao Bem é revolucionária: a comunidade que quer se agarrar à tradição não tem conteúdo e se desagrega, porque cada um, vendo nessa tradição apenas o que lhe interessa, persegue sem exame prévio o que acredita ser sua vantagem. O homem deve compreender, portanto, que ele só pode ser satisfeito pela razão e pela linguagem (λόγος), não em seu ser pessoal, mas como elemento universal da comunidade, como indivíduo pensante.

"Todos os homens são mortais, Sócrates é um homem, logo Sócrates é mortal" – a crítica usual a esse silogismo é tão fácil que ela é imprópria ao seu verdadeiro sentido. Que a premissa maior não seja verdadeira se a conclusão não o é, que Sócrates deva ser mortal para que se possa afirmar que todos os homens o são, isso é exato. Mas o argumento negligencia a importância da premissa menor: Sócrates pode ser homem ou não; a menor diz que ele o é; portanto, ele é mortal. Em outras palavras, não se trata de saber se todos os homens, tomados um a um, são mortais, mas se todos os seres têm direito ao predicado "homem". Ou ainda: se Sócrates não fosse mortal, disso não decorreria que existem homens que não são mortais, mas apenas que Sócrates não é um homem. A crítica parte da ideia de uma indução por observação dos objetos; mas para a discussão, o objeto ainda não se opõe à linguagem. O silogismo é formal: tu dizes que todos os homens são mortais e que Sócrates é um homem; por conseguinte, deves admitir que ele é mortal. Ora, de Sócrates como tal nada se pode dizer; pode-se afirmar algo apenas sobre Sócrates como homem. A própria indução é lógica nesse plano: tu aplicas os mesmos predicados a dois indivíduos; portanto, na medida em que te serves apenas desses predicados, deves permitir que eu trate a ambos como uma única e mesma coisa, que eu aplique a eles o mesmo nome comum. A questão da concordância entre os enunciados e os fatos (da verdade material) não se coloca, porque não pode ser colocada no plano da discussão, no qual só a contradição pode refutar.[4]

---

[4] Daí a importância dos sofismas que desempenham um papel no mundo que discute e que nos aparecem, na maioria dos casos, como simples jogos de palavras. "O que não se perdeu, ainda se tem; tu não perdeste chifres; portanto, tu os tens." É de uma simplicidade infantil notar que a premissa maior é falsa. Mas não se trata de verdadeiro ou de falso: se se admite que... e se se admite que..., é preciso admitir também a conclusão – e o adversário cai na armadilha.

Em direito, a linguagem é, portanto, o mundo, só ela revela a verdade; somente o que pode ser dito sem contradição e tudo que pode ser dito assim é verdadeiro, isto é, recebido da comunidade e obrigatório para todos e cada um. O mundo será justificado e o Bem alcançado quando a linguagem for a de todos e a de cada um: discurso sem contradição, vida sem violência.

5. O homem diante do mundo. – O indivíduo, a razão e a virtude

O homem se vê[5] nesse mundo como indivíduo razoável, o que significa antes de tudo que, pela primeira vez, ele já não se vê como espécie. Em todas as atitudes anteriores, o homem só está no centro para nós; para ele, justamente porque está no centro, só existe o mundo, um mundo em que o homem está, mas não encontra a si mesmo: existe a Verdade, o Não Sentido, etc., que constituem o Todo, e nesse Todo não há lugar particular para o homem. Mesmo na certeza, que, no entanto, organiza seu mundo, e na qual o homem atribui a si um papel em que ele é insubstituível, cada fio do grande tecido é igualmente indispensável. O homem se explica como parte do mundo e só se enxerga como função do Todo organizado, função talvez eminente, mas função entre outras.

O Sócrates de Platão expressa a diferença com uma precisão perfeita (e nada se opõe a que isso seja uma citação) quando se queixa da decepção que sentiu ao ler o livro de Anaxágoras.[6] Anaxágoras fala da razão, e Sócrates espera uma explicação do mundo pelo Bem. Ora, as causas que ele aí encontra são "coisas como o ar, pedras, as águas e um grande número de outros absurdos", como se alguém dissesse que todas as ações de Sócrates fossem determinadas pela razão e se contentasse, para explicar essas ações, com os fatos anatômicos que permitem a execução dos movimentos exigidos: a razão de Anaxágoras é apenas uma força entre outras no interior do mundo; não é com relação a ela que o mundo se torna mundo humano, mundo compreensível, mundo para o homem. O homem é compreendido

---

[5] Cf. o que foi dito a respeito de Sócrates, p. 212, n. 1.
[6] Platão, *Fédon*, 97 b ss.

por intermédio do mundo, e não o mundo pelo homem. – É evidente que Sócrates é injusto com Anaxágoras. Este não sente em absoluto a necessidade de compreender um mundo que não lhe é nem estrangeiro nem estranho, assim como não vê necessidade alguma de compreender a si mesmo, à maneira de Sócrates, em suas ações, que têm seu lugar nesse mundo e se compreendem porque estão aí compreendidas. Mas Sócrates procura uma explicação pelo Bem, para o mundo tanto quanto para si mesmo; o velho mundo já não existe, e o homem já não conhece seu lugar. O conteúdo de sua certeza se tornou formal: existe um mundo, ele próprio existe em busca de seu lugar; mas tudo que ele sabe se reduz ao conhecimento formal do mundo e do postulado de sua própria unidade, na medida em que ele busca viver essa unidade.

O homem é razoável ou tem uma razão: é assim que se expressa para o homem da discussão o conteúdo de sua certeza. A linguagem é tal que a discussão pode chegar ao acordo. O homem pode confiar na linguagem, porque a linguagem não leva à contradição, porque ela é razoável. O homem só é homem – e não animal – na medida em que participa dessa razão. E ele já não participa dela na medida em que é este ou aquele, em que busca *ter razão* com seu desejo, mas na medida em que *possui a razão*, em que expressa o que cada um pode e deve dizer, em que é universal. É na qualidade de universal que ele é indivíduo pensante: indivíduo e indivisível, porque elemento da discussão, ele desempenha seu papel apenas como membro da comunidade da discussão. Não há diferença de razão entre os indivíduos, visto que o sentido da discussão é precisamente o de fazer desaparecer a contradição; as diferenças são da natureza dos fatos, injustificadas e injustificáveis; só existem no início da discussão, para serem eliminadas pelo trabalho comum, a realização da razão. Em sua essência, o indivíduo não é *um homem*, é *o homem*.

Assim, o homem se vê desdobrado e refletido em si mesmo. Encontra a si mesmo exatamente como encontra outro homem ou mesmo outra coisa, um fato desconhecido, que não passou pela prova da discussão, que afirma ou nega por razões que estão longe de ser universais e que nem mesmo pretendem sê-lo. E ao mesmo tempo ele sabe ser aquele que deve e quer eliminar esse caráter de fato, sabe-se razoável e juiz; mais ainda, quer ser para si mesmo apenas razão, ser universal, e fica preocupado e incomodado com esse animal estranho que pretende ser ele próprio; e ao qual ele não pode dar razão, porque esse outro recusa a discussão e nem sequer fala a linguagem da razão, mas a do interesse irrefletido, da paixão, da passividade que se aceita tal como se encontra. O homem que ele quer ser para si mesmo se encontra aprisionado num outro que ele não quer ser: ele deve desvencilhar-se deste para se tornar ele próprio. Ele tem uma moral, e tem somente uma moral. O mundo não lhe interessa; "as paisagens e as árvores nada querem me ensinar, mas apenas os homens na cidade".[7] A ciência do mundo do trabalho e do senhor subsiste; mas seria indigno dele aprendê-la; ser médico, sapateiro ou fazedor de discursos, isso o desviaria de seu fim; esse saber nada pode lhe trazer por seu conteúdo, mas apenas pelo fato de que é saber, isto é, de que em cada uma dessas pequenas áreas a discussão está terminada, o acordo foi alcançado, o Bem é conhecido e reconhecido. No entanto, o sapateiro só é razoável enquanto permanece sapateiro, e o melhor dos artesãos pode ser o pior dos cidadãos, porque ele não raciocina como indivíduo razoável, mas como pessoa particular: ele não é virtuoso, aceita-se tal como se encontra; como homem, ele é apenas uma parte do mundo, incompreensível tanto para si mesmo como para os outros, um animal que não pensa.

É a discussão que liberta o homem de sua particularidade, que o conduz a si mesmo, à virtude e ao Bem: ele não pode ser ele próprio sem ser virtuoso. Tão logo é razoável, já não é senão membro da comunidade, cidadão, isto é, virtuoso. Não busca a vantagem da paixão, busca a do indivíduo razoável. Não existe, portanto, *obrigação* moral para o homem, se essa palavra for tomada em seu sentido exato; caso contrário, seria preciso supor que a paixão foi encarada como parte essencial de seu ser. Ora, para o homem da discussão, ela não passa de um acidente. Basta que ele saiba o que ele é para que seu ser se desvencilhe desse peso morto que lhe é tão pouco natural quanto os grilhões o são para o prisioneiro. Uma obrigação poderia existir para um ser

---

[7] Platão, *Fedro*, 230 d.

composto, mas o indivíduo razoável seguirá a virtude tão logo saiba o que ela é; ele não peca porque uma força má ou maligna o empurra para o mal – o mal é apenas a ausência do Bem –, ele peca por ignorância. O homem, o verdadeiro homem, não é apenas bom; é virtuoso. Como iria ele para o mal constituído pela contradição? Por que destruiria a si mesmo recusando-se ao Bem? Virtude e saber são uma única e mesma coisa.

6. O papel da discussão na cidade

Para nós, parece vazia a tese segundo a qual o Bem é a não contradição, o acordo. É verdade, como dissemos anteriormente, que a crítica comete um anacronismo quando quer refutar Sócrates, quando se empenha em combater a discussão. Nenhuma atitude fundamental – é preciso insistir nisso – pode ser *refutada*; ela é *superada* por outra. No entanto, a investigação das condições reais de uma atitude é legítima, o que significa simplesmente que nós, que passamos por outras atitudes e temos, por conseguinte, outras categorias à nossa disposição – atitudes até aqui não compreendidas, categorias não elaboradas –, podemos aplicar estas últimas à atitude em questão: se é extremamente importante que evitemos introduzir na atitude perguntas que são as nossas, não as dela, e que são para ela impossíveis e insensatas, nem por isso deixa de ser verdadeiro que essas perguntas são inevitavelmente suscitadas para nós. Toda atitude é, para nós, uma possibilidade humana que pode ser retomada a qualquer momento. Ela nos parecerá, no máximo, menos completa, parecerá negligenciar aspectos, para nós essenciais, do mundo e do homem; ela será abstrata. Em parte alguma, talvez, esse sentimento seja mais forte do que diante da atitude do homem razoável (no sentido da discussão), provavelmente porque nenhuma outra é mais difundida (autenticamente, ou como fuga diante de outras decisões – a questão não é essa), mais viva e, consequentemente, mais irritante do que ela. Por que o homem se contenta com a não contradição? Ou antes, visto que respondemos a essa pergunta, como pode se contentar com ela?

Pode-o porque vive num mundo que ele não põe em questão, porque tem certeza de que a discussão será bem-sucedida, porque a questão da liberdade não existe para ele. Ele se vê como razão rumando para si mesma, e o fato essencial para nós não lhe é visível, a saber, que ele não é razão, precisamente porque ele é apenas razão caminhante. A Cidade é a unanimidade para ele, e ele negligencia o fato de que, para ser unanimidade, ela deve ser diversidade. A razão é não contradição, e ele não vê que essa não contradição, se porventura fosse alcançada, suprimiria a discussão e a única linguagem que ele conhece, destruiria a razão, que, na realidade, só existe por sua expressão na discussão. Ele nega a tradição, que é o âmbito dos interesses, e esquece que nada restaria como tema de sua discussão se essa tradição viesse a se extinguir, arrastando consigo toda a concretude de que ele necessita para dar um conteúdo à sua linguagem.

No entanto, sua atitude é menos paradoxal do que parece. A discussão corresponde verdadeiramente (isto é, para nós) a uma realidade, a da luta dos interesses, e a unidade da Cidade está realmente em perigo. Que outro meio para evitar sua destruição exceto a transposição do conflito ao plano da linguagem e da moral? O interesse essencial é verdadeiramente o acordo, visto que nenhum desejo pode ser satisfeito fora da comunidade; o homem é verdadeiramente cidadão, a moral tem verdadeiramente um sentido, porque a luta dos interesses aí se expressa e se torna a ocupação da Cidade, em vez de ser a ocupação dos adversários que são aliados na comunhão particular de sua luta contra a unidade da comunidade. A moral do cidadão, a moral da concórdia e da não contradição tem um sentido justamente porque ela nega e esquece a realidade do mundo, que, para nós, é o seu, porque ela nega e esquece que esse mundo não é razoável, que a luta brutal não foi definitivamente excluída, que o acordo e o Bem jamais estão realizados.

7. *Lógica formal e matemática dedutiva*

A ciência, no sentido moderno da palavra, que corresponde à discussão é a matemática. Uma análise aprofundada mostra que ela e a lógica formal são idênticas (essa análise foi feita por Husserl);[8] mas, além disso, esta última, longe de ser uma

---

[8] Edmund Husserl, *Formale und transcendentale Logik*. Halle, 1928, em particular § 23 ss.

forma empobrecida e estreita daquela, é sua origem. É dispensável dizer que a matemática, como técnica analítico-descritiva a serviço das ciências que se construíram sobre outra ideia de verdade, contém elementos que não se compreendem, quanto às suas origens, pela não contradição. Nisso, porém, a identidade dos problemas só aparece mais claramente. Uma e outra compõem, para empregar um conceito da categoria da *condição* (que, consequentemente, não existe para a discussão), a ciência do possível, das condições necessárias, mas não suficientes, de toda ciência do objeto. Não é coincidência que ambas tenham nascido ao mesmo tempo, assim como não é surpreendente que as mesmas causas que criam a lógica transformem a técnica empírica da agrimensura e do cálculo comercial num sistema não contraditório de teses demonstradas por redução a teses admitidas por todos. Aliás, essa origem única explica a falta de interesse que, entre os gregos, freia qualquer desenvolvimento da álgebra: o número não dá margem à discussão, não suscita dúvidas; até mesmo uma criança pode ver que a soma de dois e dois é igual a quatro, ao passo que a igualdade de superfície de duas figuras diferentes não é perceptível à primeira vista. O número não sai da tradição; ele mantém um caráter de certeza imediata, um caráter mágico. Os motivos que costumam ser enumerados, a saber, preferência dada ao visível, caráter pesado da escrita, além de nada explicarem, pois apenas repetem o problema, são ridículos. Homens capazes de inventar o algoritmo, muito mais difícil de encontrar, da teoria das proporções eram igualmente capazes de construir uma escrita cômoda dos números (a qual, diga-se de passagem, não é indispensável para uma álgebra formal), e os criadores da teoria musical não parecem ter sido "tipos visuais puros". Uma teoria algébrica só se torna importante no momento em que uma física quantitativa geometriza a natureza e se vê obrigada a verificar suas hipóteses por mensurações.

8. As retomadas da discussão

Das retomadas, as mais importantes já se apresentaram ao longo das observações anteriores, nas interpretações que o homem da discussão dava de sua atitude. Basta assinalá-las brevemente aqui. Assim, a discussão se interpreta de costume sob a categoria da Verdade, ao se compreender como o plano no qual tudo aparece daquilo que pode aparecer. A retomada pelo não sentido é menos usual. Ela é encontrada nas circunstâncias em que a reflexão se volta para a oposição atual das opiniões, e não para o fim da discussão. Ela parte do desaparecimento do conteúdo, ela não se interessa pelo trabalho da destruição da tradição, mas pelo resultado desse trabalho: pode-se afirmar tudo, portanto não há nem pode haver certeza. Toda tese é particular e pode ser contradita; todos os sistemas coerentes são igualmente possíveis, e o número desses sistemas é ilimitado. Se algo existe – e não é garantido, porque assim se chega a contradições –, não se pode sabê-lo, porque o homem pode se enganar; e mesmo que se soubesse alguma coisa, seria impossível falar a respeito e comunicá-lo, porque a linguagem transmite apenas palavras. É o sermão do homem que vive no não sentido, mas que passou pela discussão: só existe não sentido, porque a discussão não tem sentido, não revela nada. Ela mostra uma única coisa, a saber, que os homens sempre permanecem seres particulares, que o acordo não se estabelece, que cada um tem sua própria verdade, que, no entanto, não é a verdade, visto que há discussão: a unidade da certeza já não existe, e nada a substitui.[9] No entanto, é realmente a discussão que constitui a atitude determinante, não o não sentido; a vida do homem se passa na discussão, o não sentido não é vivido, mas demonstrado; o homem não se cala e a discussão continua, porque mesmo o não sentido não pode ser demonstrado: em suma, porque nada resta a fazer senão discutir. Quanto à retomada da discussão por meio da categoria do verdadeiro, vimos que ela não é mais que a interpretação usual que o homem dá de si mesmo: como razão, ele é verdadeiro nesse falso, que ele *é* como particularidade. Enfim, a discussão se retoma como certeza ao se declarar segura de sua comensurabilidade com o mundo que lhe é dado pela tradição: não apenas tudo se

---

[9] Cf. o *agnosticismo* de Górgias (Diels, *Vorsokratiker*, fr. 3) e o *subjetivismo* de Protágoras (cf. Platão, *Teeteto*, 151 e ss.).

revela no plano da discussão (retomada pela Verdade), como o mundo concreto da tradição é justificado pela discussão que o transforma; na realidade, é só por meio dela que o mundo se torna aquilo que ele é em sua essência. Sua certeza é a do final bem-sucedido da discussão, da realização do Bem na unidade alcançada pela virtude.

6. O OBJETO

A discussão nunca se conclui, mas a atividade do homem não se interrompe para aguardar sua conclusão. Assim, a discussão se mostra ao homem como um jogo que só pode adquirir um valor deixando-se guiar por algo independente da linguagem formal, pelo objeto.

1. O bom-senso e a discussão. – O discurso não contraditório e a realidade

O objeto nasce na revolta do bom-senso contra a discussão e contra o ideal do discurso não contraditório.

Sempre se poderá demonstrar ao adversário que ele tem chifres, visto ter ele admitido que se tem aquilo que não se perdeu e que ele não perdeu chifres. No entanto, abandonando o jogo, ele não buscará a falha no raciocínio, mas convidará a assistência a olhar para ele, ou, simplesmente, começará a rir. A refutação mais convincente que o bom-senso pode opor às demonstrações da impossibilidade do movimento é pôr-se a andar diante do lógico. O acordo de todos é certamente o maior Bem da comunidade; no entanto – observa o bom-senso –, é preciso acrescentar que esse acordo deve corresponder à realidade: se os cidadãos dizem que Alcibíades salvará Atenas e Alcibíades trai a cidade, o que dizer? Todos estavam de acordo e todos se enganaram.

O bom-senso descobre assim que a linguagem pode enganar, que existe erro. Isso é novo. O homem da certeza – e mais justificadamente ainda, o das atitudes anteriores – está exposto ao erro, pode *fazer* o que não deve *fazer*; não pode cair no erro, não pode *dizer* aquilo que *não é*, porque seu falar não o separa de seu mundo, no qual ele permanece e age. É só quando transformado em indivíduo, separado do mundo, sabendo que a linguagem não é uma força natural, que ele pode falar "sem dizer nada". No entanto, não é a discussão que descobre esse perigo: mesmo após um fracasso, ela permanecerá o que foi e continuará a declarar que a empreitada não obteve sucesso porque não se havia discutido o suficiente nem bem o suficiente: resta apenas recomeçar. Mas nesse ponto o bom-senso se recusa a segui-la: ele quer alguma coisa, e sabe disso; que se discuta, muito bem, mas a discussão deve ter um sentido; não pode estagnar.

Na realidade, o bom-senso está, como se vê, sob a influência da discussão: já não tem certeza quanto ao conteúdo de seu mundo, a ideia do Bem a ser buscada o domina. Já não lhe basta construir um templo; quer que esse templo seja bom – em outras palavras, ele não sabe como construir seu templo. Sabe também que o homem é indivíduo entre indivíduos e que ele nada fará se os outros não lho permitirem, seja porque se opõem a seu desígnio, seja porque suas lutas impossibilitam qualquer trabalho. Ele é razoável, ele reflete, e pede aos outros que sejam razoáveis como ele.

Assim, porém, a palavra "razoável" assume outro sentido. Permanece verdadeiro que a contradição deve ser evitada, que não se pode dizer nem querer algo e sua negação, que um triângulo não pode ter três ângulos retos. Mas já não basta se ater a isso: pode haver erro sem que a investigação seja capaz de descobrir contradição alguma; e, por outro lado, *ser* não significa apenas ser sem contradição: pode-se demonstrar que não há movimento – e tudo se move. O homem da discussão queria ter razão: o bom-senso lhe responde que isso não o levará muito longe, mesmo que ele consiga convencer a todos (o que não acontecerá); ele teria ganho se todos estivessem de acordo, mas ganho em palavras, porque o mundo a respeito do qual ele teria conquistado a unanimidade nem assim existiria.

Ao discurso da discussão se opõe, portanto, *aquilo que é*. O homem pode e deve discutir, o bom-senso não discordaria disso. Mas, antes de tudo, o homem vive. O acordo é essencial, porém mais essencial ainda é saber sobre que bases o acordo deve se realizar. É importante tirar as conclusões corretas das premissas admitidas; é mais importante ainda que essas premissas sejam verdadeiras. Quando suponho que a quimera tem estas ou aquelas qualidades, posso concluir que ela se comporta desta ou daquela maneira: mas de que adianta isso, visto que a quimera não existe? Se o homem é razoável, basta levá-lo por meio da discussão à ideia do Bem e, consequentemente, ele será virtuoso. Mas se, na realidade, os atenienses condenam Sócrates à morte, como posso dizer que o homem é razoável e que a discussão basta? Sim, para o homem pensante nada que não esteja de acordo com as leis da discussão é verdadeiro; mas o fato de que uma tese o esteja não a impede de ser falsa.

Na vida, a tradição sem dúvida é fonte de informações para o homem: sapatos não podem ser feitos com areia e o bronze não pode ser bebido. Mas será que isso basta após a discussão? Sem dúvida que não. Não basta saber *que* é assim, é preciso saber *por que* é assim, caso não se queira recair da discussão na luta das certezas concretas. A tarefa é compreender a realidade, pensá-la: o saber da tradição e a razão devem ser reconciliados, a fim de que o homem possa realizar na vida seu desejo, compreendido como desejo de um ser que não é só razoável.

2. *A theoría, a tradição e a discussão.* – *A ciência do Ser*

No entanto, o bom-senso não será o realizador da nova ciência que o homem busca no presente. Ele não é capaz de ultrapassar a discussão (se porventura a alcança); sabe apenas protestar contra uma atitude que lhe parece incompreensível e esdrúxula, e se mantém na atitude da ciência mágica, abalado em sua convicção quando se trata do mundo em sua totalidade, seguro de si na medida em que trabalha e confirma, por sua ação cotidiana, a validade das receitas herdadas dos ancestrais. E justamente porque está seguro de si, a discussão não o preocupa sobremaneira; ele concederá à discussão que a violência e a destruição da comunidade são os maiores males, e ele continua seu trabalho: é só muito mais tarde que ele poderá retomar a palavra.

Muito distinta é a posição do homem que viveu real e totalmente na discussão e que agora se defronta com o *fato*, quer esse fato seja a morte de Sócrates – a violência do Estado contra o homem que tem razão contra toda violência e que aceita a morte para não dar razão à violência –, quer ele constate simplesmente que a discussão, mesmo quando se conclui num acordo, não conduz à concepção concreta e muito menos à realização do Bem. Por outro lado, ele sabe que a tradição é insuficiente tão logo se trate de tomar decisões, que ela tem valor apenas na vida do trabalho, em que não há decisões a tomar e se pode continuar no caminho que sempre foi seguido, e constata, no entanto, que essa tradição, mesmo sendo incapaz de justificar seus procedimentos, alcança em seu âmbito resultados que a discussão não consegue atingir. A tradição e o bom-senso sabem e não falam; a discussão fala e não sabe.

Colocar o problema dessa maneira não é resolvê-lo. É, no entanto, indicar o ideal de uma solução: se não basta ser razoável no sentido da discussão, se não basta, tampouco, conhecer as coisas sem saber o que é esse conhecimento, é preciso uma ciência que não se contente com o acordo formal, mas que fale das coisas e que, racional aos olhos da discussão e, assim, ao abrigo da contradição, preserve e salve o saber do bom-senso e da tradição. Uma verdade concreta deve tomar o lugar da verdade formal do acordo, o discurso irrefutável deve receber um conteúdo.

O ferreiro sabe como tratar o metal, sabe que determinado metal é bom para determinado emprego; ignora o que é o metal em si, ignora até mesmo se *o* metal em questão, esse pedaço que ele julga bom e sabe forjar, é um metal puro. O homem de ciência, que não quer transformar esse metal – para isso ele recorre ao ferreiro –, busca saber o que o metal *é*, isto é, como pode falar sobre ele sem sacrificar a ciência prática do ferreiro e sem cair na contradição. Ele parte da discussão, da linguagem, e quer chegar, por meio da linguagem, à realidade. Ora, a linguagem tem essa particularidade, de que o homem aí fala universalmente; o homem sabe disso desde que passou pela discussão; a ciência formal da linguagem lhe ensinou que mesmo a discussão sobre *esse* pedaço de metal se faz com juízos universais:

esse pedaço é bom, porque todos os pedaços que possuem essas qualidades o são; é só quando se reduz a desavença aos princípios que se torna possível pronunciar-se. Mas o que mudou desde que o homem abandonou a atitude da discussão é que ele já não se detém em princípios que só o são porque os adversários declararam reconhecê-los como tais: os próprios princípios deverão ser justificados, deverão ser tais que as consequências deles extraídas conforme as regras da lógica coincidam com as observações da vida, da tradição, da experiência; se suas consequências desembocarem em algo que não se observa ou se eles não explicarem tudo que se observa, deverão ser rejeitados como falsos ou como insuficientes.

Observação, análise do que foi observado para obter os princípios primeiros, síntese a partir desses princípios para verificar se eles são corretos e completos – eis o que constituirá, portanto, a ciência, não mais formal, e sim a um só tempo concreta e razoável, uma visão total da totalidade dos seres em sua unidade, uma *teoria*. Não se trata, como para o interesse particular, de se apropriar do produto do trabalho da comunidade à maneira do senhor, e de transformar o Estado para que ele sirva a esse interesse particular; trata-se menos ainda de transformar o mundo, visto que, para terminar a discussão, é preciso apreender as coisas no que elas são e não no que elas não são: é preciso, portanto, eliminar o devir para fundar a ciência no Ser, e a tarefa é construir um discurso que corresponda ao Ser, um discurso imutável que revele um Ser imutável.

3. O devir e a paz do homem. – Ciências e filosofia. – O Objeto (o Uno) e os fenômenos

A filosofia moderna pedirá uma garantia para a coincidência entre a linguagem que fala do Ser e o próprio Ser. Nada está mais distante da atitude em questão aqui: o homem discute enquanto ele não *vê*, enquanto permanece sob o império da opinião, verdadeira ou falsa, enquanto fala disto e daquilo, das aparências que nada ensinam de garantido, dos interesses e dos desejos que o extraviam; depois que ele *viu*, já não se deixará influenciar pelo que é contraditório na experiência imediata do devir e da luta;

pois essa experiência se compreende totalmente quando ela é reduzida a seu substrato. O que chamamos subjetividade se baseia no objeto e deve ser considerado como objeto da ciência. A discussão, que se tornou compreensível, será concluída quando tudo for reduzido ao Ser, e o homem encontrará o contentamento não pela satisfação de seus desejos empíricos, mas por sua libertação de todo interesse particular.

As formas históricas da ciência concreta elaborada pelo homem nessa atitude e por meio dessa categoria não interessam à lógica. O que ela retém é o fato de que essa ciência é construída com base na observação, de um lado, e na análise e na síntese, de outro; de que modo se estabeleceu uma relação entre esses dois *momentos*, o que se descobriu, ao longo de um trabalho que perdura há mais de dois milênios, sobre a interdependência desses "fatores" e "direções" em proveito da consciência metodológica, isso é do âmbito da história da filosofia. Lidamos com o fundamento de toda ciência e de todo método, com aquele fundamento tão difícil de apreender em sua simplicidade, e que é o fato de que *existe razão*.

Existe razão – eis o princípio de toda ciência teórica, de toda ciência que quer falar razoavelmente daquilo que é. As formas e as expressões encontradas por esse princípio importam pouco, quando se trata da teoria em sua forma e força primeiras (elas importarão muito, na sequência): o homem duvidará desse princípio, até o negará, e, no entanto, mesmo sua negação e sua dúvida serão determinadas por esse princípio ao qual elas deverão se opor a fim de terem um conteúdo e não perderem a possibilidade do discurso e da ação. Existe razão, ou: a razão é; o homem não se desprenderá desse princípio sem abandonar todo discurso, pois todo discurso, mesmo que declarasse o contrário (sob a influência de atitudes e de categorias que precisaremos elucidar), não pressupõe, mas estabelece que o ser do mundo está aberto ao homem, que o mundo é razoável, como também o é o discurso do homem, que a razão do mundo e a razão no homem são uma única e mesma razão. Existe observação, existe análise, existe síntese, porque o discurso é o mundo que se tornou palavra e porque o mundo é o discurso realizado.

É com o aparecimento desse princípio que a ciência da tradição e do bom-senso se supera. Não que ela seja rejeitada ou apenas negligenciada: ela é plenamente reconhecida em seu valor para a vida humana, honrada em seus representantes, erigida em exemplo para o homem que vive no conformismo da tradição: Platão apresenta o médico, o arquiteto, o estrategista como modelos que permitem ver claramente a força do novo método. No entanto, por maiores e mais louváveis que sejam seus esforços, por mais úteis que sejam os resultados obtidos por eles, o homem que vem da discussão e que, portanto, sabe que uma única investigação, a do Bem, vale uma pena absoluta, mesmo sendo capaz de estudar o trabalho deles, não pode imitá-los nem segui-los. Sim, os interesses aos quais eles servem não são interesses pessoais; e a vantagem que eles obtêm é obtida por eles para a comunidade: mas o certo é que eles servem a um interesse tradicional que, nessa qualidade, é particular, embora não seja individual.

Isso porque o homem que passou pela discussão e dela saiu sabe que a tradição não lhe permitirá viver em paz. A discussão não é um acidente, ela não é um erro, ela apenas expressa um fato que ela não compreende, mas que a ciência chega a compreender perfeitamente, a saber: que a luta é a única relação possível e real entre homens que são indivíduos e que só querem ser indivíduos; que esses homens entram em conflito necessariamente, pois cada um está dividido contra si mesmo e em conflito consigo mesmo, dilacerado entre seus desejos opostos, suas opiniões contraditórias, suas crenças inconciliáveis. Antes que o homem tenha terminado o debate que se desenrola em seu foro íntimo, antes que ele tenha alcançado a paz, e uma paz garantida consigo mesmo, ele não poderá sequer tentar intervir no debate público que dilacera o Estado.

Ora, essa paz interior, sólida e garantida, como ele a alcançaria senão por meio da razão? Como fundaria o acordo consigo mesmo senão no Ser, no eterno, no imutável? A realidade encontrada pela observação é contraditória, não apenas parece sê-lo, porque a observação é ela própria dirigida pelo interesse: não é pelo estabelecimento de princípios também eles particulares (na medida em que só servem de fundamento para partes da totalidade) que o homem ascenderá à unidade total e absoluta na qual as contradições desaparecem e a luta é apaziguada. As ciências nem por isso são desprezíveis: ao contrário, o trabalho de redução que lhes é próprio presta eminentes serviços ao pensamento mais elevado; sem esse esforço, como o homem chegaria a conceber a ideia de que pode transcender a mudança e as flutuações desse devir no qual forma alguma perdura, aparência alguma se fixa? Assim como o homem não esqueceu a discussão, ele não esqueceu a atitude e o discurso do não sentido (e das outras categorias anteriores), e é por não querer retornar para lá que ele deseja antes de tudo aceitar a lição da ciência, observar as regras da lógica e da matemática, recriar o mundo destruído da certeza e fundir-se na visão da Verdade. No entanto, apesar de todo o valor que ele atribui à ciência, ela não poderia lhe bastar: ela não leva à paz, pois, uma vez estabelecidos seus princípios, é pelos fenômenos que ela se interessa, não pela ascensão ao Uno, mas pela descida à experiência. Um fundamento dos fundamentos é necessário.

Assim, o que se opõe à ciência é a *filosofia*, o amor à sabedoria, a investigação da sabedoria que é presença da razão no homem. O homem é razoável, foi o que a discussão afirmou: existe razão, eis o princípio que a filosofia extrai como fundamento de toda ciência. É preciso recuperar a razão não como faculdade do homem, não como base da ciência, mas como presença real.

O indivíduo desaparecerá dessa maneira? Longe disso: uma vez desaparecido, ele não precisaria de filosofia, de investigação; ele seria razão e já não teria necessidade, nem desejo, nem interesse. Mas a razão também não é uma simples faculdade humana, algo que lhe pertenceria como seus braços ou pernas e da qual ele se serviria como bem lhe aprouvesse, uma propriedade, uma posse, que só tem valor na medida em que faz parte do homem. Ela *é*: isto é, o indivíduo é essencialmente insuficiente com relação a ela; é ela a medida, e ele, o que é medido; é ela o que é real, e ele apenas participa da realidade. A filosofia é a tentativa feita pelo homem de superar a si mesmo para alcançar a realidade total, una, única, que é a razão – tanto nele como no mundo.

É assim que ele se supera, que ele se transcende – transcendendo ao mesmo tempo e pelo mesmo ato as *coisas* no interior do mundo, as coisas que são isto e aquilo, fins para os quais tende o desejo, obstáculos diante dos quais o medo recua, o que está em jogo na luta, matéria do trabalho, essas coisas que jamais são porque sempre vêm a ser e sempre perecem, essas coisas sobre as quais a categoria do não sentido dissera que são absurdas. O homem quer salvá-las, mas só as salvará enxergando nelas simples fenômenos, não aparências (elas são estáveis em sua própria instabilidade), mas aparições de um substrato, de uma realidade real – do *objeto* da razão.

Ora, o que é esse objeto? Ou essa pergunta não tem sentido? Será possível separar a razão e seu objeto? Não se recai, tão logo se estabelece essa separação, no ponto de vista da discussão? É verdade que o indivíduo é insuficiente, que ele não é razão: a discussão havia enxergado isso muito bem. O que ela não via é que a razão no homem vê a insuficiência do indivíduo, e que, ao ver na razão essa insuficiência, o homem a transcende. A contradição é real, tanto no homem como na natureza, mas real como aparição do Uno. O discurso é múltiplo e divergente, mas ele fala daquilo que não tem partes. O pensamento está inteiramente ocupado em conciliar o que está em luta; mas ele pode conciliar, porque, sendo unidade, ele reencontra a unidade. Existe, portanto, objeto, existe aquilo que termina a discussão ao se mostrar, mas o que se mostra e aquilo a que ele se mostra é *uno*: por trás das *coisas*, existe o que é visado através delas, e o que é visado não é distinto daquilo que visa: a razão pensa, mas ela pensa a si mesma.

A filosofia se compreende, assim, como a ascensão ao objeto, e ela se compreende nessa ascensão. O que o filósofo compreende ao longo de seu progresso é que esse progresso é tudo para o indivíduo, porque falar de indivíduo e falar de um ser que é ser separado e, por isso mesmo, incompleto, é uma única e mesma coisa: enquanto o homem vive com as *coisas*, ele não alcançou o absoluto do objeto-sujeito, da realidade plena sem mistura de possibilidade e de negação, e ele está a caminho. Mas se o caminho se desenrola no terreno do devir e dos seres separados e distintos, seu término não é um ser distinto e separado entre outros e de natureza idêntica à deles, é o desaparecimento de toda negatividade e de toda possibilidade. O caminho não está determinado de uma vez por todas, e ao caminhar o homem não permanece o que ele fora no início: o caminho é o homem, o homem é seu caminho e a chegada é o desaparecimento do homem e do caminho, não por aniquilamento, mas na realidade absoluta.

Como a filosofia indica o caminho que leva ao que, para o indivíduo, só pode se mostrar sob a forma do objeto, daquilo que é radicalmente diferente dele, precisamente porque ele próprio está preso no devir, como, depois de feita a união, ela desenha o caminho do retorno que faz o homem compreender que ele é e permanece indivíduo, porque tem um lugar determinado num cosmos que desenvolve e desdobra, por assim dizer, a unidade absoluta – isso constitui a história dos sistemas metafísicos (na medida em que são metafísicos e não se acrescem de elementos de outras intenções e de outras proveniências categoriais). Para aquele que vive na atitude pura diante do objeto absoluto, a questão é secundária: existe objeto, existe razão, existe unidade, e existe a paz absoluta para o homem que sabe compreender e reter esse fato por excelência. Ascensão e descenso, ele deverá sempre reencontrá-los e sempre deverá justificar, diante de sua própria particularidade, a visão inevitavelmente particular, tendo-se compreendido como particularidade ao elevar-se acima da particularidade na razão, que é seu próprio objeto para ela mesma: ele não poderá renunciar à ciência, único meio possuído pelo indivíduo para apreender a unidade do mundo e, por meio dessa unidade do mundo, a sua própria na medida em que ele é superado em si mesmo, por si mesmo. O importante é que há Objeto, e que esse Objeto não está oculto, visto ser ele sua própria revelação.

4. A filosofia e a metafísica como ciência primeira

O bom-senso havia protestado contra a discussão e seu acordo formal: é o pensamento do objeto que lhe responde ao criar a ciência do objeto. Ele aceita a crítica, ele reconhece que, apesar de todas as contradições formais, o movimento existe e o homem caminha. Mas ele não se contenta com a constatação do fato; reconhece ao mesmo tempo que o fato é contraditório, que a contradição é insuportável e que ele deve chegar a uma ciência não contraditória dos fenômenos.

Ele possui o meio. A razão *é*, e tudo que é, é na ordem da razão, embora esse todo não seja a razão, sendo apenas uma composição de partes das quais nenhuma é unidade nem a possui: o fenômeno permanece no plano do devir e da destruição, mas o que se mostra no fenômeno não vem a ser, nem se desfaz, mas *é*, e a ciência suprema é a ciência do Ser como tal: a observação é possível para as ciências particulares porque a razão, existindo no mundo, lhe garante a possibilidade de "salvar os fenômenos"; o caráter "objetivo" delas é compreensível, porque há uma ciência do Ser.

Ciência do Ser que ao mesmo tempo é essencialmente a do não ser. Isso porque o Uno, seja qual for o nome com o qual é designado, não pode ser a origem do devir que encerra, com a razão e o ser, a não razão e o nada, e a ciência suprema será obrigada a levar em conta tanto um como o outro. Sim, é só a razão que se presta ao discurso, visto que o *outro* é na medida em que não é; mas se não *houvesse* não ser, o incompreensível do devir não seria nem mesmo compreendido como incompreensível. A teoria, a visão, apreende apenas o Ser e a Razão, mas só os apreende sobre o fundo do não ser: entre os conceitos fundamentais da ciência, deve haver ao menos um não conceito que apreenda, ou melhor, que indique o nada e o vazio – conceito de pura oposição, mas, como tal, conceito inevitável.

Eis o fundamento da ciência primeira que subsume a totalidade do devir sob a unidade, reduzindo a contradição indestrutível do devir à unidade de seus próprios conceitos, nos quais ela pensa o impensável na qualidade de impensável: o devir é reduzido ao que nele há de apreensível, desde que o conceito do não ser permitiu reduzir o devir ao ser pela eliminação do inapreensível. A ciência primeira reconhece que a contradição está contida em toda observação das ciências que só observam o devir; mas assim ela também a vence, e a ciência particular pode perseverar em seu caminho, que vai do Uno (o qual ela, em sua qualidade de particular, não conhece) à multiplicidade. Isso porque a ciência primeira lhe fornece conceitos fundamentais, categorias metafísicas,[1] e ela só precisa se deixar dirigir por esta última para estar segura de não se perder. O des-envolvimento do Uno, em sua entrada no domínio do não ser, pertence à razão e pode ser retraçado pela razão: cosmos e discurso, provenientes da mesma fonte e tendendo para essa origem que lhes é comum, se correspondem.

Já dissemos por que a lógica não se interessa diretamente por esse trabalho da *metafísica* e que a elaboração dos diferentes sistemas de categorias *metafísicas* lhe interessa apenas quanto à diferença das intenções – que não são metafísicas –, isto é, onde outras categorias *filosóficas* estão presentes. Causa e efeito, substância e acidente, *o um e o outro*, a ideia, a comunhão dos gêneros supremos ou as ideias-números, a forma e a matéria, a potência e o ato, o tempo, o espaço, todas as categorias metafísicas que tornam possível a visão da unidade na multiplicidade, que desenham as direções das perguntas que visam ao permanente no fenômeno, que devem permitir a filtragem do devir para separar o não ser do ser – todas essas categorias pertencem à ciência, não à filosofia, à metafísica, que, muito justamente, sempre se

---

[1] As categorias metafísicas: isto é, as categorias desenvolvidas pela metafísica para uso das ciências particulares. É nelas que se pensa habitualmente quando se fala de categorias: de Aristóteles (se não de Platão) até Hegel e além dele, compreende-se como categorias conceitos fundamentais que determinam as questões segundo as quais é preciso considerar, ou analisar, ou questionar tudo que é para saber o que é. São metafísicas nesse sentido de que só a ciência primeira, a do Ser como tal, pode fornecê-las; mas são essencialmente científicas em seu emprego; em outras palavras: elaboradas pela metafísica, elas não guiam esta última. Para fundar sua ontologia, Aristóteles não se serve dos conceitos de essência, de atributo, de lugar, etc.; ele emprega o princípio segundo o qual o raciocínio não pode ir ao infinito – princípio que não se baseia na ontologia e em suas categorias, mas que permite a concepção de uma ciência primeira. Kant não constrói sua ontologia transcendental por meio de sua tabela das categorias, mas por meio das "ideias" de liberdade e de eternidade, do *ideal* transcendental, do reino dos fins. O próprio Hegel reconhece a diferença entre a *Lógica do Ser* (a das categorias metafísicas), a da *Essência* e a da *Realidade*, a última das quais deve, entre outras coisas, possibilitar a compreensão do sentido da primeira parte da lógica inteira, por conseguinte, das categorias metafísicas. É essencial que os dois sentidos da palavra sejam nitidamente distinguidos ao longo de todo esse trabalho, que só se interessa pelas categorias *metafísicas* na medida em que elas revelam categorias *filosóficas*, esses centros de discurso a partir dos quais uma atitude se expressa de modo coerente (ou, no caso de atitudes que recusam todo discurso, pode ser apreendida pelo discurso da filosofia).

interpretou como a ciência primeira, não à lógica da filosofia: em outras palavras, elas são as categorias científicas derivadas de uma categoria filosófica, a tradução de *uma* atitude determinada em *um* discurso elaborado, não das categorias *da* atitude e *do* discurso. Se elas têm uma importância particular é por responderem a uma categoria que desempenha um papel eminente, pois é a primeira a apreender a realidade como o outro do homem, como o objeto. Por que ela não é *a* categoria da filosofia (se é que tal coisa existe), por que ela foi superada, esse é um problema que só pode encontrar sua solução na sequência, na exposição das outras categorias-atitudes, assim como só a sequência pode conferir um sentido preciso à oposição, aqui arbitrária, entre filosofia e metafísica. No entanto, que mesmo para a atitude presente a metafísica não seja tudo, embora ela seja o fundamento de todo o seu discurso, que esse discurso possa e deva ser superado aqui mesmo, que a metafísica, portanto, não faça nada além de servir, isso já foi mostrado nas observações anteriores e também se mostrará nas seguintes.

5. O Uno como fundamento da política e da moral. – O filósofo e o Estado

O bom-senso respondeu à discussão: não basta que o homem veja o Bem, pois ele não é essencialmente razoável; por mais que se o convença de que a particularidade é a contradição e o mal, ele continua sendo o que ele é, o que significa que ele é determinado. Conforme essa visão, o essencial é a paixão, o πάθος, aquilo a que o homem está sujeito, o que o afeta, o arrasta, o impele – a matéria nele; ele é razoável, mas ele é somente *também* razoável. Tomada isoladamente, a humanidade *é* razoável, não o indivíduo que *pode* sê-lo, assim como o gênero cão se caracteriza pela fidelidade ao dono, sem que se possa dizer que essa qualidade se encontra em todos os cães. A razão *deve* vencer, pois constitui a essência do gênero humano, mas se ela *deve* vencer, é porque ela não domina automaticamente e deve se afirmar como a determinação contra o indeterminado, a forma contra a matéria. Existem homens razoáveis, assim como existem cães fiéis; a diferença é que a fidelidade adormecida em cada cão não é despertada pela fidelidade do cão perfeito, ao passo que a razão do homem perfeito pode conduzir os outros homens rumo à razão e conforme a razão. O homem que a um só tempo é razoável e possui o bom-senso sabe que está em comunicação e em comunidade com os outros; ora, sabe também que a unidade dessa comunidade deve ser consolidada por meio da ciência: visto que o homem nem sempre será razoável, é ainda mais importante que a comunidade o seja. Jamais se poderá transformar cada cidadão em um Sócrates, mas pode-se impedir que os homens matem Sócrates quando um Sócrates aparece; se o homem é com demasiada frequência arrastado pelas paixões, o filósofo deve compreendê-lo com suas paixões e em suas paixões. Em suma, uma ciência do homem, uma antropologia, deve preceder e guiar a ação da razão sobre ele.

E essa ação é possível, pois assim como a natureza e o mundo são razoáveis porque a razão constitui seu substrato, também o é a comunidade dos homens, unidade viva acima das paixões contraditórias. A razão real e realizadora existe: a discussão entre os homens pode ser dominada, porque ela tem um fim natural em seu objeto, que é o Estado, e porque ela não vive apenas para seu objetivo formal, o acordo. Sim, a discussão e mesmo a luta não param, visto que a particularidade não pode desaparecer. Mas ambas são razoáveis na medida em que são a matéria concreta da vida do Estado, assim como é razoável o devir de um ser vivo que é contradição contida: o Estado é uma unidade organizada, não simples acordo formal. Tudo procede dessa unidade, unidade que está por ser criada, mas que *é*, anterior a todas as tensões que só têm sentido com relação a ela.

No entanto, só o filósofo enxerga esse fato. O homem comum situa-se entre o animal, que está na natureza, e a razão, que está além da natureza. Persegue fins, e isso significa que ele é razoável sem o saber, pois seu fim é humano, não apenas natural; mas não foi ele quem o fixou: ele encontra seus fins já prontos na tradição, e como essa tradição vale para todos, ele se choca com os fins dos outros, que estão, como ele, à procura da satisfação: a discussão é entabulada, o desejo se liberta ao se compreender em sua particularidade. É nesse ponto que o bom-senso havia exigido uma ciência da natureza, a fim de decidir objetivamente. Mas se a particularidade é eliminada (progressivamente, é verdade, não definitivamente) no que tange aos objetos naturais da atividade, será que ocorre o mesmo quando se trata do homem, quando cumpre tratar como objeto a própria particularidade?

A resposta será dizer que o homem é duplo: ao homem-objeto, o homem observado pela ciência, se opõe o homem que observa e elabora a ciência, e que, consequentemente, estabelece a relação entre o indivíduo e a unidade ou – o que é equivalente – entre a matéria e a forma do homem, tanto quanto do Estado. "O homem estabelece para si o seu fim" é, assim, uma expressão de duplo sentido. No primeiro, o homem determinado materialmente (segundo a natureza humana, a saber, na comunidade e na tradição desta última) persegue um bem que ele poderia da mesma maneira não perseguir se quisesse agir sobre si mesmo; no segundo, o homem age sobre si mesmo não com vistas a um bem, mas ao Bem, para fazer entrar na realidade esse Bem que, para a filosofia, informa essa realidade contra a resistência da matéria, esse Bem que o homem pode não ver, mas que ele não pode não escolher depois de o ter visto, já que a escolha só é escolha razoável na visão do Objeto que, sendo unidade e forma pura, é o Bem. É verdade que o filósofo constitui a exceção na realidade de todos os dias, mas essa exceção revela o ser do caso normal. Na medida em que ele age, o homem não é perfeito: como agiria se não conhecesse a necessidade e o desejo, se não fosse particular, se fosse igual à forma na plenitude de sua unidade, se fosse destituído de paixão, destituído de matéria? Sua ação, para visar a ele próprio, sempre permanece ação, expressão da necessidade, busca do contentamento: mas ele está acima do animal, nesse sentido em que a ação não depende de um fim separado da própria ação, mas que ela se basta e nada busca no exterior. Ela é precisamente humana na medida em que é seu próprio fim e sua própria satisfação. O fim do homem razoável é o de fazer-se razão, ato puro, unidade do desejo e do contentamento, da ação e do fim, do bem e do real: pensamento do pensamento, fruição da fruição.

No entanto, mesmo o filósofo continua a ser homem e se eleva sobre a matéria sem dela se desvencilhar: ele encontra *sua* paz na *theoría*, na visão; mas vive na comunidade e, sendo homem e filósofo, deve pensar o Estado para salvá-lo. Sempre existe Estado, é verdade, mas *este* Estado *particular* pode ser destruído, assim como sempre existe ciência, embora *esta* realidade histórica da ciência possa desaparecer. O Estado sempre existe, sempre é razoável, em relação concreta com a unidade, mas *este* Estado *particular* o é em maior ou menor grau. Na verdade, a ciência do Estado não se preocupa com isso. Sua dificuldade de enxergar em que consiste a essência do Estado pela qual se avalia a qualidade do bom ou do mau Estado não é maior que a dificuldade da biologia para dizer o que torna um animal bom ou mau em seu ser de animal. Mas embora seja fácil encontrar o meio para criar bons bovinos, é difícil indicar o que é necessário para fazer um bom Estado; isso porque a ciência que apreende a essência do Estado e que é capaz de tratar dele como o médico trata de seus doentes se revela e se obscurece na realidade humana do Estado histórico no qual ela vive, e a qualidade da ciência praticada num Estado determinado depende da qualidade desse Estado que ela quer e deve julgar. Concretamente, o Estado e a ciência do homem se enraízam ambos no homem tal como ele é nesse Estado nesse certo momento.

A ciência *objetiva* do Estado sabe que ela é o protesto contra a discussão que havia desfeito a tradição sem haver conseguido se desfazer dela. O retorno a essa tradição lhe é proibido; a tradição não é e não pode ser ciência, visto que não tem objeto. A ciência nem por isso ignora que ela não existiria sem a tradição, visto que aí não pode haver início absoluto; mas a unidade do Estado se enfraqueceu porque a tradição se mostrou impotente contra a luta dos desejos, a tal ponto que o simples bom-senso prevê o momento em que a regra fundamental da discussão, a exclusão da luta violenta, já não será observada. O filósofo sabe, porque ele o enxergou, que os Estados não são imortais; ele se dá conta de que todos os belos discursos da tradição sobre a piedade e as virtudes podem ser desvirtuados pelo interesse que se apoderou da linguagem e sabe o que quer. A ciência não deverá apenas dizer o que é o bom Estado, mas também indicar o meio de realizá-lo.

A realidade do Estado concreto a reconduz, portanto, à observação do homem. E eis o que ela constata: não é necessário que cada indivíduo veja a razão para que ele a siga. A maioria dos homens seria, aliás, incapaz disso. Suas forças se esgotam no plano da necessidade, e eles serão bons cidadãos enquanto não se enganarem a respeito dessas necessidades. Mas o fato é que eles se enganam muito facilmente, porque o desejo humano não é animal, mas social: a satisfação não é imediata, mas passa pelo trabalho, que é comum; ora, o desejo ultrapassa a necessidade na medida em que ele tende a assumir o lugar do senhor, que recebe a fruição de sua existência não de seu trabalho, mas do trabalho alheio. À necessidade biológica se acrescenta a vontade de dominação e o amor da luta (não violenta apenas por medo de uma violência irresistível): ambos são razoáveis e compreensíveis no contexto da natureza una; não o são no interior do indivíduo, onde, sem objetivo nem limites, eles agem como forças cegas: aí eles serão benéficos, como tudo que é natural, contanto que sejam guiados pela razão. Ora, a razão no Estado é a lei. Infelizmente, na realidade empírica, a lei depende dos homens e pode se deteriorar tornando-se o joguete dos desejos se for defendida apenas pela tradição. Ela é a linguagem da comunidade; ora, o desejo pode tentar e tenta, de fato, se apoderar dessa linguagem: eis por que os homens qualificados, aqueles que conhecem a unidade, os filósofos, devem restabelecer a lei, iniciar o adestramento dos indivíduos, educar a comunidade, se não quiserem que a própria filosofia se torne impossível num Estado dilacerado pela violência, e que, mais uma vez, Sócrates seja morto.

Esse trabalho só poderá se realizar onde o poder estiver nas mãos dos que amam a razão e se consagram à ciência. Isso é claro, pois o Estado do qual eles deverão se ocupar está doente, e o Estado do acordo formal está a ponto de degenerar num Estado de violência em que os indivíduos nem detêm nem buscam o lugar que lhes é atribuído por suas qualidades e onde tudo se torna questão de força e de medo, de dominação e de revolta.

Para acabar de vez com o reino da força, é preciso, portanto, começar por ser forte. O homem da ciência deve se desviar da observação de seu objeto, que é o Estado em si, para formar o

Estado real à imagem da ideia. Será bem-sucedido? Ele o ignora, pois saiu do âmbito da ciência e se entregou ao individual: sucesso e fracasso dependem de suas qualidades naturais e das do material no qual ele trabalha à maneira de qualquer técnico, embora ele o faça num plano superior, sabendo de fonte segura qual é o seu objetivo. Enquanto ele agir, estará à mercê das contradições da realidade viva que ele deve tentar conciliar, arriscando-se a provocar o fracasso da ciência que só pode viver no Estado sadio.

Não é essencial para a presente pesquisa categorial analisar as teorias políticas que foram elaboradas no âmbito dessa categoria, sobretudo pelos gregos. O conteúdo categorial delas é suficientemente claro e permanece o mesmo, de Platão e Aristóteles até os estoicos (o que não significa que a política seja, para todos os gregos, o plano no qual se interpreta o homem, e que ela ocupe o mesmo lugar em todos os sistemas). O verdadeiro centro disso é a ciência primeira, ciência possível e real graças à presença da razão no fundo do ser em geral.

Não há comparação entre o homem e os outros seres porque ele tem a possibilidade de ver a razão, e ele permanece preso à natureza porque não pode se libertar da necessidade e pertence, assim, à comunidade do trabalho: contradição que eleva o homem acima do animal ao elevá-lo acima da individualidade, à dupla reconciliação *e* no Estado perfeito, que realiza a razão pela conciliação das particularidades por meio da lei, *e* na existência do sábio, que, graças à visão da razão, ultrapassa a particularidade.

O Estado perfeito só existirá, portanto, pela ação do filósofo (se ele existisse por acaso, somente a vigilância daqueles que veem o Bem poderia protegê-lo contra os perigos naturais que o ameaçam), e o ser do filósofo em sua qualidade de filósofo é a razão: assim, toda realidade razoável tem sua origem nesta última. Em última instância, o Estado razoável existe para a realização da razão pelo filósofo, para que o sábio possa viver. A política, ciência técnica da realização do Estado bom, e a moral, que visa à formação de bons cidadãos para esse Estado, só têm valor porque somente o bom Estado permite aos homens dotados para a ciência realizar plenamente a possibilidade supra-animal do homem. Os outros não precisam de ciência enquanto o Estado lhes atribuir funções objetivamente razoáveis, proporcionais a seus meios; eles ficarão contentes, porque a educação terá subordinado suas necessidades e aspirações à unidade viva que não reside neles: sem conhecer a ciência, eles vivem pela ciência e se servem das verdades desta última (e servem a tais verdades) sem saber em que se baseia esse caráter de verdade. Mas eles são homens apenas porque existem cidadãos que conhecem outra atividade e outro contentamento, e cuja dignidade é *saber*: o verdadeiro sentido da existência do homem consiste na realização da *forma*. Esse sentido só é visível àqueles que, em número infinitamente pequeno, viram, no Uno, Razão, Bem e Beleza. São também eles os únicos que buscam um contentamento absoluto, para além do devir e da contradição, no centro do Ser, contentamento não do indivíduo, mas do homem como homem, que só é verdadeiramente homem no momento em que, aos olhos do homem comum, ele se perdeu; pois o homem é verdadeiramente homem quando nele a razão retorna para si mesma por meio da infinidade de contradições nas quais se desenrola a vida humana. A razão não existe para o homem; o homem existe para e pela razão. Se ele quiser se compreender e assim encontrar a paz, é ela que ele deve apreender. Moral, Estado, política só se justificam em vista desse único esforço verdadeiramente humano, porque verdadeiramente sobre-humano.

6. *A interpretação da filosofia pelo bom-senso e suas consequências. – As retomadas*

A categoria do objeto é a primeira que dá nascimento não apenas a uma ciência que, embora não seja a nossa, nos é "compreensível", mas também, e sobretudo, a uma filosofia que é, ao menos numa primeira aproximação, a busca da compreensão total.

É clássica a tese segundo a qual todas as ciências provêm da filosofia; mas é possível que essa afirmação atribua a um só tempo muito e muito pouco à filosofia. Muito, porque a reação do bom-senso contra a discussão e a força real do mundo do trabalho bastam para fundar as técnicas tradicionais da vida e permitem, após a destruição da unidade cósmica da certeza, o progresso da técnica, e porque, além disso, a diversidade e a independência das ciências, sua evolução e seu papel só se compreendem dessa maneira, e não por razões filosóficas. Muito pouco porque, no sentido filosófico do termo, nenhuma ciência se origina da filosofia, pela simples razão de que ao lado dela não há ciência: a ciência que, como teoria, se opõe à técnica, quer permanecer e permanece visão do Uno, embora visão parcial, perspectiva, simples acesso, e não visão total.

O protesto do bom-senso produz, assim, um resultado que é surpreendente para seu autor. Ele, que começara por colocar em pé de igualdade os adversários que se enfrentavam na discussão, que quisera trabalhar tranquilamente, se vê diante de algo que ele não pode evitar nem compreender: a teoria. Ele queria fazer um bom navio, e aprende que a natureza é a unidade no fundo das contradições; pretendia organizar o bom Estado, e chega à constatação de que a dignidade do homem reside na visão do Uno. Os objetos, por assim dizer, derreteram; restou apenas o objeto, que é a razão. Em posse dos restos da certeza ele tinha a consciência tranquila, e teve de apreender que isso não é nada, é apenas um modo bastante rasteiro da existência humana; ou talvez não o tenha aprendido, mas visto que uma força por ele desencadeada, sem que ele saiba como, impele-o e quer forçá-lo a se superar. Não era o que ele queria. Ele pedia que seu trabalho fosse facilitado, que lhe fossem fornecidas bases sólidas para a construção de um edifício habitável. E se vê diante de um discurso infinitamente *pior* que o da discussão, que o havia aborrecido, mais do que incomodado. Ele quer falar bem, pois os objetos só são apreendidos pela linguagem, desde que as técnicas de tradições diferentes passaram a se enfrentar na discussão. Mas o novo discurso acaba por ir longe demais: as categorias metafísicas se encontram, se unem, se distinguem apenas em sua unidade, só admitem unidade porque se contradizem; a natureza se dá à ciência como o ser por trás do devir, como o repouso no movimento; ser e devir, repouso e movimento, e todos os outros pares se tornam eles próprios objetos, comportam-se como objetos e exigem que lhes sejam oferecidas bases sobre as quais suas contradições, que são reais e não podem desaparecer, sejam conciliadas – conciliação da qual o bom-senso se sente incapaz e que lhe parece absurda e perigosa, pois ela não vai ao encontro do trabalho, mas dele se distancia. A ciência se opõe, para ele, às ciências e arrasta o homem que a ela se consagra por um declive que dá no vazio.

Por isso ele gostaria de frear o movimento e não apenas gostaria, mas consegue fazê-lo para si mesmo. A ciência deve ser limitada ao seu papel de auxiliar do bom-senso. Que ela elabore uma técnica de observação capaz de facilitar o trabalho da comunidade e assim melhore a organização desse trabalho, isso é bom. Tudo que vai além é apenas jogo do espírito, não é razoável. É que o bom-senso, sem percebê-lo, confia na tradição. Seu ponto de vista não está sujeito à contradição, e mesmo a filosofia não pretenderá atacá-lo: as ciências têm um sentido determinado, podem e devem ser limitadas, são úteis. Mas visto que qualquer pergunta pode ser feita e, uma vez feita, deve receber uma resposta objetiva, já não é possível frear o diálogo no momento em que ele começa a se tornar preocupante: tudo que o bom-senso pode fazer é desviar seu olhar, a fim de se ocupar de coisas que lhe parecem mais interessantes. Ora, o bom-senso – isto é, a mescla de tradições decaídas e de desejo de acordo social – quer se beneficiar com a ciência objetiva. A ciência que fora desenvolvida pela discussão e sua verdade (do acordo) não satisfizera esse mundo do trabalho em comum do qual a discussão havia saído: o bom-senso se pretende, portanto, proprietário do *objeto*, instrumento, a seu ver, de seu trabalho. Se ele pode se orientar no mundo por meio do objeto, encontrou tudo o que procurava: quer saber a *verdade* sobre o mundo.

As dificuldades nas quais ele cai dessa maneira são extremamente graves. De fato, elas preenchem aqueles livros de história da filosofia que encaram a história da filosofia como a história do problema do conhecimento. Ora, no sentido estrito, esse problema não existe para a filosofia objetiva. Ela procede do objeto como do absolutamente cognoscível, e as dúvidas que a impulsionaram foram por ela deixadas para trás: o mundo é mundo, porque ele é razoável, e se resta uma dificuldade, ela consiste em explicar o erro, e não a verdade, por uma hipótese a bem dizer científica, psicológica ou, num termo moderno, antropológica. Para o bom-senso, as coisas são diferentes. Ele se mantém no mundo do trabalho em comum e lá é o erro, mãe do fracasso, que conta, e só ele. A seus olhos, o acontecimento novo é constituído pela descoberta da verdade, mas da verdade sobre este ponto: sempre se esteve enganado, hoje se sabe o que acontece de verdade. O homem se encontra diante de *um* objeto e se pergunta como abordá-lo, e até se ele é abordável.

É a atitude do bom-senso tacanho – isto é, que se nega à transcendência – que leva às atitudes filosóficas mais absurdas aos olhos desse mesmo bom-senso. Ceticismo, materialismo, idealismo absolutos se originam, em última instância, em retomadas da categoria do *objeto* pelo bom-senso, que se serve da categoria da discussão; não são sistemas filosóficos, mas científicos, e isso porque eles partem da ciência do bom-senso para passar ao absoluto da ciência da discussão, à totalidade das teses organizadas de maneira não contraditória. Todos eles querem explicar como o homem pode ter conhecimento da realidade – a única coisa que, para a filosofia em sentido estrito, não requer explicação. Ela parte, muito pelo contrário, do fato do saber, descrito por ela de modos diferentes de acordo com a situação histórica. Mas quer ela fale de voῦς, quer ela encontre no homem o *intellectus agens*, quer ela peça, reagindo contra os sistemas dogmáticos, que se fale do fato da ciência, do fato da moral, ela sempre fala da mesma coisa: o homem e o mundo não estão separados, e o homem se compreende (em ambas as acepções dessa expressão) pelo objeto (ou, num termo muito mais tardio, pelo absoluto), e não compreende de forma alguma o objeto pelo homem.

O bom-senso permanece em seu papel se protesta contra essa filosofia – que, no entanto, é objetiva – porque ela não é científica. Com efeito, ela não o é e não poderia sê-lo, se quiser verdadeiramente acabar com a discussão, e não, como o bom-senso, com todas as discussões uma após a outra.

Por isso, todos os apelos da filosofia ao bom-senso do homem de ciência são perda de tempo. A direção dela é oposta à do bom-senso. A filosofia é perfeitamente capaz de compreender o bom-senso, mas este só pode encarar a empreitada da filosofia como insensata. A filosofia se contentará em constatá-lo. Mas o mesmo não ocorre com o filósofo. Para ele, o procedimento do bom-senso é irritante. Isso porque o bom-senso se interpreta retomando categoria e atitude da discussão e, opondo-se à filosofia, empenha-se em compreender como interesse particular a atitude do filósofo, cuja existência de fato não escapa à observação de sua ciência. O filósofo será obrigado a justificar-se diante de si mesmo, pois o mundo no qual ele vive é dominado pela ciência, e essa justificação lhe será ainda mais difícil porque ele não poderá entabular a discussão que o bom-senso gostaria de lhe impor. Ele sabe que o bom-senso tem razão a seu modo, que sua ciência é algo de muito grande, que o sistema não contraditório é necessário. Seu problema não é refutar o bom-senso – se ele o tentasse, estaria perdido –, mas superá-lo.

Em suas relações com as ciências, a filosofia não contestará em absoluto, portanto, que elas acabam por compreender muito bem seus respectivos objetos. Acrescentará até que o contrário seria surpreendente, visto que foram elas que os criaram em sua qualidade de objetos. Tudo que ela pede é que lhe seja permitido compreender essas mesmas ciências e ser poupada de projetos, bem-intencionados e perfeitamente absurdos, que visam à solução de problemas relativos às ciências ditas exatas precisamente pelos meios científicos questionados por ela. *Ens, unum, verum, bonum* são *transcendentalia* em função dos quais a elaboração de sistemas de categorias particulares se torna apenas possível. Querer defini-los, mesmo que só implicitamente, é um contrassenso. A técnica científica mais habilidosa e o melhor algoritmo só podem servir para responder a problemas cujo sentido eles não poderiam compreender.

As principais retomadas da categoria do objeto se apresentaram ao longo da discussão anterior, seria supérfluo enumerá-las uma vez mais. As outras, que aí não apareceram, ao menos não expressamente, estão aí situadas automaticamente, por assim dizer, como, por exemplo, a do não sentido, sob a qual o bom-senso científico vê a si mesmo como sistema coerente, mas separado da realidade que ele define precisamente como o que não pode ser apreendido por sistema algum (agnosticismo cientificista). Investigações detalhadas nessa direção teriam, no entanto, um interesse particular, porque são elas, e somente elas, que podem conduzir a uma destruição (por compreensão) de preconceitos contra a filosofia que, na maior parte do tempo, se apresentam – viu-se por que – como sistemas, programas, ideias de reforma da filosofia e que, naturalmente, nada fazem para elevar a filosofia acima da categoria do objeto, da qual eles vivem, mas que são incapazes de apreender. Uma investigação desse tipo, cujo resultado seria, na realidade, uma história filosófica dos erros filosóficos, não faz parte de nossa tarefa presente. Deve bastar-nos havê-la indicado.

7. O EU[1]

Sabendo-se apenas razoável num mundo da Razão, o homem se vê remetido à sua individualidade: tal como ele é, ele busca sua felicidade de homem. O Eu, tal como se encontra, busca a Razão para si mesmo.

1. O indivíduo se opondo, como eu, à theoría

Ao *fato* do *Objeto*, fato fundador de todos os fatos para o homem na atitude da *theoría*, o homem pode opor outro fato – insistamos: ele pode fazê-lo, mas nada o obriga a isso –, o de sua existência, não objetiva, não intermediada pela comunidade, mas tal como ele a sente. Ele não quer, assim, retroceder; mais do que isso, ele sabe que não poderia, mesmo que o desejasse com todo o coração. A linguagem da discussão, o Uno, a marcha ascendente da filosofia existem; o que ele pede, ele o pede apenas porque esses dois o deixaram na necessidade. Ele pensa, e só pode pensar dentro dessas categorias. Mas é *ele* que quer pensar, ele próprio tal como ele é. Em outras palavras: ele quer ser feliz. A discussão havia falado da particularidade, a ciência objetiva, do homem, a filosofia, da elevação ao Objeto e do desaparecimento da individualidade: não se falou do *eu*. E justificadamente, pois aquela se havia atribuído a tarefa de alcançar o acordo entre os interesses particulares, esta havia mostrado que

---

[1] Le moi: em francês, "*moi*" indica tanto o pronome pessoal do caso reto como a sua forma oblíqua. Para Weil, nesta categoria, "*le moi*" indica o eu no sentido genérico da individualidade, não o Eu da subjetividade moderna, que surgirá na categoria Consciência, no capítulo 10. (N. R.)

a apreensão do Uno só é possível para aquilo que *é*, não para o que vem a ser: não para mim, exceto na medida em que eu coincido com a Razão. Ora, o homem busca o contentamento. Nesse ponto, as soluções estão de acordo. Para uma, esse fato é o ponto de partida; para a outra, é um fato de observação, estabelecido de modo indubitável. Mas se ambas prometem o contentamento, uma na vida no interior da comunidade unânime, a outra na visão transcendente, elas nada fazem para proporcioná-lo a mim, e suas promessas não me dão grande esperança. Será a comunidade plenamente realizada de fato uma possibilidade de contentamento ou será que ela apenas elimina um obstáculo à realização do contentamento? Quanto ao contentamento do filósofo, ele próprio ensina que isso não está ao alcance de todos, que é preciso um Estado bem feito, dons naturais, em suma, um concurso de circunstâncias que eu não posso dirigir. Meu contentamento se torna uma simples possibilidade no mundo da *theoría*. Eu me encontro *dado*, a ser eliminado como tal ou a ser compreendido, um e outro de um ponto de vista que não é o meu, que não é o de ninguém, que transcende todo ponto de vista. Quem é a razão que me encontra? Impossível dizê-lo. Mas certamente não se trata de mim, que desejo, que sofro, que temo, que espero.

O homem que fala assim não é o homem da luta brutal. Esse, em busca da satisfação imediata de seu desejo, não fala desse desejo: a mulher, o tesouro, a ferramenta que incitam sua vontade, ele os toma, e se não os obtêm, fica insatisfeito por não haver conseguido. Ele não pensa um mundo em que o homem seja feliz ou infeliz, não pensa a condição humana; simplesmente diz a si mesmo: não consegui. Isso não o impede de ser infeliz. Mas ele não se compreende como alguém infeliz: isso porque *ele próprio* é algo que não existe para ele; existe apenas o seu desejo e o que ele deseja. O homem que conhece a discussão e a ciência quer falar de si mesmo a si mesmo. A ciência da certeza ensinou-lhe que ele é homem, a discussão, que ele tem um interesse particular. Homem e particularidade, eis as características, os termos que ele compreende, porque expressam o que ele sente. Ele é desejo, ele é pensamento. Mas por que é preciso superar-se? Por que é preciso eliminar o desejo e o pensamento particular e tudo que faz que ele seja este, e não um outro? Por que a discussão não é bem-sucedida de outro modo? Por que esse é o preço da ciência? Admite-se. Ele, porém, desaparece e, para ele, qualquer resultado só tem sentido com relação a ele. Verdade formal e verdade objetiva têm um valor absoluto, contanto que se admita a verdade como único objetivo humano, como fim em si. Mas será possível fazê-lo se, conforme o próprio sistema da ciência, se é aquilo que se é? Qual é o sentido da filosofia objetiva para o homem?

A promessa da filosofia já não encontra, assim, crédito algum. A transcendência é necessária, por certo; mas ela só dá respostas às perguntas nascidas da discussão, e o homem pede outra coisa: ele quer a satisfação para si mesmo. Trata-se de encontrar a felicidade não da humanidade, mas dos homens; o Estado já não é um absoluto, o homem não é exclusivamente cidadão: no melhor Estado, ele pode ser infeliz – sem falar da dificuldade invencível que existe em realizar esse Estado, sem falar do perigo a que este, uma vez realizado, está sujeito, de ser brutalmente destruído por um vizinho tanto mais perigoso quanto menos bom. O homem deve poder ser feliz como homem, e isso quer dizer: como *senciente*. As satisfações proporcionadas pela tradição, riqueza, poder já não seduzem, pois a discussão provou que elas só levam à luta, e a filosofia fez ver que o desejo pertence à parte animal do homem, que só conhece *satisfações*, nunca *a* satisfação, reservada ao que há de sobre-humano no homem. Ora, é preciso buscar a felicidade no homem e para o homem.

Mas é preciso buscá-la com a razão, pois a solução que se requer deve ser válida para todos. Apoderar-se da linguagem e do Estado já não tem sentido algum desde que o homem aprendeu a desconfiar do sucesso quase tanto quanto do fracasso. Será que lhe adiantaria alguma coisa possuir tudo e continuar a desejar, a temer a perda de seu poder, a vingança, o ciúme, a morte? Se ele quer ser feliz, precisa de uma felicidade que dependa dele próprio, e só dele. Sua ação já não pode se voltar para o mundo, ela só pode afetar a ele próprio. E é preciso que essa ação seja razoável, isto é, segura. O caminho da felicidade deve ser traçado pela ciência; caso contrário, o homem não poderá confiar nele. De que serve sonhar com um fim objetivamente impossível, seja porque ele não convém ao homem, seja porque é irrealizável no mundo tal como ele é?

Nada está mais distante do subjetivismo – no sentido em que a ciência emprega essa palavra e no qual seu significado é o esquecimento das regras sob a influência do interesse particular e não refletido – do que essa busca da felicidade. Ela não é ciência, sem dúvida, pois opõe à atitude da ciência o desejo do homem. Mas é científica, pois quer apreender esse desejo e satisfazê-lo para todos, para o homem na qualidade de homem. No entanto, a ciência e sua realidade, o objeto, já não estão no centro. O pensamento fazia, para ele próprio, parte do ser, era até mesmo sua parte mais importante. Já não o será. Deve entrar no homem, estar a seu serviço, ajudá-lo a encontrar o que o torna feliz (não para, como a discussão e o bom-senso, ajudá-lo a obter o que ele deseja, nem para, como na atitude do objeto, ajudá-lo a se desfazer de si mesmo).

2. A contradição do animal razoável. – A solução epicurista e a solução estoica

O homem se encontra infeliz, pois a satisfação, que lhe parecera acessível na comunidade, revelou-se impossível: a tradição já não é digna de confiança, e nada é melhor prova disso do que o fato de que o homem busca e sabe que busca. Enquanto ele vive na comunidade, seu fim lhe é fixado; também no Estado ideal do filósofo a vida terá um sentido e, embora esse sentido não seja plenamente realizável para todos, haverá uma satisfação mesmo para os menos talentosos: a educação substituirá a tradição e criará a proporção justa entre os desejos deles e suas possibilidades. Mas esse Estado perfeito não se realizou. O filósofo não é rei, e isso é grave para ele, pois ele não pode ser feliz – isto é, sábio – num mau Estado. O próprio filósofo, num Estado que não é o seu, se perde – a menos que ele mude, mude a si mesmo, que encontre o meio de viver fora do Estado.

Mas a filosofia já mudou. Ela buscava a possibilidade de ultrapassar a discussão alcançando o objeto, o Ser revelado, e o filósofo se compreendia pela filosofia, como um dos seres no mundo, ser à parte, porque é a ele que o Ser se revela: a felicidade oposta à infelicidade não lhe dizia respeito, na medida em que ele era sábio; pois nessa medida, ele nada desejava, ele não desejava; ele era puro olhar, pensamento que se pensa, objeto revelado a si próprio. Ora, o fato é que o filósofo é homem, e que esse homem tem medo: a filosofia objetiva, suprema contradição, é uma filosofia para sábios, e é preciso uma filosofia para o homem. Mas pedi-la já é instaurá-la, pois a realidade deixou de ser suficiente para definir o interesse humano e não basta que exista um real: a realidade deve ter um interesse para o homem.

Primeiramente, porém, o homem vive num mundo que não apenas não lhe garante a felicidade, mas que o torna infeliz se ele se entrega a esse mundo. Mais grave ainda, é um mundo tal que lhe oculta a felicidade. A tradição fala de coisas boas ou ruins, ela diz que o homem é feliz quando obtém aquelas e evita estas. Isso não poderia ser inteiramente falso, pois a tradição não teria durado se não correspondesse à natureza humana: em vão, a *theoría* havia tentado se esquecer disso. O que a tradição esquece, porém, é que a relação entre o sucesso e a felicidade do homem não é a mesma que existe entre o raio e o trovão. O homem pode perfeitamente obter o que desejou e não ser feliz, pois aquele que desejou e aquele que possui não são o mesmo homem. O homem da tradição, o homem do desejo, não deseja isto ou aquilo, ele deseja: a satisfação de um desejo deixa-o necessariamente insatisfeito, porque no mesmo momento ele é obrigado a desejar outra coisa. Mas isso é também o que esse homem chega a esquecer.

Duas coisas tornam o homem infeliz: o medo e o desejo. Enquanto ele vive na comunidade e na certeza, nem um nem outro o preocupam. Como ele tem fins que lhe são naturais, pode ter infelicidades, não pode ser infeliz: para cada perigo existe uma defesa, para cada erro e cada fracasso, uma purificação e uma consolação. Só lhe cabe cumprir seu dever diante dos deuses e diante dos homens; mesmo a morte será apenas uma etapa de sua carreira. Sim, o terrível existe; mas está reservado aos outros, a homens a um só tempo acima e abaixo dele, que não realizaram a vida na comunidade, que se colocaram fora das leis comuns ou que, por um acidente inicial, foram lançados para fora delas. E mesmo esses não são infelizes; a infelicidade que os atinge é proporcional às suas forças titânicas; é da mesma natureza, apenas mais pavorosa que aquela à qual se vê exposto o homem do povo. O homem se torna infeliz quando está só, quando já não tem carreira a percorrer, quando já não tem conteúdo. Que ele busque, então, a fruição, que ele busque até mesmo o desejo para esquecer que está esvaziado daquilo que constituía sua substância! Ele poderá viver dessa maneira e conseguirá esquecer, mas com uma condição: que consiga não pensar no futuro; pois ele está só, e isso quer dizer: só diante da natureza. Não passa agora de um animal, que busca a fruição como o animal; agora a natureza não é mais que uma massa de forças ameaçadoras contra as quais nenhum rito, nenhuma intercessão o defenderá. Ora, basta o primeiro fracasso para lhe mostrar sua situação. Ele é infeliz não porque se nutre de desejos impossíveis, mas porque a saciação de seus desejos não depende dele; porque, fora da certeza, o desejo é medo.

Ora, a fruição é objeto de um desejo natural, a dor, algo de que o homem foge naturalmente, assim como o animal. No entanto, o homem é infeliz, e o animal não. A diferença vem, portanto, do fato de que o homem é razoável, de que ele prevê. E é necessário que ele preveja: ele não é simplesmente uma parte do mundo, como o animal o é; seu desejo é formado pela tradição da comunidade, seu mundo, pelo trabalho, ele não vai direto à fruição, mas rumo a um prazer que já não tem relação direta com suas necessidades: se ele não sabe escolher entre as possibilidades que lhe são oferecidas nesse mundo humano, ele colherá sofrimento. O caminho daquele que quer esquecer não está aberto ao homem que não quer ser animal. Sendo razoável e sendo infeliz, por ser a um só tempo animal e razoável, ele deve conciliar o que parecia inconciliável.

Diferentes soluções se oferecem a ele. Pode se servir de sua razão para se libertar de uma tradição não razoável, assim como pode se identificar com essa razão para subjugar a ela o que existe de não razoável nele e no mundo. O resultado será o mesmo.

No primeiro caso, ele se volta para o objeto do desejo. Por que ele é infeliz? Porque não encontra fruição alguma que só dependa dele. Ora, não a encontra porque a necessidade é natural e o desejo não o é. Se seu desejo pedisse apenas a satisfação da necessidade, ele teria tantas ocasiões de felicidade quanto o animal, cujas necessidades são supridas pela natureza. A tradição o freia, esta que lhe propõe pretensos bens sem relação alguma com a realidade de sua vida isolada. Leis, conveniências, crenças, tudo isso se justifica, talvez, do ponto de vista da comunidade, mas essa mesma comunidade precisa de uma justificação, que é inconcebível, visto ser o homem infeliz por culpa dela. Resta apenas desvencilhar-se de todas as superstições e o medo desaparecerá no momento em que o desejo estiver seguro de alcançar seu fim. Não se deve temer que assim o homem caia no nível da fera: ao contrário, só assim ele é plenamente razoável, está verdadeiramente acima do animal, pois só essa atitude lhe proporciona a possibilidade de viver para a razão. Se é possível opor natureza e razão uma à outra, é porque a maioria dos homens continua a seguir as veredas dessa razão delirante que é a tradição; é porque, no homem, a razão falseia um desejo natural que ela já não compreende até não compreender mais a si mesma: no sentido dessa oposição, é natural para o homem ser não razoável. Por isso, o esforço da razão jamais poderá cessar: a cada instante, o homem se verá tentado pela tradição, e deverá buscar onde encontrar aquela natureza que está de acordo com a razão. Mas a vitória, ao libertá-lo, proporcionar-lhe-á uma alegria indizível: ele não desfruta apenas, como o animal; ele sabe que desfruta, e toda fruição se multiplica, assim, ao infinito. É verdade que ele não está ao abrigo da dor, e não o ignora. Mas se porventura sua dor se tornasse insuportável, sua liberdade permitiria que ele saísse facilmente de uma vida que perdeu qualquer valor; se não a lembrança das alegrias passadas, a expectativa das que estão por vir fará que ele domine, e até esqueça, um desgosto que nada tem de grave, visto que isso também faz parte da natureza e, portanto, não está destinado a durar. Pois a natureza é boa e promete ao indivíduo a fruição – ou o nada: a vida do sábio desenrolar-se-á na alegria, longe dos homens, na sociedade daqueles que compreenderam que nada conta exceto a razão razoável, e a comunidade da tradição e do trabalho cede lugar à sociedade dos amigos, onde cada um se reencontra em todo outro, onde a fruição de cada um é a de todos, onde a convivência entre amigos acrescenta às outras alegrias a derradeira, a maior, a de viver como homem com homens humanos. A discussão não existe para eles, nem o trabalho da ciência: em relação a quê discordariam eles, eles que nada pedem daquilo que ultrapassa o indivíduo? De que lhes serviria a ciência, visto que eles não têm conflitos a resolver e não querem transformar uma natureza que lhes oferece espontaneamente tudo o que desejam? No máximo esboçarão uma ciência para se libertarem da dos outros, daquela má ciência feita de medo quando permanece fiel às antigas certezas, e de desejo quando as rejeitou, e que nunca leva em conta o verdadeiro interesse do homem, que faz da natureza um transcendente, do homem, um objeto sem vontade, sem razão humana. Isso porque ela poderia ser perigosa, essa pseudociência, porque leva o homem que a ela se entrega a mergulhar de novo no medo, sobretudo porque ela se pretende razoável. Ela não o é de fato, visto que obstrui o caminho da alegria; ora, a razão é a alegria. Não é o sábio, é claro, que entabularia a discussão com essa ciência, mas ele está pronto para sustentá-la, não para sair vencedor, mas antes para provar a si mesmo que é coerente consigo mesmo e que nenhum saber sobre o mundo contradiz a possibilidade da felicidade: ele faz ciência para dela se libertar.

O homem razoável salientou, assim, sua animalidade. Pode salientar a própria razão e chegará a outra solução da oposição fundamental de seu ser. Visto que pode agir sobre si mesmo, que o desejo é a fonte de sua infelicidade, que seu destino não depende dele, deve renunciar à busca da fruição, ao medo da infelicidade. Deve se tornar razão viva no mundo, não animal razoável, mas razão num animal. A razão em si mesma não busca a felicidade, ela o é; não conhece nem desejo nem medo, visto que ela nada pede. Sim, o homem não é razão pura, a razão está fora dele, mas ele não está separado dela; embora não possa fundir-se nela, porque ele vive, pode segui-la, porque a vê: o problema é o da virtude. No entanto, já não é a virtude nem a moral do homem que vive na cidade; bem e mal não se definem com relação à comunidade, mas para o indivíduo isolado no mundo, isolado no interior do gênero humano. O homem deve preencher o lugar que lhe é atribuído na natureza, pela natureza; eis a virtude, a única virtude que existe para ele.

Parece, portanto, que a ciência deve retomar seu papel, e o fato é que o homem que vive nessa atitude costuma se interpretar por meio da categoria do objeto: como lhe atribuir seu papel sem saber o que é o mundo? No entanto, esse mundo não lhe interessa em si mesmo. Ele não quer resolver uma discussão de essência política – que lhe importa, em sua infelicidade, esta cidade ou aquela? – nem transformar a realidade, visto que ele se voltou para si mesmo, nem se unir ao Ser absoluto, visto que ele quer ser feliz tal como ele é a cada instante. É verdade que ele observa o mundo, e por isso a ciência lhe é útil; mas a pergunta que ele faz ao mundo não é objetiva; ele o observa para nele encontrar um sentido para sua vida. Por isso, seu interesse não o conduz ao detalhe. O que o ocupa é o mundo em sua totalidade e em sua unidade, não as coisas, mas seus lugares e suas funções: depois que o mundo tiver sido compreendido sob esse ângulo, felicidade, virtude, sabedoria estarão ao alcance do homem.

O mundo tem um sentido, ele é razoável. Para a ciência objetiva, isso significava que toda contradição se resolvia na unidade viva. Agora, o mundo é razoável para o homem: o destino do homem, tudo que lhe acontece, tem um sentido: a razão já não é transcendente, ela habita o mundo; ela já não justifica, ela age: o mundo é animado e sua alma o dirige, alma razoável que assegura o bem do animal imenso dando-lhe consciência e vida. As partes do mundo não passam de órgãos cujo sentido se revela àquele que vê ao mesmo tempo o conjunto deles e suas funções em seu conjunto.

Alma do mundo, alma do homem, ambas se correspondem, e nessa correspondência se alicerça a possibilidade da felicidade humana. Não existe interesse particular para uma alma que é a alma do todo e que nada tem a desejar; não existe infelicidade para o homem que olha sua vida do ponto de vista da razão. Não está aí o impulso ascensional rumo à realidade para além de todo ser, ato inefável, enlevo indescritível; é o objetivo do homem razoável, que a cada instante de sua existência vence sua animalidade ao compreendê-la e cuja vida é a luta de sua razão por sua liberdade.

Isso porque o animal dentro dele se rebela. Ele existe e ele se afirma no desejo da fruição, no medo da dor, é ele que leva o homem a confundir fruição e bem, dor e mal. Mas a alegria e o sofrimento do animal não têm, em si, nada de bom ou de ruim para a razão, exceto pelo fato de que ambos desviam o homem da virtude: que a razão no homem compreenda o que se passa com o animal no homem, e a ideia da necessidade dos acontecimentos libertará o homem do desejo e, assim, do medo.

É preciso que o homem aceite o que lhe acontece. O mundo é um ser vivo, seria absurdo supor que a ação de seus órgãos dependesse do homem, e apenas dele. A liberdade da alma do mundo é necessidade para todas as coisas no interior do mundo: também o homem não age, mas desempenha uma função. O que o distingue da fera e da pedra é que ele participa da razão, tem o senso dos propósitos, pode propô-los a si mesmo; ele é infeliz porque, mesmo sendo consciente, busca a felicidade do animal; ora, a felicidade do desejo consciente não existe. O que ele pode alcançar é ser livre do desejo, pois tudo é necessário, nada do que é perseguido pelo desejo depende dele. Uma única coisa está em suas mãos: compreender que tudo que lhe acontece é bom, porque tudo é necessário. A dor não atinge a razão, a fruição nada lhe proporciona. Que o animal sofra ou desfrute, em que isso modifica, para melhor ou para pior, o grande espetáculo visto por sua razão? Ele é ator no espetáculo do mundo, seu papel é grande ou pequeno, agradável ou penoso, mas ele não decide nem sobre sua entrada em cena nem sobre sua saída, e tão pouco sobre os atos quanto sobre o destino do personagem que lhe coube: ele o interpretará e a única liberdade que lhe é deixada é a de ser infeliz, desejar outro papel, rebelar-se, não por atos, mas em seu foro íntimo. A única liberdade? Não. Ele pode sair do espetáculo, se o papel lhe for insuportável; enquanto permanece em cena, não tem escolha, mas nada o impede de descer do palco, caso seu personagem lhe pareça indigno ou se o animal dentro dele já não puder satisfazer as exigências da peça. Mas ele pode, acima de tudo – e essa é sua prerrogativa de homem – desempenhar seu papel e observar a própria interpretação. É assim que ficará apaziguado, assim que desfrutará, em sua razão, da beleza perfeita desse espetáculo acima do qual nada existe; é assim que ele será livre, porque já não deseja a liberdade. A sabedoria é, portanto, a única virtude. A obediência às regras, o que se compreende tradicionalmente por essa palavra, não existe para o sábio. Ele é o vidente entre os cegos, o adulto entre as crianças, e as regras que eles se impõem não são feitas para ele, que se sabe conduzido pela alma: ele é o verdadeiro legislador, o verdadeiro rei, a fonte do direito, não o que está submetido a ele.

Mas o homem não é sábio. Quem pode pretender ter atingido a perfeição e ser capaz de manter-se nela? Será o sábio algo além de um ideal? E se não o fosse, se ele pudesse ser encontrado neste planeta, seria ele porventura algo mais que uma exceção? Enquanto isso, os outros devem viver, nós devemos viver. Regras são necessárias para o homem comum, que não sabe se desfazer da ilusão da ação livre; é preciso uma ciência, pois a massa não pode enxergar o grande plano em seus detalhes, em suas correspondências particulares.

Essa empreitada não será impossível, nem mesmo extraordinariamente difícil, porque se o mundo é razoável, o pensamento do homem mediano não pode ser falso quanto ao essencial. A tradição tem um sentido, ela contém a verdade. No entanto, a verdade aí está oculta, ela já não é reconhecível para quem está preso nessa tradição, pois ele não vive como homem, mas como ser particular: não vive *na* tradição, mas *numa* tradição, e aquilo em que os homens acreditam e o que dizem não é o conteúdo puro da razão. Ora, para encontrar o essencial na mistura que resulta da ação do medo e do desejo particulares às comunidades particulares bastará voltar ao substrato comum: o que existe em toda parte é humano no sentido próprio do termo. Existem relações de simpatia e compreensão entre os homens; existe um direito que exclui a violência e torna sagrada a vida de cada um para todos os outros; um não deve agir contra o outro de uma maneira que não quisesse ver empregada contra ele próprio; a vida do homem é dirigida do alto, seus atos são recompensados ou punidos por uma inteligência superior: essas são crenças que se encontram em toda parte e que expressam a moral da humanidade una na qual todos os homens são irmãos, unidade da moral que, no entanto, só é visível ao filósofo que para tudo olha do ponto de vista do sábio. As leis e os deuses se apresentam diferentemente de um povo a outro, e cabe ao filósofo reencontrar sua identidade intrínseca, pois só ela permite fixar uma conduta para os homens que ainda têm necessidade de um guia. O sábio, repitamo-lo, está acima das regras, ele sabe que a ação não existe, que responsabilidade, punição, liberdade são palavras, que o ato necessário provoca sua consequência inevitável. Mas a moral que ele oferece aos outros tem o grande mérito de fornecer-lhes um pensamento, que sem expressar a verdade a configura num plano acessível à massa e confere à vida do homem comum um sentido que ele pode compreender: mesmo que ele não viva como o sábio no centro do mundo, evitará ao menos a revolta contra o inevitável; mesmo que ele não possa se libertar da ilusão da liberdade, decidirá de acordo com sua natureza de homem e saberá aceitar seu destino como algo proveniente da divindade.

A organização do mundo tal como o filósofo a revela para ele – e como a revela para ele próprio que, como filósofo, não é o sábio – irá ajudá-lo: nada, com efeito, é deixado ao acaso; todo acontecimento se relaciona a todos os outros e fornece ao homem o meio de se orientar. Também nesse caso, a tradição está certa, contanto que seja reduzida à sua verdade. Ela sabe que tudo é pleno de predições, que tudo é signo e profecia carregados de significação; mas ela o sabe de modo obscuro, ela vê milagres e intervenções sobrenaturais porque não vê o mundo a partir de seu centro. E, no entanto, é ela que tem razão contra a ciência objetiva, é nela que, desfigurada, se conserva a ideia da vida do mundo contra a concepção morta de um todo unido apenas por uma razão transcendente.

Trata-se de compreender essa vida no que ela é para o homem. No centro do mundo dos homens se encontra o próprio homem, imagem do mundo, vida razoável, reflexo e duplo do grande animal. Seu destino não é sem importância, pois ele é o único ser que se sabe dotado de um destino; ele pode questionar o mundo e o mundo lhe responderá, pois a economia do mundo é tal que todas as partes se movem de acordo com um único plano, e esse plano é estabelecido em vista do homem. Nada é, portanto, vazio de significação para ele, e é apenas sua ignorância que o faz considerar extraordinários os casos nos quais ele consegue apreender alguns elos da cadeia à qual tudo está suspenso: o mundo é, para o homem, mundo de necessidade, mas de necessidade compreensível, de necessidade humana. Existe uma ciência, e ela importa ao homem, porque trata de sua vida, porque não faz dele o objeto de uma razão impassível, mas o sujeito principal do plano universal, porque ele vê assim que habita num mundo bom, e bom não apenas em si mesmo, mas bom também para ele: sua ação tem um sentido, já que está prevista, a virtude é realmente meritória, visto que ela o conduz pelo caminho do destino e que o homem virtuoso faz o que a natureza exige dele. A felicidade lhe está assegurada pelo acordo de sua razão com a razão mundial, a conformidade de sua vida com a vida do cosmos que o carrega. Para a consciência do homem (a menos que o homem seja sábio), a felicidade reside na ação propriamente humana, a ação em vista da humanidade, a ação da humanidade no homem. A consciência moral, não a consciência teórica, é a fonte de sua felicidade. Se o homem tiver certeza de ter querido o bem, ele pode ser contente. O resto não depende dele. O prazer é agradável, ele não é um bem, a dor é penosa, ela não é um mal; pois ambos ocorreram necessariamente. O único bem do homem reside na ação humana e virtuosa do homem sobre si mesmo num mundo construído em vista da realização desse bem: moral e ciência da natureza se explicam e se apoiam mutuamente.

3. O Eu como o homem "eterno". – O homem como sentimento. – O papel da categoria

Eis as duas possibilidades filosóficas do homem infeliz por seu isolamento no mundo, por sua solidão diante da natureza, em uma humanidade para a qual toda tradição se tornou duvidosa. Historicamente, elas se expressaram no epicurismo e no estoicismo; mas a categoria é encontrada tanto em Platão e Aristóteles[2]

---

[2] Eles a conhecem como o desejo *natural* da felicidade e só lhe atribuem um papel subordinado com relação à *theoría*, que o satisfaz fazendo-o desaparecer (retomada). Em Kant, a categoria aparece igualmente como fato, como constatação que diz respeito à natureza humana, mas dá origem aqui à *fé da razão*.

como em filosofias mais modernas. No entanto, a categoria se mostra central, sobretudo nessas duas grandes escolas que aparecem no momento em que a cidade e o trabalho livre deixam de desempenhar o papel principal na vida do homem. A filosofia muda com o mundo e ela muda o mundo para o homem que se encontra livre, isto é, vazio. Mas para esse mesmo homem, esses fatos subjacentes permanecem invisíveis: sua condição se expressa, mas não se apreende em sua linguagem; sua história, a história da qual ele se lembra e que ele compreende, está terminada para ele; ele próprio se torna a-histórico, o mundo já não está submetido à sua ação, mas é absoluto, e só lhe resta esse mundo centrado em torno dele: homem eternamente o mesmo, mundo absoluto, eis os traços que caracterizam seu pensamento.

No entanto, isso não deve dar margem a equívocos: trata-se de uma categoria autêntica, o que significa que ela é uma das bases últimas da explicação e, por conseguinte, inexplicável em si mesma, compreensível apenas por sua oposição às outras categorias em sua totalidade: ato livre. Nesse sentido, ela é não a-histórica (palavra sem significação no plano humano concreto), mas anterior a toda história consciente, que é ela própria constituída por uma categoria ou por categorias. A atitude que corresponde a uma categoria é sempre possível, e isso é particularmente claro no caso daquela que nos ocupa aqui: essa categoria, cuja ação parece – justificadamente –, mais do que a de várias outras, desencadeada por condições históricas bem determinadas, é também a categoria-atitude do homem que se ergue contra a história. A certeza já não tem conteúdo desde que a tradição, que é sua forma inautêntica, se decompôs, e no plano psicológico a ausência de conteúdo se expressa como sentimento de desespero, ausência de esperança: é preciso que o homem crie um novo conteúdo – ou que aceite sua ausência, aceitação esta que suprime, junto com a esperança, o medo. Seja qual for o caminho preferido, ele conduz à onipotência do presente sobre o passado e o futuro, um dos quais é identificado com o erro, o outro com a inquietude. Isso é evidente no caso em que o vazio do não sentido é conscientemente aceito, mas não é menos verdadeiro para o homem que busca um novo conteúdo num mundo novo e humano. Isso porque esse mundo deve ser desenhado de tal modo que nele cada momento tenha seu sentido, que nada mais seja requerido para completá-lo: a vida pode parar a qualquer momento e ser perfeita. Não há nada a esperar para o sábio, porque nada pode sobrevir que o retire da contemplação de seu papel no espetáculo em que tudo parou desde sempre e sempre se repetirá no círculo indefinidamente grande, mas não infinito, das possibilidades coerentes e necessariamente realizadas. O sentido do mundo é sempre, e sempre, presente.

O eu é o homem isolado e, por conseguinte, o homem eterno. A proposição pode ser invertida: o homem eterno, o homem que é sempre o mesmo, é o homem que se interpreta e é interpretado como *eu*. Na medida em que ele crê, pensa, age, o homem muda junto com seu conteúdo. É idêntico a si mesmo na medida em que sente, isto é, desfruta e sofre, espera e teme. Por isso, se ele quer se apreender como ele próprio, ele se compreende como sentimento. É claro, é para nós que ele se compreende assim: vimos que, para si próprio, ele é razão que deve e pode dominar o sentimento que não é mais que paixão, que passividade, e é apenas aos olhos daquele que superou essa categoria que o papel do sentimento se revela. No interior da categoria, o eu é a matéria nociva que é preciso dominar, já que não se pode eliminá-lo. Vista do exterior, porém, essa matéria é o verdadeiro conteúdo da vida, que dele seria destituída se o império da razão fosse absoluto: a alegria está nas vitórias sempre renovadas, ela desaparece com o adversário. A tristeza do epicurista, vista por Sêneca, e a severidade do estoico indicam a mesma coisa: o eu, jamais vitorioso, é o princípio inumano do homem.

Esse resultado tem ar mais paradoxal do que na verdade é. Ele apenas expressa a diferença entre o *para nós* e o *para si*. Compreendemos essa atitude a partir da vida humana: como desespero, como esforço para vencer o medo, como luta do homem contra a condição sempre presente, sempre mutante, e que ele quer eliminar numa única tacada, de uma vez por todas. Eis por que "epicurista" e "cínico"[3] foram termos de censura desde o nascimento dessas escolas, e todas as defesas em prol de sua

---

[3] Falamos do discurso filosófico do cínico. Para o *escândalo* cínico, ver adiante, p. 243 ss.

causa deixam escapar o ponto essencial, por mais justificadas que sejam nos detalhes. O que não *se* perdoa ao "filósofo" é que ele queira ser imediato à natureza, que ele seja e queira permanecer só: o homem comum protesta contra uma atitude extraordinária. O próprio qualificativo de filósofo (= estoico) é pejorativo: o filósofo é aquele que pensa *à parte*, que se conforma com tudo. Ele não é mau, é até mesmo virtuoso, mas com toda a sua virtude ele não é o que *se* chama de "sério". Ele aborrece, porque, se fosse seguido, o curso do mundo estacaria; ele decepciona, pois nada é menos pessoal do que essa categoria que opõe a razão eterna ao animal que vive no sentimento; e pouco importa que esse sentimento seja considerado como mal puro e simples ou como tentação a ser vigiada sem descanso.

Se a categoria é "extraordinária", é por ser a primeira sob a qual o indivíduo se apreende como indivíduo vivo (embora, visto sob outras categorias, isso seja a recusa da vida). O indivíduo razoável da discussão se distancia dele próprio; embora ele seja indivíduo para nós, o que ele justamente não quer é ficar isolado, mas ter razão: o eu não faz questão alguma de ter razão, ele busca a felicidade, sua felicidade. Ter razão, isso é um valor para quem vive numa comunidade e quer dominar esses outros, que, eles sim, são indivíduos e, consequentemente, estão errados, ao passo que ele próprio está certo. Em outras palavras: é na qualidade de universal que ele tem razão. Para o eu, o universal está fora dele, e é ele próprio que deve conduzir ao universal. Ele próprio é o sentimento de sua infelicidade e de seu medo. Ele se encontra não como objeto observado nem como particularidade do desejo na tradição – ele rejeita justamente essas interpretações –, mas como aspiração à felicidade. Ele é *dado* para si mesmo, mas esse dado é inacessível à teoria, porque dado ao sentimento. Para a razão nele, ele próprio só existe na medida em que é incomensurável com a razão; pois essa razão nele é, em sua essência, a razão do mundo, para a qual o eu não é eu: é ou mecanismo da grande máquina ou produto do acaso. Daí a ação do homem sobre si mesmo: *porque* ele é sentimento, ele toma o partido da razão contra si mesmo; sendo eu para si mesmo, ele se salva na razão que não tem eu: para ser feliz, ele precisa parar de ser; isso porque, fora de sua infelicidade, o eu não é mais nada. Ser *filósofo* é morrer: o *sábio* está fora do devir não estando vivo, mas estando no presente eterno, na origem da sucessão dos acontecimentos, na fonte do tempo.

Na realidade dessa filosofia vivida existe, portanto, apenas esse devir. É possível agarrar-se aos momentos sucessivos para neles encontrar a alegria – uma alegria fragmentada que não depende do filósofo, embora ele possa substituí-la pela lembrança das alegrias passadas; pode-se renunciar à alegria para buscar a tranquilidade; mas a vida é sempre preenchida pela luta entre o sentimento da infelicidade que se pretende razão e a própria infelicidade. Jamais o filósofo se torna sábio. Ele está sempre a caminho, sem nunca chegar. É assim que ele é ele próprio para si mesmo – apesar de si mesmo. É ele próprio porque sabe ser o sentimento que ele nega; ele *vive*, porque não consegue ser o que quer ser. E mesmo que, embora impossível, ele o conseguisse (algo que, mesmo em caso extremo, só seria concebível para o epicurista, visto que o estoico só compreende depois o que lhe aconteceu e que outra coisa acontece nesse ínterim, de modo que ele sempre tem de se fiar na razão do mundo), a felicidade consistiria ainda na satisfação do desejo determinado e irredutível; a luta desapareceria, mas a conciliação deixaria subsistir, em sua separação, os dois opostos que ela põe de acordo, a saber, a razão-natureza e a razão delirante do animal social e histórico. O sucesso seria único e o eu que se teria assim superado seria tanto mais eu para os outros que o admirariam em sua ascensão, mas que já não poderiam compreendê-lo em seu ponto de chegada: o homem que ganha um instante de alegria e no qual a razão é suficientemente forte para entregar a vida à natureza é um homem que pode ser seguido e imitado; aquele que se mantivesse nesse ponto sem oscilar estaria acima do homem, deus vivo não no cosmos, mas entre os mundos. Assim como nasce do esforço a satisfação do estoico, que nunca liberta do medo o animal dentro dele, a alegria do epicurista é o fruto da tensão. Mesmo para Epicuro, não é natural ao homem ser natural *e* feliz. A filosofia é sempre necessária e o homem é, para si mesmo, um ser verdadeiramente humano, porque quer sair de seu ser de homem.

Agindo sobre si mesmo para se emancipar do sentimento ou para se confiar livremente a ele, o homem diz *eu* pela primeira vez. Quanto mais busca sair de uma vida que é sua, mais se vê relançado nela. É na qualidade de eu, entre a lembrança de seu passado e a apreensão de seu futuro, que ele tende para o presente eterno, a felicidade imutável. Querendo escapar de si mesmo, medindo-se pelo que gostaria de ser, ele se apreende tal como é. A ideia de sabedoria lhe permite compreender-se como homem que vive no mundo, inesgotável para a ciência do objeto, incompreensível como particularidade na comunidade. São a negação e a transcendência de seu desejo que mostram o homem a si mesmo como alguém que se transcende; que se transcende não como razão, mas como sentimento, que transcende não apenas os objetos, mas o próprio objeto.

Nisso reside a força extraordinária dessa categoria – e pouco importa que o homem nessa atitude a aplique, por assim dizer, a ela mesma, ao desejar transcender, na sabedoria, também a transcendência do desejo.

4. As retomadas. – Nota sobre a função das retomadas em geral

Assim como a categoria do objeto se encontra na base de toda filosofia que se pretenda científica (sem, portanto, constituí-la necessariamente por si só), da mesma maneira a categoria do eu funda a interpretação do mundo como campo da vida humana, a *Weltanschauung*, e as retomadas das categorias anteriores formam, junto com ela, as tantas formas de filosofias "humanas". Não podemos aqui, assim como não pudemos no capítulo anterior, fazer um trabalho de historiador da filosofia. Isso exigiria não apenas uma análise das filosofias históricas e, tarefa das mais importantes, das interpretações sucessivas que elas encontraram, mas suporia, sobretudo, que a lógica da filosofia fosse completa. No presente, apenas certos tipos de interpretação do homem podem ser mostrados.

O eu pode, assim, se interpretar como Verdade. É evidente que essa categoria perde então sua característica: refletida no eu, ela já não é imediata. O eu se declara Verdade, e esse decreto do eu nos mostra por si só que não se trata de Verdade. Mas tudo se passa de outra maneira para o eu que, ao puxar a categoria para si, quer se libertar definitiva e absolutamente: é o solipsismo, não o da escola, que é apenas uma interpretação a um só tempo rasa e absurda do idealismo científico, mas o da solidão vivida, para o qual nada está fora da própria vida senciente. Certas atitudes líricas, sem, no entanto, se esgotarem nessa retomada, só se compreendem por meio dela. Para essas atitudes, nada é senão na medida em que expressa o sentimento do eu, único plano no qual pode haver revelação. Existe um mundo, mas ele não é nem verdadeiro ou falso nem discutível, e, sobretudo, ele não é objetivamente real; ao contrário, é-lhe essencial opor-se como *meu* ao mundo insensato, inautêntico das pessoas, como mundo carregado de sentido e de significação, a um outro que é a negação do sentimento e da felicidade, construção da razão delirante.[4] (Aliás, essa oposição consciente e programática é o indicador de que se trata de uma retomada, não de uma atitude direta da Verdade.)

A retomada do não sentido é mais *teórica*: o único plano da revelação é o eu, mas esse plano é vazio. Qualquer outro plano é descartado; tradição, ciência, discussão, certeza nada fazem além de enganar. Aqui a revelação é possível, mas não ocorre. Em outras palavras, o homem pode viver, no sentido humano da palavra; sua vida pode ter um sentido, mas na realidade essa vida e esse sentido são inapreensíveis, e o homem não pode falar a respeito: tão logo tenta fazê-lo, renuncia novamente ao eu para se entregar a uma ciência qualquer, necessariamente falsa, visto que se coloca fora do eu. Por isso, o falar serve apenas para eliminar a linguagem: quem fala, afirma, e o eu não afirma, mas sente. Todo sentido afirmado se opõe a seu contrassentido e se aniquila, ao mesmo tempo em que aniquila o outro: o sentido da vida é o não sentido que é preciso libertar pela destruição dos sentidos falsos. Só se é sábio renunciando à pretensão do sábio. É só assim que o homem pode ser feliz e livre. No plano da teoria, chega-se assim ao ceticismo, a um ceticismo absoluto e irrefutável. É aqui destituído de poder o argumento clássico, a saber, de que o cético se contradiz ao afirmar que nada se pode afirmar.

---

[4] Entre os inúmeros exemplos (dos quais nenhum, evidentemente, poderia ser compreendido por meio dessa única categoria) se situam, em pontos opostos, Byron e Novalis.

Isso porque o eu admite a afirmação, tanto a sua quanto a alheia. Contudo, visto que todas as afirmações são possíveis, nenhuma tem importância. Elas não são falsas (isto é, não necessariamente falsas, embora algumas o sejam, mas de acordo com o princípio daquele que as postula), são simplesmente insensatas; elas não contam para a felicidade. Situar-se no terreno do verdadeiro e do falso, do revelado, do observado, a empreitada de *se situar* em si, eis o absurdo: basta admitir a possibilidade de um sentido determinado para que irrompa o não sentido. Ser cético significa: não julgar, conter-se, não sair de si mesmo. O homem afirma naturalmente, visto que naturalmente ele fala, mas, se quiser ser feliz, não deverá se apegar às suas afirmações; é preciso que aja, que saia da linguagem (o que ele só pode fazer falando todas as linguagens contraditórias), que se torne livre para o sentimento, que se desprenda de tudo que amarra os outros, em suma: que suprima a determinação do juízo e que viva.

A retomada do verdadeiro-e-falso é a reflexão sobre a retomada do não sentido, assim como essa mesma categoria sai da categoria anterior refletida por ela na Verdade. Ela admite, portanto, a verdade do eu, mas se opõe à pretensa verdade do não eu. O eu é a medida da verdade, com exclusão de qualquer outra medida-padrão. Entre ser e parecer não existe diferença para o homem que sabe que vive não em função de uma comunidade, de uma ciência, etc., mas em função de seu desejo e de seu sentimento. Se existem aparência e erro – e ambos existem – é porque ele não pensa como eu, porque fala uma linguagem que não é a sua, porque esqueceu que tudo que se mostra a ele é ele próprio: é preciso que ele se lembre dessa única verdade. Quem consegue fazê-lo é seu próprio mestre, pois descartou a razão delirante que queria expulsá-lo de si mesmo. E é mestre dos outros e para os outros porque eles vivem no erro. Ele pode se realizar conforme seu sentimento e seu desejo, porque vive verdadeiramente, enquanto os outros apenas acreditam viver. São eus apenas para ele, são os produtos da linguagem, em vez de serem, como ele, criadores dela. Ao criar sua linguagem própria e impô-la a eles, ele os cria à sua imagem. Inversamente, pode preferir sujeitos livres a criaturas, à solidão, o reconhecimento por parte de outros eus que lhe devem a liberdade e estão ligados a ele como ao seu mestre libertador, mas não como ao seu senhor: a ele pertencerão pelo sentimento que ele lhes deu, pelo amor. Ele não quererá ser proprietário de coisas com forma de homem, tão pouco livres que nem mesmo se sabem possuídas: dele os homens aprenderão o verdadeiro e o falso, e no eu deles ele reencontrará o seu; tendo-se tornado novamente natureza e razão, o sentimento deles será a natureza na qual vive seu eu. Seja qual for a atitude por ele escolhida entre essas duas, o mestre oporá sempre o verdadeiro ao falso (sendo ambos compreensões totais), como a felicidade à infelicidade, o Bem ao Mal, a razão razoável à razão delirante, a natureza ao artificial. O Bem é a realização do eu senciente e desejante, e querer guiar o eu para um Bem independente de seu desejo é lançar-se no falso. No entanto, o verdadeiro e o falso têm a mesma extensão: o falso é também a cópia falsa do eu, de um eu que esquece a si mesmo (daí a possibilidade de domínio em suas duas formas), e o Mal é o Bem que não foi mantido em sua essência. A tradição é a razão do eu, mas degenerada, e o bem da comunidade, por mais inautêntico que seja, deriva do Bem, assim como a miragem nasce do objeto real. O falso é a cópia falsa do verdadeiro. Mas visto que se trata de retomada, o falso e o verdadeiro já não estão no mundo; a diferença está no próprio homem, que se sabe a um só tempo eu e não eu (interesse tradicional, objeto, etc.) e que, portanto, já não se contenta com assumir uma posição, mas age, e age sobre si mesmo. Conhecimento e ação são uma única e mesma coisa: conhecer-se é curar-se.[5]

A retomada da certeza leva a um resultado muito distinto. O falso, isto é, o não eu, é realmente negado pela oposição de um eu concreto, que não se determina apenas na e pela contínua negação de seu outro e não vive apenas daquilo que combate. O eu que se interpreta sob a categoria da certeza possui um conteúdo concreto. Ele não apenas rejeita o falar do mundo, ele tem algo a dizer. E o que ele proclama é ele próprio, é o eu. Ele é e ele se sabe desejo e atividade, e sabe que todo ser dado é obstáculo a seu desejo, a menos que ele o transforme em satisfação. A ação com vistas à satisfação é o único Bem, e ele está certo de que essa ação

---

[5] É a atitude do profeta, na qualidade de pregador, em relação à comunidade, não sua atitude diante de Deus. Ela não diz respeito, é claro, ao conteúdo de sua prédica, que é determinada por outras categorias.

é bem-sucedida. O prazer está sempre ao alcance do homem, contanto que ele elimine os obstáculos. Ora, esses obstáculos são todos da mesma espécie; nada são além dos falsos prazeres, das falsas virtudes, das falsas regras às quais o homem se submeteu. O eu está seguro de seu bem: a fim de desfrutar, ele tem apenas de seguir a si mesmo. Ele não procura a si mesmo, não precisa se conhecer; ele tem as rédeas de si. Quer ele extraia sua alegria do deleite das coisas exteriores, quer extraia do sentimento imediato de sua atividade, ela depende apenas dele próprio. Sua relação com o falso é, consequentemente, a da negatividade direta e agente. As regras do mundo, que não são as regras de eu algum, são objeto de sua hostilidade. Ele não apenas as questionará, não apenas as declarará caducas: ele as infringirá para destruí-las. Entre o eu concreto, compreendido como conteúdo pelo eu da certeza, e a lei exterior, não existe outra relação além da luta: atitude e discurso cínicos.

A retomada da discussão se volta para a pluralidade dos *eus*, interpretando o eu como sujeito na discussão, não como o que ele é para si mesmo. Assim, ela transporta para o novo terreno o seu próprio problema, o do acordo entre indivíduos opostos por seus interesses, mas que não podem ou não querem resolver suas desavenças pelo emprego da violência. A entrada do eu nesse mundo – a categoria anterior encontra a nova atitude num mundo que ela acredita inalterado: "o mundo" é o mesmo, mas os homens "mudaram" – muda a natureza da oposição: o que está em jogo já não é a discussão de interesses (tradicionais), mas uma oposição de sentimentos entre indivíduos que não perseguem fins fixados como tais pela tradição, mas a felicidade própria. O homem já não é dirigido pelos valores da tradição, mas *sente-se* infeliz e quer se *sentir* feliz, algo que nenhum sucesso mundano poderia lhe garantir. Se a discussão quisesse realmente resolver o problema que ela assim criou para si mesma, ela se ultrapassaria e iria, ao se transcender, primeiro ao *objeto*, depois à própria categoria do *eu*. Mas visto que lidamos com uma retomada (a qual, portanto, não pode se produzir antes que as atitudes seguintes tenham aparecido no mundo histórico do homem dessa retomada), ela o recalca e se satisfaz com a aparência de uma solução (incoerente para nós), ao estipular o acordo natural dos sentimentos individuais num *cosmos* moral. Assim como os epicuristas e os estoicos estão seguros da existência de um mundo que provê às necessidades naturais do homem ou cujo espetáculo lhe proporciona satisfação, da mesma maneira essa retomada se convence da necessidade de um todo bem-ordenado dos sentimentos. Ou o acordo se realiza, embora os sentimentos dos homens pareçam se opor ao estabelecimento desse acordo, ou o homem é tal que, fora acidente, os sentimentos de cada um tendem para o acordo, ou pelo menos tenderiam para ele se a má tradição não se opusesse a isso, e automaticamente o produziriam (no caso da primeira resposta) se essa tradição não impedisse o livre jogo dos sentimentos.[6]

Essa análise de algumas retomadas pode servir, ao mesmo tempo, para mostrar concretamente a função e o funcionamento histórico das retomadas em geral.

Inicialmente, a categoria não se mostra pura. É legítimo, portanto, pedir a redução das formas mais complexas, que são também as mais "naturais", à expressão logicamente pura. Nessa redução (por dedução do complicado a partir do simples), não se deve procurar outra coisa além de uma resposta a essa exigência precisa. A *categoria* deve ser apreendida em si mesma, assim como o conceito pelo qual toda ideia é determinada no que tange à sua função na compreensão total. Ora, a categoria filosófica é sempre una, e as categorias anteriores são ideias que, para ela, não são transcendentes, mas subsumidas por ela sob ela mesma. Mas, por outro lado, essa exclusividade de cada categoria não está necessariamente presente na consciência que corresponde à atitude-categoria e se opõe à tradição, à ciência, à verdade que ela combate, mas que ela continua a reconhecer, em vez de excluir. Ela não fala sua própria linguagem, mas a que ela encontra pronta; ela se interpreta nessa linguagem (isto é, por meio de retomadas), e essa interpretação costuma ser a causa de sua influência histórica, a tal ponto que se pode encarar esse erro de

---

[6] Shaftesbury, com seu "*natural and just sense*", poderia ilustrar a solução "otimista". Mandeville, com o princípio de "*private vices public virtues*", a solução "pessimista".

interpretação da atitude por ela própria como condição necessária para que ela pareça compreensível no momento em que aparece ou reaparece. A expressão pura da atitude por sua categoria é, de costume, tardia – repetimo-lo: de costume –, e a retomada precede-a historicamente. Epicurismo e estoicismo ilustram, um o caso extraordinário do gênio, o outro, a evolução habitual. Enquanto Epicuro sabe desde o início que toda "verdade" só tem sentido em função do eu, o estoicismo nunca foi capaz de penetrar as retomadas da certeza, da discussão e da ciência objetiva.

A lógica sairia de sua área se quisesse analisar as formas históricas sob as quais as atitudes se apresentam e os processos concretos que levam o homem a formular categorias puras. Que não se procure, portanto, no que precede algo além de tipos ideais de retomadas, tipos que correspondem à realidade histórica, mas que não querem nem podem esgotá-la, dado que eles têm por função, como toda lógica, organizar a experiência, e não criá-la. A observação é talvez particularmente importante para uma lógica da filosofia que se alicerça na liberdade e só pode retraçar, portanto, uma sequência de atos que só são compreensíveis depois de realizados. Isso porque a passagem de uma categoria a outra não se compreende do ponto de vista da primeira, e só aparece como necessária após o aparecimento da nova categoria, necessária com a necessidade que esta cria livremente. O homem pode se estabelecer em qualquer categoria, e homens aí se estabelecem efetivamente. Ultrapassar uma atitude é o que caracteriza o grande homem, saber que houve passagem caracteriza o filósofo. Tanto um como outro são raros, e é mais raro ainda que o mesmo homem seja um e outro. De costume, o inovador buscará justificar sua decisão apresentando-a como a sequência necessária da atitude que ele acaba de ultrapassar e tratará assim de se fazer compreender pelos outros, e até de compreender a si mesmo. A lógica, repitamo-lo, deve mostrar a possibilidade dessas atitudes, que não são fundamentais precisamente por serem compreensíveis por redução e reconstrução. Onde, quando, como, por que elas se realizam (perguntas que só assumem um sentido preciso graças à lógica) são problemas que ela deve deixar à história, que é, de acordo com ambas as acepções da palavra "história", a fonte viva da lógica e a lógica "aplicada".

8. Deus

O eu não encontra satisfação em seu isolamento, visto que só a encontraria cessando de ser eu. Encontra-a opondo a si mesmo outro eu pelo qual seja compreendido como sentimento, satisfeito como desejo, determinado como homem, não como ser natural: Deus.

1. A coincidência da razão e do sentimento em Deus. – O homem como criatura e como imagem. – Confiança, obediência, amor. – Felicidade e bem-aventurança

A felicidade do eu consiste na conciliação do animal dentro dele com o ser razoável, ou então, caso se compreenda a animalidade como animalidade especificamente humana, no retorno da razão delirante à razão razoável. O eu se vê, portanto, como razão potencialmente razoável, mas unida ao desejo: em outras palavras, ele se vê diante de sua própria natureza (seja ela animal, no sentido amplo, ou natureza humana). Para vencer, ele se vê obrigado, portanto, a subjugar ou rejeitar essa natureza. Ora, essa natureza é ele próprio, tanto quanto a razão que ele encara como seu verdadeiro ser, seu eu: na realidade, ele só é eu na medida em que é natureza, e o eu não é mais que natureza negada – negada, portanto, por ela própria. Se o eu mantiver, então, a pretensão de bastar a si mesmo, ele será feliz só em palavras, pois o outro lado de seu ser subsiste e ele sente sua infelicidade tanto mais profundamente quanto aquele aspecto, declarado inexistente, se introduz por meio desse mesmo decreto na razão, que já não tem descanso. Se, ao contrário, o eu se entregar à natureza, deixará de ser eu no mesmo instante em que aí conseguir encontrar a alegria; isso porque o eu se compreendeu como a oposição sentida entre razão e natureza, razão e desejo, e desaparece junto com essa oposição. O eu não desfruta ou se aniquila na fruição.

É preciso, portanto, que o eu, se quiser se manter em seu ser *e* encontrar sua felicidade, seja determinado como unidade de desejo e razão. Mas essa determinação não deve ser natural nem no sentido da ciência objetiva nem no do cosmos antropocêntrico: a felicidade seria sempre um produto do acaso ou significaria o desaparecimento do eu que se fundiria na natureza. Sua felicidade só pode ser garantida por um ser que domina a natureza e a domina para o bem do homem, que o reconheça tal como ele é para si mesmo, por outro eu, mas um eu absoluto que determina o homem como homem, como eu, para o sentimento do homem: o mundo é a criação de Deus, de um eu realmente transcendente como criador, como eu absoluto, eu absolutamente satisfeito, visto que absolutamente poderoso, mas acessível à compreensão do homem na medida em que esse criador é *eu*, isto é, razão, sentimento e desejo.

Entretanto, o Seu desejo não é o resultado de uma contradição em seu ser, como é o caso para o desejo humano. Sendo criador, Ele é perfeitamente feliz, visto que Seu desejo cria Sua condição; mais exatamente, Ele está além de qualquer condição, visto que Nele não há razão delirante, pois Sua razão criadora é razão essencial: Seu desejo é o fruto de Seu sentimento na medida em que Ele próprio o limita por respeito a outro sentimento. Ora, esse respeito só se compreende com relação a um sentimento potencialmente razoável: Deus opõe a Si o homem, como limite livremente criado de Sua onipotência de criador, como Sua imagem na qual Ele é para Si-mesmo: Ele compreende o homem, nas duas acepções do termo, como a circunferência compreende o círculo e como o homem compreende o homem.

Quanto ao homem, ele só se compreende em Deus, e somente a partir dessa compreensão pode ser feliz. Isso porque seu ser está fundado em seu criador e subsiste apenas pela vontade deste. Na medida em que Deus transcende o homem – e essa medida é infinita –, Ele lhe é inacessível. Mas o homem é imanente a Deus e compreende a si mesmo, portanto, na medida em que se vê como criatura livre. Já não está só diante da natureza, o eu divino lhe fala, e ele encontra nele outro eu, que, estando acima dele e, portanto, desinteressado, não se opõe a ele, mas pede-lhe apenas para ser, em verdade, tal como seu criador o quis: no finito, imagem da transcendência, liberdade que se determina com vistas à pureza. O homem pode ser feliz, porque o eu divino lhe mostra o caminho da bem-aventurança e o ajuda em sua caminhada. Sua origem, seu ser e seu fim não pertencem a esse mundo em que todo ser é isolado e infeliz: ele se apreende em sua plenitude ao retornar à sua fonte, e essa fonte, por transcender e dominar a natureza, inclusive a natureza humana, pode lhe garantir sua felicidade, felicidade humana e não animal, porque aquele que a proporciona é ele próprio *eu*.

Ele é, em verdade, o único eu. A criatura pretende sê-lo; mas a própria possibilidade de pretender a isso lhe vem de Deus, que a quis livre. Sua liberdade é uma liberdade de criatura, e que não tem outro título senão aquele, precário em sua essência, da vontade divina. É verdade que essa vontade é imutável, pois não há mudança no que está acima de toda limitação. Mas à liberdade do homem corresponde o juízo divino, e se este não ameaça a liberdade do homem, ameaça sua existência: Deus criou o homem à sua imagem, criou-o livre; o homem pode, portanto, decair, e Deus, reconhecendo-o justamente dessa maneira como livre, puni-lo-á, retirando-lhe o ser do qual ele se mostrou indigno. Assim, o homem é e é eu apenas por derivação. Sua razão e seu sentimento são realmente o que são em sua essência apenas na condição de se conformarem à razão e ao sentimento divinos. Sua liberdade e seu ser para si só se realizam à custa de sua queda: completamente unido a Deus, ele já não teria nada de seu. Seu eu, contradição entre o ser finito e insuficiente da criatura, e a liberdade da imagem de Deus, só apreende a si mesmo na tentação e no pecado, como razão delirante e como insuficiente à felicidade.

Ele viveria totalmente no pecado se Deus não viesse em seu socorro; nele viveria até sem o saber, se Deus não o esclarecesse por sua revelação. Como criatura, ele é natureza, está acima dos animais, que ele domina por sua razão, mas sem que a razão natural faça dele uma essência diferente da deles. O que eles perseguem, a continuação de sua vida na fruição, é também perseguido por ele, com mais habilidade apenas. A razão da criatura é tão somente uma inteligência técnica para a qual não existe nem bem nem mal; seus fins lhe são dados e ela busca os meios de alcançá-los: é preciso que Deus lhe dê uma regra, uma medida para julgar esses fins, e até para lhe mostrar que esse julgamento existe. Sem a lei divina, o homem seria apenas um espelho que nada reflete. Ao aprender, pela revelação, o que Deus é, ele aprende o que ele próprio é. Ao aprender o que é bom ou mau, de imagem de Deus ele se transforma em semelhante a Deus.

Semelhante, mas não igual. Sem esse conhecimento do Bem e do Mal ele é apenas um animal; feliz, mas feliz da felicidade do primeiro dos animais; sua vida transcorre de instante em instante, sem receio nem esperança, e se ele é imagem de Deus, ele o é passivamente. É o senhor dos animais, porque ele os vê e os recria ao nomeá-los, mas ainda não é homem, porque não é *para si mesmo*. É apenas sopro, vida. Para ser imagem viva de Deus, ele deve agir, ouvir a lei divina – e desobedecer. A lei divina e sua própria desobediência dão-no a si mesmo, mas dão-no como decaído, e sua queda é sua dignidade. É ela que lhe confere um papel decisivo no mundo, pois com sua queda a harmonia dos seres foi destruída, e cabe a ele restabelecê-la. O mundo se tornou o lugar da tentação, da infelicidade, mas também do salvamento e da salvação; o homem já não é apenas o primeiro dos animais, é um ser que está acima da natureza, pois agora, tendo desobedecido e estando privado de sua excelência natural, sabe que pode obedecer livremente. Mas não se tornou o igual de Deus porque a lei não é a sua. Vem-lhe de fora, de Deus, do qual ele se separou e quem o puniu: ele está na necessidade e a vida lhe é concedida contanto que ele seja seu provedor pelo trabalho. Sua subsistência é o fruto de sua pena, e um fruto que só amadurece com a benção divina; na falta desta, se Deus se volta contra o homem porque o homem se desviou dele, ele terá trabalhado em vão. Ele deve sua vida à bondade divina à qual ele já não tem direito, mas que lhe vem como graça imerecida, dom que ele pode recusar por nova revolta, mas que ele só pode exigir em função da promessa divina feita aos fiéis da lei.

O mundo do homem é, portanto, o terreno de sua ação sob a lei. Ele é tal que o homem nele encontra tudo de que precisa para suprir suas necessidades. Deus, em sua sabedoria, organizou-o para o grande bem do homem. Por isso o homem pode encontrar nele a felicidade – contanto que saiba o que é a felicidade. Pois se é verdade que ele deve merecê-la *nesse* mundo e que o merecedor aí a encontra, nem por isso é menos evidente que ela não é *desse* mundo e que a decisão divina não é imanente à vida terrestre, embora esteja fundada nessa vida. A felicidade propriamente humana consiste na conformidade da vontade do homem com a de Deus, e o desejo do homem é falseado por sua queda: a sua queda foi a sua dignidade, e a dignidade se ressente dessa origem. Eis por que a lei divina pesa para a vontade humana, que tende para a natureza sem mediações e não vê nessa natureza a criação, o ser incompleto, mas toma-a pelo absoluto. O homem destruiu a harmonia do mundo e se colocou acima de tudo, mas ele só o conseguiu em princípio: essa liberdade que ele conquistou e da qual se tornou consciente, ele a abandona para se colocar, na realidade, acima dos animais, que, é certo, são destituídos de mérito diante de Deus, mas também de erro, ao passo que, para o homem, viver como o animal é ser inferior ao animal. E, no entanto, sem a ajuda de Deus ele não conseguirá evitá-lo. É preciso que Deus lhe refaça um novo coração, se ele tiver de ser justo nos caminhos do senhor. A revelação da lei o esmagaria se não fosse acompanhada pela revelação da bondade e da misericórdia divinas. Somente juntas a justiça e a bondade dão sentido à vida: Deus lhe dá a lei e o conduz ao mesmo tempo para a justiça, que ele jamais alcançaria por suas próprias forças, irremediavelmente corrompidas.

Dessa maneira, tudo se esclarece, pois tudo que acontece ao homem decorre da vontade de Deus. Acontecimentos alegres e tristes, sucessos e fracassos não passam de meios pelos quais

Deus recompensa, pune, testa, educa a criatura livre: isso é tudo o que o homem deve saber. Deus é justo e bom; por Sua bondade, Ele não abandona a criatura decaída; por Sua justiça, Ele encara a ação humana no que ela pode ter de meritório: Deus não quer a morte do pecador, quer que ele se emende. Não é que Ele não puna jamais, que Ele se tenha proibido de condenar. Mas enquanto o homem viver, ele pode e deve esperar.

Esperar, mas não contar com Deus. O plano divino o ultrapassa e o acontecimento isolado não se compreende: eis por que, acima da fidelidade à lei está o amor a Deus e a fé em Deus. Tudo que Deus faz é benfeito e, para o maior bem do homem, o mal não está no sofrimento, mas em estar separado de Deus. Longe dele, o homem é o mais infeliz dos animais, porque sua razão desviada o preenche com desejos infinitos e para sempre insatisfeitos, o impele a querer tomar o lugar de Deus e o preenche com o medo do fracasso sem lhe dar os meios de evitá-lo. Que ele coloque sua vida e seu destino nas mãos de Deus e alcançará a tranquilidade daquele a quem nada pode ameaçar. Crer e esperar em Deus, e – o que é equivalente – amar a Deus com todo o seu coração e todas as suas forças: eis a salvação do homem.

Assim, a felicidade nesse mundo e desse mundo deixou de ser o fim do homem. Ele compreendeu que, por sua desobediência, a perdeu e que renunciaria à sua grandeza se quisesse buscá-la: em lugar da felicidade, Deus lhe promete a salvação, incomparavelmente mais elevada em dignidade. Essa salvação, porém, se ganha no sofrimento. O mundo é tal que a alegria verdadeira está ausente dele; pior, é tal que as alegrias que ele parece proporcionar não são mais que obstáculos e armadilhas no caminho que conduz a Deus. Todo interesse mundano fixa o homem na queda e confirma-o em sua vontade pessoal, que não é a de seu criador, e enquanto ele corre atrás dos bens desse mundo, negligencia a Deus. Não que tais bens sejam maus em si mesmos. Ao contrário, como tudo que sai das mãos divinas, as coisas terrestres, não contaminadas pelo pecado humano, são perfeitas, objetos dignos de admiração e amor; mas elas só têm valor por seu caráter de obras de Deus e só serão proveitosas ao homem se ele as receber como dons gratuitos e imerecidos da bondade divina: o homem não deve contar com seu poder natural; deve entregar-se por inteiro a Deus, que lhe proporcionará aquilo de que ele precisa ou lhe recusará o que precisa ser-lhe recusado para sua salvação. Sem se rebelar, o crente dirá que tudo o que Deus faz é benfeito: quer Ele dê, quer Ele tome, Seu nome seja louvado.

Nessa atitude de fé e de confiança não importa, portanto, que o homem seja ou não feliz: a felicidade é uma ideia desse mundo à qual não corresponde realidade alguma, ao menos para o homem. O animal desfruta de sua existência, mas apenas porque não é consciente de sua felicidade e ignora, por conseguinte, seu caráter aleatório. O homem não pode retornar à inocência e à ignorância. Conhece para sempre a preocupação. O instante pode ser-lhe agradável; nem por isso ele deixa de saber que, no instante seguinte, a infelicidade pode se abater sobre ele. O que ele pede é a tranquilidade, o que nenhuma ciência desse mundo será capaz de lhe proporcionar. Uma única via conduz a isso, a confiança na bondade divina, da qual ele se tornará digno pela obediência à lei, que plantará em seu coração pela fé, que confirmará pelo amor filial por seu criador; uma única ciência o instruirá, a que o fará compreender o ser divino pelo estudo da dupla revelação da lei e das obras de Deus. Mas obediência, confiança, amor, compreensão são mais do que *meios* de salvação: quem os possui *é* salvo, porque em posse deles encontra o repouso ao qual aspira. Saiu da solidão, porque agora se encontra diante de um eu que o reconhece e cuida dele, ao qual pode se dirigir em sua angústia, e cuja existência absoluta confere um valor e um sentido absolutos a seu próprio ser limitado. Tal como ele é, se não é justificado, ao menos é justificável, e sabe como deve agir para bem agir. Toda pergunta encontra sua resposta, mesmo que essa resposta não lhe fosse dada de imediato. A razão já não está separada do sentimento nem se opõe a ele; ambos coincidem em sua fonte comum. O próprio sofrimento é bom, pois origina-se na vontade daquele que é a bondade. Mais rico que o homem *feliz*, quem vive e crê em Deus está na *bem-aventurança* da salvação, porque tudo que pode lhe acontecer é para seu bem e porque a cada instante de sua existência ele está seguro do sentido absoluto dessa existência.

2. A atitude do crente. – A categoria fundada historicamente não nas categorias, mas nas atitudes anteriores. – O contentamento do crente. – O crente e o incrédulo

Anteriormente, a categoria foi apresentada tal como explica a si mesma quando, em oposição a outras categorias e outras atitudes, é consciente de si mesma. Mas ela repousa numa atitude vivida à qual a consciência teórica e a coesão no sentido da discussão – à maneira da explicitação anterior – são estranhas, ao ponto de lhe parecerem inadmissíveis. Se o cristianismo, produto tardio da evolução, não pode ser pensado sem teologia – pela simples razão de que São Paulo era teólogo[1] –, religiões como judaísmo e islamismo não apenas a negligenciam, mas até a evitam. Não é que sejam incapazes de desenvolver uma teologia; fizeram-no sob a influência do cristianismo e, mais ainda, da filosofia grega. Mas com o tempo esses movimentos foram suprimidos muito rapidamente por uma revolta do que se pode denominar o sentimento religioso, sentimento este que, como mística, e particularmente como mística heterodoxa, desempenhou igualmente um papel muito grande no cristianismo.

Qual é essa atitude vivida do crente? Esqueçamos por enquanto as análises anteriores: parece então que o crente extrai sua origem diretamente da certeza e que tudo o que acabamos de dizer foi dito apenas no interesse de nossa "construção". Na realidade, as grandes religiões do Mediterrâneo não nasceram independentes de qualquer influência grega, sem a assistência da *discussão*, do *objeto*, do *eu*? Não se ergueram sempre, ao contrário, contra essas atitudes, e, mais ainda, contra essas categorias, cada vez que as encontraram ao longo de sua expansão?

Pode-se responder de imediato a este último argumento. As religiões semíticas se ergueram contra as categorias gregas, isso é verdade; mas toda categoria, toda atitude se ergue contra todas as outras categorias e atitudes: a única questão é saber se essa oposição consiste em pura negação, resultado de uma falta de compreensão – em cujo caso se pode concluir que uma categoria se chocou com outra que lhe é posterior –, ou se a atitude, em vez

---

[1] Quanto ao cristianismo, cf. em particular o capítulo 12, n. 5.

de visar à destruição de um adversário que lhe é incompreensível, tem por objetivo mostrar a este que o que ele diz é correto, mas não está completo e deve ser concluído: a categoria que critica é então a herdeira legítima da categoria criticada.

A partir daí, os outros argumentos se resolvem facilmente. É verdade que as religiões às quais aludimos não dependem historicamente do pensamento grego e que as categorias anteriores não foram desenvolvidas pelas nações e pelas comunidades que deram nascimento a essa fé; nem por isso deixa de ser verdade que estas últimas conhecem as *atitudes* correspondentes, que o discurso delas contém essas *categorias* implicitamente e que ele as explicita com a maior facilidade assim que a ocasião histórica se apresenta. A discussão não é, por certo, uma discussão entre os cidadãos da mesma *polis*; mas assim como essa discussão havia saído da luta indecisa e do medo da violência, aqui uma comunidade dos povos é predita como fim das lutas entre os deuses nacionais das tradições. A luta violenta não está excluída entre os fiéis desses deuses, mas ela nada decide: os verdadeiros adversários se veem obrigados a viver juntos porque são imortais; a luta é a luta dos deuses e ela é, assim, discussão, visto que nenhum dos adversários pode ser eliminado. Os deuses discutem diante dos homens e cabe a estes se pronunciarem. Ora, eles não podem fazê-lo com conhecimento de causa antes de haver encontrado o fundo do Ser, a unidade absoluta que os guia em sua escolha: *dos deuses* individualizados, diferentes, interessados, o homem se volta para *a divindade*: existem deuses, mas a divindade, para ser verdadeiramente divindade, deve ser única e una. Então a passagem, se não ao eu, ao menos a um equivalente exato do eu, torna-se possível: o homem está diante da divindade una e única, e busca a felicidade, sua felicidade. E vimos como a fé descobre o que existe de insuficiente nessa busca da felicidade.

Essa observação, ao mostrar o que poderíamos denominar a "história" de Deus, tal como a fé pode reconstruí-la em sua consciência, permite-nos compreender os traços da divindade.

O Deus uno é o criador e o senhor do mundo uno, a discussão é suprimida, não existem forças realmente, irredutivelmente opostas, as contradições, sem nunca desaparecerem para o homem (exceto no momento, essencialmente passageiro, que une sua visão à de Deus), encontram sua solução e sua harmonia no plano divino, que admite, que exige os conflitos, mas como meios do acordo. É preciso que assim seja. Caso contrário, Deus seria limitado, isto é, criatura de alguém acima dele, e o mundo não seria mundo, isto é, o homem não teria meio de se orientar em sua vida. É verdade que o deus de uma tradição (da certeza) proporciona o mesmo socorro ao homem. No entanto, o homem só se orienta assim na qualidade de sujeito razoável; seu desejo e seu sentimento permaneceram fora do jogo. Ora, se falta o sucesso a um empreendimento no qual o homem se engajou com seu povo, ele é relançado a si mesmo: sua tradição e seu deus fracassaram, e ele não pode aceitar os deuses alheios e sua dominação. Para ele, a discussão entre os deuses não deve durar: Deus é uno, e o que os outros chamam por esse nome representa, no máximo, seres mais fortes que o homem, mas sempre criaturas sujeitas à vontade do senhor do mundo. O homem está só diante de Deus e, assim como o eu que se achava isolado diante da natureza, ou ele se decide pela fruição dos bens que o criador colocou ao seu alcance, abstendo-se de qualquer desejo que não corresponda à natureza humana, ou se confina na contemplação da sabedoria divina e recusa, ao seu desejo, qualquer dignidade e qualquer direito.

É nesse ponto que Deus aparece, não mais como indivíduo, mas como eu revelado. É desnecessário dizer que essa passagem só é visível para o filósofo (e para o historiador que se serve das categorias filosóficas). O próprio crente se encontra em um mundo e diante de um fato, que é a revelação. O essencial para ele é poder viver em uma nova tradição, que o conteúdo de sua certeza tenha passado pelo fogo da contradição, assim como pela provação da infelicidade e tenha saído confirmado. Ele não busca a felicidade, pois sabe que é só excepcionalmente e por breves instantes que a felicidade é encontrada no mundo. A natureza do homem é insuficiente, e querer se desfazer dessa natureza seria querer saltar por cima da própria sombra: o homem não pode se salvar, é preciso que ele se deixe salvar por um eu onipotente e amoroso, que lhe fale e ao qual ele possa falar, que o ame e que ele possa amar sem ser enganado, traído, abandonado. O homem sem Deus é infeliz porque está sozinho no momento do fracasso: basta que a doença o assalte, que ele perca os seres que lhe são caros, a fortuna que lhe permitiu viver a seu gosto, para que ele afunde no desespero. Não mais do que a negação do sofrimento, a lembrança do deleite passado não prevalecerá contra a dor presente, e mesmo que isso fosse possível, a solidão do homem não seria tanto mais pavorosa? Não seria ele reduzido ao silêncio absoluto, silêncio tal que ele já não poderia falar sequer consigo mesmo? Que conteúdo ele ainda possui, desde que chegou ao que encara como a perfeição? Qual é a ação que permanece aberta para ele? Sua vida não teria nem sentido nem valor, e valeria mais para ele estar morto ou jamais haver nascido, visto que sua existência se esgotaria na obstinação da negação. Ele se recusaria a abrir os olhos para ver em que consiste a possibilidade da bem-aventurança para o homem, ele seria infeliz, porque gostaria de sê-lo, agarrando-se à sua solidão. Em verdade, o homem só é homem e só é eu lá onde não está sozinho.

Assim é que vive o crente num mundo que responde à sua pergunta. É verdade que ele não faz perguntas continuamente, e de costume vai vivendo, como se diz: lavra seu campo, cria seus filhos, vai à guerra e pensa tão pouco sobre o sentido da vida quanto o homem da ciência pensa sobre a verdade objetiva, enquanto não se defronta com uma dificuldade. Observa (ou infringe) as leis de sua comunidade que ele sabe serem de origem divina e que fazem, ao mesmo tempo, parte da vida cotidiana. Mas quando sobrevier a adversidade, ele começará a questionar e a se dirigir a Deus. É então que se lembrará que está em falta, que amou a Deus menos do que amou o mundo; é então que ele verá nos outros os exemplos da ira divina. É então, sobretudo, que entabulará o diálogo com Deus, que lhe falará, não para ter razão contra a fonte de toda razão, mas de coração a coração, e se ele deseja que Deus o ajude, o liberte do mal presente, o proteja da ameaça do perigo, deseja acima de tudo que Deus o console e lhe responda. E, na realidade, Deus o atende. Ele lhe respondeu antecipadamente em sua revelação; disse-lhe que Seu plano está acima da compreensão humana, mas que ele é bom absolutamente, pois Dele provém. Deus derrama sobre ele o bálsamo da consolação. É no coração que o homem ouve Sua voz, e não com os ouvidos da razão, que é sempre a razão desse mundo e está acessível apenas às palavras das forças más: é precisamente dessa razão que Deus o liberta ao renovar seu coração, ao lhe conceder a graça da humildade, os sentimentos de confiança e amor, e o faz renascer como criança que se entrega ao pai. Sua pergunta se torna oração. Ele já não pede para saber, mas para chorar diante de Deus; não pede para aprender uma verdade que de nada lhe serviria, mas para ouvir a voz do pai; não pede para compreender, mas para sentir. Aí está o essencial. Sim, aquele que não obedece à lei revelada mostra que está longe do amor de Deus. Mas uma obediência friamente calculada, ditada pelo medo e pelo interesse, encara em verdade essa lei como simples instrumento mágico e desconhece sua essência. O homem que, de Deus, enxerga apenas a lei continua a viver em um mundo anterior à revelação, em uma natureza adorada por aqueles que não foram eleitos e santificados por sua aliança: Deus olha o coração, não a razão, e nenhum sacrifício lhe é agradável se não é sinal de amor.

A linguagem da fé é, assim, a linguagem do sentimento. O homem é, para si mesmo, coração, isto é, sentimento que não é sentimento de necessidade, mas de riqueza. Por Deus e em Deus, ele é dado a si mesmo, não apenas como o ser colocado no mais alto escalão da natureza, não apenas como imagem, reflexo do criador e do juiz, mas como amigo e interlocutor de Deus. Ele *se* sente em Deus; nasceu uma segunda vez; já não teme nem a natureza, nem os homens, nem a si mesmo; já não precisa se considerar como um estranho para si mesmo, como feixe de interesses que o dominam, ou como objeto da ciência, para sempre inapreensível em sua individualidade, ou como eu sempre dilacerado entre o desejo e a razão: tal como ele se sente, ele se proclama, com suas fraquezas que ele julga conforme a lei e reconhece como inerentes à sua natureza, com seu amor que ele canta e ao qual, no entanto, sabe que não pode permanecer fiel, com sua indignidade que ele confessa e que lhe é, ao mesmo tempo, prova de sua grandeza. Seu coração não se apavora com as contradições; afinal, o sentimento não liga os diferentes entre si, o homem à mulher, a alma à natureza, o criador à criatura? Os homens que são razoáveis com a razão desse mundo se desagradam com isso, pois veem-se apenas com olhos cegos; buscando a si mesmos, evitam a contradição, mas evitam-na porque, vazios de si mesmos, perseguem o vazio; não vivem, porque não sentem a presença do amor divino e, assim, o coração deles está morto.

A vida do homem não está nele, mas em Deus. Quem desconhece isso, quem não sente isso é reprovado por Deus e sua pena é a morte eterna: nenhum sucesso conquistado no mundo lhe será proveitoso, ao passo que nenhum sofrimento prejudicará o homem de Deus. Um não viverá em sua aparente felicidade, pois seu coração está entregue ao medo, à tristeza, ao nada; o outro sentirá em sua dor a bondade paterna, que pune a criança apenas para seu bem. Por isso, o crente não conhece o *medo* de Deus. Ele o *teme*, porque o reverencia, porque deseja ser-lhe agradável e se sabe naturalmente incapaz disso. Mas sente a assistência divina, e se treme ao pensar no que seria sem esse auxílio, sente que jamais será privado dele, que meramente duvidar da clemência do Senhor equivaleria a separar-se de Seu amor, seria perder-se e danar-se.

Mas no amor de Deus o homem não encontra apenas a si mesmo; encontra-se também com o outro. Sua solidão desapareceu, ele vive com todos os homens, seus irmãos, filhos do mesmo pai, que ele compreende e que o compreendem porque estão unidos por um mesmo amor. Está ligado a eles por uma comunhão muito distinta daquela que liga o homem, no Estado, a concidadãos ou, no mundo do trabalho, a colaboradores. Isso porque, aqui, ele é verdadeiramente homem, verdadeiramente ele próprio, ele comunga com todos os outros: nenhum interesse, nenhuma função particular e tradicional o separa mais nem de si mesmo nem deles. O sentimento da mesma indigência e da mesma dignidade torna-os iguais, e em Deus eles se compreendem de coração a coração. Não precisam se entender pela discussão ou com vistas à obra por realizar; sua comunhão está estabelecida desde sempre e para sempre, e eles nada esperam um do outro, pois tudo lhes vem de Deus.

É pela comunidade dos crentes que Deus consola, dirige, confirma cada um de Seus fiéis, que Ele o protege das tentações do mundo, que Ele lhe dá a conhecer Sua lei e Sua vontade, que Ele repele a dúvida, que Ele purifica o homem e perdoa o pecador arrependido. Eles estão juntos diante da face de Deus e cada um aí está só. E é nessa solidão diante do Senhor que eles se compreendem entre si, que se amam, que se ajudam. Ao falar por si mesmo, cada um fala por todos e, assim, fala a todos; ao expressar o que traz em seu coração, expressa o sentimento de cada um: se confessa sua indignidade, se implora a clemência de Deus, se canta Seus louvores, ele o faz para si próprio e, ao mesmo tempo, para a comunidade. Seus irmãos em Deus sofrem e se regozijam como ele; quando se dirige a eles, ele tem certeza de ser compreendido, de ser compreendido no que sente, não apenas em suas palavras; certeza de não comparecer diante de adversários ou juízes, mas de homens que sentem como ele.

Notemos que a atitude do crente para com o incrédulo confirma o que a análise anterior tende a mostrar. O não crente está excluído da comunhão. Mas não porque o fiel não o compreende – ao contrário, ele sabe muito bem ser aquele o homem de coração empedernido e vazio de Deus, que realizou a má possibilidade da liberdade humana da qual ele próprio foi protegido pela graça de Deus –, mas porque o outro não compreende o crente, visto que se recusa à humildade e ao sentimento da presença divina; porque exclui a si mesmo. O infiel é o inimigo de Deus e, por conseguinte, do homem. Ele não tem valor, senão como exemplo assustador; sua vida não tem sentido, senão ao preencher uma função no plano divino; ele já não é, a bem dizer, um ser humano a partir do momento em que se separou de seu pai; a lei não o guia, mas o condena; a natureza não o alimenta, mas o extravia. Entre ele e o crente existe somente a luta, luta brutal da parte do infiel que não vale mais que o animal, luta inspirada e desinteressada do lado do servidor de Deus, que busca unicamente a honra de seu criador, luta, portanto, na qual o crente não busca sua vantagem, mas o bem daquele que o combate, e contra o qual ele combate apenas para fazê-lo entrar na comunhão da fé: ao combatê-lo, o crente ama também no infiel a imagem de Deus. Essa é sua vantagem sobre este último. Enquanto, para o homem das certezas anteriores, o crente não passa de um louco, isto é, alguém absolutamente incompreensível, a existência do incrédulo é, para o fiel, justificada e sensata, com a particularidade de que essa justificação e esse sentido, mesmo sendo negativos, são de uma negatividade necessária: o crente compreende tão bem o incrédulo que o considera como o homem natural e encara a conversão como o efeito de uma intervenção direta da parte de Deus. O homem é sempre o mesmo em sua essência espiritual, não animal, porque possui a possibilidade da escolha entre duas existências; mas a graça é necessária para que ele faça a escolha certa.

3. Liberdade e razão. – Essência e existência. – O coração do homem

Livre porque responsável, eis o vínculo que une a essência do homem à sua existência. É aqui, portanto, que a liberdade se mostra pela primeira vez. Ela aparece nesse estágio como problema, não como fundamento.

Até o momento, a liberdade não era *essencial*; o homem se via como composto de razão e de alguma outra coisa (interesse, desejo, etc.) que não era nem razão nem razoável, porque essa outra parte não existia *para si mesma*, mas apenas *para a primeira*. Esse composto não era livre, mas compreendido no mundo, e a liberdade não apenas não lhe convinha, como nada lhe teria proporcionado, não tinha sentido algum para ele. O fim do homem estava situado na razão, e a razão, que não age, mas compreende, não é responsável; ser livre seria para ela não ser razão, poder e dever escolher entre razão e desrazão – o que seria não razoável. Por isso, a essência do homem e sua existência nunca se juntavam; esta era para aquela um acidente constitutivo (ao menos para o *eu*), mas que não derivava da essência nem a modificava em si mesma. Ora, diante de Deus o homem não é essencialmente razão oposta a uma natureza, mas coração, e o coração ou é bom ou é mau. O homem age e é julgado com base no sentimento que inspira sua ação. É ele por inteiro que está envolvido, e ele não pode rejeitar uma parte de seu ser como um acidente da natureza: ele encontra o sentido de sua vida em seu valor diante de Deus, e esse valor é aquele que, em sua existência, ele deu à sua essência. Sua liberdade não é a do sujeito livre no sentido jurídico, nem a da razão que não conhece a contrariedade enquanto for ela mesma: ela está no fundo de sua existência; antes que ele aí tivesse entrado, ela se determinou – se determinou mal, pois do contrário ele não se encontraria determinado, mas amor absoluto – e, enquanto ele está na existência, ela busca se determinar no intuito do retorno à sua pureza perdida. Mesmo a não liberdade (relativa) de sua existência é também a consequência de sua liberdade essencial.

É verdade que sua experiência lhe mostra sua vida como uma sequência de acontecimentos que ele não quis. Ele quer amar a Deus e constata que O esqueceu; quer obedecer à lei e pecou antes de haver pensado nisso. Mas não é o que conta para ele. Ele sabe muito bem que foi criado livre por Deus e que essa perda de liberdade resulta de uma ação livre. Só pode oferecer a Deus um coração maculado, mas isso ele pode Lhe oferecer. O que ele perdeu foi a liberdade de suas ações, não a de seus sentimentos. Ele pode ser distraído de Deus, só pode ser separado dele por sua vontade própria. Não somente o caminho do retorno lhe está aberto, como Deus o convida para o caminho e guia-o pelo caminho. Se se tratasse de razão, não restaria salvação para ele, visto que seu coração natural não obedeceria, mesmo que essa razão fosse forte o suficiente para encontrar o caminho – e não é o caso. A oposição não é entre razão e natureza, ambas criadas, mas entre a razão decaída e a razão criadora, uma e outra razão agente, não contemplativa, razão-vontade. O homem que se compreende como imagem de Deus não se satisfaz com um pensamento que separa a essência da existência. Ele não nega a realidade desse pensamento, mas compreende-o como um instrumento da vida no mundo e sabe que ele não se confunde com a razão-essência, que, em Deus, é a fonte da existência e, no homem, o *fundo do coração*, a fonte do sentimento do amor no qual ele participa de Deus. A razão do crente, longe de negar o desejo de sua essência – é obra do entendimento opor-se ao desejo animal (da existência) –, é sua origem. Ela é livre, não porque se recusa à ação, mas na medida em que é vontade. A razão humana é criadora, não observadora de uma vida "animal", e sua criação é o homem no valor positivo ou negativo de sua existência.[2]

O homem se encontra, assim, *uno*. A oposição que ocupa seu pensamento não é entre dois seres, mas entre duas possibilidades desse único e mesmo ser que ele denomina seu coração. O substrato de sua atitude está no sentimento de sua responsabilidade livre, responsabilidade total por seus atos, seus sentimentos, seus pensamentos. Ele diz que oferece seu coração a Deus. A expressão é curiosa, pois ela designa seu coração como algo que lhe pertence; que, por conseguinte, não é ele. Ela seria incompreensível se ele fosse para si mesmo outra coisa que não a vontade livre do sentimento, diante da qual todo determinado se mostra como exterior, como objeto que ela pode e deve aniquilar no sacrifício. Amar a Deus é se recolocar em liberdade, desejar apenas a vontade livre; rogar a Deus é não se confiar às determinações; obedecer a Ele é aboli-las; confiar-se a ele é estar seguro de sua liberdade. A suma da fé é se retransformar, pela oferenda do coração, em imagem do Deus criador, é saber em seu coração que, na existência voltada para as coisas dadas, o homem é coisa não livre.

4. A categoria como origem da reflexão total. – A fé e a vida do crente. – Liberdade e sentimento

A categoria presente possui uma importância particular: a produção dos conceitos fundamentais de essência e existência bastaria para mostrá-lo. É mais importante, porém, insistir no nascimento da reflexão que ocorre sob essa categoria.

Esse nascimento só é "compreendido" como tal em categorias ulteriores, e é da maior relevância lembrar que ele desempenha esse papel apenas para nós, isto é, na interpretação *moderna* do

---

[2] A culpa original explica ao homem seu modo de existência; ela é anterior à sua história e não pode ser explicada no plano da história humana, que nela se baseia. Por isso, ela só desempenha um papel para quem reflete sobre a fé, não para o crente, que se interpreta em seu presente: ele se vê destituído de sua essência, *desejo* animal que se situa ao lado da *vontade* humana. Mas essa oposição declara (teremos de voltar a isso), assim, que ela não é a de razão e vontade; ela é o resultado de uma retomada da categoria do eu.

homem. Em si, as categorias têm valor equivalente: o crente não refuta o epicurista, e este tampouco refuta aquele, e o fato de que a categoria posterior compreenda (e assim ultrapasse) a anterior não afeta o homem que vive na atitude mais "antiga", pela simples razão de que o problema "novo" não existe para ele. A seus olhos, a passagem é um ato de loucura e nem poderia ser outra coisa; é só depois de efetuada a passagem que esta se mostra necessária no novo plano que é, então, alcançado. Para nós, porém, é sob a categoria de *Deus* que, pela primeira vez, o homem se vê e se interpreta na totalidade de sua vida. Não que o homem tenha estado ausente das categorias anteriores, longe disso; mas não se tratava dele mesmo para ele mesmo; mais exatamente, embora se tratasse do homem, não era (como na *discussão*, por exemplo) para ele próprio que se tratava dele próprio, mas para nós, observadores da atitude; e lá onde, como na categoria do *eu*, o homem tomava consciência de si próprio, para ele não se tratava dele próprio, mas da razão ou do *cosmos*. Para empregar os conceitos desenvolvidos pela categoria presente, tratava-se ou da essência ou da existência do homem, sem que ambas jamais tivessem sido encaradas como os dois lados do mesmo homem, do homem que se volta para si mesmo e sabe que se volta para si mesmo. Agora, é em sua fonte, em sua essência, em Deus que ele compreende sua existência; e é em sua existência que essa essência se revela. Ele vive num mundo, numa tradição; mas ambos extraem sentido, existência e legitimidade do *eu* absoluto, da essência. O eu concreto desaparece nessa confrontação com Deus, e o sacrifício do coração imola todo dado, toda tradição, toda lei, e queima-os no altar do sentimento; assim, é nesse desaparecimento de todo dado que Deus aparece. Relacionado à essência, o homem não é nada: mas é para si mesmo que ele não é nada, e sua aniquilação é sua glória e a glorificação de sua existência. Deus é o infinito diante do homem sempre determinado: mas é na destruição pela liberdade que a determinação da liberdade existe e que Deus se revela em sua verdade: *in interiore homine habitat veritas*.[3]

Na categoria de Deus o homem não supera, portanto, apenas o que ele encontra, mas supera a si mesmo na totalidade de sua

---

[3] Agostinho, *De Trinitate*, XIV, 7.

existência. Mas ele se supera para se ver, isto é: sua interpretação de si mesmo é refletida. É evidente que essa reflexão não é completa, visto que para ela própria ela se faz num ser que lhe é exterior. Mas ela é suficiente para que o homem perca sua ingenuidade e sua inocência filosófica. Ele não vê que a questão que o ocupa ainda é sua e que sua liberdade não está fora dele. Vê, no entanto, que a questão não versa sobre *alguma coisa* no homem, mas sobre o próprio homem em sua inteireza. Pela primeira vez, o homem é o *princípio*.

É verdade que o próprio crente vê o princípio em Deus, não em si mesmo. Mas, na realidade, é no crente que Deus existe, e a essência é a da existência do homem. O crente continua a viver num mundo, e se ele não fosse determinado, preso nesse mundo decaído, sentimento falseado, razão divagante, ele nada teria a oferecer ao seu Deus. O sentimento é fogo devorador, mas que se extinguiria se não fosse continuamente alimentado. Para nós não é, portanto, o holocausto que importa, mas o que sai das chamas: a reflexão em Deus muda a essência de todas as coisas, mas deixa intacta a existência no que tange ao mundo. Nada resiste à liberdade, mas a liberdade só existe como liberdade perdida. A infelicidade do homem adquiriu um sentido e uma justificação: mas permanece infelicidade. O sentimento apreende a essência; essa apreensão, porém, é indizível, ela própria inapreensível num mundo que, na medida em que existe, é ainda o mundo do *eu*. A cada momento o homem pode se voltar, com um coração novo, para a fonte de tudo que existe; mas em toda a sua existência, o homem deambula em meio ao quase-ser do dado, quase-ser e dado ele próprio.

Assim, o que importa para o crente difere de modo decisivo do que observamos nele, e é necessário insistir nessa diferença, pois a categoria pode ser mal compreendida justamente por causa de sua modernidade. Ela é de um acesso direto, porque o homem é seu centro. Esse fato, porém, não é visto pelo próprio crente: para ele, o centro é Deus, e o homem só se compreende em sua qualidade de criatura, ser vivo no mundo criado sob uma *lei*. Em sua atitude concreta, ele não abandonou nenhuma das características do eu, nem a razão nem a necessidade. Essas características são apenas privadas de seu valor de dados últimos. Só valem na medida em que indicam um inexprimível. Além do sensato e do verdadeiro, há o Sentido da Verdade: *há*, pois a Verdade não aparece e não pode aparecer; ela, portanto, *não é*, ela *cria*, mas o homem não cria, e seu sentimento deve ser guiado do alto, porque ele sente que não bastam nem a razão nem o desejo natural para conduzir o homem à fonte de sua existência. O sentimento recebe então seu conteúdo concreto da negação que recusa o eu e se molda em fé e amor de Deus. O crente não se conhece, mas sabe-se conhecido. Sua liberdade é a entrega de seu eu, que, no entanto, ele sabe não poder deixar. O sentimento, que para nós está no âmago de sua atitude, é para ele um dado; viciado, como todo dado, e deve ser renovado e purificado num além da existência (que não é necessariamente uma existência no além). Nessa vida, ele é desejo; sua razão, criada do desejo, é incapaz de penetrar o véu das aparências; o mundo no qual ele vive não é razoável. Mas o que busca o filho do mundo não interessa ao crente: ele não quer ser feliz, ele nada busca, nada pede, pois tudo deve vir-lhe do alto. Ele só pede para poder amar, crer, obedecer.

A categoria é, assim, o ponto de virada do devir filosófico, a mais moderna das categorias antigas, a mais antiga das modernas. Nela, trata-se da compreensão do homem; para nós, o homem aí é tudo, mas justamente nessa atitude o homem não é nada (porque, para ele próprio, ele é apenas reflexo). O que está em jogo é sua ação, mas sua ação, para ele, não é sua. O que está em jogo é seu sentimento, mas, para ele, esse sentimento não é criador. O que está em jogo é sua vontade, mas, para ele, essa vontade é depravada. Ele se libertou do cosmos que o encerrava, mas não construiu um mundo. Sabe que tudo que é deve ser julgado, mas não tomou o juízo em suas mãos.[4]

---

[4] Compreender é uma atividade racional apenas para o teórico da filosofia. O emprego usual opõe justamente a compreensão ao intelectualismo e a atribui ao coração, ao sentimento. "Isso não se explica; é preciso compreender", ou "ele é inteligente, sem dúvida, mas não compreende" – eis algumas expressões que não teriam sentido algum nem para o estoico nem para o sofista, e que tampouco o tem para o "racionalismo" moderno. Com efeito, elas são insuficientes, porque tomam o sentimento por algo inexprimível, e a razão pelo formalismo da discussão. Mas a força irredutível do sentimento aí se revela, e a filosofia deve levar isso em conta.

O que denominamos a modernidade da categoria consiste, portanto, na descoberta da liberdade sob a forma do sentimento ou, o que é equivalente, na reflexão da existência na essência. Sua antiguidade é que a liberdade aí aparece como vazia, como oposição de um sentimento determinado (decaído) a um sentimento infinito e realmente criador, distinto do sentimento do concreto. A liberdade é vazia, visto que ela só é *no fundo*. Para o crente, ela está, portanto, fora dele e é o *outro* dele próprio,

---

Pode-se ver que se trata disso e não de outra coisa pelo papel que Platão desempenha para a consciência moderna. Platão é muito mais *compreensível* que Aristóteles, ele nos fala mais *diretamente*. Ora, cada tese de Aristóteles parece mais "racional" que a tese correspondente em Platão. Se existe, no entanto, um platonismo acentuado em toda a civilização moderna, se o Renascimento é, no sentido mais literal, um renascimento de Platão, é porque Platão é o filósofo do sentimento. O amor está no centro de seu sistema, muito mais do que permitem ver as interpretações que, como novos Procrustos, o colocam à força no féretro de seus próprios conceitos e, sendo mais ingênuas que o antigo malfeitor, espantam-se que os membros de sua vítima não queiram entrar em suas caixas. Para o próprio Platão, o sentimento e só ele é o alicerce da filosofia, e não é por capricho que ele se recusa a comunicar a verdade por tratados e exposições teóricas que só podem servir de introdução: o essencial, o acesso à verdade que está no fundo, não pode ser ensinado; a faísca é transmitida de homem a homem graças ao amor. Não surpreende, portanto, que ele reencontre as ideias do Deus criador, do Deus objeto de amor e, sobretudo, sujeito amoroso no qual o homem pode depositar uma confiança absoluta, do destino que expressa, no entanto, a escolha livre do homem, da ciência da natureza que busca reencontrar a lei divina, da eternidade que se opõe à duração infinita do tempo, da fórmula do mundo que se explicita no que é, da essência que é o fundamento da existência. É verdade que ele apresenta quase todos esses "fatos" sob a forma do mito. Mas esse fato, em vez de contradizer o que precede, apenas o confirma e completa. A "poesia" de Platão nada explica, e quando a ela se faz referência se evitam os problemas em vez de resolvê-los: fala-se em vão. Isso porque essa poesia *expressa* o que não pode ser *explicado* no plano da *discussão* ou do *objeto*, o que já não se relaciona com a felicidade tal como ela é compreendida pela tradição, essa tradição que Platão aceita e só pode aceitar, embora ele a julgue por uma medida transcendente. A filosofia de Platão – será preciso dizê-lo? – possui mais de uma camada. Mas em suas profundezas se encontra sua atitude de homem crente. A essência que é dada por uma visão transcendente, para além de toda reflexão teórica, está presente em seu sentimento, e é essa presença do Ser que fala ao sentimento do homem *moderno* por meio do mito e por seu intermédio. Por isso, sua influência – fora aquela por ele exercida sobre a física moderna – foi tanto maior quanto mais difusa e menos ligada a teses determinadas: os platônicos quase não são encontrados entre os intérpretes de Platão que se empenham laboriosamente em conciliar suas "contradições": não foi por acaso que a ciência de Aristóteles se impôs a toda uma época e que não houve escola de Platão, exceto por equívoco. Para criá-la, seria preciso uma religião positiva, e Platão não quis criá-la acrescentemos, antecipando, porque ele não ficou na categoria de *Deus*); nele, o mito permanece separado do discurso, e embora todo discurso humano desemboque no mito, a fé permanece indeterminada e a vida, ao menos a do filósofo, deve dele prescindir (a religião *política* das *Leis* não é uma contradição a isso, em absoluto).

o atributo essencial de sua essência, mas que só entra em sua existência por milagre. Se ele reflete sobre ela humanamente, sua vida permanece entregue à categoria do eu; isso porque, humanamente, não existe outra categoria à sua disposição. Tão logo ele se esquece de Deus ou afasta-o de seu pensamento, deixa de ter vantagem sobre o infiel ou sobre o animal. Ele se sabe diferente, porque esta vida e a interpretação humana não lhe interessam. Mas para que ele continue sua vida, é preciso que se submeta a uma lei, seja a da tradição, a da revelação ou a de César, e sua liberdade se torna, para ele, liberdade de obedecer. Nada de concreto é essencial e, para ser livre, o homem *deve* se tornar interioridade sem exterior. Ele sabe que sua vida tem um sentido, mas esse sentido não é para ele. Seu ser está concentrado num único ponto, em seu coração.

5. As retomadas. – Sua origem e seu papel. – O amor dos seres. – O mundo como divertimento. – Os profetas. – O Senhor dos Exércitos. – Jó e a queda da Glória. – A teologia racional. – A teoria da união

O crente não tem linguagem positiva à sua disposição. A revelação não é, para ele, sua linguagem, mas a de Deus. Como coração, ele apenas nega toda determinação de sua liberdade. Qualquer qualificação positiva tem, no máximo, um valor relativo: "Se eu não fosse crente, eu diria...". Portanto, tão logo o homem faz a mínima concessão ao mundo, sua fé, por mais apegado a ela que ele seja, torna-se problemática para ele, e ele tratará de compreendê-la sob outra categoria, para encontrar-lhe um lugar. Se ele quer conhecer, a retomada lhe é indispensável; pois em si mesma, a categoria não comporta nem o conhecimento de Deus, nem o do homem, e o da natureza, que ela permite mais do que a isso convida, é a tal ponto desprovido de interesse que nem mesmo oferece ao homem, como o fazia a ciência do objeto, uma felicidade teórica. O sentimento não fala, ele se expressa, e mesmo essa expressão só é dele para nós. O que as retomadas permitem ao homem é falar de seu sentimento.

Mas antes de falar dessas retomadas, é necessário determinar o ponto no interior da categoria de onde partem essas retomadas.

O homem se compreende em Deus – essa formulação tem dois sentidos: é em Deus que o homem se vê, e: o que o homem vê em Deus é ele próprio. Ambas as interpretações expressam um único fato, visto uma vez do interior da categoria, outra vez do exterior, fato idêntico, no entanto, porque de ambas as formas se reconhece que o ser do homem se explica no e pelo Ser divino. A segunda interpretação não deve, portanto, ser encarada como uma opinião "ateia"; o ateísmo como tese que ensina positivamente a não existência de um Deus pessoal (tese que possui um sentido quando Deus não é considerado como o fundamento da existência, mas como algo que existe, diferente do restante do mundo apenas quanto ao grau de força, etc.) não tem significação para a fé, nem contra ela. No entanto, a filosofia deve empreender sua análise a partir dos dois pontos de vista e, depois de haver perguntado como o homem se vê em Deus, perguntará o que ele aí vê. Em outras palavras, depois de haver buscado o que significa, para o crente, o fato de ser imagem de Deus, ela deverá buscar o que essa relação significa para ela própria. Trata-se da oposição-unidade entre a essência, que pertence a Deus e ao substrato divino do homem, e a existência, que é a forma do ser do homem como ser decaído de sua origem, como ser natural.

O que caracteriza o homem natural que não foi regenerado pela graça é que ele é animal, desejo determinado, não desejo que se determina. Mas isso é apenas uma possibilidade-limite para o crente: por se *sentir* crente, ele tem certeza de que seu ser não se esgota na animalidade. Se o infiel é separado de Deus, ele não o é jamais. É apenas extraviado e vive num mundo que perdeu sua pureza. Mas tal como ele é e tal como é o mundo, ambos só se compreendem em seu estado atual no e por seu estado anterior à queda. O infiel fracassa em todas as suas tentativas de interpretação justamente porque quer compreender o que é a partir daquilo que é. É evidente que dessa maneira ele só pode chegar ao desespero e à morte. O crente sabe que, na realidade, a existência do homem só tem sentido com relação à sua essência. O ser verdadeiro do homem é a coincidência de ambas, coincidência destruída por ele, mas da qual ele guarda uma ideia. É ela que lhe permite julgar o que é, enxergá-lo e enxergar a si mesmo.

Em sua existência, o homem é súdito da necessidade não apenas para nós, mas para si mesmo. Ele não se basta. Seu sentimento é recalcado pela necessidade que se traduz em desejo, expressão de sua indigência. Sua vida é feita de trabalho e de esforço, de luta contra uma natureza pobre e hostil, da qual ele deve arrancar com o suor de seu rosto aquilo de que precisa para escapar à destruição dessa vida. Mas ele não é feito para essa vida: o sentido de sua existência está no sentimento da presença de um bem, amado, não desejado (isto é, correspondente a uma necessidade e, por conseguinte, incapaz de oferecer uma satisfação definitiva, visto que *essa* necessidade é destruída *nessa* satisfação, mas deixa subsistir *a* necessidade e renovar-se *o* desejo). Para nós, esse bem, para ser amado sem desejo nem destruição de seu ser na apropriação, só pode ser o sentimento em si, que dá livremente a si o seu objeto; que é, em suma, criador. Para o fiel, sua essência é Deus, sua existência é a degradação do estado divino. Em consequência de sua queda, a unidade de seu ser só se mostra fracionada: necessidade e sentimento se contradizem, assim como desejo e amor, morte e vida, medo e união. Mas a contradição entre eles é apenas existencial, não essencial, e deve desaparecer com o retorno do homem a Deus. O que o homem é se revela em Deus; Deus não é antropomorfo, exceto para a linguagem do mundo e da necessidade: o homem é teomorfo.

Em Deus não existe oposição entre existência e essência: esta encerra aquela. Por isso, Deus só *existe* na medida em que se mostra ao homem decaído. Nele próprio, ele *é*. Mas esse ser, que é unidade de essência e existência, liberdade, não negadora do dado, mas posição que se dá a si própria, só pode ser pensado pelo homem como sentido e fim de sua existência humana, não como ele é em si mesmo. Cânone de sua existência, esse ideal jamais se revela completamente, porque uma revelação total aniquilaria a condição do homem que, assim, já não estaria na necessidade, mas na presença da unidade: não é possível que o homem veja a face de Deus e viva.

Tampouco é possível que ele viva sem revelação. Mas a que lhe chega é negativa e boa apenas para fazê-lo compreender o que ele é realmente: desejo e medo. Sua existência não decorre de sua essência e seu mundo lhe é exterior. Ele se encontra na necessidade, porque não se basta. No entanto, o mundo é a criação de Deus e, portanto, perfeito. Se o homem quer se guiar em sua vida, deve então apreender este mundo na medida em que ele é a expressão de Deus, na medida em que ele é uno. Ele próprio perdeu a *visão* imediata da essência; mas a *busca* dessa essência não lhe é proibida. A dificuldade está em que esse ser verdadeiro permanece no âmago de tudo que é. Por isso, a busca do homem vai de particularidade em particularidade. Ela não pode fazer mais do que interpretar essas particularidades em função da unidade; ela apreende isto e aquilo e se pergunta como isto e aquilo se justificam com relação à ideia de criação. Ora, não é a relação das coisas ao homem que conta, embora ele, imagem de Deus, esteja no centro do mundo: a chave não está nas relações determinadas, está no fato originário de que a natureza é uma única relação e de que, para Deus, o mundo não é a soma das oposições do devir, mas a lei de sua vontade, que não vai de um a outro, mas projeta no ser o conjunto em sua unidade.

O homem está então, por assim dizer, situado do lado errado na qualidade de ser natural; sua linguagem não é feita para captar a realidade em sua fonte. No entanto, a própria ideia dessa fonte é prova de que ele ultrapassa a natureza: ao se julgar, ele se transcende. Pela primeira vez, ele não se vê comparado a uma razão que apenas observa e reduz ou desfaz as contradições observadas, razão que é ainda razão humana, a serviço da necessidade ou do desejo, e que só resolve as contradições se destruindo ou num sonho de perfeição. Ao contrário, foi a própria razão humana que introduziu as contradições no mundo. Por isso, seu discurso corre de ponto em ponto e não consegue fazer as contradições coincidirem. Ele encontra um fora do outro, um depois do outro, porque ele é a expressão do interesse humano e, assim, está sempre fora de si mesmo, nada vendo no presente senão em função do futuro. Ora, o crente não ignora essa condição que é a sua, porque ele *existe* no mundo da necessidade, mortal e sempre ocupado em escapar da morte que vem em sua direção. E ele sabe ao mesmo tempo que o que denominamos de seu teomorfismo ultrapassa essa condição: ele tentará expressar a essência, buscar a *lei*, e não mais apenas crer, amar, obedecer, mas compreender.

É esse desejo – o de possuir uma *linguagem* – que dá origem às retomadas. O crente, na atitude pura da fé, não fala de si mesmo, é verdade; mas fala, ou ao menos é sempre tentado a falar do homem não regenerado e, assim, a falar do mundo. Sim, ele falará a esse respeito do ponto de vista de Deus; mas Deus deixa então de ser o amado da fé para se tornar o princípio de explicação daquilo que é. Teremos de voltar a essa reflexão ao tratar de outras categorias, que explicitarão a importância particular da categoria presente para o todo da lógica. Aqui, e antes de falar em detalhe das retomadas principais, podemos nos limitar às observações seguintes, que resumem o que acaba de ser dito: o homem, ao falar de si mesmo pela caracterização do incrédulo – que não é outro senão ele próprio na medida em que ele próprio vive no mundo –, se vê como ser que vive na necessidade natural. Ao se voltar para Deus, ele se mostra a si mesmo como animal, preso na natureza, a qual é essencialmente inumana. Ultrapassa, assim, as atitudes anteriores, das quais nenhuma conhecia essa separação absoluta entre a humanidade no homem e o mundo (a reflexão total da existência na essência). O vínculo entre o mundo e o crente é constituído por Deus, compreendido como criador tanto do homem como do mundo. Mas Deus não é, desse ponto de vista, tão somente criador: é o Ser que, por sua vontade, confere ser a tudo que é no interior do mundo. Ele já não é o *eu* no qual o homem possa encontrar a satisfação do desejo de seu sentimento; ele é, como fonte da razão, vontade absoluta e incognoscível, porque absoluta.

Esse juízo sobre Deus – veremos por meio de quais retomadas – permite buscar a revelação não apenas na palavra interior que se dirige ao coração, mas também, e sobretudo, na palavra divina proferida por intermédio dos enviados de Deus, e também, sobretudo, nas obras do criador, isto é, no mundo da moral e no mundo da natureza: Deus é o fiador da ordem da sociedade, assim como é o fiador da ordem da natureza. Em ambos os casos, o homem jamais poderá ter certeza de haver apreendido de modo definitivo a lei divina; mas ele terá, aqui e ali, o direito de supor um decreto, e um decreto consistente consigo mesmo: poderá e deverá fazer suposições, *hipóteses* sobre a vontade de Deus, e a lei moral e a lei natural serão os únicos objetos dignos de seu interesse. A história e a natureza seguem um plano coerente: a empreitada do homem que crê, mas que crê no interior do mundo, será a de retraçar esse plano, sempre incerto de qualquer resultado, sempre seguro de que não buscará em vão.

Essas retomadas só revestirão toda a sua importância mais tarde, quando serão elas próprias aplicadas a categorias que ainda não apareceram. No entanto, devem ser mencionadas aqui, onde se originam.⁵

A categoria da Verdade é a menos útil ao crente que busca uma linguagem: tudo se mostra no plano do sentimento, tudo é bom, tudo é belo, visto que tudo é divino. A categoria só faz que o sentimento saia de si mesmo e encontre a presença do amor em tudo que é, porque cada ser – homem, animal, planta, terra, ar, Sol – é a expressão da essência e possui, assim, um valor simbólico e, ao mesmo tempo, absoluto para o coração que nele se reencontra sem estar atado pelo interesse, sem perder sua liberdade. Uma fraternidade universal reúne toda a criação. O homem pode falar de seu sentimento, pode expressar a exuberância de seu coração precisamente porque sua linguagem não é discurso, mas o grito do amor que vai para Deus por meio de Sua obra.⁶

---

⁵ A plena importância dos conceitos de lei, de *hipótese*, etc., só se mostrará nas categorias seguintes, que, libertas de todo saber tradicional pela categoria presente, mas sem viver em Deus, só se interessam pela lei. A importância da categoria presente para toda física "racional" é tão grande que as ilustrações disso se encontram em toda parte. O *modelo* de uma física quantitativa do *Timeu*, a física qualitativa dos estoicos se baseia no decreto divino tanto quanto a física de Descartes (cf., por exemplo, a *Sexta Meditação*) ou a interpretação da física newtoniana por Kant (cf., por exemplo, *Crítica da Razão Pura, Do Ideal Transcendental*); as diferenças, essenciais sob outros aspectos, entre as teses eternalistas da Antiguidade e as teses criacionistas modernas podem ser aqui negligenciadas: as concepções antigas, cuja reunião deu origem à física moderna (a matematização proveniente de Platão, a unidade do universo físico proveniente dos estoicos), só agirão a partir do momento em que receberam uma *garantia* metafísica na ideia de um senhor da natureza cuja vontade una e coerente promete a solução de todos os problemas que se apresentam ao homem, ser finito e investigador porque excluído de todo acesso *imediato* à essência do mundo.

⁶ Cf., por exemplo, os hinos de São Francisco de Assis.

A essa alegria responde o negativismo da categoria do não sentido, que, por sua vez, é discurso. Aquilo que é não lhe revela, mas lhe oculta Deus. Cada coisa está friamente fechada em si mesma, tratando de subsistir em seu ser que, no entanto, nada é, é nada. O mundo não tem sentido para o homem, a verdade divina não lhe aparece aqui embaixo, e todo esforço para apreender a essência nos seres leva o homem à sua perda: isso não é Deus, Deus não é isso, porque nada é perfeito – eis o discurso do homem, sempre repetido, sempre por repetir. O que é não passa de tentação da qual é preciso se defender com uma atenção contínua. O homem está envolvido num falso discurso que lhe fala de bens, grandezas, vantagens: nada de tudo isso é, porque o Ser não é desse mundo. É preciso que o homem se desprenda, pelo pensamento, da nulidade, da finitude de todo dado: Deus é aquilo que se opõe a todo ser particular, Ele é, positivamente, o não sentido do mundo: nenhum predicado se aplica a Ele e, visto que Ele é o único sujeito, todo juízo se desfaz e se destrói, simplesmente porque é juízo. Não apenas o sentido não é desse mundo: este mundo é o do não sentido.[7]

Na retomada sob a categoria do verdadeiro e do falso, o mundo se divide. A uma compreensão verdadeira se opõe outra, que é falsa; mas uma e outra apreendem o mundo inteiro. O crente não tinha discurso à sua disposição, ou porque se expressava pelo clamor do coração, ou porque o discurso não tinha sentido, sendo destruidor da unidade. Agora já não é assim, visto que o discurso verdadeiro nega o discurso falso: há no mundo o essencial, e é preciso anunciá-lo. Esse anúncio, é verdade, desemboca no silêncio, no retorno à interioridade; mas esse silêncio é resultado da passagem pelo discurso, ou antes, pelos discursos. Isso porque os discursos, sendo falsos, são incontáveis. O verdadeiro discurso ensina que o mundo é, em verdade, falso: o mundo não é destituído de sentido, ele não é absurdo, mas o que se apresenta ao homem comum no discurso comum não é o essencial. Ele só é apreendido quando se é instruído pelo único mestre autêntico, por Deus, que se comunica com o homem por intermédio daquele a quem Ele preencheu com seu espírito e que traz

---

[7] Essa é uma das atitudes fundamentais do Pascal de *Pensamentos*.

em si Sua palavra: o profeta. Visto que o homem é incapaz de se manter na pureza do sentimento se for abandonado às suas inclinações, inteiramente desse mundo, Deus vem em seu socorro. Ora, o homem não é digno de receber esse auxílio diretamente das mãos de seu criador. Deus elege seu instrumento, e o profeta, na qualidade de profeta, deixa de ser homem. Ou antes, Deus emprega a humanidade do profeta, e é trêmulo e desnorteado que o profeta assiste a essa irrupção do sobrenatural em sua existência, sem meios de lhe resistir ou de lhe acrescentar algo. A profecia não é menos exterior ao profeta que ao seu ouvinte. Tanto um como outro aí aprendem que o dado não é apenas vazio de sentido: a infelicidade se revela como punição, como parte de um plano educativo; o sucesso do injusto e do infiel aparece como meio de precipitá-los mais baixo, de perdê-los completamente. Nem tudo pode ser explicado ao homem, mas cada exemplo o confirma em sua fé e lhe permite imaginar o que pode preencher seu sentimento: a majestade de Deus, Sua potência, Sua justiça, a realização de Seu reino pela livre conversão de todos os corações, a entrada da eternidade no tempo no final dos tempos, a entrada da existência na essência pela visão imediata de Deus numa outra vida, sem necessidade, sem morte, uma vida de plenitude e de presença. Promessa e explicação tornam o sentimento compreensível para a razão desse mundo; fé e amor receberam um conteúdo.[8]

A justificação que o homem dá, assim, à sua atitude fundamental é ainda mais aparente lá onde o fiel interpreta sua fé por meio da categoria da *certeza*. Por sua intervenção, a fé se transmuta em religião no sentido estreito e histórico da palavra. Agora, Deus *existe*. Ele é uma força no mundo, não deste mundo, mas para este mundo. Se Ele o ultrapassa, não é porque Ele é o Ser no âmago de tudo que é, mas porque Ele é grande demais e poderoso demais para que o mundo possa contê-Lo. No entanto, é no mundo que o homem O encontra, e o interesse ingênuo se apodera Dele: Ele se dedica ao homem, e o homem deve se dedicar a Ele, porque Deus se tornou seu Deus e porque essa é uma relação

---

[8] Toda a profecia bíblica tem por objetivo a constituição deste conteúdo. Cf. na Bíblia, para a *ordenação* do profeta, por exemplo, Jeremias 1, Isaías 6, Ezequiel 2 ss.

em proveito do homem. Existem forças hostis que ameaçam, adversários que montam armadilhas, perigos naturais que podem arruinar as colheitas, matar as crianças: seu Deus o defenderá. É Ele quem abençoará a obra de suas mãos, quem o conduzirá à vitória, quem vencerá os demônios e os espíritos que o inimigo terá sabido colocar a seu serviço. Seu Deus não está só, mas Ele é o mais forte e nada Lhe resiste. Uma aliança une-O ao seu fiel, que assim domina ou dominará o mundo. O homem age com Deus e sobre Deus, mas o meio dessa ação não é natural (mágico), é humano: uma lei expressa as condições de um Deus que não pode ser coagido, mas se compromete com sua própria palavra. Se o homem faz o que Deus exige dele, se evita fazer o que Ele lhe proibiu, está seguro do sucesso, porque ao lhe dar a lei, Deus lhe anunciou as recompensas e as penas que Ele reserva à obediência e à revolta. Obediência, fé, amor, confiança são os procedimentos que vinculam, um ao outro, dois seres conscientes, pessoas livres. O que prima aqui é o vínculo, é a certeza; não é a fé, mas o conteúdo da crença; não a vontade divina, mas a regra concreta e eficaz; não o amor em si, mas seu objeto na medida em que ele pertence ao homem. Por isso, a relação entre o homem e Deus – ou, mais exatamente, entre o homem e seu Deus – não é duvidosa. O simples fato da existência de outra fé, de outra obediência, se torna então um escândalo, e, pior que isso, um perigo, porque o verdadeiro Deus tem o direito de esperar de Seu fiel que ele O faça reconhecido, honrado e servido por todos; o adepto de outra religião é um traidor de Deus, e o homem da aliança deve reduzi-lo à obediência ou fazê-lo desaparecer; com ele, só existe o combate. O próprio Deus se torna o Senhor dos Exércitos, que luta à frente dos Seus, sejam eles homens ou seres sobre-humanos. O homem não é mais teomorfo; é Deus que é formado à imagem do homem. Ele ama Seu povo, a nação de Sua aliança, os filhos de Seus amigos. Ele não é mais amor, mas amante, ciumento, clemente, terno, irascível, acima da necessidade, mas não puro sentimento criador, não Ser que jorra, mas ser determinado, sobre-humanamente humano.[9]

---

[9] É a atitude do judaísmo não profético. Ela se expressa em inúmeros salmos e é subjacente a todo o *Hexateuco*: como adversária, ela é visada na luta dos profetas contra o legalismo.

É assim que Deus se torna o parceiro, a parte adversa do homem na *discussão*. Existe, em princípio, possibilidade de luta; mas o homem se rende: Deus pode esmagá-lo, sua resistência não tem sentido. E uma vez arrefecida Sua ira, Deus conclui um pacto com a humanidade e garante-lhe a existência; punirá e recompensará o indivíduo de acordo com seu mérito ou seus erros, mas renuncia ao exercício de Sua potência e promete reter Seu furor. Por isso, não pode exigir uma obediência cega. Sua lei é a base do tratado, e o homem tem o direito e os meios para reivindicar seu direito, para intentar o processo. Que Deus seja aí juiz e parte, isso é inevitável, mas não é preocupante para o homem, pois a promessa divina o protege e o interesse de Deus não é determinado pela necessidade, mas pela vontade, pelo sentimento razoável, porque Deus quer que o homem seja livre e livremente reconheça a justiça de Seu julgamento. O homem, portanto, discute com Deus. A voz humana se opõe à voz divina dentro dele, no plano da revelação concreta e histórica; o homem teomórfico se encontra com o Deus antropomorfo.

O homem pecou verdadeiramente? Deus manteve sua promessa? Para quem vive no sentimento do amor que crê, a pergunta não tem sentido. Mas quando o homem tenta falar de seu sentimento sob a categoria da discussão, a fé e o desejo se enfrentam no homem, e o debate se instaura entre eles; isso porque para o homem já não é evidente que a confiança em Deus esteja certa e que o desejo esteja errado. Já não é evidente que o homem tenha pecado, *porque* ele foi punido. Deus é justo; mas o que significa, para o homem, uma justiça que ele não compreende? Será que ele é menos infeliz por saber que, em princípio, seu sofrimento é bom, isto é, para Deus tal como ele é para Si, mas não para o homem? Será que a Criação pode ser chamada de perfeita, se em toda parte o homem aí encontra a dor e a necessidade insatisfeita? Como compreender a existência do mal que atinge o homem e o animal indistintamente, por ser inerente à constituição deles? E como terminar uma discussão na qual já não se trata deste ou daquele interesse nesta ou naquela tradição, mas do interesse do homem na natureza? O homem na fé pode renunciar a seu interesse; mas depois de haver começado a discutir, ele já não pode entrar no silêncio vivo do sentimento, e a renúncia estará sempre diante de seus olhos como uma rendição forçada, não uma aquiescência. É assim que, de moral, a discussão se torna cósmica; no entanto, embora o mundo seja o que nela está em jogo, ela permanece humana, pois é o sentimento que protesta. O homem não busca se apoderar nem de Deus nem do mundo; não quer convencer parceiros numa comunidade: o que ele deseja é se consolar estabelecendo em seu foro íntimo a unanimidade entre Deus e ele, a unanimidade consigo mesmo. Ele se sabe sentimento insatisfeito; sabe que só pode estar insatisfeito em sua vida; mas sabe também que tem direito à satisfação, sendo criatura de Deus. O dilaceramento já não provém da consciência de seus pecados; nasce do fato de ele saber que não pode ser nada além de pecador; não do fato de não compreender, mas do fato de ter o direito e até mesmo o dever de compreender, e de ser incapaz disso por causa da constituição que lhe é própria e conforme à vontade de Deus. O mundo inteiro, o homem e até Deus estão em questão.

Assim, as duas possibilidades dessa discussão são, de um lado, a discussão entre o homem e Deus, e, de outro, a do homem consigo mesmo a respeito de Deus. O que as distingue é que a primeira se submete – e submete Deus – à tradição que é a lei revelada, ao passo que a segunda discute a possibilidade da justiça dessa lei. Na realidade, uma e outra reencontram em Deus a discussão interior do homem. Para aquela, a aliança e o sentimento de Deus se enfrentam, sentimento divino que é o do Bem absoluto, portanto, da ira contra a humanidade imperfeita: é preciso relembrar a Deus que Ele próprio limitou suas exigências e delimitou o exercício de sua ira. Para esta, Deus sofre da limitação que impôs ao seu sentimento criador, por meio da lei: Deus senhor e criador e Deus amor devem ser reconciliados.

A discussão dentro da lei se faz primeiramente sob a forma do processo. O essencial é conhecer a lei e interpretá-la corretamente. Será que o homem não negligenciou nada? Se ele fez o que lhe incumbe, por que Deus não cumpriu sua promessa? Mas a forma do processo não pode se manter; o juízo de Deus é justo, a desavença não pode ser oriunda de Seus atos: é preciso e é suficiente que o julgamento seja completado pelas motivações para que o homem veja o sentido do julgamento. Ora, o código divino não é desconhecido do homem, que só tem, portanto, um único interesse essencial: o estudo da lei e do que Deus revelou sobre Seu ser e sobre Sua ação. Sem esse saber, o homem não pode nem se dirigir, nem se defender, nem defender Deus. Isso porque o que distingue essa discussão da discussão no interior da comunidade humana é que o homem deseja estar errado e ser refutado: se o erro estivesse do lado de Deus, a vida do crente se esvaziaria de seu conteúdo e tornar-se-ia insuportável. Que ele faça o máximo para respeitar a lei, isso é tácito para ele, mas que Deus não tenha faltado com sua palavra, que Deus seja Deus, não uma força da natureza que age sem razão nem razões, isso lhe é infinitamente caro. A compreensão de Deus pela compreensão da revelação é o fim essencial da vida humana. O sentimento é assim relegado a segundo plano. No entanto, ele não desapareceu: ao contrário, é para protegê-lo que a discussão sobre a revelação continua entre o homem e sua razão. Isso porque, uma vez mais, o homem é indivíduo razoável; mas o que nele se opõe à razão não é o interesse particular, é o sentimento que pede a presença sem mediação. A razão deve intervir para que o sentimento se compreenda como preenchido de conteúdo pela revelação e como dirigido pela lei. A unanimidade do sentimento consigo mesmo já não é, como era para a categoria pura, a base e o início de tudo; ela está no fim do caminho, infinitamente longo, que conduz ao acordo entre o Deus da justiça e o Deus da promessa, entre o indivíduo que raciocina e pede e o indivíduo senciente. Deus e o homem devem ambos renunciar a suas particularidades; a razão deve limitar a pretensão do homem, que gostaria de encontrar de imediato a solução do conflito entre seu desejo da amizade e seu desejo da justificação de Deus; mais do que o desejo, porém, importa ao homem da discussão que não haja particularidade em Deus. Seu sentimento deve passar pela prova da contradição ou, para dizê-lo à sua maneira, não deve haver, para o homem, uma contradição em Deus. Em Deus o homem encontrará, portanto, a unanimidade que não é desse mundo; mas visto que ela deve ser procurada de novo, a cada instante de sua vida, ela é relegada a um futuro indefinido no qual o sentimento se tornará razão, a um além da existência finita no qual a lei será revelada em sua essência.[10]

A discussão que não procede da lei, mas versa sobre a lei, situa de outro modo o interesse e a razão. Nesse caso, o que o homem deseja não é a justificação de Deus, mas a sua própria; o que ele quer compreender não é o julgamento particular e a pena isolada, é o fato de que existe julgamento e pena num mundo criado pelo amor para o amor. O homem no mundo fatalmente peca. Como pode Deus recebê-lo apesar de sua insuficiência? Como o Deus infinito pode sentir e compreender a pressão da necessidade, a dor da finitude? E, no entanto, Deus compreende o homem. Também Ele, portanto, conhece o sofrimento. A contradição que dilacera o homem entre o Bem e o Mal dilacera também a Deus, pois desde que criou o mundo e a lei Ele deixou de ser livre; entrou em Sua obra, e toda a Sua potência não basta para desfazer o que Ele fez, para fazer que a Criação nunca tivesse existido. Não é a necessidade que O pressiona, mas nem por isso Seu sofrimento é menor: é mais profundo, porque vem do sentimento: Ele gostaria de amar, Ele tem de condenar. O que Ele pôs de Si em Sua Criação se desvia Dele e se ergue contra Ele: o ato da criação provoca a discussão em Deus. O Mal existe, e Deus não pode destruir o Mal sem destruir o divino da criação, a liberdade. Deus está separado de Sua glória, que caiu nas prisões da matéria, que foi retida nos grilhões da noite. Seu coração é privado do amor que devia Lhe vir de Seu mundo.

Não se trata aqui de religiões dualistas (que caem em vez disso, por uma dupla retomada, sob a categoria do verdadeiro e do falso mediada pela categoria da certeza) nem daquelas do resgate do mundo pelo sacrifício divino (que têm aqui sua origem, mas pressupõem outras categorias). A atitude religiosa em questão é a do diálogo, pois é em diálogo que a discussão aqui se transforma. O interesse é o do amor; em outras palavras, o do sentimento desinteressado. Na prisão da criação, Deus e o homem falam um com o outro para estabelecer, por

---

[10] O *Livro de Jó* discute explicitamente esse problema, que domina implicitamente todo o pensamento "teológico" do Talmude.

meio da linguagem, o acordo do sentimento no qual desaparecem as particularidades decorrentes da finitude. O Mal não é um ser independente, ele está no ser que se crê independente – não quanto à sua existência, mas quanto ao seu sentimento –, que não sente junto com Deus. Não existe, portanto, conflito entre Deus e o homem que se dá a Deus, eles conversam como amigos. Mas existe a discussão entre Deus e o homem que se retém e que não consegue se dar inteiramente.

Visto que não nos ocupamos aqui com história das religiões (e que não seria uma objeção se nenhuma teoria religiosa correspondesse a essa atitude, a qual, mesmo sem ter "vingado", nem por isso seria menos real), não estamos interessados na análise dos sistemas de fé que, tal como sistemas gnósticos ou o chassidismo, têm sua origem naquela retomada da categoria de Deus sob a categoria da discussão. O que caracteriza todos eles é o sentimento da dor em Deus, o do amor do homem pelo Deus sofredor, a tentativa de transformar a discussão em diálogo. É pouco relevante saber qual construção e qual revelação, hauridas na tradição ou em retomadas distintas da presente, servem de base. O essencial é que o crente quer convencer os que não creem não para salvá-los – embora seja evidente para ele que assim eles se salvariam –, mas para salvar da dor o que neles existe de divino. A unanimidade pela fé é o objetivo; o diálogo entre os crentes no interior da comunidade é a reconciliação de Deus consigo mesmo, a plenitude de Deus. A discussão é o meio necessário para chegar a essa comunidade. É somente por meio do discurso que o crente pode mostrar ao outro que ele está em contradição consigo mesmo, que ele se agarra a uma particularidade e não percebe que essa particularidade está em conflito com aquilo que é seu próprio desejo essencial; que ao discutir contra Deus, ele discute contra si próprio; que ele se separa de seus irmãos, quando apenas na fraternidade pode encontrar a compreensão; que ao buscar a felicidade na criação, mantém essa criação e a si próprio, junto com ela, na finitude e na infelicidade: o sentimento é o fim para o qual tende a discussão.

Esse fim, porém, nunca é alcançado no plano humano, assim como a justiça divina aí não se compreende. A discussão entre o homem e Deus continua, assim como aquela entre o fiel e o homem que vive nas trevas da particularidade, e o homem se interroga sobre o conhecimento da natureza de Deus. Em outras palavras, à retomada da discussão pode corresponder a do *objeto* e a da ideia de ciência objetiva: visto que não se institui esse diálogo no qual o coração compreende o coração, que a ação do discurso do crente não penetra a incompreensão do outro que permanece preso na tradição, que Deus não reabsorve aquela parte de Si mesmo que adentrou a finitude, a solução das contradições deve ser encontrada na observação da realidade divina, pois só ela proporcionará a solução. A vida é o que é, e Deus está presente a Si mesmo. É preciso apreender um e outro em sua essência: realizada essa apreensão, o homem poderá escolher com conhecimento de causa evitando o acordo fortuito que poderia ser o acordo sobre o Mal. No entanto, como no caso da categoria do objeto, sua aplicação a Deus não leva à escolha e à ação verdadeiras. O conhecimento torna-se por si só o fim e o conteúdo, e tanto mais facilmente na medida em que não é o interesse da necessidade que formula o problema, mas o sentimento: Deus e homem são conhecimento.

Deus como sujeito é, assim, o único objeto do homem. O mundo, a vida, o próprio homem se compreendem Nele. Ele é a essência; mas já não é ao sentimento que a essência se revela, embora ela seja aí apreendida de início: para ser perfeitamente revelada, ela deve ser conhecida pela razão. A ciência deve reencontrar o infinito no finito: Deus está em Sua criação, a natureza em sua totalidade é a expressão total de Deus. Ao perscrutar a obra, o homem aí encontra o Criador. Ele O encontra porque esse Criador é absolutamente razoável, porque cada um de Seus atos se relaciona ao todo e, assim, ao Bem. Embora a inteligência humana não baste para abarcar o todo, a ideia desse todo irá guiá-la, entretanto, em cada uma de suas iniciativas. E, por outro lado, essas iniciativas só têm sentido na medida em que revelam essa unidade. À ciência da natureza que decorre da ideia de uma vontade criadora se soma e se sobrepõe a de uma teologia natural, que não pode mostrar o que Deus é, mas quer mostrar que Deus é e que sua existência não se opõe à sua essência tal como ela é conhecida pela revelação. O mundo é unidade, isto é, *cosmos*, e esse cosmos só pode ser concebido como criação de uma inteligência infinita, destinada à alegria do intelecto. O homem é o centro do mundo criado, porque só ele é capaz de ver Deus na criação, de ultrapassar a fruição da necessidade satisfeita para buscar a do intelecto. Ao Deus da sabedoria corresponde o homem que persegue o conhecimento de Deus. No entanto, embora ele busque a verdade no objeto, ele não é o homem da ciência objetiva: não é o interesse particular que ele quer superar – ao contrário, ele reconhece que, no interior da criação, o homem está essencialmente entregue à necessidade –, ele quer descobrir a presença de Deus em toda parte, inclusive na necessidade e na dor. Mas o sentimento só pode ser legítimo para ele se for um sentimento intelectual. O sacrifício da razão não lhe é possível, visto ser a razão quem descobre o destinatário de todo sacrifício e quem abre o caminho rumo à possibilidade da revelação da essência, a qual, porém, permanece em si mesma sentimento. Toda teologia racional se detém no Deus dos filósofos pascalianos: o sentimento é aí apenas pensado.

Assim, Deus é duplo para o homem, da mesma maneira que o homem o é para si próprio, essência que aparece à ciência (a qual não pode ser consumada neste mundo), sentimento que se declara na revelação. Ou então: razão e fé não se interpenetram. A situação do homem é, portanto, a do *eu* que busca sua felicidade entre a razão e o desejo. No entanto, o papel da razão é aqui oposto ao que ela desempenhava sob a categoria do eu. Era ela que, então, representava o universal contra o desejo da tradição; agora ela é vista como responsável pelo isolamento do homem e por sua oposição estéril contra a universalidade do sentimento no qual o eu fruiria de si mesmo ao fruir de Deus. A presença não está no dado razoável ou objetivo, mas no sentimento infinito, a fruição não desfruta da criação, mas do criador. A felicidade está, assim, por ser realizada pelo eu. Mas precisamente porque ele busca realizá-la, ele não consegue coadunar a razão e o sentimento: o crente parte da fé, que para ele é a única realidade humana, o eu que crê quer rumar para a fé na qual espera encontrar a paz. Por razão ele renuncia à razão. Mas assim como a negação da dor não é capaz de fazê-la desaparecer, a razão permanece indestrutível, e o próprio ideal, supostamente alcançado, só proporcionaria ao eu que crê sua própria destruição como eu; é preciso que o ideal permaneça ideal para que a vida preserve um conteúdo. A fé interpretada pelo eu deve permitir a subsistência desse eu, cujo único fim é desfrutar de si mesmo. Sua vida é, assim, preenchida pelo esforço de destruir a si próprio, numa sequência de lutas conscientes contra a consciência, por meio da invenção e do emprego de uma técnica destinada a eliminar toda técnica. Seu Deus, que é fruição pura para ele, está infinitamente afastado: esse eu se aproxima Dele em princípio, mas nunca na realidade, pois não consegue se entregar ao sentimento sem desaparecer. É a contradição de toda *teoria* da união mística: ela só se resolve na passagem à atitude pura *vivida*.[11]

---

[11] Essa é a passagem que, por exemplo, um Schleiermacher prescreve ao rejeitar as retomadas; no entanto, ele não vive na e da *religiosidade*, pois quer apreendê-la num discurso.

9. Condição

A fé deixa o homem na liberdade sem um conteúdo determinado por sua liberdade. Ela aparece então ao homem na vida como uma fuga diante da realidade dessa vida – que é a condição.

1. A perda da fé. – O homem na condição e como condição. – O trabalho, o progresso e o discurso

Para o crente, o essencial de seu ser é a liberdade do coração e do sentimento: todo conteúdo está do lado de Deus, e o consentimento do homem ao plano divino é cego, sendo esse plano essencialmente desconhecido, incognoscível e incompreensível ao entendimento humano, cujo discurso produz no máximo uma projeção, sempre por verificar, jamais verificada, do presente criador. A fé não possui discurso próprio: tão logo o coração fala, já não é o coração que fala;[1] todas as tentativas de apreender o *fundo* por meio das categorias anteriores não correspondem à atitude em sua pureza e todas são rejeitadas por ela como algo que falseia o sentimento.

A fé é, assim, irrefutável; além disso – o que a distingue das categorias anteriores –, ela se sabe irrefutável, porque nenhum discurso, seja ele qual for, porque *o* discurso não vale contra o sentimento. Mas ela é tanto mais facilmente superada. O homem não encontra seu contentamento na fé, a vida de to-

---

[1] Schiller, *Xenien, Sprache*: Spricht die Seele: "*so spricht, ach! schon die Seele nicht mehr*". – "Quando a alma *fala*, ai! Já não é a *alma* que fala."

dos os dias permanece o que é, e o amor e a obediência devem permitir que seus respectivos lugares lhe sejam aí atribuídos. É que o homem, mesmo quando se vê incapaz de produzir em si mesmo o sentimento, é, no entanto, obrigado a continuar sua vida; tal como ele é, ele não está em condições de alcançar a presença em seu coração, e a finitude já não é apenas o resultado de sua queda, ela reside positivamente em sua própria estrutura e na estrutura de seu mundo. Ser a imagem de Deus já não significa nada quando se trata da vida, pois essa semelhança se relaciona a um original que é conhecido apenas no interior do âmbito do sentimento.

Está claro que não se trata aqui de um simples retorno à categoria do *objeto*. Primeiramente, um "simples retorno" é uma impossibilidade: embora o indivíduo possa não superar uma atitude determinada (e a cada momento da história é possível imaginar indivíduos que vivem em atitudes superadas), ele não pode "pura e simplesmente" retroceder, porque não seria o mesmo a retornar. O romantismo pode ser autêntico no plano humano, mas o retorno romântico a uma atitude ultrapassada mostra por si só que o desejo que inspira esse retorno é do âmbito de outra categoria. Depois, essa impossibilidade é particularmente impressionante no caso presente, porque, na passagem para as categorias do *eu* e de *Deus*, o homem perdeu aquele lugar natural na comunidade e no mundo a partir do qual olhava para seu entorno a fim de chegar a uma *teoria*, teoria essa que também englobava o homem, é verdade, e fazia dele – se for empregada uma linguagem que não é a dessa categoria – um condicionado, mas um condicionado na qualidade de animal, não na qualidade de razão e *visão*. Ele perdeu essa *boa consciência*. Ele não possui cosmos, e a teoria já não tem valor absoluto para ele, visto que a teoria objetiva da razão é oposta à liberdade do homem: ela conhece o eterno presente, mas não o conhece como presente ao homem e ao eu e não admite, assim, o desejo do coração. Enfim, o mais importante é que não há verdade absoluta para o homem oriundo da fé: depois dessa passagem, existe contradição entre os termos "verdade" e "para o homem", e o homem já não se contentaria em unir-se ao Uno impessoal, mesmo que essa união fosse possível: o homem não está nesta terra para olhar.

Qual é, portanto, a atitude do homem saído da fé? As tradições, as ciências, os códigos são depreciados pela comparação com o padrão do eu absoluto. E, no entanto, só eles existem, pois essa medida absoluta é transcendente, e essa transcendência deve ser levada a sério pelo homem que já não vive na fé concreta: ela o transcende verdadeiramente e, portanto, não lhe diz respeito. Visto que nele o sentimento não tem primazia, a justificação da tradição pela revelação, que bastara ao crente, não lhe basta; ele pede outra coisa que não uma matéria qualquer para o exercício de sua obediência e a demonstração de sua confiança. Ele se encontra num mundo desconhecido, ele próprio parte desse mundo, incompreensível e incapaz de se compreender, porque a razão não está nele e lhe é inacessível. Ser, justiça, virtude – tudo que é dessa espécie – são para ele palavras que parecem ter um sentido no absoluto, mas às quais nada corresponde quando se trata de sua experiência. Seu sentimento está presente, e ele não pode combatê-lo; mas tampouco consegue apreendê-lo. Sua razão fala, mas tudo que ela lhe diz é que, tal como ela se apresenta, ela não é *a* razão. Ele não pode se desviar do desejo, porque o desejo está em toda parte, e não pode se entregar a ele com confiança, porque não sabe o que o desejo razoável poderia ser. Em toda parte ele só encontra limites, e todo conhecimento ao seu alcance é negativo; o verdadeiro é transcendente: não é, portanto, do mundo do homem.

A fé podia permanecer calada; o homem que já não vive com Deus deve falar, porque já não vive pelo coração. Mas não pode falar de si mesmo, porque não se encontra nunca. Nada do que ele diz (ou pensa) é essencial, nada de essencial pode ser apreendido. Sobre cada ponto, o homem está determinado, precisamente porque ele só procede de ponto em ponto e porque ponto algum o preenche. Existem apenas *condições*, e cada condição é novamente condicionada: o sentimento perdeu sua força criadora e Deus é relegado a um infinitamente distante, inacessível. O homem fala, como se houvesse uma verdade e um sentido – *como se*, não porque ele acredite que, na realidade, isso não existe, mas porque a palavra "realidade" não tem sentido para o homem que se sabe homem e que não tem Deus.

Isso não significa, portanto, que o homem seja infeliz ou, para ser mais preciso, desesperado. O desespero, para dizê-lo de uma maneira banal, resultaria aqui do conflito entre o ideal e a realidade do homem. Ora, esse homem não tem nem um nem outro: ele se instala na vida, aceita-a tal como ela é, e sabe, ao mesmo tempo, que ela não tem nada de absoluto. Ela é o que é, nem boa nem má, nem verdadeira nem falsa, nem mesmo real ou irreal. A questão é justamente instalar-se nela, pois se a vida como tal é o enigma – e enigma absolutamente, sem solução possível –, na vida existem apenas segredos que o homem sempre acaba por conhecer, se quiser se dar ao trabalho necessário. O homem está em casa no mundo, ou antes, o mundo é tal que, se ele não pode criá-lo, nem criar dentro dele, pode transformá-lo no intuito de estar em casa dentro dele. Não existe conhecimento objetivo; mas o homem pode adquirir conhecimentos úteis à vontade. E mesmo essa utilidade não é algo objetivamente válido: ela se constitui no processo de instalação no mundo. Não se pode dizer o que é a utilidade; sabe-se apenas o que é útil.

Para ele próprio o homem vive, assim, numa "ingenuidade" que lembra a da certeza ou a da tradição. Mas isso é apenas uma lembrança ou uma comparação. O fato é que ele não tem nem linguagem nem ciência das quais esteja seguro. Ele deve adquirir seu saber, não como o indivíduo que se apodera de conhecimentos já existentes, mas para substituir a revelação: a ciência deve ser criada, e continuamente o é, porque jamais ela toca a verdade objetiva. A tradição está presente, e não poderia ser de outro modo: o eu apenas a havia afastado e, em Deus, ela se fizera relativa, sem que, por isso, fosse negada; mas agora seu papel é conhecido, e ela figura para o homem entre as condições que ele pode conhecer (sempre na medida em que isso é útil) e modificar. A própria utilidade é por ela determinada, mas determinada como tudo o mais, aqui: até segunda ordem. Uma única tarefa se impõe, a de organizar a vida o melhor possível.

A realidade dessa vida é o trabalho, realidade não apenas para nós, como era o caso nas atitudes da *certeza*, da *discussão*, do *objeto*, mas para a própria vida. Toda reflexão é supérflua se não serve ao progresso do trabalho, toda filosofia que busca apenas a compreensão é absurda: a questão do sentido não tem sentido. O homem se encontra em uma natureza que o condiciona e é condicionada por ele. Ele compreendeu que, por trás de todas as palavras grandiosas, está a luta contra a natureza, pois a natureza já não é o cosmos, onde o trabalho humano tem por fim satisfazer às necessidades ou aos desejos que fazem parte da natureza ou derivam dela. Tanto quanto o resto, o trabalho não tem fim, e as necessidades e os desejos do homem são apenas condições condicionadas. O homem luta contra a natureza que ele encontra tanto em si mesmo como fora de si, não para alcançar um fim (o que seria o fim de tudo), mas porque essa é sua condição, porque não há nada a fazer além disso: felicidade e salvação são de ordem transcendente, e isso significa que elas nada têm a buscar nessa vida, que o homem não deve buscá-las. Muito pelo contrário, são tão incompreensíveis para o homem que vive nessa atitude que ele deve se perguntar pelas condições que explicam o aparecimento dessas ideias. A vida já não tem sentido; o sentido, sempre hipotético, se define na vida e pela vida, com relação a uma condição dada como existente ou pré-dada como algo querido – mesmo assim, é preciso prestar atenção ao emprego da palavra "dado", pois nada é dado definitivamente.

O próprio homem expressa esses fatos ao dizer que não tem linguagem sua, mas fala a linguagem da ciência em progresso. Com efeito, falar dele próprio seria um contrassenso: o que é ele próprio? É possível conhecer-se, mas apenas como ponto de encontro de séries de condições. Existe o sr. X, pode-se determiná-lo e modificá-lo; mas que aquele que procede a esse trabalho seja o sr. X em pessoa, isso é um acaso, e um acaso pouco favorável, visto que os outros estão mais bem posicionados para analisá-lo e agir sobre ele. Esse "ele próprio" que pretende ser outra coisa que não o sr. X é apenas o sentimento, isto é, uma condição entre outras, uma peça do mecanismo interior que se denomina psíquico, peça que, na realidade (do trabalho) só tem importância na medida em que incomoda. Só se pode falar do homem, e esse "se" impessoal é a ciência do trabalho, a ciência técnica que não busca uma pretensa verdade, mas que serve e quer apenas servir. Ela não está lá para falar, mas para agir por meio da linguagem. Ora, para falar o homem só conta com ela. Sem dúvida ele só é para si na medida em que fala: mas ser para si significa, para ele, ser para a ciência, e ser para a ciência é não ser linguagem, mas ser oposto à linguagem, como os objetos o são diante da teoria. Sendo, portanto, para nós ação por meio da linguagem, esse homem é para si mesmo tão somente condição condicionada: conhecer-se é um objetivo fantasioso, caso conhecer-se signifique algo diferente de mudar sua condição. A ciência é essencialmente técnica, o homem é operário, a linguagem é apenas um instrumento, bastante ruim, aliás, e que precisará ser substituído por outro mais preciso.

Como operário, o homem se serve de todas as ferramentas que as atitudes anteriores lhe deixaram: mais exatamente, ele toma delas tudo que pode encarar como ferramenta. Sabe muito bem que seus predecessores foram primitivos, que formularam perguntas que ele, esclarecido como é, já não formula. No entanto, com a lógica, a psicologia do desejo, e, sobretudo, com as ideias de objeto e lei natural, eles encontraram maneiras de proceder das quais, é verdade, não souberam se servir, porque eles sempre transcendiam os limites da condição humana, mas que são utilizáveis e até deram provas disso ao permitir ao homem chegar ao estágio de progresso agora alcançado por ele.

O homem sempre foi operário, sempre lutou contra a natureza; mas é só agora que ele sabe disso e age com conhecimento de causa, razão pela qual ele é livre para se lembrar. Ele pode se reconhecer em toda parte, porque em toda parte ele encontra o trabalho do homem, sob outras condições, sem dúvida, mas sempre o mesmo, pois ele é o ser que muda as condições e que afirma sua identidade na e pela transformação: como homem, ele se caracteriza justamente por este traço invariável: ele modifica seu mundo e a si mesmo, diferentemente do animal, cuja identidade é estática.

Não surpreende, portanto, que encontremos nessa atitude as palavras que havíamos encontrado nas linguagens de outras atitudes, e que as encontremos curiosamente mescladas. Essas palavras já não têm seus valores originais, visto que entraram numa nova forma. Assim, a certeza entra na consciência sob a forma da evidência, como a forma do que é *óbvio*, forma cujo conteúdo muda livremente, visto que esse conteúdo perdeu todo caráter de absoluto. Por isso, a tradição como tal se torna visível para o homem: desvalorizada pela fé, ela se torna uma das condições que o determinam, e não a menor; mas visto que ela é para ele, ela é ao mesmo tempo insignificante: o homem nunca é destituído de tradição, mas o caráter dessa tradição não tem importância, contanto que ela não desvie o homem do trabalho e do progresso. Todas as tradições se equivalem; todas são interessantes, pois condicionaram o homem e continuam a fazê-lo. Ademais, todas expressam uma relação entre o homem e a natureza e, a menos que se queira suprimir a luta com a natureza, elas são verdadeiras, isto é, de uma utilidade possível. Existe um plano único no qual tudo pode ser projetado, o da vida ativa, e essa projeção é consciente, visto que, graças à passagem pela transcendência e por causa da rejeição desta, o homem já não se vê como determinado em parte, isto é, falseado em parte e somente assim – ao menos em princípio – capaz de voltar a ser ele próprio, mas como condicionado absolutamente, produto das condições.

Os termos, portanto, mudam de sentido, visto que são conservados apenas para sua função. O *objeto* já não é o que decide a discussão, ele é o que o homem forma ou transforma por seu trabalho. A ciência é verdadeira se permite produzir o que antes não existia. A natureza é tão somente o conjunto das condições do trabalho, o desejo é apenas o resultado e a expressão – ambos modificáveis – da tradição, *Deus*, a forma ingênua sob a qual o homem não esclarecido vê a própria forma da condição, de um lado, as regras organizadoras do trabalho, de outro: porque o homem já não acredita *na* verdade e, consequentemente, encara a linguagem como condicionada; ele interpreta a linguagem que ele encontra. As palavras *têm* um sentido, assim como o objeto *tem* uma realidade, ambos relativos à condição: a palavra e seu sentido, o discurso e sua significação se separam. O homem não se compreende em virtude de um λόγος que, se existisse, transcenderia o homem infinitamente; existem apenas os discursos dos homens que se compreendem com relação ao homem. E esses discursos nada revelam, na acepção objetiva do termo, senão outro discurso, possível ou real, que, sem ser *verdadeiro*, é *importante* por desempenhar um papel decisivo na luta do homem com a natureza.

O homem é, assim, o ser que age falando ou, como ele diz, pensando, visto que ele distingue o discurso e sua significação. Isso não é a descoberta da verdade: haveria verdade para ele se houvesse demonstração, aquela demonstração absoluta da qual ele guarda a ideia, mas como ideia irrealizável, demonstração que mostraria a necessidade da decisão livre do criador. Isso é apenas uma constatação, em outras palavras, uma condição, única apenas pelo fato de que ela é a condição última do lado do homem. O homem dessa atitude não é *para ele*, é preciso ter o cuidado de evitar a introdução, na análise, dos conceitos de um para-si que seria apenas para nós, assim como os de negatividade ou de liberdade, conceitos que aí introduziríamos pela busca de "condições da possibilidade" (onde a possibilidade seria concebida vagamente, de acordo com uma lógica ainda não explicitada): ele é para si *alguma coisa*, uma função dependente de condições variáveis. Não é um *eu*. Justamente porque a linguagem não revela um absoluto, mas está num progresso contínuo cujo sentido se mostra numa constatação de fato como determinado pelo próprio movimento, existe apenas o discurso, o *pensamento* que é o único capaz de fixar a realidade, mas que a fixa relativamente como realidade relativa. No entanto, o que conta para ele é essa realidade relativa, e não o pensamento; isso porque a ideia de uma verdade criadora, embora vazia para ele, determina ainda assim sua investigação: ele procede como se houvesse uma realidade objetiva e como se essa realidade pudesse ser revelada. Isso, ele se diz, é necessário (psicologicamente, dadas as condições interiores do homem) para trabalhar; isso *é*, porque isso faz parte do trabalho humano que avança, porque ele é bem-sucedido. Mas ele sabe que isso "não quer dizer nada", porque *avançar, ser bem-sucedido* e *ser* são uma única e mesma coisa, portanto, sem nenhuma relação exceto com o trabalho e o homem: nada revela uma *verdade* (no sentido das categorias anteriores) se o homem é apenas condição que modifica a si mesma.

A linguagem se torna, então, o pensamento técnico liberto de todo entrave. Não é a primeira vez que o trabalho e a técnica desempenham um papel; a diferença aqui é que eles já não desempenham, em verdade, um papel, mas formam a própria atitude. Não é possível atribuir-lhes um lugar, porque o sistema dos lugares é criado por eles. A natureza é o que o homem encontra como condição de seu trabalho, e a natureza – tanto a exterior como a interior – é, portanto, determinada de acordo com o progresso deste último, sempre até segunda ordem. O sujeito (o que é subjacente) se mostra *a nós* como a linguagem que cria seu próprio objeto (aquele que a linguagem *objetiva*² para si). Para o homem na atitude da condição, ao contrário, só existe o conflito da natureza consigo mesma, conflito esse que se declara sob a forma do trabalho humano, isto é, pensante, e que é mudo em sua essência, porque ambos os lados se modificam mutuamente sem que exista uma medida, um padrão absoluto. Mas esse silêncio só se estabelece por e no discurso-pensamento que é a ferramenta-humana. O homem-indivíduo é mudo, porque o homem-espécie pensa: o pensamento técnico pensa *as* condições, não pode nem quer pensar *a* condição, porque o próprio pensamento é condicionado. O que para nós é a negatividade e a liberdade em ação, para o próprio homem é o curso – não necessário, mas contingente – da história, a condição sempre modificável, jamais vencida, da natureza.

2. Observação, hipótese, experiência. – A matemática e a mensuração. – O real compreendido pelo possível. – O desinteresse do homem de ciência

A natureza existe aqui na medida em que ela é transformável pelo homem. Tendo o cosmos sido substituído, sob a categoria anterior, pela unidade invisível e humanamente incompreensível da lei criadora, desapareceu a fruição proporcionada ao homem pela visão do grande Todo perfeito e perfeitamente belo. O homem quer dominar a natureza.³

---

² Em francês, *s'ob-jette*: decomposição do neologismo verbal *objeter* que faz aparecer o verbo *jeter*, "lançar". Literalmente, a palavra decomposta significaria então "lança diante de si mesma", sentido que remete à origem etimológica da palavra *objet* (objeto), "lançar diante", aqui traduzida pelo verbo *objetivar*, no sentido de dar expressão ou existência material a algo. (N. T.)

³ Não nos cabe fazer aqui, onde a explicação e a história como tais estão em questão, uma análise das condições, que, historicamente, conduzem o homem a essa atitude. Elas seriam facilmente enumeradas: destruição da tradição pela e na sujeição a um senhor que reserva para si a fruição ao descarregar a luta contra a natureza nos ombros do sujeito; desaparecimento do senhor, tomada de consciência do escravo no Estado, etc.: quando se encara a *Fenomenologia do Espírito*, de Hegel, como um

A natureza se mostra então como o campo da atividade, e esse campo é ilimitado. O homem não investe contra a natureza, mas contra algo dentro da natureza; o que ele vê é apenas um fragmento; mais corretamente, já que a ideia de fragmento encerra a ideia do Todo, ele vê um ponto, porque ele se encontra em apenas um ponto. Seu ataque não é destruidor, nem poderia sê-lo; ele próprio é um ser natural e sua ação permanece natural: é-lhe natural transformar a natureza, tão natural que ele não se pergunta qual é o bem com vistas ao qual ele transforma, ele define o bem pela transformação. Não se trata de satisfazer às suas necessidades: que ele as tem, isso é evidente; mas ele sabe perfeitamente que, em vez de lutar, poderia se contentar com o que a natureza e a sociedade lhe oferecem. Ele não se contenta com isso, porque não quer se contentar com isso. O que ele encontra não o satisfaz *porque* ele o encontra, mas ele sempre encontra alguma coisa. A luta jamais começa; em cada ponto, certo grau de domínio já foi alcançado: quando o homem se decide a avançar, ele já detém conhecimentos, ele possui uma técnica e uma organização do trabalho. Em outras palavras, as condições de trabalho são conhecidas, até certo ponto; o homem sabe como proceder para fabricar, produzir coisas que ele não encontra; ele penetrou certo número de segredos da natureza, constatou como o dado reage à sua intervenção. Ele só tem de progredir.

O método é, portanto, o da experiência, acumulação de saber técnico, tentativa de ampliar esse saber. Podem-se dizer muitas coisas que são boas para a compreensão da natureza, que ela é una, que ela é a criação de um Deus bom e sábio, que ela pode ser descrita sem contradição desta ou daquela maneira: tudo isso é vão enquanto não se chega a um procedimento. A ausência de contradição ou uma visão de conjunto nada provam, porque a única prova é o sucesso da empreitada. Não é que a ciência seja supérflua, longe disso; mas é necessário que ela seja testada: o que se chama atualmente teoria é um conhecimento das reações naturais diante da ação humana – conhecimento que não se contenta com descrições "teóricas", pois a experiência está na partida tanto

tratado de história, aí se encontram todas as indicações necessárias expostas por um mestre. O problema é outro para nós, visto que devemos nos manter no interior da atitude: a luta com a natureza é então para nós um *transcendental* que não se explica, porque ele é o fato último.

quanto na chegada da teoria e não admite restrição alguma às suas iniciativas. Que seus passos sejam compreensíveis, isto é, verificáveis por experiências ou compatíveis com a ideia de unidade, ou simplesmente coerentes logicamente, ou que eles não tenham sentido algum se forem tomados isoladamente, isso não tem a mínima importância: não se trata de compreender, nem mesmo de criar uma imagem; trata-se da possibilidade de agir. Se uma concepção em contradição com outras, se um número ou um esquema espacial "inconcebível" forem bem-sucedidos na experiência, serão, por conseguinte, verdadeiros, até o dia em que forem substituídos por outros, mais utilizáveis. Já não existe observação de um "real", mas apenas o cálculo das condições; já não existem qualidades derradeiras, apenas hipóteses úteis.

Úteis porque de um emprego concreto. Embora o homem não veja limites à transformação do dado, o dado não se transforma de qualquer maneira. O homem, fator natural, joga os fatores naturais uns contra os outros. O que lhe interessa não é o que sempre é, e sempre da mesma maneira, não é a "substância", o imutável "real" por trás da mudança "aparente", é a mudança como tal. Nada é mais característico da diferença entre essa ciência e a ciência do *objeto* do que o termo preferido da primeira, o de *lei natural*, termo que não tem sentido para a segunda: ela conhece leis morais e políticas, pois vê a mudança irredutível no homem, mas, na natureza, a mudança é reduzida por ela a qualidades constantes e a um suporte constante (a menos que ela seja um movimento que se repita identicamente e negue, assim, a mudança). Agora, nada é estável. Tudo age sobre tudo, o homem entrou na natureza, e já não existe nem eterno nem idêntico. O que o homem busca não é mais *a lei* (divina), como o fazia o crente, ou, antes, como este podia fazê-lo se essa questão lhe interessasse, mas *as leis* seguidas pelos fenômenos. Visto que tudo é variável, é preciso encontrar as relações que mostram onde a variável "homem" pode intervir e de que maneira.

Quanto mais o homem se compreende como fator natural, mais lhe importa ser apenas isso, limpo e liberto de todo fator "pessoal". Não são X ou Y que encontram as leis naturais, e não é em sua qualidade de X ou Y que eles as procuram. O que, como pessoas, eles acreditariam haver encontrado praticamente não teria chances de resistir à prova. Isso porque o tipo de lei à qual o homem quer chegar não conhece a pessoa, que é definida pelo sentimento particular. Ora, é preciso eliminar o interesse e o sentimento particulares. Não é por acaso, portanto, que essa ciência se serve das ciências da discussão e do objeto, as quais, num plano muito distinto, se haviam confrontado com a mesma dificuldade. Por isso, a ferramenta é fornecida pela matemática, pois é nela que a eliminação do interesse particular é levada ao extremo, ao ponto em que a linguagem já não tem sentido para o indivíduo. Mas a matemática já não é o objetivo e o ideal, como o era para a discussão. Se, para a discussão, a contradição era o mal absoluto, aqui ela é apenas incômoda, na medida em que pode produzir ambiguidades: o número irracional que, do ponto de vista do objeto, priva a matemática de todo sentido objetivo, confere-lhe aqui um valor particular, porque permite dominar a contradição sem suprimi-la. A matemática é útil, mas já não é interessante em si mesma. A ciência da natureza lhe faz perguntas: cabe a ela encontrar métodos para responder. Em contrapartida, seu papel é único, porque seu procedimento, o da mensuração, elimina o sentimento, que é incomparável de indivíduo a indivíduo. Somente a medida é comunicável e permite a constituição de uma experiência que não é válida apenas para X ou Y, mas para o homem e – o que agora dá no mesmo – para a natureza. A ciência só é *exata* quando reduziu todas as qualidades observadas a medidas – mais precisamente, a equações funcionais de medidas. Enquanto ela não o conseguiu, não alcançou o objetivo: toda medida depende de todas as outras, eis o princípio, e as únicas constantes irredutíveis são as que provêm da ação humana que é a mensuração. Daí a predileção dessa nova matemática pelo número, que constitui a grandeza mensurável. Em vez de ser sem interesse – como ele o era, por causa de sua obviedade, para a *discussão* –, ele é o que existe de mais útil, e até de mais necessário. Só ele – convenientemente posicionado – pode expressar, sob a forma da função, a interdependência das condições.[4]

---

[4] Mesmo quando o tratamento matemático não é perfeito, por exemplo, em biologia, o âmbito da ciência tem a mesma extensão que o dele: se a ideia de

A ciência objetiva assinalaria que todas essas medidas e mensurações não têm sentido por si mesmas, mas unicamente por aquilo que medem. A ciência da condição responde que isso é absurdo: ela não mede o que é conhecido como fator natural: por princípio, ela mede tudo, pois tudo que é mensurável pode ser fator e torna-se fator se uma relação pode ser estabelecida entre a mudança dessa medida e a mudança de outra. É a mensuração que constitui os fatores, os quais não podem ser nem sequer imaginados pela ciência como independentes da medida e da função. Os fenômenos que são dados ao homem sob a forma de qualidades devem ser analisados (isto é, dissolvidos) de modo que sejam reduzidos a séries de medidas: uma onda existe tão pouco quanto uma cor, mas ela, no entanto, pode ser medida, e se o fóton se presta melhor à medição que a onda, ele terá um grau mais elevado de realidade científica. O indispensável é que se possa retornar do cálculo funcional à experiência e que as medidas encontradas no ato da medição correspondam aos "valores" deduzidos das equações estabelecidas. As palavras da linguagem comum só têm, portanto, um emprego de abreviação nesse âmbito. Quando falo de corpo, força, espaço, onda, etc., não se deve pensar em coisas ou impressões que conheço ou acredito conhecer imediatamente. "Na realidade", trata-se de funções e de sistemas de funções, todos reversíveis (o movimento é função do espaço, e o espaço é função do movimento), com uma única exceção, constituída pelo tempo, que é função da luz, sem que a luz seja função do tempo, exceção porque a luz é a unidade de medida (e isso só é exato quando a emissão de um raio luminoso constitui uma intervenção de grandeza desprezível; abaixo desse limite, já não existe tempo para o acontecimento individual: só se mede o resultado estatístico).

A natureza torna-se, assim, o âmbito do *possível*, e a ciência das condições é a que separa o possível do que não o é. Ela parte de uma medida real para chegar a uma medida real, a um

---

hereditariedade não é exprimível (ainda, acrescentaria o homem de ciência) em coordenações funcionais não unívocas, ela é apreendida, no entanto, por meio do número: um trigo que resiste a um clima rigoroso tem por qualidade produzir tantos grãos de tal peso depois de um período de vegetação de tantos dias em tal temperatura média.

resultado – e eis o que lhe importa – previsto por ela: se, partindo de uma medida específica, você faz uma coisa específica com uma medida específica, obterá tal outra medida específica. O impossível parece caracterizado, portanto, pelo fato de que a intervenção não produz a medida desejada. Mas o desejo não desempenha um papel na consciência do homem de ciência: ele esqueceu a origem de sua busca na luta com a natureza, e utiliza a palavra "impossível" para rejeitar as solicitações do leigo. Para ele próprio, a palavra só se emprega no sentido de "contradição que suscita uma ambiguidade": o milagre é impossível, não porque isso introduziria uma força desconhecida, mas porque essa força não poderia ser transformada em função, não poderia ser medida e seria, no entanto, constatada. O que o ocupa não é o medo do impossível, nem tampouco a busca do necessário, que só se revelaria no fim dos tempos, quando todos os sistemas de mensuração (todos os fatores) seriam conhecidos; é o possível como essência do real que ele persegue. O que é dado é apenas uma forma do possível. O que é poderia e pode ser diferente: a ciência busca as modificações possíveis, as dimensões da variabilidade e sua interdependência. Ela não pode se desprender do dado da realidade tal como ela existe nas qualidades. Mas esse dado não é verdadeiro para ela, visto que não se presta à modificação: somente a teoria das condições revela essa verdade da realidade constituída pela possibilidade. Ou então, caso se prefira a linguagem ingênua do homem de ciência: o que se vê, se ouve, se sente, tudo isso não é real; a realidade é a lei.

Essa ciência é a da luta com a natureza; mas ninguém está menos ciente disso do que o homem dedicado a ela. Quando, em vez de trabalhar nela, ele fala a seu respeito, faz o impossível para mostrar que é completamente "desinteressado" e que sua ciência busca apenas seu próprio progresso. A sinceridade da afirmação não é duvidosa, e ela pode até aspirar a uma verdade parcial. Com efeito, a ciência não pensa, em cada uma de suas iniciativas, sobre a luta do homem com a natureza. Em sua estrutura, porém, ela não se compreende de outra forma. Opõe-se à ciência do objeto (com a qual tem a tendência de se identificar não apenas numa retomada, à qual teremos de retornar, mas também em razão do parentesco fundado entre ambas pela observação, apesar da diferença essencial da função desta última nos dois casos) precisamente por seu procedimento, que está à altura do homem: um número inexprimível para a ciência do objeto, tal como π, que para esta última não pode substituir a relação geométrica entre o diâmetro e a circunferência, é utilizável para a ciência da condição, contanto que ela consiga determiná-lo com a precisão (limitada) que se exigirá. De início isso não tem outro sentido que não o de permitir um cálculo aplicável, e só mais tarde se explicita, e por razões da natureza da discussão, como passagem ao limite do qual se chega "tão perto quanto se desejar". Essa ciência não se dá ao trabalho de introduzir "corpúsculos" ou "ondas não materiais", se essas invenções servem para especificar as interdependências dos eventos medidos, e não se preocupa se elas próprias são totalmente observáveis ou mensuráveis: contanto que permitam o cálculo, elas existem por isso mesmo, e o físico lamentará no máximo que as condições da experiência humana nos impeçam de vê-las. Da mesma maneira, a ciência do objeto quer compreender o real como real: para uma existência única, ela sustenta uma causa única e sua hipótese (em particular quando retoma a categoria de Deus) satisfaz a sua razão: aqui a hipótese deve permitir uma experiência nova. Se, no entanto, o homem da ciência moderna não vê sua característica, se ele acredita ocupar-se do real como real e não como de um caso especial do possível, é porque a luta com a natureza se apresenta a ele como o desejo de transformar a natureza, e porque ele não se interessa pela questão de saber o que é preciso transformar e com que intuito: ele busca – verdadeiramente desinteressado nesse sentido – como se pode transformar; mais exatamente: quais são as condições de quais transformações.

É assim que o homem da ciência da condição pode permanecer inconsciente do sentido do que ele faz (do sentido que terá para outras categorias o que ele faz). A busca do procedimento de transformação, a experiência feita sobre a natureza só lhe aparecem como meios de controlar sua teoria e verificar sua hipótese. Ele é, como diz de bom grado, positivo, e não lhe interessa saber o significado de sua atividade. Para nós, ele se opõe à natureza, ao passo que para ele próprio essa oposição é impensável. A atitude que elabora a técnica experimental é, assim, a que se proíbe do modo mais categórico qualquer reflexão sobre o significado dessa técnica: ela é justamente técnica e isso basta. O homem não tem aqui linguagem alguma para si (teremos de falar sobre a importância muito particular que, em decorrência desse fato, as retomadas assumem) e a categoria aparece como tal ao homem que serve a ela (mais do que dela se serve) apenas na recusa das atitudes e das categorias anteriores, como protesto e negação. É apenas saindo da condição que o homem apreenderá a categoria positivamente, em toda a sua importância. Enquanto ele aí se mantém, ele é desinteressado, e se não existe para ele a *teoria*, a *visão* beatífica do objeto, ele pensa viver por inteiro na ciência teórica.

3. O homem para a ciência. – A psicologia exata. – A Aufklärung. – A sociedade, o mercado e a política do interesse bem compreendido

Nessa ciência desinteressada, o homem se opõe à natureza dentro da natureza; ele é para si mesmo um fator natural, estuda a si mesmo como tal. Torna-se fato de experiência, fator que é preciso analisar para que ele seja passível de utilização. O homem é o ser que mede; é preciso que ele meça com precisão, e sob esse aspecto ele será considerado como todos os outros fatores naturais; deve-se saber como ele reage a tal condição, e a ciência das condições exteriores ao homem deve ser completada pela das condições interiores. O homem enxerga mal, certas "realidades" são inacessíveis aos seus sentidos e nele se traduzem como impressões de outra espécie; a ciência se encarrega das correções necessárias (na realidade, de costume é só depois da correção que a insuficiência é constatada). Ela precisa de um homem normal, de uma vista normal, de uma velocidade de reação normal, de reflexos normais. Quer saber quais são os "mecanismos psíquicos", quais são os "fatores do comportamento".

Basta registrar aqui o lugar que, na ciência da condição, cabe por direito à psicologia dita "de laboratório". Uma única coisa importa aí, a saber, a compreensão, ou, antes, a não compreensão do homem nessa ciência: para ele próprio, o homem não é aqui para ele próprio, ele é algo na natureza, um entrecruzamento de séries de condições. Ele não é consciência de si, desejo, em busca da felicidade; é uma máquina, e uma máquina bastante malfeita, que seria de grande interesse substituir em toda a medida do possível por aparelhos mais precisos, visto que isso é mais fácil do que nele neutralizar todos aqueles movimentos individuais que fazem o homem reagir com frequência de modo anormal, que fazem a reação de um não ser idêntica à do outro. O homem é apenas objeto: o verdadeiro sujeito é a ciência. Que o homem sinta, deseje, tenha paixões, etc., isso não conta enquanto não for traduzido em funções. O homem acredita sentir: "na realidade", esse sentimento não é mais verdadeiro que uma ilusão de ótica: é um fato que o bastão mergulhado na água pareça estar quebrado; também é um fato que o homem acredite amar de coração; tanto um como outro são fenômenos interiores que é preciso reduzir a fatores mensuráveis (assim como existe um índice de refração, existe um para o *sex appeal*). O que a linguagem não expurgada denomina consciência humana não passa de uma primeira delimitação, insuficiente e não científica, de um espectro de acontecimentos naturais que é preciso analisar e reduzir a suas funções fundamentais, para fazê-los entrar na ciência. Isso significa que o indivíduo é apenas um caso na extensão do possível humano, caso que só interessa à ciência na medida em que exerce influência sobre a formação da média. Que o indivíduo continue a atribuir importância ao que chama sua vida interior, isso é tão natural quanto uma ilusão de ótica e seria igualmente desprezível, uma vez compreendido o problema, se não perturbasse o progresso da ciência. Infelizmente, porém, essa ilusão psicológica impede as pessoas de serem bons servidores e úteis instrumentos do progresso, e faz com que se dediquem a outras coisas que não o domínio sobre a natureza por meio da ciência exata.

O homem de ciência constata, assim, que não está sozinho no mundo. Vive em meio a outros seres humanos, *pessoas* que não se dedicam à ciência, que até a ignoram, ao mesmo tempo em que sofrem continuamente sua influência. Essa inconsciência se expressa no fato de continuarem a acreditar em coisas que a ciência superou ou revelou como impossíveis: são pessoas que a ciência ainda não transformou. A ciência tem sua desculpa pronta; não é nem negligência de sua parte nem insuficiência constitucional: ela simplesmente ainda não possui todas as ferramentas em suas mãos. Pode-se ver, contudo, que o homem evoluiu, e não é preciso ser particularmente otimista para predizer a continuação desse movimento.

Para aquele que, ciente do que a ciência é, não contribui diretamente com ela, mas reflete sobre suas condições por meio dos próprios conceitos da ciência, o homem se apresenta, assim, sob dois aspectos diferentes, em sua realidade e no que acredita ser. Do ponto de vista da ciência, essa crença é o erro, nociva porque retarda o progresso do gênero humano. É do maior interesse combatê-la e suprimi-la: deve-se esclarecer o homem a fim de que, colaborando para a constituição de uma comunidade mais avançada, ele se torne um membro útil da humanidade. É preciso mostrar-lhe como o trabalho científico o fez evoluir para ajudá-lo a compreender que suas crenças não contêm verdade alguma e que a tradição à qual ele permanece apegado o engana e aprisiona: é preciso explicar-lhe sua história.

Sua história *verdadeira*: a história estabelecida pela tradição não o é. Falou-se com ele sobre a história de sua comunidade – mas o que ela é senão um amontoado de crimes, horrores, besteiras? É-lhe ensinada a história santa – e o que se pode encontrar aí senão uma série de contos da carochinha, que a ciência tornou absurdos e ridículos? Quando se conhece a ciência, uma única história possui um sentido, a da própria ciência: o modo como, de hipótese em hipótese, de lei em lei, o homem se libertou da influência do erro, como aprendeu a delimitar o campo de seus conhecimentos e a reconhecer sua ignorância para saber onde deve colocar seus esforços, eis o único tema a um só tempo digno do homem e a seu alcance, eis o fio condutor que o faz descobrir os acontecimentos importantes e sua interdependência.

A história, no entanto, não é ciência; ela é apenas científica. O que lhe falta é uma análise completa do homem; pois seria necessário saber o que o homem realmente é, e a ciência – ela não o ignora – ainda está longe desse objetivo: do contrário, a história se escreveria em fórmulas. No atual estado das coisas, ela se faz no plano humano, ela luta com a natureza humana, ela é a tentativa de abrir um caminho para o progresso. Não elabora hipótese exata (verificável na experiência mensuradora), busca tornar essa elaboração possível. Ela não constrói; ela demole os obstáculos.

Ora, para agir sobre os homens é preciso que ela fale com eles ao modo deles. Então, a única história verdadeira e compreensível, a da ciência, é também a que serve menos a essa ciência: não se trata, afinal, de fazer que a história seja admitida por pessoas que se movem nas trevas da superstição? Sim, bastaria não ter preconceitos. Mas é o preconceito que governa as pessoas. Por isso, o homem esclarecido, aquele que possui a ideia da ciência em evolução, deve explicar aos outros o que o homem é, ou, antes, o que ele não é. Ele não é um ser que deva ou possa buscar a felicidade, pois a felicidade não existe para a ciência, que só encontra o prazer e a dor como indícios – grosseiros, aliás – do bom ou mau funcionamento da máquina humana. Ele não é a criatura de Deus, pois a ciência não pode admitir um início incondicionado. O homem é simplesmente um ser que luta por sua existência, e que luta por meio do trabalho razoável. Por isso, ele sempre se encontra vivendo em comunidades de trabalho. Mas ele não compreende isso, acredita que esse trabalho não é essencial, não reconhece que ainda não alcançou sua perfeição. Eis por que ele não lança seus fracassos à conta de sua ignorância, mas os atribui a forças sobrenaturais imaginadas por ele – conforme o que observa em seus congêneres – como seres não razoáveis, malévolos, irascíveis, invejosos e cuja disposição favorável é preciso conquistar. Então, outros homens aproveitam essa tendência, oferecem-se como mediadores entre os bárbaros amedrontados e seus deuses, e usam essas crenças para defender suas próprias vantagens, declarando ímpio qualquer empreendimento que pudesse desapossá-los. Assim, eles se desencarregam da luta com a natureza; fazem outros trabalharem para eles. Nada de mais compreensível, portanto, que sua oposição a qualquer progresso da ciência. Suas vantagens hereditárias ou institucionais só são defensáveis enquanto o povo acredita em sua função sagrada, e como os interessados conhecem muito bem esse fato, veem seu inimigo mais perigoso nessa ciência que mina a fé no sobrenatural. Eles são necessariamente reacionários, visto que não podem não ser obscurantistas: o dia em que povo compreendesse que o sacerdote é supérfluo e que o rei, com sua nobreza, se arrogou os direitos a recompensas que seus ancestrais haviam merecido pelos serviços prestados à comunidade, mas aos quais esses mandriões e desfrutadores não têm direito algum, nesse dia sua dominação desmoronaria. Já não haverá senhores, os homens só serão distinguidos por sua contribuição maior ou menor à tarefa comum, executada em fraterna colaboração.

A história liberta assim o homem de seus erros ao lhe mostrar como, passo a passo, ele já se emancipou em parte e em qual direção deve continuar. Visto que não se trata de ciência, pode-se evidentemente discutir para saber se o estado perfeito da humanidade existiu no início da evolução do gênero humano, se ele foi destruído em seguida pela introdução dos erros e deve ser recuperado no fim, ou se o homem, saído da animalidade, segue um curso ziguezagueante, porém contínuo, rumo à perfeição.[5] O certo é que, nesse momento, ele ainda não está lá, seja porque não voltou para lá, seja porque não chegou lá. Ele vive no erro, e não é possível que se liberte dele numa única tacada: não existe ciência do homem até hoje, e a da natureza não faz mais do que mostrar a impossibilidade de certas crenças. Por isso, é preciso ter paciência com as pessoas. Elas não evoluíram o suficiente para se contentarem com seu trabalho como tal; além disso, a ciência natural ainda não transformou suficientemente esse trabalho para que o homem possa renunciar sempre a qualquer consolação. Em suma, não se podem suprimir as crenças completamente, caso contrário os miseráveis destruiriam toda a organização do trabalho, querendo desfrutar sem produzir. Trata-se de criar um código de crenças puras que disciplinem as pessoas, ao mesmo tempo em que as guiem progressivamente para a ciência: a religião deve ser depurada.

---

[5] Ambas as concepções são representadas por inúmeros autores: a *nostalgia* de Hesíodo se opõe à *arqueologia* "progressista" de Tucídides, assim como Rousseau se opõe a Voltaire, Burke a Adam Smith, Ruskin a J. S. Mill, os tradicionalistas a Comte. É dispensável dizer que, em todos eles – exceto em Voltaire e em Comte –, outras categorias diferentes da presente são dominantes.

E o problema não é insolúvel. Basta retirar à fé seus elementos não razoáveis. Que o homem acredite na existência de um Deus, garantidor da ordem social, eis algo útil, e até indispensável. Mas que ele cesse de contar com sua intervenção: as orações, os ritos, as oferendas não o dispensam do esforço; ele próprio deve se ocupar de seu destino, conquistar ele próprio o conhecimento da natureza, pois não existe revelação nem milagre. Entre o homem e Deus não existem outras relações que não as da moral, e a piedade do homem se resume a seu respeito pelo ser onisciente e absolutamente justo. Não é papel da lei defender os "interesses" de Deus: ele não os tem, e aqueles que lhe atribuem esses interesses pensam nos próprios e perturbam a paz do trabalho. Talvez Deus venha a julgar os atos dos homens depois da morte deles; a crença, embora pouco provável, embora, a bem dizer, falsa – pois a ciência não imagina uma alma distinta do corpo –, presta grandes serviços, contanto que se tome a precaução de limitar a religião pela utilidade social, com vistas ao progresso da humanidade à luz da ciência.

Quanto à moral em geral, é preciso evitar afirmações apressadas. Sabemos apenas poucas coisas, e da ciência do homem possuíamos apenas a ideia. O que é o Bem? O que é a Verdade? Onde está o sentido da nossa vida? Nós o ignoramos, e ignoramos até se o homem poderá um dia responder a essas perguntas. Por isso, só lhe resta deixá-las em suspenso. Todos os sistemas metafísicos, todos os pensamentos que quiseram ultrapassar a ciência da natureza levaram a discussões sem-fim, a lutas, perseguições, turbulências. Se o homem não pode renunciar a esse jogo, que não o leve a sério! Que se diga que são sonhos, todos equivalentes entre si! Não seria duplamente absurdo que ele sacrificasse seu interesse humano, o progresso, a quimeras que não defendem nem mesmo vantagens reais? A tirania é útil ao sacerdote e ao nobre, sem dúvida, mas o que o metafísico extrai de sua renúncia aos bens deste mundo? Joguemos, se não conseguimos nos abster disso, e deixemos jogar os outros; mas não perturbemos a paz com discussões vãs. Virá o dia em que a ciência descartará ou resolverá esses problemas ao lhes dar um sentido preciso. Até lá, trabalhemos.

Com efeito, o que o homem de ciência – absorto em sua pesquisa – não vê é identificado pelo historiador que pensa como homem de ciência graças à sua obra de demolição. A luta com a natureza – uma vez afastada a questão insensata de saber se ela foi ou não benfazeja – é o que faz o homem, o que faz que o homem seja um animal civilizado: *sua* luta, visto que ele não vive apenas em uma comunidade de trabalho – ele não se distinguiria das abelhas e das formigas, que tampouco encontram individualmente (ou já pronto) aquilo de que necessitam, e que estão organizadas no intuito da transformação do dado –, mas em uma comunidade do progresso. Nem a organização nem os métodos de seu trabalho estão estabelecidos de modo definitivo.

E mais, a humanidade está apenas entrando no caminho do progresso de modo consciente: existem homens civilizados, mas eles não constituem a maioria. Eis por que o Estado é necessário na condição atual da humanidade, pois, sem a coação pela polícia, as pessoas, não sendo esclarecidas, se precipitariam umas contra as outras para tomar o que existe, em vez de produzir o necessário. No entanto, seria errôneo concluir dessa necessidade técnica que o homem seja essencialmente cidadão. Ao contrário, é-lhe acidental pertencer a este ou aquele Estado, visto que a luta com a natureza incumbe ao gênero humano inteiro – acidente histórico dos tempos bárbaros que continua a desempenhar um papel, porque os privilegiados encontram aí sua vantagem. O homem, mesmo esclarecido, nada pode fazer contra isso por enquanto, exceto mostrar às pessoas que seu único interesse verdadeiro é propiciar o avanço da humanidade: acima dos Estados, negando qualquer fronteira histórica, está a sociedade. Ela ainda é apenas a sociedade dos homens esclarecidos que conhecem o segredo da história, e as comunidades históricas dela participam em diferentes graus, de acordo com o número e a influência desses homens; mas aproxima-se o momento em que os homens da ciência tomarão o poder, em que substituirão os obscurantistas e os tiranos, e poderão educar livremente o povo. Então, e somente então, a civilização, o progresso rumo ao domínio da natureza unirá todos os homens.

Mas esse é um futuro longínquo. Por enquanto, é preciso aceitar o homem como ele é e não se dirigir a um ser perfeitamente razoável, que não existe ainda em lugar algum. O pedagogo deve conhecer seus alunos. Se ele quer libertá-los de seus preconceitos e superstições, elevá-los acima das crenças que os amarram à tradição, deve se perguntar por qual força propulsora ele os fará agir. Mesmo livres de seus erros, eles não alcançam a clareza da consciência do pensador, e isso, aliás, não é desejável: o homem mediano deverá sempre servir de instrumento à ciência, mas é preciso que ele encontre nisso seu interesse e compreenda que o encontra nisso.

Felizmente, a dificuldade decorrente do fato de não existir ciência do homem suficientemente elaborada não é insuperável. A ciência não reduziu todo o comportamento dos homens a fatores controláveis, é verdade; mas o educador pode transformar o homem com vistas a uma sociedade onde cada um agirá de acordo com motivos compreensíveis, onde, em consequência, ele se determinará em suas relações com os outros por meio de fatores calculáveis. Que ele continue a acreditar, a amar, a agir como lhe agrada, contanto que se conforme em suas ações à ideia do homem razoável: o ideal proposto realizar-se-á, contanto que a educação se baseie num fator atuante dentro do homem atual e reconhecido por ele como tal, *fator* aos olhos do homem de ciência que seja a um só tempo *motivo* para o homem comum.

Ora, esse fator existe e satisfaz às duas condições exigidas: encontra-se dentro do homem tal como ele é e presta-se à construção científica de uma sociedade calculável. É o desejo de possuir. Natural ao homem assim como a muitos animais, ele foi reforçado quando o poder se transformou em riqueza: os poderosos se apropriaram do trabalho alheio e do fruto desse trabalho. Aos ricos ociosos se opõem os trabalhadores pobres, que os primeiros impedem de enriquecer ao privar-lhes dos instrumentos de trabalho, empregando assim o meio mais eficaz para forçá-los a ceder-lhes o produto de seu esforço. No caso daqueles, tanto quanto no destes, é a propriedade que dirige todas as suas ações, na medida em que os preconceitos não os enganam. Ora, isso é apenas a expressão subjetiva da luta pelo domínio da natureza, pois se o homem quer possuir, é para poder dispor do produto, da matéria transformada. Querer possuir mais é querer contribuir para o progresso. O instinto da propriedade, longe de ser nocivo ou de ser uma perversão, é o motor da evolução – com uma condição: que cada um possa ter acesso a ela e, o que é equivalente, que ninguém possua a título definitivo. Os bens necessários à produção devem circular, para chegarem àquele que deles extrai o maior proveito para si e, desse modo, para a sociedade. Nada deve ser excluído do domínio social, tudo deve ter um proprietário e um valor, estar à disposição deste ou daquele indivíduo e, no entanto, poder passar à disposição de qualquer outro. Assim é que nenhuma parte da natureza ficará abandonada, e que a comunidade extrairá de cada uma o máximo de benefício.

A sociedade ideal é, portanto, a sociedade do mercado industrial, onde todo valor repousa sobre o trabalho e se expressa, exatamente mensurado, em dinheiro. Os pensamentos e sentimentos do indivíduo são reduzidos para a ciência a uma porção mensurável: são úteis na medida em que rendem; o indivíduo vale o que possui, e a pobreza é a prova da incapacidade de um sujeito que serve no máximo para ser empregado como instrumento da produção. Quanto mais o indivíduo é capaz de transformar a matéria-prima, mais hábil ele é para encontrá-la e extraí-la, e maior o serviço prestado por ele à comunidade cuja riqueza ele amplia. Pouco importa o que ele produz, enquanto encontra o meio de trocar seu produto vantajosamente; afinal, qualquer produção não constitui uma ampliação da potência humana? E se existirem produtos que devoram um trabalho que seria mais produtivo se fosse empregado de outra maneira, a concorrência dos produtores e dos produtos nos mercados não os expulsará? O interesse da humanidade e de cada homem é o mesmo. Quanta bobagem os tais direitos humanos eternos, os vínculos naturais, sentimentais, históricos entre os indivíduos! Existe apenas um direito, o de enriquecer pelo trabalho, um único crime, o de querer chegar a isso de outro modo, crime não contra a natureza, mas contra o interesse do próprio sujeito, crime de estupidez de quem não compreende seu interesse, de quem não enxerga que, ao atacar a propriedade, destrói para si mesmo a possibilidade de possuí-la.[6]

---

[6] A teoria, cujos elementos se encontram na mescla de ceticismo metafísico e positivismo prático de um Bayle ou de um Hume, recebe em Bentham e A. Smith a forma sob a qual ela domina o pensamento político-econômico do liberalismo.

O problema suscitado é, assim, resolvido, e uma ciência da sociedade foi fundada. O interesse normal do homem se definiu e se tornou mensurável. Sem possuir uma ciência que alcance cada homem, pode-se falar do homem que é verdadeiramente homem, porque se sabe que é o homem que trabalha por meio do cálculo. O resto já não causa dificuldades de princípio: estão traçadas todas as linhas que a educação e a política devem seguir. Isso porque educação e política, inseparáveis uma da outra, só podem tender para um único fim: instituir o regime de mercado, deixar que as diferenças se confrontem, entre os indivíduos e entre as comunidades. Todos os indivíduos devem participar da técnica para ter chances iguais, todas as nações devem entrar em competição no mercado a fim de contribuir para o progresso.

Uma sociedade civilizada proporcionará aos seus membros, portanto, uma instrução científica que desenvolva suas faculdades de trabalho e libertá-los-á, ao mesmo tempo, dos preconceitos sem, no entanto, suscitar neles desejos que eles não serão capazes de satisfazer por suas próprias forças. Mas nem todas as sociedades contemporâneas são civilizadas, e é a existência das comunidades primitivas que obriga as outras a manter, por enquanto, sua forma histórica de Estado. Em princípio, a educação deveria fazer que desaparecesse esse vestígio de tempos idos, e mesmo a polícia seria supérflua entre homens educados; bastaria uma medicina social para reconhecer e tratar os elementos associais e antissociais entre eles e, se necessário, separar uns dos outros. Em todo caso, se ainda houvesse uma política, ela só poderia ser, em princípio, interna, e só diria respeito à organização do trabalho – política esta que seria fixada pelo acordo comum de todos os trabalhadores, isto é, de todo mundo, ao menos onde a instrução houvesse alcançado cada cidadão. Na realidade, os Estados não evoluídos ainda impõem sua lei, lei de violência e de luta inter--humana. Isso porque esses Estados são realmente perigosos: embora não se enxerguem como comunidades em progresso, eles são, no entanto, comunidades de trabalho; podem ser poderosos graças a condições sociais favoráveis, e o grau de bem--estar dos civilizados pode incitá-los à agressão. E mesmo que não fossem nem poderosos nem agressivos, retardariam sempre o progresso da humanidade ao sequestrar uma parte das riquezas potenciais da natureza. É para o bem da humanidade e para o deles que é preciso educá-los; se eles não consentirem nisso, se, sob a influência de preconceitos favorecidos por seus senhores interessados, eles protestarem, será preciso quebrar-lhes a resistência: a guerra é um mal e um resquício de épocas bárbaras, mas ela será justa se for necessária para fazer avançar a humanidade rumo à era do trabalho razoável, se for levada a cabo a fim de afastar a possibilidade de qualquer guerra futura.

Até a vitória final da ciência, as comunidades históricas continuam, assim, a ser os sujeitos da história. Juntos, os civilizados conduzem a luta contra os bárbaros; entre eles, a concorrência decide a precedência. Como empreendimentos de trabalho, as formações políticas à altura dos tempos se libertaram passo a passo de elementos puramente históricos e acidentais: a história política só explica seus defeitos. Por isso, o papel do indivíduo na história moderna, isto é, racional, é estritamente limitado. O grande homem, no sentido da tradição nacional, o herói que fez o Estado vir a ser o que ele é, é uma figura mítica; a história científica demole sua lenda, a sociedade moderna não o conhece, exceto quando a luta contra os primitivos a obriga a descer, na guerra, ao nível deles. O homem civilizado é grande como inventor ou como organizador, e sua grandeza se mede pelos serviços prestados à causa do progresso. Nada conta além disso, e seria insensato querer diminuir essa grandeza alegando, contra o herói do progresso, supostos defeitos de caráter, de moral, de gosto, pois, em verdade, não existem grandes homens, existem apenas grandes desempenhos. O homem não passa de órgão da sociedade e tem mais ou menos valor de acordo com a maior ou menor dificuldade de ser substituído. Insubstituível, ninguém é. A presença de um homem talentoso pode dar vantagem a um Estado sobre outro, pode economizar tempo – em outras palavras, trabalho –, mas sem ele a humanidade teria chegado ao mesmo ponto, talvez mais tarde, talvez com outra grande formação à frente do progresso, mas a partir do momento em que a humanidade sabe, graças à ciência, do que se trata, ela alcançará e superará qualquer ponto dado. O progresso não será freado enquanto a humanidade, em seu trabalho, seguir a ciência. O homem só conta dentro de seu grupo, o grupo só conta com relação ao progresso da humanidade.

4. A filosofia e a historiografia da condição

A atitude presente tem a particularidade de que, tendo saído da reflexão do homem em Deus e, assim (para nós), de uma reflexão sobre uma reflexão, ela se opõe a qualquer busca de um *sentido*, a qual, para ela, é substituída pelo enriquecimento científico e material. As questões pessoais, as preocupações morais, estéticas, religiosas são, aos seus olhos, epifenômenos de origem histórica; é preciso, sim, explicá-los para poder tratá-los, pois eles existem e agem, mas não podem aspirar a nenhuma influência legítima. É evidente que a consciência filosófica moderna fica, então, num embaraço: ela busca compreender, busca um *sentido*, um *valor* (pouco importa o que essa busca pressupõe, de seu lado – sobretudo: pouco lhe importa), ela busca para si mesma, e é precisamente esse "para si mesma" que ela não apenas não encontra aqui, como vê que lhe foi proibido. E, por outro lado, ela fica impressionada pela grandeza do resultado que ela não pode nem quer ignorar, ainda mais porque ela se sente, e até confessa, ser formada por esse trabalho. Sua tendência é, portanto, a de algo acrescentar ao que ela encontra, de dizer que não se deve tomar "tudo isso" ao pé da letra, que o homem tem necessidades metafísicas que exigem satisfação (é divertido observar a que ponto ela aceita a linguagem da condição), que mesmo que o homem fosse realmente – algo impossível – tal como ele é descrito aqui, ele seria profundamente infeliz, não poderia viver exclusivamente das ideias de condição e progresso. Ora, o homem consegue muito bem viver assim, e a análise das retomadas nos mostrará que a maioria dessas lamúrias não prova que nossos Jeremias tenham superado a categoria, mas que eles tentam, ao contrário, subordinar a atitude a categorias mais antigas. Em si mesma, a atitude possui tudo de que precisa – o que, aliás, é uma afirmação trivial, visto que ela diz tão somente que essa atitude é uma atitude, e não uma invenção de romancista – com moral, arte e filosofia.

Sua filosofia começa por ser metodologia, reflexão sobre o procedimento da ciência, e particularmente da ciência primeira, a da natureza. Ela não tem de se perguntar como essa ciência é possível: basta-lhe constatar que ela existe e que, todos os dias, ela mostra as suas capacidades. Sua única preocupação é torná-la tão pura e, assim, tão útil quanto possível. Constantemente, com efeito, a ciência, tal como os homens a praticam, deve ser vigiada; pois o homem permanece preso em suas condições históricas; sua inclinação para uma interpretação não científica – que ele denomina compreensível – é quase irreprimível e faz com que ele cometa erros tanto mais graves quanto maior seu custo em trabalho. Eis por que é essencial refletir sobre os métodos do trabalho científico. O homem não está, como indivíduo, em relação direta com a verdade da ciência: ela lhe é exterior, sem jamais estar presente ou ser alcançada em ato. Somente o método pode preservá-lo do erro. Mas isso também não basta; se o homem acredita estar na verdade e não ter necessidade de uma proteção contra o erro, ele ainda avança levianamente; pois ele sempre está no erro, na ignorância que se toma por saber: o método pode apenas ajudá-lo a se libertar disso. A própria ideia de uma coincidência entre sujeito e objeto num saber absoluto, esse *ideal* da categoria do *objeto*, é absurda, e se a ciência for definida dessa maneira, o homem jamais conhecerá o substrato das coisas – pois esse pretenso substrato não existe. Caso se queira falar de objeto – e a expressão é cômoda –, é preciso falar de objeto do conhecimento, não de razão ou de sujeito: é o conhecimento que é seu próprio substrato, e falar de outra coisa que se encontraria ninguém sabe onde, por trás dos fenômenos delimitados e medidos pela ciência, é falar sem dizer nada. Existem os dados dos sentidos, as qualidades, existe o "objeto" da ciência, aquilo a que a ciência reduz os dados e as qualidades, em outras palavras, as funções que religam e constituem os fatores mensuráveis, e é só. O filósofo só tem de apresentar essa técnica em sua pureza.[7]

A tarefa, no entanto, não é pequena, pois o indivíduo que trabalha para a ciência permanece indivíduo, e a tradição pode

---

[7] Esse *pragmatismo* talvez não se encontre em lugar algum sob uma forma mais pura que em Lotze (cujo pensamento, no entanto, não é esgotado por ele).

extraviá-lo. Nem toda questão pode ser decidida de imediato, e as hipóteses se confrontam, inverificáveis por enquanto. Além disso, a ciência se complica continuamente, e a especialização, consequência da repartição das tarefas, faz com que a mente mais poderosa já não consiga enxergar a ciência em sua totalidade. Ela se constitui em uma multidão de ciências, todas relacionadas à ciência una, mas a ela relacionadas apenas para o filósofo, não para o especialista; a natureza, a totalidade do mensurável, é recortada em áreas, e o homem que se dedica a apenas uma delas esquece facilmente a existência das outras. Isso é particularmente verdadeiro quando se trata de procedimentos socialmente úteis; pois visto que essa utilidade é parcial, ela coloca em perigo, justamente por seu sucesso, o progresso da ciência que, ocupada em explorar os conhecimentos adquiridos, negligencia o desbravamento de novos terrenos. Ora, esse é o objetivo essencial da ciência, e uma sociedade que o perde de vista deixa de ser comunidade do progresso para voltar a ser comunidade do trabalho tradicional. Somente a teoria pura, a ciência desinteressada, pode preservá-la disso. Essa teoria pura, como vimos, existe na matemática. Às ciências que mensuram ela se opõe, dominando-as do alto, como a ciência da medida. É nela que o filósofo descobre o cânone da teoria: é científico apenas o que pode ser matematicamente tratado. Que se façam hipóteses como se quiser, que se realizem as pesquisas mais especializadas: enquanto for possível expressar-se em linguagem matemática, não se terá perdido o contato com a ciência.

Mas o homem da ciência aplicada e o matemático trabalham cada qual de seu lado, como se o outro não existisse ou, ao menos, o físico age como se o matemático trabalhasse apenas para ele, o matemático, como se o físico só existisse para diverti-lo com seus problemas. Somente o filósofo vê a unidade e pode preservar um do empirismo e o outro da soberba do acordo puramente formal. Ao estabelecer a junção e as oposições de ambos, mostra-lhes qual é o sentido de seus esforços e de suas construções: transformar a matemática em sistema não contraditório de funções passível de ser aplicado como medida, desenvolver a ciência da natureza como sistema de hipóteses matematicamente tratáveis no intuito de determinar a interdependência das condições. Nada fora disso é ciência, embora muitos outros elementos se encontrem na ciência. É fato que não raro somos forçados a agir conforme a tradição, que a prática é diferente da teoria ou não é elucidada por esta, que classificações provisórias fazem as vezes de teorias funcionais. Mas isso só aumenta o valor da reflexão metódica: no plano da ciência, ela desempenha esse papel de purificador que é o da história no plano social. Assim como ela, não contribui diretamente para o progresso científico; mas ao mostrar o caráter arbitrário, isto é, tradicional, das suposições – atualmente úteis e insubstituíveis, visto que nem tudo progride, mesmo numa sociedade moderna –, abre o caminho e nele engaja a pesquisa.[8]

É tanto mais lamentável para essa filosofia que ela consiga guiar a história apenas parcialmente. Existem setores nos quais ela pode se declarar satisfeita: a história da ciência, é claro, mas também a do trabalho razoável, relações econômicas são ou podem se tornar científicas. A evolução do homem aí se confunde com a das condições sociais; o sentido do progresso é definido, os resultados são mensuráveis. Mas é evidente que a tradição desempenha em todo lugar um papel enorme: crenças religiosas, convicções metafísicas, sentimentos nacionais, influências pessoais não bastam, é certo, para explicar os acontecimentos, visto que é o progresso que fixa a grande linha; mas os meandros dessa linha, os acontecimentos concretos, só se compreendem por meio de seus fatores – que não são mensuráveis. Eles continuam a agir, a tal ponto que tornam a experiência praticamente muito difícil, mesmo nos setores que, por sua constituição, se prestam a ela. Nada impede que, em economia, se estabeleça um e apenas um fator mensurável, e que a partir daí se prediga o resultado, a reação dos outros fatores. No entanto, se a mudança prevista não se produz, não se pode concluir daí que a hipótese inicial fosse falsa, porque sempre é possível que as pessoas não tenham reagido como sujeitos puramente econômicos.

---

[8] Aos pragmatistas se unem, nesse ponto, os *metodólogos*, tais como Mach ou H. Poincaré, e no que tange a apenas uma parte de seu pensamento, os neokantianos.

É assim indispensável se voltar para fatores "subjetivos" e estudar o homem não no que ele é, mas no que acredita ser. Um estudo dos mais decepcionantes, visto que se ocupa com algo essencialmente não razoável, com expressões puramente verbais e que não podem ser analisadas; um estudo no qual é preciso levar a sério aqueles pseudopensamentos que só têm importância na medida em que frearam ou, por vezes, favoreceram o progresso da ciência; no qual se deve elucidar o devir puramente histórico dessas comunidades históricas que são os Estados, porque a formação e a forma deles propiciam a compreensão das reações de seus membros.

Propiciam a compreensão: eis o mais difícil, porque para compreender, o historiador deve pensar em linguagem comum, aprovar ou desaprovar, avaliar, julgar – em suma, não apenas seu objeto não é científico, como também sua atitude não o é e não pode sê-lo. O que ele fará para se controlar? Como saberá que não é por sua atitude histórica, seu pertencimento a este ou aquele Estado, sua religião, sua posição social que ele compreende os acontecimentos tal como os compreende? Não se poderia compreendê-los de outra maneira? Outros historiadores não o fazem? A atitude desinteressada não passa, em história, de um ideal. E, no entanto, esse ideal, que o historiador perde de vista com excessiva facilidade e do qual o filósofo é o guardião, não é pura quimera. Se o historiador refletir sobre isso, aprenderá a desconfiar de si mesmo, a estabelecer, na medida do possível, sua equação ideológica pessoal, a se proteger das visões de conjunto que não passam de meras teorias. Acima de tudo, saberá distinguir a realidade, o que é acessível à ciência, ao menos em princípio, das ideologias. Em suma, estará em condições de realizar sua tarefa essencial: libertar o homem das ideologias pela destruição delas.[9]

Assim, a filosofia é histórica e se compreende como histórica: ela é necessária porque – e somente porque – o homem ainda não se confunde com a ciência e, na medida em que ela

---

[9] Esse *sentido* da pesquisa histórica é preponderante na *Aufklärung* (cf. o tratamento histórico das religiões em Gibbon ou Voltaire) e nos historiadores marxistas (mais do que em Marx). A *teoria* dessa historiografia foi elaborada pela *sociologia do saber* (ver particularmente Karl Manheim, *Ideologie und Utopie*, Bonn, 1929), que só se compreenderá, no entanto, sob a categoria da *inteligência*.

alcança seu fim, torna-se supérflua. A metodologia servirá até o dia em que a luta com a natureza tiver se tornado o único conteúdo da consciência, seja porque o homem analisa as condições para tornar possível a modificação delas, seja porque ele contribui para essa modificação como fator natural e, ao mesmo tempo, social. Nesse ínterim, guia-o a filosofia. Partindo do ideal do homem cujo único interesse é o da sociedade, cuja única particularidade é a de sua função, ela indica ao homem suas imperfeições e os meios de remediá-las. Fornece-lhe, assim, sua moral: honestidade nas relações econômicas, defesa da comunidade à qual ele pertence e que lhe dá a possibilidade de viver de modo civilizado, ardor no trabalho, seja ele qual for, esforço em prol do maior bem-estar possível – eis tudo o que lhe diz respeito, porque é tudo que diz respeito à sociedade. Quanto ao resto, cada um seguirá seus gostos.

5. A arte da condição

Ora, esse resto ainda é grande. O homem ainda não se ocupa exclusivamente do progresso e do trabalho, ainda não é, para si mesmo, fator calculável. Por isso, o trabalho lhe é exterior, uma obrigação que ele sente como imposta de fora; é só para alguns espíritos poderosos e raros que a ciência e o progresso são realmente tudo, espíritos que vivem no trabalho e o interrompem apenas na medida em que sua constituição psicofisiológica faz do repouso a condição do trabalho. A massa das pessoas não está nesse ponto. Elas fogem do trabalho com demasiada frequência, e mesmo aquelas que são suficientemente honestas para não tentar se apropriar de seus frutos por violência ou artimanha buscam de costume a satisfação fora do trabalho. Superaram as etapas anteriores da evolução, mas não se instalaram ainda na atitude moderna. Reconhecem a seriedade da vida; as superstições e os preconceitos já não têm influência sobre elas; mas a mudança ainda está limitada às suas opiniões e não transformou seus hábitos. Querem trabalhar, porque compreendem que isso é necessário; mas querem também se divertir, porque não estão completamente imbuídas de ciência e de filosofia. Entediam-se, pois conservaram sentimentos e desejos.

A arte corresponde, portanto, a uma necessidade social real. Herança de épocas desaparecidas, nas quais o homem expressava seus sentimentos e os encontrava expressos, ela está à altura das crianças grandes dos tempos modernos. Não todas as artes do passado: as que servem às pretensões dos cultos tradicionais ou dos antigos senhores agora tocam apenas os herdeiros dos desfrutadores. O povo pede outra coisa. Quer se divertir e passar seu tempo agradavelmente. A música, que expressa (na opinião das pessoas) desejos e sentimentos sem os transformar em teses, e a narrativa, representada ou não, que conta o que aconteceu a outros, fala de sucessos brilhantes que estão talvez reservados aos espectadores e aos leitores, de infortúnios assustadores que foram evitados, são as artes típicas do progresso.

No entanto, não têm valor equivalente. O efeito da música é mais forte e mais direto; como não se dirige à inteligência, nem mesmo à imaginação, age sobre o sistema nervoso como um excitante ou um calmante; por isso, com frequência – quase sempre – se associa ao ritmo e, assim, à dança; por outro lado, ela disciplina, ao facilitar todos os trabalhos de cadência regular. Mas por causa dessa ação direta, tão natural que seu efeito é frequentemente mensurável e se presta a experiências precisas, ela não tem valor educativo. Mas quando se trata de literatura, as coisas são muito diferentes. Ela não apenas pode ser instrutiva, ela necessariamente o é. Isso porque a narrativa se dirige a um só tempo à inteligência e à imaginação. Ao falar do homem, ensina-o a enxergar-se em suas possibilidades. Mesmo que o autor não tivesse intenção alguma, mesmo que, tomado por ideias que não sejam da época ou por sonhos sem utilidade nem justificação, rejeitasse qualquer tese e qualquer teoria, ainda assim não deixaria de esclarecer o leitor. Trata-se apenas de saber se o faz bem ou mal. Seu público aceita o que ele lhe oferece, contanto que ele divirta seu público, que lhe dê a impressão de compreender a vida. Que não haja nada a compreender, que o que é assim denominado seja apenas uma primeira aproximação da análise, isso é algo que os leitores sempre ignoram, e, os autores, com frequência. Em inúmeros casos, a literatura não tem, portanto, valor algum; não se veem em toda parte escritos que proporcionam satisfações imaginárias às inclinações mais baixas das pessoas, reforçando seus instintos brutais e associais, quando não se opõem explicitamente ao progresso? As pessoas não se precipitam atrás dessas produções, que correspondem ao que existe nelas de mais primitivo e atrasado? Felizmente existem outros escritores, que, conscientes de seu papel, se debruçam com seriedade sobre os problemas do presente, mostrando ao público o mecanismo social, as fragilidades de uma sociedade imperfeita, a injusta infelicidade do pobre ao qual não se oferecem oportunidades, o revoltante esplendor do rico ocioso, os crimes do preconceito, a grandeza do homem moderno – e mostram-no da única maneira que lhe convém e que convém ao tema, na ausência de uma ciência social elaborada. Esses autores não estão atados por moral histórica alguma, visto que se emanciparam de toda tradição inútil e sabem do que se trata; não correm atrás de uma beleza inalcançável; seu campo é o real, com seus vícios e suas virtudes, suas alegrias e seus sofrimentos, seus problemas e fins.

Na obra desses autores, o homem moderno se reconhece, e mais do que isso: ele se encontra. Isso porque as pessoas são, para si mesmas, indivíduos e vivem nos sentimentos. Mas não conseguem expressar-se, pois a única linguagem admitida por sua inteligência é a da ciência. O escritor permite-lhes enxergar o que elas são, ele produz os personagens que falam em seu lugar, que dão importância àqueles movimentos do coração dos quais a cabeça delas tem vergonha, que lhes mostram atitudes e comportamentos que elas podem imitar: elas são levadas a sério no que têm de pessoal, imaginam-se no lugar dos antigos senhores que, sem trabalhar, estavam satisfeitos consigo mesmos e só se ocupavam consigo mesmos, que tinham um destino próprio, um papel no qual eram insubstituíveis, que eram personagens e heróis. Ao mesmo tempo, elas se transformam ou, mais exatamente, são transformadas pelo escritor. Compreendem quais são os perigos da vida moderna para aqueles que se demoram nas formas antiquadas da vida, que a nobreza, a fé, a entrega de si levam à catástrofe se não forem acompanhadas por um sólido entendimento das condições reais, e que, no entanto, esse entendimento reconhece esses valores, sem os quais a revolta dos mal civilizados seria inevitável, porque não se pode pegá-los de outra maneira que não pelos sentimentos, sem os quais tampouco o civilizado conseguiria se abster de um egoísmo pessoal que o impediria de bem compreender seu interesse: numa sociedade imperfeita, é preciso ter coração.

Assim, o lado poético e o lado analítico da literatura se completam admiravelmente. Ao satisfazer àquilo que, no indivíduo, ainda não foi satisfeito pelo progresso e pela ciência, ao contribuir para a instrução pelo retrato da sociedade em evolução, para a educação pelo exemplo do sucesso e do fracasso, o escritor é o primeiro homem da sociedade. Embora sua glória entre as pessoas verdadeiramente à altura do progresso seja menor que a do homem de ciência e a do filósofo – pois eles sabem que suas imagens não podem ser controladas –, ela é a única verdadeiramente popular e (o que a distingue da do ator) duradoura. É que, para as pessoas, ele é a um só tempo representante da ciência, natural tanto quanto social, filósofo e historiador, e ele é superior aos especialistas porque os reúne em si. Não os alcança, é certo, em conhecimentos específicos, mas supera-os pela amplitude de suas visões e pela extensão de seu horizonte, a tal ponto que os próprios especialistas se voltam para ele tão logo saem do âmbito de sua especialidade: quando estão fora dela, já não se distinguem do homem mediano e, da ciência, são relançados à compreensão que lhes é fornecida pelo autor.

O escritor é, assim, o mestre venerado, invejado e imitado da época, porque é o mestre de todos os indivíduos, exceto do pequeno número dos que vivem apenas na ciência ou no trabalho social. Para esses homens excepcionais, ele é apenas um brincalhão, um vadio desprezível que se dirige aos fatores menos evoluídos no interior do homem, e que seria absolutamente insignificante se seu trabalho não correspondesse a uma necessidade real e não produzisse resultados economicamente mensuráveis. Eles o reconhecem, por conseguinte, sabendo que seu domínio só se estende aos indivíduos em sua individualidade histórica, e que o progresso da sociedade não é posto em perigo por ele; sabendo que, ao contrário, se ele desempenhar conscienciosamente sua função de historiador do presente, poderá interpretar, esteja ele ciente disso ou não, esse papel de educador que o historiador exerce quanto à instrução. Onde quer que a teoria científica da organização social não reine, onde a reflexão metodológica não possa guiar o pensamento, para todo esse resíduo imenso que as pessoas denominam o humano, só o escritor dá um simulacro de resposta a perguntas que parecem ter um sentido. Visto que as pessoas não suportam a consciência de sua ignorância, o escritor lhes proporciona a consolação que elas procuram. Nele, o espírito científico moderno e os sentimentos antigos se unem. Ao retratar para o homem comum a condição do indivíduo na sociedade, ele próprio é esse homem comum em estado puro; ainda *eu*, mas já a serviço do progresso.

6. *As retomadas.* – *O romantismo político.* – *As retomadas e a consciência média do presente*

Mas o que é o homem sério dessa atitude-categoria? A tradição, já destituída de seu caráter absoluto pelas categorias anteriores, é agora negada. No entanto, ela não é substituída por nada, e o homem, sacudido entre o "ainda" e o "ainda não", deve se absorver no trabalho científico e social para se libertar de sua individualidade, que é o que nele existe de falso, de histórico, de empiricamente dado e de não reduzido à função e à possibilidade. Ele deveria calcular e trabalhar de acordo com o cálculo; não deveria falar. Isso porque o sujeito não é ele, mas a sociedade, e o pensamento não é o do indivíduo, mas o da ciência: o homem não é nem o pensar, nem o pensamento; ele é pensado, e insuficientemente pensado no estado atual das coisas. A luta com a natureza não está terminada, e tudo que o homem diz é provisório. Somente a fórmula matemática, a função que expressa a condição como possibilidade modificável, possui um sentido preciso. Mas esse sentido, experimentado na luta com a natureza, não é um sentido compreensível para o indivíduo: a ciência não é para ele, ele é para a ciência, e essa ciência, contrariamente à do objeto, não o conduz ao Uno, visto que ela é essencialmente inacabada e que o sentimento não é legitimado. O crente oferece seu coração a Deus; mas mesmo sem saber o que ele oferece e a quem o oferece, ele sente que sabe e pode ter a esperança de saber. Aqui não é o sacrifício do entendimento que é exigido, mas o sacrifício total, feito a um entendimento em devir, humano e supraindividual. E essa divindade não se contenta com sentimentos e intenções; aquele que não tem nem dons nem forças a oferecer não é nada, é menos que nada; ele incomoda, e deve desaparecer. O homem é o que ele faz, e só é na medida em que faz alguma coisa. Por isso, não se devem buscar compensações e consolações para os males dessa existência. Quando se fala de males, se criticam as condições. Mas elas são o que são, e também a crítica é condicionada. As coisas evoluem, o melhor – salvo acidente histórico – está no ponto seguinte da linha do tempo, que é a do progresso. O homem luta com a natureza, isto é, ele nunca está satisfeito: por que, então, queixar-se disso? Ele não se sente feliz? É possível, mas isso não interessa à ciência, nem mais – nem menos – do que sua digestão ou a composição de um mineral ou o efeito da descoberta de uma jazida de ouro sobre a oscilação dos preços. Não existem pessoas, só existem homens; mais exatamente, só existem reações humanas médias, assim como só existe uma reação média das moléculas de água. O que haveria de diferente na ciência dos fluidos se essa ciência fosse feita pelas partículas que compõem o líquido? Seriam elas menos dominadas pelas leis, porque as conheceriam? E mesmo que, à maneira dos homens, elas modificassem o estado do líquido, por acaso seria este em menor grau um estado do líquido? O homem que pensa deixou de ser um *eu* (mesmo que apenas em *Deus*); para ele, só existe a ciência.[10]

É um fato que o homem pode viver nessa atitude. Mas em nenhum lugar é mais forte a tendência de se compreender por meio de categorias anteriores. Isso porque as outras categorias são negadas apenas em princípio. Elas estão presentes, sua presença é até reconhecida como necessária, e o homem sério deve fazer um esforço constante e manter uma vigilância permanente a fim de encarar o aparecimento delas como indício da presença de fatores insuficientemente conhecidos. O homem, mesmo sabendo que isso não é sério, gosta de *aparentar*. A linguagem

---

[10] É assim que o *behaviorismo* apreende seu objeto, que já não é, portanto, *psicológico* (ou não o é ainda).

tradicional não é apropriada; mas ele vive numa sociedade a um só tempo tradicional e em evolução, e que não conhece nenhuma outra para as relações de indivíduo a indivíduo: a menos que renunciem a essas relações, mesmo o homem de ciência, o filósofo, o organizador falam essa linguagem da subjetividade e dos sentimentos, e não apenas ao se dirigirem às pessoas que não se encontram à sua altura, mas ao falar consigo mesmos. Quanto aos outros, eles são para si mesmos apenas a série de seus próprios sentimentos e humores. Incapazes de contribuir para a ciência ou para a organização social, eles não têm atitude alguma; suficientemente esclarecidos para não permitir que ela lhes seja imposta, sentem a necessidade, tão logo começam a refletir, de "dar um sentido à vida", de "compreender o mundo", de ter um "guia na existência", de "valores".

O resultado é que nessa vida as retomadas dominam, e nós as vimos em todos os discursos, indispensáveis e necessariamente não científicos, do educador, do historiador, do artista. Essas retomadas são arbitrárias – visto que um modo de compreender equivale a outro –, sendo todas elas históricas e acidentais, e a escolha é imensa, pois todas as atitudes se mostram no progresso da destruição histórica do histórico. Algumas são retomadas inconscientemente, tais como a do *objeto* ou a da *discussão*, que podem guiar (e extraviar) o filósofo do método. Com mais frequência, porém, as retomadas são conscientes, isto é, as categorias mais antigas não são empregadas diretamente, mas por meio de outras categorias, que, estas sim, conhecem a subjetividade ou pelo menos parecem conhecê-la aos olhos do homem que se opõe a seu presente, pois não chega a se absorver nele. Isso porque esse homem vê o seu mundo como exterior, ao mesmo tempo em que sabe que ele é o seu, e o compreende como condição, mas condição para ele próprio, que se sente individualidade. Eis por que ele quer, por um lado, apreender esse mundo (e não apenas vencer a natureza) e, por outro, tornar-se apreensível como indivíduo. As retomadas das quais ele se serve para isso trazem a marca de seu sentimento, expressam a fuga diante de um mundo que ele sabe ser hostil à vida interior, à contemplação, à tradição, à discussão, etc., um retorno nostálgico a atitudes em que o homem "ainda tinha um valor".

O romantismo da individualidade nem por isso é necessariamente sonho e tristeza. O romântico pode, de fato, se limitar a isso; mas pode igualmente considerar o estado social como modificável e por modificar, e intervir na evolução para realizar as condições que lhe parecem ideais na atitude por ele escolhida: de sonhador, ele se torna revoltado, sinceramente convencido de que sua linha política não decorre de uma escolha entre as possibilidades do passado, mas que ela é a do progresso que se tornou, enfim, compreensível, esquecendo-se por outro lado de que essas atitudes, no que tinham de autêntico, não se compreendiam, mas eram o fundamento da compreensão. Ele absorveu a ideia de que o mundo é modificável, sem admitir que essa modificação não é determinada pelo indivíduo, mas determinante para o indivíduo. Por isso, sua ação política, seja ela qual for, é reacionária do ponto de vista da categoria, sentida como perigosa e, se necessário, combatida – precisamente por ser política, não enxergando o político e o histórico como males, no máximo como meios, mas como irredutíveis. Pouco importa, nesse aspecto, o conteúdo dessa política: nacional, tradicional, religioso ou moral. Também aqui a escolha é arbitrária. O decisivo é que o homem encara a ciência e o trabalho como condições exteriores a ele, que não está preso na engrenagem das condições, que modifica sem se modificar nem ser modificado. Sonhador ou revoltado, ele só conhece o mundo da condição; mas coloca-se fora do mundo no qual ele vive, e o julga.[11] Seu julgamento também lhe é exterior e recai no mundo que ele não ultrapassa, porque ele quer, ou gostaria ele também de modificá-lo, mas de acordo com seu gosto. Ele pensa pela categoria da condição e passa sua vida no trabalho, na ciência, na organização. As retomadas lhe servem apenas para que se erija, além do mais, em individualidade. Essa individualidade, porém, é apenas histórica, e o homem que quer agir como ele próprio não é aqui livre para si próprio: ele dá um sentido ao seu trabalho, mas serve-se desse sentido apenas para justificar atos que só precisam disso do ponto de vista das categorias anteriores; empreendimento que sempre é bem-sucedido, pois ele

---

[11] O revoltado não deve ser confundido com o revolucionário, que, justamente, não é revoltado. Sua atitude pressupõe (conscientemente) a categoria da condição, o que significa que ela é do âmbito de outra categoria.

sempre pode renunciar a esse ornamento: basta que se reporte à ciência histórica ou natural que lhe mostrará que, no estado atual, sempre se tem ideias, mas que essas ideias não contam no longo prazo.[12]

Seria tão supérfluo quanto difícil querer analisar as retomadas em detalhes – supérfluo porque o historiador sociólogo se encarrega desse trabalho, difícil porque todas as combinações são possíveis. Elas passam pela categoria de *Deus* para então originar a teologia progressista, explicando e compreendendo o progresso como a revelação contínua do plano divino que visa à educação do gênero humano ou, empregando em segundo lugar a categoria do *eu*, às teologias da infelicidade do homem num mundo ateu e sem coração, etc.; elas passam pelo *eu* e originam morais da abnegação ou da fruição amoral e antimoralista; utilizam a categoria do *objeto* para interpretar o homem de ciência como inteligência que plana livremente acima das contradições em que se debatem as pessoas comuns. Podem partir dessas retomadas no que elas têm de negativo, voltarem-se de um mundo sem Deus, sem moral, sem inteligência viva para atitudes mais antigas, que elas "reavivam" para criar o mito científico, a tradição "renovada e compreendida em seu sentido científico", a *certeza* científica de um fator último, o único decisivo, tal como a raça ou a sexualidade. Ou então, em vez de retomar a certeza, elas podem se servir da categoria da *discussão* que leva então à logística, forma moderna da lógica da não contradição, separada, pela condição sempre dominante, da comunidade do trabalho e de sua tradição, puramente formal e do tipo da ciência, isto é, excludente de todo sentido e exigindo apenas a utilidade técnica, mas refletida pela retomada e desejosa de justificar essa exclusão pela pretensa necessidade da formalização do discurso: mais exigente, assim, que a categoria pura, que reconhece a historicidade da linguagem e do trabalho.

Aí estão apenas alguns exemplos ou, menos que isso, alusões a exemplos possíveis. A análise completa equivaleria a nada

---

[12] Todo romantismo político, seja o de um Ruskin ou o de um Maistre, o de um K. L. von Haller ou o do surrealismo, é do âmbito dessa retomada (sob a qual, como no último exemplo, categorias posteriores poderão ser retomadas).

menos que a análise da consciência média de nosso tempo, média precisamente no sentido dessa categoria, média como efeito médio de fatores isoláveis na medida requerida, jamais completamente isolados.

Isso porque o que caracteriza essa consciência e essa linguagem é que tudo seja admissível, exceto estar em contradição com a ciência. Ora, em si mesma a atitude da condição, repitamo-lo, é muda, se à linguagem for associada a compreensão, como é necessário quando a filosofia é para si mesma, quando – o que é equivalente – o sentido é para ela o (ou um) *transcendental* que a orienta. Para quem realiza o sacrifício do eu, apenas a ciência fala; mas sua linguagem não compreende, ela *serve*: o indivíduo tagarela, e que sua tagarelice seja por vezes levada a sério por ele próprio é algo lamentável para o homem sério, mas não o surpreende: ele é indivíduo porque age de um modo que não é científico. Ele sabe – embora às vezes se queixe disso – que a única coisa que conta é o progresso do trabalho social pela ciência: ele só se conta na medida em que se enxerga como útil, e se o que ele chama "seus interesses" estiver em outro lugar, ele próprio os caracterizará como algo à parte, sem importância. É essencial reter esse ponto, para não ser ludibriado pela verborragia das retomadas e não tomar por superação da categoria o que não passa de abuso romântico dos resultados do trabalho pelo egoísmo do sentimento, que não quer vencer o mundo da condição, mas dele se aproveita para, protestando, dar a si certa importância por um preço baixo; que não ousa se opor a ele, mas julga-o, por ser incapaz da seriedade e do imenso e incessante esforço do homem que se fez condição natural para lutar com a natureza.

10. Consciência

> O homem que não é capaz de se entregar ao progresso do trabalho científico e que, tampouco, não se contenta com uma linguagem que ele sabe ultrapassada pela ciência, se apreende como consciência.

1. Diferença entre a consciência, o eu, Deus e a condição. – Eu[1] e eu. – A possibilidade e o ser, a presença e o tempo. – O mundo e a liberdade. – O saber e a causa absoluta

O homem na atitude da *consciência* não deve ser confundido com o *eu* nem com o *crente*. Assim como eles, ele se opõe ao mundo. Mas essa expressão é ambígua: aqueles se encontram num mundo determinado, quer essa determinação lhes seja acessível, quer não, ao passo que ele se encontra num mundo que nunca está determinado, pois sempre está em via de determinação e transformação. O homem consciente se opõe, portanto, a um mundo, mas nem o homem nem o mundo estão estabelecidos de uma vez por todas, eles se formam e se modificam continuamente estabelecendo-se e opondo-se. O homem não tem o meio – ou para ser preciso: ele rejeita todos os meios – de se interpretar como um ser, uma criatura, um desejo, pois toda determinação se revelou provisória, isto é, indeterminada: só resta ele, para quem as determinações indeterminadas se sucedem. Ele é o vazio, sempre preenchido sem nunca estar pleno, o ponto ao

---

[1] Usaremos sempre *Eu* para traduzir "Je", e, eu para traduzir "moi". Como indicamos em nota no início do capítulo 7, Weil usa "moi" para indicar o eu no sentido genérico da individualidade, e "Je" para indicar o Eu da subjetividade moderna. (N. R.)

qual tudo se reporta, mas que não faz parte desse todo, aquele a quem tudo se mostra e que nunca se mostra. Ele é o único a ser, pois todas as coisas são isto ou aquilo; mas não sendo isto ou aquilo, ele é – no plano das coisas de que se fala – nada. Ele não é aquilo de que fala a ciência, ou a fé, ou a filosofia; ele é aquilo que fala em todas as linguagens. Nada do que ele apreende é ele, ele não é nem mesmo aquilo que apreende, pois assim haveria ainda a aparência de um determinado e de uma determinação, de um fator e de uma função – ele é ato de *apreender*. Aquilo que é, só é na medida em que é apreendido, *só* é porque é para a consciência.

Tudo que é está, assim, no mesmo plano, aquele em que aparece o que é. E nada aí constitui exceção: o que o indivíduo encara como ele próprio não possui dignidade particular alguma pelo fato de que parece estar presente de modo mais direto. A ciência tem razão quando diz que a análise não para: se falo de mim, apreendo-me como apreendo a árvore, por meio de determinações sempre provisórias, sobre o fundo de uma teoria que sempre pode fracassar. O *Eu* que fala não é o *eu* sobre o qual a linguagem fala, e jamais pode vir a sê-lo, senão seria de novo objeto da ciência, e *Eu* já não seria *Eu*, mas isto ou aquilo, não o falar, mas aquilo de que se fala. Tudo que o homem pode dizer de si na atitude da consciência é: *Eu sou*, expressão que não tem sentido para a ciência, pois esta não conhece o ser senão sob a forma de possibilidade elucidada, como aquilo que poderia e pode ser diferente e diferentemente, e não pode ser em absoluto – expressão que tampouco tem sentido para ele; porque ter um sentido, seja qual for a maneira como ele é tomado, é reportar-se a outra coisa. "Eu sou" é anterior a qualquer sentido; mas sem esse "eu sou", não existe sentido algum.

Nada obriga o homem a entrar nessa atitude. Se ele o faz é porque não *quer* se contentar com a ideia do progresso, porque não *quer* viver em retomadas que ele deve encarar como destituídas de valor científico, viver no provisório: o homem *pode* recusar-se a isso, não apenas parando antes da passagem à ciência (o que não nos interessa aqui), mas também depois de haver aceitado e efetuado essa passagem.

Para o homem da condição, existe apenas o provisório: o que significa, para a nova atitude, que não existe apenas a ciência. Mas precisamente porque a ciência já não é tudo, ela agora é verdadeira, e a palavra "verdadeiro" é tomada num sentido absoluto a partir do momento em que a condição foi ultrapassada. O que a ciência da condição denominava verdadeiro só o era para ela provisoriamente: para a consciência, a linguagem da ciência é verdadeira absolutamente, porque decorre do "eu sou" e a ele retorna. Qualquer tese pode ser falsa; a linguagem não pode sê-lo. Ser falso significava que uma teoria exigia modificações antes de poder servir de medida; a consciência responde que, embora cada padrão possa ser modificado, o padrão como tal não pode sê-lo; isso equivaleria a querer medir sem medida. O homem da ciência não tem nem a necessidade nem a possibilidade dessa reflexão; ela nasce aqui como o ato de um homem que se mantém indeterminado e indeterminável diante das determinações, definitivo diante do provisório ou, para falar como ele, consciência antes dos conteúdos, absoluto diante do condicionado, em suma: condição absoluta.

Expressão alguma poderia exprimir mais fortemente do que esta última o que separa essa atitude daquela da ciência, e o que ela tem de paradoxal do ponto de vista desta última: uma condição absoluta é a condição da possibilidade, não desta ou daquela possibilidade, mas *da* possibilidade. Por causa disso ela é insensata para a ciência, e só tem sentido para o homem que quer *ser* – mais exatamente: que quer se afirmar como *ser* (uma vez mais: não se afirmar como esta ou aquela coisa que é). A ciência não pensa que ela seja para alguém ou para alguma coisa (o que é o mesmo, a seus olhos); todas as coisas são para ela e somente são na medida em que são para ela. O homem que afirma que a ciência é para ele e só é por meio dele e que, no entanto, dá razão à ciência e não busca explicar a ciência por categorias que ele retoma só para a ocasião, esse homem não é contrário à ciência: para ela, em contrapartida, ele não diz nada.

Nisso a ciência da condição tem razão, e a consciência lhe dá razão, visto que ela nada quer dizer sobre si mesma no plano da ciência. O homem fez um exame geral da ciência, ou fez que ela realizasse um exame geral: nenhuma afirmação da ciência é garantida nem pretende sê-lo; para a consciência, porém, existe um fundamento último, a saber, que ela tem conteúdos, sejam eles verdadeiros ou falsos para a ciência: que exista possibilidade estruturada, como a ciência o ensina, isso *é*, pois o ser da possibilidade é a consciência, que não se reduz a nenhuma outra coisa.

Essa não é uma informação sobre o homem; é exatamente o contrário. Ele é consciência, mas de algo que não é consciência. Ele *é*, mas só se apreende completamente como possibilidade realizada ou realizável. Ele sabe, mas tudo que ele sabe pode ser verdadeiro ou falso. Ele é condição absoluta, mas para condições interdependentes ao infinito. Ele nada aprendeu sobre si mesmo; todas as informações dizem respeito à ciência. Mas por isso ele não procurou obter informações sobre si mesmo: é que, justamente, ele quer se retirar da ciência e da condição. Ora, ele sabe que não pode consegui-lo negando a condição, tentando subtrair dela aquilo que lhe pertence. Se ele *é*, é porque a ciência não é tudo, é porque existem fins para o homem que lhe importam mais do que a ciência, em comparação com os quais, por mais séria que ela seja, ela é apenas jogo. Existe o progresso, existe a luta com a natureza, o aperfeiçoamento pela educação, mas existe – e existe em verdade – o homem que está por trás e acima de tudo, que em tudo procura a si mesmo, embora saiba que jamais aí se encontrará, que tudo percorre para então rejeitar tudo, porque isso tudo não é ele, que almeja realizar-se e não pode esquecer que toda realização cai no âmbito da condição. Ele tem um fim, mas esse fim não está no mundo da condição: fim nunca por alcançar, porque sempre alcançado, que se denominaria *ser* na linguagem da ciência se nela pudesse aparecer, e que se denomina *liberdade* na linguagem do homem consciente.[2]

A condição é discurso para esse homem. A ciência é a atitude do homem que fala (para não parar no homem que trabalha em

---

[2] Cf. Kant, *Crítica da Razão Pura*, Cânone da Razão Pura. Ver-se-á que a análise seguinte é guiada pela interpretação fichteana da filosofia de Kant, interpretação cuja estreiteza constitui, aqui, uma vantagem.

silêncio e conseguiu esquecer-se), que fala *porque* a linguagem lhe é invisível, assim como o fato de ser ele quem fala; tudo que não é formulado é rejeitado por ele, ou ao menos ele acredita poder rejeitá-lo. O resultado disso é que ele não pode descobrir nem o falar nem a condição absoluta, a única *causa*: ele próprio. Ele diz: ainda não, e acredita haver eliminado um fator acidental. Mas seu "ainda não" jamais desembocará num "agora": na série das condições não existe início nem fim, e se houvesse um ou outro não seria isso uma catástrofe para ele? O que teria ele ainda, se tudo estivesse em seu poder e ele não tivesse mais nada a adquirir, se conhecesse todos os fatores, se fosse o senhor da natureza? Ele pode ignorá-lo, e essa é sua força; mas eis também o que a consciência vê e não pode perder de vista. Tudo é discurso e não passa de discurso; mas esse *tudo* é silêncio que só fala para retomar em si mesmo todas as palavras: no fundo de tudo que é está a liberdade, e tudo que é, só é para a liberdade, para a consciência. A linguagem não é, portanto, uma *coisa* no mundo; ela é o *falar*, que condiciona o mundo e livremente se condiciona no mundo.

Mas a condição, mesmo estando superada, não é erro. O fim do homem não é o fim do indivíduo, assim como o *Eu* não é o eu. O que sei sobre mim, sobre a vida, sobre o mundo, sobre meus desejos, eu o sei pela ciência, que pode ser mais ou menos perfeita, mas que sempre se move nas condições. Que eu desejo isto, eis algo de que tenho tão pouca certeza quanto sei que "X" deseja aquilo. Talvez eu esteja doente, ou tenha lido livros ruins, ou seja vítima de uma sugestão; o desejo não viria de mim, mas de fora. Será que eu me dirigiria então ao médico, ao psicólogo, ao sociólogo? Eu transformarei meu desejo, mas o novo desejo tampouco seria meu, visto que ele foi formado pela intervenção desses especialistas. Jamais saberei o que sou, na medida em que *Eu* sei (ou sabe). Toda determinação do discurso é estranha ao *Eu* que se mantém no falar. Como indivíduo concreto, sou dado a mim mesmo, e é como indivíduo concreto que devo voltar a esse *Eu* ao qual sou dado ao ter-me dado a mim mesmo; é no discurso que devo encontrar o caminho para o falar, é como condicionado que devo retornar à condição absoluta, à *causa*: é preciso superar a ciência e seu dado, é preciso, portanto, compreendê-los com relação ao meu ser, e é somente ao passar pelo discurso que chegarei à origem do falar.

O que preenche o indivíduo concreto é o que ele encontra no mundo. Com maior ou menor precisão, conforme o seu grau de evolução, a ciência lhe mostra esse mundo como algo organizado em interdependências regulares; em sua forma acabada, acabada ao menos em princípio, ela lhe ensina que tudo é mensurável. Ela não busca mais do que isso; ou seja, ela negligencia um fato: que tudo é mensurável apenas para mim, que meço. Esse é um fato que ela tem o direito de negligenciar; mas ele se torna essencial quando se trata de mim. Serei eu um ser que mede? Certamente, e a existência da ciência o comprova. Mas serei eu apenas isso? Não mais do que sou discurso: tudo se mede, exceto a ação de medir, assim como tudo entra no discurso, exceto o falar. Do ponto de vista da ciência, só existe o dado, e o eu que mede é apenas um dado que deve ser ele próprio medido e modificado; mas tão logo eu digo que *Eu sou*, outro plano se desvela, não para a ciência, mas para mim, que sou, um plano que não mostra determinação alguma, conhecimento algum – e que não pode mostrá-los, visto que não se trata de possibilidade, mas de ser, não de algo que é, e que é compreendido na medida em que poderia não ser, mas de um ser absoluto, de uma condição incondicionada. Tudo que sei de mim – se posso chamar a isso saber – é que eu sou; mas esse conhecimento vazio, esse falar que não formula nenhuma afirmação, exceto a de seu próprio ser, é de uma dignidade diferente de toda a riqueza da ciência que ele transcende: ele não conhece modificação. Essa é a razão profunda pela qual ele não é compreensível, e pela qual ele sabe que não é. Ele é, mas só se mostra naqueles atos que não são ele, e que, no entanto, remetem todos a ele. Ele não é ciência, mas é o fundamento da ciência e a acompanha, pronto para retomá-la em si mesmo.

Com efeito, o eu que se vê num mundo, modificado e modificável, encontra-se diante de um fato que ele não consegue explicar: a realidade das funções que regulam a mudança. Nada é definitivo, é verdade, na forma dessas funções; no entanto, a ciência se baseia num postulado (que ela não vê nem enuncia): o de que sempre é possível encontrar uma interdependência funcional. Fazer a pergunta sobre essa possibilidade não modificável seria um contrassenso para ela, visto que, para ela, a possibilidade é essencialmente modificação possível. Mas a pergunta tem um sentido para mim; mais que isso, ela é decisiva. Se eu me encontro sempre determinado pelas relações estabelecidas pela ciência, eu posso, eu devo perguntar qual é o direito da ciência, uma vez que estabeleci o fundamento absoluto no "eu sou": as funções que determinam o eu no mundo são então *constituídas* pela consciência, que é mais garantida que o mundo e tudo que ele contém, e posso dizer como é possível que eu me encontre determinado. Basta reconhecer que *Eu* que falo não sou idêntico ao eu de que falo.

No entanto, *Eu* e *eu* não estão separados: caso contrário, se teria retornado à categoria de Deus. Quanto a mim, sou determinado por meus sentidos, minhas funções, meus desejos, estou num mundo da determinação que progride sempre; mas o mundo só é completamente determinável (ou, o que é equivalente, só é um mundo *uno*) porque existe para minha consciência *una*: o mundo é uno e me determina porque eu sou uno e o determino. Eis por que posso compreender a ciência, elevar-me acima dela – e limitar suas pretensões sobre mim.

Função, condição, modificação, todos esses conceitos fundamentais se relacionam ao tempo. A ciência prediz, e isso é o essencial para ela. *Eu*, eu *sou*. Em linguagem de ciência, isso significa: sou sempre presente e apenas *presente* – o que é um contrassenso para a ciência, pois o que sempre é não está presente para ela, mas o que foi e será. Ora, não é um contrassenso para mim: nesse plano que transcende a ciência, isso significa que a consciência em sua originalidade é anterior ao tempo, mas se concretiza no tempo. O que sei sobre mim, eu o sei pelas determinações do tempo graças à ideia de unidade – pois determinações múltiplas se desprendem e se unem na linguagem da ciência, que, em seu progresso, constitui seu objeto conforme suas exigências. Mas ao lado desse saber que me constitui na medida em que sou dado, existe o saber de um ser que constitui o mundo tal como ele é para a ciência, e constitui a ciência – um não se concebe sem o outro: *eu* constituo todo dado ao submetê-lo às determinações que *eu* forneço.

Isso parece paradoxal. Mas não é surpreendente que eu não possa falar a respeito disso de modo adequado. O discurso está sempre preso nas determinações, e toda expressão se situa no plano do devir e da possibilidade, não no plano do presente, do ser e da realidade. "*Eu*" – fico tentado a dizer "meu *Eu*", mas "eu" transcende precisamente o "meu" concreto, o "eu" da ciência só "me" encontra (talvez fosse melhor dizer: se encontra) na destruição, em vista do constituinte, do conhecimento constituído, na busca do real que, antes do necessário e do possível, fornece *realmente* toda determinação e que, portanto, porque puro fato, poderia ser outro para o "*Eu*" que o transcende, ao passo que ele é o absoluto incompreensível e apenas por ser constatado para a ciência que é por ele constituída (condicionada sem possibilidade de modificação). Que eu fale por meio dessas determinações fundamentais, que o dado me seja dado como modificável, isto é, no tempo, isso é uma realidade que compreendo como possibilidade se a comparo à ideia da realidade absoluta do "*Eu*" transcendente, mas como possibilidade sem contrapossibilidade para mim enquanto eu quiser conhecer, visto que o eu, sujeito da ciência, se constitui somente nas determinações do tempo.

A consciência possui, assim, um saber que não é o da ciência. O homem, porque pode se retirar da ciência pode compreendê-la como uma de suas próprias possibilidades. Não é que ele possa criar ou apenas imaginar uma ciência verdadeiramente distinta: a realidade das determinações fundamentais é a condição da possibilidade da ciência dada, porque o dado só é dado nessas formas. Um material não ordenado jamais se mostra e não passa de uma ideia-extrema no processo da análise: *Eu* sou afetado por algo que não pode ser pensado positivamente, pois o que é pensado sempre o é nas formas que fazem desse "algo" uma coisa determinada no tempo. Posso aprender quais são essas formas ao analisar a ciência, ao me voltar não para o que é constituído por ela, mas para o procedimento no qual ela constitui, guiado pela ideia de que é o "*Eu*" que confere a forma ao que o afeta. Mas esse saber é necessariamente regressivo: científico, ele compreende a realidade como possibilidade; voltado para o transcendente e não disposto a ser ciência, ele compreende essa possibilidade como a possibilidade da modificação, portanto, como não modificável ela própria. A teoria da consciência pura é, assim, negativa do ponto de vista da ciência. Se *Eu* sou afetado nas determinações do tempo, essas determinações não determinam o "*Eu*", mas apenas sua experiência. "*Eu*" não *sou*, no sentido da experiência. Em outras palavras, visto que a experiência diz respeito ao mundo e que a ciência, em sua luta com a natureza, se ocupa do modificável, *Eu* não sou *deste* mundo, embora eu esteja sempre *no* mundo, sempre naturalmente condicionado tão logo eu queira me conhecer.

Mas esse saber já não é negativo quando se trata desse "*Eu*" para *eu* mesmo, e não para a ciência. Sua negatividade se mostra, então, como a positividade de minha liberdade. A ciência nada diz sobre mim, na medida em que *sou*: na medida em que o homem é para si mesmo, a ciência não é capaz de reduzir o homem ao ser determinado que ele é para ela. Não é que ela esteja errada em determinar o homem, assim como determina todas as coisas; seu erro é acreditar que o homem é apenas aquilo que ela pode determinar – ou antes, esse erro é o do homem que toma a ciência por um absoluto, em vez de compreendê-la como uma de suas próprias atividades.

Eu *sou* ao fazer a ciência. *Serei* menos ao querer ser eu? *Serei* menos no sentimento do coração? Não existiria um pensamento distinto do da ciência? E o procedimento que acabo de efetuar não constitui a prova da existência desse pensamento? Pensamento que não me proporciona conhecimentos, é verdade. Mas não se trata de conhecimentos: não passei da condição condicionada à condição absolutamente condicionante, à *causa*? Quero agir, essa palavra não tem um sentido para mim, embora no mundo eu não encontre ações, mas apenas atos condicionados e explicáveis? A causa última não se encontra na experiência. Mas será que ela pretende estar, no sentido do mundo e da ciência? Será que ela não se negaria, ao pretendê-lo? Eu certamente não amplio o âmbito dos meus conhecimentos quando falo de liberdade, isto é, de ação antes do tempo, de criação de mim mesmo pela decisão. Mas fora da ciência das condições condicionadas, não consigo ser eu mesmo para mim mesmo?

Consigo-o, de fato, mas contanto que me lembre de que se trata de ser, não de parecer. Que eu me determino, isso eu sei; mas como eu me determino, não posso sabê-lo, porque o *como* me substitui na condição. Depois de ter sido decisão e livre, em minha ação eu caio sob a ciência. Ao me decidir, sou apenas para mim, fora das condições temporais que constituem a natureza; que eu não possa nem mesmo falar desse ser em termos positivos é algo que, longe de ser uma objeção, apenas confirma minha posição: o discurso pertence ao homem que vive no mundo, e quando *Eu* falo, é sempre o eu que se expressa no tempo, é de suas expressões que devo me servir. Mas a insuficiência da expressão mostra apenas que o *eu* não é tudo: ao seu discurso se opõe e se acrescenta o pensamento que é informulável, mas que domina toda formulação. Assim, a decisão, formulável no mundo, pode ser pensada como *causada* pela lei do *Eu* que é liberdade.

Ela *pode* ser pensada sob a lei da liberdade – novo paradoxo e paradoxo duplo, pois o que é essa possibilidade, o que é a lei da liberdade? Eu posso me decidir; portanto, posso igualmente não me decidir; em outras palavras, posso me enxergar tal como sou na natureza, deixar-me levar na direção a que me impelem essas condições empíricas que eu, homem de ciência, encontro em meu caráter, e posso me desprender desses dados, posso me decidir livremente. Mas essa decisão transcende o ato no qual ela se torna visível. Daí o paradoxo: a decisão é livre, mas ela só aparece no ato que não o é. Tão logo existe ato, é apenas possível que, por trás desse ato, exista decisão; eu mesmo, na medida em que me conheço, nada posso saber sobre isso. Mais ainda, no tempo, quando agi (no passado), meu ato não foi livre: não posso sempre analisá-lo? E, no entanto, essa ciência da análise repousa na *possibilidade* – possibilidade última que não posso perder – de me retirar da condição concreta, de me decidir pela decisão num *agora* intemporal, de me decidir a ser.

Ora, a possibilidade não me basta: quero apreender essa decisão. É preciso, portanto, que eu me dê a lei de minha liberdade, a fim de que eu apreenda a liberdade como a causalidade não condicionada pela qual eu me determino. No intuito do quê? No intuito de ser como *Eu*.

Uma única coisa conta, portanto, que é decidir-se de acordo com uma lei que regula as intenções, não os atos. O ato, situado na natureza, não traz os rastros de sua origem: não o que eu decido, mas por que eu assim decido, eis o que importa. E se *Eu* devo decidir, a decisão deve ser pura, não afetada pelas condições do *eu*: *Eu* decido no respeito à liberdade, de modo tal que minha intenção não deixe espaço para a explicação, que ela não tenha fim exterior a ela própria. A pergunta me vem do mundo, a resposta, *Eu* a dou, e a intenção visa à criação de uma realidade que seja a do *Eu*, não do eu, que possa ser a de todo homem que mantém seu ser na consciência. Agirei de modo que a intenção de minha decisão só olhe para a pergunta em si mesma, e não em sua relação com meu caráter individual. Assim ela será não contraditória, ao passo que seria inevitavelmente contraditória se dependesse da individualidade concreta, pega na necessidade e no desejo. Ela me fará escolher, entre os princípios de condutas possíveis, aquele que corresponde à ideia da causa livre, à causação pelo homem na qualidade de consciência pura, visando a um mundo no qual somente a harmonia da consciência consigo mesma seja encarada como fim. Existe uma única pergunta, exprimível sob diferentes formas, mas única como pergunta da liberdade: minha intenção é tal que possa ser a da consciência em toda individualidade concreta, é ela absolutamente comunicável, aprende ela os homens não como objetos naturais e modificáveis, mas como *seres*, que, portanto, só podem ser fins últimos?

Uma vez mais, isso tudo não é compreensível no plano da natureza e da ciência, onde eu ignoro, e ignoro absolutamente, o que pode querer dizer expressões como "causa livre e não aparente" ou "fim último". Mas os mesmos termos têm uma significação precisa no pensamento transcendente do *Eu*. Mais que isso, eu só posso me *pensar* como vontade-liberdade, e querer livremente não é se contentar em *conhecer* as inclinações de minha natureza, é querer de acordo com aquela lei que, sem ser determinada, determina o *Eu* pelo simples pensamento do *Eu*. A ideia da determinação da vontade por ela própria ultrapassa a ciência (eis por que não entra em conflito com ela); e a *presença* dessa determinação lhe dá uma dignidade muito distinta daquela possuída por qualquer ideia a respeito da natureza: à possibilidade ela opõe a realidade, que é necessária para que o possível seja possível. Nela, a redução do possível ao ser é realizada, ou antes, visto que a palavra "realizar" pertence à ciência, nela o "eu sou" se revela como a fonte e a origem de tudo que é. Na natureza eu vivo como indivíduo, eu jamais sou *Eu*; eu *constato* que minha ação, que fora decidida livremente, é determinada: mas a *constatação* pertence ao *eu* que não sai da condição, ao passo que no plano do *saber* puro a natureza da ciência e a ciência da natureza são apenas determinações que o *Eu* opôs a si mesmo, a fim de agir livremente sobre um exterior do qual tem necessidade para que ele não seja simplesmente, mas seja para si mesmo: como *Eu* se apreenderia como *Eu* se ele não fosse *eu*? Nada *é*, senão aquele ato no qual o ser e a liberdade se confundem; toda aparência sensível, toda determinação natural derivam desse ato absoluto, revelado no saber absoluto da realidade absoluta que é o *Eu* se determinando como *Eu* ao se opor ao não eu, para que o *Eu* seja para ele próprio por meio da negação da negação da liberdade, negação sem a qual *Eu* seria livre, mas não se saberia nem *Eu* nem livre.

Assim, a consciência pura é para ela própria determinação e saber da determinação, e ela é essas duas coisas de modo inseparável. Somente a determinação livre me faz sair do saber condicionado; somente a reflexão sobre o ato determinante como possibilidade transcendente me faz ver o absoluto que eu sou como *Eu*, mas que não conheço na condição. "Eu sou": essa frase expressa a um só tempo o ato pelo qual eu me coloco e o saber absoluto desse ato – eu me coloco, para retomar a palavra paradoxal, antes do tempo; condição absoluta quando parto da ciência, fim absoluto e, ao mesmo tempo, causa livre quando parto da determinação livre, sou em mim mesmo ato absoluto, tão absoluto que eu, indivíduo concreto e condicionado, só posso ver esse ato por meio da condição que devo fazer desaparecer nele. Meu saber só é absoluto porque é vazio. Mas embora seja vazio, ele é, para mim, em minha existência concreta e sempre condicionada, o meio de eu me libertar da condição. Que para a ciência da condição, que é minha única ciência em toda minha vida, eu seja apenas uma peça na imensa máquina do mundo natural, ou menos que isso, um caso individual para as estatísticas dos historiadores por vir, como eu poderia não admiti-lo de bom grado, visto que sei absolutamente que, em abstrato, eu *sou*, e que a ciência, com tudo aquilo de que ela fala, só existe porque eu *sou* num ato absoluto? Sendo para mim, possuo o que o mundo pode receber apenas de mim: valor e dignidade. O homem que é um ser no mundo pode esquecê-lo, pode encarar a ciência como o sujeito para o qual ele é. Mas pode, se ele se determinar, retomar o mundo, juntamente com o homem que ele encerra, no ato do saber absoluto pelo qual *Eu* coloca a *mim* para saber-se *Eu*, *ato*, *saber*. Tudo o que a ciência afirma sobre as condições será apenas uma linguagem incompreensível enquanto eu não tiver ancorado essas condições na causa que eu sou, enquanto eu não as tiver reduzido ao ser em ato, o ato em ser que põe a temporalidade com sua determinação para ser para si, que negou sua existência natural para negar sua negação de si. O vazio do "Eu sou" é o vazio da liberdade em ser, o valor absoluto do homem, a compreensão e o fim da condição transcendida no pensamento puro que não é meu ou teu, mas *Eu* que age, porque agiu antes de todos os tempos.

2. A reflexão como acesso ao absoluto

Parece, de acordo com essa explicação, que a consciência é o produto de uma reflexão teórica da subjetividade sobre a condição, de uma reflexão, por assim dizer, exacerbada e levada ao extremo. Ela seria, então, pura construção, certamente coerente e, talvez, a única capaz de fazer que se compreenda a ciência da condição em sua diferença essencial da lógica da *discussão* e da ciência do *objeto*, a única apta a afastar os mal-entendidos e as contradições inevitáveis quando se postula ciência = ciência, objeto = objeto, sem considerar a diferença categorial oculta sob a identidade dos termos – construção esta erigida, no entanto, para as necessidades de uma teoria não contraditória da condição, e à qual os conceitos de *Eu* e de ato viriam se acrescentar como ornamentos ao gosto da tradição, seja da busca da felicidade, seja da fé: a nova categoria seria apenas a tomada de consciência por parte da condição, que chegaria assim a encontrar uma linguagem própria e que se compreenderia. Ora, se esse é, de fato, o papel da consciência (toda categoria "toma consciência" da que a precede), basta lembrar, para mostrar a insuficiência dessa maneira de ver, que o homem pode se manter na atitude da condição, que ele o faz frequentemente, e que ele sai dela somente quando a ultrapassa não apenas em teoria: a teoria científica, que é a da condição, não exige "tomada de consciência" alguma e se basta. No entanto, a aparência subsiste, e esse fato deve ser compreendido, visto que ele se baseia no caráter da consciência que é (e se sabe) reflexão.

A consciência nasce no mundo da ciência: a entrega do homem ao seu mundo é o ponto do qual parte a consciência. Ela não se contenta com as retomadas que oferecem remédios ao tédio do homem "histórico". Conhece e reconhece a seriedade da ciência e do trabalho, e não admite a distração do sentimento e do desejo proposta pela literatura "na falta de coisa melhor". Respeita o esforço e os resultados da luta do homem com a natureza, assim como admite, e até exigiria, se fosse necessário, a educação do homem pela destruição dos preconceitos. Lida com um mundo, e é no mundo que ela se afirma contra o mundo. A ideia de Deus e a condensação de todo ser humano na fé do coração ainda valem para ela naquele sentido negativo em que valem para o homem da condição e, assim como ele, ela sabe que fora da condição nada existe para ela, visto que ela só encontra o dado na condição: a linguagem do homem é discurso que vai de um a outro indefinidamente e nunca *é*, porque não é criador. O homem *pode* se calar na fé ou no trabalho; mais exatamente, sua linguagem *pode* se tornar veículo do sentimento ou instrumento, e ele já não pretende, nesse caso, revelar uma verdade. O homem se detém; está satisfeito. Aquele que não está satisfeito pela condição porque não *quer* estar satisfeito, que não *quer* nem sacrificar todo discurso ao sentimento e à fé, nem se entregar por inteiro ao trabalho e à sua ciência, que também não quer, portanto, trair o sentimento por amor à ciência, nem a ciência pelo sentimento, esse homem tem diante de si um único caminho, o da crítica científica da ciência.[3]

Sua atitude se constitui, portanto, no plano teórico, porque é da teoria que lhe vem a ameaça: ele sabe que fora do discurso da condição só existe o silêncio e, no entanto, não pode ter acesso a ele, pois quer justificar *tanto* a fé *quanto* o trabalho para poder se entregar *tanto* ao sentimento *quanto* ao trabalho com a "boa consciência". Desejo incompreensível e até absurdo aos olhos do crente e do trabalhador, empreendimento supérfluo na opinião do homem de ciência e do metodólogo, ele prova justamente desse modo que não se trata de um interesse teórico: essa crítica não é feita por amor à ciência, caso contrário ela deveria completá-la, ou corrigi-la, ou colocá-la sobre bases mais sólidas. A reflexão pode ter esses resultados, mas seu fim é outro: é entregar a ciência ao homem, que se perde ao buscar – e ao buscar exclusivamente – o domínio da natureza. Não que ele esteja errado em prosseguir nessa luta; ao contrário, na natureza é ela que o eleva acima da natureza; pois ele tem um *fim*, e a natureza não; mesmo quando ela parece perseguir um fim, a análise das condições mostra que é o observador que introduz essa ideia. Mas não se pode esquecer que o discurso, que é o meio humano da luta para o progresso e no progresso, é *meu* discurso, que o fim é *meu* fim, e que a ciência inteira só tem sentido para mim, seja qual for a significação dela em si mesma, se ela me permite ser sujeito modificador, não apenas objeto modificado. A ciência tem razão em formular a pergunta do homem e em formulá-la ao seu modo, isto é, em buscar o lugar do homem no mundo. O que ela ensina não deve ser esquecido e não pode ser validamente rejeitado. Mas ao dizer "não deve" e "validamente" eu já superei (não negligenciei nem falseei) a ciência. Buscar o modo como essa superação é possível apesar da determinação do homem para a ciência, apesar de sua vida no mundo da condição, é a expressão concreta da atitude da consciência.

---

[3] Não falamos daqueles que, confortavelmente instalados na condição, buscam proporcionar a si mesmos vantagens adicionais por meio de retomadas conscientemente empregadas: esses se servem do sentimento tradicional dos outros e tratam o essencial de seu mundo, o trabalho, como inferior, mas revelam sua verdadeira posição por sua vida, pois estão sempre prontos para sacrificar os "interesses sagrados" ao que acabam de qualificar de "indigno".

O que aparece como reflexão teórica é o combate da consciência com a teoria da condição que ela deve vencer no terreno desta última. Que eu seja livre, que eu reivindique – o que é apenas outra expressão disso – meus atos como meus no momento em que me decido, que a condição me sirva apenas para desculpar atos passados que desaprovo (desaprovação pela qual eu os reconheço, aliás, também como meus), isso *é*. A dificuldade é que esse *fato primeiro* não entra na ciência e que eu me encontro, por isso, duplo, como quem faz a ciência, porque assim o decidiu, e como quem é objeto da ciência.

A consciência se expressa necessariamente, portanto, como reflexão e crítica, mas ela não o é essencialmente. Ela reconhece a atitude e a categoria da condição, mas supera-as conscientemente. Quer se justificar diante de si mesma, porque reconhece sua obra na ciência da condição. O "agora" de seu "eu sou" não se compara ao "ainda" e ao "ainda não" do progresso, nem àquele "sempre" da ciência que quer dizer "em qualquer momento". A consciência deve reduzir essas determinações – as únicas a lhe fornecerem um conteúdo – a esse fato primeiro que é vazio, deve conciliar seu exterior com seu interior, o determinado, tal como ela se conhece, com o determinante, que ela sabe que ela é. Ela quer estar ao abrigo de suas próprias objeções.

Assim, a filosofia como crítica é necessária ao homem, que, sem ela, esqueceria a si mesmo ou se entregaria a sonhos; mas ela não é o fim do homem, é apenas requerida para que ele possa alcançar esse fim: o homem deve saber que ele não é apenas um ser no mundo, um animal particular. Mas esse saber não é nada se se transforma em tese, se ele esquece sua origem e se faz passar por outra ciência de outro objeto, sobrenatural, mas no mundo. A filosofia não é o fim, ela tem um fim, e esse fim não é falar da liberdade, mas levar o homem a se determinar como livre. O homem é o ser que supera o mundo da *condição* – não existe outro – para entrar num mundo que agora tem um *sentido*: ele é o lugar da decisão humana, do encontro entre a liberdade e a necessidade condicional.

A reflexão, assim, faz parte integrante da atitude e aí sempre se encontra. Mesmo quando a teoria da ciência não está expressamente presente na consciência, o homem se opõe como *responsável* ao mundo da determinação, e não é por acaso que a palavra "consciência" se aplica tanto ao homem consciente como ao homem conscencioso. O mundo é o que é, nem bom nem mau, determinado em seu curso por suas condições; o homem se decide de acordo com sua consciência, faz o que deve fazer, quer permanecer ele próprio, não no sentido empírico – nesse aspecto, ele sabe que tem uma constituição que o impeliria justamente para onde ele não quer ir –, mas como *ser razoável*. Mas para ele, *razoável* não significa: estar em contato com uma razão que, no mundo, transcende o mundo; não é, tampouco, a busca da felicidade como de um bem natural, visto que os próprios termos de "bem" e de "natural" já não se aliam; é agir de acordo com princípios que são princípios de liberdade, princípios que, longe de serem os produtos das condições psicológicas, só expressam o acordo exclusivo da consciência consigo mesma. O homem não é responsável pelo resultado de seus atos no mundo. Mesmo que dispusesse da totalidade da ciência – e essa não é sua condição –, mesmo que pudesse prever todas as consequências de sua ação, a pergunta permaneceria a mesma: qual é o princípio conforme o qual ele – agente livre diante de sua consciência de homem, agente condicionado, de acordo com sua ciência – deve fazer isto em vez daquilo? E também a resposta seria idêntica: escolher o princípio que não se relaciona às condições, mas apenas ao acordo da consciência consigo mesma. Eu não posso querer me apropriar de algo pelo roubo, pois pelo princípio do roubo eu nego o princípio da propriedade, que, contudo, é o meu, visto que quero me apropriar do objeto roubado; o que não me impede de roubar, longe disso. Mas ao roubar, eu provo também minha liberdade, porque é na liberdade que renuncio a ela; é na qualidade de ser razoável que me comporto como ser natural. Seja qual for a razão que eu dê para meu ato, pela simples declaração de razões proclamo que existe um direito e uma razão: a desculpa não pretende afirmar que agi bem; destina-se a explicar que as condições me impediram de me decidir, que a ação não foi minha. Por livre reflexão, renuncio à liberdade.

Para o homem que vive nessa atitude, a ciência da sociedade – quer ela se apresente como história, quer como análise dos fatores sociais – é, portanto, destituída de valor na medida em que ele próprio está em questão, e constitui ao mesmo tempo uma reflexão indispensável, na medida em que explica o comportamento dos outros, de muitos outros que, a seu ver, não têm princípios e tomam por princípios o que é tão somente a expressão de seu desejo natural de poder. Mas quanto a ele, ela não pode guiá-lo, visto que ela fala daquilo que é, talvez daquilo que será, jamais daquilo que deve ser, isto é, da comunidade dos homens livres, livres não num sentido político ou econômico, mas no sentido moral, comunidade onde cada um, em todos os seus atos, é guiado exclusivamente pelo respeito à "humanidade" em si mesmo e em cada outro homem. Que uma comunidade assim não exista, isso é mostrado pela ciência: se o homem fosse livre, ele não seria compreensível para a ciência. Ele é sujeito da condição, e a luta contra a natureza é a luta com ele próprio nele próprio, onde ele sempre encontra a natureza e, com ela, o *mal*. O *eu* e o *Eu* sempre estão um diante do outro, o homem e a humanidade jamais se emendarão completamente: a ideia de um homem absolutamente perfeito indica apenas um ideal infinitamente distante e invisível para o homem real; pois se fosse perfeito, ele seria um ser acima da determinação e, por conseguinte, incognoscível para si próprio. O homem moral tende à perfeição, mas não deixa de se deparar com sua condição interior; o bem se mostra a ele como dever-ser; se houvesse perfeição, nada lhe restaria a fazer, e um mundo de homens verdadeiramente virtuosos já não teria fim. A vida do homem da consciência situa-se na tensão entre o conhecimento do condicionado e o saber do absoluto; ela lhe dá a oportunidade de obedecer à lei da liberdade que ele sabe ser sua em sua realidade que ele conhece como condição condicionada – entre a reflexão do *eu* em *Eu*, e do *Eu* em *eu*.

Por isso ele está ocupado consigo, e não com os outros. A forma da comunidade na qual ele vive não tem importância para ele, se ela não o obrigar a agir contra sua consciência. A restrição tem grande peso, mas pouco alcance, pois a ideia de uma revolução política é imoral em si mesma: a comunidade humana é constituída pela lei empírica do Estado, e seria contraditório falar de uma lei que regularia a desobediência à lei ao legitimar a revolta. Para o homem moral, a questão da legalidade do poder estabelecido não pode se colocar, visto que a legalidade só existe no interior do Estado. É verdade que a lei civil está sujeita a exame, pois deve corresponder à lei moral para tornar possível a coexistência da liberdade de cada um com a de todos os outros. Mas o simples cidadão tem apenas o direito de crítica; ele pode e deve tentar esclarecer o soberano legal, mas se este lhe ordena que se cale, ele deve obedecer. Mesmo uma lei imoral não lhe dá direito à revolta: ao ato imoral de outro ele oporia seu próprio ato imoral, e para reparar uma injustiça ele cometeria outra. Só lhe resta recusar passivamente sua obediência, mesmo que sofra as consequências disso. A política não é para ele; cabe àqueles que foram dela incumbidos pelo soberano. Quanto a ele, fará seu dever em seu lugar, na condição que é a sua. É seu direito e – ao menos se for sua vocação ensinar a juventude – seu dever refletir sobre a forma mais perfeita da constituição, sobre as leis mais apropriadas à moral; mas querer instaurá-las pela ação violenta seria um crime moral, visto que mesmo a desobediência passiva só lhe é permitida diante de uma ordem que colocaria o seu dever de homem em conflito com seu dever de cidadão.

A vida do homem moral é, portanto, a vida privada. Seu conteúdo espiritual consiste na busca do dever – no caso de a lei pública não bastar. Em outras palavras, visto que essa lei regula todas as relações entre os homens que não se conhecem, a consciência moral lida apenas com seus próximos e consigo mesma. E também nesse caso, a moral tradicional demonstra muito claramente o que se deve à família e aos parentes para que os deveres não se desenhem por si mesmos. Essencialmente, a consciência se volta, portanto, para si mesma: é preciso agir por respeito à lei moral, porque é somente nessa ação que o homem pode esperar ser ele próprio. É preciso subjugar, visto que é impossível extirpar, as determinações interiores, as paixões: elas são as condições naturais da ação no mundo, mas precisamente porque são necessárias, permanecem fora da moral e não devem entrar na decisão. O que haveria de mais perigoso para o ser moral do que os sentimentos nobres que inspiram ações supostamente boas? Se foram eles que impeliram o homem, privaram a ação de qualquer valor e a transformaram em simples reação do egoísmo natural e animal. Quando se entrega a eles, o homem perde aquela *dignidade* que ele só conserva ao agir em sua liberdade, conforme a razão, por razão.

Quanto ao resto, pouco lhe importa o que acontece ao mundo, aos outros, a ele próprio. O desejo da felicidade está enraizado em sua natureza, a punição do malfeitor, a recompensa do virtuoso e a realização da boa intenção lhe parecem justas e moralmente desejáveis. Mas se ele tivesse de constatar que nada disso se realiza na natureza, sua atitude nem assim se modificaria. O que ele busca é ele próprio; o que ele respeita é a dignidade da qual ele se sabe capaz como ser livre e razoável segundo sua própria lei. Nada o impede de esperar que a natureza seja dotada de um sentido moral, de que a condição sirva à liberdade, pois ele está no terreno onde a condição já não reina e onde, em consequência, não existe conhecimento que possa confirmar ou refutar sua esperança. É até mesmo moral que ele mantenha essa esperança, porque sem ela sua natureza animal não teria nenhum recurso a colocar à disposição da razão e se revoltaria no desespero da frustração. Mas que ele tome muito cuidado para não fundar sua ação na crença nesse sentido transnatural! Seria o mais pavoroso dos contrassensos; isso porque ele pode esperar, porque existe liberdade e razão na moral; mas liberdade, razão e moral desvanecer-se-iam se a crença numa finalidade do mundo se tornasse o princípio egoísta do comportamento: a esperança não pode ser o fundamento da moral; deve fundar-se nela. É a lei que legitima o sentimento e a fé num sentido do mundo: ela própria, sendo fonte razoável de toda legitimidade, não reconhece juiz algum acima de si.

O mundo é, assim, o campo da luta do homem consigo mesmo, e isso não porque uma construção teórica, dificuldades gnosiológicas, as consequências lógicas de uma posição filosófica o exijam assim. Existe um mundo, e esse é o fato decisivo para a consciência, que reflete o mundo em si mesma, poder refletir-se nele: a reflexão – repetindo-o – é a expressão necessária dessa atitude. Mas a atitude exige a reflexão sem que a reflexão produza nem possa produzir a atitude. Ninguém jamais pôde dar uma consciência moral a alguém que fosse (ou se julgasse) dela destituído: todo trabalho se limita aqui a uma elaboração mais avançada do conceito do dever para (e por) aquele em quem a ideia da liberdade razoável na condição já está presente. Polo pode ser refutado por Sócrates, mas a refutação só vale para certas testemunhas da conversa, e não convence o próprio Polo.[4] Mas onde a atitude estiver presente, ela moldará a totalidade da vida pela reflexão, uma reflexão que poderá se concluir na categoria pura, mas que pode igualmente parar no meio do caminho, sem deixar de ser decisiva para o homem em sua vida. Objeção alguma de ciência alguma, seja ela do *objeto*, do *eu*, de *Deus*, da *condição* ou qualquer outra será aceita, e se o indivíduo não conseguir compreender o mundo – o que significa, neste caso: vê-lo como o campo de sua ação livre e razoável – ele preferirá se refugiar no agnosticismo a subordinar seu saber ao conhecimento da natureza. Quer se trate de Deus, quer da natureza, ele não aceitará nenhuma ideia que faça dele outra coisa que não uma consciência em busca de si mesma para se realizar.

3. O poeta como liberdade presente. – A destruição da condição pela ironia. – O poeta e seu público. – O fracasso do poeta

Essa realização da consciência por si mesma é sua aparição para si mesma, sua *expressão*. Ela expressa sua liberdade ao negar sua condição interior na decisão que só respeita a lei moral do *Eu*-razão. Assim, porém, ela depende ainda da condição: é da condição que lhe deve vir a oportunidade de negá-la no ato livre. O homem na vida comum não sentirá a necessidade dessas oportunidades, e ele não as procura; seguro de sua liberdade, ele não tem necessidade de senti-la em ato. Mas se a reflexão constituir o essencial do indivíduo, se suas atitudes passadas estiverem presentes para seu espírito, se ele encarar a decisão como a

---

[4] Cf. Platão, *Górgias*, em particular 480 e. É evidente que esse fato não preocupa Platão, que se coloca aqui na categoria da *discussão*; mais tarde ele formulará o problema metafísico, que será então tratado por meio da *condição* e de *Deus*, sendo essas duas categorias vistas a partir do *objeto* (por exemplo, no mito da *República*, X, e no *Timeu*).

situação por excelência de uma consciência que a lei exterior já não guia, se, de resto, a vida comum não lhe interessar – ela que, com seu trabalho e seus interesses particulares, preenche a consciência empírica do homem comum –, então o indivíduo descobrirá em si a necessidade de fazer da liberdade o próprio conteúdo de sua consciência empírica, de encontrar uma forma de vida em que a consciência se torne concreta para poder se desfazer, forma de vida em que ela desfrute de sua liberdade na destruição de uma construção que só é *sua* construção porque ela a destrói.

É só aqui que encontramos o poeta. A poesia, é verdade, acompanha todas as atitudes, assim como a arte em geral. Mas em nenhuma delas o homem se *sabe* poeta: o mestre do discurso verdadeiro, o eu, o crente, por exemplo, podem falar poeticamente, e o fazem, mas não se declaram poetas na qualidade de homens. São pensadores, ou filósofos, ou crentes, e o fato de que sejam ao mesmo tempo poetas lhes parece acidental, um dom, uma graça, uma qualidade que se pode possuir ou não. Veremos em seguida que a poesia não se esgota pela interpretação da consciência e que – dado fundamental para a filosofia – ela não cessou de preocupar esta última. Mas é aqui que a poesia como *expressão* do homem (e somente nesse sentido) entra no horizonte da filosofia, no momento em que ela parece incapaz de fornecer o que, até aqui, ela – e só ela – parece (à consciência) haver dado ao homem, conteúdos a um só tempo concretos para ele e cientificamente falsos: a consciência, na medida em que não é moral, se torna poética, *porque* a poesia já não pode fornecer conteúdos. A poesia é criação, o poeta é criador, a poesia cria; mas sua criação não entra na existência como algo independente; ela cria uma *imagem* que permanece nas mãos do criador, que só tem vida por sua relação com ele, que ele pode revogar assim como a evocou. Ele sabe que, no passado, a poesia teve outra função, que suas palavras contiveram, com a certeza, a totalidade da vida de uma época ou de uma comunidade que não conhecia outra linguagem além da sua. Quanto a ele, não emprega a poesia com essa finalidade. A poesia é muito mais importante para ele: ele deve ser poeta para viver o que ele sabe ser seu próprio âmago.

Por isso, não é a obra poética que interessa à consciência, mas a atividade do poeta. A poesia expressou todos os conteúdos humanos do passado, sem saber que era o *Eu* que nela se expressava; o *Eu* aí não era para si, mas via-se preso e compreendido num ser, num Deus, numa substância que não eram ele. Agora que o homem se sabe *Eu*, ele já não tem nada a expressar; precisamente por causa disso, a poesia fornece o meio pelo qual ela *apreende* que ele se liberta da condição – ao criar mundos e condições imaginárias, que, por serem imaginárias e sabidas como imaginárias, lhe permitem provar a si mesmo sua liberdade.[5]

A criação não deve, portanto, se desprender do criador. Que exista poesia, isso pertence ao passado, que existam poetas, eis a única coisa relevante. É possível que outrora o poeta tenha tido uma mensagem, um papel na comunidade, que ele tenha sido o guardião da tradição, o profeta anunciador das tarefas, das provas, dos fins da nação ou do grupo, que tenha feito os homens compreenderem o coração e o sentimento deles, ao projetá-los numa existência mais poderosa que a de sua própria vida. Já não é seu papel, pois o homem passou pela condição, e a ciência o esclareceu. Ele já não acredita em tradição alguma, sabe que todo absoluto fora dele se explica como produto das condições e volta a se tornar, ele próprio, condição. Pode admirar a poesia antiga em sua ingenuidade e por causa de sua ingenuidade: não é ela a expressão inconsciente da consciência que supera as condições ao criar condições que não são naturais? Mas porque ele a admira, ela não constitui uma possibilidade para ele: ele sabe que essa poesia ficou presa em seu próprio jogo, que sua força só é tão grande porque ela não reconhecia a própria forma na força de suas obras, porque suas criaturas se haviam tornado para ela criadores, as condições por ela projetadas, condições da projeção. A consciência apreendeu a condição; essa poesia lhe é uma forma histórica que teve seu tempo e pertence ao passado, do qual ela é a testemunha mais preciosa, visto que é nessa ingenuidade que o

---

[5] Essa concepção se encontra em estado puro em Fr. Schlegel (*Lucinde*, contribuições a *Athenaeum*). O vínculo com Fichte é evidente (e assumido). A sequência mostrará que não se trata aí de um fenômeno ligado a uma única época histórica; e seria fácil reencontrar essa atitude em toda poesia que *brinca* com seu tema, da *Batrachomyomachia* ao *Virgile Travesti*.

homem se mostra à consciência da liberdade como livre apesar de si mesmo. Mas embora sua obra poética viva e não possa morrer enquanto uma consciência aí se encontrar, a poesia ingênua já não vive, visto que a ingenuidade desapareceu – ou, mais exatamente, pois o indivíduo concreto pode manter sua ingenuidade, que ela não é uma possibilidade para a consciência. Ela não tem esse mundo que a poesia acredita expressar, ela já não possui, não deve nem quer possuir a seriedade com a qual esta última acredita falar da *verdadeira* grandeza, da *verdadeira* virtude, da *verdadeira* beleza, do *verdadeiro* vício: para ela, a única verdade é o *Eu* em sua liberdade que se retira de toda condição, e a única seriedade é o jogo que se sabe jogo.

A morte da poesia é o nascimento do poeta: o homem se faz poeta a fim de realizar sua liberdade para si mesmo; mais do que isso, só lhe resta essa possibilidade. A vida de todos os dias é a vida na condição, e se ela é o campo da decisão moral, ela não é aquele em que a liberdade aparece. Para o indivíduo, que é o lugar da liberdade, o mundo é um exterior a que ele está submetido em sua existência concreta e que, a menos que ele tenha a sorte temível de se ver colocado diante de uma decisão empiricamente terrível, só lhe proporciona o tédio de uma vida desprovida de eventos decisivos: ele é essencialmente ocioso se não cria para poder destruir, se não se compromete para poder se descomprometer. Pouco importa, portanto, o que ele cria: quer sua obra seja boa, quer seja ruim no sentido da poesia histórica, verossímil ou não segundo as concepções da ciência, do mundo do trabalho, moral ou imoral segundo as opiniões vigentes, nada disso entra em consideração. Uma única coisa conta para o homem: que essa obra seja a sua, que nela ele se saiba criador, criador não de uma condição – ele teria então simplesmente trabalhado, organizado, pensado –, mas de um condicionado último desprovido de importância. Ele não quer se refletir no mundo, quer refletir o mundo em si; nem mesmo refletir o mundo que é ou deveria ser – pois *o* mundo não é nada diante da liberdade –, mas uma ordem de mundos possíveis, e que são possíveis apenas como seus.

Se ele cria um personagem, será um personagem imaginário que se mostrará imaginário, seja porque ele é *impossível* do ponto de vista da ciência, seja porque ele não se desprende de seu autor – que o chamará de volta para si ao comentar sua função ou ao cortar-lhe a palavra e responder ele mesmo, para destruir a ilusão que é característica da poesia ingênua –, seja ao fazer do personagem um poeta consciente, que tenta em vão se refletir numa obra imaginária, visto que o autor desse autor busca apenas enxergar nele a liberdade destruidora das condições da obra na medida em que a obra é exterior ao seu criador. Ele não dará uma imagem sem destruí-la de imediato; ou então ele evitará toda imagem, para dar apenas uma música de ideias que nega a música pela ideia, a ideia pela música. Ele evoca um estado de espírito para refutá-lo por um ato, um ato para tornar a engolfá-lo na condição. A todo sentido fixo – e todo sentido enunciado ou enunciável o é – ele oporá o contrassenso ou o não sentido.

Assim, a obra do poeta não é obra poética. Seu substrato é a ironia, que pretende ser isto ou aquilo e mostra, ao mesmo tempo, que essa pretensão não é séria em seu conteúdo, mas apenas como pretensão: aquilo em que os personagens acreditam não é algo em que o autor acredite, visto que ele não crê em nada, sendo toda crença um abandono da liberdade, todo sentimento não negado uma queda na condição, todo compromisso no mundo do trabalho, da luta, da organização, uma abdicação, todo sentido um sentido pretenso e destrutível. O homem criador deve aparecer em seu poema, que não seria sua criação se não destruísse sua ilusão. Ora, visto que ele não deve aí aparecer com outra seriedade – ele apenas teria se servido de um artifício –, ele mostrará que não tem convicções ao mostrar que as tem todas: ironicamente.

Por isso, sua ironia não é um procedimento que ele emprega para se dirigir a iniciados e para se valorizar junto àqueles que amam estar a par das coisas. É um método educativo. Educação de si mesmo em primeiro lugar, pois o autor se encontra ele próprio na condição, vive numa tradição que determina seus interesses, suas ocupações, seus problemas; tem sentimentos que o impelem para este ou aquele ser humano, esta ou aquela coisa. A ironia não o desvencilha da condição, pois ele é o que é, e nenhuma ironia permitiria que ele desfrutasse da música se ele não tivesse ouvidos; mas liberta-o dela, como consciência. Ao lado de sua realidade, ele verá outras como inúmeras possibilidades, mesmo que elas não constituam possibilidades para ele. Ao mesmo tempo em que ele se comove com uma mulher ou com a beleza do pôr do sol, dirá a si mesmo que a mulher será feia trinta anos depois e que o sol reaparecerá na manhã seguinte[6] – não na convicção de haver assim proclamado a verdade sobre a mulher e o pôr do sol, não para suprimir seu sentimento, mas, ao contrário, para desfrutar do sentimento como seu em sua liberdade, que pode reconhecer esse sentimento depois de o haver rejeitado da consciência, como uma possibilidade que ela pode recusar, mas que não faz sentido recusar realmente, visto que a consciência aceita necessariamente uma possibilidade qualquer, por estar sempre na realidade.

A ironia é, em seguida, educação dos homens, ao menos de certos homens. Isso porque a libertação da condição é a do homem em seu ser empírico. Por isso o poeta tem seu público, pois sua obra não é, justamente, assunto público, como o era a poesia ingênua, essencialmente anônima por ser a linguagem da comunidade, e que, em consequência, é julgada por esta. O autor ingênuo é o artesão que trabalha mais ou menos bem, pois a substância do que ele compõe pertence a todos: ele não cria. O poeta-criador não fala a todos; sua libertação é libertação de sua própria condição e só importará àqueles que lhe são comparáveis. Ele não cria para o público, nem mesmo para aquele público que lhe é próximo por afinidade, que é o seu. Como homem moral, ele lida apenas consigo mesmo. Mas a existência do leitor é necessária ao homem que quer se libertar pela poesia; isso porque ele está na condição, no mundo; e se ninguém fosse tocado por sua obra, talvez ele estivesse enganado, talvez não houvesse descoberto a tradição que o acorrenta, talvez a condição tivesse zombado dele. Sua obra deve surtir efeito se liberta verdadeiramente o *Eu*; isto é, os outros, certos outros, devem reagir, seja porque se veem libertos em seu poeta, seja porque, ao desejarem entregar-se completamente à tradição, mas sendo incapazes disso, acusam-no de ser

---

[6] Heinrich Heine, *Nouveaux Poèmes*, Divers, n. 11 (*Das Fräulein stand am Meere*...).

imoral e de ter espírito destruidor: somente as aclamações de uns e as vociferações de outros podem provar-lhe que ele está no bom caminho. Na realidade, os protestos têm mais força comprobatória do que as adesões, pois todo tradicionalista, sentimental ou moralizador, encontrará bajuladores, e em número tanto maior quanto mais raso ele for; encontrar leitores que detestam a obra e o homem e que, no entanto, não conseguem deixá-la de lado, eis a demonstração, para o autor, de que ele se libertou.[7] Sem que ele tenha tido essa intenção, sua obra – se ela for autêntica – será libertação para todos os que buscam a liberdade, assim como a realização do dever para consigo mesmo é em si, para o moralista, ação moral para com os outros.

O poeta não revela nada, como o fazia a poesia; ele inquieta, ele choca. Ao privar o homem de seu contentamento na condição, ele não o obriga a nada – pois qualquer obrigação determinada é condição –, ele o remete a si mesmo. Não o torna nem melhor nem mais útil à sociedade do progresso; desprende-o de tudo para remetê-lo à sua liberdade essencial. O que o outro faz com essa liberdade, isso não é da conta do poeta, não deve sê-lo. Ele não tem outra responsabilidade senão a de impelir para a liberdade. Ele está só, e não tem nem os meios nem o direito de forçar a solidão do outro, visto que se trata exatamente de estar só, isto é, consigo mesmo, de se retirar do mundo desses outros com os quais ele sempre está na empiria da vida, mas que, pela negação irônica, devem ser expulsos da vida criadora, da vida íntima. O *Eu* é criador de mundos, e a obra do poeta dá ao leitor a possibilidade de saber-se criador, porque lhe permite participar da destruição criadora, porque lhe mostra a possibilidade dos mundos na destrutibilidade dos mundos.

É pela linguagem, portanto, que o poeta liberta o homem da condição, ao revelar a condição como linguagem humana. As outras artes só conseguem fazê-lo por sua relação com a linguagem, seja pelo programa que acompanha a obra muda, seja

---

[7] "Chocar o burguês" é essencial para qualquer poesia "moderna". Ela só o consegue junto àqueles que gostariam de ser "burgueses", mas deixaram de sê-lo ou ainda não chegaram a sê-lo. Cf. adiante, p. 407 ss.

pelo comentário que a obra exige e obtém na qualidade de "incompreensível" e escandalosa, isto é, na medida em que ela é ironicamente oposta à tradição. Se ela agrada ou desagrada imediatamente, sem que, pela necessidade de relacionar a obra a seu criador, o espectador seja remetido à reflexão sobre a liberdade, ela não pertence à arte da consciência, da qual faz parte apenas na medida em que faz *falar* de si. O poeta age diretamente – não imediatamente – de consciência a consciência, porque vive no ambiente da linguagem. É na qualidade de poeta ou pela participação na ação poética por meio da obra que o homem se torna senhor da condição. Isso porque, na produção de mundos, de condições, de sentimentos que só dependem dele e que ele destrói no momento escolhido, ele apreende o que na reflexão moral e teórica ele apenas sabe: que ele é um *Eu*. É verdade que esse ato no qual ele se apreende se torna visível como ato criador apenas graças à reflexão. Também é verdade que ele não eleva o homem acima *da* condição, pois a criação é uma criação de condições negadas. Mas eleva-o acima de cada condição dada e possível, e embora a reflexão seja indispensável para que ele se saiba criador, ela não preenche o criador, que passou por esse estágio e que, agora livre da falsa seriedade da sociedade, desfruta de sua liberdade rindo-se das condições que só existem na linguagem, e das quais ele se sabe o criador e o senhor.

Como ele cria, como a liberdade íntima faz para se expressar, como ele haure na linguagem essas criações que ele julga efêmeras – ele não apenas ignora essas coisas, como sabe que esse momento não pode ser conhecido: questão seria do âmbito da ciência da condição, que ele deixou para trás. A criação é um mistério, porque se baseia no segredo inviolável do *Eu* e da liberdade. Não se pode saber como o poeta cria sua obra, assim como não se pode aprender de que maneira o *Eu* produz as formas primeiras do conhecimento ou como ele faz para se determinar de acordo com a lei moral. Ele cria, e a criação é a demonstração de sua própria possibilidade transcendente; a pergunta só pode vir de um homem que não se alçou ao plano da poesia consciente, só pode vir do burguês preso no trabalho e que só se compreende em função de sua condição, em outras palavras, que não compreende que ele se compreende: ele ignora que, essencialmente, ele é ser falante, portanto, livre; a poesia, para ele, é loucura. Ele só vê uma coisa, a saber, que ele está nessa condição determinada, e ele se vê como o instrumento do progresso. Por isso, sua receptividade à obra poética é tão pequena quanto sua espontaneidade moral. Ele não é tocado nem chocado pelo poeta, a quem ele compreende, a seu modo, como alguém que diverte – pouco a seu gosto – ou como alguém hábil na exploração, de maneira muito razoável, da loucura das pessoas.

O fato é, no entanto, que o poeta saiu, e *sabe* haver saído desse mundo, e que as objeções do bom-senso, quando este se digna a fazê-las, não o atingem. Essa é sua vantagem pessoal sobre o filósofo crítico da condição e sobre o moralista, pois o saber destes, por mais inabalável que seja, só é saber e inabalável na qualidade de saber da transcendência, reflexão que parte da vida, que se sabe fundamento da vida, mas que não adentra a vida: na prática da pesquisa científica, tudo se passa entre o sujeito empírico e as condições do mundo; na ação, eu jamais posso saber se segui a lei moral ou se me deixei levar pelos móbeis empíricos; embora não haja dúvida de que o respeito à lei deve ser meu único motivo, o acordo entre a liberdade e meu caráter empírico é apenas exigido pela lei, eu *devo* enxergá-lo como possível, mas jamais posso experimentá-lo em minha existência empírica, sempre dada, sempre, portanto, condicionada. A liberdade do saber é tão somente saber da liberdade: a vida é abandonada à empiria do trabalho, dos interesses, das leis do Estado, e a liberdade do homem concreto se reduz à liberdade da consciência. Só o poeta não se contenta com isso; o que ele quer é a consciência da liberdade. Quer *ser* consciência, reflexão na reflexão.

Por isso, ele está contente, não por alguma coisa ou em alguma coisa, mas no infinito do jogo de sua criação irônica. Que ele esteja sempre numa condição, que ele só se conheça sob esta ou aquela forma empírica, isso não o incomoda, porque cada forma dada está submetida a seu jogo. Jogar com isto, jogar com aquilo, que diferença faz? Ele nada diz ao mundo, nada espera do mundo, nem uma ciência em cuja análise ele encontra as condições últimas do conhecimento como objetivação primeira do *Eu*, nem problemas práticos que lhe forneceriam a oportunidade de se decidir: tudo que foi, tudo que será, ou poderia ter sido, ou poderia ser é *agora* destruído por ele em sua criação sem seriedade. O *Eu* é presença para o poeta, não porque ele freia o tempo, mas porque lhe retira todo conteúdo. O *Eu* está *presente* na criação, porque ela é o nada em ação. Tudo que é, e seja qual for sua maneira de ser, só tem o mérito de poder ser matéria que alimenta o fogo devorador da presença do *Eu* – tudo, e, primeiramente, a própria obra do poeta, que só vale no momento da criação e na medida em que destrói a si mesma: se porventura ela fizesse algo além de perpetuar a presença do instante irônico, teria traído seu criador; seria mentira, visto que faria que se acreditasse em outra verdade diferente da consciência refletida em si mesma.

Mas tudo se revira e se inverte tão logo o poeta da consciência quer se apreender como homem. Livre de toda condição dada – visto que, para ele, qualquer condição só existe na linguagem e que ele é o senhor da linguagem –, o poeta, contudo, é obcecado por um medo: o de perder sua pureza. Quando ele cessa de fazer poesia, quando reflete sobre si, nenhuma pretensa verdade científica o impressiona, pois ele sabe que não existe ciência absoluta; moral alguma a impõe a ele, pois qualquer princípio lhe é útil para servir de base a uma legislação em conformidade com ele; pode viver como bem entende, de acordo com suas preferências, seus gostos, suas faculdades naturais; em sua liberdade, pode entregar sua vida empírica à condição: mas sempre com a reserva de que ele permaneça consciência pura. Ora, nada o ajuda quando se trata de evitar a queda na condição. Toda ação humana pertence à empiria, e o aparecer do interior ainda é aparência. Existe o público, é certo. Mas, pensando bem (reflexão do poeta sobre si mesmo), se o público reage, e mesmo que ele se revolte, se o burguês fica consternado e escandalizado, essa reação não poderia ser, no plano da condição, o resultado de sua oposição à condição atual, à tradição média? Que segurança tem o poeta de que, com sua negação dessa tradição, ele não preparou, e até instaurou uma nova tradição, diferente da primeira apenas para esta? Não se terá ele deixado capturar pela condição ao negar essa condição? Ele só é livre destruindo tudo. Mas para tudo destruir, não terá de destruir a própria aparência de sua liberdade? A linguagem é senhora da condição; ele, senhor da linguagem: mas será que ele o é por completo, se sua linguagem preserva ainda um sentido, se ela permanece compreensível e, portanto, no interior da condição, por mais ironicamente que esta seja encarada? Ele tem uma única garantia: o absurdo.[8] Mesmo essa garantia, porém, é precária, pois o próprio absurdo o convida a aí se instalar, a fazer disso um hábito, uma regra, uma tradição – que seria preciso destruir, mas para retornar, então, a quê? À ingenuidade? Ao sentido? À moral? Impossibilidades, todas elas. Até mesmo a última possibilidade de garantia se desvanece. Não existe garantia possível, visto que a própria destruição da linguagem pode voltar a ser linguagem – e volta a sê-lo necessariamente, visto que ela é libertação apenas para a reflexão sobre a condição, e voltará a ser linguagem compreensível, compreendida precisamente como linguagem poética. A liberdade está presente no ato da criação destruidora, mas essa presença não deixa rastros na existência empírica, onde ela subsiste apenas na obra, possibilidade pretérita de liberdade que pode e deve ser interpretada, e pode sê-lo, portanto, como condicionada, a menos que ela o seja poeticamente, num novo ato de liberdade que, no entanto, empiricamente, é apenas uma possibilidade empírica.

Revela-se, assim, que toda ideia de garantia da liberdade encerra um contrassenso; se ela existisse, não garantiria nada menos que a liberdade. A reflexão do poeta não vai mais longe, portanto, que a do moralista. Seu ato é vivido imediatamente, mas ele paga por essa vantagem: tão logo ele deixa de criar, não é mais nada. A criação o desprende de tudo, mas não lhe permite envolver-se, como poeta, na vida. Ele deve sempre, uma vez mais, arriscar o salto na ironia total da criação destruidora que o arranca à empiria: na medida em que ele vive, não é livre; tão logo se sabe livre no ato criador, não na reflexão, ele destruiu toda vida possível. Sua liberdade não é pensada por ele, é vivida; mas entre o instante criador e o homem no mundo, o único vínculo é o da reflexão, e seu eu empírico, aquele que é *conhecido* por ele, só o aprende pela análise.

---

[8] Essa parece ter sido a intenção do romantismo exagerado do movimento dadaísta.

A criação poética não se *encontra* na vida mais do que a decisão moral ou o fundamento do saber. O que a distingue é que nela a liberdade se mostra ao indivíduo, não em suas relações com a natureza ou com a sociedade, mas nele próprio. Ela não o subtrai apenas do mundo e dos outros, mas dele próprio: a esse preço, ele se torna possível para a liberdade existente nele.

4. As retomadas. – Filosofia e poesia da consciência. – Kant

O homem que se sabe liberdade, razão, consciência, sabe-se ao mesmo tempo herdeiro legítimo do passado. Herdeiro, não apenas descendente: sim, aqueles que existiram antes dele não haviam penetrado até esse âmago do homem constituído pela liberdade; mas eles não podiam estar absolutamente errados, visto que a liberdade existia neles, desconhecida, mal compreendida, negada talvez, mas agente. A ciência pode se contentar com a educação do homem, e é preciso aprová-la e ajudá-la em sua empreitada, visto que o caminho da consciência conduz pelo território da ciência. Com sua negação de tudo que a precede, essa educação é injusta com o passado do homem; embora ela esteja justificada quando diz que ele está errado, ela o rebaixa demasiadamente quando considera que o erro é a consequência necessária das condições: se o homem é enganado, foi ele quem enganou a si mesmo. Sua reflexão sobre si mesmo está na base de seu erro, mas, sendo sua, ela mostra também que ele sempre é livre: porque ele é livre, o homem é filósofo; porque não é filósofo por inteiro, não se sabe livre.

A consciência desconfia, portanto, das retomadas – o que não significa que ela seja sempre capaz de evitá-las –, por saber que um homem se extravia quando não se compreende como condição absoluta, mas se interpreta em função de uma empiria, de uma experiência, de um absoluto exterior a ele. A crítica da tradição pela reflexão é necessária a fim de extrair dessa tradição a liberdade que nela se oculta. Não se trata, portanto, de destruir o passado do homem; pelo contrário, é preciso ajudar o homem a se reconhecer nele, para que ele possa se recompor, e isso não para que ele faça outra coisa – a liberdade nada tem a lhe propor –, mas para que faça conscientemente o que faz.

A história crítica é, assim, uma tarefa que a consciência não pode recusar. Mas essa história não será universal no sentido corriqueiro da palavra. Ela entrega a evolução da humanidade organizada no e pelo trabalho à ciência da condição, e reserva para si a ciência da reflexão, daquilo que ela reconhece como reflexão. Seu campo é o da crítica positiva que quer desvencilhar do passado o que ainda vive e sempre viverá – história da religião, da moral, das leis, da ciência, da filosofia: história das ideias. O homem "faz ideias para si",[9] expressão que deve ser tomada no sentido literal; mas é apenas a consciência que enxerga esse *fazer* fundamental, que não é um fato, mas se expressa nos fatos. Na ideia de um Deus justo, a lei moral existe para o homem livre, mas inconsciente de sua liberdade, assim como a ideia da ciência a dominar as condições representa – mas representa apenas para a consciência – a espontaneidade da razão, assim como a do reino universal da lei prefigura a determinação livre pela supressão do interesse individual, como a da sabedoria anuncia a reflexão total do *eu* no *Eu*. Para a consciência, o homem sempre tentou se *fazer* na condição, e sempre se traiu, em ambos os sentidos da expressão: se traiu esforçando-se por abdicar de sua liberdade, se traiu porque não consegue fazê-lo e porque precisamente essa sua tentativa de se objetivar mostra sua espontaneidade fundamental.

Parece, portanto, que nenhuma atitude está mais a par do perigo das retomadas que a da consciência, que nenhuma está mais qualificada para detectá-las, que, em suma, ela será coincidência necessária de atitude e de categoria, que ela deve ser pura ou não ser em absoluto. E, com efeito, é o que ela afirma. Mas já se mostrou que essa afirmação só é verdadeira formalmente. A consciência é ela própria e só é ela própria, mas é ela própria por ocasião de outra coisa. É claro, ela faz essa "outra coisa" desaparecer; mas será que a devora completamente? Será que ela não vive daquilo que destrói, e não seria ela o vazio absoluto se porventura levasse a cabo sua tarefa? Ela se pretende discurso puro; mas, se o fosse, se houvesse aniquilado todo conteúdo, não seria ela o silêncio, um silêncio mais absoluto que o da fé ou o

---

[9] O sentido figurado da expressão idiomática *se faire des idées* (literalmente, "fazer ideias para si") é "ter muitas ilusões", "imaginar coisas". (N. T.)

do trabalho – no qual o homem ainda se ocupa com seu coração ou sua tarefa –, um silêncio da morte? Ou, para fazer a mesma pergunta em outros termos: que seria o *Eu* sem o *eu*, a liberdade sem a condição?

Visto assim, o problema se inverte por completo, ao ponto de ser preciso indagar se a consciência é alguma vez sem retomada, se ela não interpreta necessariamente a si mesma por meio de uma das categorias anteriores, como algo no homem, o qual, quanto ao resto, é isto ou aquilo. Com efeito, ela não escapa disso, quando, logo depois de haver deixado a reflexão, fala de outra coisa que não a redução do discurso. Nesse âmbito, ela pode permanecer pura; quando ela nada faz além de relacionar toda expressão do interior a esse interior, ela se abstém nessa ação de qualquer interpretação dela própria como de um ser em um mundo, ela permanece possibilidade na qualidade de *potentia* e remete toda pretensão do exterior a uma realidade por ela denunciada como simples possibilidade, no sentido de *possibilitas*. O *Eu* só é, então, a condição da possibilidade e, portanto, ele nunca *é*, se o termo *ser* tiver de ser reservado a seus produtos cujas condições de produção ele renuncia em conhecer, e deve renunciar em conhecer. Mas o certo é que é irresistível a tentação de compreender o *Eu*, de subsumi-lo, de falar sobre ele em termos mais positivos que os de *substrato inapreensível* e de *limite impossível de ser alcançado* na experiência, tentação inerente à reflexão, que deixa subsistir a condição para a experiência e a vida do indivíduo e mesmo do filósofo, que fala na condição e para a condição.[10]

As retomadas são limitadas em número. A consciência sabe que se trata dela mesma e as categorias que precedem à categoria do *eu* são, em consequência, inutilizáveis para ela, ou

---

[10] Por isso se pode dizer que não há uma expressão pura da consciência (cf., no entanto, as observações sobre Kant mais adiante), mas apenas a categoria sem a atitude, ou esta sem aquela. A consciência como categoria que expressa uma atitude só será, portanto, apreendida por categorias ulteriores que a explicitarão ao se oporem a ela. Fichte constitui a única exceção, no sentido em que viu o paradoxo do problema; mas sua evolução mostra que ele nunca acreditou tê-lo resolvido.

utilizáveis apenas por intermédio de uma categoria mais recente. Assim, a categoria do *objeto* não pode servir para apreender a consciência; mas a mesma categoria, vista pela do *eu*, serve para *explicar* a subjetividade no mundo: na qualidade de eu, ela é não *um* objeto, mas *o objeto*, a única realidade com relação à qual o resto é apenas irreal, fenômeno secundário, conteúdo psíquico. O eu apenas *acredita* estar na condição; em verdade, não existe condição, e basta que a alma compreenda a determinação como ilusão para que essa ilusão já não tenha ascendência sobre ela. Somente eu sou e satisfaço-me completamente se me liberto das ilusões que me fazem acreditar que coisas existem fora de mim, sem que eu, tal como sou, as declare existentes. Que se trata de uma retomada, isso é visível no fato de que o eu, com seus conteúdos, é estabelecido como único objeto, e de que a satisfação é encontrada na reflexão imediata sobre o eu. Duvidar-se-ia, em vez disso, que se trata ainda da consciência e não de uma exasperação, por assim dizer, da atitude do eu que quer se satisfazer a qualquer custo. Mas na atitude do eu, essa exasperação é impossível, visto que nela o essencial é precisamente que o homem busque e encontre a felicidade no mundo que se opõe a ele, e que a via para essa felicidade seja a ação do homem sobre ele próprio como ente no mundo, como ser vivo. Existe realmente exasperação, mas porque a atitude não corresponde à categoria na qual ela quer se apreender.

    Isso é mais claro ainda, talvez, quando a retomada se faz por meio da categoria da *condição* e quando o *eu*, compreendido como objeto da ciência, é identificado com o *Eu*, visto como condição absoluta das condições possíveis. O erro dessa identificação é tão notório que não é possível não se espantar com a interpretação: depois da elaboração da categoria pura e de seu discurso, a "naturalização" do sujeito é uma estultice, quer ela ocorra sob a forma materialista, quer sob a forma psicologista. Ela se explica, entretanto, porque a ciência precede a consciência, e o homem que não consegue nem se entregar ao progresso nem ultrapassá-lo conscientemente se expressa, então, em linguagem de ciência: ele se mantém, contra o trabalho e a ciência, na atitude da consciência, mas por meio desses dois e, portanto, na linguagem da condição. Ele se *sente* condição absoluta, mas *declara* ser a última condição acessível, condição acima da qual não se pode subir por causa das condições técnicas: a estrutura física e psicológica do homem é um fator inerente a qualquer atividade humana e, portanto, à ciência, e a descrição desse mecanismo é a tarefa suprema. Deve-se notar que aqui, uma vez mais, e pelas mesmas razões, a retomada da condição parece exasperada. Com efeito, já não se trata de progresso nem de correção das anomalias pessoais, mas de uma análise dos fatores que se crê definitiva, o que, do ponto de vista da ciência, é um contrassenso. A ciência é esta ou aquela porque o homem é este ou aquele para a ciência; em outras palavras, a ciência tem sua *ratio essendi* num ser do homem que tem sua *ratio cognoscendi* na ciência; o homem é, portanto, determinado, mas ou sua determinação não pode ser concebida como modificável (trata-se do homem *normal*) e, tampouco, consequentemente, como compreensível para a ciência, ou então pode sê-lo e, nesse caso, não é última. O contrassenso salta aos olhos depois que a reflexão da consciência se realizou à vista de todos, mas é inevitável enquanto o homem não abandonar a linguagem da condição.

Essas retomadas, que precedem a categoria – embora na história elas facilmente se mantenham após o aparecimento desta –, oferecem, no entanto, muito menos dificuldades à análise do que aquelas que a acompanham. Dissemos que a consciência se expressa na condição. Pode-se traduzir: a filosofia é assunto do *eu*, não do *Eu*; e essa é a razão profunda pela qual a atitude se mostra a nós com mais clareza quando está mais longe da categoria, no poeta. O homem não pode ser sábio, pois a reflexão não pode, não deve ser bem-sucedida. Que posso saber? Que devo fazer? Que me é permitido esperar? Essas três perguntas que guiam todo o pensamento de Kant são perguntas do eu concreto, do homem no mundo, e comportam respostas essencialmente negativas, antes mesmo de serem resolvidas como problemas filosóficos: existe o incognoscível, existe o proibido, existe o incerto. Em Kant[11] esse negativo se anuncia

---

[11] As observações seguintes só se aplicam ao primeiro período do pensamento transcendental. Mesmo nesse momento, *todas* as categorias estão presentes e agem; mas é só posteriormente que serão tematizadas as que ultrapassam a da *consciência* e que o próprio Kant superará a presente categoria-atitude.

pela separação entre sensibilidade e entendimento de um lado, e razão de outro: o homem possui a ideia de um conhecimento perfeito, e essa ideia permanece eternamente vazia; mais que isso, tão logo ele tenta preenchê-la de conteúdo, ele se engana. Ele não pode não pensar num intelecto perfeito, isto é, criador, um *intellectus archetypus*, porque é apenas pelo contraste entre essa ideia e sua própria realidade que ele se compreende como limitado; mas ele não tem o meio para aplicar a essa condição absoluta *e* plenamente real o predicado do *ser*, porque *ser*, para ele, só convém ao ser finito cuja espontaneidade se exerce sobre o dado, no mais alto grau na reflexão sobre a ciência: *ser* possui uma significação apenas na condição.

O homem no mundo, que faz essa filosofia e se liberta por ela sem jamais ser livre em sua vida, é, por um lado, criatura; por outro, possui a ciência: é porque ele e a natureza são ambos criados por Deus que ele pode possuir uma ciência. Entre as condições gerais do conhecimento e da realidade existe uma harmonia que lhe permite passar da ideia geral de um objeto do conhecimento a leis particulares que se encadeiam e se encaixam para formar um sistema: a natureza não é cognoscível apenas em princípio, ela o é de fato. Mas o homem é também coração, e por isso ele não se contenta com esse fato. Mesmo a ciência só tem valor na medida em que fala a esse coração: a natureza que ela mostra é bela por sua proporção ao sentimento de si do homem ou majestosa pela desproporção entre sua grandeza e a pequenez do homem natural, desproporção contra a qual o homem, contudo, se afirma, nisso desfrutando da independência de seu coração. No entanto, essa fruição de sua situação no mundo deve ser justificada, porque ele tem a ciência que não fala de beleza, mas do ser condicionado. Na fruição sem reflexão, o homem esqueceria precisamente que ele é criatura, e só pode descobri-lo pela consciência da liberdade, a consciência moral; porque ele se sabe responsável por seus atos, ele se sabe livre, e porque ele se sabe livre, sabe-se criatura, ser limitado, mas destinado a um fim. O mundo *deve* (é moralmente obrigado) ser tal que as condições devam colaborar para a realização desse fim: o que significa que a ciência *deve* ser compreendida de tal maneira que ceda o lugar à esperança.

O *Eu* é, assim, o termo do movimento de retorno da criatura a Deus por meio da ciência da condição, termo que não pode ser alcançado pela condição, mas que *deve* ser pressuposto para que a condição tenha um sentido. Sem vê-lo jamais, o homem sempre o vislumbra e pode assim dispor-se a escapar do ser para chegar ao sentimento, a um sentimento que, no entanto, não apenas depreciou o mundo, que não apenas é obediência, fé e amor mudos, mas que venceu a condição ao lhe ceder seu lugar num discurso que versa sobre todo discurso. O discurso do homem já não lhe é exterior; ao contrário, é esse *Eu* que nele se expressa. O indivíduo desaparece, o *Eu* se mostra como a humanidade no homem. Mas nem esse aparecimento nem esse desaparecimento jamais são completos. A liberdade permanece no fundo do coração. Em outras palavras, o homem pode se libertar, ele não pode se conhecer livre, pois ele só se conhece na condição, no ser. Ele não pode se *conhecer* como criatura, mas visto que se *sabe* criatura, ele pode e deve organizar seu discurso de modo que a ciência seja possível para esse saber, e esse saber sem contradição com a ciência. O *Eu* deve não ser, mas fundar o ser; no discurso do homem, ele se mostra como o ponto infinitamente distanciado no qual coincidem saber e ciência, condição e liberdade.

A consciência não vai mais longe em sua expressão filosófica e não pode ir mais longe nesse aspecto, visto que o filósofo se atém essencialmente ao discurso coerente. Se o poeta realiza a consciência de certa maneira, se ele destrói a condição na condição, a filosofia da consciência é e permanece *crítica*. Não modifica nem a condição, nem a ciência, nem o indivíduo, nem o mundo. A reflexão da condição na liberdade é sua ação, muito mais que seu resultado, visto que ela não deve ter resultados. Ela *conduz* a uma metafísica, isto é, a uma teoria do ser natural e do dever como tais, apenas porque ela começou por lá. Em sua forma pura, ela não existe, portanto, sem a retomada da condição e de Deus (poder-se-ia encontrá-la em Platão, tanto quanto em Kant), mas uma retomada que ela reconhece como tal e, por conseguinte, como expressão a um só tempo inadequada e inevitável, porque única possibilidade do discurso. Como ela se sabe crítica, ela mantém o que critica como algo que, em via de desaparecimento, tem nesse processo de desaparecimento seu modo de ser, modo deficiente, mas necessário nessa qualidade: a verdade não está no ser, mas no saber; não no discurso, mas no sentimento; em cada um desses pares, porém, o segundo membro só aparece no primeiro, porque o homem não está na verdade, mas apenas *deve* seguir em sua direção. A liberdade só se mostra na condição, e o homem é apenas uma criatura, embora ele possua a ciência: eis por que existe filosofia e não existe sabedoria. O homem sabe que é criatura; mas que exista um criador bom e justo, isso constitui apenas uma esperança; ele sabe que o fundo da condição humana é liberdade, mas só tem acesso a essa liberdade no dever, vazio em si mesmo; ele sabe que ele é, mas o *Eu* não está posto, apenas pressuposto.

O tema para a filosofia da consciência é o homem no mundo. Esse homem em sua concretude e esse mundo, ela os aceita, aliás, e ela os formaliza: o homem é sempre determinado para si mesmo, está sempre num mundo; para ela, "determinado" significa que o homem nunca é consciência pura e vazia, e "mundo", que ele nunca está ocupado exclusivamente consigo mesmo. E é essa formalização que lhe permite manter o *Eu* como *condição* (transcendente) *da possibilidade* fora da retomada. Assim, porém, não existe atitude filosófica – é a palavra "filosófica" que importa – da consciência, visto que não existe discurso coerente do *Eu*, que só está presente na destruição de toda coerência: o homem sempre é o que ele não deve ser, e só assim ele sabe o que ele deve ser. O *Eu* está no *eu*: isso é inevitável, porque é o fato do qual a reflexão extrai sua origem; mas *Eu* não está na natureza, porque corresponde apenas a uma questão de direito. A retomada, aceita como necessária e, por conseguinte, compreendida como tal, não toca o *Eu*, que lhe permanece oculto para se mostrar à reflexão pura como ponto infinitamente distante.

A tentativa de compreender o homem por meio da retomada de Deus mediada pela retomada da condição produz, assim, a filosofia no sentido moderno: ela busca o discurso absolutamente coerente, isto é, livre, na condição, e o resultado é que a categoria se torna forma pura e precede a atitude, e que a consciência se torna a humanidade no homem, o divino na criação. O homem se *sabe* consciência, mas se *conhece* como ser crente, moral, homem de ciência no mundo, como oposto ao infinito e privado da presença. Viu-se o modo como a atitude do poeta realiza esse saber puro e se dispensa do conhecimento de sua vida. Mas o poeta não pode falar do *Eu*, pois o discurso, mesmo negativo, implica a retomada e a interpretação. A filosofia que descobre o *Eu* é ela própria uma necessidade do *homem* e deve ser compreendida como tal: o *Eu* não faz filosofia. Mas a filosofia só é filosoficamente possível porque existe o *Eu*. Por ser *conditio sui*, ele não é *causa sui*: ele não se produz, ele se pressupõe.

Se a filosofia da reflexão assim constituída tenta se libertar dessa retomada que está presente em seu desaparecimento sempre inacabado, ela pode consegui-lo; mas ela só o consegue por outra retomada, a da condição sob a forma da ciência, retomada que, desta vez, alcança a subjetividade. O *Eu* é então apreendido na ciência e apenas na ciência. A própria filosofia, como expressão do *Eu*, é ciência, isto é, universalmente válida. Ela progride em sua descoberta das estruturas transcendentais do *Eu*, que se mostram ao método analítico ao mesmo tempo como as bases e como os contextos do conhecimento. O *Eu* então *é*, não no sentido da física, mas visível para a filosofia científica, pode ser descrito por suas funções.[12] A subjetividade é compreendida, porque ela é necessária à ciência, que nela se baseia e deve se voltar para ela de tempos em tempos, se quiser defender sua pretensão à universalidade. Isso é tudo: falar do *Eu* é apenas, a bem dizer, uma maneira cômoda de indicar um método; a limitação do *eu*, a separação do entendimento e da razão indicam apenas que o homem ainda não está inteiramente dedicado à ciência; o sentimento é uma sobrevivência histórica, e que será eliminada. Fica-se tentado a dizer que se trata aqui não de uma retomada da consciência, mas de uma apresentação particularmente nítida da metodologia que servia de filosofia à condição. Tudo aí se encontra: a ciência, o progresso, os "ainda não" e os "ainda", o sacrifício que o indivíduo faz de si mesmo à

---

[12] Essa retomada caracteriza, sem caracterizá-lo completamente, o pensamento de um H. Cohen ou de um Natorp, assim como o da *Fenomenologia Transcendental*, de Husserl.

ciência, sua transformação pela educação. Existe um único ponto que não se situa nessa linha, a saber, a questão do *direito* da ciência à universalidade, em outras palavras, a reflexão: o homem se mantém em seu ser, que transcende não apenas a natureza, mas também a ciência, e a condição é condição para... Mas o *Eu*, na retomada, *é*, como o "X" que preenche o lugar depois do *para*. Ele se mostra, e se mostra completamente, na ciência – e somente aí. Para essa filosofia, não existe natureza, mas uma física; não existe ação, mas uma jurisprudência; não existe arte, mas uma estética, e não existe homem que se liberta, embora essa filosofia se baseie nos limites do homem e em sua superação graças à liberdade. Ela esconde a categoria pela qual, no entanto, ela vive: a subjetividade está presente, mas ela é compreendida na linguagem da ciência: ela é a condição da objetividade.

11. Inteligência

Para o homem, a consciência é apenas uma possibilidade entre outras de conduzir sua vida. É ao ver a pluralidade dessas possibilidades que são os interesses dos homens (não do indivíduo) que o homem se liberta como inteligência.

1. *A inteligência e as categorias anteriores. – A descoberta da atitude como interesse constitutivo. –A compreensão da história como destruição do transcendente. – A técnica conceitual do historiador inteligente.*

Caso se queira caracterizar a nova atitude na linguagem da filosofia da consciência, pode-se dizer que, enquanto esta vê o *Eu* a partir do *eu*, aquela vê o *eu* a partir do *Eu*. Com efeito, quando falo do interesse que dirige a vida,[1] o homem é visto como determinado, mas de um ponto de vista que se estabelece no desinteresse, na in-determinação. Essa apresentação, sem ser absolutamente falsa, teria, no entanto, o grave inconveniente de, em aparência, reduzir o homem à *condição*: ele simplesmente reconheceria que, afinal de contas, permanece preso nas condições da tradição e que só a ciência é desinteressada, visto que seu progresso define o interesse absoluto do homem (como espécie) e, portanto, se confunde com ele. Ora, o homem passou pela atitude da consciência e essa categoria, apreendida na e pela reflexão, não é esquecida; o retorno à condição é

---

[1] Não se trata dos interesses individuais no mundo da tradição, e o sentido que a palavra receberá aqui deve ser diferenciado daquele que ela reveste na *discussão*.

impossível, desde que a condição como tal se tornou visível no ato da consciência que a transcende. A ciência existe para o homem, não o homem para a ciência, e o interesse de que se trata aqui é – caso assim se prefira – condição transcendental, e não condição natural ou científica.

Mesmo nesta última formulação, a novidade da atitude só aparece de modo insuficiente. Em que consiste essa novidade? O homem se interessa, isto é, é ele próprio que interessa a *si mesmo*. Perguntar por que ele se interessa é demonstrar uma incompreensão que confundiria o *interessar-se* com o *ser interessado*, isto é, estar preso no mundo. Ora, o mundo só é para o homem, e é o homem que revela o mundo. Agora, porém, é o homem, e não um *Eu* trans-individual, que ele próprio só se mostra na revelação do mundo pelo interesse que o homem lhe tem. O homem faz alguma coisa, porque se interessa por ela, podemos dizer: ele faz todas as "coisas"; e entre essas coisas ele faz a filosofia da consciência.

A consciência tinha disso uma espécie de sentimento. Ela havia estatuído que o homem era liberdade e, por conseguinte, fim absoluto. Mas ela foi timorata: a questão do direito, que lhe garantia a transcendência do *Eu*, desviou-a da realidade do homem. Ocupada em responder a isso, e não somente em responder, mas também em justificar essa questão de direito, ela não consegue viver nem compreender a vida; consegue apenas se retirar na reflexão sobre um dado do qual permanece incapaz de ter o domínio. A reflexão, apresente-se ela como filosofia teórica, como moral ou como criação poética, é o essencial na vida *consciente*: nem por isso ela é o essencial da vida, pois o homem da consciência só é livre para refletir sobre sua condição. A consciência faz de si mesma o centro da existência, mas esse centro – a presente atitude o descobre – se opõe, para negá-lo, ao círculo que lhe confere seu ser de centro, razão pela qual ela *deve* se considerar como o único interesse verdadeiro do homem, ao qual todos os outros *devem* ser reconduzidos: por causa disso, precisamente, seu interesse humano pela liberdade ainda é um interesse condicionado, embora essa condição seja transcendental, isto é, irredutível.

Para a presente atitude, a liberdade preenche a vida; forma-a na consciência concreta assim como forma o mundo dessa consciência. Ela é real como *interesse*. Para a consciência, o interesse supremo do homem era *sabido* pela filosofia; era de lá que ela extraía seu valor. Mas agora torna-se claro que esse interesse não era *realizado* pela filosofia. Na medida em que ele o era – e sempre o era apenas em certa medida –, era-o pela vida, vida auxiliada pela reflexão filosófica, é certo, mas essencialmente vida agente: a própria filosofia é, então, apenas uma das ações da vida. Ora, se assim é, toda prerrogativa da filosofia deve desaparecer. Se o homem se faz filósofo, é porque ele se interessa pela filosofia; mas nada o obriga a isso, e os fatos mostram que o homem frequentemente se desinteressa por ela, e não apenas frequentemente, mas quase sempre: o filósofo é a exceção e, como exceção, deve ser compreendido a partir do fundo comum da humanidade. O homem não é reflexão e *Eu*, o homem vive, e vive de modo humano. A filosofia da reflexão não está errada em dizer que o homem é o ser vivo que persegue fins: ela se engana quando afirma que ele deve perseguir um único. A reflexão da consciência compreende apenas um dos interesses do homem; um passo a mais e o homem se torna compreensível com sua filosofia, com suas filosofias.

Assim, em toda essa atitude se desenham, estreitamente ligados um ao outro desde o início: a prioridade sobre a atitude de uma categoria que a atitude proclama sua, e isso para a própria atitude, e o desinteresse do homem nessa atitude. Ele se interessa pelo *interesse*, pelos interesses que constituem a vida, e não tem outro interesse na vida além daquele que tem pelos interesses dos outros. Emancipou-se da busca de uma direção pessoal para si próprio: ele é, na qualidade de pessoa realmente desinteressada. É que só a categoria lhe interessa; seu orgulho é o de ser inteligência livre de qualquer interesse. Ele reduz as categorias às atitudes para reduzir sua própria atitude a uma categoria, a um saber, a uma interpretação. De resto, ele é suficientemente inteligente para saber que, em sua vida, também ele tem um interesse; mas em sua análise do mundo humano, ele não tem nenhum, visto que os tem todos. Por isso ele sabe, e confessa, o que o filósofo da reflexão devia ignorar e negar, a saber, que ele é a exceção, aquele em quem o grande segredo do homem se descobre, qual seja: que o homem não *tem* interesse, mas *é* interesse.[2]

Poderíamos dizer *atitude* no lugar de *interesse*, pois é aqui que o conceito de atitude se mostra pela primeira vez não apenas a nós, mas à atitude de que falamos.[3] No entanto, não é indiferente que ela seja vista sob a forma do interesse. A interpretação inteligente pode, assim, se pôr à parte: o interesse lhe indica que normalmente o homem quer alguma coisa, ao passo que ela não quer nada, porque se libertou do desejo, da necessidade, de tudo que implica ação do homem. Todo homem está num mundo, que é *seu* mundo no sentido mais estrito, porque foi o seu interesse que o constituiu. A interpretação assinala que ele acaba por se deixar capturar por esse mundo. Ele se vê – e nesse ponto ela apenas generaliza a tese da consciência – como a criatura de sua criação, ele tem agora um interesse ou, antes, são os interesses que o têm. Ele se interpretou sem saber o que fazia, e foi assim que ele interpretou o homem em função do mundo, não o mundo em função do homem. A libertação proporcionada pela reflexão não é suficiente – será que ela a proporciona? –, visto que ela se esforça sempre para descartar este ou aquele interesse sem que o interesse como tal jamais entre em seu horizonte. Ela quer reformar o homem, conduzi-lo para a liberdade, e ela não compreende que ela apenas substitui um interesse por outro e destrói mundos para construí-los. Na medida em que o fato de saber que se é obrigado a construir é fundador de uma liberdade maior, a reflexão progrediu para seu fim. Mas se ela deve confessar que esse saber é um interesse último que ela não é capaz de superar – e ela não

---

[2] Essa atitude funda toda a *Ciência do Espírito* (*Geisteswissenschaften*), tanto nos mais ingênuos historiadores da civilização (se eles não caem na categoria da condição) quanto na reflexão de um Dilthey. Ela é formulada puramente (o que não quer dizer: com profundidade) na teoria da inteligência livre (*frei schwebende Intelligenz*) de K. Mannheim (*Ideologie und Utopie*). Max Weber se situa no mesmo plano na reflexão metodológica, mas o supera em seu pensamento histórico e, sobretudo, político.

[3] A categoria é, assim, de uma importância capital para a lógica da filosofia. E é tanto mais necessário compreendê-la em sua limitação: basta para isso reter que, mesmo produzindo o conceito de *atitude*, ela não vê o da *categoria*; em outras palavras, ela compreende, mas não se compreende.

pode evitar essa confissão –, no fim das contas sua empreitada fracassou. Ora, a inteligência escapa a essa dificuldade, porque o motor último já não lhe está oculto e, em consequência, ela pode neutralizar sua força. Ela não estaria tão segura disso se visse a atitude como atitude, isto é, como algo capaz de ir à categoria e, portanto, como algo constitutivo de todo discurso, inclusive o seu; ao vê-la como interesse, ela se opõe a ele como a inteligência ao desejo. Não se deixa capturar por nenhum dos mundos, porque ela se instala, por assim dizer, fora do mundo. Compreende o homem e o cosmos porque é a-cósmica, des-interessada.

A atitude de que se trata é, portanto, intrinsecamente afilosófica, se não antifilosófica (sendo a palavra "filosofia" tomada no sentido que lhe dá a *consciência*). Isso não significa que ela se desinteressa pela filosofia, que é, ao contrário, um assunto de sua predileção. Mas ela própria não é filosófica, porque a filosofia busca um *ser* eminente, o verdadeiro Ser, o verdadeiro Bem, o verdadeiro Belo, a verdadeira liberdade, o verdadeiro discurso, etc., um ser por excelência no qual a inquietação do homem encontre seu repouso. Ora, esse repouso é algo que a interpretação não sente necessidade alguma de buscar: ela já o possui, sem ter feito esforço algum, e é esse, precisamente, o substrato dessa atitude que se liberta de tudo pela compreensão, não pela negação da reflexão. Todo interesse humano lhe é uma possibilidade humana, e visto que ela reconhece em todo interesse esse caráter de possibilidade, nenhum interesse concreto chega a acorrentá-la. Ela é bem-sucedida lá onde o *eu* havia fracassado: o homem inteligente é *spectator mundi*, e pode sê-lo, porque esse mundo para o qual ele olha e cuja visão o regozija já não é a natureza nem a razão do cosmos, mas o próprio homem. O objeto da interpretação é a história – o objeto, não o sujeito; pois o homem que compreende a história se retirou dela, e as manifestações do interesse já não o ludibriam. Ele está além dos interesses, que, embora sejam possibilidades vivas para os outros, são passado para ele.

História bem diferente daquelas instauradas pela fé, pela ciência, pela reflexão. Todas elas se destinavam a justificar a atitude que as elaborava; cada uma delas devia demonstrar que o passado inteiro fora apenas o movimento inconsciente para o ponto alcançado agora: a sequência de acontecimentos, a transformação das condições, a evolução das ideias extraíam seu sentido dessa realização final para a qual, inconscientemente, sempre haviam tendido; a história provava que agora se havia chegado ao fim. A interpretação não pede tanto; não pede nada. Segura de si mesma, ela não vê a necessidade de criar para si uma ascendência, sabe estar acima da necessidade da educação pela destruição dos preconceitos. Ela não *quer* ser consciência, ela o *é*, e – o que lhe importa ainda mais – consciência dos outros. As histórias das outras atitudes não lhe importam, porque ela não ignora em absoluto para que elas devem servir. Para ela própria, a história, em vez de ser o devir da inteligência, é a subjetividade dos outros, encarada e interpretada pelo desinteresse absoluto com vistas à descoberta dos interesses.

No entanto, existem boas razões para que ela leve ainda o nome de história. A interpretação lida com o interesse humano em sua realidade, isto é, com o que é porque foi. Ela não o vê, portanto, como passado terminado – esse era o procedimento da ciência da *condição*, que considerava os acontecimentos com relação ao progresso, e o da *consciência*, que retraçava seu caminho para si por meio das ideias: ela interpreta a realidade passada como pluralidade de possibilidades presentes, possibilidades que ela descobre no presente *passado* delas. No entanto, ela não pode renunciar aos serviços da história – ou das histórias – tal como ela foi moldada pelas atitudes anteriores (não pelas categorias: não há categorias para ela, exceto a sua), pois não é dos *fatos* que ela se ocupa; mais do que isso, os fatos nem mesmo existem para ela, porque o fato se constitui apenas no interesse, a tal ponto que o que é decisivo para um não existe para o outro: o interesse do homem que é o objeto da inteligência se mostra a ela precisamente na história que ele faz de si mesmo. Ele não costuma saber qual é o interesse que o impele, com frequência ignora que se trata de interesse, e quando parece servir-se desse conceito, como é característico das atitudes evoluídas e complicadas, é evidente que o emprega erroneamente, visto que ele não se eleva acima do interesse concreto e que ele aí encontra um absoluto, em vez de uma possibilidade humana entre outras.

É a inteligência que detém a chave, mas é a história, a ciência histórica do homem interessado que lhe proporciona as ocasiões de mostrar sua utilidade.

História que o homem faz dele próprio, inclusive as justificativas que ele dá para ela em sua ciência e sua filosofia. Em suma, o campo das investigações da inteligência, o âmbito do emprego de seu instrumento é o dos documentos humanos. Trata-se de compreender o que o homem denomina sua compreensão de si mesmo e de seu mundo, sua *Weltanschauung*. Pouco importa o que ele faz; por que ele o faz, eis a questão. O homem sempre acredita viver num mundo do qual depende, no qual se encontra diante de dificuldades reais, de problemas objetivos, de necessidades vitais. Mas só existe realidade em função do interesse. O mundo do selvagem não é o do grego, e o do europeu não se compara ao do chinês ou do africano. Eles nada têm a ver um com o outro. Cada um deve ser compreendido em si mesmo e nada seria mais falso do que querer atribuir-lhes um substrato comum, um sobremundo objetivo e inumano.

Certas atitudes, porém, convidam a isso, em particular a da *condição*, por sua redução de tudo a fatores objetivos – atitude ultrapassada, mas de forma alguma eliminada pela *consciência*. Lá existe uma natureza una, regida por um único sistema de leis; os homens com frequência ignoram essas leis ou, mais exatamente, ignoram uma grande parte delas, mas nunca ignoram sua parte essencial, a que lhes permite viver. O selvagem mais primitivo conhece certos procedimentos técnicos, possui certa experiência das regularidades e interdependências, experiência sem a qual ele pereceria; nem é impossível, em princípio, saber objetivamente por que ele se mantém aí. O homem é um ser que possui certas características distintivas; suas necessidades, associadas a seus traços específicos, explicam sua atitude, e a ciência é perfeitamente capaz de analisar, graças a esses dados, os fatores essenciais da história social.

Mas esse raciocínio, por mais sedutor que pareça, não resiste à crítica da inteligência. A ciência explica o homem de acordo com seu próprio interesse; ela não o compreende. Visto que ela quer chegar a dominar a natureza, afirma que o homem nunca almejou outra coisa além desse domínio, e que ele o almeja essencialmente. Ora, essa natureza *una*, esse sistema de leis, esse homem determinado por suas necessidades fisiológicas só se compreendem como formas concretas de certo interesse. Com efeito, para permitir ao homem a vitória natural sobre a natureza, é indispensável que esta seja antes de tudo modificável, isto é, que o resultado da ação seja previsível; depois, que ela seja modificável pelo homem, isto é, que o homem esteja compreendido na natureza. Esses postulados são irrefutáveis, mas eles o são porque constituem postulados que não afetam as outras atitudes e não são, portanto, abalados por elas. "Deixemos de lado o homem primitivo", diz o homem de ciência, "ele não compreende". Ele não compreende a física da condição, responde a inteligência. Mas ele não a compreende porque não se interessa pelo domínio da natureza, interessa-se em que o cosmos não pereça; quer que este mundo viva tal como ele é: este mundo que é bom e que dá ao homem tudo o que ele deseja, os animais que se deixam caçar (e não "são caçados" por ele), os peixes que entram em sua rede, a chuva e o sol, que, cada qual no momento oportuno, fazem brotar as plantas que o alimentam, fluir as fontes que matam sua sede. Nada neste mundo precisa ser modificado e o que interessa é, ao contrário, excluir qualquer modificação: se o sol não fizer este ano o que ele sempre faz, o mundo desabará. Todos os gestos do homem, portanto, *sustemtam*, ele deve fazer o que sempre fez, caso contrário, o sol já não se erguerá no horizonte, as chuvas cessarão, os animais fugirão dele. Não existe natureza como objeto de uma ciência analítica, existe o concurso eterno das forças vivas. Nessa harmonia, que é harmonia porque foi assim que esse homem construiu o seu mundo, todas as objeções da ciência são incompreensíveis, assim como essa harmonia é invisível para a ciência. Entre o interesse que visa ao progresso e o que defende a permanência, não há nem denominador comum nem juiz. O sucesso, o grande argumento do progresso, nada prova. Sim, a ciência constrói aviões, o homem primitivo só faz o que seus ancestrais lhe ensinaram; ora, o homem primitivo não quer construir aviões. O civilizado é mais forte que o primitivo e pode lhe impor sua dominação. Mas nem sempre o consegue: com muita frequência o homem primitivo morre quando seu mundo é perturbado, e assim prova – para si mesmo – que teve razão ao se recusar a alterá-lo. E que até mesmo o homem primitivo aceite o que o outro denomina civilização, essa aceitação em si não prova nada além da possibilidade que o homem tem de modificar o interesse – possibilidade essa que nunca fora posta em dúvida? Todas as provas da ciência são excelentes – para ela. Mas o que ela denomina sucesso não tem importância alguma para as outras atitudes, que nem por isso se declaram vencidas: a derrota delas é a consequência dos erros do homem no mundo, não é culpa do seu mundo, o qual permanece irredutível: esse mundo pode desaparecer, junto com aqueles cujo interesse ele expressa, mas até esse desaparecimento é a prova decisiva de sua independência.

A relação é a mesma quando se trata de outras atitudes, que, mais "modernas", possuem uma teoria do mundo e da natureza e, por conseguinte, parecem se opor de modo menos obstinado à ciência. Aristóteles elabora uma física. Essa física, diz a *condição*, é ruim, pois é incapaz de explicar todos os fenômenos pela redução a fatores covariáveis, de modo que o futuro possa ser predito com uma certeza praticamente completa. Ele não pode construir sua natureza sem a ajuda da noção do acaso. Ele não pode: mas será que ele o quer? Seu interesse é encontrar a paz na θεωρία, na participação na perfeição do cosmos fundada na razão absoluta para a qual tudo se volta no mesmo desejo de participação, e que só está voltada para si mesma. As coisas deste mundo não podem, portanto, não ser imperfeitas, não razoáveis, não constituídas de razão. Para que o homem possa desfrutar do aspecto da perfeição, ele deve poder afastar, como produto do acaso, o imperfeito, o feio. O mundo é belo em sua essência. Querer modificá-lo é apegar-se ao que não é bom no mundo, e perder assim a beleza que nenhum trabalho fará descer ao plano do devir e do perecível. O que conta é descobrir o plano do ser e do eterno, e visto que a física das medidas é incapaz disso, que, longe de mostrar a beleza do cosmos, ela pretende destruí-lo, ela não teria nem valor, nem sentido para Aristóteles. Que em certo momento sua ciência já não pareça suficiente, isso só prova uma coisa, a saber, que já não há interesse pela beleza do mundo, que já não se deseja desfrutar de sua perfeição.

Em cada ponto, a *interpretação*, que é inteligência em ação, refuta assim as pretensões da história da condição. Não cabe a nós multiplicar os exemplos: a *fé*, o *eu* – para falar apenas das atitudes contra as quais essa história investe de preferência, porque as encara como particularmente perigosas – encontram seu defensor na inteligência, sua justificação no interesse. Uma história diferente se opõe à do progresso.

Como essa história é escrita é uma questão que não nos ocupa por si mesma. Lidamos com a inteligência pura, não com o emprego que ela faz da sua categoria metafísica que é o interesse. Aliás, é fácil ver o essencial disso: os homens constituem mundos (aqui se poderia definir o homem como o ser que constrói mundos) a partir de seus interesses concretos, e esses mundos aparecem à inteligência como tais, em sua unidade, em sua unicidade, em seus conflitos. Sobretudo em seus conflitos, pois um interesse concreto se caracteriza como tal, como dado irredutível para a história, pelo fato de que os homens que aderem a ele, e cujo mundo recebe seu sentido a partir desse centro, estão prontos para sacrificar tudo a esse valor supremo sem o qual sua existência seria destituída de sentido e orientação. Sim, a realidade não mostra apenas homens prontos para morrer por seus "ideais"; a experiência ensina, ao contrário, que são excepcionais os casos em que o sacrifício se realiza. As pessoas se acomodam, buscam meios-termos, enganam a si mesmas sobre a importância das concessões que elas fazem continuamente às circunstâncias (isto é, àquilo que, de acordo com elas mesmas, não deveria exercer influência alguma sobre seus atos). Mas o historiador inteligente, guiado pela categoria do interesse, não encontra dificuldades insuperáveis quando se empenha em desemaranhar o que as pessoas confundem. Nada se opõe a que ele se coloque no lugar delas e construa, de acordo com a ideia da não contradição, o que deveria ser a vida delas, se fossem coerentes consigo mesmas: nem sempre será fácil indicar esses tipos ideais de comportamento, e será preciso reunir um grande número de documentos, observações, análises; embora seja difícil, o problema não poderia ser insolúvel.

Isso porque a inteligência sabe do que se trata, no fundo: o homem livre (livre no sentido que a consciência havia dado a essa palavra: de uma liberdade transcendente) necessariamente emprega sua liberdade para construir para si uma morada-prisão, um sistema que pode ser contraditório, incoerente, absurdo (e qual sistema de vida não o é, do ponto de vista em que se situa a inteligência, fora de qualquer mundo?), mas que lhe permite orientar-se ou, visto que essa expressão poderia ser compreendida no sentido da ciência do *objeto* ou da ciência da *condição*, que lhe promete a satisfação. Ele não quer ser livre, exceto das condições que o incomodam no interior de seu mundo: ele quer estar satisfeito. Ao menos é o que ele proclama. Nisso ele não se engana, nem engana a inteligência – com aquela restrição, que a inteligência não deixa de introduzir, de que, na verdade, ele não busca uma satisfação total, mas satisfações particulares, de que ele se importa com a possibilidade do contentamento, mas em absoluto com o contentamento em si. Mais do que isso: ele não pode querer o contentamento absoluto, sobre o qual ele fala apenas para arranjar coragem para buscar satisfações particulares: ele ficaria perdido se ficasse absolutamente contente, pois teria perdido toda necessidade de orientação e já não viveria num mundo. Ora, é isso que lhe importa, e o que lhe importa exclusivamente: a incoerência, a contradição, o absurdo não caracterizam mundos defeituosos, mas qualquer mundo humano.

É por meio dessas reflexões que o historiador inteligente é capaz de escrever a história da humanidade, história incoerente, na qual nada produz coisa alguma de modo compreensível, na qual todo mundo histórico é incoerente e inconsciente de sua falta de coerência, mas na qual todo elemento é compreensível por redução a unidades ideais, ao passo que toda construção real da liberdade se aliena e só é liberdade para se alienar. Ele encontrará ligações de fato, oposições de fato, interpretações (interessadas) de fato, comportamentos, sistemas religiosos, códigos de leis, organizações sociais, e tudo lhe servirá para que desenvolva sua categoria em conceitos, tipos, análises "idealizantes" e sínteses "racionalizantes". Todos os mundos, todos os escombros, todos os esboços, todos os elementos de mundo são dados à inteligência.

2. O homem inteligente diante de si mesmo e dos outros. – Seus interesses e seu papel em sua época

Uma vez concluída a análise do homem e de seu mundo, resta uma pergunta: a da própria inteligência e a do interesse puro, tal como a inteligência o compreende como sua categoria. A inteligência se explicitou numa teoria formal do homem concreto, teoria que compreende o homem em sua existência histórica (que vai de um mundo a outro, que evolui) de modo supra-histórico. Ora, o interesse puro, como dissemos, faz do homem que dispõe dessa categoria uma inteligência livre, e torna sua atitude extracósmica: ele vê os mundos, mas porque os compreende em sua essência – como concretização do interesse humano –, todos os mundos historicamente reais ou apenas imagináveis são mundos para os outros, ao passo que ele próprio, tendo visto por trás do véu, aí encontrou o vazio da liberdade.

Seria perfeitamente absurdo, portanto, pedir-lhe para explicar e interpretar a si mesmo. Ele pode fazê-lo, e melhor que qualquer um, porque todas as interpretações concretas, todas as maneiras de fazer a história estão à sua disposição, e ele construirá sua existência, se isso lhe aprouver, como a realização final de qualquer dessas histórias. Acrescentará, no entanto – em seu foro íntimo –, que todas essas construções se equivalem, e que todas são igualmente arbitrárias. Ele não pode se interpretar "seriamente", pois essa interpretação só seria possível tendo em consideração a verdade. Ora, em verdade, ele sabe uma única coisa: que não existe verdade, existem apenas *verdades*.

A formulação parece paradoxal, o pensamento não o é. A contradição entre *em verdade* e *não existe verdade* é chocante; mas é chocante apenas se a contradição for considerada como proibida, isto é, se formas determinadas do saber forem consideradas como as únicas válidas, separadamente ou no interior de um sincretismo sistemático que "concilia" as "ideias", desprendendo-as de seus mundos, compreendendo-as de modo puramente verbal, separando-as daquele interesse humano que as faz brotar e que as mantém vivas ao mantê-las na vida. Não existe verdade, isso significa aqui que não existe ciência acima das ciências, metafísica acima das metafísicas, sabedoria acima das sabedorias. Mas essa afirmação em si é verdadeira, absolutamente verdadeira, e só pode ser verdadeira porque o é *absolutamente*. Isso porque o fato de ela ser absoluta não indica aqui uma dignidade, um nível superior em uma hierarquia de verdades sempre mais extensas, sempre mais profundas: ele mostra que ela não está em contato com *as* verdades, que nada se baseia nela, nada se deduz dela, que ela não abarca nem organiza nada, que ela não proporciona nem esclarece conhecimento algum – que ela é *ab-soluta* de tudo. Essa verdade absoluta não diz respeito a um fato, ela não é da natureza *das* verdades, ela é um fato.

É o único fato. Por isso, só pode ser expressa pelo paradoxo e pela negação, pois toda linguagem é a linguagem do homem no mundo, de um homem em um mundo, de um interesse concreto, ao passo que o homem em posse da categoria do interesse é livre, de uma liberdade *absoluta*, não da liberdade de fazer ou sofrer que todo interesse estabelece como possibilidade em seu mundo. Sua liberdade é *a* verdade, o ato no qual ele se arranca aos mundos, pelo qual ele se torna inteligência pura e desinteresse extracósmico, pelo qual ele cessa de ser homem, caso *ser homem* queira dizer *construir mundos*. Ele fala, portanto – e nada o proíbe de falar –, mas ele não nega a linguagem, como o fazia o poeta reflexivo; ele nega as linguagens pela linguagem. A transcendência não deve ser procurada num além dos objetos, do eu, do mundo, ela não é uma atividade: ela é o ato pelo qual o mundo concreto é colocado entre parênteses. Nesse mundo, ela aparece como paradoxo e como negação; em si mesma, ela é o único positivo, o único evidente, o único ato que não é substituível por outro, o único ato autêntico, o único fato. Por isso a negação do mundo não é sua destruição. *Os* mundos são negados em sua concretude, em seu isolamento, em sua exclusividade – em suma: em sua pretensão à unicidade. Mas uma vez negada essa unicidade, eles são restabelecidos com solidez ainda maior. Como *expressões* do homem-interesse, eles são todos verdadeiros: não eram verdadeiros antes, quando cada mundo ainda encerrava cada homem em seu interesse concreto e supostamente único, quando o homem não se interessava, mas era interessado.

A verdade deles é, portanto, uma verdade para a inteligência. É somente para ela que eles se revelam em seu ser. Em si mesmos, possuem suas verdades, cada qual a sua, e cada uma dessas verdades exclui todas as outras, e até as combate se sua própria estrutura lhe permite discernir as pretensões delas. Para a inteligência, todas essas verdades são igualmente verdadeiras, igualmente falsas: ela não tem meio algum de escolher entre elas. Tampouco acrescentará a elas uma nova verdade de sua lavra, um mundo acima dos mundos. Não é que ela acredite estar completa a série dos mundos: ela sabe que o interesse nunca está em repouso, que a liberdade do homem pode construir para si novas moradas, ou demolir as prisões existentes, ou modernizar as antigas habitações; mas ela, por sua vez, compreendeu o jogo, e dele se retirou: ela sabe que não existe verdade que tenha um conteúdo, nem conteúdo que seja verdadeiro, e sabe, além disso, que é a única a sabê-lo.

Falar de uma atitude da inteligência livre é, assim, um contrassenso para ela. Ela não se apreende, não tem de se apreender, porque não pode fazê-lo e sabe que não pode fazê-lo. Quando se lhe atribui uma atitude, já não se está em seu plano, e de uma inteligência livre se faz um homem no mundo. No entanto, o homem que vive como inteligência livre a isso se presta em aparência. Ele compreende o mundo no qual vivem seus contemporâneos, conhece o interesse deles e os interesses deles, suas decisões conscientes e tendências ocultas, e não se oporá a seu modo de vida. Por que o faria? Ele não tem um mundo novo a lhes propor, não possui padrão religioso, histórico ou moral para medir o valor de suas atividades e ações, nenhum cânone para corrigir suas teorias e seus sistemas. Como haveria motivo para conflito entre ele e eles, visto que ele não se apega a nada? Como ele travaria um debate ou uma luta, ele que nada tem a ganhar e nada quer ganhar? Tudo que ele pede é que o deixem em paz.

Estar em paz, eis o seu único interesse – que não é um interesse constitutivo (ele sabe muito bem que os mundos se constroem na luta), mas seu interesse pessoal; os outros não compreendem, são agressivos, e será útil agir sobre eles para acalmá-los. Todos os mundos se equivalem, mas nem todos são igualmente viáveis para o homem portador da inteligência. Ele está disposto a se conformar aos usos e costumes de seu tempo e de seu meio, é tudo que ele quer, visto que não tem nada a fazer além disso. Faz questão apenas de que esses usos e costumes não lhe imponham uma escolha. Ele não ignora que o homem em seu mundo se concebe em função de seu interesse, que a única coisa que ele não suporta é uma vida des-orientada, que, portanto, ele coloca seu ideal acima de sua vida e da dos outros. Ele próprio não tem ideal e, por conseguinte, apenas a duração de sua vida e a paz dessa vida têm um valor – estritamente pessoal – para ele. Ele admira as convicções, as lutas, os sacrifícios dos outros; mas gostaria que eles lhe deixassem tempo disponível para admirá-los.

Essa paz lembra aquela procurada pelo filósofo do *objeto*; mas agora, a paz já não pode estar baseada numa verdade objetiva e com vistas a ela. O homem inteligente não se empenhará em persuadir os outros do *erro* deles; para ele, não existe erro, e de nada adiantaria destruir o mundo dos outros, pois eles de lá sairiam apenas para se entregar a outro, com força e violência ainda maiores. Mas ele pode tentar fazê-los sentir que "tudo isso" não é tão importante, que cada um pode, à sua maneira, salvar a si mesmo e criar para si uma orientação, que a vida seria mais agradável se cada um quisesse se divertir tranquilamente em seu canto sem perturbar os jogos alheios. Pode tentar fazer que sintam isso, isto é, ele os colocará numa situação em que eles estarão entre os mundos. Ao final, ele não o ignora, eles irão se decidir; mas nesse ínterim, a vida será boa enquanto o mundo deles se decompõe e o novo mundo ainda não tiver nascido. A história jamais será concluída, porque jamais os homens se alçarão a esse plano da inteligência; mas pode haver calmarias, épocas em que os homens ainda fazem profissão de fé, mas já estão desligados da fé que professam. O homem inteligente pode contribuir para o estabelecimento desse estado. Pode mostrar aos outros que o que eles procuram e apreciam é procurado em outros caminhos e apreciado em outros lugares, e por outras pessoas, que detalhes comuns ligam os homens entre si não obstante a diferença de suas convicções, que o ateu pode ser virtuoso, o não civilizado, artista, o crente, pensador independente. Isso não convence os espíritos sistemáticos, radicais, exaltados; mas isso os neutraliza, porque eles já não são seguidos pelos outros, aqueles outros que contam por seu número. Basta inculcar nestes últimos o sentimento – eles são impermeáveis aos pensamentos – de que o que eles veneram é realmente venerável, mas de que os adoradores de outros deuses não são necessariamente perigosos e malévolos, o sentimento – não a tese, que eles rejeitariam com horror – de que nada merece ser motivo de luta. Àqueles que se mostrarem reticentes, ele falará, isto é, tentará atraí-los para o terreno da discussão. É claro, eles têm razão em se agarrar acima de tudo a seu ideal. Mas será que esse ideal foi suficientemente elaborado por eles? Será ele destituído de contradições? Responderá a todas as situações possíveis? A verdade deles é absoluta? Outra interpretação dos fatos não será concebível? Essas perguntas não apresentam dificuldades para ele: elas não têm sentido, visto que pressupõem a existência de uma verdade universal que regula, de fora, o interesse concreto. Ele está ciente disso, ele que descobriu o interesse. Mas sua própria existência mostra que o mundo onde ele vive é um mundo em decomposição, visto que ele pôde dele se evadir graças a essa descoberta. Ele pode tentar se servir de seu avanço em relação aos outros, os quais ele não libertará do interesse deles, mas nos quais suscitará uma dúvida, capturando-os pelo desenvolvimento de sua categoria formal.[4]

Assim, a inteligência neutraliza a história. Ela pode fazê-lo e sabe que pode fazê-lo, porque sabe ser o fim da história, o fim dos mundos. O homem que sabe o interesse é o último homem. A humanidade continuará, mundos constituir-se-ão, lutarão, perecerão, o fim não é um fim no tempo, o último homem será seguido por outras gerações; mas o homem inteligente saiu do mundo e para ele não pode haver aí nada de novo, porque não pode haver aí nada mais. Tudo é equivalente, e ele vive no nada,

---

[4] Essa atitude, claramente presente em Montaigne, se expressa com extrema consequência em Bayle.

visto que compreende a plenitude dos mundos e que essa plenitude não o preenche. Ele está satisfeito: nada o obriga, nada lhe suscita desejos. Ele é realmente aquilo que o *eu* teria gostado de ser, *spectator mundi*, e ele interpreta não a comédia do *eu*, com papéis estabelecidos por seu poeta transcendente e seu diretor sobre-humano, mas sua própria interpretação, em seu próprio benefício. Diverte-se, passa o tempo, nada tem a *fazer* ou, para dizer o mesmo de outro modo, está sempre ocupado, porque leva tudo a sério. Ambas as formulações expressam a mesma atitude: visto que ele é inteligência, nada tem um valor particular; visto que ele é homem e sabe-se homem, tudo lhe interessa. Em sua atitude, sua categoria o liberta não apenas de tudo, mas também para tudo.

Porque tudo, a arte, a poesia, o sentimento religioso, a ciência, a magia, a moral, qualquer expressão do interesse concreto merece seu interesse; qualquer uma delas lhe permite interpretar seu papel, colocar-se num mundo para nele se exercitar. Ele compreende tudo, imita tudo, desfruta de tudo. Longe dele a ansiedade do poeta irônico, que devia provar a si mesmo, repetidas vezes, que era livre, que não era objeto, mas criador. Para a inteligência, o homem é sempre criador: ele o é sobejamente. Ela não quer esse papel para si mesma, mas sabe, justamente por isso, apreciar a criação dos outros. Bom e mau não contam para ela. Tanto um como outro expressam a força do homem em uma forma concreta. Se existe algo que ela deseja para si mesma é encontrar sempre outros brinquedos e novos alimentos para sua curiosidade. Ela é insaciável. Depois de se haver ocupado com um fenômeno, de o haver esgotado ao compreendê-lo, ao situá--lo entre os diferentes tipos de interesse e ao extrair dele o que pode contribuir para a imagem de um mundo, ela dele se desviar, em busca de outra coisa na qual possa se exercer.

Exercício que o homem inteligente nunca encara de modo leviano. Para fazê-lo, deveria admitir a existência de um valor ou de uma verdade, de um absoluto concreto para o qual retornaria depois de seus jogos. Seu jogo é sério, porque é sua única ocupação. Apreciador, colecionador, perito, historiador, analista, ele pode correr de um a outro, hoje se entusiasmar com a arte primitiva, amanhã com um mundo heroico, ora por um artista que cria ou destrói um mundo, ora pela crença religiosa, ou ainda pelos sistemas de valores; pode também se dedicar por inteiro à coleta paciente de materiais no intuito de fazer o retrato vivo de uma civilização, de uma época, de um personagem; empreender pesquisas de longo prazo para determinar a que mundo pertence este ou aquele homem, ou quais influências se conjugam nele; buscar pacientemente as implicações "essenciais" de um "sistema" científico, filosófico, político. Quanto ao fundo, não há diferença: a *seriedade* de sua ocupação pertence ao mundo no qual ele vive e onde – já que esse é um mundo concreto – a busca de um único fim é naturalmente mais estimada que a dispersão das forças. Conformistas, visto que eles nada têm a opor ao mundo no qual se encontram, os homens inteligentes avaliar-se-ão, portanto, por meio das opiniões contemporâneas; enquanto um se considerará como a nata da civilização ou, de acordo com as circunstâncias, como revoltado, o outro se enxergará como o verdadeiro homem de ciência, ou como grande pensador – tanto um como outro empiricamente sinceros e, por seu pensamento, acima do conflito.

3. *A natureza das retomadas.* – *A tolerância, a renúncia, a força*

Assim, eles levam tudo a sério, exceto a si mesmos. Vivem em qualquer mundo, reconhecem, para a ele se adaptarem, qualquer interesse, falam qualquer linguagem: mas não têm linguagem própria para falar de si mesmos. A única linguagem de que dispõem só se aplica aos outros, e é a linguagem da *consciência*, com a diferença de que não existe *Eu*, visto que já não existe a *condição* à qual se opõe o *Eu*; existe *interesse*, um *Eu* formalizado que não se desprende de um mundo, mas que nele se envolveu plenamente e que só se mostra (como categoria formal) à inteligência livre, extracósmica. A única categoria possuída pela inteligência não se aplica a ela própria, e sua própria atitude é a única a ser incompreensível, porque invisível. Todas as outras são por ela reconstruídas como formas "concretas" da consciência: a unidade da consciência com vistas a uma satisfação possível é a ideia diretriz de seu método, na medida em que essa unidade é a condição última da constituição de um mundo humano. Mas essa unidade não se revela ao homem no mundo que nasce dessa unidade, e a filosofia como tentativa de transpassar do *eu* ao *Eu*, portanto, como interesse essencial do homem, já não tem justificação. Chegar à inteligência livre não é um *fim* essencial do homem, é um acontecimento inexplicável, pois toda explicação tem seu lugar num mundo determinado.

A linguagem da consciência, mesmo nessa forma desprendida de qualquer conteúdo, não tem, portanto, poder sobre a inteligência. Ela não é consciência de um mundo, mas consciência de consciências; não é oposta, mas desprendida. O homem nessa atitude é duplo: por viver num mundo, participa do interesse desse mundo; como inteligência livre, sabe que esse interesse não o amarra, mas que ele terá sempre um mundo ou um interesse, sejam eles quais forem. Se ele quiser falar de si (de costume essa ideia não lhe virá à mente, e ele só o fará forçado, seja para defender sua posição no mundo, seja para se desvencilhar de um conflito interior entre sua consciência inteligente e a herança inconsciente que a inteligência conhece como herança e como inconsciente, e que ela quer eliminar), ele falará como homem, não como inteligência: nas retomadas, a inteligência se torna uma qualidade do homem.

De duas maneiras essas retomadas se distinguem das retomadas da *consciência*. Em primeiro lugar, a categoria não expressa a atitude, mas constitui, ao contrário, o meio pelo qual a atitude se mantém fora do mundo que é descrito pela inteligência por meio de sua categoria do interesse: a inteligência é o que ela é porque ela não é interesse. Segue-se que a retomada, a explicação da atitude por categorias anteriores, não é nem inconsciente – e esse é o caso onde quer que a categoria não esteja inteiramente elaborada –, nem combatida, como acontece nas retomadas da consciência que encara estas últimas como um mal necessário do qual ela jamais se desvencilhará na experiência, mas do qual sempre *deve* tentar se emancipar. A inteligência não precisa de retomadas: visto que ela sabe que o mundo é para ela, mas que ela não é para o mundo, ela não é obrigada a falar de si mesma. Se, no entanto, o homem que é portador dessa inteligência *quer* falar de si mesmo, ele se apresenta como ser pensante, ser do qual o pensamento é a essência. Toda categoria que lhe permite compreender-se assim pode ser útil à retomada.

É isso que produz a segunda característica dessas retomadas. Daquilo que precede já se deduz que as categorias anteriores se prestam a isso apenas por intermédio da categoria da *consciência*. Esta última, com efeito, é indispensável para conferir uma linguagem à inteligência: o homem é a condição última do mundo. Mas embora seja uma intermediária necessária, a consciência não basta para formar as retomadas procuradas, porque ela situaria a inteligência, compreendida como consciência, num mundo determinado. São somente as categorias mais primitivas que, compreendidas como atitudes da consciência, como atitudes conscientes, podem interpretar o homem inteligente. Elas, e somente elas, se prestam a isso, visto que o homem ainda não se opõe a um mundo ou a uma comunidade; visto que, na ausência de todo objeto e de toda objetividade, seu discurso é ainda estritamente seu. A partir da categoria da *certeza*, as categorias já não satisfazem a essa condição.

No entanto, a categoria do *verdadeiro* e do *falso* pode ser empregada. O homem inteligente é aquele que detém a ideia do verdadeiro (transformação decorrente da intervenção da *consciência*), ao passo que os outros vivem no falso e não possuem sequer uma ideia do verdadeiro. São extraviados pelo interesse; o que tomam pelo verdadeiro não passa de camuflagem inconsciente dos medos e desejos de seu mundo, e eles querem se fechar o mais rapidamente possível, o mais completamente possível, porque não suportam a inquietação da busca. O homem que assume essa busca sabe muito bem que não possui a verdade, mas dela possui a ideia. A inteligência se retira do mundo, portanto, a fim de perscrutá-lo, de nele detectar as contradições na tradição, de denunciar a pluralidade dos interesses amalgamados na superfície, de colocar os problemas em seu lugar, de estabelecer a paz entre os homens. Pois os homens se combatem, não porque um esteja certo e outro esteja errado, mas porque todos acreditam ter razão e todos se enganam em suas pretensões. O homem pode estar certo, ele não pode ter razão contra outro. Somente a inteligência é capaz de decidir a contenda entre eles. Ao buscar pacientemente a expressão completa dos dois interesses, ela mostra aos que neles acreditam que o conflito entre eles provém da incoerência de seus sistemas: se cada um deles fosse coerente consigo mesmo, não se chocaria com o outro; cada um viveria feliz, contanto que se confinasse em sua verdade.

A inteligência é assim compreendida como atitude humana num mundo de lutas e de erros ao qual ela se opõe como a mensageira da verdade formal, da relatividade das verdades concretas e, assim, como emissária da paz. Pode haver contestação no interior de um mundo concreto enquanto os habitantes desse mundo não a houverem explorado por completo; já não poderá haver luta tão logo eles tenham compreendido que caminham para o mesmo fim. Pode haver luta entre os adeptos de sistemas diferentes; quando eles houverem compreendido que, em verdade, não lidam um com o outro, não haverá nem mesmo discussão. A inteligência leva a verdade às verdades, que, sem ela, são erros; ensina ao homem que ele é unidade de consciência concretizada num interesse arbitrário e fundamental; proporciona-lhe uma ciência, a da exploração de seu mundo para que ele seja coerentemente constituído; fornece-lhe uma atitude: a tolerância.

Daí, o retorno à categoria do *não sentido* se torna possível. O homem vive sempre em um mundo; mas a multiplicidade dos mundos prova que isso é apenas um epifenômeno. No fundo jaz a vida, a vontade de durar; toda construção sistemática não passa de anteparo a essa força cega. A vida não tem orientação; ela *é*. O pensamento no mundo é apenas um instrumento pelo qual a vida se mantém, no caso particular do homem. Que o sistema no qual esse pensamento se organiza seja mais ou menos coerente e completo não é o que importa. É preciso que a inteligência se compreenda como o que ela é em qualquer mundo, que ela confesse e confesse para si mesma o caráter insensato de seu trabalho, e que deixe de servir à força inconsciente. Enquanto ela buscar estabelecer uma orientação nas aparências fortuitas da vida, o homem continuará a ser o joguete do impulso cego.

De epifenômeno, a inteligência deve se tornar, não força oposta – pois novamente ela se teria deixado enganar –, mas negação da força, não ação, abstenção. Não sendo apenas consciência a serviço da vontade, mas consciência da vontade, a inteligência acabará por reduzir esta última. Todo pensamento no mundo é a expressão de um interesse, todo interesse alega um fim e não passa de efeito: somente a inteligência pode levar à paz ao compreender esse mecanismo como mecanismo e ao negar mundo, orientação e fim.[5]

O retorno à linguagem do não sentido é aqui tão notável que seria possível indagar se não se trata de uma conversão a um sistema anterior, de um simples retorno, e não de uma retomada, de uma tentativa de compreender uma atitude nova numa linguagem antiga. A resposta depende da atitude. Ora, a atitude presente supera essa linguagem e nela não se expressa totalmente. Na categoria do não sentido, assim como em sua retomada pela inteligência, o interesse do homem é encontrar a paz; mas enquanto na atitude do não sentido esta última só pode ser alcançada pela negação do pensamento, ela só pode ser alcançada aqui pela inteligência, para a qual existe – e isso não é secundário – uma teoria do homem e da consciência, sem que exista um mundo; lá, ao contrário, havia um mundo, mas toda ciência era considerada perniciosa. Aqui, o homem é infeliz, porque ele é vontade; lá, ele o é porque pensa. Uma vez é a atitude que modifica ou suprime o pensamento; na outra, é o pensamento que modifica ou pretende modificar a atitude. Por isso, lá é uma técnica que liberta o homem; aqui, é uma reflexão: não é o homem que é salvo, é o homem inteligente, que não se desprende dos interesses particulares no mundo (não existe, para ele, razão alguma para fazê-lo), mas se desprende do interesse que constrói os mundos. Em suma, a diferença entre as atitudes é a que existe entre a apreensão direta do mundo e a reflexão da consciência sobre o ato de apreensão. A atitude não é a do desprendimento, é a da inteligência: a vida é não sentido, mas é a vida dos outros; a vida do homem inteligente possui, sim, seu sentido, e mais, ela confere um sentido à vida pura e simples, que

---

[5] A ideia se encontra no fundo de todas as doutrinas ocidentais que afirmam sua filiação ao hinduísmo, de Schopenhauer a Aldous Huxley.

é o de produzir a inteligência. Retomada típica: o pensamento não consegue alcançar a atitude cuja linguagem ele fala, nem elaborar sua própria categoria.

Não é nem um pouco surpreendente, portanto, que a categoria da *Verdade* assuma o lugar da do *não sentido*, para permitir que a inteligência se apreenda. Nenhuma das duas categorias reconhece oposição em seu âmbito, que, de outro ponto de vista, é o do Ser, e elas se prestam igualmente bem à pretensão de universalidade que é a da inteligência. Também aqui o homem é vontade; mas a vontade, ao mesmo tempo em que é a força primitiva, não é tão forte no homem; é nele demasiado fraca, e isso por culpa da inteligência, que não foi suficientemente inteligente. O homem se deixou capturar não pela vontade, mas pela inteligência dos fracos, que, em vez de julgarem a inteligência pela vontade, julgam a vontade pela inteligência. Nada mais natural, portanto, do que eles chegarem dessa maneira à decepção, ao não sentido, à infelicidade. Ora, a vontade é a Verdade oculta que se torna Verdade visível pelo ato da inteligência que destrói todos os interesses, todas as orientações, todos os mundos-prisões. Ela se liberta das formas mortas e torna-se, assim, libertadora da vontade. Ela, que, instalada num mundo dos fracos, fizera de tudo para frear o impulso, interpreta agora esse mundo e descobre a artimanha da fraqueza, que não é tão frágil quanto gosta de aparentar, mas, ao contrário, é força, força que prega a fraqueza porque não quer correr o risco da luta, e que se disfarça para vencer pela artimanha. Existem fracos, verdadeiros fracos; mas não são eles que constroem mundos: eles buscam, eles pedem a morte, ao passo que a inteligência dos falsos fracos é a inteligência do interesse pessoal, privado, social num mundo determinado que esse interesse quer dominar moldando-o à sua medida. Mas ainda que falseada e enganadora em sua interpretação de si mesma, ela é, contudo, inteligência a serviço da vontade. Por isso, pode examinar a si mesma e, em vez de renegar o que ela é, pode dizer "sim" à vontade e à vida. Ela sabe muito bem que não substitui a velha mensagem por um novo anúncio, que não é ela que inventa ou inventará as novas orientações e os mundos novos. Sua tarefa é desocupar o espaço, para que a vida ganhe confiança em si mesma e se realize sempre mais plenamente. Entre um mundo que desaba e um mundo que resiste, a inteligência descobre o interesse do homem, que é o de não ser inteligência, mas força criadora. Seu papel é liberar essa força concreta por sua ideia formal do interesse. O homem da inteligência não é homem em sua plenitude, mas torna possível a existência desse homem.[6]

As observações feitas a respeito da retomada do *não sentido* se aplicam igualmente aqui, embora elas não tenham a mesma utilidade. Isso porque está claro que se trata de retomada, e não de retorno ou de sobrevivência. A verdade é uma verdade a ser alcançada, não uma verdade presente, mas visto que a inteligência compreende a verdade como consciência, ela pode, graças a essa mediação, interpretar-se como Verdade. Com efeito, não se trata para ela da oposição entre o verdadeiro e o falso: o que é, é e é bom. Mas isso é apenas uma retomada da categoria, e não um renascimento da atitude. Sim, tudo que é, é e deve ser aceito alegremente como forma da mesma força, da vida *una* e eterna, mas isso só se mostra ao homem inteligente que é a consciência dessa vida. É, portanto, a si própria que a inteligência compreende como a Verdade, como o plano universal onde tudo é o que é e onde nada é falso. Mas ela assim se compreende num mundo da liberdade e da condição, do interesse imanente e do desinteresse extracósmico, como o desprendimento de todos os mundos *em* todos os mundos. Para chegar à sua própria categoria, é preciso que a inteligência se esvazie também desse conteúdo concreto e que ela se constitua ao lado de todo cosmos e de toda oposição, em suma, que ela descubra o interesse formal como a categoria que é dela e para ela (não para nós).

Uma vez alcançada essa categoria pura, a inteligência – como dissemos – pode viver sem retomadas como atitude. Não é que ela se compreenda por sua categoria: é que, ao contrário, por meio dessa categoria ela se estabelece como incompreensível, como o que não pode ser *preso*, o que não quer ser preso nem quer prender a si mesmo. Ela não precisa de compreensão de si,

---

[6] Têm aqui suas raízes (nas quais podem se enxertar outras retomadas) as teorias da *força* e da *violência* de Gobineau a Georges Sorel, Pareto, Mussolini e Alfred Rosemberg. O representante deles, merecidamente o mais célebre, continua a ser o Nietzsche de *Zaratustra*.

porque, graças à sua categoria, pode falar de tudo e justificar seu silêncio a seu próprio respeito: ela não é discurso, mas todos os discursos estão à sua disposição. A retomada, quando ela não precede simplesmente a descoberta da categoria em sua pureza formal, é útil ao homem inteligente na defesa de seu interesse pessoal contra os outros – interesse pessoal real, porque ele vive num mundo que conhece o interesse pessoal e o obriga a defender o seu, particular (que é o desprendimento de todo interesse), se ele não quiser lutar ou perecer (e a isso nada o impele). Mas a retomada não serve à inteligência em si, que não precisa de nenhuma linguagem própria nem quer se tornar acessível aos homens em seus mundos.

4. Nota sobre a função particular da inteligência no interior da presente Lógica

A inteligência tem a particularidade de poder *compreender* todas as atitudes precedentes. Se essa compreensão é adequada, isso é algo que somente a sequência de nossa pesquisa poderá decidir. No entanto, pode-se afirmar desde já que ou essa sequência será supérflua e, consequentemente, errônea, ou provará por sua própria existência que a inteligência é "insuficiente", do ponto de vista da filosofia – definindo então certos termos que aqui devem permanecer vagos, tais como "filosofia" e "suficiente".

Seja como for, não há dúvida de que a inteligência ocupa um lugar à parte: sua pretensão, legítima ou não, é um fato. Esse fato só poderá ser elucidado posteriormente, em categorias que ultrapassam a inteligência, isto é, nas quais o homem se mostra como um ser que não é apenas "inteligente"; nem por isso deixa de ser verdadeiro que nosso próprio discurso parece fundado na categoria presente, e que as perguntas que só poderão ser feitas mais tarde – caso se exija uma forma precisa para elas – se impõem desde já.

Em que consiste a novidade (relativa) da categoria da inteligência? Para dizê-lo brevemente, no fato de ela reconhecer todas as atitudes anteriores no que elas são para si mesmas e não as considerar em seu papel para o devir da inteligência. Isso implica duas características, dependentes, na verdade, uma da outra: o homem se retira do mundo ao qual só permanece ligado por acidente, ele se torna discurso e, assim, descobre a própria ideia de atitude, distinta das atitudes, como negação do que lhe importa, a saber, de sua própria categoria metafísica. Mas a atitude permanece para ele uma espécie de matéria à qual ele aplica a forma à sua disposição, o que ele encara como *a* categoria, o *interesse*. A inteligência é, assim, a reflexão do discurso em si mesmo, mas reflexão apenas para nós, ao passo que, para o homem inteligente, ela aparece como apreensão direta da realidade humana: graças ao interesse, ele se apodera e se liberta da "realidade" que é realidade apenas para os "outros" – para aqueles que não vivem no ambiente do discurso, mas permanecem presos em seus mundos – e que não o domina, homem inteligente, na medida em que ele é inteligente. A atitude e a categoria na qual essa atitude se torna concreta para si mesma são, portanto, nitidamente separadas: a atitude do homem inteligente é impensável para ele próprio, precisamente porque ela é livre; sua categoria pensa e abarca tudo, exceto a si e à atitude que a produziu.

É em consequência dessa separação que a inteligência pode compreender tudo que ela encontra na história sem depreciá-lo, sem fazer disso uma simples etapa no caminho que conduz a ela própria, sem convencê-lo de incapacidade ou de erro. Mas é também pela mesma razão que o que a inteligência considera como a única categoria não é categoria para a filosofia: para a filosofia, a categoria é precisamente essa inteligência, que, para ela própria, é tão somente atitude; a inteligência é o princípio organizador daquilo que o homem nessa atitude toma por *a* filosofia, e que se mostra insuficiente pelo fato de que essa filosofia compreende tudo, exceto a si.

No entanto, o papel da inteligência é grande: é nela que apreendemos a diferença entre atitude e categoria como tais, embora a inteligência pretenda apreender apenas atitudes sem categorias e uma categoria sem atitude, colocando assim em planos diferentes o que (falamos por antecipação) não pode nem deve ser separado, se tiver de haver filosofia.

Não é surpreendente, portanto, que a linguagem da inteligência, quando esta se vê obrigada a falar de si mesma, seja a da consciência: foi como atitude que ela superou a consciência, não como discurso e categoria; parece-lhe essencial falar dos homens, mas inessencial falar dela mesma; sua vida e seu discurso não se opõem, mas se ignoram, e quando o mundo exterior pede à inteligência que estabeleça uma relação, ela só é capaz de compreender esse pergunta na linguagem da última categoria (atitude, para ela) que pretendia falar do homem que vive nessa linguagem, embora a pergunta possa ser formulada numa linguagem totalmente distinta e por uma categoria-atitude posterior à inteligência. É que, para ela, não existem categorias além da sua, mas apenas atitudes, e toda linguagem se compreende exclusivamente como expressão de um interesse e, em caso extremo: de um interesse pelo discurso como tal, isto é, como consciência formalizada.

Para nós, a inteligência permanece, assim, um *fato*, porque ela própria enxerga somente fatos: ela compreende os fatos, mas nem mesmo se pergunta o que é *o* fato (o da inteligência), ela fala de liberdade, mas para ela própria a liberdade é somente liberdade alienada (dos outros) ou liberdade vazia (a sua própria). Sua força é sua fraqueza: como ela se desprende de toda concretude, ela destaca e forma também o conceito do concreto; porque ela nega todo discurso, ela estabelece o conceito do discurso; porque ela não reconhece as categorias filosóficas, torna-as visíveis como tais. Mas a inteligência não enxerga o que ela faz: serão necessárias outras categorias para compreender sua compreensão. Ela, que é apenas linguagem, é, na realidade, muda, visto que ela não tem discurso para ela mesma. No que ela é como categoria para a filosofia, ela não é categoria para si mesma e é assim comparável às categorias mais antigas, que são categorias apenas para nós. Será preciso ir mais longe na pesquisa para ver esse silêncio se expressar como negação consciente do discurso. Aqui só nos limitamos a indicar a função particular da categoria presente no todo da filosofia, por meio de termos que revestirão um sentido preciso somente na sequência, e graças à sequência.

12. Personalidade

O homem que não se contenta com o jogo da inteligência, mas interpreta a si mesmo – sem renunciar, no entanto, à inteligência –, constitui-se como centro de um mundo que é o de sua liberdade. Ele é valor absoluto, fonte de valores: personalidade.

1. A recusa da existência extramundana. – A ideia de um mundo da liberdade criadora

O homem inteligente vive na interpretação dos mundos alheios. Sua atitude o satisfaz, já que ela não o obriga a nada. Ele é livre de qualquer obrigação, visto que a obrigação não passa, para ele, de expressão de um interesse concreto que, à consciência do homem que vive no mundo desse interesse, aparece como o dever de subordinar o interesse pessoal (que constitui, aos olhos do homem inteligente, o bem de outro mundo, passado ou em gestação) ao interesse constitutivo (a salvaguarda da coesão e do sentido desse mundo). Ele não age; no máximo se defende contra as intrusões dos outros e as pretensões de suas morais. Sua vida não tem orientação e não deve tê-la, visto que ela não é o essencial de sua existência: os outros vivem; quanto a ele, compreende os outros.

A simples aplicação de sua categoria a ele próprio não faz o homem sair dessa atitude. Mas ele supera a atitude e sua categoria tão logo deixa de se contentar com a divisão de sua vida em inteligência secreta e existência adaptada ao mundo. Não é que ele queira retornar a esse mundo ou que ele ceda à nostalgia de uma orientação estabelecida, ao desejo de encontrar uma ordem, um cosmos. Se ele muda de atitude, não é para levar a sério o mundo no qual se encontra; é que ele quer levar a si mesmo a sério, não quer *se encontrar* como *encontra* os outros homens ou um sistema, uma sinfonia, uma pedra.

É preciso insistir aqui na diferença existente entre essa nostalgia da qual acabamos de falar, e que se expressa em retomadas elaboradas e refletidas, e o uso que uma atitude completamente distinta faz do conceito do interesse. A atitude da inteligência é a da fruição no jogo; mas essa fruição não é fácil de alcançar, e esse jogo não é desprovido de dificuldades: é preciso renunciar aos hábitos e aos desejos da tradição, renunciar a ter razão, trabalhar para acumular tesouros de conhecimentos, desconfiar dos próprios preconceitos; é preciso colocar *em jogo* tudo que se é, a fim de chegar à pureza da inteligência e ao desinteresse. Acima de tudo, é preciso não pedir nada a ninguém, não exigir nada de ninguém. Os homens são interessantes, contanto que não se esteja num conflito de interesses com eles. Ora, quando se está, caso se queira estar, é tentador entrincheirar-se na atitude de desinteresse e recusar esse direito aos outros: posso fazer o que me agrada, porque sou inteligente; os outros precisam de uma moral, de um ideal, de uma religião, de uma regra, porque seriam perigosos se não fossem mantidos no laço. Aos olhos desse homem inteligente, o progresso da inteligência é um mal. Ele não acredita nos mitos, é claro; mas se for preciso escolher, então melhor seria tentar acreditar neles do que permitir que os outros não acreditassem. Filosoficamente falando – mas não se trata, para esse homem, de filosofia –, isso não é uma retomada da discussão, embora o homem seja aí interpretado como desejo natural que necessita de uma regra. Dar-se-ia, assim, uma falsa interpretação: de acordo com esse modo de pensar, não se trata de uma retomada, de uma autointerpretação da inteligência por meio de uma categoria anterior, mas da atitude do homem na discussão que persiste: seus meios mudaram, e o desinteresse é empregado apenas para calar os argumentos da tradição quando eles se opõem ao interesse pessoal. Na realidade, o mundo é reconhecido; o homem nele deseja apenas um lugar seleto para si mesmo, a fim de que, na qualidade de exceção, ele possa ter vantagens excepcionais: artimanha, quando o procedimento é consciente; nostalgia de um mundo melhor, quando a consciência está ausente.[1]

Não há nenhuma especulação do interesse pessoal na recusa da atitude da inteligência desinteressada que nos ocupa aqui, tampouco, nada de retomadas nostálgicas. O desinteresse é mantido precisamente naquilo que ele tem de difícil. Ele é superado porque não é suficientemente exigente ou, para sermos mais precisos, porque sua exigência não é suficientemente extensa. Existe uma disciplina do desinteresse, da interpretação dos outros, mas ela toca apenas à inteligência e entrega o homem à liberdade vazia: ele é livre *de* tudo; agora ele descobre que essa liberdade *de tudo* não é a liberdade *de fazer*. Tudo é possível, nada, portanto, se impõe, nem mesmo se propõe; o homem assiste às próprias ações e só depois interpreta a si mesmo. Como inteligência, ele está no final dos tempos; como homem, não tem futuro. Para ser livre, nega a si mesmo; mas se não quiser ganhar a liberdade a esse preço, estará diante da tarefa de se compreender não apenas como inteligência, mas como homem: ele já não pode viver inteiramente na interpretação dos outros. Já não admite a separação

---

[1] O fenômeno merece ser notado. Seu interesse filosófico é diminuto, mas sua importância histórica é grande. Trata-se, em suma, de: uma atitude encontra no mundo (que é para ela constituído por sua própria categoria) homens cujo discurso lhe parece absurdo, mas ela não pode negligenciar suas convicções, visto que o comportamento desses homens é, conforme seu próprio depoimento, comandado por suas convicções, e que eles são fortes demais para serem afastados ou subjugados. Nesse caso, a primeira servir-se-á do discurso da segunda para se defender na vida e para manter a atitude que forma sua vida para ela. A categoria posterior é, assim, não apenas desconhecida pela categoria mais antiga (o que não seria nada de extraordinário), mas a atitude antiga fala a linguagem da categoria mais desenvolvida; ela pode saber claramente que se serve de uma máscara, pode também se enredar em seu próprio jogo e parar de compreender o que faz. Neste último caso, pode-se falar de *ideologia*; no primeiro, falar-se-á de mentira. Um e outro suscitam um falso problema para a lógica, que deve dedicar sua atenção às retomadas, nas quais uma atitude mais avançada ainda não formou sua linguagem (se é que pode formá-la), onde, portanto, a categoria correspondente ainda não foi apreendida – mas ela o será, mais tarde, seja pela atitude em si, seja pela categoria seguinte que desenvolve a primeira ao se opor a ela e ao estabelecê-la assim: a ideologia é do âmbito da interpretação da inteligência e de sua categoria do interesse, que não é categoria da filosofia. O próprio conceito de retomada diz respeito, em última instância, à totalidade das categorias (apenas em parte à inteligência) e só pode ser compreendido pela compreensão (a autocompreensão) dos sistemas delas como unidade.

da atitude e da categoria, não quer pensar livremente sem ser livre como ser pensante.

Parece, portanto, que o resultado da superação da categoria do interesse é o retorno à da *consciência*. O homem consciente, com efeito, era livre como ser pensante, mais que isso: era essencialmente liberdade, liberdade mais profunda que o mundo, anterior ao mundo. Mas esse a mais é demais. Ele era liberdade em sua essência: só o era, portanto, em sua essência. A categoria do interesse tornou o homem desconfiado, e ele não esquece o que ela lhe ensinou sobre a liberdade da consciência, a saber, que mesmo sem ser, para ela própria, liberdade presa *num* mundo determinado, ela era, todavia, liberdade presa na luta *contra* um mundo determinado, o da *condição*. A liberdade aí consistia no dever ser; ora, se o homem não se detém no interesse da inteligência, porque aí não encontra futuro, não retornará a uma categoria que só lhe oferece o futuro do infinitamente longínquo e não se deixará recapturar por um mundo exterior a ele que não é menos exterior por ser negado na transcendência. Se o todo no qual o homem se compreende e se orienta tiver de ser denominado um mundo é, com efeito, um mundo que ele procura. Mas ele só se contentará com um mundo que seja seu, que ele compreenda como aí se compreende, que não o engane a respeito dele próprio, que não o acorrente, que ele não seja obrigado a negar ou a abandonar, um mundo no qual ele possa permanecer permanecendo inteligente.

Pode-se, então, falar de uma reflexão da inteligência nela mesma. O homem inteligente (pois é dele que se trata) se pergunta qual é seu interesse, não pessoal, mas de homem inteligente. Ele não foi inteligente em excesso, como temiam certas retomadas da inteligência; ele não o foi o suficiente. Ele era desinteressado: isso quer dizer que ele se desinteressou de si mesmo. Era inteligente para todos, construía mundos para eles, explicava seus conflitos, resolvia seus dilemas, descobria o bem de cada um, e ele próprio nada possuía. O jogo que preenchia seu tempo não preenche a vida do homem presente: é apenas o passatempo do des-esperado, do homem que nada tem a esperar, nada a temer, porque, para ele próprio, ele nada é ou, antes, nada deve ser na qualidade de homem inteligente. Mas se o homem da consciência não *era* nada, porque *devia* ser tudo, o homem da inteligência, que *deve* não ser nada, não *será* ele tudo? Aquele fora presunçoso ao querer se libertar do mundo no mundo; este talvez tenha sido desprovido de coragem ao renunciar a toda vida humana digna da inteligência. Trata-se de viver: e o homem já não quer ser inteligente à custa de sua vida, assim como não quer sacrificar sua inteligência à sua vida.

O mundo que ele pede é, portanto, um mundo cujo interesse seja compreendido como interesse e que resista a essa compreensão. Viver: isso significa estar num mundo, ter um interesse. Mas agora esse interesse deve ser tal que ele não possa ser comparado a nenhum outro, trocado por nenhum outro. Não se deve escolher entre o que a interpretação havia exposto e explicitado como os interesses concretos: a categoria formal, a categoria-instrumento da inteligência constituída pelo interesse puro, tornou-os inaceitáveis. O mundo buscado é o mundo do homem que dispõe dessa categoria-instrumento. Nunca mais o homem encontrará seu lugar num mundo que *é* e que o encerra. Seu mundo deverá ser um mundo aberto, um mundo que só será na medida em que ele o fizer, e do qual ele não esquecerá que é o criador. O interesse concreto não atava o homem inteligente, porque ele havia descoberto que esse mundo era apenas obra humana, de homens que se haviam perdido em sua obra, que a haviam transformado em algo dotado de mais sentido do que eles próprios. O mundo novo terá interesse para o homem porque ele é obra desse homem, mas obra que ele sabe ser sua e reivindica como sua. Ele vive num mundo, mas não o encontra, não o aceita, não o nega, não o critica; ele o cria e, ao criá-lo, cria a si mesmo.

Tudo que a inteligência disse sobre os interesses concretos, os mundos, sua impermeabilidade recíproca é, portanto, aceito pelo homem e retido por ele. Mas ele não quer se colocar fora do mundo. Não quer descartar sua parte de homem, desistir dela num mundo no qual ele já não acredita. Quer ser como foram aqueles que construíram os mundos que lhes contentavam. Mas ele não quer se contentar no interior do mundo construído: é na construção do mundo que ele vê seu contentamento. Na construção, não na destruição do mundo: é o que o distingue do poeta *consciente*. Ele já não treme por sua liberdade, pois saiu do mundo da condição. O *Eu* sempre a ser experimentado, nunca provado, já não o atormenta; o desinteresse da inteligência afastou dele a obsessão do mundo fechado. Livremente, ele se apodera da condição.

Essa condição já não é a da ciência, condição que não é para o homem, mas em função da qual o homem é o que é; ela não é tampouco a condição absoluta das condições, que é a essência do homem, mas que nunca é o homem. Ela é o próprio homem: o homem tal como ele se sabe ser a condição de um mundo que é seu, porque ele o cria e nunca terminou de criá-lo.

2. A autocriação da personalidade. – O material da criação e a linguagem dos outros. – A sinceridade e o sentimento. – A lei da personalidade e os valores

O homem se compreende assim como *personalidade*. O mundo é seu mundo pessoal, mundo único, inefável senão pela personalidade que nele se realiza ao realizá-lo. Eu posso construir tão somente o meu mundo, e do meu mundo sou o único juiz, o único legislador. Eu sou o que meu mundo é, e meu mundo é o que eu sou; seria insensato buscar, à maneira do *eu*, um acordo entre mim e o mundo, como se se tratasse de dois seres independentes, cada um dos quais dotado de uma natureza estável. Já não há cosmos e o homem já não é substância em meio a outras substâncias. O homem não *é*, ele se *faz*, e o ato contínuo no qual ele se faz é ao mesmo tempo criador do mundo.

No entanto, essa criação não é uma *creatio ex nihilo*. O erro da consciência era situar a essência do homem fora de sua existência concreta; a insuficiência da inteligência, de desprendê-lo dela. A personalidade não quer ser uma abstração. Quer ser ela própria assim como a consciência; mas sabe, além disso, que ela só pode ser ela própria se se *permitir* ser. A personalidade é, antes de ser personalidade: em outras palavras, ela é possibilidade real para si mesma. Está num mundo de possibilidades que é, para ela, um mundo possível. Isso não significa que esse mundo seja a condição da personalidade: isso seria o ponto de vista da inteligência que olha o homem – o outro homem – como o ponto de intersecção dos interesses concretos. Aqui o homem não interpreta a si mesmo em sua existência concreta por meio da inteligência como se ele fosse um estranho, ele quer construir. Sim, ele *encontra* alguma coisa, mas o que ele encontra é para ele apenas um material que não lhe impõe limites, por ser infinito com relação à sua vontade. Seu fim se encontra lá onde se encontram também os meios, pois o fim nada mais é que o emprego desse material, que só é material pelo emprego que dele faz a personalidade. O homem quer viver no mundo onde ele encontra os materiais, e quer viver nele tal como ele é.

Tal como ele é – a expressão é perigosa, pois esse ser não é um ser estático ou funcional; é preferível dizer: tal como ele é *na qualidade de personalidade*, como *querer ser*. Ele é para si mesmo o que ele ainda não é, ele é seu futuro, e é em função de seu futuro que ele se vê tal como ele é no presente. O que a ciência – biologia, psicologia, história das ideias – apreende como seu ser é material para ele. Ele realmente é livre para criar; isso significa que toda ciência só o compreende depois, e até mesmo que ela nunca o compreende, já que ela só vê e só pode ver a criação, não o ato criador. Ele já não quer compreender, nem a si mesmo nem ao mundo; ele *quer* ser, e nisso reside o seu ser. Por isso, o mundo-material no qual ele se cria para o ser não é um mundo para ser olhado, um mundo para ser analisado ou transformado. *Já* é seu mundo, da mesma maneira que ele *já* é sua personalidade. Basta que o homem diga isso a si mesmo para que ele veja que o ser só é ser porque ele o cria.

O homem – para dizer a mesma coisa de outra maneira – vive, e sua vida é orientada para ele. Essa orientação não foi criada por ele, e ele sabe disso. Ele não está sozinho; teve pais, amigos, mestres que lhe ensinaram uma linguagem, uma moral, tudo que ele compreendeu posteriormente sob o título de interesse concreto. Ele não ficou satisfeito com esse mundo, porque o mundo era o sujeito, e ele, o objeto do mundo. A liberdade da inteligência desinteressada, isso é algo que ele não quer, pois ela o priva de todo mundo humano. Ele se pergunta o que deve fazer de si mesmo, como pode escolher entre possibilidades. Mas essas possibilidades só existem para a inteligência; elas não têm sentido para ele que quer ser e é ao querer ser ele próprio. Existem escolhas a serem feitas, decisões a serem tomadas, mas escolhas e decisões *na* vida, não *para* a vida. O homem que quer viver não tem sua vida diante de si como algo separado, distinto dele, que ele maneja e forma, ou abandona de acordo com os acasos do mundo. Essa vida é ele, que não é nada mais, nada menos que essa vida. Ora, ele ainda não é ele próprio, nem essa vida, sua. Fazem-lhe uma vida: os outros se ocupam dele, querem lhe impor uma orientação da existência, uma razão, uma moral. Tratam de situá-lo na vida deles, fazem dele o que ele não quer ser, uma coisa, um objeto, humano, é verdade, mas determinado, alguém que não *será*, mas que *terá sido*, que eles querem compreender do ponto de vista de sua biografia futura, alguém que não é agora, atualmente, neste instante presente um futuro aberto. Se ele ceder aos outros, estará perdido, perdido sobretudo aos olhos daqueles que, pela atitude deles, lhe são mais próximos, e para os quais ele já não valerá nada a partir do momento que os tiver escutado. Ele terá de se afirmar no meio deles e contra eles, terá de se fazer. Mas o mesmo acontece com eles, e eles, que foram anteriores a ele próprio, para ele próprio permanecerão com ele, contra ele, em torno dele. Ele não lida com um mundo, menos ainda com vários mundos: é homem entre os homens.

Não lidar com um mundo – essa formulação só tem sentido para nós, que não temos a atitude da personalidade: a personalidade, diremos, aceitou-se e aceitou também o que a inteligência denominaria seu mundo. No entanto, para a personalidade essa aceitação vai mais longe que para a *inteligência*. Para esta, somente o jogo desinteressado era sério, e sua aceitação do mundo não era mais séria que sua própria existência nesse mundo, visto que esse mundo, do qual ela não escapava de fato, era a seus olhos quantidade insignificante. Para a *personalidade*, esse jogo existe; mas o que se aposta é essa quantidade insignificante, o homem vivo que joga, que está em jogo, e o jogo da inteligência se revela como a seriedade de uma personalidade: não existe pluralidade de mundos, exceto para uma personalidade que quer se afirmar sem se declarar e que reconhece a realidade não dos mundos, mas dos homens, por sua própria tentativa de se subtrair ao domínio deles, à influência deles, por essa tentativa de abolir a realidade deles sacrificando – em palavras – a sua própria. O interesse, diz a personalidade aos homens inteligentes, é a desculpa daqueles que têm medo de ser eles próprios: desculpa que não é falsa, assim como a ciência ou a fé não são falsas; mas aqui se esquece o que importa e se fala do que está morto ou do que está vivo como se já não vivesse. Ora, a questão é a vida, não *a* vida, mas a tua vida e a minha. Existe um mundo, e até um mundo *uno*, o dos homens e de suas vidas, mas esse mundo não é, ele se *faz* na e por e para minha vida e sua vida. Não é com esse mundo que eu lido – ele só existe para a abstração daqueles que gastam sua vida esquivando-se de sua vida; nesse mundo, eu lido comigo por meio dos outros: ele é apenas o teatro da minha luta para mim mesmo comigo mesmo por meio dos outros. O homem inteligente tem medo de ser ele próprio.[2]

A personalidade não justifica, portanto, a si mesma. Está acima de todo universal, não reconhece proibição, não pede permissão, está tão distante disso tudo que essas palavras não têm sentido para ela. Sim, ela tem uma lei, mas essa lei é também ela própria; a lei dos outros não é lei: é apenas a artimanha empregada pelos outros para se apropriarem dela, mas artimanha real, perigosa, poderosa e que, mesmo sendo compreendida, nem por isso perde algo de sua realidade. Isso porque a personalidade não se imagina onipotente, pois sabe não estar sozinha: o homem não precisa de justificação, mas precisa se defender. Os outros buscam realizar-se como ele: como ele evitaria o conflito? Tanto seus pais como seus filhos, seus amigos tanto quanto seus adversários, os crentes e os céticos, o Estado e a sociedade, de todos os lados eles pretendem fazer-lhe solicitações, imposições, ensinar-lhe algo, impedi-lo de ser ele próprio para que ele não incomode os outros; pois, assim como os outros o incomodam, ele é um incômodo para eles: o mundo dos homens é o mundo da luta.

Mas que luta? Teríamos nós retornado àquele conflito dos interesses que existia na base do mundo da *discussão*? Será que

---

[2] É aqui, na atitude da personalidade, que se descortina para a filosofia a inteligência como categoria *filosófica*: o homem que se orienta por meio do interesse é, por meio de seu próprio discurso, compreendido como inteligência.

o conflito das personalidades é o conflito dos interesses particulares? A pergunta é importante, porque ela expõe um mal-entendido: a identificação da personalidade com o indivíduo na comunidade. Ora, é essencial para o *indivíduo* encontrar seu fim na tradição: é essencial para a *personalidade* que seu fim seja ela própria. Os indivíduos lutam porque estão de acordo, assim como Francisco I estava realmente de acordo com Carlos V sobre a importância de Milão: a personalidade se ergue contra as personalidades porque não existe acordo possível, a tal ponto que a luta é universalmente unilateral: cada um luta contra as invasões dos outros, ninguém deseja avançar em terreno alheio. A personalidade só quer uma coisa, ser ela própria; mas vive com os outros, e essa vida com os outros é o mundo no qual ela luta por si mesma.

Os bens, a felicidade, tudo que a tradição oferece, nada disso conta. O sofrimento, o conflito insolúvel, o sacrifício sem recompensa, o esforço jamais coroado de sucesso podem ser mais adequados, mais desejáveis que tudo que é encarado como satisfação, visto que a realidade da luta da personalidade e a criação de si num mundo-material são também ela própria. Ela é tentada a entregar-se. É tentada a sofrer a influência dos outros, a se formar a partir de um modelo, a aceitar um cânone para evitar essa luta, que é luta contra si: seria tão mais fácil fixar de uma vez por todas uma conduta, uma atitude, uma regra de vida, deixar de ser só, conhecer uma autoridade que assuma a responsabilidade, um Deus, uma lei, uma ciência. Mas essa saída não existe para a personalidade. Seu único guia é o sentimento. E é um guia que não fala nem cala: ele indica. Indica um caminho que não leva a lugar algum, que não tem destinação final nem direção, que é seu próprio fim e seu próprio espaço. Indica que a chegada é a perda do caminho, que o contentamento é a destruição, que o devir é o ser, e o ser, o nada. Indica que o homem se compreende quando ele se cria, e que ele se desfaz quando se compreende. Indica que o homem está sozinho com os outros e nunca está isolado.

Para nós, isso significa que o homem nunca é desprovido de linguagem, mas que a linguagem que ele encontra não lhe basta, que nela ele não se reconhece por inteiro e que, no entanto, ele não se contenta com o silêncio, mesmo o silêncio loquaz da inteligência que imita todas as línguas, a fim de poder dizer de cada uma que ela não é a sua. Ele quer se realizar, e realizar-se, para ele, é *declarar-se*. Ser uma personalidade é ter uma linguagem própria, é *ser* ela própria ao *ser* linguagem, linguagem completa que possa dizer tudo e linguagem pessoal na qual toda expressão expresse a personalidade. Em outras palavras – visto que a linguagem é o mundo do homem em seu ser para o homem –, a personalidade quer se apropriar do mundo comum em sua totalidade (não de algo no mundo), para fazer disso o seu mundo, para criar o seu mundo. Ele deve e ele quer adquirir sua herança;[3] pois é somente por meio dessa apropriação criadora que ele pode possuí-la. O que existe na linguagem comum não basta ao homem; isso não lhe *basta*, mas repudiá-lo está fora de cogitação; ao contrário, o mundo dos homens é, mas não é suficiente que ele seja o mundo dos homens se ele não for o *meu*.

A luta se apresenta, assim, como a da sinceridade e da hipocrisia. Eu minto quando digo o que os outros dizem, e a mentira é ainda mais profunda quando conformo meus atos aos meus dizeres, pois não sou *eu* quem fala e age. Sim, eu vivo com os outros; eu os compreendo, assim como eles me compreendem, e muitas coisas são tácitas entre nós; mas essa compreensão e esse entendimento (que só é mudo porque seria muito fácil de formular) criam precisamente a tentação da mentira. O homem é isto ou aquilo, é preciso fazer isto ou aquilo, isto ou aquilo é divertido, isto ou aquilo é sério, o amor é isto ou aquilo – litania interminável que desfia todas as perguntas e a elas acrescenta respostas prontas. E tudo isso é correto ou, pelo menos, nem sempre é falso. Homens vivem desse modo, contentes, de acordo com sua consciência moral ou artística, como membros úteis da comunidade ou como servidores úteis da ciência. Eles são tudo o que se quiser – o que eles quiserem –, exceto homens sinceros. Afinal, qual é o sentido dessa vida que não é a deles, mas a da ciência ou da moral ou da razão? Admite-se, os argumentos deles são sólidos; mas

---

[3] Goethe, *Fausto*, I, 2º monólogo. Trad. Jenny Klabin Segall, São Paulo, Ed. 34, 2011:
Was du ererbt von deinen Vätern hast,   O que hás herdado de teus pais,
erwirb es, um es zu besitzen   Adquire, para que o possuas.

para que servem os argumentos, senão para desincumbir-me de mim mesmo? Deixar-me convencer não é me deixar vencer? Moral, liberdade, amor e felicidade, isso *pode* existir. Mas nada disso *existe* antes que essas palavras se preencham com meu sentido, e eu minto se proclamo meu o que não pertence a ninguém.

O que impulsiona todo esse movimento é o sentimento; mas não é o sentimento do crente, sentimento de si na renúncia a si, sentimento mudo e que não conhece o conflito, mas apenas a insuficiência. Esse sentimento se afirma e faz questão de se afirmar como o sentimento daquela personalidade una e única que tem seu sentido em si, que de nada depende, para nada tende. Está em conflito com o mundo dos homens não porque não encontre nele a felicidade, mas porque aí não vive em sua pureza. O homem nada tem a anunciar aos outros, não tem mensagem nem para eles nem para si mesmo, não tem verdade a demonstrar, erro a refutar, enquanto quiser permanecer sincero na fidelidade ao seu sentimento. Ele não ama porque o objeto de seu amor é bom e belo, mas porque ele o ama; ele não acredita em Deus porque Deus dá um sentido à sua vida: Deus lhe dá um sentido porque ele acredita Nele; a ciência só lhe revela o ser porque ele se interessa por ela. Nada que seja verdadeiro lhe é proveitoso; mas tudo que lhe é proveitoso é verdadeiro. O mundo está aí, diante de seus olhos e aos seus pés; seu sentimento dele apreende o que lhe apetece para realizar nessa matéria seu mundo pessoal, o verdadeiro mundo.

No entanto, essa matéria na qual a personalidade trabalha e se trabalha não é inerte. O homem lida com homens. Seu sentimento não é um ser extramundano que entra como em uma loja de possibilidades, para lá se servir de acordo com um plano pré-concebido. O homem é *alguém*, isto é, alguém que está sempre com os outros, sempre, e nunca, mais do que quando está contra eles, o homem se distingue, se separa, se retira deles. O sentimento se dirige aos homens; são eles, e somente eles que lhe dão a realidade na qual ele se expressa e se imprime. Amor, ódio, alegria, tristeza, descontentamento, satisfação só existem para o homem por intermédio da humanidade. A natureza, mesmo – e talvez sobretudo – quando forma o refúgio que abriga a personalidade do contato dos homens, só é natureza inumana porque é muda: ela é importante para a personalidade porque lhe oferece um refúgio, mas um refúgio no interior do homem, e nesse interior a personalidade ainda encontra os outros. O que o homem sente, outros sentiram antes dele; o que ele quer, outros quiseram; seus desejos, ele não os inventou. Mas se eles lhe ensinaram e legaram sua linguagem, também lhe tomaram e lhe falsearam o sentimento. Tudo se diz, para todas as coisas há uma palavra e uma formulação, mas seu sentimento não deve continuar a ser o sentimento de todos; deve ser seu, novo, sincero, sem molde nem fórmula; ele não deve sufocar na fumaça das palavras. Ora, os outros querem lhe impor seu falar e, com seu falar, seus sentimentos. Querem que ele ame como eles amam, que seja justo, ou grandioso, ou razoável, ou sábio, ou bom, ou mau à maneira deles.

E é precisamente contra isso que ele se revolta. Ele não é para os outros, ele é para si mesmo. Eles o veem com os olhos deles e lhe pedem para se conformar à imagem que conceberam dele. Mas ele sabe que não pode ser compreendido, porque não pode ser preso. Nada conta fora dele, porque contar quer dizer contar para ele. O que *é*, o que se *faz* ou *acontece*, isso não tem importância, pois isso pertence ao domínio comum, que não tem verdade *porque* nisso todos estão de acordo. Uma criança nasce, um homem é assassinado, o sol se levanta, alguém perde seu posto: eis alguns fatos materiais que não contam em si mesmos, mas que assumem uma importância incomparável se foi o meu filho, se o assassino desse homem fui eu, se o sol se levanta para mim, se sou eu o desempregado entregue à miséria – e não é meu interesse no mundo que está em jogo (ele o está para os outros, "objetivamente"), mas *eu*: eu não seria eu sem essa criança e esse morto, esse sol e essa miséria, e eles não são meus se eu não os torno meus. Não é porque isso me acontece que isso conta para mim: posso repudiar os acontecimentos, o que os outros consideram como acontecimentos; trata-se do contrário: isso me acontece *porque* é considerado por mim. O conflito é o seguinte: os outros querem me impor sua maneira de sentir; o que conta para mim não conta para eles; o que os emociona me deixa frio; eles têm valores, eu tenho os meus: entre nós existe apenas o conflito, conflito sem discussão, sem instância capaz de resolvê-lo, sem sinal de vitória, exceto pelo sentimento de ter permanecido fiel a mim mesmo, de haver resistido à tentação da comunhão no comum, de haver escapado a todo laço.

A personalidade nem por isso está isolada. Ela está só, mas está só junto com os outros. Os outros existem para ela em seu sentimento, e ela se expõe a eles. Sem dúvida, nessa relação, que é sua vida concreta, ela permanece irredutível. Mas o ato criador se realiza no mundo dos homens. Sim, o que fiz de mim não me enleia mais do que o que os outros fazem de mim; no entanto, isso foi e, tendo sido, é. Em cada instante de minha existência eu fui, e o que eu fui, eu o fui com os outros e por meio dos outros, mesmo quando o fui em conflito com eles. Ao olhar para trás, vejo que foram os valores deles que eu aceitei, ou recusei, ou transformei: o que eu sou, eu o sou por meio deles em todos os meus conteúdos. Esse mundo dos homens, que é o material de minha criação, está em mim; o que eu disse, e fiz, e pensei, foi com eles que eu o fiz. O conflito é entre mim, que *sou* os outros, e mim, que quero ser eu, e quanto mais entro em mim mesmo, mais entro nos outros. Sou tensão dirigida a mim mesmo; mas essa "tensão para" é sempre um impulso "tomado de", de um ponto de partida constituído pelos outros em mim mesmo: na verdade, a personalidade não está em conflito com os outros, ela é justamente esse conflito.

Não ser os outros seria ser quem se é; mas querer não ser os outros é tê-los sido, é ser os outros. Quanto mais único e só eu quero ser, menos isolado estou. É em meio a valores comuns que eu me elaboro, e o ponto de apoio do qual me lanço não é um simples dado: aí também existe uma tensão em direção a..., aí também existe um querer ser. A diferença consiste em que aí o movimento se atribui seu próprio fim, ao passo que eu desconheço o meu, mas crio-o e jamais o crio completamente, visto que não me vinculo pelo ato, mas apenas ao ato criador. No entanto, esse ato se realiza no mundo humano e seria pura impossibilidade se não se apoiasse em algo que fosse de sua própria natureza. Eu não me compreendo porque não quero ser exterior a mim mesmo, não quero estar sujeito à lei da tensão para fins previamente fixados, fazer de meu futuro um futuro virtualmente passado. Mas esse "não quero" é "não quero *isto*", e esse *isto* que eu não quero é compreendido por mim: sou realmente personalidade, porque sou sempre impessoal. Não posso querer ser eu sem ser em mim mesmo com os outros, para os outros, *os* outros. Posso querer ser só e único *porque* não estou isolado.

Assim, tudo que *faço* é compreensível para os outros e é compreensível para mim por intermédio da compreensão deles. O que não é compreensível não é o fato e o ser, mas o *fazer* e o *querer ser*. O sentimento não discute porque não precisa se justificar, mas o ato realizado é sempre discutido, visto que cai no âmbito humano. Serei, portanto, um dos outros? Estarei preso em meu passado? Longe disso: colocado diante desse passado, posso assumi-lo ou renegá-lo. Posso dizer: eu o faria de novo; assim como posso dizer: não era eu, eu não era eu mesmo. Um ou outro é inevitável, visto que ao agir eu me realizei e por meu ato o mundo dos homens se tornou outro: eu criei, talvez a mim mesmo, talvez um homem que não quero ser, mas que os outros – e os outros em mim – identificam comigo. Não posso não me julgar, mas de acordo com qual lei? De acordo com a lei que sou eu mesmo para mim mesmo, lei não formulada, não formulável, visto ser ela sentimento que antecipa não uma realidade, mas sua própria realização na criação. Eu mesmo, não é uma continuidade de fato; é uma continuidade de vontade que sempre foi dirigida ao si e que, sendo ainda dirigida ao si, cria seu passado como seu, como passado essencial, o agora com vistas à sua realidade por vir. Meu passado não me compromete; ao contrário, a cada instante eu comprometo meu passado.

Sou, portanto, o que sou, porque *quero* ser o que sou. Não sou uma pessoa, como o era o homem na liberdade da consciência, um invisível que jamais pode se mostrar em sua verdade e que se anuncia apenas no modo do *dever ser eu* e do *jamais ser eu*: sou personalidade real em minha tensão para minha realização que, no conflito com os outros (conflito que eu *sou*), me deixa livre para esse eu por vir que é real em seu por-vir. Só estou perdido quando me deixo ser; tão logo me contento, deixo de ser, porque deixo de ser criador: contente, sou passado, sou um morto; desejar que o presente permaneça é entrar no que não é mais.[4] *Há apenas essa tensão ou, se traduzo na linguagem dos outros, essa linguagem do passado que é minha linguagem na medida em que sou meu passado presente e minha matéria de criação: a fonte autêntica de todos os valores (positivos ou negativos) é a personalidade na unicidade de sua tensão.*

3. *O homem e os valores. – A crise. – O passado dos outros e o por-vir da personalidade. – A imagem e o mundo morto. – O conflito e a tensão. – A sinceridade e o inautêntico*

O homem não se vê, a princípio, como valor. Ele vê valores, e não valores abstratos – um belo, um bem, etc. –, formuláveis, mas objetos que ele ama ou detesta, ações a serem realizadas ou evitadas, homens a serem procurados ou esquivados. Ele não escolhe porque esta ou aquela coisa possui este ou aquele valor; acontece de ele haver escolhido, e essas escolhas constituem, para ele, sua realidade. "Isto ou nada", "isto não ou eu não", eis a primeira expressão da personalidade, e é na sequência dessas escolhas que ela aparece. O valor abstrato do objeto da escolha só se mostra na reflexão da personalidade em si mesma, no conflito interior entre seu passado e seu futuro, ambos presentes.

Não há, portanto, valor compreendido como tal para o homem que não é afetado pelo conflito, para aquele que está de

---

[4] Cf. Goethe, *Fausto*, 1ª parte (Fausto e Mefistófeles). Trad. Jerry Klabin Segall, São Paulo, Ed. 34, 2011:

Werd' ich zum Augenblicke sagen:	Se vier um dia em que ao momento
Verweile doch! du bist so schön;	Disser: Oh, para! és tão formoso!
Dann magst du mich in Fesseln schlagen,	Então algema-me a contento
Dann will ich gern zu Grunde gehn!	Então pereço virtuoso.

Cf., também, ibidem:
West-östlicher Divan (livro *Zuleika*):

Volk und Knecht und Ueberwinder,	Muitos, servos e triunfadores,
Sie gestehen zu jeder Zeit:	Sempre querem sustentar:
Höchstes Glück der Erdenkinder	Que o maior bem humano
Sei nur die Persönlichkeit.	Chama-se personalidade.
Jedes Leben sei zu führen,	Toda vida esperaria,
Wenn man sich nicht selbst vermisst;	Quem não se falte a si mesmo;
Alles koenne man verlieren,	Tudo se poderia perder,
Wenn man bliebe, was man ist.	Se se permanece como se é.

acordo com os outros (aquele ao qual os costumes recusam a qualidade de personalidade forte): os valores o possuem, não é ele quem possui os valores; ele é o homem que vive num desses mundos que haviam sido retratados pela inteligência, o homem que não supera, em sua atitude, a tradição, e para o qual tudo permanece tradição. O valor como tal se torna problema para o homem quando ele quer ser ele próprio contra ele próprio. O valor se revela no diálogo interior entre ele, que *é*, e, assim, é os outros, e ele que quer ser ele próprio e não quer ser os outros. É ao examinar a si mesmo que ele reflete; o que ele rejeita hoje, ele perseguiu ontem; o que então lhe parecia interessante, agora o entedia; o que não o tocava, o emociona. No passado, eu me procurei ao procurar esta ou aquela coisa; vejo, sinto que não era eu; estou sempre *por vir*, mas o que eu tomava por meu porvir, esse futuro passado, era falso.

No entanto, era eu; sem esse falso, nada haveria agora. O que é, portanto, esse falso, esse não eu que eu sou, para então deixar de sê-lo? O que eu sou, tendo-o sido, eu o sou para mim por intermédio dos outros. Eu os havia sofrido, porque havia sido com eles; acreditara ser só e único, sabia que estava em relação com eles, mas acreditava ser eu mesmo nessa relação. Agora, vejo meu erro, quero realmente separar-me deles, ser sincero comigo. Mas essa vontade de sinceridade é também uma maneira de estar com eles. É na linguagem deles – que está em mim e, portanto, é também a minha, que começo o diálogo interior. "Não sou eu quem queria isso, eram eles em mim", eis o que digo agora. Não o digo a mim na medida em que sou porvir, por vir, digo-o a eles que são eu em minha qualidade de passado presente, e assim me liberto desse passado. Mas no ato da libertação, reconheço esse passado como meu, como eu: eu que me liberto sou esse eu do qual me liberto.

Assim, a libertação pela criação se dá na crise (κρίσις), que é, a um só tempo, visão discernidora e juízo. Eu (porvir presente) me (passado presente) olho e me julgo. Sem dúvida, a personalidade não se justifica; ela *é* o conflito do qual ela é a solução e não há instância à qual ela possa ou queira submeter seu caso: ela resolve o conflito pela criação de si. Mas julga a si mesma em sua criação. Tal como ela é, tendo sido, ela é matéria para si mesma tal como ela está por vir. O passado foi erro ou pode tê-lo sido (é preciso verificá-lo), e eu sou esse passado: justamente porque estou, agora, no caminho para mim mesmo, esse passado preserva sua importância, senão seria também um erro querer escapar do erro; pois se é verdade que eu me deixei guiar e que eu não era eu, foi, no entanto, essa estrada, e nenhuma outra, que me conduziu à crise de hoje. Eu *sinto* o que quero ser, não o *sei*; mas para dizer *sim* a essa descoberta--criação de mim, devo saber a que digo *não*: em outras palavras, como estaria seguro de dizer *não* sinceramente?

A crise é, assim, um exame interior, legitimação (talvez negativa) do passado diante do sentimento. Eu não havia escutado o sentimento, mas outra coisa, que não era sentimento. Havia perseguido fins, obedecido a princípios e a considerações que não eram eu, ou antes, que na época eram eu para mim, mas que hoje reconheço como estranhos a meu sentimento: quero me desvencilhar deles. É nesse conflito que aparecem os *valores* como tais, e não mais apenas as coisas de valor. Por que fiz isso? Como pude fazê-lo? Por que me impus essa obrigação? Por que amei essa pessoa, odiei aquela, observei essa linha de conduta? Por que achei que era *correto*. Havia algumas coisas corretas, outras coisas que não eram corretas, e elas o eram por razões diante das quais eu me inclinava. Eu me inclinava, porque submetia meu sentimento ao meu pensamento. Havia Deus, ou a ciência, ou o dever, ou a felicidade, ou o jogo desinteressado que importavam: meu sentimento de mim não passava de incômodo. Havia valores, mas entre esses valores não havia lugar para mim: eu devia me conformar aos valores, ser membro útil da comunidade para não ser alvo da hostilidade alheia, ou me libertar pela reflexão de toda situação concreta, ou consagrar meu sentimento a Deus para não sofrer infelicidade, ou ser desinteressado para compreender os interesses. Minha existência tinha um *sentido*, um sentido para os outros. O que eu fazia ao reconhecer os valores deles era uma tentativa de me fazer reconhecer como um valor: afinal, eu não servia ao que eles serviam? Mas eles haviam reconhecido um serviço prestado e um valor; não a mim. Eu era hábil, ou consciencioso, ou inteligente; mas acabei vendo a mim mesmo como um manequim vestido com os trapos das qualidades. Agora, quero viver. Que me importa possuir valores? Só existe um: eu. Os valores – o que se denominam valores –, de onde eles extraem seu ser, senão de mim, de meu serviço, de meu reconhecimento, de meu medo?

Sim, de meu medo. Não foi por amá-los que eu os aceitara. Eles sempre (mas só agora ouso confessá-lo a mim mesmo) me haviam sido desagradáveis, difíceis, penosos. Se eu não os rejeitava, não era porque fosse atraído por eles, mas por ter medo das consequências. Mas quais consequências? Ser infeliz ou preocupado? O perigo era apenas aparente: como eu poderia sê-lo mais do que já o era, dilacerado entre esses princípios e meu sentimento? E o que querem dizer, para mim, essas palavras, infelicidade ou preocupação, se elas forem definidas por meio dos princípios e dos valores? Eu me via infeliz porque os princípios pre-viam infelicidade e preocupação para mim; atendo-me a eles, eu me julgava a partir do além de minha vida, e me dizia: eu *teria sido* infeliz. E eu o teria sido, de acordo com os princípios. Mas o que isso quer dizer, senão: se queres ser feliz – o que nós chamamos feliz –, *deves* ser feliz (ou satisfeito, ou tranquilo) quando tiveres alcançado o que nós chamamos felicidade, *deves* considerar-te feliz. Mas já não seria eu a ser feliz, mas os valores em mim. Quanto a mim, talvez eu fosse feliz naquilo que eles chamam infelicidade e sofrimento, conflito, preocupação e tragédia, pois posso dar um sentimento à palavra *felicidade* – se for preciso empregar uma palavra tão carregada de lembranças, e de lembranças ruins: o de ser *eu*, eu no conflito, eu nessa tensão de mim mesmo, entre o passado presente e o nada do presente por-vir. Não há riscos: o que eu havia temido só é terrível enquanto eu o temer. Não havia riscos: eu os imaginava, faziam-me imaginá-los. Risco, só existe um, assim como só existe um valor: eu. Estou acima da felicidade e da infelicidade exteriores.

Mas não haverá um risco bem distinto, um risco *para mim*? Não sou *independente* dos outros: embora eu não reconheça nenhum mundo preestabelecido, eles reconhecem somente esses mundos e, prontos para sacrificar sua existência e seu sentimento aos seus princípios, não hesitarão em sacrificar a mim, o outro, o estrangeiro, que oponho ao mundo deles o meu, um mundo que nem mesmo é, mas que eu simplesmente quero. Existe um risco, portanto, um único: o da luta pelo reconhecimento. Pois eu sou com os outros: tal como sou em meu sentimento de mim – e eu me quero tal como sou –, sou em meio aos outros, no mundo dos homens. O que eu sou (tendo-o sido), eu o sou por meio deles; eles em mim, eis o ponto de onde me lanço. É para eles que quero ser para mim. Não posso deixá-los: se os deixasse, renunciaria a mim: tornar-me-ia inteligência,[5] renunciaria ao sentimento que sou e quero ser. É preciso que eu me afirme em meio a eles, contra eles, para que eu possa me afirmar diante de mim mesmo, para que eu saiba que o que eu afirmo sou eu, e não eles em mim. Não há outra maneira de eu ser eu exceto sendo eu neles. Sou o único valor. Isso é tão verdadeiro quanto abstrato; enquanto eu não me impuser aos outros, esse valor não *vale*. O conflito em mim só se decide no conflito com eles: sou valor somente ao impor-lhes valores, meus valores.

O que arrisco, portanto, é a mim mesmo. Mas o que isso significa? Arrisco minha vida e minha liberdade. Eles podem me matar ou me encarcerar como criminoso, porque eu ameaço seus valores. Podem tratar-me de louco, porque não "compreendo" seus valores. Mas será esse um risco verdadeiro? Não os terei obrigado a me reconhecer, assim, tal como sou, irredutível, inacessível aos valores deles? A que podem eles me obrigar, visto que todas as suas ameaças se reduzem, no fim das contas, à mesma, a de me suprimir? E se eu não temer a morte, se souber que a vida não é um valor que eu possuo e posso perder, mas que minha vida sou eu, e que perder a vida é uma expressão destituída de sentido? Se a vida for um valor apenas para os outros, cujos valores eu não reconheço? Não, se o conflito fosse apenas isso, a luta de morte, não seria um risco.

E, no entanto, posso fracassar, posso até ser vencido. E não será um acidente. Não fui eu mesmo, fui os outros. O que isso quer dizer senão que, até hoje, eu sempre sucumbi? Como o simples conflito e o fato da luta me protegeriam disso? Os outros me

---

[5] A categoria do não sentido, que também desprende o homem, só pode ser retomada pelo homem que passou pela consciência pela mediação da inteligência.

rejeitam, me perseguem, me ameaçam. Mas isso não acontece com qualquer mau sujeito que deseje exatamente o que eles desejam e constitua um perigo, não para os valores da comunidade, mas para a realização desses valores, com qualquer alienado que não compartilhe os valores deles, simplesmente porque não conhece valores? Eles me reconheceram como irredutível: mas vejo agora que isso é apenas um reconhecimento (negativo) no contexto dos valores deles. Isso não valia a pena. Morte e perseguição não constituem riscos, porque tampouco constituem oportunidades. Se eu quisesse ser – mais do que ter – simplesmente *consciência de mim*, eu realmente o seria tornando-me obstáculo para eles: mas quero ser tal como sou, e é assim que quero ser reconhecido. A luta de morte não conduz, portanto, a lugar algum. O verdadeiro risco é que eu não me imponha. Se eu não levar os outros a me reconhecerem como valor concreto (se, do ponto de vista deles, eles não aceitam meus valores, pois é só assim que sou concretamente valor para eles), não terei sido bem-sucedido; serei relegado a mim, e todos os meus protestos conterão involuntariamente a confissão de minha derrota; pois o fato de eu ser relegado a mim obrigar-me-ia a me modificar de acordo com os valores deles, cuja supremacia eu teria de reconhecer. Em mim mesmo, eu seria como eles, visto que seria apenas o contrário deles, sua imagem invertida e negativa.

A luta não é, portanto, uma luta de morte. A morte não resolve nada, visto que ela faz o problema desaparecer em sua realidade que é a tensão do passado presente rumo ao presente por vir em meu sentimento. A luta é uma luta pela vida, luta contra valores apenas porque é luta por valores. Ela é luta por um mundo. A personalidade ultrapassou a atitude da *inteligência*, porque ela quer viver. De nada lhe serve ultrapassar o mundo. Ela tem um interesse, ela *é* seu interesse: isto é, ela quer um mundo seu. Esse mundo é presente por-vir em seu sentimento, e esse sentimento se torna concreto para ela ao se impor ao sentimento dos outros, ao se traduzir em linguagem; somente quando ele se expressa e se imprime assim aos outros o sentimento *é* para a personalidade, que quer se criar a partir do que ela *é* na medida em que ela o foi até a crise na qual ela se descobre concretamente como tensão em conflito.

Para a personalidade, portanto, é evidente que não se trata de modificar o mundo, tal como havia sido o objetivo do progresso e da ciência.[6] Para ela o mundo é apenas a matéria na qual ela se cria e que é desprovida de interesse em si mesma. O mundo é o que é, com seu progresso, suas modificações, suas condições. Não tem valor: é a personalidade que lhe dá valor ao criar-se. Aí se fala em valores – fala-se, isto é, os outros falam: a inteligência viu muito bem que eles não possuem os valores, e que são antes os valores que os possuem. Mas a inteligência era desprovida de coragem: em vez de se impor impondo seu sentimento, o homem renunciava a si próprio porque não ousava se lançar no futuro, e assim transformava seu futuro aberto em futuro anterior, virtualmente fechado e constituído como interesse concreto, como mundo fechado que ele já interpretava como uma simples possibilidade – talvez diferente, jamais nova – do homem. A própria inteligência se mostra assim à personalidade como um daqueles valores que possuem o homem e não lhe permitem viver tal como ele é; mas ela também lhe mostra que não é a única a carecer de coragem, que os mundos concretos servem para proteger o homem do conflito e do risco, para distanciar-se de seu sentimento concreto, da vida na qualidade de sua, do encontro consigo mesmo. Recusando a fuga, pronta para se arriscar, a personalidade não quererá um mundo de proteção e de desculpa: quer impor seu sentimento, criar um mundo seu e impô-lo aos outros e, para começar, aos outros nela mesma.

Ora, o essencial desse mundo não é seu conteúdo. Ele contém valores, mas ele os contém apenas para os outros que se encontram preocupados em seu mundo. É a eles que o valor único da personalidade aparece como pluralidade de valores, porque a personalidade se estilhaça no mundo deles em uma multidão de valores que não são os deles – valores só para eles, porque a personalidade tenta impor-lhes outra coisa, algo que não tem lugar (valor) no mundo deles, mas que pretende tê-lo. Para a

---

[6] Não se trata, tampouco, de se apoderar da linguagem da comunidade, como o tentava o homem da discussão para açambarcar o que todos consideravam precioso.

personalidade, isso se aplica a ela na medida em que ela é os outros, seu passado, seu não-ser-si-mesmo. Mas seu passado só é, para ela, em função de seu futuro; por isso, é seu sentimento que ela opõe, em sua unidade, à vida no mundo, que é para ela uma vida do mundo mais que uma vida humana. Ela não entra, portanto, em discussão com os outros: não existe terreno comum; precisamente, o fato de que os outros discutem, isto é, buscam uma solução geral, válida para cada um, é o que a separa deles, visto que ela *sente*. O que ela quer impor-lhes é o mundo de seu sentimento, que não se compara ao mundo deles, mundo de convicções e verdades impessoais, mundo que não a preocupa nem lhe interessa. O que ela proporciona é outra coisa, é a sinceridade que se impõe sem argumentos, que convence sem discussão.

O sentimento não é, portanto, um modo menor da presença, no sentido em que se diz: é só um sentimento. Ao contrário, nada vale para o homem senão na medida em que ele o sente, nada lhe é dado verdadeiramente a menos que ele o sinta. A inautenticidade consiste justamente em que o homem *fala* do sentimento, em que, por meio de sua linguagem, ele o transforma numa espécie de vestimenta que cai bem em todo mundo e não cai bem em ninguém, em que ele mata o sentimento que só pode viver como seu. A linguagem permite ao homem falar de sentimentos, as convenções tornam fácil para o homem ter os sentimentos que convêm nos momentos e nas ocasiões que convêm sem que, no entanto, ele *seja* esse sentimento, sem que ele se *crie* por esse sentimento. Mesmo o sentimento que o domina – o medo do conflito – não é seu, visto que ele não é ele próprio para ele próprio nessa fuga que todas as convenções são destinadas a encobrir e a ocultar: somente após haver decidido ser ele próprio o homem detecta em si, assim como nos outros, aquele fundo de covardia diante da vida, e descobre que o que a inteligência denomina "os mundos" havia começado, a cada vez, por ser sentimento e uma vida pessoal, para morrer como sistema de regras e de valor, banal para aqueles que não querem se arriscar.

A essa linguagem dos mortos (à qual ele pertenceu, e na qual pode recair), o homem nada tem a opor, exceto a força de seu sentimento em sua sinceridade. É essa força que deve se impor aos outros, que deve despertar neles o sentimento, que, por outro lado, deve alçar a personalidade acima do medo que ela herdou ao herdar o mundo, que deve fornecer-lhe o meio de ser para ela mesma presente por-vir, futuro aberto. Ela não sabe convencer por meio de raciocínios, nem persuadir por meio de discursos. Ela é una, valor único; impõe-se como unidade. Sabe muito bem que será despedaçada mais tarde, que um dia seu sentimento proporcionará aos medrosos outro traje pronto para vestir. Mas isso não será, isso não deve ser culpa sua. Ela não se explica nem se explicita. Ela se expõe e deve se impor por essa exposição de sua autenticidade.

Nos termos da tradição, a personalidade é, portanto, essencialmente poeta, e sua expressão essencial é a evocação. Para a tradição, com efeito, o poeta (não se trata da "forma", mas do poético tal como entendido em locuções do tipo *termo poético*, *imagem não poética*, *poesia em prosa*, etc.) é o homem que se faz compreender sem argumentar, que diz o que todos acreditam haver sentido tão logo ele os ensinou a senti-lo, e isso por meio de uma linguagem que não tem sentido e que, no entanto, toma posse do homem de uma só vez, como por um sortilégio, que o preenche e o obceca sem que ele possa dizer o que lhe aconteceu.

Definição exata, mas exata do ponto de vista da tradição, de um ponto de vista exterior e anterior à personalidade, tentativa, portanto, de neutralizar a personalidade transformando-a numa fonte de emoções fortes, mas passageiras e sem importância. Ora, a personalidade não quer ser poeta. O poeta da consciência quer criar um mundo poético para destruí-lo; é a possibilidade de destruir que lhe prova a transcendência de seu *Eu* sobre seu *eu*; ele é poeta, fazedor de mundos, que, na medida em que são factíveis e des-factíveis, decorrem de sua liberdade que *deve* ser, *deve* se afirmar; ele prova a si mesmo que, em seu fundo, ele não é tal como é em sua aparição condicionada, que ele só é condicionado *para* sua liberdade, condição absoluta de todas as condições. A personalidade não saberia o que fazer com essa reflexão do homem em sua consciência. Ela quer se expressar, e se expressar tal como ela é (futuro presente) no mundo tal como ele é (passado presente). Não há nada que ela rejeite com mais força do que a reflexão que, limitada no mundo, aí se cala e aí se aceita como limitada para encontrar sua liberdade, seu ser-para--si, num além inacessível à sua existência concreta, de tal modo que para ela o sentimento só é seu na possibilidade de destruir todo sentimento concreto.

No entanto, à sua maneira a tradição apreende um traço essencial da personalidade, que, com efeito, não vive no ambiente do discurso, mas na imagem. O erro da tradição é acreditar que a imagem possua ou devesse possuir uma *significação*, que ela encubra um sentido que poderia ser exposto de outra maneira, que ela seja um procedimento, um modo de pegar o homem pelas entranhas em vez de enfrentar suas faculdades intelectuais. Ora, para a personalidade, a imagem é tudo. Ela nada apreende pela imagem; ela apreende a imagem. Ela tampouco *forma* imagens (essa é a oposição principal entre ela e o poeta da consciência); a imagem *é* a realidade desse mundo que ela é, realidade que não depende dela mais do que ela própria depende dessa realidade. É a criação de si por si que descobre a imagem, assim como, inversamente, é na descoberta da imagem que a personalidade se cria.

Essa imagem é, portanto, o sentimento que se expõe. Ela não é imagem de alguma coisa, ela não tem sentido fora dela mesma. Se ela é símbolo, esse símbolo admite todas as interpretações do sentimento e não justifica nenhuma em particular, pois a questão do sentido e da interpretação da imagem não existe para a personalidade. A personalidade é o que ela é para ela mesma em sua imagem, a um só tempo ser concreto da personalidade como ela é por-vir no presente e ser concreto do mundo que é mundo da personalidade na imagem. Não há nem discussão, nem justificação, nem razão. Tudo é, não dado, mas presente numa unidade total que não *é sentida* como se fosse um objeto, um *outro* do sentimento, mas que é o próprio sentimento. A autenticidade do sentimento e a sinceridade da personalidade não são nada além dessa presença total fora da qual nada existe, que não conhece dúvida, que é o saber de que *isso* conta, e *só* isso. É o que as distingue, para a personalidade, da inautenticidade da vida impessoal na qual *se* possui sentimentos, mas na qual *se* tem sentimentos como *se* tem outra coisa, permanecendo-se separado desse sentimento que não é, então, a existência em si, mas na qual basta o papel de uma *emoção* que, de acordo com o caso, é exibida ou pela qual se é levado de bom grado, de modo bem decidido e sendo capaz de se refazer: a emoção não é o sujeito, mas um acidente do sujeito que não se cria, mas se encontra e se aceita como determinado. Por isso, a emoção não tem consequências; ela fornece ao medo o meio de pagar seu tributo ao sentimento sem colocar o homem diante de seu futuro *pessoal*; ela é o luxo e o ornamento de uma existência que se recusa a ser mais do que uma partícula em um mundo; ela é e quer ser privada, uma questão secundária que assume um lugar apenas para aqueles que nada levam a sério, nem mesmo o mundo por eles reconhecido. E, sobretudo, a emoção não quer se impor; ela pede – por vezes, nem sempre – para se comunicar, e cultos de toda espécie podem se constituir entre "almas gêmeas", cultos da natureza deslumbrante, da bondade enternecida e enternecedora, da arte comovente, de um pequeno Deus tão gentil, etc.; é preciso, acima de tudo, evitar qualquer confusão entre essa emoção e o sentimento que, na imagem, é a própria personalidade para a personalidade.

A personalidade está por inteiro nessa imagem. Por isso, é dela que procedem o conflito entre o passado e o futuro no interior da personalidade e o conflito pelo reconhecimento entre a personalidade e os outros. É a imagem que se trata de impor, e de impor a um só tempo como sentimento e pelo sentimento. Nenhum procedimento para isso: para a própria personalidade, essa imagem pode possuir contornos precisos, tornar-se um ideal de si-mesmo vivido como uma realidade presente no modo do futuro, agindo como uma consciência mais profunda que todo consciente, recusando a tradição no interior da personalidade, dizendo com uma autoridade acima de qualquer contestação que *isso* não é para ela, caso contrário ela não seria ela própria – e ela pode ser muda, um impulso, uma força dirigente contra a qual o discurso herdado se insurge e briga em vão. Em ambos os casos, a imagem só se faz sentir na crise pelo conflito. Nessa criação de si mesmo, nessa descoberta da imagem, a personalidade se encontra na obrigação de se impor tanto a ela mesma como aos outros; ela se torna para si mesma um animal mais estranho que qualquer fera das fábulas; ela procurou, ela gostaria ainda, algo nela gostaria ainda de procurar o que *se* procura: o conflito nela mesma não difere, quanto ao fundo, do conflito com os outros, e os meios da vitória são os mesmos.

Os meios? Existe apenas um: a força da personalidade, sua sinceridade, a unidade e a unicidade de seu sentimento. A própria ideia de uma técnica, como ciência dos procedimentos a serem empregados para a realização de um fim, é absurda para a personalidade, visto que a separação dos fins e dos procedimentos é a negação da personalidade. Ela se impõe (ou não se impõe) sem saber nem buscar saber como e por quê. Seu comportamento para consigo mesma e para com os outros tem sua raiz no sentimento. Ela pode se impacientar contra si mesma e contra os outros, ela sabe esperar e "aparecer até que venha a ser";[7] ela exorta e vive o exemplo; ora ela se projeta no sonho, ora ela age: nada é preconcebido, porque nada é separado da personalidade. Fazer algo e fazê-lo dessa maneira não são pontos de vista distintos: nada seria feito se não fosse *assim*. A personalidade é toda em tudo; pois tudo é apenas sua criação de si.

Se, por um lado, é sempre ela que está em jogo nesse conflito da personalidade e do mundo morto, esse mundo está em jogo na mesma proporção. Até aqui, a personalidade não fez mais do que se expor em sua imagem. Mas para que essa imagem não seja algo no mundo, um ideal para as horas vazias, um programa de transformações, uma coisa qualquer de explicável e redutível, resta impô-la como imagem e sentimento. É preciso travar a luta pelo reconhecimento, pois o mundo morto é o mundo dos homens, um mundo que, na morte, vive. Não é um mundo exterior aos homens, uma forma independente de seu conteúdo, um palco que subsistiria após a partida dos atores. Esse mundo morto está dentro dos homens, ele *é* os homens; está em cada um deles. O que constitui a personalidade é senti-lo e querer, no entanto, viver sua vida sem se alimentar do cadáver de um sentimento passado. Mas esse cadáver, ela o carrega em si mesma, assim

---

[7] Goethe, *Poesias*: *Mignon*: "*So lasst mich scheinen, bis ich werde*".

como carrega em si aquele mundo-matéria no qual ela se cria. Ela não esteve viva: caso contrário, não precisaria criar-se; ela não esteve morta: senão, como quereria ser? Ela foi como os outros, inautêntica, insincera; ela não se criará sem criar o homem. Ela se quer tal como é; mas essa vontade, sendo a coragem do sentimento, não é apenas para ela, não envolve apenas a ela, envolve o mundo dos homens: a crise e o conflito são uma única e mesma coisa, criar-se e criar um mundo humano, salvar-se da morte e ressuscitar o cadáver do sentimento, um não se faz sem o outro.

Cabe aqui excluir um mal-entendido possível. O qualificativo de personalidade é justaposto – em consequência de retomadas que teremos de estudar – a qualquer personagem histórico, isto é, a qualquer nome que desempenhe qualquer papel na história (compreendida de acordo com qualquer categoria filosófica). A personalidade da qual tratamos é caracterizada pela tensão, pela vontade de ser a si mesmo, pela crise e pelo conflito. Pode-se ser um grande personagem numa tradição, e existem sentidos categoriais do termo "grandeza" que não apenas ignoram o conflito, como também o descartam. Pode-se ser sincero em qualquer moral, e as morais são juízes muito prudentes. Existem conflitos e lutas em outros lugares, assim como o sentimento ocupa um lugar central sob outras categorias (nem que fosse a de Deus). Jamais, no entanto, o homem é tudo para si mesmo. Ele próprio e o mundo, os outros, a vida e a morte e o conflito entre elas, passado e futuro e a tensão entre eles na crise, ele sabe aqui que ele *o é* e ele quer sê-lo. Para ele – e é só isso que importa enquanto o homem não passou a outra atitude e não julga por meio de uma nova categoria –, para ele seu ser está na tensão e no conflito, e se essa tensão se relaxasse numa satisfação, se esse conflito desembocasse em outra coisa que não um conflito mais profundo, ele teria traído o sentimento, a sinceridade e a vida.

A personalidade só é no conflito. A imagem, como dissemos, não existe para ela como algo separado, e existe muito menos uma explicação ou uma interpretação dessa imagem. Mas embora a imagem não se desprenda do homem, embora ela não se *explique* para ele, ela, no entanto, se *explicita* no conflito. Ela se determina, não por si mesma, mas pelo que ela não é. Torna-se vida concreta em seu esforço de reanimar o sentimento morto; torna-se positiva pela negação de seu contrário. Ou, antes, ela não se determina: ela apreende seu reflexo em sua matéria. Ela *é* como tensão, mas ela é *para si*, na medida em que essa tensão se escora numa matéria que, sem ser vida, não deixa de ser humana, que embora não seja sentimento autêntico, *teve*, no entanto, sua raiz no sentimento. Sem esse esforço a personalidade não seria personalidade para ela mesma: existiria apenas para o espectador. Ela se explicita, portanto, ao se opor à sobrevivência do sentimento no mundo morto e descobre, assim, essa vida enterrada. Ela se estabelece como personalidade na constatação de que os outros (os outros, inclusive o homem que ela foi) não são sinceros, não são personalidades, eles acreditam em valores ou, antes, eles declaram acreditar em valores e, no fundo, esses valores têm uma única função, que é a de dispensá-los de se levarem a sério. O que os domina são seus interesses. Eles são burgueses, membros de uma comunidade onde qualquer um pode tomar o lugar de qualquer um. Eles não *têm* lugares: eles não *são* nada além de seus lugares, e nada querem ser além disso. Eles não dizem: isso é bom porque eu o desejo; dizem: eu desejo isso porque isso é bom; vivem num mundo no sentido que a inteligência dava a essa expressão, mundo que não tem unidade, ou tem apenas a unidade de seu passado, a unidade do sentimento morto, a unidade do interesse que determina os interesses deles sem que eles o saibam.

    A personalidade se volta, nesse conflito, para cada valor, porque cada valor erige pretensões sobre ela e porque ela conhece e reconhece os valores na medida em que eles erigem pretensões. Do ponto de vista da personalidade, é na recusa dessas pretensões que termina a covardia da inteligência, lá, portanto, onde o esforço da crise apenas começa para a personalidade. Ela se cria *contra* os valores, ela se impõe, na qualidade de viva, aos sentimentos mortos. É preciso responder à pretensão, seja pela recusa, seja pelo consentimento, seja pela indiferença, que não é falta de interesse, mas negação de interesse. "Sou eu", "não sou eu", "isso eu descarto", eis as reações da personalidade.

    Re-ações apenas quando são vistas pelos outros e pela personalidade nesse modo de sua existência no qual ela é os outros:

criações para a personalidade em sua vontade de ser ela mesma. Ela se cria na matéria do mundo humano; isso significa que o valor só é autenticamente o valor na condição de ser sentido por ela como valor. *Para ela* há somente duas respostas à pretensão: "isso me diz respeito" e "isso não me diz respeito". O que priva uma coisa de valor e um valor de sua autenticidade é o fato de que ele não toca à personalidade, de que a personalidade não pode nele se expressar. "Levar a sério", "não levar a sério", esses atos são atos do sentimento, nos quais se constituem – para empregar a linguagem da consciência – os objetos do sentimento, objetos que nunca são dados, mas criados em seu essencial, em sua vida. Como essa constituição se faz, eis uma pergunta incompreensível para a personalidade, visto que a seus olhos essa constituição não seria válida se não fosse espontânea: a criação dos valores é o mistério da criação de si que reside no cerne de todas essas questões.

O conflito, portanto, é entre a unidade da personalidade que se cria e os valores que pretendem criar a pessoa humana, conflito que nunca é apaziguado, porque jamais a personalidade pode renunciar a seus direitos de criador nem ao que se opõe a ela. Ela se cria hoje de seu ontem para sempre, mas ela não tem a possibilidade de se criar de uma vez por todas: o hoje de ontem não era hoje senão ontem, e o eu de ontem é hoje um homem *entre os outros*. Continuamente a vida recai na morte, e é preciso o esforço contínuo da personalidade para não viver nessa morte, pois o eu de ontem, que se tornou um *entre os outros*, vive de uma vida de morte, com as pretensões dos outros. A personalidade está sempre na crise; sempre, isto é, a cada instante, ela se cria ao criar sua imagem, que é seu ser por vir. Sempre ela está em conflito com os outros, com o passado, com o inautêntico.

Não é, porém, como se a personalidade *devesse* recusar os valores do mundo para criar outros. Ela *pode* fazê-lo; mas pode igualmente encontrar em si mesma o que aos outros é exterior sob a forma dos valores. Pode ser conservadora num mundo onde se é revolucionário; dura num mundo sentimental; idealista numa sociedade de interesses confessos – assim como pode ser, do ponto de vista dos outros, conformista.

O que importa para ela é ser ela mesma para – e isso é tanto *por* como *contra* – cada valor, cada pretensão. Ela não busca saber se *isso* é realmente um valor; a simples pergunta lhe aparece como uma fuga e um ato de covardia; ela pergunta se ela é sincera quando diz: isso me importa. Os valores dos outros existem para ela, mas como problemas e tentações.

Que não possa haver *demonstração* da sinceridade, isso fica assim evidente: onde não existe discussão, não há demonstração; visto que o sentimento é tudo, o juízo não se distingue da imagem, que deveria fornecer o cânone, mas só poderia fornecê-lo ao homem que se opõe ao sentimento. O homem se impõe aos outros e aos outros em si – a formulação assume então um sentido preciso: ele nunca foi bem-sucedido, mas pode sê-lo a cada instante, contanto que se decida a ser o que é na imagem de si mesmo e do mundo humano; contanto também que não permita à imagem enrijecer-se num "de uma vez por todas"; contanto que nunca se torne criatura em vez de criador; contanto, enfim, que corresponda aos valores, às pretensões dos outros sobre ele. Impor-me aos outros, isso não é obrigá-los a reconhecer "meus" valores – não tenho valores que possam ser comunicados –, é obrigá-los a entrar, eles também, no conflito pessoal e a me reconhecer, assim, em minha autenticidade, na sinceridade de meu sentimento. Eis a razão profunda pela qual o conflito não pode se tornar luta, ao menos para a personalidade: ele pode se tornar luta contra ela, no caso de ela não ser compreendida pelos outros; em outras palavras, ela arrisca sua vida. Mas, como vimos, esse risco só é real aos olhos dos outros; o que ela própria teme não é a morte no mundo por amor à vida, é a vida na morte por amor ao mundo. Se ela perecer, sabe que tem razão, porque permaneceu sincera. No entanto, quer pereça, quer seja relegada a si mesma, sabe também ter fracassado em parte: não soube ressuscitar o cadáver do sentimento nos outros, não soube despertar o conflito dentro deles. Não é a morte que lhe anuncia sua derrota; a derrota se declara no julgamento *abstrato* pelo qual os outros a condenam. A morte e o perigo não passam de acidentes sem importância e que existem apenas por causa dos outros; a verdadeira derrota é outra: a personalidade não se impôs porque os outros permaneceram em seu mundo, porque a força da personalidade não foi suficiente para forçá-los à autenticidade. A personalidade não venceu, não porque os outros a condenaram, mas porque os outros não a viram como valor único, porque eles a mediram com os valores, porque acreditaram poder julgá-la. Existe luta porque a personalidade não impôs aos outros seu conflito, e é só esse fracasso que decide, e que decide mesmo na ausência de qualquer luta, de qualquer hostilidade. A personalidade não soube falar aos outros, não soube romper o véu das palavras mortas que a separa dos outros, não soube libertá-los para aquela criação de si mesmos na qual os outros a teriam *sentido* na autenticidade de seu sentimento irredutível. Ela fracassa porque não soube falar-*se*, porque a imagem dela dentro dela mesma não sobrepujou os outros dentro dela, porque seu futuro não venceu seu passado, porque sua vontade de ser não foi pura: ela não impôs o conflito e a autenticidade porque não estava inteira no conflito. Se houvesse ressuscitado os mortos, teria ressuscitado os mortos dos outros. O sentimento dos outros não lhe responde, porque ela lhes opunha uma simples emoção.

Esse é o critério da sinceridade para a personalidade: para a personalidade, e não para o mundo, que julga porque se atém às suas regras, porque, no sentido da inteligência, ele tem um interesse, porque, diria a personalidade, ele só tem o interesse de sua covardia, mundana também em sua escolha de uma posição fora do mundo. A personalidade é autêntica para ela própria, e seu sentimento é sincero se ela impõe sua imagem, se ao criar-se ela cria um mundo que seja sua expressão. Ela se sabe reconhecida, ela se *sente* reconhecida se o mundo deixa de ser fechado, se os outros deixam de ser os outros, se a vida responde à vida, o sentimento ao sentimento, se os homens aceitam os conflitos deles, aceitam o seu, se entre eles e ela nada vale que não seja vivido.

Por isso, derrota e vitória nunca são definitivas. Para falar de modo paradoxal: se uma ou outra o fossem – não importa qual –, haveria derrota definitiva, visto que o homem já não seria personalidade. Mas isso é apenas um paradoxo, a aplicação de uma categoria estranha; é uma possibilidade somente para os outros. A personalidade sente que não renunciará jamais a si mesma, ao conflito. Derrota ou vitória, ela vive em ambas, porque a realidade do conflito consiste em ambas. Ela será, talvez, dilacerada na derrota; mas nesse sofrimento, será autêntica. Ela se chocará com os valores; mas o próprio choque será prova de sua sinceridade. Entre a entrega e o consentimento, jamais satisfeita, jamais desesperada, ela se forma. Reanimando ou enterrando valores, ela está segura de sua unicidade, segura de ser a fonte de todo valor autêntico, segura de que é o seu sentimento que faz um valor ser mais que um pretexto e uma desculpa. Ao projetar-se no mundo humano, ao projetar o mundo humano, ela se cria a partir dos fragmentos das criações anteriores e nunca acabou de criar-se: tensão, conflito, jamais realização final, jamais início, imagem sempre clara, sempre incompleta, linguagem incoerente e mais *una* que qualquer falar da prudência e da reflexão, sem argumento, e convincente para além de toda discussão e de todo sistema.

4. *A filosofia da personalidade e seu paradoxo*

No início parecia natural passar da inteligência à personalidade (n. 1) e apreender esta última como categoria (n. 2). Agora, depois que vimos a personalidade tal como ela é para si mesma, parece quase impossível alcançar a categoria a partir da atitude. Será que não havíamos tornado a tarefa fácil demais para nós? Ao empregar a linguagem da inteligência, será que não interpretamos a personalidade da mesma maneira que a inteligência interpreta todo interesse concreto? E não é evidente que a personalidade é refratária a esse tratamento, que procedemos por meio de uma retomada, retomada justamente da inteligência, que a personalidade não constitui um mundo no sentido da inteligência, que ela *se* constitui, e se constitui na criação e no conflito, que ela não se compreende jamais em um mundo, não se deixa apreender por meio de seu mundo, nem mesmo e, sobretudo, não por meio da oposição a um mundo (como era o caso da consciência)? Ela é livre e sabe-se livre, ao ponto de o problema da liberdade não figurar entre os que a preocupam e de o mundo não obcecá-la nem tranquilizá-la. Ela está em casa no mundo porque retoma esse mundo dentro dela. Como pode a atitude, então, se enunciar como categoria? Como sua linguagem, que é toda de evocação, uma linguagem para..., não uma linguagem de..., que é, para a tradição da discussão e das retomadas da discussão, linguagem poética, para ela própria linguagem da imagem e do conflito, como essa linguagem chega ao conceito? Como esse sentimento que se pretende sentimento passa ao pensamento? Será que é capaz disso? Ou será que nos encontramos numa situação análoga àquela na qual a inteligência nos colocava, porque a categoria que serve à atitude (interesse) e a atitude (inteligência) aí não coincidiam? Aqui isso seria ainda mais grave, pois aqui a atitude recusa toda categoria e todo conceito: poderia haver aí uma explicação qualquer, quando uma vez, numa atitude concreta, o homem foi para si e, no entanto, não pôde, não quis enunciar-se? O homem, ao mesmo tempo que pensa – ao menos se pensar quiser dizer: ter um discurso coerente para aquele que o sustenta –, teria saído do âmbito da teoria (essa palavra tomada em seu sentido mais amplo); já não teria nada a ensinar, já não aspiraria a nenhuma ciência, muito menos a uma orientação *válida*.

Esses temores do bom-senso filosófico não são vãos. Ao contrário, o fato é que a personalidade rejeita toda teoria, toda verdade, toda orientação. Seu mundo é o mundo humano, um não mundo do ponto de vista da inteligência, um mundo que não pode ser apreendido, porque se recusa a qualquer fixação, que não pode ser descrito, porque se recusa a carregar traços desenhados de uma vez por todas, que torna impossível qualquer juízo, porque a personalidade vê o falso eminentemente no juízo como tal. Por isso, tudo que é dito sobre a personalidade é paradoxal: ela é tensão dirigida à autenticidade dos outros; ela está essencialmente por vir e justamente em consequência disso ela é essencialmente seu passado. A origem do paradoxo é rapidamente detectável: é a inteligência que vê na personalidade uma das possibilidades do homem, e essa possibilidade é caracterizada pelo fato de que, contrariamente às outras possibilidades, o homem não se cria ao criar um mundo que o compreenda, mas se pretende criador tal como ele é (no sentimento) antes de qualquer mundo; em outras palavras, é uma possibilidade que não é possibilidade, mas realidade humana absoluta. A inteligência, que só conhece a relação homem-ser no interior do mundo, é, portanto, lógica ao pedir socorro à categoria da consciência. Assim, tudo se arranja às maravilhas: a personalidade se torna o *Eu*, a técnica da análise por condições da possibilidade volta a ser aplicável, um mundo – jamais conhecido, sempre cognoscível – forma de novo o ponto de partida de uma pesquisa transcendental, de uma filosofia da reflexão que se enriqueceu ao longo do percurso com os *resultados* da interpretação dos *fenômenos* da personalidade. Tudo se organiza, tudo vai para seu lugar: o homem é ou não é autêntico (são possibilidades equivalentes), a existência da personalidade é a condição da descoberta do ser, o futuro da personalidade é o modo fundamental da temporalidade do homem que funda o tempo daquilo que é, etc.[8] Nada de tudo isso é falso – e por que seria falso, visto que uma retomada coerente consigo mesma (isto é, que evita a metábase) constitui sua verdade para ela própria? O único inconveniente é que se trata de uma retomada que não tem sentido para a personalidade.

Isso porque a personalidade pura ri de todos os esforços das retomadas. Ela é segura demais de si mesma para ter necessidade de uma transcendência e de uma filosofia transcendental. Ela é livre, e uma filosofia da liberdade seria, se porventura ela quisesse pensar nisso, a última das suas preocupações. E preocupações não lhe faltam: autenticidade e conflito, vida, morte e sinceridade do sentimento, os outros, os valores – ela está bastante ocupada. Será preciso dizer, então, que ela só aparece como atitude às retomadas, como categoria – talvez – às categorias ou atitudes subsequentes a ela? Em outras palavras, seria a personalidade uma categoria para uma filosofia (seja qual for o significado possível do termo "filosofia"), e será que não haveria categoria para ela? Uma coisa é certa: a personalidade não possui e não quer possuir uma filosofia à maneira do *objeto* ou da *consciência*, por exemplo, e o *eu* não lhe é mais próximo que *Deus* ou a *consciência*, para não falar da *condição* e da *inteligência*, que lhe são representantes típicos da covardia e da fuga diante de si.

No entanto, a personalidade fala; falar lhe é essencial. Embora sua linguagem não seja uma linguagem no mundo e que explica a si mesma com relação ao mundo (o homem é então sábio ou criatura, ou um ser que trabalha razoavelmente para

---

[8] É assim que a análise da personalidade (da *existência* autêntica-inautêntica) pode constituir, para M. Heidegger, em *Ser e Tempo*, a entrada para a ontologia. Esse não é, no entanto, o problema central da filosofia dita "existencial"; cf., adiante, capítulo 15.

o progresso, ou que transcende o mundo na reflexão, ou que pode, na qualidade de inteligência, se colocar fora do mundo, etc.), embora essa linguagem não aspire à coerência, ela é *una* no sentimento do conflito e se impõe como essa unidade. Para ela – e nada mais deve nos ocupar aqui, onde tudo *para nós* esconderia outra categoria que ainda não apareceu –, a personalidade possui uma linguagem, um pensamento, uma filosofia, e não é inconveniente – sempre para ela – nem, por razões ainda mais fortes, surpreendente que essa filosofia não esteja concluída e não possa estar, precisamente porque ela é filosofia pessoal, vivida e viva, e que nada ensina.

A personalidade fala sem ensinar; fala aos outros e no conflito; e fala de si mesma tal como ela é, criando-se ao se expressar. Isso significa que ela não fala da personalidade. Ela é; *a* personalidade não passa de letra morta, um último anteparo da covardia. Ao falar de si mesma ela fala de sua imagem (não *da* imagem – o que, uma vez mais, seria uma fuga); ela forma sua imagem. Mas esse conflito com os outros, essa imagem, imagem para os outros que, ao mesmo tempo em que são *os* outros são *seus* outros, é na matéria do mundo que a personalidade os forma. A personalidade não *se* vê (como "estrutura", como "*a priori*" de qualquer mundo); ela vê os outros como aquilo que, apesar dela, ela mesma sempre é, tendo-o sido. Ela se impõe aos outros, que não são eles próprios, e a si, na medida em que ela não é ela mesma, na medida em que ela é os outros. Ela não *é*, a bem dizer, personalidade, pois a personalidade não *é* nada, sendo por vir. Os outros *são*; ela própria nunca *é*, sendo sempre por vir. O que *é*, é o inautêntico, a fuga, o impessoal; mundo-matéria, mundo morto e, no entanto, mundo humano.

Mundo humano: isso quer dizer que esse mundo morto pode ser ressuscitado, que essa insinceridade pode vir à sinceridade, que a personalidade não é desligada dos outros, que sua linguagem, se nada ensina, pode despertar. Os outros também não estão fora do conflito, pois se fogem de seu conflito, essa fuga não é uma homenagem ao conflito? Se eles substituem a criação de si na imagem pelo respeito à imagem enrijecida nos valores, não reconhecem assim que o homem não vive sem imagem? Eles são impessoais, mas sua impessoalidade ainda é vida, embora vida na morte. Eles se fecharam, mas podem se abrir. Não é essa a tarefa que, a cada instante, incumbe à personalidade? Em suma, eles e a personalidade *podem* se compreender, visto que o sentimento está apenas adormecido neles: eles são homens, assim como a personalidade é personalidade humana.

Vimos o modo como a personalidade encontra os valores, e encontra-os como o *ser* dos outros. A personalidade, ao ter de se voltar para os valores e desenvolver sua imagem nesse encontro, aí apreende os outros: ao se opor aos valores, ela fala dos valores. Quer impor a autenticidade de seu conflito: do ponto de vista dos outros (que está presente nela, visto que é em si que ela o combate), seu ataque é a tentativa, não de reavivar os valores, o que só se compreende do ponto de vista da personalidade por vir, mas de liquefazer os valores, de torná-los fluidos e privá-los daquela rigidez que, para os outros, constitui o que interessa neles. Essa tentativa tem chances de sucesso aos olhos da personalidade, assim como constitui um perigo (o que dá no mesmo) para os outros, que mostram isso à personalidade pela resistência deles. A personalidade fala, portanto, dos valores ou, antes, da inautenticidade dos valores, e fala sobre isso como ser humano aos seres humanos. Ela própria é ser humano em sua vontade de ser ela própria; os outros são seus congêneres em sua possibilidade de se quererem e em sua recusa atual de se criarem.

A primeira forma na qual a personalidade se *pensa* é, assim, a negação de sua negação. Os outros são impessoais; ela não o é. Eles vivem num mundo morto, com valores enrijecidos, sem conflito, etc. Daí a segunda forma na qual a personalidade se compreende: ela é vida, recomeço de todos os instantes, contra a traição na qual os outros perdem seu futuro. Ela é, enfim, ser humano no sentido eminente, enquanto os outros são homens de um modo deficiente.[9] Esta última forma é a forma definitiva. O termo "ser humano" corresponde ao que denominamos

---

[9] Cf. Goethe, *West-Oestlicher Divan*, Livro do Paraíso, O Poeta (Trad. livre de Marcelo Perine):
    Denn ich bin ein Mensch gewesen,   Tornei-me um homem,
    Und das heisst ein Kämpfer sein.   E, portanto, um combatente.

personalidade, visto que nós, que não nos mantemos na atitude presente, não poderíamos nos servir de um termo essencialmente ambíguo, dado que estamos cientes da pluralidade das categorias (a simples pluralidade basta). Para a personalidade, contudo, o termo "personalidade" seria chocante; ela vê aí uma redução do sentimento e do conflito a uma particularidade no mundo, a um valor, ao passo que ela é para si mesma a sinceridade que leva a sério a única coisa séria. E não se engana. A reação dos outros, a menos que a personalidade se imponha, é precisamente a de enxergar na personalidade uma curiosidade, um caráter, um tipo particular, para falar apenas das reações que pertencem ao âmbito das atitudes não violentas. Ora, é o julgamento como tal que constitui para a personalidade o seu fracasso. Ela não quer ser julgada; ela se dirige à vida e ao sentimento, àquele homem autêntico adormecido nos outros.

Mas esse protesto é apenas uma precaução que em nada modifica o fato de que a personalidade alcançou sua categoria. Ela pode falar de si mesma aos outros. Só que ela o faz à sua maneira. Ela tem horror ao sistema: é o problema dos outros, um compartilhamento dos conflitos, a despersonalização pela discussão na sociedade que deve pôr todos de acordo sobre os valores, o estabelecimento do "de uma vez por todas". Ela detesta ainda mais, se for possível, a descrição do interesse concreto fornecida pela *inteligência*, porque não apenas a inteligência, ao buscar seu lugar fora do mundo, chegou ao último grau da covardia, mas, sobretudo, porque essa covardia não é nem mesmo capaz de ver o homem tal como ele é em sua essência, como vontade de ser a si mesmo no sentimento, vontade talvez freada, talvez falseada pela despersonalização constituída pelo reconhecimento dos valores estabelecidos, mas ainda assim vontade de vida, e que pode despertar nos outros da mesma maneira como despertou na personalidade. Essa inteligência só tem uma desculpa, e não cabe a ela se prevalecer dessa desculpa, visto que ela é covarde demais para ver seu único mérito: o de haver tornado suspeito tudo que se proclama definitivo, todos os sistemas, todos os valores; de haver devolvido o homem a si mesmo, de o haver colocado no conflito, de o haver forçado a ser sincero e a levar a sério o mundo humano como sempre por vir; de haver feito tábua rasa de tudo que está enrijecido e de haver tornado possível seu próprio desaparecimento. Mas isso é tudo o que a personalidade pode tomar da inteligência. A reconstrução dos interesses concretos é para ela obra de falsário porque se empenha em reduzir o homem ao que ele só é *modo deficiente*, à expressão enrijecida do sentimento; ela suprime assim o essencial, a saber, o fato de que o homem, graças ao sentimento, é sempre capaz de dizer: "Isso ou a morte", "isso não ou eu não"; o fato de que, no mais fechado dos mundos, ele pode se lançar no sentimento vivo para romper esse mundo-prisão e ultrapassá-lo levando-o a sério. A inteligência vê que o homem se perde em seu mundo; a personalidade vê que o que se perdeu no mundo é também o homem vivo. A personalidade não busca uma verdade, muito menos uma verdade no sentido da filosofia tradicional; ela não interpreta, pois sabe que é a sua substância que alimenta a inteligência em seu jogo: fala de si mesma, mas seu falar é expressão criadora, ex-posição de imagem, evocação, chamado, conflito, despertar dos outros que dormem no mundo da morte.

Para ela, portanto, toda expressão é filosófica, contanto que seja expressão autêntica de um sentimento sincero, de uma seriedade. Que não exista para isso nem método, nem garantia, nem filosofia metódica e segura, é evidente: não seria isso supor que existe uma verdade impessoal, uma medida válida para todos, para cada um, para sempre? Não seria pretender que o conflito fosse apenas uma aparência, um acidente, em via de extinção, uma limitação do homem, uma finitude que ele transcenderia ao pensá-la como finitude? A personalidade se proíbe esses procedimentos da reflexão num outro. Como ela não *tem* sentimento, ela não *tem* filosofia: ela *é* um e outro. Eis por que um poema, uma escultura, um quadro podem ser mais filosóficos do que aquilo que costuma ser apresentado sob o nome de filosofia, porque expressam diretamente a personalidade, impõem imediatamente a imagem. Mas eles se desprendem da personalidade e caem no mundo: a personalidade aí já não fala; ela aí falou, e se para ela isso não é grave em seu por-vir – sempre ela já está em outro lugar –, o que ela assim expôs de si mesma se torna, no entanto, para esse porvir, o seu passado, sem futuro, sem conflito. Somente o discurso pode permanecer aberto, porque só ele pode enfrentar a vida na morte, enfrentar os valores. Ele é a expressão mais fraca do sentimento, a mais forte do conflito, ele nada faz senão traduzir o que as outras expressões fornecem imediatamente; mas sem essa tradução, essas outras formas permaneceriam incompreendidas no mundo, visto que o mundo as compreenderia à sua maneira: como coisas criadas, não como criação em ato; como interpretação, não como imagem; como valor, não como conflito.

O discurso sem dúvida não está a salvo dessa "compreensão", mas visto que ele apreendeu seu princípio organizador, pode se perpetuar de tal modo que o mundo deixa de ter razão tão logo tenta compreendê-lo. Isso porque o discurso não é coerente no sentido do mundo: ele é a reflexão da personalidade, como conflito e futuro, nos valores e, por conseguinte, na redução dos valores à seriedade – seriedade essa que os reduz ao absurdo. O mundo tenta em vão encontrar aí um centro fixo, um fator essencial: encontrará apenas contradições, a menos que suprima uma parte das facetas da personalidade e, contudo, não poderá evitar a "impressão" de estar diante de uma unidade mais una que a de qualquer discurso coerente. Se o mundo não quiser deixar de ter razão, terá de admitir a compreensibilidade incompreensível, o sentido inapreensível do discurso da personalidade. Então a personalidade terá vencido e o outro, deixando de ser outro, entra em seu próprio conflito. O discurso agiu; ele não é mera crítica dos valores, ele derruba os valores e não os substitui por outros. É verdade que o mundo acredita encontrar aí uma simples revolução dos valores, os quais teriam apenas sido levados pela personalidade para um passeio: ela diz que a beleza não é nada, e o mundo ouve: a beleza está em outro lugar; ela diz que a moral é covardia, e o mundo vê aí a receita de uma moral da coragem. Mas o mundo está errado e acaba por descobri-lo, porque o discurso da personalidade não se fecha em si mesmo: aprendeu-se que a moral é covardia e fica-se contente em possuir uma nova regra, mas basta começar a usá-la para que essa coragem se transforme numa moral e a covardia seja não criar uma moral para si. E é sempre a mesma coisa, tão logo *eles* acreditam haver alcançado o fundo. Eles podem continuar a querer "compreender", mas então terão de compreender o discurso pessoal como contraditório, o que significa: ou como loucura, ou como expressão do conflito vivo; rejeitá-lo ou sujeitar-se a ele.

A própria personalidade se apreende assim como futuro presente em conflito com o passado presente do homem. Ela é revoltada contra esse passado, porque nada do que não é futuro pode ser princípio para ela. Seu discurso destrói os valores porque esses valores não são sérios, porque suas pretensões, permanecendo exteriores, não exigem o suficiente, porque elas não exigem em absoluto. Sua disciplina é a disciplina do conflito, seu princípio é a inquietação do risco de si, seu fim, a imagem que nunca está alcançada, mas por vir, e porvir presente na criação. Ela pode apreender os valores, pode até, ao final, se opor aos valores inautênticos como o único valor autêntico, e ela se serve então da linguagem da inteligência e fala de modo a se tornar "compreensível"; mas ela não ignora que se submete a uma língua estrangeira e na qual ela não consegue se expressar, expressar seu ser que nunca *é* – língua dos outros empregada para desnortear os outros. Isso porque, ao dizer que ela é personalidade, que só ela é valor e que os valores não passam de mentiras a menos que sejam criados por ela da matéria do mundo humano, ela sabe que profere uma enormidade: o que é um valor por meio do qual não *se* pode ter uma orientação? Ela sabe, além disso, que o emprego dessa linguagem é apenas um meio de impor aos outros a liberdade do conflito, de minar pelas fundações a construção sob a qual eles querem se abrigar. Para si mesma, ela não saberia o que fazer com essa palavra, *personalidade*: ela é vida no conflito, querendo-se tal como *é* por vir: negação que se estabelece, negação positiva e que se conhece como tal, a atitude se apreende no discurso para se criar na ποίησις.[10]

É quase desnecessário acrescentar que a ciência não existe para a personalidade, seja qual for o sentido em que se tome essa palavra: ela mesma é para si mesma a verdade em sua criação de si; reconhecer uma verdade que esteja acima dela, da qual ela

---

[10] A obra de Nietzsche não poderia ser compreendida em toda a sua complexidade sob essa categoria: mas essa categoria é dominante em sua obra e constitui seu centro dinâmico, no qual a nova moral e a poesia se reúnem à luta contra os valores estabelecidos.

dependa, à qual ela deva se conformar, seria trair sua autenticidade, seria introduzir uma mediação entre o homem e sua vida, a reflexão de si mesmo num outro, seria admitir um mundo que seria mais que a matéria apreendida e organizada diretamente pelo sentimento na imagem. Seja qual for a ciência, seja ela mágica, seja ela ciência das ciências, nela o homem é sempre o objeto do discurso, e não aquele que fala e sobre o qual não se pode falar. Não existe antropologia essencial, não existe história essencial: uma e outra tratam do homem deficiente e só interessam ao homem sem personalidade.

5. As retomadas. – O papel histórico do Conceito de Deus como personalidade

O mundo não está errado em notar o lado poético da personalidade. Isso é fato, e um fato de grande importância, que a linguagem da personalidade vise à imagem, conserve o conflito, em suma, crie e se crie. Tampouco é um acaso que os homens que, na atitude, apreendem a categoria, tenham considerado da maior importância o "estilo" deles, sua "arte de escrever", suas "máscaras", seu "lirismo", e que tenham se sentido mais próximos dos poetas do que dos "filósofos", encarando aqueles como mais "profundos" que estes. Mas um estudo da poesia como expressão da personalidade não encontra seu lugar aqui, onde lidamos com a filosofia no sentido tradicional, sobretudo porque, diferentemente do que acontece nas atitudes da certeza e da consciência, o poético não desempenha um papel particular para a personalidade porque a ποίησις é, em todo lugar, o fim desse discurso. Essa análise faria parte de pesquisas sobre as ambiguidades do termo "poesia" e, nesse contexto, a categoria presente permitiria "compreender" a poesia moderna (isto é, não tradicional), na medida em que ela não é irônica. Tampouco insistiremos na importância do poético como reservatório de imagens para aqueles que aspiram à personalidade e que, sem quererem se arriscar para se criar, se re-criam conforme as imagens hauridas na personalidade – para aqueles que, entre outros valores expostos na vitrine da época, escolhem a "autenticidade", e gostariam de viver na emoção, desejando um conflito estereotipado e bem cômodo, porque uma vida assim lhes parece – e de fato é – mais fácil que uma vida de trabalho, de luta e até de inteligência.

É preciso, entretanto, constatar a potência das retomadas. O abandono da antiga atitude é mais difícil aqui do que em outras partes, porque significa decisão de criar e arriscar. A comunidade dos homens já não existe, e a *comunhão* das personalidades ainda está por vir, jamais estabelecida, por criar, e sempre por criar de novo no conflito, pois ela somente será na participação na mesma imagem e no mesmo conflito, e só durará em sua autenticidade enquanto a imagem e o conflito forem particulares a cada um. O homem tenta se tornar compreensível. Mas ao se introduzir como personalidade na linguagem comum, ele arrebentará os limites dessa linguagem, que é a de todos e a de ninguém. Ele constata, então, que não pode se servir dessa linguagem para o essencial; embora ele possa aí imprimir o conflito (por meio do paradoxo), não pode aí expressar seu sentimento, o que ele é para si mesmo em seu futuro presente. Ele impõe o conflito, mas não expõe sua imagem.

Dissemos como a categoria é apreendida nessa insuficiência da linguagem comum, como a personalidade a partir daí cria sua linguagem poética – e que ela se sabe poética – para chegar à expressão de si em sua imagem e para obter seu reconhecimento pelo reconhecimento de seu conflito, não na qualidade de conflito, mas na qualidade de conflito *seu*. As retomadas, por sua vez, são o resultado da derrota, não tanto da derrota sofrida na luta com os outros quanto daquela sofrida pelo homem em si mesmo, quando ele não consegue se impor a si mesmo, quando sucumbe à tentação da solução definitiva, quando quer se *compreender*: a personalidade, então, se torna algo num mundo existente, num mundo estabelecido, uma coisa viva da qual se pode falar. O homem mantém a atitude do conflito, mas não consegue tornar-se conflito e trata o conflito como um acidente que pode ou não se produzir: sua categoria é a de uma atitude anterior, e ele tenta se descrever por meio dessa linguagem estereotipada.

Na época moderna, toda filosofia (essa palavra tomada no sentido de *Weltanschauung*, visão de conjunto do mundo e da vida) se constitui ao retomar a personalidade sob outras categorias, na medida (a restrição é relevante) em que essa filosofia é idealista, isto é, em que busca o contentamento do homem na compreensão de seu ser por ele próprio e em sua ação *imediata* sobre ele próprio. Bem mais, poder-se-ia definir – e voltaremos a isso – essa filosofia idealista pelo papel aí desempenhado por essa categoria.

Essas retomadas, não raro de categorias muito antigas, se fazem por meio da categoria da *consciência*, retomando os conceitos da liberdade transcendente e do mundo "exterior" que esta desenvolveu. Assim – para citar apenas alguns exemplos –, a personalidade, na qualidade de *consciência livre* dos valores, se torna o *fator* decisivo da história, e esta se torna, então, a sucessão dos conflitos criadores (dos heróis, dos gênios) que, pela liberdade concretizada na imagem (o ideal), transformaram o mundo. Ou ela é o *eu* que alcança a felicidade na *consciência* de sua unicidade que o liberta do mundo: basta que ela reconheça esse mundo tal qual ele é como propriedade dela tal qual ela é. Ou o conflito das personalidades é a *discussão* entre pessoas que, conscientes de seus valores pessoais, reconhecem, no entanto, o valor comum da discussão serena e que busca o acordo pela conciliação. Ou, então, é a *verdade* absoluta de todo ser que se revela na imagem na qual a personalidade se torna concreta, mas que não é consciente na personalidade comum, inteiramente presa na realização da imagem: sua Verdade, absoluta porque absolutamente pessoal, só se revela na interpretação, que é a obra da *inteligência*, a um só tempo aberta à personalidade e acima de todas as personalidades concretas: ela rasga o véu das imagens para penetrar até a *liberdade* radical do homem que se destaca sobre o fundo do Ser, aí se perdendo e se retomando no conflito, falseando e enganando a si mesmo na construção de mundos definitivos do *interesse concreto* e deles se emancipando na tomada de consciência que lhe mostra o Ser como o inapreensível transcendente.

Vê-se facilmente que essa lista pode ser continuada. Mas não é tarefa da lógica desenvolver todas as possibilidades que ela contém. Por razões históricas, é útil insistir, contudo, na retomada da categoria de *Deus*, porque na realidade da civilização ocidental as outras retomadas saíram daí.

A personalidade é Deus, eis a tese, porque Deus é consciência absoluta: o homem é personalidade consciente porque Deus o é e o homem é sua imagem.[11] O conflito está em Deus, e é por Deus que o conflito é imposto ao homem: Deus o assume em seu lugar, mas assume-o também em seu interesse; o homem, ao tender para a imagem divina, sai do anonimato do mundo para se tornar único, criando a si mesmo na imagem do conflito divino, e é-lhe necessário zelar até seu último dia para não se engolfar no mundo e não se acreditar ao abrigo da morte eterna constituída pela preguiça, pela covardia da solução acabada. Deus já não se contenta em impor ao homem Sua lei, mas quer impor a Si mesmo *tal como Ele é*. Ele verdadeiramente se fez homem, isto é, personalidade, e já não é essencial que ele seja criador do mundo. Ele entrou no mundo, e o mundo não O conheceu. O amor é o amor que Deus tem pelo homem, que Ele lhe oferece, porque Ele se despiu de Sua potência para se impor ao homem em Sua autenticidade, em Seu sentimento. Agora, e só agora, Ele se revelou em Sua verdade: Ele é sentimento, vida, comunhão; por Sua vontade, Ele deixou de ser o substrato absoluto de um Ser que deveria ser acessível à razão e que é tão somente sentido pelo homem; Ele é o futuro presente que tragou o passado. O homem já não está sob a lei, visto que Deus se fez personalidade e que, sendo Deus na personalidade, Ele resolveu o conflito: o homem viverá doravante por Sua vitória, ele é glorificado em Seu triunfo, ele será presença que não se modifica, graças à imagem criada por Ele. Para o homem, basta seguir a Deus: fim da busca da vontade divina, fim das perguntas relativas ao sentido do mundo, dos acontecimentos, de sua vida, de seu destino, fim da fé muda e do amor cego; tudo isso pertence à inautenticidade da qual Deus libertou o homem. Uma única coisa importa: é assumir o conflito divino e acreditar na vitória de Deus sobre o mundo. De um único perigo é preciso fugir, o de perder a alma, trair a vida, tornar-se sepulcro caiado: o homem pode decair da imagem divina, pode tentar encontrar uma solução definitiva neste mundo, inventar

---

[11] Uma análise do fenômeno histórico do cristianismo teria de levar em conta a importância que retoma, em relação ao profetismo, o elemento místico da tradição, isto é, a importância da retomada da *certeza*.

ou aceitar uma regra, ceder à sabedoria que é loucura, renunciar à sua unicidade que assusta o mundo dos outros.

Em todas as retomadas, o homem se concebe como personalidade em sua essência, sem que essa personalidade-essência se confunda para o homem com ele próprio; ele não *é* seu conflito, ele não *é* seu futuro, a imagem não é a sua: ele está *diante* do conflito, *diante* do futuro, *diante* da imagem, que se situam não no passado, mas fora do tempo comum da história comum, num instante que, ao separar o passado do futuro, não pertence nem a um nem a outro e os cria; o homem se desprendeu da *condição*, tornou-se *consciência* e liberdade, mas consciência e liberdade abstratas que lhe permitem no máximo se retirar, como *inteligência*, de todo concreto – à custa de um desinteresse absoluto. A única categoria que se oferece a ele – se ele quiser se assumir tal como ele é, se não quiser se contentar em manter distância daquilo que ele não é e ainda assim falar de si numa linguagem comum – é, portanto, a de Deus; pois somente essa categoria lhe fornece o que lhe é necessário para tanto; ela constitui o homem pelo sentimento, liberta-o pela depreciação de toda tradição e apresenta, no entanto, a possibilidade de falar, se não do homem no sentido da categoria da personalidade (que pode falar, mas não numa linguagem comum), ao menos de falar do homem como um ser único e insubstituível, de falar de liberdade e de criação. Daí o papel preponderante dessa retomada, daí também o fato histórico de o homem chegar primeiro à personalidade divina, antes de se colocar como personalidade. É essa ideia do Deus *pessoal* (no sentido que desenvolvemos aqui) que permite ao homem sair da entrega de si, da reflexão num outro, sem que por isso ela lhe apresente uma *solução*, sem que ela lhe proponha, com outro cosmos, uma técnica para ser feliz.

Essa retomada, contida na teologia cristã, não constitui, no entanto, o cristianismo (que *pode*, tardiamente, compreender-se como a religião do Deus-personalidade): ela se insere nele por inteiro, mas não esgota o cristianismo nem sua dogmática, e seria um erro grosseiro atribuir-lhe tudo o que faz parte, até mesmo essencial, dessa religião. Ainda assim, é por meio desse conteúdo que o cristianismo, por oposição às outras religiões, teve uma influência direta e positiva sobre a filosofia. Foi essa retomada da personalidade que fundou a afinidade dele com a filosofia, que o levou a acolher o pensamento grego (naquilo que ele tem de não grego, caso se conceba esse pensamento – como se costuma fazer, apesar de todas as afirmações em contrário – como essencialmente lógico, cosmológico e científico em geral) e que acabou por fazê-lo explodir pela contradição categorial que ela introduziu na fé: por um lado, o homem só é ele próprio no conflito pessoal entre seu passado (queda, lei) e seu futuro (liberdade, esperança); por outro, esse conflito lhe é exterior, e seu desenlace não depende dele, visto que o conflito foi resolvido, de uma vez por todas, em Deus e por Deus. A retomada não ultrapassa, portanto, em seu discurso, a categoria de Deus da qual ela sai, e o cristianismo é inserido na teologia de uma revelação completada. Com Cristo, Deus desceu verdadeiramente à terra, ele verdadeiramente se fez homem; se Deus já não é apenas Deus e se Ele desce à terra, o homem sobe ao céu; é lá que se desenrola seu conflito, fora do tempo, é lá que ele é personalidade, foi lá que ele se impôs – mas tudo isso no modo do *de uma vez por todas*. Na terra, o homem não passa de indivíduo, submetido à tentação do mundo e fraco demais para resistir-lhe sem a ajuda da personalidade divina; no céu, a humanidade é salva, porque é reconhecida em seu sentimento. Neste mundo, o homem só é livre em princípio, e precisa da graça para que possa oferecer seu coração a Deus: no alto, seu sacrifício foi definitivamente aceito, porque o Filho do Homem formou o mundo humano de acordo com sua imagem. O homem terrestre corre perigo; mas já não tem conflito pessoal, que se desenrolou em Deus. Pode perder sua parte na vitória; mas nunca a perderá mais certamente do que quando tentar alcançar sua própria vitória. Somente o homem-Deus teve um futuro aberto e presente: o indivíduo sabe o que o aguarda; não é ele quem faz a pergunta, não é ele quem decide quanto à resposta.

Mas a nova atitude continuará a protestar contra a categoria antiga que a apreendeu, e o homem continua a buscar até que ele se saiba *ser*, não ter, o conflito. Tão logo o homem toma a responsabilidade do conflito para si tal como ele é, o Deus transcendente desaparece, céu e terra se confundem e já não há aquele momento decisivo em que o destino eterno da humanidade esteve em jogo no tempo. Enquanto a retomada domina, o "paradoxo" de Kierkegaard continua a preocupar o homem. Ele o suporta porque ambas as atitudes estão ligadas uma à outra, porque em ambas o mundo (tradicional) é desvalorizado e o homem aí se apreende no e pelo sentimento que justifica sem precisar de justificação; em ambas o discurso pode renunciar à coerência discursiva, pois, sob a categoria de Deus, o objetivo do discurso é aniquilar-se, e sob a da personalidade ele se realiza na imagem. É por isso que o paradoxo perdura. Ele finalmente explode porque a contradição categorial, contida pelo sentimento, se baseia em uma contradição de atitudes, ela própria sentida.

Resta assinalar que essa "dialética" do cristianismo que acabamos de desenvolver e essa compreensão da "história" da retomada de Deus são elas próprias baseadas na *categoria* da personalidade: para o cristão, existe uma dialética de Deus e do homem, mas não uma dialética do cristianismo, pela simples razão de que, para ele, fora do cristianismo nada existe; por isso, o problema da história se coloca apenas para quem já não é cristão, isto é, para aquele que, tendo apreendido a categoria da personalidade, reconhece na categoria de Deus uma categoria aparentada (mas ultrapassada pela categoria presente). Sob essa condição, a personalidade pode escrever sua história, e ela se serve então da categoria da *inteligência*, ela própria compreendida como *consciência*. A inteligência, em si mesma liberdade de todo mundo, se torna liberdade no mundo e contra o mundo, que é mundo da *condição*. A personalidade, interpretando-se dessa maneira, tem, portanto, uma história, e uma história necessária, visto que sensata em relação à sua realização final. Ela se termina e se arremata na personalidade, que é liberdade consciente porque – sempre para ela – o homem *é* personalidade em seu âmago, isto é, desde sempre: sua história é o caminho que o leva à descoberta desse âmago. Nessa história, o cristianismo é o passo mais importante dado pela humanidade. Foi ele que libertou o homem não apenas do *cosmos* da lei (o profetismo bastaria para isso), mas da tradição, da *certeza*. Também foi ele que deu ao homem a possibilidade de viver no mundo como ser consciente, porque ao libertá-lo da condição fez com que ele descobrisse a *condição* como essencialmente condição para o homem, já que o situa, como *consciência*, no centro de um mundo novo que se organiza em torno dele. É ele, enfim, que dissolve todos os interesses concretos pela introdução do *interesse* absoluto constituído pela liberdade. O desenvolvimento desses momentos é – para a personalidade que se compreende como inteligência consciente – a história da educação que Deus dá ao gênero humano e pela qual ele próprio se torna supérfluo: o homem, como *esta* consciência, é livremente o que ele é. Nesse sentido, a personalidade é a realização final do cristianismo, seu segredo descoberto. As categorias seguintes já não se deduzirão daí; estabelecerão, no máximo, uma relação com ele pela oposição a ele. Mesmo as retomadas não se farão a partir dele, mas dirigir-se-ão ao Deus criador, fundo abstruso do Ser. O Deus antropomorfo e o homem teomorfo desaparecem na atitude da personalidade, fundindo-se um no outro, e a história deles fornece apenas o material para a criação in-finita do homem por ele mesmo no conflito. A personalidade pode empregar a linguagem cristã, assim como emprega qualquer outra linguagem – para se impor. Mas seu cristianismo é então uma fé sem homem (definido) nem Deus (transcendente com relação a um todo definido), é a fé do homem nele mesmo como criador de si a partir de seu passado.

Assim, a personalidade é, no sentido da história caracterizado anteriormente, o produto da secularização da ideia cristã.[12] A *inteligência* – que, aplicada à personalidade, produz essa história – poderá facilmente elaborar a interpretação dela. Para nós importa apenas notar que essa interpretação, por mais apropriada que ela seja em seu plano, não procede da categoria pura e não visa a ela. Aqui, como em toda parte, a atitude não se deduz (não deduz a si mesma): ela é fundamental e exclusiva para si mesma, e se houver uma dedução das categorias (pergunta que, aqui, só poderá permanecer aberta), tal dedução em todo caso não será histórica: a própria história se constitui em função das categorias, ela própria tem uma gênese lógica.

---

[12] Até em correspondências tais como autenticidade, estado original, "os outros", o homem no pecado original, personalidade – sacrifício do homem natural, etc. –, Lessing, em *A Educação do Gênero Humano*, oferece disso uma boa ilustração.

13. O ABSOLUTO

O homem que não se contenta em expressar-se no conflito como imagem, mas volta-se para o conflito a fim de apreendê-lo em sua universalidade concreta, chega ao discurso único e absolutamente coerente no qual ele desaparece como personalidade: é o pensamento que existe ao pensar a si próprio, o Absoluto.

1. A personalidade vista no interior de seu mundo, e a ideia da coerência absoluta

Na atitude da personalidade, o homem descobriu seu próprio âmago. Ele não se apreende para ele próprio? O conflito não constitui sua essência, jamais consumada, jamais terminada? Na imagem, ele próprio não se cria? A ideia de que ele possa se superar, portanto, não tem sentido para ele: o que *é* pode ser superado (e deve sê-lo), mas a personalidade não *é*; ela se faz, entre o *ter sido* e o *por-vir*; ela não poderia ser superada, visto ser ela a própria superação.

Esse raciocínio da personalidade, contudo, prova uma única coisa: assim como todas as outras atitudes, a personalidade é capaz de julgar o que a precede e é apenas pré-julgamento sobre o que a ela se segue. Ela se basta e, nesse sentido, tem razão em dizer que não pode ser nem refutada nem superada, isto é, refutada para si mesma, superada em sua própria direção. Mas uma nova atitude irá, de fato, superá-la, e ao alcançar sua categoria, estabelecerá seu direito, inconcebível para a personalidade.

Como personalidade, o homem se apreende (criando-se). Será que ele se apreende de fato? Quando outra atitude lhe faz essa pergunta, a personalidade distinguirá: apreender-se como se apreende o homem da *condição*, da *fé*, da *consciência*, por exemplo: *não*, pois ela não faz de si mesma algo que *é* e que se compreende por meio de uma espécie de sobrenatureza vista ao longe pelo homem – *sim*, quando a palavra apreender é tomada como ela a toma, se *apreender-se* significar *criar-se*, se o conhecimento for o conflito. Mas é possível que a pergunta não se satisfaça com essa resposta: o homem diz que ele se apreende no conflito; do que ele fala ao falar assim? Do conflito, evidentemente, visto que não há personalidade fora do conflito. É certo; no entanto, o conflito não se torna então impossível, se o homem é personalidade, se o homem, na medida em que é homem, é, portanto, apenas para si e único? Sem dúvida, a personalidade repetirá que o homem deve assumir seu conflito, que ele é personalidade apenas em sua essência, que ele pode, portanto, decair, como não raro decai, que ele pode ser covarde, inautêntico, sem sinceridade, e que, por conseguinte, o conflito é possível, e até necessário, entre a personalidade e esse mundo morto que a personalidade continua a carregar em si. Nem por isso – retorquirá a nova atitude (que se desenha como nova precisamente por essa crítica) – deixa de ser verdadeiro que a personalidade vive sobre aquilo que ela denomina morte, que esse mundo morto é o único mundo e que sem ele não haveria nada, nem herança morta, nem personalidade viva. Não se trata da vontade de conflito da personalidade, trata-se da realidade do conflito, da realidade dos conflitos que são a vida desse mundo que a personalidade havia declarado morto.

Aliás, a personalidade não o havia reconhecido implicitamente? Não havia compreendido que tudo que ela realiza de sua imagem recai no mundo, que a lei do mundo disso se apodera para lhe conferir um lugar em seu sistema de valores, em seu discurso organizado e interminável? Ela quisera se manter no sentimento: mas não acabou, não foi obrigada a acabar por falar, por formar um discurso, paradoxal, mas discurso, incompreensível, mas referindo-se justamente dessa maneira à compreensão *inautêntica* e habitual? A personalidade estava ciente disso, mas ela não vira seu sentido e seu alcance, nem o que aí está contido de crítica imanente, de "dialética" necessária da personalidade. Ela não está errada (assim como toda categoria-atitude tem razão) na medida em que é impossível refutá-la com seus próprios argumentos e de acordo com seus princípios. Ela permanece coerente consigo mesma quando se recusa a invadir o terreno que é o da nova atitude. No entanto, a nova atitude nasce e, para ela, a personalidade se enganou sobre sua própria essência: ela lhe aparece como preguiçosa, assim como a *inteligência* se mostrara como covarde à personalidade; ela não se aprofundou suficientemente para ver que o que ela combate é também ela própria, da mesma maneira que o seu conflito, que esse conflito, portanto, não é pessoal em absoluto, exceto para a preguiça que quer evitar o trabalho da compreensão autêntica, mas é conflito do mundo, um conflito do mundo consigo mesmo dentro do indivíduo, e que deve se compreender não de fora, mas em si mesmo, como insolúvel e ao mesmo tempo sensato, como oposição irredutível e ao mesmo tempo como coerência total e absoluta. O erro da personalidade não fora o de recusar importância ao que para ela era o outro, mas o de acreditar que ela a recusava ao outro; ela lhe reconhecera importância demais, embora estivesse convencida de que não lhe reconhecia importância alguma: de onde sua recusa extraía seu conteúdo, sua razão de ser, senão desse *outro*? Não havia ela aceitado tudo, na convicção de que tudo recusava? Ao querer assumir-se, a personalidade não havia abandonado sua liberdade? E o conflito que ela se vangloriava de haver escolhido como seu não lhe fora imposto, com sua permissão, pelo *outro*, pelos *outros*, pelo *mundo*?

Para a nova atitude, já não se trata, assim, da libertação e da realização do *indivíduo*, mas da liberdade e da realidade do *homem*. Aquele que quer se libertar não é livre e não se tornará livre, porque permanece ligado àquilo de que quer se libertar e que ele reconhece, por meio de sua revolta e nessa revolta, como o fundo concreto de seu ato. O conflito é real – a nova atitude não apenas o admite, como sabe que ela não existiria sem o conflito; mas ele é conflito entre dois mundos, entre os mundos dentro do mundo *uno*: o conflito *pessoal* ocorre num âmbito que não é pessoal, e seu resultado não é pessoal; sua origem está no discurso, e é no discurso que ele se conclui. A personalidade é, com efeito, *crise*, mas ela é crise do mundo. A imagem não é um mito, uma invenção da personalidade, mas imagem num mundo coerente. O apelo da personalidade é autêntico; mas só o é porque se relaciona à totalidade dos apelos pessoais e porque se realiza no interior do discurso humano, discurso *uno* porque formado pela totalidade dos apelos que recusam o discurso uno. O conflito rejeita o pensamento; eis por que ele deve ser pensado, e também, por mais paradoxal que isso pareça, por que ele pode ser pensado. A personalidade se pretende indivíduo e se pretende incompreensível: é assim que ela constrói o *homem* que é a compreensão absoluta, compreendedora e compreendida. Existe coerência, eis o que diz a nova atitude, coerência absoluta num discurso absolutamente coerente.

Não existe liberdade onde existe o *outro* da liberdade, eis o resultado do qual parte o homem que deixa a atitude da personalidade. Enquanto existe um objeto para o sujeito, o sujeito é limitado, isto é, determinado pelo objeto. Quer ele o recuse, quer ele o aceite, quer ele se oponha a isso, quer ele se adapte, não faz diferença, assim como não faz diferença que esse *objeto* seja natural, divino, humano: onde há objeto, não há liberdade, o que significa que tudo que o indivíduo pode empreender para se libertar é vão, que o indivíduo não é livre, que a liberdade – para dizer o mesmo de outra maneira – não é *isto* ou *aquilo*, não se reduz a *isto* ou *àquilo*, não se desprende *disto* ou *daquilo*, mas *é*, e é sozinha, a um só tempo objeto e sujeito, o absoluto que não se relaciona a nada, ao qual nada se relaciona, visto ser ele o ser de tudo que é. Não existe discurso coerente do indivíduo: existe discurso coerente.

Em outras palavras, não é o indivíduo que pensa. O indivíduo se expressa, mas não se compreende em sua expressão: o discurso compreende tudo, ele contém tudo, porque ele é tudo; o *indivíduo* é compreendido, contido, porque ele é particular: o *homem* compreende, contanto que ele *seja* esse discurso em sua totalidade. O que a atitude exige do homem é verdadeiramente, portanto, um esforço que todas as categorias anteriores caracterizaram como superior às forças humanas. Que ninguém se deixe enganar pelas aparências. A *consciência*, a *condição*, o *eu*, e também outras categorias haviam pedido que o homem se conformasse ao universal, que, por exemplo, ele se colocasse a serviço do progresso, que ao se transcender ele realizasse em si mesmo a humanidade. O que agora se exige do homem – o que ele exige de si mesmo – é mais que isso, e distinto: já não basta se conformar ou se subordinar a um *outro* para se ver transformado ou refletido: trata-se do *Absoluto* no qual o indivíduo desaparece. O indivíduo é feliz, crente, útil, livre e os contrários de tudo isso, mas ele não *é*. O discurso *é*, e ele contém fé, felicidade e tudo o mais, inclusive o indivíduo. Tudo é compreendido, nada compreende, se *nada* significar *isto* ou *aquilo*; já não existe nem mesmo compreensão, visto que *tudo* é um único discurso: se *compreender* significa *falar de*, a compreensão não existe; nada é o *outro* do discurso.

A infelicidade do homem, desde que ele abandonou a inocência da *certeza*, foi a de sempre ter tido um *outro*. Ele foi sujeito porque se viu diante de algo que o limitava e o obrigava a se definir. Não se satisfez, porque seu discurso individual nunca foi universal, nem podia vir a sê-lo. À frente dele havia o Ser, o pensamento, a transcendência, o *outro* dele, que ele compreendia de acordo com as diferentes categorias, que ele tentava reduzir a si mesmo ou ao qual ele tentava se reduzir. No entanto, quanto mais ele falava da unidade, mais se distanciava dela. Ele não via que, depois de realizada a separação, mais nada pode aproximar as bordas do abismo que separa o indivíduo do pensamento: se o indivíduo *é*, o pensamento não é; ou o pensamento é o Ser, e o indivíduo é aquilo que não *é*, que sabe não ser e quer ser. A personalidade tem razão: o indivíduo *é* o conflito. Mas ao dizê-lo, a personalidade *falou* e se alçou acima do conflito: é preciso reconhecer esse passo. O *homem* compreende (contém) a personalidade, e o *homem* é o pensamento, e o pensamento é o ser. A nova atitude é alcançada. Já não é necessário buscar como o homem e o Ser se encontram: eles são *um* no discurso. O que precisa ser não explicado, mas explicitado, é essa unidade como unidade dos conflitos em sua totalidade.

Isso porque essa unidade é *alcançada*; não é *dada*. Ela não é um *Uno* estável, ao qual seja possível se recolher como num recinto sagrado, onde os interesses concretos e a natureza perdem seu poder sobre o indivíduo. O pensamento, isto é, o discurso absolutamente coerente não está *à parte*, e quem quisesse aí encontrar um remédio para suas angústias ou a satisfação de suas necessidades de indivíduo se enganaria. O pensamento não se dirige a ninguém, não chama ninguém à liberdade, não liberta ninguém: ele *é* liberdade, visto que ele não tem *outro* fora de si, e o homem *é* livre, na medida em que é pensamento. A explicitação mostra como o indivíduo descobre que é livre; se ela quisesse lhe explicar como ele deve proceder para tornar-se livre, ela o repeliria para o terreno da particularidade. O homem, poder-se-ia dizer, sempre começa sendo indivíduo, mas o indivíduo nem sempre acaba sabendo que é homem; ele sempre é livre; ele nem sempre está ciente disso. Mas também essa ausência de humanidade, essa ignorância, esse não pensamento estão no pensamento e só existem nele; não são acidentes de uma substância *homem*, são as proposições do discurso, que só têm sentido no discurso e sem as quais, por outro lado, o discurso não seria nem completo nem compreensível para si mesmo. O homem *é* o pensamento, e o pensamento *é* o Ser; mas esse Ser é o Devir em sua totalidade, o pensamento é sua explicitação, o homem é seu conflito, o Absoluto é o particular em sua totalidade.

O erro da personalidade é, portanto, o de agarrar-se à individualidade e querer fazê-la passar, tal e qual, ao universal. O homem não existe para o indivíduo, pois mesmo esse indivíduo não existe, exceto ao ser compreendido como particular pelo homem. Aquilo a que o indivíduo visa, somente o homem o alcança, a saber, o *Ser*. Para o indivíduo existem apenas a *natureza* e a *negação* dessa natureza. Pouco importa o modo como essa natureza é caracterizada, por qual categoria ela é apreendida. Ela é sempre dada ao indivíduo, e que ele pretenda nessa atitude limitar a natureza, isso não altera em nada o fato de que é ela que o limita. Que se trate do *objeto*, da verdade da *discussão*, de *Deus*, de seu próprio *ser transcendente* para ele próprio, dos *mundos históricos* ou dos *valores* dos outros, um ponto lhes é comum: o mundo é a negação do indivíduo e, no entanto, o indivíduo só existe por aquilo que lhe é oposto; a vitória do indivíduo seria seu desaparecimento. O que a personalidade denominava, com razão, sua coragem não passava de aceitação dessa infelicidade, para ela inelutável, do homem: que ele só existe humanamente ao se destruir. Ela havia parado no sentimento, e o conflito era para ela a natureza do homem, dada e imutável. Mas o homem que se eleva ao pensamento, que, como ser universal, pensa o indivíduo que ele *é* apenas porque o pensa, dá o salto que leva da individualidade à liberdade. O indivíduo é limitado, ele é *negado* por aquilo que não é ele: para o *Todo*, não existe *outro*.

Mas para que isso apareça, é preciso que o *não* seja pronunciado. Que ele seja pronunciado por ele, eis a grandeza e o orgulho do homem. Sua grandeza antes de ser seu orgulho, pois ele o pronunciou em todos os momentos, de todos os séculos, antes de haver sabido o que significava esse ato e como ele é o ato humano por excelência. O indivíduo é animal, ele faz parte da natureza e, nesse papel, ele sofre a negação como todo animal. Mas a essa negação, o homem opõe sua *negatividade*. Não se contenta com seu ser tal como o encontra, esse ser que é no *outro*. Não se atém à sua condição, não quer viver pela natureza e na natureza, como nela vivem o boi e o lobo: ele a transforma. Mas falar de progresso, de Bem, etc. não tem sentido aqui. O que conta é a negatividade do homem: ele não quer nada, mas sempre existe aquilo que ele não quer. Ele não luta na natureza, luta contra a natureza. Não luta, a bem dizer, contra o que há, mas contra todo *há*, contra o dado como tal.

A categoria da *condição* fixa e expressa essa luta. O que ela esquece é que ela é precisamente o que ela gostaria de descartar acima de tudo: linguagem. Não existe nada *para* o animal, porque o animal não pode se apropriar de nada, pois só existe apropriação onde o *outro* é fixado em seu ser como *outro*, onde ele é *nomeado*. O animal não tem alimento, ele se alimenta destruindo ou possuindo imediatamente; entre ele e aquilo de que ele precisa, não existe nada; ele é um com aquilo que, para o homem, é seu outro. Por isso pode se satisfazer satisfazendo às suas necessidades. O homem não se satisfaz com a posse imediata, visto que se recusa a ser possuído pela necessidade, pela natureza, pela satisfação natural. A *personalidade* o havia enxergado: o homem não consegue encontrar seu contentamento na natureza, a qual, em sua mudez, não sabe responder-lhe e reconhecê-lo tal como ele é para si mesmo. Somente um reconhecimento falado, o reconhecimento de sua "imagem", de sua superioridade pelos outros homens, isto é, a negação da negação pela qual o outro tratou de negá-lo, lhe dá a satisfação humana. Ele é livre da natureza tão logo é o senhor do senhor da natureza: ele desfruta da natureza, ele afastou a necessidade; pois é o outro, o anônimo, o inautêntico, que permanece diante da natureza e que a transforma, não para si, mas para a personalidade, o criador de valores, o senhor.

A categoria da condição esquecera – ou, antes, não enxergara – essa possibilidade de satisfação. Ela é, vista daqui, a atitude do vencido que permaneceu diante da natureza, negando-a em sua linguagem, mas apenas em sua linguagem. O vencedor já não precisa de linguagem; sua negatividade se realizou: o que ele deseja, ele obteve. Mas justamente desse modo ele se tornou objeto; ele não é para si mesmo, ele só é para e por seu escravo, porque é este que se volta para o discurso: ao ser excluído da fruição, ele dirige sua negatividade contra ele próprio – em outras palavras, ele nega a si mesmo naquilo que ele é. Deprecia a satisfação que lhe é proibida porque foi vencido, e como o fruto de seu trabalho na natureza não lhe é destinado, ele busca seu proveito num trabalho efetuado sobre ele próprio: da *condição*, ele passa à *consciência*; o mundo humano se revela a ele na *interpretação* que ele dá, agora consciente, das atitudes que foram as suas sem que ele as tivesse reconhecido nem como atitudes, nem como suas, e, ao aceitar o conflito, a *personalidade* se prepara para passar ao absoluto, ao Pensamento que é o Ser. O senhor era personalidade sem o saber, o escravo se sente personalidade (no fundo) sem sê-lo realmente.

Não nos ocupamos aqui com esse devir.[1] A *Fenomenologia do Espírito*, de Hegel, a isso se dedica; a atitude do homem que vive no absoluto aí se mostra e se deduz com tal maestria que permite, no máximo, algumas observações menores. Visto que a expressão da atitude é aí perfeitamente adequada, toda crítica

---

[1] Teremos, no entanto, de retraçar o devir *lógico* da categoria (cf. 2).

quanto ao fundo seria absurda: a questão não é saber se há coisa melhor, mas se há outra coisa, isto é, uma atitude e uma categoria que compreendam as do Absoluto e, assim, as ultrapassem. Ora, essa é uma questão de fato, para a qual nenhuma reflexão formal pode encontrar resposta antes que os conceitos de *fato*, *reflexão* (filosofia) e *forma* tenham recebido um fundamento categorial, e não foi esse o caso até aqui: somente então se poderá falar dos limites desse grande livro (que torna possível uma lógica da filosofia, mas não a realiza). Seja como for, a essa altura podemos nos contentar em remeter o leitor a ele. A *Fenomenologia* não se esgota nessa dedução da atitude (embora, aos olhos de Hegel, seja essa a tarefa essencial do livro); como toda obra filosófica, ela emprega todas as categorias (e é, portanto, do ponto de vista da lógica da filosofia, passível de várias "compreensões"). No entanto, essa dedução aí se encontra, e no primeiro plano. Para nós, trata-se de outra coisa: essa dedução da atitude no absoluto é possível apenas se aquele que a deduziu já a alcançou e aí se mantém; ele a deduziu para os outros que ainda não chegaram lá, não para si próprio.[2]

Para esse homem que procede à dedução (não para aquele do qual essa dedução fala), o verdadeiro problema é o da negatividade. O pensamento ou o discurso, sendo o homem e o Ser, é a posição absoluta: e essa posição absoluta é a totalidade das negações. O objeto nega o sujeito, e este nega aquele; o universal nega o indivíduo e é negado por ele (nada mais universal que o *Eu*, o *agora*, o *aqui*, que convêm a todo homem, todo instante, todo lugar – nada mais individualizado que o homem, o tempo, o espaço, que sempre são – e sempre desaparecem como *Eu*, *agora*, *aqui*); o indivíduo nega a condição (que é seu universal, na medida em que ele é indivíduo) e é negado por ela. O homem é no Absoluto contanto que seja absoluto, que tenha sofrido a totalidade das negações e exercido sua negatividade totalmente: contanto que *seja* o *devir* em sua totalidade.

Esse homem parece, portanto, haver retornado à *Verdade*. Uma vez mais, a Verdade é o todo; nada daquilo que é pode

---

[2] Se a *Fenomenologia* fosse tudo, por que Hegel teria escrito a *Enciclopédia*?

almejar uma excelência. Mas esse retorno é apenas aparente; pois se tudo que é, é *verdadeiro*, e tudo que é verdadeiro *é*, a diferença em relação à Verdade permanece grande, porque a ênfase incide sobre o *tudo*: *tudo* já não é cada coisa (no sentido mais amplo), mas a unidade de todas as coisas – que são verdadeiras, porque desaparecem na totalidade das negações. O homem passou pela *condição* e já não pode se fundir na Verdade imediatamente e sem o auxílio da negação. Ele se tornou indivíduo; perdeu a inocência da Verdade e até mesmo aquela inconsciência de sua queda constituída pela *certeza*. A Verdade já não pode ser senão resultado. Depois de chegar a esse resultado, o homem já não tem necessidade nem desejo, pois já não é indivíduo: igual a si mesmo na totalidade das diferenças de si mesmo (dos conflitos), ele é livre absolutamente, visto que já não tem *outro*; mas essa chegada é o próprio caminho em sua totalidade.

O homem que deduz o absoluto, repitamo-lo, o deduz porque lá chegou. Desfez-se de sua individualidade, visto que se compreendeu como individualidade. Nós dissemos "chegou lá": na realidade, o *indivíduo* chega lá, atrás dos indivíduos, porque o *homem*, discurso totalmente coerente, está sempre lá. A dificuldade nasce e morre com a individualidade, que não é nem livre nem verdadeira, porque ela não é tudo. O homem, negatividade total, é o fim da individualidade: nele, o Todo – quer seja chamado de mundo, de história ou de Deus – se encontra e se olha, assim encontrando a paz e oferecendo-a. Para o homem, tudo que é individual é *produto*: tudo é a fonte de tudo, tudo decorre de tudo e aí desaparece. Mas esse movimento é o repouso do Absoluto em si mesmo, discurso infinito e fechado em si mesmo do qual o homem é a voz e o ouvido. Aquele que vive no Absoluto vive em Deus. O indivíduo que recusa essa morte da individualidade não alcançará essa vida e nenhum argumento, nenhum chamado poderá persuadi-lo a ir a esse sacrifício: existe mediação para tudo, exceto para o salto do finito ao infinito, do relativo ao absoluto. O indivíduo nele se joga, e só então começa o esforço no qual o absoluto se explicita. Se ele não ousa, ou melhor, se não ousou, ficará surdo e mudo para sempre. O discurso não terá sentido para ele, porque ele busca um sentido *para ele*, ao passo que o sentido *é*, e não é para ele mais do que para um outro. A explicitação não *serve* a ninguém: nela, o Absoluto desfruta de si mesmo. Já não existe atitude, já não existe inteligência "desinteressada". O indivíduo *fala*, e ao falar ele já não é indivíduo, é homem. O que nele era mortal foi devorado pelo fogo do discurso na fornalha da negatividade, que produz eternamente o que ela devora, devora eternamente o que produz.

2. O indivíduo, o universal, o particular. – A categoria e sua história lógica. – O indivíduo, a violência e o discurso. – Ser, pensamento, Absoluto. – Raciocínio e sentimento

O resultado ao qual chegamos, assim, é surpreendente. Visávamos à atitude do homem que encontra o Absoluto, ou cria-o, ou forma-o – o número de expressões possíveis é grande –, análoga às atitudes anteriores e às suas retomadas. Ora, não existe atitude aqui; existe o *homem* livre, o discurso, o Absoluto, e esse *existe* é sem início, sem entrada, sem *outro*. A questão da atitude se coloca *no* discurso, mas não *para* o discurso. Ao buscar a atitude, nós nos mantivemos na atitude da *inteligência* (se não recuamos até a *consciência*). O homem, a um só tempo preso e real num interesse concreto, cria um mundo no qual ele possa habitar; a inteligência, compreendendo o procedimento, escapa a essa restrição e evita o trabalho, o conflito, todas as pretensões do mundo em relação ao indivíduo: desse ponto de vista, o Absoluto é apenas a expressão de um interesse particularmente simpático à inteligência. Isso porque a personalidade protestou tanto contra a covardia da inteligência que esta fica feliz em encontrar alguém mais hábil, mas ardiloso, mais inteligente que ela própria, em poder dizer, assumindo a responsabilidade pelo novo discurso, que todos os clamores da personalidade não provam nada e não levam a nada. De que adianta comover-se se a personalidade, e até o indivíduo, se fundem no Absoluto? Admitamos: que a personalidade tenha razão, que o homem, para ser verdadeiramente o homem, sofra o conflito: o conflito não se apaziguou desde sempre, visto que a totalidade dos conflitos é a unidade e a reconciliação de todas as contradições, visto que a negatividade não é nada além de uma explicitação da posição absoluta? Como encontrar uma atitude mais agradável para aquele que prefere se manter à parte a não ter nenhuma? Não é isso o cúmulo da prudência, deixar que as atitudes resolvam suas pendências entre elas, e nem mesmo se desprendam dos mundos concretos?

A inteligência já não precisa nem mesmo interpretar. Um pequeno procedimento a aprender, algumas "negações", algumas "posições" bem distribuídas, tudo isso organizado de um jeito qualquer, eis o suficiente para conduzi-la com toda segurança ao porto do Absoluto, de onde todo esforço e todo conflito são repelidos pelo quebra-mar da "dialética objetiva": eis a solução. Mas ela tem razão somente para si. Sua retomada do Absoluto é retomada. Aquele que se mantém na categoria do Absoluto não encontra repouso como indivíduo. Aquilo que parecia tão cômodo para a inteligência, a saber, que a atitude tivesse desaparecido junto com a individualidade, é precisamente a dor e o dilaceramento do homem que, vindo da personalidade, se pensa no Absoluto. Isso porque, ao pensar, ele *se* pensa tal como ele é em sua negatividade sempre negada: ele é no Absoluto, ele não é o Absoluto, e o sacrifício não faz a personalidade desaparecer, mas apenas ser compreendida. A personalidade que pensa já não é personalidade; em verdade, já não é ela que pensa; mas seu conflito subsiste, pensado e tanto mais irreconciliável. *O homem*: é o Absoluto; *os homens*: são a dor e a pena da negatividade finita. O homem: é livre; os homens: são a luta contra a natureza, contra essa mesma personalidade que quer perpetuar o conflito e, com o conflito, o *outro*. Mas também essa última luta não *liberta* o indivíduo: ela o *supera*, e a liberdade que é o Absoluto deixa o indivíduo em seu lugar no finito que, mesmo sendo compreendido como finito no infinito, não deixa de ser finito para ele próprio. Nesse plano – o único que é visto pela inteligência –, a coragem não se tornou supérflua, ela é mais necessária que nunca. Se, portanto, se faz questão de falar sobre atitude, seria preciso dizer que essa atitude quer ser categoria. Ela se realiza somente – e totalmente – pensando-se. Ela é a atitude universal, a totalidade das atitudes não justapostas e adicionadas, como o eram no catálogo da inteligência, mas como o todo da negatividade, organizando-se.

Havíamos dito que o homem, depois de chegar ao Absoluto, pode falar aos outros sobre o acesso ao Absoluto. Isso parecia em contradição flagrante com o fato de que o homem está ou não está no Absoluto, e de que não existe passagem de um ao outro. Mas agora ambas as formulações se mostram como aspectos da mesma verdade: a categoria *é* o desenvolvimento das atitudes, não existe diferença entre o acesso e o fim, visto que o caminho *é* a chegada, que o homem é pensado na medida em que se pensa, que o Absoluto não é tarefa, mas Ser, que ele não é nem passado, nem futuro, mas presente. A diferença aparece e é real no indivíduo e para o indivíduo. No entanto, no indivíduo que pensa, é o pensamento que se pensa.

O pensamento se pensa, contudo, no indivíduo, e só no tempo da história ele é real, agente, presente. O indivíduo é personalidade, e não pode se tratar de superar a existência das coisas, dos acontecimentos, dos conflitos, para estabelecer o Absoluto à maneira da substância única, do único Ser no qual todos os seres desaparecem pura e simplesmente: se há Absoluto, se o Absoluto *é*, ele é tão somente o desaparecimento do individual, o processo no qual o individual passa ele próprio ao universal.

Eis por que a categoria presente se pretende e se sabe herdeira de todas as atitudes e de todas as categorias anteriores. Todas as oposições entre as quais os homens acreditaram dever escolher e escolheram se revelam a ela como os aspectos, como os *momentos* de seu próprio ser que é seu próprio devir: ela pode elaborar um discurso que não apenas é não contraditório, mas coerente absolutamente, porque nele o homem se apreende totalmente, não mais como um ser oposto a outros seres, a um Ser transcendente, a um mundo no qual ele se acha, encontra a si mesmo, assim como nele encontra e acha animais e pedras, mas como a própria consciência do Ser, como o Ser consciente de si mesmo como Ser e como consciência, como Espírito real. O Ser pode ser pensado, porque ele se pensa.

Ele se pensa no homem, isto é, a história do homem é a história do próprio Ser. Nenhum passo foi dado em vão, toda oposição, toda contradição, toda luta eram apenas as iniciativas nas quais o Ser se desdobrava, dobra após dobra, para se compreender como

Espírito, nas quais o Espírito penetrava, camada após camada, o *outro* para aí se dar vida e realidade. Isso porque se o homem se toma pelo outro do mundo, da substância, de Deus, se ele se erige em sentimento e personalidade e liberdade, só pode fazê-lo porque ele sempre é mais do que aquilo que acredita ser. Ele se pensa liberdade transcendente e apenas transcendente, por conseguinte incognoscível: mas ao acreditar que renuncia ao conhecimento, ele o alcançou, e é apenas um cânone arbitrário, um ideal de conhecimento que o impede de compreender que ele compreendeu a si mesmo no âmago do seu ser. Ele se estabelece personalidade e rejeita o mundo como algo que não é ele, e é apenas uma ideia preconcebida que o proíbe de enxergar a si mesmo naquilo que ele considera como aquilo que o nega e que é negado por ele. Ele vê o sentido de sua existência em Deus e não consegue admitir que é o sentido de sua existência que ele vê em Deus. Categoria após categoria, atitude após atitude se revelam, assim, como o que elas são no Absoluto: o próprio Absoluto em seu devir.

Elas são o Absoluto em suas etapas. Mas o Absoluto não é nada fora destas últimas. Não é um erro do homem havê-las percorrido todas, e não existe atalho para o Espírito. O Espírito não existe antes de seu devir e fora de seu devir humano, e as contradições só podem se reconciliar na coerência total depois de terem sido contradições reais. O homem não pode ser satisfeito antes de se ter satisfeito; não pode ser razoável antes de haver tornado seu mundo razoável. Mas ele só pode torná-lo razoável porque esse mundo é razoável em si mesmo, porque o Ser é Razão: é porque ele o trata como o outro, como aquilo que é não razoável, que ele o obriga a se mostrar como razão.

Em outras palavras, o indivíduo pode ter acesso ao universal porque o universal não existe como universal abstrato e absoluto, separado de tudo, como um além infinitamente distante, mas está presente e age aqui e agora, em todo aqui e todo agora, e porque ele próprio não é apenas indivíduo, mas é indivíduo num mundo, indivíduo determinante-determinado num mundo determinante-determinado – porque ele é, no fundo e sem o saber, mas realmente do ponto de vista do Absoluto (*no* Absoluto, visto que o Absoluto não é um ponto de vista), *um* universal, assim como seu mundo é *um* universal, um aspecto do universal – porque ele e seu mundo são *particulares*, presença do infinito no finito, do Absoluto no relativo. O homem acredita ser ele próprio e nada mais, e precisamente por acreditar ser apenas ele próprio, ele recusa e nega o outro, e ao recusá-lo e negá-lo, torna-o seu e não o deixa subsistir fora de si, fora do Espírito. Ele é particular, isto é, determinado num mundo determinado – e por isso ele não se contenta com seu ser dado num mundo dado, mas se realiza como liberdade. Considera-se como sentimento, e é realmente razão, razão infinita que se opõe a toda forma finita da razão, mas que ainda não se conhece, que somente acabará por conhecer-se como razão. Ele sente a Razão como o outro, como aquilo que o comprime de todos os lados; mas sua revolta contra a particularidade é a realização do universal, a realização e a compreensão da realização: o caminho para o contentamento absoluto no conhecimento absoluto do Absoluto. Em suma, o Absoluto se realiza, mas não se realiza pelo pensamento do homem (no sentido do *eu* ou da *consciência* ou da *personalidade*, etc.), mas por sua ação violenta contra a violência da particularidade – violência razoável em si, mas não para si, de um lado assim como do outro –, e é ao final da ação que o indivíduo deixa de se olhar como o outro de seu outro, que a natureza e o mundo e a sociedade e o Estado deixam de lhe ser exteriores: o universal permite então ao homem reconhecer a si mesmo no universal, porque o homem se realizou no universal ao percorrer todas as oposições de todas as particularidades. Ele está satisfeito, visto que não existe outro para ele e que nada lhe é estrangeiro se ele realiza, desde que ele realizou a totalidade das formas do Ser: é total a liberdade que devorou tudo que simplesmente *é*, que em tudo que é se reencontrou como Razão e que vê em todo limite um de seus próprios atos.

A atitude do homem para quem o mundo é razoável e para quem o sujeito pensante não é o indivíduo, mas a humanidade, mostrou-se uma primeira vez[3] sob o título da *condição*: a

---

[3] Em verdade, essa atitude já aparece na primeira categoria da reflexão, sob *Deus*. Mas o crente não atribui a si um discurso e, visto da questão presente, o início se

natureza era compreendida como razoável, a humanidade como agente pela violência sobre a violência no intuito de sua própria realização; a individualidade havia desaparecido no universal, visto que o indivíduo já não era nada além de sua função na sociedade: o indivíduo era aí, a seus próprios olhos, o que ele é do ponto de vista do Absoluto. Mas o próprio discurso não encontra lugar no mundo da condição. Segundo ele próprio, o discurso da condição não faz o homem agir e, por conseguinte, não é o próprio homem, mas seu outro: a coincidência dos contrários no homem *que age livremente na condição* existe apenas para nós, não para o homem da condição; o pensamento particular aí se separa do pensamento universal e se opõe a ele como o subjetivo (o histórico, o psicológico, etc.) ao objetivo: ele não foi levado a sério, mas simplesmente tratado como fator. A negatividade, é certo, tem apenas de se exercer entre o indivíduo e seu outro, particular ele também, isto é, no mundo, mas ela se exerce contra esse mundo que não a reconhece no que ela é para si mesma. O homem ainda não se realizou para si mesmo, visto que pensamento e ação se separam no pensamento; o Ser já é Pensamento, mas o Pensamento ainda não é Ser: o discurso da condição é particular.

Em outras palavras: como a particularidade compreendeu a individualidade e dela se libertou, ainda não entra no universal. Na qualidade de *consciência*, ela vê o universal no mundo, mas permanece ela mesma fora do mundo. O universal existe para ela, mas separado dela: o *ser* se opõe ao *parecer*, o *transcendente* ao *imanente*, o *Eu* e a *coisa* ao *eu* e ao *fenômeno* –, assim como a liberdade à imposição (pois com a passagem do indivíduo à particularidade que se sabe particularidade, a violência se transmuta em imposição), e o universal forma o substrato do particular, substrato pensado como inacessível. O que se mostrava somente a nós na atitude da fé aparece ao homem *consciente*: se ele não quiser entrar no silêncio, será preciso que sua ação seja *não apenas* sua, *como também* razoável num mundo razoável. Mas tanto a realidade de seu caráter essencial quanto a da razão nele e no mundo são apenas postuladas, e o homem diz: *deve*-se... se... ou:

---

situa na categoria da *condição*, embora esse início só se compreenda, na totalidade do discurso coerente, por sua oposição à categoria de *Deus*: o Absoluto reconhecer-se-á precisamente nesta última e proclamar-se-á verdade (ser revelado) da religião.

eu *devo... para que* a razão seja, etc. O transcendente é um fato dentro dele, a liberdade *é* a realidade, e até mesmo a realidade primeira, reconhecida em seu ser que é o do discurso coerente, e essa realidade já não transcende o *homem*, como fazia quando ele se encontrava diante de Deus; mas transcende o *particular*, porque ela não é para si mesma, mas para o particular que a *constrói* para mirar-se nela. O discurso particular tende para o discurso absoluto, e sabe disso; mas por não se sacrificar, o absoluto, como coincidência da liberdade e da condição, do presente incompreensível e do compreensível inconsistente, é remetido ao infinitamente distante do tempo.

É que, aqui, a particularidade não teme a contradição, mas o desaparecimento da contradição que ela agora conhece como seu ser. Ela saiu da condição que, na razão objetiva do mundo e da história, quis eliminá-la sem escutá-la. Por isso ela busca manter a contradição para o homem, isto é, para os outros, quando, ao atribuir-se o papel do universal como *inteligência*, ela se retira do conflito que ela deixa subsistir. Só a *personalidade* se compreende (mas para nós) como a fonte da particularidade, sendo ela própria o universal que, ao se colocar e se recompor no conflito com seu *outro* que está nela própria, cria-se ao criar o mundo humano. Ela negligencia um único fato, a saber, que não foi ela que excluiu a violência, mas a condição, com seu trabalho e sua ciência. Ela já não quer ser particularidade, e sua decisão de ser o que ela é e de assumir o conflito é em si a escolha do absoluto; mas apenas em si, visto que ela se vê como pensamento universal, oposto ao mundo dos outros que é o mundo do trabalho, e não pode formar um discurso autêntico, mas apenas apelar para o universal sem discurso, para o sentimento.

Para a particularidade, o último passo é intransponível, precisamente porque, em si, ela já o deu. Na visão do Absoluto, a particularidade já se sacrificou a partir do momento em que ela renuncia ao seu discurso particular e vence no sentimento, *fonte* do conflito, a oposição entre o sujeito e o objeto: sendo o conflito dos dois, ela é os dois e a negação viva da separação deles. A personalidade não o compreende, porque ela não cria discurso. Se ela quisesse falar, notaria que seu conflito pessoal é o que há de menos individual; pois o conflito não é graças a ela, mas é ela que é *por meio do*, ou antes, *no* conflito, e esse conflito é, no fundo (isto é, para nós), um único conflito, o de uma razão que não se sabe razão consigo mesma. A personalidade, portanto, negligencia o mundo, assim como a condição havia negligenciado a subjetividade. Ora, ela não seria o que ela é (para si, tanto quanto em si) sem o mundo da condição, o mundo razoável em si, que se tornou razoável para o homem agente e pelo trabalho do homem. Na realidade, a personalidade se confiou a esse mundo do qual a violência é excluída e onde o conflito do sentimento pode se desenrolar livremente: a natureza do indivíduo se tornou natureza humana, a contradição entre a individualidade e o universal é reconciliada pela particularidade (negada) do mundo: ela é o sentimento, puro ser-para-si, posição e negação de si por si.

Por isso o particular não irá mais longe: o Absoluto não pertence ao particular, mas pertence a si mesmo. No entanto, o particular pode se situar no discurso coerente e saber o que ele é: trabalho e sentimento num Todo que é Razão. O que ele ganha com esse saber não é pouca coisa: é que agora ele vê que o Ser é Razão e a Razão é Ser, e que a ação não precisa tornar-se livre, mas que ela o é. A violência não poupará sua individualidade, e sua negatividade não encontrará repouso, mas até o absurdo do sofrimento se reveste de sentido agora que toda pergunta sobre o sentido é feita pelo Pensamento ao Pensamento a respeito do Pensamento. O sofrimento e o conflito da personalidade são reais. Mas, no mundo humano, pela negatividade de trabalho, a violência humana revelou seu ser que é Razão e, no conflito da personalidade, a Razão se mostrou em sua verdade, que é a de ser sujeito *e* objeto, isto é, o Ser. O Ser se compreende, assim, como Razão, a Razão, como Ser; mais exatamente: a Razão é, para si, a um só tempo o em-si e o para-si do Ser.

A *discussão* perdeu, assim, sua soberania: a contradição não desaparecerá, visto que ela é a vida do particular e que Razão e Ser coincidem não num acordo formal ou num além, mas na totalidade do particular. O acordo das particularidades tal como a discussão o concebe, tal como a *consciência* o exige ao postulá-lo no transcendente é apenas o desejo da particularidade que quer falar dela mesma e como ela mesma, impondo-se aos outros (diretamente na discussão, pela mediação do *Eu* na consciência). Mas a discussão não se interrompe e o *Eu* jamais se realiza positivamente: se a razão buscada pelos indivíduos existe antes de sua busca e a torna possível, e é conjuntamente a busca e o que a busca procura, então o indivíduo que se eleva ao Absoluto, o homem que *pensa*, nem por isso nega a discussão: onde existe negatividade, existe particularidade; ele não a supera como pretendem fazê-lo a *consciência* ou a *inteligência*: onde existe transcendência, existe finitude; ele entrega sua particularidade à particularidade, vivendo no mundo que ele sabe ser Razão, sabendo que sua vida se faz e se desfaz no mundo onde nada de particular é visível por si mesmo, mas se vê apenas em seu *outro* no qual ele tem sua vida particular.

Embora a discussão perca, portanto, a sua soberania, ela não perde nem seu direito nem sua existência. Ela não é razão, ela é raciocínio, o pensar do particular a respeito do particular, a linguagem da luta, da negação, do trabalho, da obrigação. Nela o homem se fixa e fixa o mundo ao qual ele se opõe para se pôr. Nada mais legítimo que seu desejo de vencer a contradição, mas nada mais evidente também que a necessidade de seu fracasso, tão logo o raciocínio se pretenda absoluto, isto é, tão logo ele afirme a um só tempo sua oposição à sua matéria e sua vitória sobre essa matéria: contradição reconciliada na totalidade do Absoluto *que se tornou*, para ele próprio, inconciliável para o raciocínio, que não quer vencer, não pode querê-lo, visto que ele não quer que essa vitória seja universal (o vencedor desapareceria com o vencido), mas gostaria que ela fosse sua. Seu discurso deve e não deve ser coerente, sendo a contradição o seu ser, sendo a coerência o substrato e o fim desse ser. Ele pensa para se realizar e não vê que ele é real antes de querê-lo; seu raciocínio deve servir à sua vida, e essa vida, que ele pensa como fim, que é apenas pensamento para ele, em si é real e foi realizada por ele antes de ele a ter proposto para si como fim a alcançar. Sua razão tem medo de si mesma.

Mas a Razão, ao discernir os limites do raciocínio, justifica-o assim em seus limites: o Todo é a particularidade em sua totalidade, a Razão, a totalidade do raciocínio. Rejeitar o raciocínio porque ele é particular é também uma atitude da particularidade, o protesto do para-si, da consciência-de-si limitada contra sua limitação, mas um protesto que quer se manter como particular. Daí o orgulho que recusa a linguagem porque toma toda linguagem por raciocínio, daí a entrega ao sentimento, porque o sentimento sobrevoa a linguagem e dela se serve no máximo para se expressar e porque ele é, assim, o universal para a particularidade que encara o raciocínio como a particularidade do mundo: orgulho que seria entrega à natureza e à individualidade brutas se não se tratasse de um raciocínio contra o raciocínio no qual o homem, *ao falar* contra o discurso particular, se afirma contra sua vontade como particularidade. Luta contra si, luta contra o outro, o particular tende para o universal, com a diferença de que num caso ele se nega para realizá-lo e no outro ele nega todo resultado da negatividade para poder acreditar que o universal se realizou justamente nessa negação – como se a Razão estivesse por realizar, como se a negatividade estivesse fora daquilo que ela nega. Formalmente, se negligenciarmos a gênese do Absoluto, o medo de um e o orgulho do outro se equivalem; o que os distingue é que o trabalho e o esforço de um podem existir sem *o apelo* do sentimento, mas que este não existiria sem aquele. No Absoluto, *o homem* é universal, *cada homem* é particular, e o particular que quisesse realmente se tornar universal em sua particularidade só teria um meio, que seria o de morrer: ele teria sido bem-sucedido, mas para os outros, não para ele próprio. O raciocínio é o pensamento que corresponde à realidade da vida particular – assim como o sentimento é a vida que corresponde ao discurso do particular – no qual discurso e vida não podem coincidir para ele. No Absoluto, o sentimento só é por meio do que ele nega, ele não é a realidade humana, ele é, nessa realidade, natureza para si mesmo, isto é, dado, estável, imutável, em si negação da particularidade do discurso particular, erguendo-se contra a fixação do homem, visto que ainda nenhuma condição é Pensamento, mas é apenas trabalhada pelo raciocínio.

A insuficiência do sentimento salta aos olhos: recusando-se ao discurso particular, ele recusa o discurso coerente; acreditando-se individual, ele é em si o universal da negatividade e desconhece a Razão que ele não quer vir a ser para si próprio, porque a confunde com o raciocínio. A insuficiência do raciocínio impressiona menos. Pois o raciocínio não se opõe ao discurso coerente: seu próprio discurso constitui precisamente, aos seus olhos, esse discurso. Mas como a universalidade do sentimento se acreditava expressão individual, a convicção de sua universalidade dificilmente esconde a particularidade do raciocínio. Ele raciocina sobre a religião, por exemplo, ou sobre a natureza, ou sobre o Estado, construindo-os, criticando-os, aprovando-os, buscando a possibilidade, as condições, o fim, indagando sobre o lugar do homem, delimitando domínios, atarefando-se, atacando, defendendo – como se isso fosse da maior importância. Nesse ínterim, não há nada a fazer, visto que tudo *é*, que existem Razão, Moral, Estado, Natureza e os problemas que o raciocínio se propõe não têm solução, porque não têm sentido. O raciocínio discute com a Razão, porque ele se mantém diante dela, porque ele quer guardar para si a prerrogativa de ser razoável. Mas ele não seria razoável se aquilo que ele considera como seu *outro* não o fosse tanto quanto ele próprio. Ele se esquece disso, e eis por que ele fracassa tão lamentavelmente – ele que é tão forte no particular – tão logo enfrenta o universal, a tal ponto que sua própria razão se torna para ele aquilo que há de menos razoável: Deus inconcebível, Natureza incompreensível. Moral que não guia, Estado para sempre fundado no arbitrário e no medo do arbitrário, em suma: um raciocínio que não sabe nem o que ele é, nem a que se aplica, nem por que deve se aplicar, nem como lhe acontece que de fato se aplique.

O fracasso do raciocínio é, portanto, mais perigoso do ponto de vista do discurso absolutamente coerente do que o do sentimento, no sentido de que ele leva o homem ao sentimento e ao silêncio (não ao mutismo, mas ao abandono do discurso particular que aspira à coerência); e mais perigoso também porque o sentimento não se supera e, num discurso bastardo, tomado de empréstimo ao raciocínio que o impõe a ele, faz para ele próprio de sua negatividade um dado estável, ao passo que o raciocínio reconhece no sentimento seu *outro*, a quem ele deve compreender, mas sem consegui-lo. De fato, o homem real se torna o homem realmente consciente de si pelo raciocínio. A vantagem do discurso no Absoluto se explica então: é ele, e não o sentimento, que torna humano o mundo real, dele excluindo a violência; o sentimento é apenas o protesto do universal contra sua exclusão, protesto que ainda é ele próprio violento enquanto aspira à universalidade sem ser universal, reconciliação de todos os *cada um* pela mediação do reconhecimento de todos. Sem raciocínio não há Absoluto que se saiba Absoluto; sem sentimento não há mundo humano onde o Absoluto possa saber-se absoluto. O Absoluto é para o homem por meio do raciocínio que se supera no sentimento da personalidade: mas o próprio sentimento só lhe aparece pelo discurso ao qual ele se opõe (e que é o mundo) e só lhe aparece no momento em que ele está pronto para se lançar no discurso absolutamente coerente.

Renunciar ao discurso é, por conseguinte, renunciar à compreensão de si ou – o que dá no mesmo para o homem que se tornou a língua do Absoluto – renunciar a si. Renunciar ao sentimento, em contrapartida, é impossível para o homem, e é um perigo puramente imaginário; visto do Absoluto, o raciocínio impele ao sentimento, precisamente na medida em que se empenha em negá-lo e em fixá-lo numa posição que é a negação de sua negatividade. Pelo fato de o raciocínio ser particular, de não pensar o *Todo*, de fazer do discurso o *outro* do mundo que ele considera fundado na violência, o universal está fora dele e não pode se servir de sua linguagem: o homem não se contenta com ser o que o raciocínio o intima a ser. Sendo negatividade, o homem pode calar (para ele, não para nós, mas trata-se aqui do homem tal como ele é para si) o discurso particular que diz: você é *isso*; não o clamor que expressa: eu não sou *isso*; pois o sentimento, quando ele quer apreendê-lo, permanece para ele o *outro* do discurso, aquela violência, aquela natureza que cercam o razoável, que o ameaçam e apoiam. Eis por que a particularidade pode se acreditar sentimento (por um raciocínio, é verdade, mas que ela não reconhece como tal), mas não pode se acreditar razoável, senão *no fundo, em sua essência*, etc., em suma, naquilo que ela confessa não ser realmente.

Por isso, a particularidade – isto é, o homem vivendo no mundo – é lançada do raciocínio ao sentimento, e do sentimento (se ele não aceita a violência) ao raciocínio ou, para empregar termos mais usuais e, justamente por isso, mais ambíguos, da objetividade à subjetividade, desta àquela. O que *vem a ser* nesse vaivém, de forma alguma infinito, visto que ele alcança sua realização final, sem fim, no entanto, visto que sua realização final é tão somente a revelação de seu ser, é o discurso coerente que se sabe Ser. Ele é a um só tempo a história do homem e seu pensamento, seu devir e o que ele é desde sempre; ele é a um só tempo a natureza que se opõe ao trabalho e a ciência que, sendo trabalho do homem na natureza, a nega e a revela; ele é a um só tempo o indivíduo que nega em seu clamor a todos os outros, e a negação na qual o indivíduo faz de seu clamor o discurso particular daquele que fala como particular porque vive no universal. No homem vivo, ambos estão juntos: ele vive como homem porque fala, ele fala como homem porque vive; ambos os lados de seu ser não se fundem na reflexão, fundem-se apenas no Absoluto, revelação de sua ação como unidade de discurso e de vida. Mas com a revelação do Absoluto, o raciocínio e o sentimento, o objeto e o sujeito desapareceram e já não existe *outro*: ciência e liberdade já não se opõem, pois nessa ciência o Ser se sabe Razão, e a Razão se sabe Ser. O círculo da reflexão foi percorrido, e o homem na totalidade de seu ser se reconheceu como o Ser em sua totalidade, como o des-envolvimento de Deus.

A atitude do homem no Absoluto, como dissemos, é a de pretender-se categoria. Agora essa expressão perdeu seu caráter paradoxal: o particular vive sempre no Absoluto, mas o Absoluto não se mostra a ele como tal. Ele tem, portanto, uma atitude, isto é, um modo de negar o que para ele é o outro. Mas depois de o Absoluto ser revelado como tal, o particular compreende sua particularidade: ele para de agir, porque a ação chegou a seu termo e o homem está realizado e presente na totalidade de sua história. Para o homem que se pensa inserido no Absoluto, a particularidade é um momento do Absoluto, e como ele sabe que esse momento está no Absoluto, ele não tem – na qualidade de particular – perguntas a fazer e *é*, para si mesmo, seu lugar no Todo; professor, pai de família, etc. Isso cria dificuldades, porque a particularidade jamais é *para si* o que ela é *em si*, e porque, em seu plano, a subjetividade e a objetividade se enfrentam; isso não suscita perguntas, porque a pergunta pertence ao discurso e o problema da vida se resolve pela ação. Esse homem fala, portanto, e sabe que fala. Visto pelos outros, ele tem uma atitude e pensa: para ele próprio, ele é pensamento.

3. A ciência absoluta como des-envolvimento do Ser. – A ciência absoluta e o entendimento. – A ciência e a história

O que o homem-Pensamento denomina ciência é radicalmente diferente de tudo que assim se denominou desde a *certeza*. Até aqui, o termo designava o discurso da particularidade, destinado a afastar a contradição. Como essa contradição aparecia, como ela era eliminada, isso formava a categoria da atitude particular. Em cada caso, o homem estava de um lado e o mundo, o real, o objeto, a essência do outro, e o discurso existia para permitir ao homem orientar-se no mundo, sem que houvesse uma diferença, quanto a isso, entre o discurso considerado como "razoável" e a linguagem do sentimento que negava a si mesmo num transcendente. Agora o discurso já não é para o homem, ele é para si mesmo, absolutamente coerente, sem excluir a contradição, mas realizando-se nela: o *outro*, a violência, o transcendente entraram nele, visto que ele se reconheceu neles. A ciência não está no mundo; o Absoluto não é separado (*absolutus*) de um resto, ele é Tudo.

Em outras palavras, a ciência se tornou aquilo que fora o ponto para o qual ela tendia e que ela não alcançava, ao qual nem mesmo acreditava poder chegar: filosofia. Isso porque, do ponto de vista do Absoluto, existia apenas a ideia da filosofia. Aquilo que se arrogava esse título era ou postulado, ou crítica: crítica, quando o universal era colocado como para-si do homem fora do homem, consciência pura que aniquilava qualquer discurso particular ao reduzi-lo, para o particular, à contradição inconciliável; postulado, quando o Todo era colocado como universal em si ao qual não correspondia nenhum para-si nesse Todo. O discurso particular, mediação entre esta consciência e aquele objeto, rumava, por ser discurso, para o

Todo que se pensa, mas não ousava nele se lançar, por ser particular. Havia filósofos, homens que pensavam o espírito que pensaria o Ser que seria espírito; não havia filosofia, ciência na qual o Ser se torna para ele o que ele é em sua realidade: espírito.

Isso não significa dizer que a antiga filosofia tenha sido falsa. Ao contrário, era falso, em vez disso, o que se chamava ciência, o que pretendia reduzir o universal ao particular. Contra ela os filósofos haviam mantido o universal. Se eles não o pensavam, mas pensavam apenas a *ideia* do Todo como uma ideia separada e abstrata, é porque, permanecendo particulares para si próprios, eles se sujeitavam à ciência particular. Mas isso não constituía um erro da parte deles. A atitude que eles adotavam na categoria deles era a atitude do mundo deles, que era ainda um mundo particular: a verdadeira filosofia, que é a verdadeira ciência, só pode aparecer depois de se ter realizado no mundo. Enquanto o particular tem diante de si o universal como uma potência *outra* que ele deve negar porque pode negá-la, o Ser não pode ser para si próprio, visto que o particular se *sente* repelido por ele. O domínio da natureza e da sociedade não pertence a todos e a cada um, e os discursos dos particulares, necessariamente diferentes, não podem, portanto, negar realmente suas diferenças: a organização do trabalho não coloca ninguém no lugar do senhor em relação à natureza, lugar que, no entanto, cada um deve desejar; o Estado não é o Estado de todos os cidadãos. É preciso que a unidade de todos seja *realizada*; antes, ela não pode ser pensada de outro modo senão na forma do transcendente ou na da essência, visto que ela existe apenas como inacessível ou como inapreensível.

Inversamente, porém, se ela é pensada uma vez, torna-se evidente de imediato que ela existe. Sua existência, que cai na particularidade, mostrará com mais ou menos perfeição o que ela é em si mesma; mas como sua existência consiste em ser pensada, seus defeitos são apenas acidentais e destinados a desaparecer. Sociedade e Estado são realizados, *visto que* são pensados. Neles o discurso particular se tornou discurso *e* particular para si mesmo, unidade na contradição. A ciência verdadeira não acrescenta nada, portanto, à realidade;

ela é o saber absoluto no qual a Razão realizada se sabe Razão realizada. Ela não serve para contentar o homem, para proporcionar-lhe a satisfação: se a particularidade opta pelo discurso, ela só pode aprender aí uma única coisa, a saber, que ela optou, *em si*, pelo Absoluto, e que como particularidade ela desaparece no universal. Ela pode aí aprender – e é a mesma coisa – que ela já não precisa do raciocínio para construir para si um mundo humano: o mundo humano existe e, além disso, existe para ela em sua vida ativa de todos os dias, sua vida de membro da sociedade e do Estado; mesmo seu sentimento é reconhecido, expresso, e até realizado na comunidade da organização religiosa; sua individualidade natural entrou no universal por intermédio da família, seu valor subjetivo e único foi imposto por ela mesma aos outros na arte – para viver ela só precisa viver, só precisa agir em seu lugar nesse mundo que é a Razão, sem se deixar extraviar pelo sentimento revoltado, que só é justo num mundo não razoável. Que possa aí haver infelicidades para o indivíduo em sua particularidade, conflitos, e até catástrofes, isso não representa uma contradição, visto que ele é indivíduo conforme a natureza, particular na comunidade; mas a infelicidade é a infelicidade do particular, a catástrofe, a do indivíduo: no discurso elas deixaram de ser absolutas. São acidentes da particularidade contra os quais a particularidade se defende e se previne pelo raciocínio, dos quais ela se consola pelo sentimento. A filosofia não se ocupa com isso, exceto para dizer à particularidade que não pode haver coerência para a particularidade; ela responderá a perguntas, a todas as perguntas, contanto que se trate de perguntas, e não de dificuldades e de pretensos problemas humanos. O que ela faz é deixar falar a Razão que *é*.

A história, portanto, chegou ao seu fim como história da filosofia e como história do homem; como história do homem, porque o homem é livre: por sua ação, a particularidade se tornou para ela própria o que ela é em si mesma, particularidade no universal; como história da filosofia, porque o discurso se tornou coerente como universalidade do particular. *Tornou-se* – em ambos os sentidos: o mundo tem uma história, ele nada mais é do que essa história; mas essa história retornou ao seu início, ao Ser não histórico e, depois de *se tornar*, o Ser *é*: o papel da negatividade humana está terminado, daquela negatividade que foi representante do espírito contra a matéria, da subjetividade contra a objetividade, da vida contra a morte, da razão contra o absurdo, da lei contra a violência, do para-si contra o em-si – terminado porque sua vitória foi total; em si, o espírito é para si, ou, caso essas palavras sejam tomadas em seu verdadeiro sentido: a matéria é espírito, o espírito é matéria. A ciência nada mais é do que essa reconciliação do espírito consigo mesmo, presente no discurso coerente.

Assim se dissolvem as oposições fundamentais das metafísicas passadas, das visões particulares sobre o Absoluto. O Ser não é forma ou matéria, assim como não é pensamento diante de uma matéria; a razão não é um produto da natureza, nem essa natureza, criação de uma razão. Ou antes, cada uma dessas teses é tão verdadeira quanto seu contrário, porque uma e outra são particulares. O homem que trabalha é realista, para ser idealista quando quer conhecer; será materialista para poder agir, espiritualista quando busca o contentamento em si mesmo. A filosofia no Absoluto *situa* esses pontos de vista; escolher entre eles é precisamente o que é próprio da particularidade, que se desenvolve na direção do Absoluto no movimento de um a outro: para a ciência da filosofia, todas as teses formam sua história, seu devir passado que ela vê em sua totalidade viva. A negação recíproca desses pontos de vista não os faz desaparecer num zero ou num infinito, um e outro limitados; faz que se elevem, até que, na *condição* o Ser seja determinado como o em-si, na *consciência*, como o para-si, na *personalidade*, como o para-si que deve ser em-si – até que, com o conflito compreendido, o Absoluto se mostre como ser-em-si-e-para-si que se sabe como tal.

Mas isso é apenas o lado histórico do Absoluto, o devir do Absoluto no tempo, isto é, na consciência, o devir do Ser a partir do para-si. A essa história (que é ciência porque é total) corresponde, como sua contraparte, a gênese não histórica e intemporal do em-si, a ciência do Ser como tal.

Ontologia ou lógica, isso não é uma alternativa, pois o Ser é o discurso, o discurso é o Ser. Para a particularidade, a questão da relação entre ambos se apresenta quando ela quer alcançar o Todo pelo raciocínio – se apresenta e se mostra insolúvel: a categoria da *consciência* pensava seu discurso como dirigido pela ideia de um Todo impossível de alcançar na realidade do discurso, a da *personalidade,* em seu discurso, pensava a realidade como a impossível coerência do Todo no valor único. Ambas eram apenas o desenvolvimento daquilo que estava envolvido nas categorias do *objeto* e da *discussão*. A ciência retrocede para mais longe. Para ela, a raiz se encontra na categoria *do verdadeiro e do falso,* que ainda não conhece a discussão indecisa entre homens na qual cada um pode ter razão porque pode (em princípio) convencer todos os outros; o falso é o outro do verdadeiro, ele *é* tanto quanto este, mas ele é no modo do não ser, assim como o outro, no modo do ser. Seu discurso é o verdadeiro *e* o falso em que um não seria sem o outro. Mas essa categoria é a raiz, e não o fruto: não existe retorno em direção a ela, porque o caminho percorrido não foi um desvio supérfluo e evitável: o Ser é histórico, e antes de ele ter se tornado Espírito para si mesmo, é impossível reconhecer no verdadeiro e no falso da categoria antiga o Absoluto realizado na totalidade do particular. No entanto, o anúncio do Absoluto aí está contido, embora ele seja assim compreendido apenas ao final: o Verdadeiro que não se mistura ao Falso – e, no entanto, não existe sem o Falso – se revela como o universal que não se mistura ao particular e, no entanto, não existe sem ele. Anúncio apenas, pois o Absoluto aí não se mostra em sua verdade, que é a de ser em si (Ser) para si (Espírito) e de saber essa identidade; ele é também a simples negação de seu outro, da negatividade: a particularidade não é reconciliada com o universal, ela é repelida, e o universal é para ela o Ser mudo e sem espírito, a hostilidade do insensível, a violência. Todo o trabalho do raciocínio e todo o esforço do sentimento serão necessários para tornar compreensível essa promessa ao realizá-la, para fazer viver o Ser.

Por isso, a doutrina do Ser e a do discurso deviam permanecer distintas desde a *certeza* e a *discussão*. Sua primeira união, no *objeto,* não podia durar, visto que não podia afirmar a negatividade do para-si, mas apenas estabelecer a identidade do Ser e do Espírito de modo abstrato, isto é, como a *necessidade* do discurso coerente. O Espírito não podia aí se *desenvolver* e permanecia como um ser no mundo, particular na qualidade de universal, separado do mundo que não era para si, mas que, mesmo sendo compreensível para o Espírito, permanecia acidental com relação a ele em sua existência. No entanto, embora a ciência não estivesse realizada, ela era *concebida*: se deve haver ciência, ela será discurso do Ser e Ser no discurso; discurso e ontologia *serão* uma única e mesma coisa.

Eles o *são* aqui. Mas, diante dessa ciência, o raciocínio se encontra desamparado. Ele não se elevou ao Absoluto, e a ciência absoluta lhe parece incompreensível. O Absoluto como alvo infinitamente distante, como ideia diretora do método, é útil e até necessário; o Absoluto como existência particular separada do particular é algo que se explica pela sede do incondicionado, natural ao homem, de certa maneira, presente como exigência de seu sentimento. Mas o Absoluto desenvolvido como ciência é um escândalo para o entendimento – sobretudo porque lhe é proibido "retomar" a atitude no Absoluto sob sua categoria da consciência, retomada esta pela qual ele gostaria de escapar dessa situação: a atitude não só se declara categoria, mas se desenvolve como tal, não se opondo às outras atitudes, mas compreendendo-as e, por conseguinte, desprendendo-se delas por meio da demonstração da legitimidade relativa delas. Estudar a conduta, o interesse concreto, o mundo, a fé do homem que elabora a ciência absoluta, isso não leva a nada aqui: esse homem não tem atitude, visto que ele domina e possui todas as atitudes no discurso absolutamente coerente e que, no plano pessoal, ele é como todo mundo, sem interesse, só num interesse. Dizer que, na qualidade de filósofo, ele está atrasado em relação à sua época, que ele retorna a uma ciência primitiva, isso também não dá resultados, visto que a ciência absoluta não salta etapa alguma e justifica todas elas: a filosofia absoluta estaria pronta para reconhecer retomadas do Absoluto em tudo que, em cada categoria, se chama filosofia, se ela dispusesse do conceito da retomada (o que ela não faz: as filosofias dos outros são apenas históricas para ela, e embora a história delas seja lógica, elas não constituem categorias da ciência); mas isso não faria avançar o raciocínio, pois não aconteceria de ele pensar a nova atitude, mas de ele ser pensado por uma nova categoria. De fato, o raciocínio não se priva das retomadas, e declara ser uma atitude falsa a ciência absoluta, porque o homem é isto ou aquilo; em outras palavras, ele começa a discussão, o que para ele é uma reação natural. Essa discussão, porém, é decepcionante; pois sempre que o raciocínio exclama "você está errada", a filosofia absoluta responde "você tem todo o direito". O realista vai acusá-la de idealismo, o idealista, de realismo, sem que isso a comova, pois ela sabe que contém um e outro sem ser nem um nem outro: ela ignora as objeções da particularidade, não porque as considere falsas, mas porque as considera verdadeiras – na particularidade e para ela.

Ela começa, portanto, tranquilamente pelo Ser, porque ela chegou ao Absoluto, onde o Ser é Espírito. O que o faz desenvolver-se é o movimento que leva o Ser do em-si ao seu para-si. O Ser é, ou seja, ele existe no discurso; ele se determina, portanto, e se determina pela exclusão de toda negação, de toda limitação, de toda determinação: ele é Nada, e o Nada, não se distinguindo do Ser, é assim Ser, funde-se nele sem, no entanto, se confundir com ele e, unido a ele, aparece como devir – devir que *é* como unidade e destruição mútuas do Ser e do Nada: Existência. – A ciência continua: o Ser entra em relação consigo mesmo, ele é para-si, inicialmente apenas em-si, isto é, para nós que somos os únicos a ver seu retorno em si mesmo, depois para ele, até ser ao final em-si e para-si, e isso também para si: o que vê e o que é visto na medida em que se vê visto e vidente. O *conceito* é o Ser que se sabe Ser, que se coloca como Ser na natureza, que se concilia em sua realidade histórica com aquela existência que ele teve fora de si.

Não temos de segui-lo nesse percurso: em uma análise categorial, não é a elaboração que importa, o sistema desenvolvido, mas a categoria filosófica que torna esse sistema possível para nós e necessário para ele próprio. Pode-se renunciar a isso tanto mais facilmente quanto a exposição (uma exposição) do sistema está diante dos olhos de todos na *Enciclopédia das Ciências Filosóficas* de Hegel. Remetemos – pura e simplesmente – o leitor a ela, sem medo de confusão: as diferenças entre seu sistema e a presente análise categorial são demasiado claras no que tange ao fim e também ao início, e a sequência do presente trabalho irá torná-las ainda mais visíveis: o Absoluto não é, aqui, a última categoria. Mas ela é, como é o caso em cada passo da análise, a última no ponto em que estamos estabelecidos no momento, e então o sistema hegeliano é mais que uma ilustração, ele é uma realização da categoria. Em outras palavras, o sistema em si mesmo é verdadeiro; o modo como ele se interpreta não o é, porque essa interpretação, ao mesmo tempo em que é inevitável, cai fora do sistema. Mas essa é uma observação que só pode se justificar na sequência e que, neste lugar, é feita *ad hominem*, como advertência contra a falsidade de todas as "críticas" a Hegel, críticas do raciocínio que sempre têm razão, porque, na realidade, elas nada fazem senão afirmar, com grande obstinação e grande estardalhaço, como o absoluto suas respectivas categorias particulares, provando assim que tudo que tomaram em seu pretenso adversário foi o som dessa palavra. Ora, no plano do sistema, o sistema é irrefutável, visto que ele não está no plano da discussão; pode-se recusá-lo, mas então – falamos do raciocínio – é preciso calar-se; sejamos precisos: é preciso renunciar à coerência do discurso. A sequência mostrará o que significa essa decisão.

O que nos interessa aqui é a realidade do sistema. Dizemos: a realidade do sistema, porque é apenas nessa realidade que o Absoluto deixa de ser o *outro* do finito e, consequentemente, de ser ele próprio finito, algo fora do mundo e por isso mesmo preso no mundo. O sistema não é o resultado do emprego de um *método* mais apropriado que outros, ou mais correto, ou mais moderno: não há método que se possa aplicar ao Absoluto, como se houvesse primeiro um objeto, em seguida um discurso que tentasse apreender esse objeto. A ciência é seu próprio devir e ela não tem nem ponto de vista nem ponto de partida. Ao homem particular ela se mostra após uma decisão, a de pensar; mas essa decisão encontra seu lugar na ciência: uma vez que a decisão é tomada, ela é também compreendida, e a particularidade já se ultrapassou. Perguntar se haveria ciência sem essa decisão é perguntar se pode haver discurso sem discurso, coerência sem vontade de coerência.

A questão do método tem um sentido no interior do sistema; ela aí possui até mesmo vários sentidos: a particularidade encontra seu *outro* diferentemente nas diferentes etapas percorridas por ela. Por isso existe *para ela* possibilidade de erro, isto é, possibilidade, e mesmo necessidade lógica de ir de uma forma de oposição e de reconciliação entre sujeito limitado e objeto limitado à outra – o que ela considera como a correção de um erro. Mas no discurso coerente, essa necessidade é compreendida como o devir do conceito para ele próprio na totalidade de seus momentos. É ele próprio que, na ciência, se enuncia, e se existe uma dificuldade, ela diz respeito apenas às condições particulares e históricas da época em que a ciência aparece: é preciso impedir o raciocínio de falsear a exposição da ciência por suas formas sempre vivas e que são legítimas para aquelas formas reais do Espírito nas quais este é para si, mas, ignorando-o, se vê como o *outro* do homem particular e é visto como o *outro* por este: religião, Estado, trabalho da sociedade. O conceito, no entanto, se realiza; basta não intervir, não fixar um de seus momentos à custa dos outros. Ele irá se desenvolver, no sentido etimológico da palavra; tudo que se requer é tomá-lo tal como ele se dá, tal como ele se pensa. Esse início, que é o que há de mais duro para o raciocínio, é então o mais simples: o Ser é exclusivamente Ser, nada é enunciado sobre ele, ele nada enuncia, ele se declara e se transforma em Nada.

Mas se o sistema – se ao menos *um* sistema absoluto – não existisse realmente, se a categoria filosófica não tivesse sido elaborada, nem que fosse uma vez, em categorias metafísicas e conceitos científicos, o sistema não existiria, nem mesmo como possibilidade: um programa seria apenas exigência e teria havido um retorno às categorias anteriores, seja do objeto, seja da consciência. O Ser deixa de ser o outro do discurso somente se ele se realiza como discurso na totalidade do sistema elaborado até em seus detalhes. Se a forma que esse sistema assumiu em Hegel é uma forma definitiva, *a* forma do sistema, se essa forma concreta cumpre o que promete, eis uma pergunta que é provavelmente uma das mais importantes para o filósofo e o historiador da filosofia. Mas seja qual for a maneira como se responda a ela, e mesmo supondo que a resposta seja negativa, nem por isso é menos verdadeiro que Hegel foi o último na breve série dos grandes filósofos: ele descobriu a categoria filosófica da própria filosofia. É possível que ele a tenha descoberto em si, isto é, para nós, que compreendemos, num mundo transformado por sua descoberta, o que ele descobriu, sem talvez o compreender completamente. Mas essa crítica – se é que se trata de uma – tornou-se possível graças a ele.

4. O Absoluto como categoria na qual a filosofia se constitui para ela mesma. – As retomadas. – O novo problema

O Absoluto é a primeira *categoria da filosofia*. Sejamos precisos: não é a primeira *categoria filosófica*, pois todas as categorias desenvolvidas até aqui pertencem à filosofia e determinam maneiras nas quais o pensamento se pensa e se constitui para ele próprio. Mas na categoria da filosofia, não se trata apenas de pensar, nem de pensar *o pensamento*, mas de pensar *o pensar*. As categorias do início, até (e incluindo) a categoria do *eu*, pensam; as seguintes – e isso se torna evidente na personalidade – pensam o pensamento como o *outro* do homem, que é *pensar*. Com o Absoluto, trata-se do próprio pensar. O que aí é traduzido em discurso é a própria compreensão e o próprio discurso. A filosofia se mostra como a compreensão de tudo e de si.

Compreensão de tudo como compreensão do Todo, constituído como unidade pela unidade da compreensão, era até aqui a definição formal da ciência, compreensão de si como detentor, real ou virtual, presente ou futuro, dessa ciência, a da filosofia. A ciência não era filosofia, porque ela não lidava consigo mesma (o fato de que a filosofia se apresente por vezes como ciência da ciência não contradiz isso, porque ele repousa em uma interpretação particular que a filosofia dá de si mesma), a filosofia não lida com o Todo como unidade de tudo, mas com a compreensão do Todo, com sua compreensibilidade, em suma, com a possibilidade do infinito que é para ela a possibilidade da unidade, visto que somente o infinito pode ser a um só tempo totalidade e pensamento. As maneiras de formular essa oposição entre "filosofia" e "ciência" diferem de categoria para categoria: o mito e a magia, a discussão e a lei positiva, a metafísica e a física, a moral e o conhecimento do mundo, o pensamento divino e o pensamento humano, a metodologia e a ciência aplicada, o domínio da liberdade e o da natureza, a inteligência e o interesse, o conflito autêntico e os valores; mas suas diferenças, vistas do

Absoluto, se reduzem todas à mesma diferença fundamental entre compreensão e compreensão de si, diferença apreendida pela primeira vez na *consciência*, agente desde que o homem se cindiu em discurso e ação, para-si e em-si, desde a categoria de *Deus*. Agora, depois da negação da compreensão pela não compreensão de si na *inteligência*, depois da decisão, deliberadamente irrealizável, de fazer da compreensão de si a compreensão absoluta – na *personalidade* –, a ciência já não *deve se tornar* filosofia, nem a filosofia, ciência, mas a ciência *é* filosofia, a compreensão do Todo é compreensão de si, a compreensão de si, compreensão do Todo.

Assim desaparece a dualidade que, para a filosofia, opunha a opinião à verdade, a existência à essência, o fenômeno ao númeno – o *um* já não está apenas ligado ao *outro* como o infinito ao finito ao qual ele aparece e no qual ele não é o que ele é verdadeiramente. A filosofia já não é conhecimento da ignorância humana, ela é *saber*; a ciência já não é o saber fazer do homem no mundo, a compreensão dada e incompreensível, ela é a compreensão de si e, como tal, a compreensão do Todo.

A filosofia é, assim, tudo para ela mesma, pela primeira vez. Não é uma invenção do homem, uma atividade à qual ele pode ou não se dedicar como homem: é a realidade do Absoluto que faz que ele seja homem, e em-si, do ponto de vista da filosofia, é irrelevante que, na qualidade de particular, ele o saiba ou o ignore. A razão não é uma qualidade, uma faculdade, um atributo do homem; ela *é*, ela é *ser para si em si* e *ser em si para si*, e o homem é razão. O discurso já não é o resultado de uma relação entre o homem e o mundo (o direito da relação é reconhecido com a admissão de ambos os termos que a compõem: a negatividade e o dado, um e outro constituindo, juntos, a particularidade), mas a totalidade das formas concretas dessa relação, e essa totalidade é para si mesma, veio a ser para si mesma no duplo devir do conceito em si na natureza, do conceito para si na história, devir duplo que se reconhece *uno* no saber absoluto. O discurso é discurso para o discurso e é tudo. A compreensão e a compreensão de si (ou: a possibilidade da compreensão) não estão separadas, mas são apenas separáveis por um momento, por uma separação que se funda na unidade delas, assim como nela se conclui; filosofia e ciência são apenas os aspectos do mesmo saber conforme as estações particulares do caminho que é sua realidade e sua realização. O problema, se ainda houvesse problemas, não seria encontrar a possibilidade do saber – nessa linguagem o saber seria a possibilidade de todas as possibilidades –, mas antes encontrar a razão da dúvida da razão a respeito de sua própria realidade –, problema que se apresenta e se desfaz com a particularidade que se afirma em sua limitação e, ao se afirmar, coloca o infinito como seu *outro*, negado por ele e, no entanto, origem de sua realidade. No saber absoluto, a filosofia deixou de ser reflexão num outro: o círculo das reflexões foi percorrido.

O Absoluto é, portanto, a primeira categoria da filosofia, a primeira categoria em que a filosofia é tudo, e o é para ela mesma, quando se está no interior da categoria. Mas quando se olha do exterior, em que se transforma essa afirmação? Fazemos essa pergunta porque a consciência moderna se compraz em fazê-la; e fazemo-la a fim de eliminá-la, porque para a filosofia ela não tem sentido, mais exatamente, porque ela prova que não se apreendeu a categoria. De fato, admite-se facilmente a possibilidade de situar-se no exterior e comparar *objetivamente* os títulos das diversas categorias (que, então, não aparecem como tais); parece que muitas delas, se não todas, podem reivindicar a honra de haver descoberto a filosofia e o absoluto, ou ao menos de haver devolvido a filosofia a si mesma, e que suas razões se equivalem: em suma, que se pode *fazer* toda espécie de filosofia. Mas evidencia-se de imediato que esse lugar *do lado de fora*, esse ponto de Arquimedes, não existe; deixou de existir desde que o homem renunciou à atitude da *inteligência*. Enquanto o pensamento é o *outro* do homem, a pergunta se justifica: uma vez que o Absoluto é alcançado no discurso coerente (seria mais exato dizer: se revelou como o discurso coerente), ela se torna apenas a obstinação do raciocínio e da particularidade.

Trata-se, portanto, de uma retomada da inteligência, mas de uma retomada de um tipo particular, visto que ela não diz respeito à *atitude* – já dissemos que essas retomadas existem e por que elas são destituídas de interesse –, mas à categoria: a inteligência, empregando as categorias anteriores, empenha-se em apreender a *categoria* do absoluto. Ela não pode não ouvir o homem do saber absoluto protestar contra toda tentativa de entrada em sua vida privada, em sua existência particular. Mas para ela é ainda mais "natural" querer "compreender" o que ele diz, isto é, reduzir o saber absoluto a uma teoria, a um ensinamento, a uma fé, a uma técnica, a um método, em suma, a outra coisa que não o que ele é. O que a incomoda é justamente essa pretensão do saber de ser a um só tempo a realização final e o início, a primeira categoria da filosofia.

A pergunta costuma ser formulada de maneira muito simples: será que não existe filosofia antes do sistema e do saber absoluto? A resposta, então, não é menos simples: sim, existe filosofia antes que o saber absoluto se constitua como sistema da totalidade da particularidade e das contradições, porque o Absoluto *é* antes de se *saber* Absoluto no particular, porque o Absoluto é compreendido antes de se compreender.

Em outras palavras: onde há filosofia, há discurso coerente; a própria ideia do discurso coerente, isto é, a *ideia* do absoluto, é a ideia que produz a filosofia sob cada categoria. Pode-se dizer, portanto, que as retomadas do Absoluto não são nada além das doutrinas filosóficas de cada atitude. A teoria que aparece em cada atitude, o fato de que em cada atitude, mesmo naquelas que desembocam no silêncio do homem em sua vida, o homem se justifica e busca a coerência, o fato de falar, é a aparição do Absoluto no particular. Assim, é visível para nós o que o homem nas categorias anteriores não pode ver: que o homem sempre *pode* querer que sua atitude se torne categoria. É que essa possibilidade só se apreende como tal na categoria pura do Absoluto. Até lá, a coerência é apenas exigida (pela *discussão*), possibilitada, mas como o em-si, pelo *objeto*, herdeiro da *certeza*. A coerência se mostra como o *outro* do homem, seja sob a forma da verdade, seja sob a do ser, e a possibilidade é a da relação do homem com esse outro, realizada na atitude, enunciada na categoria. Cada filosofia é, assim, uma retomada do Absoluto, na medida em que ela tem nele seu fundamento, como saber da compreensibilidade – e ela não passa de retomada, visto que para nenhuma a compreensibilidade se torna compreensão, mas permanece um *fato*, pelo qual o homem se compreende como possibilidade da compreensão, mas que, na qualidade de fato, ele próprio incompreensível, separa o homem da compreensão, presente apenas como algo que transcende o homem (no plano do ser ou no da verdade).

Não iremos mais longe nessa linha de pesquisa, sobretudo porque teremos de voltar a ela por ocasião de outras categorias, categorias da filosofia no sentido indicado. Contentemo-nos em indicar – mas aqui isso é uma antecipação – que o gênero de retomadas neste espaço definido pode servir para elucidar a passagem da atitude à categoria, mas não elucida a possibilidade (ou impossibilidade) de uma passagem da categoria à atitude. A filosofia, tal como é compreendida na tradição viva, é constituída por essa categoria desde o início: ela sempre foi sistemática e monista – o que é a mesma coisa, visto que dualismo e pluralismo só estão do lado do conteúdo –, ela sempre mantém a unidade da compreensão, mesmo quando ela considera essa unidade como irrealizável para o homem, e ela mantém a unidade do compreensível, mesmo quando a encara como inacessível. Em toda atitude, o homem, se e quando ele fala, fala do Absoluto e do discurso coerente, que se realiza somente na categoria do Absoluto em que ele absorve a atitude. Ao chegar lá, a filosofia se realiza plenamente: ela compreendeu a tudo e a si. A pergunta, se é que ainda existe uma, já não poderá ser filosófica no sentido da tradição, já não buscará a coerência, que foi realizada. Se ela é feita, será feita pelo homem que se opõe à filosofia, que, mesmo compreendendo a particularidade e sua particularidade no Absoluto e no discurso coerente, se recusa à coerência para não ser particular. Do ponto de vista da filosofia tradicional, essa pergunta é absurda; ela se traduziria pela formulação: o sentido tem um sentido? No entanto, ela não pode ser excluída, precisamente porque é absurda, assim como a *Verdade* não exclui o *Não Sentido*.

Seja como for – e somente a sequência da pesquisa concreta poderá nos informar –, parece claro que as reflexões formais feitas até aqui contêm categorias da filosofia (sendo o termo "filosofia" tomado num sentido indeterminado, mas distinto do da tradição) que ainda não se apresentaram explicitamente, tal como a categoria do *sentido*. É justificável, portanto, avançar sem fazer caso das dificuldades, entre as quais a maior poderia se expressar pela pergunta: não será preciso ater-se à categoria do Absoluto em sua pureza para não cair nas retomadas, isto é, para não encarar como novo e revolucionário o que foi há muito tempo superado e não passa de obstinação do raciocínio?

14. A OBRA

O Absoluto entrega o homem particular à sua liberdade concreta. Ele pode se ocupar sem se ocupar de si mesmo e sem se opor à sua ocupação: ser homem é agir, e o homem é o que ele faz: sua obra.

1. O escândalo da Razão: a recusa do discurso absolutamente coerente e do contentamento razoável. – O caráter dessa recusa

A categoria do Absoluto tem a particularidade de englobar a discussão – seja qual for a forma sob a qual ela se apresente, isto é, seja qual for a categoria posterior retomada por ela – e de saber que a engloba. Não existe, portanto, possibilidade de discutir com ela, de lhe opor uma nova categoria que permita ver o que ela não viu, compreender o que ela não compreendeu. Ela compreende a tudo e a si: o homem pode possuir a ciência da filosofia, a particularidade pode se apreender como particularidade e se *fazer* universal: a totalidade dos problemas é a solução deles.

Com clareza maior do que em outros lugares evidencia-se aqui que a passagem de uma categoria à categoria seguinte é livre e "incompreensível". Justamente porque a categoria do Absoluto pode mostrar um progresso necessário nas categorias onto-lógicas que lhe são próprias (e que são as do Ser-discurso), parece impossível, de seu ponto de vista, que outra coisa possa se seguir, seja atitude, seja categoria. Como alguma categoria poderia ser outra coisa senão uma retomada, simples ou complicada, do

Absoluto, senão uma visão – sob um ângulo particular – do discurso coerente, senão um sistema qualquer no qual a coerência, no melhor dos casos, estaria presente sem ser compreendida? E a atitude, como seria ela mais do que uma forma concreta da particularidade, uma expressão da negatividade, distinta das outras apenas no plano histórico, e que agora não representa mais nada? O livro está fechado, a história não será mais que repetição e continuação, desde que a negatividade encontrou a paz. O Pensamento *é* Pensamento: o que resta depois disso?

Resta o escândalo da razão. O homem não pode pensar mais longe que o Absoluto, visto que pensar é buscar a coerência e que a coerência é tudo, em si e para si. Mas o homem pode *haver pensado*, pode haver concordado com tudo o que a ciência ensina, e pode não *pensar*, não *querer pensar*, se recusar ao Pensamento. Para o Absoluto, existe nisso apenas escândalo, assim como toda passagem é escândalo para o ultrapassado. Mas o escândalo existe aqui até para aquele que ultrapassa. Ele pensou, ele possui a ciência, ele *sabe* o que é a negatividade, conhece a particularidade e sua obstinação não razoável, e ele se *pretende* obstinado e não razoável; ele sabe que, no Pensamento, ele desaparece, e que esse desaparecimento é legítimo se ele aceita pensar: e é por isso que ele rejeita o Pensamento. Ele não quer pensar, ele quer ser, não como a personalidade, contra tudo e contra todos, não como a inteligência, separada de tudo e de todos, mas ser tudo e todos. O Absoluto lhe ensinou que a oposição e a comparação são procedimentos da reflexão e que elas conduzem, ao final, ao discurso coerente. Para ele, trata-se de se desvencilhar do universal do Pensamento para ser o universal, não se trata de pensar-se reconciliado, mas de estar reconciliado. *Quando* ele se pensa, ele se pensa como escândalo.

A categoria só pode aparecer para nós, portanto, onde a atitude consente em se opor às outras atitudes ou, caso mais frequente, se ela ainda não se estabeleceu completamente e permanece presa no desejo de se justificar; em suma, se ela se interpreta por meio de uma retomada. Ela é então contrapensamento, a negação universal e absoluta do universal e do absoluto. Mas em sua forma normal e, por assim dizer, natural, ela não passa de desprendimento para com o Pensamento. Ela não tem conflito com o Pensamento, com o Ser, com o Universal; ela não pede nada, não se defende de nada, nem busca a si mesma mais do que busca aos outros ou a outra coisa: ela *é*. O Absoluto não é para ela, como para o raciocínio, algo que *deva* (ou não se deva) pensar a si mesmo: ele *é*, e ela nada espera desse Ser, do qual ela tem tanta certeza quanto de si mesma. Ela estaria de acordo com a categoria do Absoluto sobre sua liberdade; reconheceria de bom grado, se isso a preocupasse, que as contradições da particularidade se integram no Pensamento e que esse Pensamento está concretamente presente na realidade humana. Mas também isso seria abstrato aos seus olhos. Pensar se tornou, no Absoluto, uma ocupação particular do particular: uma vez pensado o Ser, uma vez realizado o Pensamento, o universal pode se retirar de cena e as perguntas que lhe dizem respeito já não têm sentido, visto que a dificuldade desapareceu na coerência total. Continuar a falar sobre isso é voltar a cair na reflexão, é, em vez de fazer desaparecer a particularidade na compreensão total, tentar mantê-la por meio desse Absoluto que é seu fim. Do ponto de vista do discurso, a particularidade foi integrada de uma vez por todas; em outras palavras, o discurso está realmente terminado, e querer prolongá-lo é desconsiderar esse fato. O particular já não precisa se preocupar, nem mesmo precisa constatar que a preocupação já não tem razão de ser. Ele só precisa viver.

O Absoluto não é de forma alguma refutado, e a nova atitude não pensa em refutá-lo. Ao contrário, ele tem razão, e a ele se dá razão: caso se trate de pensar, é preciso pensar no interior do Absoluto. Mas será preciso pensar? Será o homem um ser pensante? Antes do Absoluto, a pergunta não poderia receber uma resposta clara, pois não estava claro o que significavam "pensar" e "pensante". Agora está: "pensar" é a atitude do Pensamento que ainda não sabe ser tudo, ser o Ser; "pensante" é a atitude da particularidade que encara o universal como seu *outro*. O Absoluto pode responder, portanto, e dizer que o homem é, com efeito, um ser pensante, que é preciso pensar; mas sua resposta é irônica: tão logo se fale do homem, *pensar* se opõe a *Pensamento*, assim como o particular e o parcial ao universal e ao absoluto: o Pensamento está no homem, mas no homem em sua totalidade histórica; o pensamento não está, para ele próprio, por inteiro em cada homem assim como está por inteiro em si mesmo; o particular, no fim da história, é razoável, mas ele não o é, na qualidade de particular, para si mesmo. Justamente porque a razão *é*, e veio a ser para si, os homens particulares, quando pensam, podem permanecer no âmbito do raciocínio e raciocinar sobre o que lhes diz respeito em sua particularidade. O sistema está aí, definitivo, a ser completado em seus detalhes, talvez, mas a ser pura e simplesmente conservado quanto ao essencial: nesse sentido, já não cabe pensar, cabe apenas aprender a ciência. O filósofo, na qualidade de homem particular, é doravante um especialista, um profissional entre outros.

O resultado dessa ironia do Absoluto parece ser o retorno à *certeza*. Em todo caso, o Absoluto não protestaria contra essa tradução: a particularidade se nega até que ela se compreenda no universal; feito isso, ela retorna aos seus assuntos num mundo reconhecido como razoável, isto é, no qual todo problema tem um sentido e uma solução razoáveis e no qual essa solução pode ser encontrada e realizada por uma particularidade que deposita sua confiança no universal realizado historicamente. Para o Absoluto, está assim perfeitamente dentro da ordem que o homem entre na certeza, visto que, no Absoluto, ele sabe o que tem a fazer e a que deve se ater; o homem havia começado por viver num absoluto particular, sem conhecê-lo como tal, o raciocínio havia querido falar do universal como de seu *outro* e foi colocado em seu lugar: deu-se a volta completa e ela não foi dada em vão, visto que a nova certeza é universal; ela conheceu o risco e dele escapou para sempre.

Mas o Absoluto se engana se acredita ter vencido a particularidade ao concordar com ela que tudo que ela faz é bom e que ela só precisa continuar. O homem *pode* não querer mais essa liberdade, e essa vida à qual ele foi reduzido *pode* não lhe bastar. É possível que a história esteja terminada, que, para o discurso coerente, a vida do homem se feche nela mesma, que nada de novo possa surgir. Ora, com nada disso ele se importa. Existe certeza, admite-se; o que essa certeza lhe proporciona? Tudo foi compreendido antecipadamente, todo problema possui sentido e solução, admite-se, mas de que adianta isso *agora*, quando o que foi compreendido antecipadamente *ainda não* é? O homem *terá* desempenhado um papel, ocupado um lugar, exercido uma função no mundo *uno* que é Ser pensado e Pensamento em ser; mas hoje e aqui esse mundo não está completo, visto que o homem, este homem, ainda não está morto, que o círculo não se fechou para ele. O Absoluto, é verdade, lhe dá a liberdade, uma liberdade não apenas negativa, mas também positiva, liberdade do homem concreto num mundo concreto onde existe algo a fazer para ele. Mas essa liberdade faz aparecer ainda mais claramente o que existe de abstrato no discurso coerente.

Ela o faz *aparecer*: para ser exato, é preciso dizer que ela o faz *sentir*. A liberdade é uma liberdade compreendida; ela só *é* na compreensão; ela é razão para si mesma; a liberdade do particular é a liberdade do universal no particular ou, o que dá no mesmo, a realização-desaparecimento do particular no universal. O para-si do particular só interessa à razão em sua totalidade, isto é, como em-si, como o que ele é para ela. Sim, a ciência dá ao particular o meio de superar a si mesmo, de compreender, se ele o deseja, que ele quis o que lhe acontece. Mas a particularidade não o entende assim: ela prefere que lhe aconteça o que ela quer, mesmo que o discurso lhe demonstrasse que ela não acredita querer aquilo que quer, e acredita querer o que não quer. Isso não tem nada de surpreendente para a ciência absoluta, que compreendeu a obstinação do particular; mas embora o discurso compreenda isso, ele não modifica isso em nada (o que, aliás, ele não encara como sua tarefa). Para o homem, essa liberdade é uma liberdade abstrata, *abstraída* de seu para-si: quanto mais livre ele é, quanto mais sua existência tem um sentido para o discurso e a ciência, menos ele a aproveita; ele é livre do discurso parcial do raciocínio, ele é livre no discurso coerente da ciência – para ele, isso significa estar abandonado e vazio: tudo tem um sentido em si, nada tem um sentido para ele. Ele pode falar de tudo, porque o discurso engloba tudo, mas tudo falar do mundo já lhe encheu as medidas: ele compreende, ele é compreendido, e nada disso lhe proporciona coisa alguma, visto que ele não pode viver com isso. Ele sabe, agora, o que quer dizer falar, e que todo raciocínio desemboca na Razão, ele sabe que já não tem nada a perguntar se não quiser ser absurdo, sabe estar satisfeito quando se trata de saber e de ciência, sabe que o Pensamento é a própria honestidade, e sente que foi enganado e que é infeliz.

É preciso observar que isso não implica um retorno à atitude da personalidade. Para a filosofia, a ideia desse retorno não tem sentido, visto que a categoria posterior compreende a categoria anterior. No plano histórico, esse retorno não está, em princípio, excluído. Com efeito, é possível que uma dada categoria não seja capaz de se impor num dado momento e à consciência da época; o resultado de seu fracasso será um reforço, uma renovação da atitude ainda predominante, que se desvencilhará do intruso por meio de uma retomada, interpretando a nova atitude por meio de sua própria categoria. Do ponto de vista filosófico, porém, não existe aqui retorno à personalidade, pela simples razão de que tudo encontra seu lugar no discurso, tudo, inclusive o conflito, que aí é visto, previsto, compreendido. O clamor, o apelo, tudo tem um sentido no Absoluto e não tem sentido, portanto, para o particular. Não decorre daí que não se possam encontrar homens na atitude da personalidade e, ao mesmo tempo, a atitude sobre a qual falamos: é até provável que eles existam, visto que as atitudes não desaparecem quando suas respectivas categorias foram ultrapassadas e outra categoria apresentou suas credenciais. Mas essa coexistência não nos interessa. O que importa é que o homem que sabe que existe uma ciência absoluta (não é necessário que ele a possua) não buscará a saída num discurso, seja ele qual for. O conflito da personalidade não lhe basta, porque a ciência privou esse conflito da possibilidade de se acreditar absoluto; o homem, na qualidade de particular e negatividade, é sempre conflito, e por isso esse conflito não proporciona nada: o conflito com o Absoluto, caso se queira empregar esse termo, é muito mais profundo que o da personalidade.

Se, portanto, existir retorno a uma atitude anterior (não a uma categoria), será para o trabalho da *condição*. Aí, com efeito, o discurso pode ser deixado de lado. O trabalho liberta da liberdade abstrata do discurso, do tédio da circularidade do particular no

Absoluto, e dá ao homem, se não um conteúdo, ao menos uma explicação para a ausência do conteúdo: o discurso não diz respeito ao homem que trabalha e que, em seu trabalho e graças a ele, sabe o que tem a fazer; se ele não está contente com sua condição atual, tem a certeza do progresso e, nessa certeza, a satisfação no que diz respeito ao mundo. Por isso o homem da condição é "contemporâneo" normal daquele que aqui nos ocupa – fato tanto menos surpreendente quanto, para um como para outro, a linguagem do particular se tornou suspeita e o mundo (seja o que for que eles entendam por essa palavra) é a única coisa que importa para ambos.[1]

No entanto, como anteriormente, não se trata de um retorno no sentido filosófico do termo. É um parentesco histórico que aproxima duas atitudes, não duas categorias. Isso porque, mesmo que nos encontrássemos aqui em presença de uma atitude que não quer ser categoria – e disso encontramos indícios –, em todo caso a atitude se serve da categoria do Absoluto e guarda a marca disso. A condição pode ser a forma da vida para a qual o homem retorna; após a passagem pela reflexão, ele já não é o mesmo, e a renúncia à reflexão, efetuada pela *condição* após o aparecimento da reflexão no *eu*, não pode ser repetida da mesma maneira desde que, com o Absoluto, a reflexão foi absorvida, por assim dizer, no universal que é, para si, em-e-para-si. O problema já não é o de compreender o mundo, é o de nele viver, embora ele seja compreendido, e compreendido como perfeito em toda a perfeição que pode ser a sua, o de viver nele, embora não haja mais nada a fazer nele, senão continuar; embora todas as oposições estejam reconciliadas no Pensamento; embora o progresso tenha vindo a ser a simples persistência da particularidade que, em si, *chegou* ao fim de seu percurso e compreende que veio a sê-lo desde que passou a fazer questão de compreender. O retorno à condição como forma de vida é, então, retorno consciente, não retorno puro e simples, e é um ato de desespero: já não há nada que possa fazer o tempo passar.

---

[1] Nesse sentido, pode-se dizer que a *condição* tomou consciência de si mesma no *Absoluto* e que o homem pode, depois de todos os seus escrúpulos, entregar-se com a consciência tranquila ao mundo *compreendido* como racional.

O homem é um ser pensante e essa resposta, portanto, já não é completa. Aqui, onde tudo é irônico, visto que o discurso absolutamente coerente está em questão – ou antes: tornou-se *problemático*, pois as perguntas são do âmbito do discurso –, a resposta completa é: o homem não é nada além de um ser pensante, infelizmente! Ele pensa, mas isso de nada lhe adianta. Ele não pode não pensar, porque essa é sua maneira de ser, sua condição; mas seria melhor que ele se limitasse ao raciocínio, àquele pensamento com minúscula que é o servo do trabalho: ele nada tem a ganhar elevando-se ao Absoluto, exceto o silêncio de todas as vozes que lhe prometiam uma dignidade maior, um valor mais autêntico, um desprendimento mais completo. Quase não valia a pena embarcar nessa galé que, à custa de tantos esforços, o leva de volta, tão pobre quanto ele era ao se lançar, ao seu ponto de partida. Por mais que o Absoluto se compreenda como coincidência da vida e do discurso, a vida não ganha nada com isso, e tudo se reduz à banalidade que ensina que o Pensamento é o Pensamento e que a vida é a vida, que é possível falar de tudo e que a vida só precisa se virar como quiser e puder, confiando, quanto à compreensão, no discurso. O homem é um ser pensante, é verdade, mas todo o seu pensar não o torna mais rico; mais lhe valeria não se deixar enredar nesse jogo.

Mas essa queixa, por mais sincera que seja, não pode fazer esquecer – por mais sinceramente que ela o deseje – sua origem no discurso coerente. O que ela diz é: o sentimento, aparecido ao homem na atitude diante de *Deus*, opôs o homem ao mundo e lhe ensinou a falar para si mesmo: o falar era ele, o mundo – diferente de acordo com as diferentes categorias – era o *outro* do qual ele queria se libertar, modificando-o, modificando a si mesmo, pouco importa; mas, com o Absoluto, o círculo da reflexão foi percorrido e algo novo se impôs, mais do que se apresentou: o discurso – ou, se assim se preferir, o pensamento – não é o outro do mundo, não é o homem que vive e sente, ele é o mundo, o mundo é ele, e o homem permanece só, pior que só, visto que ele já não pode nem mesmo se dizer só sem se expor à refutação do discurso e receber a resposta de que na realidade, isto é, no Absoluto, ele não está só de forma alguma. O discurso coerente, bem pesadas as coisas, teve como único resultado o de privar de todo discurso aquilo que ele denomina o particular. É esse resultado que conta, e ele só conta na qualidade de resultado: o homem retorna ao seu ponto de partida, mas não é o mesmo homem que para lá retorna, pois ele compreendeu que o caminho que havia tomado não leva a saída alguma.

A situação na qual o homem se encontra é comparável – se for permitido *comparar*, embora o sentido filosófico dessa comparação só possa ser elucidado ao fim do trabalho – àquela que era a sua na atitude do *eu*. Graças ao *objeto*, todas as dificuldades pareciam resolvidas, não apenas afastadas, a verdade, estabelecida no ser, a discussão, resolvida; e tal como aqui, o homem lá ficava, desamparado, com a pergunta – absurda do ponto de vista dos resultados alcançados – que indagava: em que tudo isso pode me interessar, e que me importa ser compreendido ou até mesmo me compreender, se se trata apenas de compreensão? É o mesmo embaraço em ambos os casos, embaraço das riquezas que não alimentam, a mesma impossibilidade de falar desse embaraço, visto que a linguagem se transformou naquela riqueza estéril do discurso. Para o *eu*, a solução era o sacrifício da linguagem, a renúncia à compreensão, a entrega ao sentimento. O problema não poderá ser resolvido da mesma maneira pelo homem que vem do Absoluto. Ele teve a experiência do sentimento, sabe que este o conduz à transcendência e, de lá, a outro discurso, a outro *objeto* que o deixará tão só quanto o primeiro. A experiência tornou-o prudente. Mas prudência alguma poderá impedi-lo de fazer uma nova tentativa, visto que ele é, visto que ele se sente infeliz, apesar – e não por causa – da satisfação que o Absoluto encontrou em si mesmo para a particularidade.

2. *A recusa do universal e a positividade imediata da obra*

A nova atitude se caracteriza por traços que são absolutamente contraditórios e irreconciliáveis do ponto de vista do pensamento, seja qual for a categoria sob a qual se compreenda esse pensamento. Por um lado, a concordância é total com o discurso absolutamente coerente, ao qual a atitude dá razão e que ela reconhece como a Razão; em consequência, o raciocínio foi satisfeito em sua totalidade e em todos os seus aspectos (a definição do aspecto tem pouca importância, visto que o discurso absolutamente coerente discerne e abarca todas as categorias falantes que o precedem): existe um lugar para a ciência da condição, para a religião, a fruição, a poesia, a família, a violência, o direito, a natureza, o Estado, para tudo, enfim, e o homem está satisfeito numa certeza que, contrariamente à primeira, se justificou, visto que seu discurso é universal e sabe-se universal. Por outro lado, existe um vazio, um sentimento de abandono e infelicidade tão absoluto quanto é absoluta a satisfação da Razão na Razão, sentimento que é precisamente o resultado dessa satisfação, uma posição de desespero mudo, porque o homem sabe que, tão logo se põe a falar, ele fala necessariamente em termos que implicam a satisfação, que falar razoavelmente é estar satisfeito.

Isso é o que se precisa ter em mente antes de tudo, caso não se queira deformar o que existe de novo nessa atitude. Mas isso descreve apenas o ponto de partida. É preciso tentar ver a atitude que se desenvolve concretamente a partir desse primeiro ponto.

O homem, ao que parece, se opõe ao discurso e, como a linguagem se confundiu com o discurso, à própria linguagem; ora, ele o faz falando. Mas os argumentos extraídos dessa contradição pelo homem da ciência absoluta não têm influência sobre o homem com o qual estamos lidando, assim como a célebre refutação do ceticismo nunca impediu ninguém de ser cético. Ele o faz falando: o que isso significa, senão que falar não é o que conta? Falar leva ao discurso coerente? Por que não? Não é disso que se trata; trata-se de *ser* apesar do discurso. O homem fala, isso está entendido, e ele não se distingue de sua linguagem, contanto, todavia, que ele esteja disposto a se contentar com a linguagem. Mas qual linguagem pode lhe proibir, não de se declarar outra coisa (o que significaria submeter-se à linguagem ao atribuir um valor à declaração), mas ser outra coisa e se servir – na qualidade daquele ser que não é linguagem – da linguagem como se emprega uma ferramenta ou um animal doméstico, sem por isso ser esse animal ou essa ferramenta?

Vê-se do que se trata: sob a forma negativa, é a recusa, ou antes, visto que a linguagem não é essencial, o abandono do universal. Positivamente, é o reino do sentimento e, o que dá no mesmo, da violência. O discurso é absolutamente coerente, e o discurso coerente é a Razão e o Ser; mas ele é destituído de interesse, ele não diz respeito ao homem, do qual pode muito bem falar, mas ao qual não oferece nada que ele já não tenha; ele o confirma em sua posse, o que talvez seja muito bom, mas é também perfeitamente inútil, visto que o homem se separou do discurso. A questão do direito se coloca *para* o discurso e *no* discurso – e tanto melhor para ele se ele é capaz de resolvê-la da maneira que lhe convém: para o homem isso não significa nada, sobretudo porque o discurso justifica a particularidade apenas como particularidade, isto é, deixa o homem exposto aos acidentes, que ele compreenderá, se quiser, apenas posteriormente, mas aos quais, de início, ele só poderá se submeter. A satisfação de direito não o ressarce do tédio de fato. Isso porque, repetindo, trata-se de tédio e de desprendimento, não de oposição. O universal, o discurso, a Razão, o Absoluto não são declarados falsos ou inadmissíveis ou discutíveis: isso seria também reconhecer o gênero de reflexão que levou o homem ao ponto onde ele se encontra e que o faria repartir pela estrada da qual ele quer sair. O discurso não tem sentido para o particular que não pode *viver* com ele. A ciência absoluta é perfeita, mas ela é ciência que versa sobre os homens, não ciência *para* o homem, e este não a aceita nem rejeita, visto que ela não diz respeito a ele, ele que dela desvia os olhos para se ocupar de si mesmo.

Si mesmo: isto é, de seu sentimento de si e da realização desse sentimento. Existe um mundo, isso está entendido, e esse mundo tem múltiplos aspectos; existe a condição do homem, sua ciência, sua consciência, a poesia, a religião e assim por diante – a ciência absoluta se esfalfou para colocar uma ordem nisso tudo; agora, a questão é saber *o que eu faço com isso*. Certamente não farei com isso o que fazia a *personalidade*, um motivo de conflito, o campo onde se confrontam os valores dos outros e a minha autenticidade: em que essa atitude difere das outras, exceto por ter sua maneira particular de querer ter razão, em outras palavras, de querer colocar de seu lado a Razão? Fazer alguma coisa com isso só pode significar a partir de agora *fazer alguma coisa*, não se sentir criador à maneira da personalidade, não provar para si mesmo a própria liberdade ao criar para desfazer, tal como o poeta irônico da *consciência*, mas criar para criar.

Criar: fazer *alguma coisa* que não existia antes, não se criar e recair assim na reflexão, no desdobramento, no raciocínio e sob a Razão. Criar *alguma coisa*, sem considerar os discursos, os valores, a liberdade, todas essas abstrações, esses sucedâneos da vida. Criar, e assim ter algo que interesse ao homem, porque é coisa sua, muito mais sua que os problemas que ele denomina seus, a linguagem, o conflito, e que só são seus pela força – quão fraca! – das pretensões "pessoais" fora das quais eles são de todo mundo: se o discurso coerente mostrou um fato importante, foi justamente porque todo problema da linguagem encontra sua solução no universal. Mas o universal é também o comum, a coisa pública que não pertence a ninguém, porque pertence a todos. O homem só tem sua *obra* como algo que lhe pertença verdadeiramente, pois a obra depende dele, e ele não depende da obra.

O mundo, poder-se-ia dizer, volta assim a se tornar matéria para o homem. E, sem dúvida, ele concordaria de bom grado com isso: o mundo é transformado por ele, recebe um sentido que não possuía, uma forma nova, um outro conteúdo. Mas é preciso ser prudente: essa concordância poderia nos esclarecer, com efeito, se a obra não estivesse destinada precisamente a substituir o universal. O que resta de todas essas qualificações, compreensíveis apenas no universal, se elas são admitidas *porque* já não têm importância alguma? Quem quer a obra não deve se preocupar e não se preocupa com a interpretação de sua empreitada. Sabe que as palavras são impotentes, essas palavras do raciocínio cuja totalidade é a Razão, e que a obra tenha um sentido ou não, a seu ver, é uma questão a um só tempo pedante e pueril. Ele está além desse gênero de considerações, visto que está além de qualquer consideração: seria mais justo dizer que ele vive na *certeza* – mas numa certeza formal, uma certeza que não diz o que se deve fazer nem como se deve fazê-lo. Sim, ele toma o mundo tal como é: o que ele quer fazer, ele o faz conforme as condições do mundo (daí o parentesco entre esta atitude e a da *condição*); mas ele não está *sob* a condição, assim como não está *dentro* desse mundo: está diante de ambos, só, e de forma alguma pronto para entrar numa discussão ou admitir raciocínios que não têm serventia. Nada o vincula aos outros, pois nada o vincula.

Tal como é visto por ele próprio, ele é, portanto, essencialmente violento, isto é, no falar dos outros, imoral, sem gosto, sem fé nem lei, em suma: incompreensível. Essa reação, que é natural diante de toda atitude nova, baseia-se aqui na própria atitude, que é incompreensível em si mesma, porque assim se pretende. Entre esse homem e os outros não existe relação de comunidade ou de comunhão, e nem deve haver. Ele não é apenas único (como a personalidade o era), mas só. Seria absurdo para ele imaginar-se no lugar de um outro, pois não há lugares nem seres comparáveis. Não existem os *homens*, exceto no sentido em que a espécie *homo* deve ser tratada distintamente da espécie *canis*; existe *ele*, e também isso é quase falso, visto que não se trata de ser, mas de fazer, e que todo juízo "teórico" é sem alcance se não o tiver no âmbito prático. Ele é só, só absolutamente, não isolado como alguém que foi eliminado ou se subtraiu de uma comunidade à qual continua a pertencer. Os outros o encaram como um dos seus: pior para eles; ele pode deixá-los nessa opinião, e até confirmá-los nela, assim como pode se mostrar um inimigo irredutível, com o qual "não há como conviver", que é "louco" ou "genial": isso depende dele, de sua obra e dos meios que ele julga apropriados para realizá-la. A violência está presente – oculta, confessa, estampada, preconizada, dissimulada –, mas sempre consciente de si mesma.

No entanto, uma vez mais, devemos ser prudentes, pois falamos de alguém que não fala de si, que não se expressa, que, na linguagem do Absoluto, não existe para si mesmo, e mais, que não *quer* existir para si mesmo. Acabamos de dizer que esse homem é essencialmente violento, visto por ele próprio. Ora, ele não vê a si mesmo, vê apenas sua obra e, além disso, o termo violência nada significa para ele, já que ele não conhece alternativa. Ele pode falar de violência, assim como pode falar de outra coisa, porque falar de certas coisas de certa maneira pode servir à obra; mas a linguagem que ele emprega jamais é a sua linguagem; é a linguagem dos outros, aos quais ele menos se dirige do que deles se serve. Para ele próprio – se ainda pudermos empregar essa expressão –, ele é sentimento, mas não de si mesmo: ele é sentimento de sua obra, ele é aquela segurança (para evitar a palavra "certeza") imediata pela qual, ou melhor, na qual ele sabe o que tem a fazer, o que é assunto seu, mesmo que as questões técnicas e os detalhes ainda não estejam decididos. Mas é esse sentimento que se denomina violência na linguagem dos homens para os quais a verdade da existência é a vida em comum; é o que o homem da obra denomina, assim, ele próprio, se isto lhe parecer indicado; e é uma violência total, não menos total que o discurso, e que nada conhece fora dela mesma, a violência que criou, cria e criará tudo que foi, é e será. O discurso é refutado pelo *fato*; nada é compreendido ou compreensível diante do fato criador, a história não está terminada: não há história, não há compreensão nem discurso que contem diante do sentimento da obra.

É verdade que o termo sentimento também exige um emprego prudente, e pela mesma razão. Ele não designa aqui o sentimento oposto ao raciocínio, ou à vontade, ou à inteligência, porque, sendo total, ele não deixa nada a que ele possa se opor ou que possa se opor a ele, exceto por uma μετάβασις εἰς ἄλλε γένος. Mas o perigo é menor no caso do sentimento, visto que o termo não é aceito pela linguagem da tradição, exceto no âmbito que se denomina o da vida íntima. Será menor, portanto, a tentação de lhe atribuir um sentido filosófico estranho ao que ele indica aqui e que é, formalmente falando, o *caráter do que é imediato*. Até agora, o sentimento significava para nós uma relação do homem no mundo ao essencial do *mundo*, ou *Deus*, ou *liberdade*, ou *conflito*; ele era o silêncio na linguagem, ele era o que estava *indicado* em meio ao que se *mostrava*, ele era o *para-si* da particularidade em sua obstinação irredutível e como tal ele era compreendido no discurso absolutamente coerente. Ora, depois desse discurso, todas essas formas aparecem como *mediadas* por aquilo a que elas se opõem. Esse sentimento não era sentir, mas falar do sentimento: se tivesse sido diferente, o homem não teria perdido seu tempo a se justificar, ele teria criado; não teria buscado a satisfação, e muito menos a possibilidade de sua satisfação, ter-se-ia satisfeito.

É assim que o homem da obra aprende seu sentimento. Está claro que, para nós, ele não é tão imediato quanto acredita ser.

Mas o que isso significa se não que, ao falar, nós nos mantemos no interior do discurso, no qual, evidentemente, o sentimento volta a ser a particularidade oposta ao universal, isto é, negatividade mediada em si? E se fosse de outro modo, chegaríamos ao resultado de que a obra se confunde com o desejo na certeza primitiva. Ora, não menos evidentemente, não é esse o caso. A obra não é o meio de satisfazer um desejo que tem seu lugar no mundo, e o homem da obra não tem desejos que ele queira satisfazer: ele não deseja, ele *faz*. Caso se quisesse defender outra tese, seria preciso ir mais longe e dizer que o homem está diante da obra como o animal diante de seu alimento, que ele simplesmente ingere – e então o contrassenso viria à tona, visto que a obra está na sua realização e não é dada. É bem verdade que a obra vem do discurso que ela descarta e que ela pode ser apreendida pelo discurso, que a tudo apreende, como expressão da particularidade; no entanto, isso não toca esse homem, visto que apenas a obra e sua realização contam para ele. Ele está imediatamente em sua obra, precisamente porque a mediação da particularidade no Absoluto foi total; ele não é filósofo, não porque a filosofia ainda não exista, mas porque ela existe e é saber.

3. A linguagem da obra: o mito. – Eficácia e sinceridade. – A obra e a massa

As "contradições" da categoria se reduzem, assim, a uma só, e que não incumbe à atitude, a saber, entre o fato fundamental de seu caráter imediato e a tentação de mediação constituída pela empreitada de falar dela. O homem da obra está fora da linguagem "filosófica". No entanto, não apenas o discurso que chegou à maturidade pode falar dele,[2] não apenas o homem na segurança de sua obra deixa falar de si, sabendo que se pode falar de tudo: ele próprio fala. Mas essa linguagem é fundamentalmente diferente de qualquer linguagem anterior. Ela não almeja a coerência, que, ao contrário, é rejeitada por ela, pois não haveria obra

---

[2] É assim que Hegel, em sua filosofia da história, pode introduzir os conceitos de *paixão, grande homem, herói*, etc., que visam, todos eles, à violência da obra. É também assim que um Hitler é compreensível para nós. – A contradição mencionada será tratada adiante, na página 508 ss.

num mundo perfeito, já *feito* até o fim, num mundo compreendido e fechado na e pela compreensão. Ela nada pretende revelar, visto que não há nada a ser revelado e que, assim, não existe *nem verdadeiro nem falso*. Ela não trava *discussão* alguma nem conclui acordo algum, assim como não existem nem *os* homens, no sentido de toda filosofia tradicional, nem um *objeto* sobre o qual seja possível estabelecer um acordo. Ela nem mesmo se eleva acima dos conflitos, à maneira da *inteligência*, visto que essa altura e essa inteligência a ameaçam em seu caráter imediato e a tornariam comparável, como se ela fosse uma linguagem, um interesse, uma possibilidade humana entre outras. A única linguagem à qual esta linguagem poderia se aparentar é a da *condição*, visto que essa linguagem, assim como a presente, é meio e ferramenta, não fala, no fundo, sobre nada, mas desempenha um papel na atividade e assim se justifica. Trata-se, porém, de uma relação superficial e rapidamente renegada; isso porque a condição se basta a si mesma no progresso e não reconhece a única coisa que conta aqui: a obra; seu tema é justamente os homens, a humanidade, ao passo que aqui, para falar nos termos da condição, o homem, o homem só e único, não é condicionado e explicável, mas condição real, e essa palavra, "real", basta para separar para sempre a atitude presente daquela da *consciência*, na qual o homem é condição última e absoluta, mas condição por trás das condições e que aí se descobre apenas como condição das condições, não como fator essencialmente acima dos fatores *na realidade*: sua liberdade é tão somente uma liberdade *sabida*, *concebida* como agente, mas que não age, porque ela é a liberdade da humanidade em seu discurso.

O homem da obra não tem linguagem (mais exatamente, depois da categoria do Absoluto: ele não é linguagem). Ele se serve da linguagem. Abstenhamo-nos cuidadosamente de perguntar com que finalidade ele dela se serve: dizer que ele se serve dela para a obra seria apenas uma aparência de resposta, visto que a obra não é concebida antes da criação, nem está separada dela: se não fosse assim, o homem viveria no *pensamento* da obra, e a própria criação tornar-se-ia supérflua pela previsão do resultado; em outras palavras, isso seria a concepção de uma existência determinada com relação à qual o homem não passaria de uma ferramenta de realização e cuja realização, porque pensada, cairia no âmbito do universal. O homem se serve da linguagem, e isso significa apenas que ele *é* o senhor da linguagem, no mesmo sentido em que o homem da *discussão queria* tornar-se dela o senhor. Aqui, o homem está seguro de seu domínio, e está igualmente seguro de que esse domínio não é de uma importância absoluta, visto que, contrário à discussão, ele admite a violência; se a linguagem desempenha um papel de primeiro plano é porque os homens falam.

Isso porque, repetindo, o homem cria sua obra no mundo e sabe disso. O mundo não o vincula; o que ele quer, ele pode fazer. Mas isso não impede em absoluto que, para tanto, ele deva proceder da maneira certa, pois embora a obra nunca seja impossível, ela pode fracassar por uma escolha errônea dos meios. Isso equivale a dizer que todos os meios são permitidos, que nem todos são apropriados, mas que sempre existe um meio. O mundo é tal como foi descoberto e descrito pela ciência da condição; mas esse mundo dos fatores e dos meios reveste agora um sentido, um fim, que é a obra. Ora, esse mundo é o mundo do trabalho e da organização dos homens, o mundo da sociedade e do Estado, e sua existência se baseia na linguagem. Mas a linguagem da condição – nas suas duas formas da linguagem científica e da linguagem da educação – já não é, para si, um meio de progresso, nem em si (como se evidencia nas categorias posteriores) um fim para ela própria. Ela serve à obra. Como então dominar essa linguagem em sua totalidade, isto é, dominar a sociedade e o Estado?

Os homens falam e acreditam na linguagem; é somente por eles que a obra pode ser realizada; é preciso, portanto, que eles subordinem sua linguagem do trabalho e da organização a uma nova linguagem que corresponda à obra. A obra produz, então, sua linguagem própria, uma linguagem na qual ela se apresenta e se impõe aos homens que, por sua vez, não têm obra. Do ponto de vista deles, o essencial da obra está presente nessa linguagem: eles aprendem que sua vida não teve sentido até aqui, que seus valores não eram autênticos, que eles não eram livres, que eram suficientemente ingênuos para se deixarem capturar por um interesse concreto que, erroneamente, se pretendia único, que eles se entregavam à fadiga e ao tédio de uma vida cujo sentido estava estabelecido acima deles; em suma, todas as categorias contribuem, alternadamente e de acordo com as exigências da obra, para criar o vazio no qual a obra possa se instalar para dirigi-los. Do lado do criador, as coisas são diferentes. As categorias importam, porque importam para os outros, porque são boas para desprender os homens da vida no trabalho que é em si (para o Absoluto) a vida no Absoluto, para torná-los abertos à proposta da obra. Mas a obra zomba das categorias que ela sabe não serem sérias, pois toda compreensão evita uma criação que a tornaria impensável. Ela se utiliza disso, ela não confia nisso, assim como não confia em nenhum pensamento além daquele imediatamente aplicável. No entanto, ela não se contenta em criar o vazio para nele encontrar o seu espaço: os homens não contribuiriam para a obra por simples falta de satisfação; ao contrário, se esse estado fosse possível, seu resultado seria o relançamento dos homens na luta violenta dos desejos, e até das necessidades, na luta de todos contra todos pelo domínio e pela satisfação imediatos e, assim, a inviabilização da obra: se todos são sós, o homem da obra já não difere de ninguém. A criação da obra exige um mundo organizado com vistas à obra; é preciso aquilo que os homens consideram como uma ideia positiva, como um projeto, como um fim preciso.

O homem da obra sabe perfeitamente que essa exigência é absurda: a obra não tem sentido no mundo; ela apenas confere um sentido ao mundo, e esse sentido não deve ser antecipado, visto que ele existe na realização. Não se pode falar da obra como de um objeto a ser fabricado pelo trabalho. Mas se ela não pode ser antecipada, pode ser projetada (no sentido etimológico do termo: lançada adiante, à frente do presente): o que é agora é a época preparatória, a geração sacrificada, o tempo da infelicidade, cognoscíveis como tais graças ao projeto; somente a obra realizada proporcionará o definitivo, a vida plena, a felicidade. É apenas na condição de ter essa fé que os homens se entregarão à obra, se submeterão àquele que a anuncia. Ora, nada impede que este último fale aos homens; ele pode até lhes falar com sinceridade, pois pode contar com a falta de compreensão por parte deles: visto que eles não têm obra a realizar, que continuam a se manter na existência comum de sua tradição que é a do trabalho, eles "compreenderão" o projeto da obra à maneira deles no mundo deles. Basta não os impedir de cometer esse erro para que seja possível dizer tudo.

Visto a partir das outras categorias, esse *tudo* que o homem da obra pode dizer não é grande coisa. Para ele próprio, tudo é imediatamente claro no sentimento, e nada lhe é mais estranho do que querer "aferrar-se às suas ideias". Isso importa – e ele não se esquece disso – no plano técnico, no plano do mundo e da condição. Mas isso não é assunto seu; por ela mesma, a organização lhe interessa tão pouco quanto o trabalho ao qual ela é necessária, e assim como faz com este último, ele confia aquela aos *seus*, àqueles que aderem ao seu projeto. A obra em si mesma nunca está acabada e não pode ser concebida como acabada por seu criador. Ela é criação, criação no mundo (não criação de si tal como a personalidade a perseguia), e essa criação não poderia parar. Ela é movimento, mais do que está em movimento, visto que a parada a refutaria ao reduzi-la, *ex parte post*, a um simples fim de raciocínio: ao contrário, tudo que pode ser enunciado sobre ela com a precisão da ciência do trabalho é, por isso mesmo, meio de realização da obra, não a própria obra.

Assim, a linguagem do homem da obra é linguagem do sentimento e se dirige ao sentimento. É o que lhe permite ser sincero, pois não são suas palavras e o conteúdo delas que importam. Ele pode falar de si mesmo empregando todas as categorias, qualificar-se de profeta, de homem do destino, de mestre, de homem clarividente entre os cegos, de inteligência entre os obtusos; pode expor seu projeto de todas as formas, como sentido da história, como realização da liberdade, como organização perfeita – nada o limita na escolha dos termos, contanto que estes expressem sua unicidade e a de sua obra, e que lhe granjeiem o auxílio dos outros. A contradição não o incomoda, ela não tem sentido para ele, pois tudo que se pode dizer do criador e de sua obra não passa de *metáfora*, e a escolha depende exclusivamente do efeito sobre os homens. Quanto a estes, eles tomarão a metáfora como metáfora e recebê-la-ão sem julgá-la conforme o raciocínio, e mais justificadamente ainda sem recusá-la por seu caráter metafórico:

aqueles que raciocinam não são, em caso algum, utilizáveis para a obra e devem ser tratados como inimigos.

A linguagem do homem da obra não significa nada, portanto, no sentido das categorias anteriores (o que não significa que sua linguagem não possa ser ouvida sob estas últimas, longe disso: ela é falsa ou absurda, ou criminosa, ou ímpia, ou revolucionária, etc.). O criador quer criar, a linguagem lhe é tecnicamente necessária, mas essa linguagem não tem valor em si mesma: a linguagem age, ela proporciona aquele poder sobre os homens que lhe é indispensável, ela não é o fim em si. O que o criador diz é sempre, portanto, a mesma coisa: "Eu sou o criador da obra; é preciso realizar o projeto que eu trago diante de vós, adiante de vós; é preciso sentir que deveis subordinar-vos a ele com tudo que tendes e tudo que sois". Em tudo o que diz, o criador é sincero assim; as formas não contam para ele, e quer fale de grandeza, quer de bondade, de amor ou de luta, de salvação ou de alegria, ele não mente – nem que fosse porque a ideia da mentira não poderia se encaixar nesse plano, dado que no movimento não pode haver verdade; verdade e mentira existem juntas para outras categorias; uma vez que estas tenham sido ultrapassadas, a oposição desaparece junto com os termos que a compõem.

O que o criador diz não forma, portanto, um discurso; se for necessário designar por meio de um termo seu conteúdo movente e sempre idêntico (para nós), pode-se chamá-lo de *mito*. No entanto, esse mito se distingue do mito da *certeza* porque se sabe mito e se opõe ao pensamento técnico como o fim ao meio (embora o homem da obra o trate como meio com relação à obra e saiba que sua obra não é fim para o raciocínio). O conteúdo deste mito não é destinado nem está apto a regular a vida e os atos dos homens que seguem e devem seguir as receitas da comunidade do trabalho. Ele não se baseia numa tradição real (a tradição viva da comunidade é contada entre os fatores de ordem técnica), mas cria para si uma tradição, ela própria mítica. Ela não dá ao homem um lugar estável num mundo compreendido, mas permite-lhe manter-se pronto para o movimento que o arrastará, juntamente com o mundo de sua tradição viva. A linguagem do homem da obra e o mito que ela contém não julgam, portanto, a si mesmos, e não podem ser julgados: são ou não eficazes, pois são a expressão – mais exatamente, a ação – do homem só que não tem ninguém ao seu lado, no âmbito de sua obra e de seu mito. Ele tem colaboradores, pode ter amigos entre aqueles que, sem colaborar com sua obra, aceitam seu mito; ele conhece inimigos, precisamente aqueles que opõem ao seu mito outro mito (porque, para ele, tudo é mito, isto é: toda expressão humana, mesmo aquela que parece excluir a ação sobre os homens, visa tão somente à ação e não tem outro sentido); mas ele não pode ter iguais: os homens são a *massa*, o material da obra.

Por certo essa massa não é absolutamente informe, ela não é uma simples soma de indivíduos; ao contrário, está organizada na sociedade e no Estado, e é do interesse da obra manter essa organização – e não desfazê-la – para dela se servir, mas opondo-lhe ao mesmo tempo o seu mito. Na realidade histórica (no sentido da categoria da condição), a influência do mito será maior ou menor de acordo com o papel desempenhado – para os homens – pelo trabalho, de um lado, e pelo sentimento, de outro, e a menos que o desejo se sinta insatisfeito, isto é, que os homens escapem, em certa medida, à organização da sociedade e do Estado, eles não sentem a necessidade do melhor e não se tornam acessíveis à promessa do projeto, promessa esta que é vazia, e vazia de sentido para o pensamento da condição, satisfeito como ele está na ideia do progresso, e satisfatório para aqueles que não estão à altura desta ideia, ao fornecer-lhes um sucedâneo de pensamento. A obra, ao mesmo tempo em que mantém a organização, investe, portanto, contra esse sucedâneo, não para fazer desaparecer a necessidade deste, mas para servir-se dele dirigindo-o. Seu mito, é verdade, não consola, nem diverte, nem educa os homens, mas promete aos fiéis uma dignidade nova, inaudita até aqui, e anuncia-a para já: eles serão os senhores do progresso, de imediato, agora. O trabalho está concluído, a obediência à organização já não será exigida – toda pena incumbirá aos outros, aos inimigos, àqueles que não seguem o criador: um pequeno esforço, um pouco de disciplina, e confiança! Chegou-se, ou quase! E os homens, cada qual em seu lugar, lutarão para colocar a própria organização à disposição daquele que, longe de ser para eles o senhor, é seu chefe. Repitamos, uma última vez, que não há insinceridade alguma nessa promessa. Para quem a profere, o projeto está presente e prestes a tomar corpo na obra; mas visto que essa obra não se distingue de sua realização na criação, não se pode falar dela de outro modo senão por metáforas e para o sentimento, e o sentimento dos homens é formado pela tradição do progresso, pelo desejo do melhor. Talvez se possa formar outra geração para uma tradição nova, que se desvencilhou do raciocínio quando se trata do sentido do trabalho, inteiramente voltada para o movimento e a obra, para a colaboração com o criador: por enquanto, o criador não pode empregar uma linguagem que não surtiria efeito, pode apenas sugerir que as vantagens não constituem o essencial, que elas apenas acompanham a obra. Os outros estão enganados, mas não foi o criador que os induziu ao erro, foi a falta de compreensão deles para com a obra e o criador. Quanto ao criador, ele não pode falar diferentemente de como fala: os homens não passam de meios (aqueles que a isso se recusam não passam de obstáculos – o que dá no mesmo), a linguagem serve para empregá-los, mas não tem sentido em si, isto é, independentemente de sua função: sendo útil à obra, ele é sincero.

4. A obra como categoria, para ela mesma e para a filosofia em sua totalidade

O resultado de tudo o que acabamos de dizer sobre o homem da obra não parece apenas frágil, mas também, e, sobretudo, maculado de dificuldades insuperáveis. A atitude rejeita todas as categorias para utilizá-las todas; será que uma atitude assim pode conduzir a uma categoria, dado que ela recusa o discurso, a compreensão, o universal, que ela se estabelece no *fazer*, não no *pensar*, que ela se baseia na unicidade e exclui toda comunidade, toda comunhão, exceto no plano técnico, que não é o seu, que, por conseguinte, o entendimento e o diálogo (tanto quanto seus contrários) são descartados, e que só restam entre o criador e os homens a violência e a astúcia, que é apenas uma violência unilateral, por ser sentida como tal somente por aquele que a exerce? Não diremos que isso é o retorno à *certeza*; vimos as diferenças que separam as duas atitudes, a passagem pela linguagem universal, em primeiro lugar – a linguagem universalmente humana não é desconhecida, mas rejeitada –, pela ciência da *condição*, em seguida, na qual o homem não sabe *o que* fazer, mas sabe muito bem *como* fazer. E, no entanto, o discurso é rejeitado, e a atitude não é apenas afilosófica, mas antifilosófica, cientemente antifilosófica. Será que ela pode ter uma importância filosófica para a filosofia?

Não resta dúvida de que, em todo caso, sua importância é grande para a filosofia na existência real desta última. Com efeito, o homem da obra considerará sempre a filosofia como a atitude fundamental de seus inimigos, daqueles que recusam a colaboração porque, mesmo que estejam prontos para agir, querem *julgar* o projeto e, se renunciam ao julgamento, recusam a ação, contentando-se em *compreender* o que é; inutilizáveis em ambos os casos, ou eles desviam os homens do projeto, ou os desencorajam. Quanto à eficácia – e o eficaz é só o que conta –, a filosofia não é nem verdadeira nem falsa, mas nociva, e está claro que a violência do criador ameaça, se não a filosofia, ao menos os filósofos em sua existência.

A relação da filosofia e da obra, contudo, nem por isso fica mais clara. Seja o que for a filosofia – e nada confirma ou desmente a definição dela que o criador acaba de dar –, ela não pode negar aquilo que é. A questão é, portanto, a de saber se *para ela* essa atitude se constitui como categoria, mesmo que a atitude não o fizesse para si mesma; em outras palavras, se pode haver atitudes irredutíveis, que *são pensadas* dentro de categorias igualmente irredutíveis, mas não *pensam* a si mesmas. Um fato, em todo caso, é inquestionável: o de podermos falar dessas atitudes, visto que acabamos de fazê-lo. Essa constatação não leva muito longe, é verdade, visto ser possível que delas falemos por meio de categorias que precedem essa atitude; se daí resulta – e esse resultado trivial e importante costuma ser negligenciado – que o homem que não pensa pode ser pensado, a dificuldade para nós ainda é a de examinar a ordem de precedência, de anterioridade e de posterioridade das categorias: é preciso saber se a atitude presente pode ou não pode ser apreendida por categorias anteriores. Se não puder (a outra resposta conduz à solução banal que recusa a originalidade à atitude), daí se seguiria que a categoria correspondente à atitude não é desenvolvida por esta, mas existe e é indispensável à filosofia: ela seria descoberta por meio de uma categoria (ou de várias categorias) posterior, o que não seria grave, dado que a filosofia é una e só se compreende totalmente em sua totalidade.

Para especificar a pergunta, podemos retomar o que dissemos no início deste capítulo: na linguagem do Absoluto, a obra não passa de expressão da obstinação do particular, que, em vez de se fundir no universal, se defende, mais pronto para se tornar indivíduo na violência do que para abdicar. É certo que isso constitui uma compreensão da obra: teríamos nós, apesar de tudo, falado da obra por meio de uma retomada? Essa retomada seria então certamente mais complicada do que as retomadas costumavam ser; ela seria menos ingênua, dado que o discurso coerente desconfia desse gênero de interpretações. Seria preciso dizer que não se trata em absoluto de uma redução da obra ao discurso coerente, que o homem pode realmente viver sem filosofia, e até se voltar contra a filosofia, que não existe meio algum, e menos ainda um argumento, capaz de convencê-lo, mas que, tudo isso admitido, um *em-si* e uma verdade existem ao lado ou, antes, no fundo desse *para-si*, e que, *para a filosofia*, o para-si se deduz do em-si e a ele se reduz. E o discurso absolutamente coerente poderia pôr em linha um argumento de grande peso: a obra se faz no mundo conforme as condições do mundo; em outros termos, o criador reconhece o mundo da *condição*, mundo este que nada mais é do que a Razão em-si, a Razão que não se conhece como Razão nos particulares, mas que é a mediação total entre a negatividade do indivíduo e o universal. O discurso teria razão, portanto, em contestar toda pretensão da obra à originalidade, fosse essa pretensão emitida pelo criador da obra ou pelo representante de uma filosofia, muito mais indeterminada, mas que afirma superar – seja qual for o sentido tomado por essa palavra ao longo da determinação dessa filosofia – a ciência absoluta.

Ora, é a força do argumento que leva à sua refutação. Para o discurso coerente, o criador é a particularidade que quer ser reconhecida em sua particularidade por todos os outros, que, portanto, não recua diante da violência e não teme a luta contra a morte, mas que, entretanto, reconhece o mundo organizado do trabalho; o que ela busca é, por conseguinte, o reconhecimento de sua criação por um mundo onde a criação é desconhecida. Essa contradição não choca o discurso; a liberdade negadora lhe é bastante conhecida: personalidades desse tipo eram gênios enquanto por meio delas a Razão caminhava do em-si ao para--si. Mas para que a prova fosse completa, seria preciso que um caminho levasse desse homem e para esse homem ao discurso absoluto ou, o que é equivalente, que esse homem tivesse seu lugar no devir da Razão. Ele não o tem. Na construção essencialmente histórica da ciência absoluta, ele é como um bloco anistórico, um fenômeno que pode se mostrar a qualquer momento, sempre início e fim em si, sem relação a um anterior ou a um posterior, herói tanto quanto louco ou criminoso. Ele é verdadeiramente o escândalo do discurso, e o aparecimento desse escândalo é a prova de que a retomada é apenas uma retomada.

Essa insuficiência vem à tona quando se constata que esse escândalo, ao excluir toda ordem na sucessão categorial, desaparece tão logo se considere o problema do lado da obra, em vez de encará-lo do lado do discurso coerente. O criador não é tão primitivo quanto o discurso desejaria (e deve) retratá-lo. Ele sabe muito bem em que consistem o discurso absoluto, a Razão real, a realidade razoável: se ele os rejeita, é com conhecimento de causa. Ele admite perfeitamente que, para o discurso, que é universal, ele próprio é particularidade, objeto compreendido, não sujeito que compreende na qualidade de criador. O que ele não admite é o postulado primeiro do discurso, que afirma que deve haver compreensão. A necessidade hipotética de sua compreensibilidade não o incomoda em absoluto e ele se sabe, em princípio, capaz de estudar, de continuar, de perfazer a ciência absoluta, de ter uma linguagem válida e – filosoficamente – satisfatória para todos e para cada um. No sentido do discurso absoluto, ele possui uma linguagem, a do discurso coerente; ele próprio diria, em vez disso (e a ciência absoluta não discordaria), que ele é relegado pelo discurso absoluto à linguagem da condição. A diferença não é importante, visto que a condição desemboca no discurso e que o discurso tem sua realidade objetiva na condição. O decisivo é que o homem da obra concede tudo – filosoficamente – e que ele não *quer isso* para si: ele sabe que todo saber conduz à ciência absoluta; ele não quer saber, não porque ele acreditaria não ser particularidade – no âmbito do ser e do saber, ele *sabe* ser isso e nada mais –, mas porque ele não se *julga* particularidade, algo que tenha seu ser e seu sentido não num outro (para não dizer: nem mesmo num outro), mas naquilo que é seu desaparecimento no universal.

Essa consciência do universal, essa recusa de um conhecido distinguem a atitude de todas aquelas que entram no discurso absolutamente coerente porque elas lhe são anteriores (e se mostram anteriores justamente desse modo). Caminho algum conduz da obra ao Absoluto, pois o criador da obra vem do Absoluto; se ele devesse recorrer a uma categoria anterior, seria a mais antiga do discurso, a mais vazia pela medida da ciência absoluta, a do verdadeiro e do falso, e isso apenas por meio de analogia: o projeto é verdadeiro, e tudo se torna visível por oposição ao projeto, que, por sua vez, é *só*; mas a analogia acaba aí, pois o criador tem atrás de si toda a história do pensamento, e ele sabe que seu novo início é essencialmente um recomeço, a negação universal do universal (em linguagem de ciência absoluta).

A linguagem da ciência absoluta que acabamos de falar possui para nós a vantagem de expressar filosoficamente a impossibilidade filosófica (a palavra "filosofia" tomada no sentido da ciência absoluta) da obra e da criação. Não é a linguagem da atitude que rejeita toda linguagem da compreensão. A linguagem que é a sua e que ela reconhece como sua é a linguagem do imperativo. Não é necessário insistir longamente na diferença entre essa linguagem e a do dever e do imperativo moral, a qual não contém um único imperativo concreto, nenhuma ordem executória, mas apenas juízos ou, mais exatamente, uma regra que pode servir para fundar juízos sobre atos possíveis, nenhum dos quais é imposto concreta e imediatamente; se aí a Razão é *prática*, é sempre a *Razão* que o é, isto é, o universal, o universalmente válido. O homem da obra não julga, as qualidades de bom ou mau se reduzem a questões técnicas que só lhe interessam secundariamente; ele comanda e seu comando dispensa justificações: "Faça isso, faça aquilo. A obra o exige!", eis sua linguagem, que não é nem pretende ser pensada, visto que ela não diz respeito àquele que fala (exceto por retomada, quando, por razões técnicas, o imperativo é apresentado como princípio, e o criador como o primeiro servidor da obra); ela é meio de realização, não instância de julgamento do projeto: o projeto não é julgado, ele julga, e a razão pertence àquele que dela se apossa.

Mas essa recusa consciente do discurso absolutamente coerente e do tribunal da Razão fornece a categoria dessa atitude. Evidencia-se – e isso estava previsto – que a categoria importa pouco para a atitude, a qual se ocupa real e ativamente da obra, e mais, qual *é* a obra e apenas a obra; no entanto, evidencia-se também que ela possui essa categoria e dispõe de uma linguagem. Isso porque essa linguagem imperativa na qual ela se dirige aos outros se baseia numa linguagem válida apenas para ela, linguagem sumamente pobre, de forma alguma "teórica" e, contudo, relacionada à teoria em sua totalidade. Essa linguagem diz uma única coisa: "A obra importa, e nada mais"; mas essa proposição única basta para recusar e rejeitar todo pensamento, isto é, o universal no sentido do discurso absolutamente coerente, e para substituí-lo pela obra, que se torna, assim, categoria pela qual todas as coisas recebem sua função nos julgamentos do homem da atitude.

Que esses julgamentos sejam de um primitivismo extraordinário em comparação com a riqueza e a gradação das outras categorias, isso é tão pouco decisivo quanto é evidente. Uma objeção, no entanto, poderia ser feita a essa concepção da obra como *categoria*. Pode-se dizer: será que essa categoria existe para o homem na atitude? Não será ela o produto (indispensável, talvez, para ele) do filósofo que, numa atitude análoga, se não idêntica à da inteligência, observa e interpreta a atitude do homem da obra? Nem falemos de categorias: será que o simples *conceito* da obra pode ser formado por alguém que não conhece a pluralidade das obras, que não se distingue de sua obra, que não chega a dela se desprender o suficiente para julgá-la, que nem mesmo pode falar sobre ela, mas cuja relação com ela é imediata, isto é, para ele, uma relação de identificação? A objeção merece ser levada em conta. Ela não é interessante ou (o que seria equivalente) difícil de resolver; mas ela é, por assim dizer, natural e conforme à linha de uma tradição filosófica que tem sua origem (diretamente ou por intermédio de retomadas de categorias posteriores) na *discussão*. Para a objeção, com efeito, a categoria, uma espécie de superconceito, só pode desempenhar um papel no interior do diálogo: ela é o *principium disputationis* implicitamente reconhecido por todos os que não querem se excluir da discussão. Se assim fosse, a categoria efetivamente não existiria para o homem da obra; para ele, não existe discussão, não existe reconhecimento implícito, muito menos explícito, de um conceito fundamental. Ora, não se trata em absoluto de conceito, mas do que torna os conceitos possíveis (filosoficamente possíveis, isto é, portadores de um *sentido*; teremos de voltar extensamente a essa questão) ou, se assim se preferir, daquilo que constitui uma linguagem na qual – mais do que com a qual – o homem vive. A categoria não é um conceito abstrato, um conceito que foi abstraído de uma pluralidade de objetos ou fenômenos, mas é a única coisa que institui toda abstração, se, todavia, um procedimento de abstração existir em outro lugar que não em formas muito especiais "da" ciência (que é uma linguagem correspondente a uma discussão complicada pela presença de outras categorias). As categorias, portanto, se mostram somente na oposição a outras categorias; por isso a primeira é uma atitude muda, a menos que (mas por enquanto isso é apenas uma especulação) uma categoria sem atitude lhe corresponda e se confunda com ela. A atitude não enuncia sua categoria, mas se contenta com seus conceitos. O que é chocante para a tradição na categoria da obra não é, portanto, como ela o afirma, a introdução desta última, que nada tem de especial, mas o fato de que essa categoria se recuse a se elaborar em conceitos e que, consequentemente, uma análise por discussão ou análises transcendentais, ou de interpretação, sejam impossíveis por falta de material. A categoria desnorteia assim. Mas ela o faz porque mostra mais brutalmente que as outras o que é comum a todas, e que só poderá ser elucidado ao fim dessa pesquisa.

Pode-se notar, portanto, que o caráter desnorteador da categoria tem sua origem no fato de que a categoria não cria conceitos, mas serve-se daqueles que outras categorias produziram. De maneira paradoxal somente em aparência, ela compreende todos os discursos de todas as categorias e se contenta em considerá-los absurdos; mais ainda (e é nisso que ela se mostra como categoria), em declará-los absurdos. Ao falar todas as línguas, ela *sabe* que nenhuma delas tem sentido para ela. Mas sua própria linguagem negadora de todas as línguas é perfeitamente compreensível, tanto para ela quanto para nós: para ela, porque ela aí vive, e para nós, porque nós a superamos e falamos por meio de categorias que ainda não se explicitaram. A atitude desnorteia porque ela não *quer* se compreender; ela produz sua categoria porque *proclama* sua recusa. O discurso absolutamente coerente do Absoluto poderia declarar que a violência se havia pensado nele e se havia apaziguado ao compreender a negatividade em sua totalidade: a obra opõe a esse discurso da violência a violência de seu discurso; o que formou o discurso absolutamente coerente foi a violência, é verdade, mas essa violência cessou de agir; a violência *se pensou* no discurso, ela já não se *pensa* nele, ela aí é violência para o pensamento, violência pensada e passada: a violência presente se proclama na obra.

5. *Máscaras e retomadas da obra. – Justificação e apreciação*

As retomadas da categoria não são apenas numerosas e multiformes, são desdobradas por pseudorretomadas que nem sempre podem ser facilmente diferenciadas de retomadas verdadeiras, ao menos nos casos históricos. Isso porque mesmo lá (ou talvez: sobretudo lá) onde a atitude se apreendeu em sua categoria, ela não se expressa por meio desta: o homem da obra é só e se sabe único; ele não pode falar *com* os outros, mas apenas *aos* outros: o projeto que ele quer realizar deve ser-lhes proposto na linguagem *deles*, na linguagem que surte efeito sobre eles: a separação do criador e da obra, a concepção do projeto, assim como de um plano de trabalho com vistas a um fim já são fórmulas que pertencem à linguagem dos homens. O criador se servirá das outras categorias como lhe aprouver, portanto, para apresentar seu projeto, para apresentar a si mesmo sob as formas mais variadas. Sua escolha dependerá da utilidade maior ou menor desta ou daquela categoria sobre este ou aquele grupo; ela terá a maior importância técnica e não terá nenhuma de ordem categorial, sendo apenas um meio destinado a permitir que o criador possa enfim empregar sua linguagem natural, o imperativo.

É evidente que, nesses casos, não se trata de retomadas no sentido estrito, pela simples razão de que a atitude não é pensada de forma alguma – senão em sua própria categoria –, mas apresentada sob uma forma considerada por ela própria como estranha a ela. Na prática, seria difícil distinguir as retomadas verdadeiras das máscaras: aquele que tenta resolver concretamente um problema histórico dessa ordem deveria se perguntar se não sofreu (ou receia demasiadamente sofrer) a influência de uma "apresentação" e, nesse caso, se a multiplicidade e a multiformidade das retomadas (que constituiriam uma indicação de pseudorretomada) não provêm, ao contrário, de uma confusão categorial inconsciente que pode ser a expressão de uma vontade de clareza. Para nós, que não lidamos com essas questões de aplicação, a distinção de princípio basta.

Mas mesmo as retomadas autênticas apresentam outra dificuldade, e que é de ordem filosófica. A atitude está por inteiro na obra; a retomada, vista sobre a obra a partir de outra categoria, pode se efetuar, portanto, de duas maneiras, conforme seja efetuada pelo homem que vive nessa atitude (agindo), mas que só a pensa numa categoria anterior, ou por alguém que, vivendo e pensando em outra categoria-atitude, busca compreender a obra. Do ponto de vista formal, essa distinção é possível para cada categoria; ela se torna necessária neste ponto, porque pela primeira vez a realização se separa do discurso e se faz não sem, mas contra este último. É de suma importância, portanto, discernir se estamos diante de uma *justificação* da obra que o criador busca conquistar diante do tribunal de seu pensamento ou de uma tentativa de compreender esse criador numa *apreciação*.

É supérfluo enumerar as incontáveis retomadas que se desenvolvem em ambos os casos: não apenas elas são de natureza bastante simples, como são, além disso, muito difundidas e bem conhecidas. As primeiras, aquelas que se poderiam denominar retomadas justificativas, têm em comum que a obra aí se transforma em *missão*, o criador, em *eleito*, sem que a categoria de *Deus* seja aí mais do que uma mediação. Essa mediação é, com efeito, necessária, porque sem ela a depreciação da tradição não seria fundamentada, depreciação esta sem a qual não há possibilidade de criação, já que o mundo está bem ordenado e, por assim dizer, muito pleno para que o homem nele intervenha. Mas isso não implica, em absoluto, que a categoria de Deus sirva por si só à retomada. Ao contrário, sua mediação é tão exigida quanto seu emprego direto é raro, uma vez que a fé é abandonada em favor de outras categorias. Existe realmente o homem de Deus, mas é preciso observar que, na maioria das vezes, não é esse homem que atribui a si mesmo esse título; são os outros que lhe atribuem numa retomada de apreciação, e não de justificação. De costume o profeta não tem uma obra a realizar, mas uma mensagem determinada e limitada a transmitir, e é somente aos olhos da apreciação que tal mensagem e, sobretudo, a sequência de mensagens se transformam em obra. No entanto, se existem exemplos em que a atitude da obra se justifica por uma ordem divina (como no caso de Maomé), são infinitamente mais numerosos os casos em que a justificação é buscada por meio de outras categorias. O tipo é sempre o mesmo: o homem da obra é o único qualificado para consumar o fim proposto pela categoria. Ele é um *gênio* que realiza a liberdade, ele é o *personagem histórico* de sua época que fixa as estações no caminho do progresso, a *personalidade* que encerra o conflito ao escrever a nova tábua de valores, etc.; em suma, ele é o eleito, e nisso reside a importância da categoria de Deus: as outras, antes de poderem servir à justificação, devem ser retomadas sob esta última, para que a relação possa ser estabelecida entre um plano do mundo (como ideia formal e vazia, visto que a revelação desapareceu) e a obra do homem, que assume assim, e somente assim, o duplo papel de criador e de fonte da revelação.

Repitamos que, na prática, não se distinguem com segurança absoluta as retomadas verdadeiras das pseudorretomadas, porque estas se dedicarão precisamente a imitar aquelas o melhor possível. O problema se coloca, sobretudo, para as retomadas de apreciação, pois o juízo que distingue empreendimentos de justificação e pseudorretomadas se baseia, ele próprio, numa retomada da obra, retomada na qual a função de mediação recai sobre a *personalidade*. Trata-se, com efeito, da autenticidade do criador, e é com relação a ela que sua retomada é reconhecida ou rejeitada como máscara. Isso não implica que o juiz considere a si mesmo como personalidade; sua atitude se expressará dessa maneira apenas no caso em que ele *justifique* a si mesmo, não como simples adversário, mas como concorrente que opõe à obra reconhecida de um outro o seu próprio projeto, e a retomada de apreciação serve então de retomada de justificação. No entanto, para a simples apreciação, a categoria da personalidade é igualmente indispensável, porque só ela permite a passagem do plano da obra ao plano da linguagem, que é o do crítico. A apreciação não se serve por puro acaso desse termo de personalidade ao qual, como a uma substância, ela acrescenta um qualificativo categorial à guisa de atributo: personalidade religiosa, ou histórica, ou poética (no sentido da poesia da *consciência*), ou revolucionária (no sentido da *inteligência*, isto é, inventor ou renovador de um interesse concreto) e assim por diante, conforme as categorias ou retomadas de categorias empregadas.

É evidente, após o que acaba de ser dito, que essas apreciações, visto que elas transpõem a obra ao plano do discurso, se baseiam na atitude da *inteligência*. Não é de forma alguma necessário que a *categoria* da inteligência esteja presente: de costume, a avaliação que se considera uma tomada de posição em favor da obra ou contra ela; isto é, ela não se ocupa da obra em si, mas de seu próprio discurso sobre a obra, e evita colaborar com a realização do projeto ou opor-se a ele. Por isso, o criador sente apenas desprezo por esses homens que não são *nem mesmo* adversários, senão por acidente, mas enfraquecem a fé dos adeptos. Quanto a estes e aos adversários, eles vivem na atitude do *verdadeiro e do falso*, e o criador é para eles ou o chefe ou o sedutor, a menos que o adversário seja um concorrente e tenha uma obra e um projeto próprios, e nesse caso ele negará até mesmo a existência do projeto do primeiro e tratará de combatê-lo como uma resistência ao seu projeto que é o único para ele.

Se essas atitudes são as únicas passíveis de serem tomadas diante da obra, essa é uma questão que deve permanecer aberta por enquanto, até que a natureza das categorias seguintes se tenha mostrado. Cumpre reter, em todo caso, que os discursos sobre a obra por nós esboçados são retomados e, embora para seus autores eles originem atitudes de aprovação ou de recusa – uma e outra, conforme o caso, verbais ou agentes –, eles não alcançam a atitude nem a categoria: observação importante numa época em que a "filosofia" da obra, da ação, do engajamento está na moda, concebida de maneira que permita o discurso a respeito da obra e a abstenção no único plano que interessa à obra, o da realização no mundo da condição, no plano que é (num sentido distinto daquele no qual a categoria da condição havia tomado a palavra, e que não é o último dessa palavra perigosa) o plano *político*. Ou, para dizer a mesma coisa de maneira mais próxima da ciência absoluta, a obra, para qualquer discurso, desempenha um papel histórico e termina a história, a pré-história, da obra: para o criador, a história só começa com a obra, e isso, como ele reconhece, é um absurdo para qualquer discurso coerente.

15. O FINITO

O homem pode recusar a obra sem aceitar o discurso: ele se mantém, então, no ambiente da linguagem, mas como ser finito para o qual não existe nem obra nem discurso coerente.

1. A dupla recusa e a dupla impossibilidade da obra e do discurso absolutamente coerente. – A oposição às categorias anteriores

Pela obra, o homem declarou que não quer ser *para o absoluto* e que não quer ser *para si próprio*: ele cria sua obra e ele *é* nessa criação. Sua própria linguagem tem um único valor, o de permitir que ele esteja por inteiro em sua obra e rejeite totalmente o discurso. A atitude e a categoria são irredutíveis, esta ao compreender as categorias anteriores como necessárias à sua própria consciência categorial,[1] aquela ao rejeitar qualquer outra atitude como um derivado insatisfatório.

Isso não é, de forma alguma, uma particularidade dessa atitude-categoria, e nós encontramos os mesmos traços a cada passo. Mas de um ponto de vista formal, uma dificuldade específica

---

[1] É preciso dizer que a atitude, por jamais buscar a compreensão, jamais se serve de sua própria categoria para compreender o papel das categorias anteriores em sua própria gênese. A expressão do texto é, portanto, imprecisa: fomos nós que ultrapassamos a categoria e a atitude e somos nós que reconstruímos a pré-história da atitude por meio de sua categoria; não a própria atitude. Mas visto que o problema da irredutibilidade da categoria também existe somente para nós, a formulação não apresenta inconveniente.

surge aqui. Formalmente falando – para resumir, atenhamo-nos às formas do *Absoluto*, o que não é a única possibilidade de definir –, o progresso das categorias é regido por um movimento oscilatório entre o para-si e o em-si ou, se assim se preferir, entre o particular e o universal. O movimento é filosófico para a filosofia, para a qual o homem não se contenta com ser sem compreender, nem com compreender sem ser. Ora, esse movimento se tornou movimento circular e fechado com o discurso coerente, que é o Absoluto. Já não é possível progresso algum. Se deve haver outra coisa, esse *novo* deve ser o *outro* da filosofia – possibilidade concebível para o discurso coerente, mas que ele não pode elaborar, porque sua realização cai fora do devir do Absoluto. No entanto, essa possibilidade se realiza na obra, e nós fomos, assim – sempre do ponto de vista formal –, até o extremo limite, se não além dele, para dentro de um vazio extraespacial, por assim dizer, onde o movimento e, mais justificadamente ainda, uma direção e um motor do movimento já não se concebem.

A solução é que o formalismo dessa reflexão já não tem direitos aqui, que é injustificado (e injustificável, até segunda ordem) falar de filosofia como se essa palavra designasse um tribunal sem recurso, uma realidade última da qual tudo decorreria ou na qual tudo se deveria espelhar. Não é nada disso, e a *obra* acaba de fazer algo melhor do que prová-lo: mostrá-lo. Pretender que ela dependa da filosofia porque o discurso absolutamente coerente lhe serve de limite e é a única coisa que lhe permite reverter o movimento é apenas uma astúcia da retomada: já não há movimento filosófico, nem mesmo num sentido diferente daquele do Absoluto, e a história não se conclui, ela começa, o que significa que já não há história no sentido do discurso, pois essa é uma história que sempre termina, mas nunca pode começar, ao passo que, agora, a história é a do futuro. A oposição ao discurso não é pensada, ela é real, e se o homem da obra é distinto do homem do desejo da *certeza* tal como a *discussão* o enxerga e o descarta, porque ele conhece a discussão e o que a ela se segue, a reflexão "filosófica" não pode valer-se disso: contra o sentimento imediato e a violência, sua astúcia é destituída de força.

Mas estando suspensa a objeção formal, é tanto mais urgente buscar o fato pelo qual um *outro* da obra se apresenta, outro que não seja um simples retorno ao discurso ou a uma categoria que leva ao discurso. Isso porque um único fato pode fornecer esse *outro*: a reflexão nunca será mais que outra filosofia, a qual, pela via dialética (δια–λέγειν), encontrará na obra o discurso que ela aí colocou. Em que consiste esse fato, essa é uma pergunta à qual a reflexão só pode dar uma resposta formal: um fato categorial novo é o que, visto do anterior, não pode ser deduzido, isto é, não pode ser apreendido de outra forma senão por um juízo categorial negativo (como: loucura ou absurdo); não pode, portanto, ser compreendido como uma atitude ou uma categoria ultrapassadas.

Esse *fato*, aqui, é que o homem pode ver a obra e recusá-la, não porque ele a criticaria com relação a um valor, porque ela lhe pareceria falsa ou ímpia, ou imoral, ou impossível, ou impessoal, etc. (isso seria o retorno ao discurso coerente ou a um discurso que a ele conduz), mas porque ele não *acredita* na obra: ela é possível, justa, necessária, ela possui todas as qualidades que se quiser, mas ele não acredita nela. Essa é sua maneira de se expressar, e essa expressão importa. Ela é primeiramente ambígua: toda atitude pode se expressar assim diante de um fato novo, na medida em que ela se transformou em tradição e, por não se sentir ameaçada, perdeu sua combatividade. Contudo, não é disso que se trata aqui: o homem vê a obra como uma possibilidade para ele próprio, não como o empreendimento de outro, que ele olha sem levar a sério. E, então, a expressão indica que o homem rejeita essa possibilidade para ele próprio porque ela não lhe promete a satisfação, não mais do que qualquer outra atitude. Isso significa que o homem não "acredita" *nem* no discurso *nem* na violência.

Teríamos nós retornado, portanto, à atitude e à categoria do não sentido? Parece, com efeito, que o abandono do discurso *e* da obra é precisamente isso. No entanto, é apenas uma aparência, pois o homem passou pelo discurso e não está mais diante da *Verdade* na qual tudo que não é Verdade desaparece. É verdade que também ele perdeu a verdade das coisas; mas ele a perdeu porque não queria um Absoluto que fosse a conservação do particular no e por seu desaparecimento. Já a obra teria estabelecido esse novo *não sentido*, e viria dela sua herança, se herança houvesse. O homem já não vive na Verdade nem se refere a ela. Em seu "eu não acredito nisso", o "eu" não pode ser substituído por um índice de indeterminação do sujeito ou outra forma impessoal. Ele vem realmente da obra, da violência do sentimento imediato.

Isso descarta também o retorno à atitude da *inteligência*. É verdade que ela constitui, para a obra, o que esta encara como o comportamento mais oposto ao seu e o menos perdoável, pois ela se recusa até mesmo a tomar posição, e trata o projeto como assunto dos outros, que pode no máximo interessar-lhe em seu tédio. Mas está fora de cogitação ir da obra ao que é detestável à obra e importa à inteligência; trata-se de satisfação real: o "nisso" do "não acreditar nisso", a obra, é essencial, e não o é apenas para nós que falamos, mas para o homem do qual falamos.

O que é, então, esse *acreditar*? A palavra quase não é científica. *Pensar, demonstrar,* isso nos daria a possibilidade de vincular essa recusa a uma teoria, a um sistema, a uma filosofia. Mas isso é precisamente o que o termo elimina. Da obra o homem guarda a recusa do discurso, e o que ele opõe à obra não é uma refutação, mas ainda uma recusa. Ele não *acredita*, porque não *quer* acreditar. Para nós, porém, essa recusa está refletida na obra, assim como a obra estava refletida no discurso pela recusa dele: o discurso é para a obra a única possibilidade (impossível) fora dela própria e, aqui, é a obra que ocupa o lugar dessa im-possibilidade única. Era preciso criar, porque o discurso era insuficiente; agora é necessário – pouco importa o que é necessário; será mesmo *necessário*? – em todo caso, a obra não basta.

Ela não te basta, diria o criador da obra, porque tu não acreditas nela; basta acreditar nela para que ela baste. Com efeito, para o criador essa resposta é perfeitamente legítima; ela é até aceitável para o outro, só que ele não a aceita no sentido em que ela é dada. Basta acreditar nela, com efeito, para que não se apresente mais a questão de saber se é possível ou imperativo acreditar nela; mas a pergunta foi feita uma vez: será que ainda é acreditar o acreditar não na obra, mas na fé na obra? Será que ainda existe satisfação quando já não busco a realização do projeto, mas a satisfação na crença, sabendo, além disso, que só peço a essa crença o esquecimento da satisfação que não encontro *imediatamente* na obra? O próprio criador não admite isso quando me pede para acreditar em *sua* obra, e não na minha? E não seria um contrassenso querer acreditar apenas na obra, a obra anônima, a obra panaceia? Se me falam de outro modo, com "razões", não é porque o criador quer servir-se de mim? Então, do meu ponto de vista, ele mente para mim: percebo claramente que o criador encontra a satisfação em sua obra, ao ponto de ele nem mesmo procurar a satisfação, mas detê-la de imediato; mas ele me mostra, justamente desse modo, que é a satisfação única na obra única, e que não existe nisso satisfação para mim, nem mesmo a possibilidade de esquecer a satisfação, visto que eu falei: já não se acredita na obra, visto que já não se fala *para* a obra, mas *da* obra, visto que uma distância foi interposta entre a obra e si.

Isso porque tão logo a obra é considerada como possibilidade, algo a pegar ou largar, ela se tornou impossível. Ela e seu criador se separam no ambiente da linguagem e a vida do homem já não está no que ele faz. O criador não é afetado por essa separação, ele que rejeitou totalmente a totalidade do discurso. Mas quem não cria perde a possibilidade da obra precisamente ao constituí-la como possibilidade: a obra está na recusa do discurso ou não existe, ela não se distingue de sua realização. Ora, por mais que o homem que julga a criação, que a *encara*, recuse o discurso coerente – e ele o faz –, tudo para ele é linguagem. A obra pertence ao outro ou, antes, a fé na obra; ela jamais será dele, e ele sabe disso. Para ele, a obra não é criar a obra; ele quer alguma coisa, isto é, a obra acabada, não o criar, mas a criação, e ele constata que não existe nada acabado, nada criado, nada feito, mas movimento no vazio, sem direção, sem possibilidade de direção. Para esse homem, o criador não cria jamais, ele fala, e seu falar não tem mais sentido que seu movimento. A obra é *sempre* projeto, uma antecipação de algo que jamais será – um projeto, sim, mas no qual o homem se projeta no nada.

Só que ele também sabe que a falta de fé está nele e não está no outro, que sua incapacidade de se mover não freia o movimento, que a tentativa do discurso fracassou e que a violência *é*, que nenhum absoluto o defenderá nem consolará, que sua recusa da ação não o livrará da ação do outro, que ele sempre poderá afogar o medo da ameaça na reconciliação absoluta, mas que a ameaça nem por isso é menos real e presente. Não existe retorno ao discurso e não existe obra; e, no entanto, só a obra poderá levar a outro lugar que não ao Absoluto. Seria *preciso* criar, seria *preciso* poder criar, e resta apenas o fracasso, um fracasso que não é acidental e evitável, mas que se revela agora como o substrato da obra.

O homem que é criador a seus próprios olhos – e o é, então, imediatamente – não faz nada, para o outro, além de falar. Ele recusou o discurso coerente, até mesmo o destruiu, mas sua vitória se baseia num mal-entendido e desmorona junto com ele; o que ele desfez não foi o discurso, mas a coerência do discurso: não permitiu que o mundo subsistisse? Ele sempre pode se julgar criador no mundo, criador da história por vir, de nada adianta se ele *cria* naquilo que *é*. Que o mundo seja o da *condição* e que ele se eleve acima dessa condição para dela se servir como de um instrumento, isso explica como ele pode acreditar na obra; mas o próprio fato da explicação de sua fé mostra que, para o homem que o vê sem o seguir nem combater, o criador apenas se contenta com palavras vãs. Para ser mais justo com o criador, digamos que aquele que não tem obra se contentaria com palavras vãs se quisesse se convencer de que poderia acreditar na obra do outro ou ter uma obra sua.

Ele não cria, porque para ele haveria criação apenas se ele pudesse criar absolutamente, criar – é a mesma coisa – o absoluto e o discurso coerente. Ora, a obra exclui essa possibilidade ao tornar manifesta a violência; visto que há violência, não há coerência; no máximo se pode esquecer isso ficando do lado da violência, tornando-a imediatamente sua, mas o esquecimento não altera em nada o fato, esquecido pelo criador, agora inesquecível. O homem havia acreditado que criava no mundo: agora respondem-lhe que, para ser criador, ele deveria ter criado o mundo. Ele não o fez e permaneceu na condição; tal como o homem da condição, ele conta com o futuro para *ser*; assim como aquele, não tem linguagem própria que o expresse. O que o distingue dele é que, para ele próprio, a condição não o encerra e sua ação é irredutível às condições; mas isso agrava seu caso, pois a violência que ele liberou (e que o liberou) já não conhece limites; não é possível livrar-se dele tratando-o de louco, visto que ele destruiu a Razão: se ele não o criou, conseguiu, no entanto, desfazer o mundo.

O que resta é a *condição*. Mas não é a condição do mundo, aquela que, como atitude e como categoria, havia tornado o mundo cognoscível para o homem e o havia desvencilhado de si mesmo. A condição, neste caso, é humana, a condição do homem num mundo incognoscível, relegado a uma linguagem que não redunda num discurso coerente, um mundo onde ele está entregue à violência sem que possa escapar à violência, um mundo sobre o qual ele já não pode nem mesmo falar, exceto em negações, no qual ele só pode compreender seus fracassos, sem que esses fracassos o remetam a um autor ou a uma origem, a algo fora dele próprio por cujo intermédio ele pudesse ter acesso a um absoluto que justificasse o fracasso e o tornasse, assim, suportável. A condição está no homem, ela é o próprio homem e, ao mesmo tempo, ela é inacessível ao homem, mais inacessível e muito mais inacessível que qualquer condição do mundo: a essência da condição é ser inacessível, motivo pelo qual a obra é um fracasso e tem, no entanto, razão contra a Razão. Ou, para dizê-lo em outros termos, o homem sempre tem um discurso, mas esse discurso nunca é coerente. Ele sempre tem um discurso, porque a condição humana não suprime a condição do mundo: essa atitude não suprime nenhuma atitude anterior, sendo, ao contrário, a recusa do esquecimento. O homem tem, inclusive, todos os discursos à sua disposição, assim como a obra se servia de todos eles, mas, para ele não mais do que para ela, discurso algum supera o plano da técnica. O papel da técnica, porém, já não é o mesmo aqui: o criador sabia imediatamente o que queria, ele o sentia, e os meios estavam lá para servi-lo; agora o homem sabe que, *se* ele faz de si mesmo um ser, ele é um ser falante no mundo, mas que no fundo não é capaz de ser e falar a um só tempo e que, por conseguinte, seu discurso é sempre bem-sucedido na medida em que ele se esquece e esquece a violência, mas que o discurso do homem (ou o homem do discurso) desmorona tão logo começa a falar de si mesmo: todo discurso fala daquilo que é, e o homem não é, porque ele não pode não ser criador para si mesmo e porque, no entanto, ele não cria. Seu discurso não trata dele.

Em certo sentido, poder-se-ia dizer que o homem retornou à atitude da *consciência*. Nela, com efeito, o homem é apreensível apenas no discurso, mas justamente por isso ele não se apreende naquilo que ele é essencialmente: fonte do discurso, isto é, liberdade contra o discurso que é do mundo, trata do mundo e permanece no mundo. Mas a diferença entre a atitude atual e a da consciência não é menos notável que a analogia existente entre elas. Se, para a consciência, o mundo é o campo da violência, e se, portanto, não pode haver coerência e liberdade no finito dos fenômenos, o próprio finito com a violência e o discurso sempre inacabado e jamais coerente não passa de fenômeno e, como tal, está infinitamente abaixo da realidade fundamental que não aparece, mas é tanto menos duvidosa: a insuficiência estava do lado do homem no mundo, mas essa insuficiência era fundada na Razão absolutamente suficiente, suficiente até mesmo para indicar de que maneira essa insuficiência é, se não compreendida, ao menos compreensível. E foi essa possibilidade de uma compreensão no transcendente, essa possibilidade irrealizável para o homem, mas mais garantida que todas as realidades do mundo que só eram possíveis graças a essa possibilidade primeira – foi esse fundamento transcendente (e transcendental) que desapareceu. Com o Absoluto, o transcendente desceu ao discurso que é o mundo; com a *obra*, ele se desfez; portanto, o transcendente era um meio de esquecer a violência ou de se consolar dela, e visto que ele é reconhecido como meio, já não pode servir.

O que resta? Que o homem deveria criar e não pode criar; que ele deveria compreender e que a própria ideia da compreensão é incompreensível; que ele deve ter uma filosofia e que toda linguagem coerente é uma linguagem que descarta o essencial pelo esquecimento, justamente porque é coerente.

2. *O homem como fato para ele próprio. – O nada e o projeto do homem. – O transcendente imanente e a coerência originária do incoerente. – Temporalidade, Ser e não ser do homem. – Liberdade e fracasso, o Absoluto, a obra e a finitude. – Verdade, finitude e filosofia*

Pode-se dizer – isso em nada difere do que precede – que o homem é verdadeiramente homem quando, e apenas quando, é filósofo, mas que ele é filósofo apenas se compreende a impossibilidade da filosofia. O problema diante do qual ele se encontra, o πρόβλημα, o que é lançado diante dele lá onde havia um caminho para o discurso absolutamente coerente, é a criação impossível. Essa impossibilidade da criação é a do discurso: só pode haver discurso se houver Ser, porque o discurso só pode fundar sua coerência no Ser; e se há Ser, não pode haver discurso, porque o Ser jamais é revelado em sua totalidade ao homem.

A *consciência* foi a primeira a enxergar o problema. Ela havia tentado escapar dele ao desdobrar o discurso: em discurso que apreende, mas apreende apenas os fenômenos e, portanto, jamais é coerente, e em discurso coerente, mas apenas pensado como coerente no pensamento formal do Ser jamais apreendido. Ora, essa solução se tornou subterfúgio desde que o discurso se realizou absolutamente no *Absoluto* e que o homem, na *obra*, se apreendeu como violência: já não lhe basta, já não pode lhe bastar *pensar* uma coerência que se contenta com a simples não contradição; ele quer *se* pensar, isso é sempre verdadeiro e particularmente aqui, onde ele saiu da atitude da obra; mas ele quer se pensar como ele próprio, como ser que visa à criação e que sabe que a criação é o fracasso. Ele não quer mais esquecer sua insuficiência.

É comum alegar o "problema" da morte quando se trata de elucidar a finitude do homem. Pouco importa saber se essa preferência possui raízes históricas (em particular no cristianismo), sociológicas, estéticas ou outras; o que deve ser decisivo quanto à importância do fenômeno é seu papel para a própria categoria presente. Essa categoria se compreende e se expressa na palavra "finito" ou "finitude" que ela opõe a toda concepção que pretenda apreender, indicar, pensar o infinito. Ora, é um fato que a vida do homem é finita, porque o homem morre, porque o homem pode ser interrompido a qualquer instante pela morte, freado, impedido de terminar o que empreendeu. O que haveria de mais natural do que enxergar no saber da possibilidade da morte, cuja realização é garantida, a fonte da consciência da finitude?

No entanto – e deixamos de lado o que há de duvidoso em qualquer pesquisa das condições psicológicas ou históricas, que sempre pressupõe, em última análise, o que ela se dispõe a explicar –, será tão garantido que a consciência da morte cria (ou provoca) a consciência da finitude? Não será preciso dizer, muito pelo contrário, que não haveria consciência da morte, de minha própria morte, se eu já não possuísse a categoria da finitude? Em outras palavras, em que minha morte poderia me interessar se eu não me projetasse, se eu não me lançasse adiante? O homem que se instala num mundo fechado esquece a morte; mas será que ele se instala porque esquece a morte, ou será que esquece a morte porque se instalou? Todas as *consolationes* da tradição dos moralistas não dizem que o homem tem medo da morte porque ele *quer* alguma coisa, e o testemunho deles não prova que a morte se revela apenas àquele que tem um projeto, que se pro-jeta adiante?

O mundo concreto no qual o homem vive sempre é, por certo, um mundo inacabado, *lacunoso*; a intervenção do homem não é apenas possível, é requerida. Mas mesmo essa intervenção está prevista, e os projetos do homem são feitos *para* ele, não *por* ele. Eis por que todo mundo constituído é um mundo do esquecimento, que faz do homem uma coisa entre outras coisas, um homem-coisa entre outros homens-coisas. É nesse mundo que ele é mortal, e é nesse mundo que ele pode se desvencilhar da apreensão de sua morte: ele morrerá, isso quer dizer que ele estará morto para os outros, isso quer dizer que haverá um mau momento a passar em sua vida (ao fim de sua vida), mas *em* sua vida; enquanto ele ainda está vivo, ainda existe esperança para ele, e enquanto ele estiver aí, a morte não estará. A morte é sempre a morte dos outros ou a morte para os outros; eu não chorarei meu próprio falecimento. Se a morte é importante, ela não o é porque interromperá minha atividade e minha vida, mas porque eu a encaro após haver apreendido minha finitude essencial.

A verdadeira finitude é que o homem está sempre e tão somente diante do *fato*. Ora, quando ele é medido pelo discurso, o fato é aquilo que pode ser diferente do que ele é. Eis o que o homem da obra quisera esquecer: ao engajar-se em seu projeto, ele se engajou em algo que poderia ter sido diferente e que já não poderá sê-lo porque ele se engajou nessa via e não em outra. Ele era criador antes de criar, podia negar tudo que era, mas ele era então criador sem criação e não era, portanto, criador; ele se fez criador em sua obra, mas ao fazer-se criador ele se privou da liberdade criadora e deixou de ser criador. Ele é criatura sem ser criatura de alguém, ele se acha lançado na condição (e o homem da obra reconhece isso, ao mesmo tempo em que declara que aí se trata *tão somente* de "circunstâncias"), ele se *acha*, no sentido mais simples da palavra *achar*. A obra realmente é projeto, e projeto livre, o mundo é realmente mundo humano que o homem projeta ao se projetar; mas a obra é essencialmente fracasso, porque ela não é criação *ex nihilo*, mas criação *ad nihil*. O homem é livre, porque mundo algum o vincula; e não é livre porque se encontra sempre num mundo e não pode deixá-lo sem se encerrar em outro mundo.

Existem coisas a fazer, mas o homem não pode fazer tudo ao mesmo tempo, é preciso começar pelo essencial, em outras palavras, o homem nunca chega ao essencial. Isso porque o essencial é criar, e a realidade do homem é ser criatura, ser condicionado, não apenas de um lado ou por um fator (ou vários fatores), mas ser condicionado essencialmente, de tal modo que as palavras "existência incondicionada" formem uma contradição nos termos. Isso não equivale a dizer que o homem seja condicionado totalmente (essa afirmação não teria mais sentido do que a tese de uma existência incondicionada, visto que a condição se revela apenas no discurso, que é o humano do homem); mas isso significa que a obra vai sempre rumo ao fracasso em sua essência, mesmo quando é bem-sucedida, pois jamais a obra é total, ela sempre é apenas *uma* obra, ela jamais conduz o homem ao Ser e ao presente. Após a obra, bem-sucedida ou não, a obra ainda está por realizar, nem tudo está feito, nem tudo pode ser feito e nada, portanto, está feito. Não há fim para os projetos, porque todo projeto é finito. O homem encontra a si mesmo, ele se *acha* num mundo que não lhe basta. Seu projeto o reenvia sobre si mesmo.

Esse reenvio pelo qual o homem encontra a si mesmo no mundo como um ser no mundo não faz dele uma coisa; ao contrário, esse reenvio e o fracasso o separam de todas as coisas: a coisa é o que é, ao passo que ele nunca é o que é, visto que ele é em seu projeto, em seu futuro, e que o reenvio nada mais é do que o encontro do futuro em sua possibilidade impossível de um presente. O presente humano (no sentido, por exemplo, da categoria do *eu*) está em seu futuro, mas esse futuro jamais será presente.

O homem é um ser no mundo das coisas, que é um mundo presente, mas seu jeito de ser não é desse mundo: o fracasso é disso a garantia, e o é para ele, porque no fracasso seu ser se revela a um só tempo como finito e aberto, incomparável ao ser das coisas, para as quais os termos de finitude e de abertura só têm sentido com relação ao ser ao qual elas não bastam, ao homem.

Nada seria mais falso do que inferir daí que o homem escapa ao mundo. Isso seria o retorno puro e simples à categoria da *consciência*, retorno impossível desde que o homem que se encontra e o homem que ele encontra ao se encontrar se fundiram num único e mesmo homem. Esse homem, é verdade, se transcende, mas ele não chega a um transcendente, pois sua transcendência se realiza no tempo e aí se mantém – no tempo, a expressão é inadequada; ela estaria em seu lugar se ainda se tratasse da consciência, se o homem ainda se acreditasse despossuído dele próprio no mundo da condição, com sua liberdade em perigo, a atividade submetida à dúvida, se ele visse sua única salvação numa razão além e no fundo do mundo. Ele aprendeu que é o perigo oposto que o ameaça, não a perda da liberdade, mas a do mundo no qual ele pode ser livre. Ele não está no tempo como o conteúdo no continente, o tempo tampouco é a condição suprassensível de toda experiência, como se houvesse um Ser fora do tempo que nele entraria, necessariamente quanto ao homem, acidentalmente quanto a ele próprio: o tempo é o próprio ser do homem.

Esse "ser tempo" do homem, sua temporalidade, não é uma "qualidade" que afeta seus "atos" ou sua "conduta", ela é o fundamento de sua vida na qualidade de humana. O homem *tem* tempo ou não o tem, porque ele *é* tempo. Seu ser no qual ele é fora de si, adiante de si, seu pro-jeto, nada mais é que esse mesmo tempo, anterior a qualquer tempo mensurável, dado, apreendido, anterior a qualquer tempo cósmico e exterior. O projeto não está nesse tempo, do qual ele é, ao contrário, a origem, e o futuro do projeto não é uma dimensão do tempo dos relógios, mas o ser-humano do homem que só é ao se projetar e que só é ele próprio ao se projetar com conhecimento de causa, isto é, ao se projetar no fracasso. O projeto não se consuma; ele não tem fim, porque o homem é temporalidade no mundo.

Não lidamos aqui com os empregos da categoria e podemos, portanto, remeter, para a elaboração da temporalidade, à análise de M. Heidegger, que dela fornece o tipo, embora seu método seja discutível em consequência de uma retomada da *consciência* (e, logicamente, do método transcendental, que busca as "condições da possibilidade"). O que nos ocupa é o finito e o fracasso.

O homem é um ser finito porque não é criador do presente, porque é ser entre seres, diferente das coisas na medida em que *possui* sua insuficiência e pode aceitar sua finitude, porque estando sempre no mundo, pode sempre se recompor nessa aceitação. Sua insuficiência é, assim, a liberdade: ele só é livre em sua insuficiência, ele só é insuficiente por sua liberdade. Ser si mesmo é ver e aceitar essa identidade, aceitar que a insuficiência esteja em toda parte, não esquecer ou, antes, se recompor do esquecimento constituído pelo ser do homem no mundo. Todas as possibilidades existem para o homem, e mais: o homem *é* todas as possibilidades, pois a possibilidade está no projeto, na temporalidade que é o ser do homem; mas justamente porque ele é todas as possibilidades, sua vida no mundo, a vida na qual ele se *acha* (e que é a única vida) é fracasso, porque ela é a realização da impossibilidade das possibilidades e porque a ação do homem é essencialmente abandono do futuro. A cada instante, o homem morre, a cada instante o homem *foi* futuro, foi livre e foi insuficiente.

É, portanto, diante da finitude de sua existência que o homem vem a ser ele próprio. *Vem a sê-lo* sempre, porque sempre também ele não o *é*: é no mundo que ele se torna filósofo e, uma vez filósofo, permanece homem no mundo. Repetindo, ele jamais domina a finitude, ele se apropria dela; lança-se em seu discurso para ultrapassá-la, e seu discurso sempre o relembra que ele não a ultrapassa, porque esse mesmo discurso é finito, sabe-se finito, se quer finito.

O homem é discurso numa situação. Ele fala, porque sua situação é essencialmente fracasso, insuficiência, incapacidade de criar. Ele nunca é tudo; está situado num lugar no mundo (a palavra *lugar* não é tomada num sentido espacial, e tampouco a palavra *mundo*) do qual ele se projeta, porque esse lugar é insuficiente para ele, assim como é insuficiente para o próprio lugar. Ele se ocupa do mundo, porque o mundo o ocupa; sua situação nada mais é que essa pré-ocupação, que é a forma concreta da sua vida no mundo, daquela vida na qual o homem se entrega ao mundo e na qual ele se esquece; e ele tem a possibilidade de esquecer sua insuficiência precisamente porque essa insuficiência o preocupa e porque todas as suas tentativas de remediar a finitude são apenas a confissão dessa mesma finitude, confissão que ele se preocupou em não ouvir: ele se ocupa em não se preocupar, em fazer do mundo um refúgio, em vez de uma preocupação, em fazer da situação uma posição definitiva, em vez de um ponto de partida que só é o que é em virtude do projeto.

Não é necessário retomar as categorias anteriores uma a uma para mostrar, desse ponto de vista, essa *ocupação* em cada uma delas: o discurso coerente englobou a todas e, ao alcançar a totalidade, as perfez. Basta falar dele. Com efeito, com o Absoluto o homem se desvencilhou do projeto, até mesmo da preocupação com o projeto, que aí se torna a condição intramundana do homem, não a condição humana que revela o mundo; o homem não é o centro do mundo, mas o mundo é seu próprio centro e o que acontece ao homem acontece apenas à particularidade. A finitude não é, portanto, negada, não mais que o projeto, mas ambos são reabsorvidos na reconciliação total da contradição. Não há presença para a particularidade, mas existe o Absoluto que é presença, e do qual a particularidade é apenas o *aspecto*. O homem está verdadeiramente "situado" no interior do mundo; ele é ocupado pelo mundo e não tem de se ocupar do mundo; a própria morte é compreendida, e mesmo essa, não *por* ele (que não precisa compreender, visto que está suficientemente orientado em seu lugar), mas *para* ele.

Por isso a violência foi necessária para proporcionar ao homem a possibilidade de ser ele próprio. A *obra* não refuta, ela se lança realmente no mundo ou, antes, naquilo que ela quer criar como mundo; ela é, assim, a entrega mais total ao mundo e a libertação da finitude, a recusa agente do lugar dado, recusa até mesmo de reconhecer que possa existir um lugar dado, e confiança cega na possibilidade, não de encontrar, mas de criar: o homem como violência se opõe à violência, para se apoderar da violência. Para empregar a linguagem da ciência absoluta, ele nega a história, ele não quer ser histórico. No entanto, é preciso abster-se de tomar esse *emprego* da linguagem absoluta pelo juízo que o Absoluto formula sobre a obra; isso porque esse emprego só é possível para a categoria do finito, que vê e compreende o Absoluto e a obra, ao passo que, para a ciência, anterior à obra, esta não passa de crime ou loucura porque, na história que para ela é a história real, a obra já não está em seu lugar desde que a luta dos indivíduos pelo reconhecimento se consumou e se sublimou na mediação total. É somente aqui que a obra (que se recusa a ver-se) se torna visível naquilo que ela realmente é: recusa da história, recusa, por conseguinte, da satisfação no discurso coerente. Para ela, a história ainda não é, ela quer que a história seja, e é por isso que o homem está disposto a pôr em jogo a sua vida, não para ser reconhecido pelos outros (é o que lhe importa segundo a ciência absoluta, mas na obra não passa de um meio para ele), mas para realizar a obra servindo-se dos outros que não estão em seu plano e que, a seus olhos, nada podem lhe dar com seu reconhecimento. Na obra, o homem realiza a possibilidade de ser ele próprio ao recusar a história coerente.

Ele aceita, assim, ser finito num mundo finito. No entanto, o homem que realiza a possibilidade e, assim, aceitou a finitude, não apreende a possibilidade como possibilidade e não quer saber que aceita a finitude. Ele se entrega ao mundo e aliena sua liberdade ao pô-la em ação: ao mesmo tempo em que ele recusa o mundo dado e a história (isto é, o discurso coerente), aceita-os como a vir por sua criação. Ora, esse fato permanece-lhe oculto, precisamente por ser um fato *fundamental*. Ele quer ser reconhecido, diz a ciência absoluta, e o quer realmente; para ele, porém, esse reconhecimento só pode ser o reconhecimento dele próprio por ele próprio; ele não se contenta em saber-se negatividade mediada e, portanto, universalmente reconhecida, ele nega em ato, e o que ele nega é a própria mediação. Ele não está satisfeito, porque não *quer* estar, porque não *quer* ser destituído de projeto. Uma vez mais, é somente aqui que o fundo da atitude aparece: para o homem da obra, trata-se da obra e ele considera o projeto, que está na linguagem, como um meio – necessário, sem dúvida, no mundo, mas não essencial. Que apenas o projeto ou, mais exatamente, apenas a possibilidade de se projetar importe, isso é algo que ele não compreende nem pode compreender. Como a realização conta para ele e como ele não vê que com a realização ele teria perdido tudo, já que teria realizado não sua obra, mas um mundo dado, uma história acabada, um discurso coerente, ele esquece sua liberdade essencial ao mesmo tempo em que a realiza. Ele enfrenta o fracasso, até mesmo o aceita, mas essa aceitação é sempre esquecida e ele acredita rumar para o sucesso, como se o sucesso ainda fosse possível após a recusa da coerência.

Para que o homem seja ele próprio, não basta, portanto, que ele recuse o sucedâneo do presente que lhe é oferecido pelo Absoluto; é preciso também que ele apreenda o projeto em sua verdade, que é a de não ser pro-jeto num presente por vir, mas projeto no nada: fracasso. No Absoluto, o esquecimento do projeto e da finitude do homem fora completo, sobretudo porque esse esquecimento não era um recalque da finitude, mas um esquecimento raciocinado e justificado: o homem é finito, ele é mortal, ele o é essencialmente, mas essa essência está apenas no discurso, e o homem que chega à coerência chegou, embora mortal, ao presente e, identificando-se ao discurso, já não lida com a finitude, que está encerrada no saber total; satisfeito, ele não está preocupado com uma insuficiência *compreendida* no sentido etimológico dessa palavra. Ora, *a obra*, ao mesmo tempo em que nega a presença do Absoluto em sua totalidade, não foi capaz de se desvencilhar da ideia da presença: embora seja verdade que ela afirme – não por meio de uma demonstração, mas pela violência na realidade da vida – não estar satisfeita, ela ainda corre atrás da satisfação. Somente a visão da *finitude* descobre que a liberdade é o fracasso e que o sucesso é o esquecimento.

Eis por que a força da obra é também sua fraqueza: é preciso recusar o discurso coerente, a satisfação pela reconciliação da particularidade com e pelo e no universal, e nada se faz sem essa recusa. Mas além da recusa, é preciso a refutação, que só pode ser ato, mas ato na linguagem, a destruição real do discurso coerente pelo discurso, o estabelecimento coerente do discurso humano em sua incoerência. O homem age no mundo e sobre o mundo como ser no mundo: ele é ele próprio ao retomar sua ação nele mesmo, ao reduzi-la à possibilidade essencial do homem.

É necessário dirimir aqui um mal-entendido que é, por assim dizer, natural à filosofia tradicional da razão (esta última compreendida como faculdade de compreensão objetiva, impessoal, universal, etc., sem que se deva aí pensar necessariamente no saber absoluto: de costume, trata-se simplesmente da não contradição da discussão ou da metodologia da condição), mal-entendido que vê nesse retorno à possibilidade um caso de simples interpretação do concreto pela *inteligência* desprendida e desinteressada. Trata-se de uma retomada – não da *atitude* presente sob a categoria do interesse,[2] mas de uma retomada da *categoria* do finito sob essa categoria anterior. Em outras palavras, a inteligência acredita reconhecer no finito o que é sua categoria para ela, o interesse concreto. E, com efeito, a redução do ser do homem à possibilidade dá margem a essa confusão. O homem não *está* no mundo, ele se projeta e esquece seu projeto na qualidade de seu para se *achar* no mundo sob a forma de uma coisa singular – pensante, agente, pouco importa – que recebe seu sentido do mundo: em que esse homem do esquecimento difere dos homens interpretados pela inteligência, em que ele se distingue do homem inteligente que, tendo compreendido o mecanismo do interesse concreto e do esquecimento, já não está submetido à sua influência e salvaguarda sua liberdade essencial? A resposta é tão simples quanto absurda para a inteligência desinteressada: a saber, que não existe inteligência desinteressada e que a atitude da inteligência é uma forma do esquecimento, forma tanto mais perigosa quanto mais profundo é o esquecimento, pois ele esconde o fato da *existência* no mundo do homem inteligente. Não existe

---

[2] Essa retomada se encontra. Ela é, aliás, tão fácil de detectar que não é útil deter-se nisso longamente: a atitude é aí compreendida como o interesse concreto no qual o homem quer a um só tempo se desembaraçar da obrigação tradicional e se dar uma importância diante dos outros como alguém engajado num empreendimento pelo qual ele só é responsável perante si mesmo, etc., o que, no plano da interpretação, não é necessariamente falso, mas não apreende a atitude, precisamente porque isso pode ser verdadeiro para a inteligência.

inteligência desinteressada, existem apenas homens que assumem a atitude do desinteresse para se esquivar do projeto, isto é, do ser e da finitude, que eles transformam no quinhão dos outros, renegando aquilo que neles próprios é sempre dos outros e do mundo. Eles postulam, sem realizá-lo, o discurso coerente sobre a incoerência que, para eles, é humana, mas que não lhes diz respeito. Por isso a coerência do discurso vence essa pretensão do esquecimento; em última instância, é a violência da obra que os refuta muito realmente, depois que o Absoluto os colocou no mesmo plano que seus "outros", particularidades, tanto os primeiros quanto os segundos.

O homem que quer ser ele próprio no finito sabe, portanto, qual dificuldade o espera quando ele quer estabelecer a incoerência de modo coerente. Para o homem do Absoluto, tratava-se de fazer a incoerência (o particular) entrar no coerente (o discurso), e isso permanece possível. Mas essa possibilidade se revelou como a do esquecimento, e daí se segue que ela tem sua origem numa possibilidade mais profunda, aquela, precisamente, que é esquecida por ela: trata-se, portanto, de fazer a coerência entrar no incoerente. Em outras palavras, o problema é o do Ser que nunca está presente, jamais se revela em sua totalidade ao homem (jamais coincide com o discurso), que é absolutamente mais poderoso que o homem e que, no entanto, só é Ser quando revelado ao homem e revelado pelo homem, e isso não apesar da finitude do homem, mas por causa dela. Qualquer outra ideia do Ser leva ou ao esquecimento, no saber absoluto, ou à supressão de todo discurso; ora, de um lado, não há saber absoluto, porque o homem é temporalidade e finitude; de outro, há discurso, porque o homem está num mundo: um, porque sua preocupação *é* fracasso (não basta dizer que ela conduz a isso), o outro, porque ela tem um sentido.

O fato fundamental é, assim, que existem fatos para o homem e que o fato só existe para o homem em sua existência de fato, o que significa que a verdade (na qual todo fato se mostra) é um fato, e que não há sentido, portanto, em questionar a verdade desse fato último: o homem é *capax veritatis*, e o que é, é para ele; o homem é capaz de revelar o que é, e o que é, é capaz de se revelar ao homem. A incoerência coerente consiste, portanto, em que o homem não se revela e não é revelado em seu ser verdadeiro, porque o homem não *é*, mas revela; *verdade* e *ser* são termos que se aplicam ao homem apenas no modo do esquecimento de si, quando ele se apreende objetivamente, isto é, quando ele fez de si um ser no mundo, um objeto de sua preocupação. O homem não *é*, o homem *pode*.

Em sentido estrito, a pergunta que indaga o que é o homem não tem, portanto, nem sentido nem resposta: o homem *se faz*. Ora, isso inclui que, sempre, o homem *se fez*, e nesse sentido se pode dizer que o homem *é*; mas ele é, então, de um ser precário, que é tão somente o projeto (o não ser) do homem passado, fracasso na qualidade de passado, e assim não apenas o ponto de partida de outro projeto, mas constituído (porque revelado) por este último: dizer que o homem *é* projeto, finitude, temporalidade e – podemos acrescentá-lo agora – historicidade (não história, que é esquecimento da historicidade que ela transforma em uma qualidade "objetiva" do mundo) significa que o homem, mesmo *sendo* nesse sentido, não é, na qualidade de homem, no sentido único que a palavra *ser* possui nos discursos da preocupação e do mundo. O homem *é* sempre *não ser*; mais simplesmente, o único predicado que o homem pode enunciar dele próprio é o de *poder ser*. Ser ele próprio no mundo significa, assim, para o homem: aceitar a finitude concreta, aceitar ser isto ou aquilo, aceitação que tem sua liberdade na negação possível de todo *isso* e de todo *aquilo*, e que encontra sua finitude na impossibilidade de não aceitar ou *isto* ou *aquilo*.

O que foi dito anteriormente, a saber, que ser si mesmo é ser filósofo, explica-se dessa maneira. O homem não *é* ele próprio, ele *pode* sê-lo ou, mais exatamente, ser si mesmo é saber que o homem pode ser si mesmo. O aparente absurdo da formulação vem do emprego inevitável da palavra *ser*: existe o *fato* e o fato é que o homem *é*, e é, assim, no mundo; ora, o fato só é fato para o homem, que não seria o *para quem* do fato se ele fosse coisa no mundo e não projeto que revela o mundo. O paradoxo é que ele é projeto no Ser, que é o Ser para ele na medida em que ele é possibilidade e é Nada ativo para ele na medida em que ele é ser no mundo que não basta ao Ser e se encontra aniquilado por ele. Mas o Ser que o aniquila, justamente assim, confere o ser ao homem ao conferir-lhe a liberdade da aceitação do aniquilamento de seu ser no mundo, a liberdade que o liberta, na qual ele se liberta do esquecimento. Ser si mesmo é, portanto, em verdade, não ser nada, e é não ser nada porque o homem é sempre algo que não é nada; é não ser nada (ser um ser *nadificado* pelo Ser que é Nada que *nadifica*), e é não ser nada com conhecimento de causa.

A filosofia é, assim, o ato humano do homem no mundo pelo qual ele aceita que o projeto seja reenviado a ele mesmo como origem da possibilidade do projeto no qual o mundo se constitui. Ela é ato no mundo e jamais, portanto, é outra coisa senão insuficiência e fracasso; ela é a revelação da possibilidade do mundo e se revela desse modo como possibilidade imperdível. Assim se explica a coerência do incoerente na qual este não é reduzido àquela pelo esquecimento. A filosofia alcança a unidade de origem do que não é uno e jamais pode sê-lo. Nela o homem não se apreende, como tentava fazê-lo o saber absoluto, que privava o homem de seu não ser e, ao mesmo tempo, de seu poder ser; nela o homem se mantém livremente aberto para a violência, para aquela perda de sua liberdade constituída pelo seu ser no mundo, possibilidade sempre realizada de perda que é o resultado e, na qualidade de recusada, o fundamento de sua liberdade. O ato da liberdade essencial no qual se constituem o mundo e a verdade dos seres no mundo é esse hiato do discurso humano que não pode ser fechado, mas apenas esquecido – do discurso que, no entanto, é *uno* antes de toda unidade.

O homem é, portanto, essencialmente discurso, mas esse discurso é essencialmente ato, e ato de um sujeito que é essencialmente temporalidade (projeto, fracasso). Eis por que a pergunta da filosofia não é feita a respeito do homem (embora ela seja a pergunta do homem), mas diz respeito à verdade ou, o que é identicamente a mesma pergunta, concerne ao Ser: o que se revela (é verificado, é verdadeiro) no ato do homem é o que é na medida em que ele é, contanto que o ato do homem seja ato livre, isto é, aceite a finitude do homem e liberte, assim, o que é *com-preendido*[3] no discurso pelo abandono (coerente em sua origem) da coerência. A verdade das coisas (= o que é) é para o homem que, sabendo-se finito, se mantém aberto para as coisas; ao se confessar ser no mundo, ele salvaguarda seu acesso ao mundo, o acesso do mundo a ele.

A impossibilidade do Absoluto e do discurso coerente aparece, assim, com uma clareza ampliada e, ao mesmo tempo, sob nova luz. O Absoluto não pode ser, pois para ser ele deveria ser no mundo; o discurso não pode ser coerente, pois para sê-lo ele deveria ser o discurso de um homem coerente, isto é, fechado sem finitude. Mas a aceitação do ser no mundo e da incoerência do discurso só se faz no discurso do Absoluto e da coerência, do Ser e da verdade: a finitude só é aceita como a possibilidade do infinito que é possibilidade *de fato* impossível. A insuficiência do discurso do Absoluto é a de haver esquecido essas duas palavras: *de fato*. Ele tinha razão em concluir que o homem pensa o infinito ao pensar o finito e que, portanto, basta reverter o pensamento para fazer o finito entrar no infinito: sua insuficiência é esquecer o fato do ser no mundo da violência. Pensar o finito no infinito, isso é perfeitamente possível *em pensamento*, assim como é perfeitamente possível *de fato*, porque é a finitude que revela o infinito como a possibilidade impossível – como a negação do *fato*, que não passa de negação pensada –, como o ser que não é – como o horizonte no qual é tudo que é –, como a verdade que, invisível, torna visível tudo que se mostra de fato no mundo.

Que o homem possa falar do Ser e da verdade é, portanto, outra expressão da finitude aceita. Ele não está apenas preocupado com o mundo, ele se aceita como preocupado, e sua liberdade é a liberdade de se entregar ao mundo na preocupação. Ele se constitui como *possibilidade*, no sentido etimológico derivado de *posse* = poder, mas ele se constitui na finitude como possibilidade finita. O Absoluto havia designado essa possibilidade

---

[3] Em francês: *com-pris*. Essa divisão silábica isola a palavra *pris*, que significa "pego", "preso". Para manter em português o duplo sentido criado pela introdução do hífen na palavra francesa, poder-se-ia recorrer a um neologismo: "com--prendido". (N. T.)

sob o nome de negatividade, e isso nada mais era do que a possibilidade de não ser *isto* ou *aquilo* no mundo, isto é, de ser para si; ora, o *em-si* sem o qual esse *para-si* não tem sentido quando se trata de coerência, esse em-si se mostra agora como o horizonte que é, por via do *fato*, o fim impossível: assim, ele pode ser pensado, pensado como a possibilidade que sempre é, mas permanece sempre possibilidade: possibilidade impossível. Em outras palavras, o Ser se revela sempre na verdade, e precisamente porque ele se revela sempre, ele jamais *é* revelado: não há presença e, no horizonte da verdade, há o erro.

O erro não é, assim, um acidente limitado à particularidade, e que se absorve na totalidade do discurso coerente: ele é a própria essência do discurso do homem em sua finitude. O que é, é revelado no ato temporal, e sua verdade é ser erro pelo fato de sua revelação finita e temporal, visto que o revelado é revelado por um projeto passado: uma verdade *foi* revelada, ela o foi e já não o é, pela simples razão de tê-lo sido. Do ponto de vista da reflexão daquilo que é no Ser que não é, isso significa que toda verdade é inacabada, pois ela não revela (e, *pela via do fato*, não pode revelar) o Ser. No entanto, essa reflexão é apenas uma expressão derivada da liberdade que é a liberdade para o fracasso: a coisa vista é verdadeira em seu mundo, que não apenas não é definitivo, como é um mundo transcendido pelo fato da revelação dessa coisa; isso porque a revelação da coisa é a revelação do fracasso do projeto que projetava esse mundo e des-cobre a coisa como a violência que aniquila o projeto: a coisa se mostra em sua verdade, *porque* o mundo no qual ela se mostra é insuficiente. É porque o plano no qual ela aparece é falso (senão ela não se mostraria) que ela se revela em sua verdade falsa, verdade porque ela aparece, falsa porque ela só aparece num mundo finito e não definitivo.

É quase desnecessário dizer que esse erro e esse falso não devem ser confundidos com o falso e o erro do homem no mundo. Cada projeto, cada mundo constitui seu falso, com relação à sua revelação interior, assim como cada mundo contém seu fracasso para o homem que se entregou a esse mundo no esquecimento de sua possibilidade. Mas esse falso e esse fracasso derivam do falso e do fracasso fundamentais: o homem se engana; mais exatamente, o homem se enganou (pois é absurdo dizer: eu me engano neste momento) porque ele não se manteve aberto ao mundo, porque não permitiu que a *coisa* se mostrasse, porque interveio, porque quis alguma coisa, porque buscou a coerência e tentou forçar a coisa a se conformar ao projeto passado, falsamente definitivo, com sua compreensão dele próprio no mundo supostamente fechado. Por isso esse erro admite e até exige a correção (que é a correção do discurso, uma transformação do discurso com vistas à aceitação da verdade – a menos que essa verdade seja esquecida como não essencial –, graças a uma transformação do discurso do homem sobre ele mesmo). Ora, o traço decisivo não é esse erro intramundano, mas o fato que é dele o fundamento: o homem vive numa verdade que é insuficiente com relação ao Ser porque ela é suficiente com relação àquilo que é; eis por que ele pode se enganar e notar que se enganou.

A questão do Ser (e da verdade) é, portanto, a questão última, porque ela não é uma pergunta que o homem apresenta, mas a pergunta que *o apresenta*. Já é trair seu caráter fundamental falar a seu respeito dessa forma: "pergunta que se apresenta ao homem", ou "pergunta que o Ser lhe apresenta"; assim se faria dela um problema no mundo, ao passo que ela é a possibilidade de todo problema, ela *é* o homem. E visto que ela *é* o homem, que ela é possibilidade, que ela é a origem do projeto e da temporalidade, ela não pode ser formulada. Perguntar o que é o Ser é a questão do homem que sabe que não pode evitar respondê-la, que ele sempre a respondeu e que não há resposta. Em seu âmago, ele é projeto no mundo, e por isso o Ser se revela e jamais é revelado, mas é o mistério que indica sem enunciar, que diz *não* e jamais diz *sim*, que é a potência da aniquilação erguida contra a possibilidade de ser que ela revela como possibilidade impossível e real em sua impossibilidade, real em sua insuficiência, real em seu fracasso.

Real também em sua liberdade, que é fundada no fracasso e na insuficiência: quem diz liberdade, diz temporalidade aberta *e* finita, projeto que se quebra contra o Ser-Nada, que quebra a si mesmo, porque é ele próprio que se projeta, e que é possibilidade em seu projeto. Em um tempo fechado, no presente, no discurso coerente, a liberdade não é, porque não existe o outro da liberdade. *Qui potest mori non potest cogi*: o ser que tem a possibilidade de aceitar o fracasso não é uma parte do mundo, precisamente porque *aceitou* estar no mundo no qual existe a violência; pois a violência só é revelada em seu projeto. *Qui non potest mori non potest non cogi*: o infinito não tem liberdade, porque sua ação (caso se admita o contrassenso de uma ação do infinito) não pode não ser bem-sucedida e é, portanto, necessária no sentido mais estrito; nenhuma "temporalização" do Absoluto pode fazer coisa alguma quanto a isso, exceto mostrar que a particularidade *foi livre*. Em seu discurso aberto, o homem é livre como a possibilidade que ele é de fato; no discurso que revela a incoerência do discurso humano, ele é ele próprio porque, ao aceitar sua finitude, ele se torna livre para o fracasso, que é mais seu que qualquer coisa no mundo.

3. A finitude e a consciência. – A moral do mundo. – A poesia, projeto originário, como fundo e conclusão da filosofia

A diferença fundamental entre a categoria do *finito* e a da *obra* consiste no fato de que aquela afirma o papel essencial do discurso, ao passo que esta rejeita o discurso. O finito se desprende do *Absoluto* por sua busca da liberdade e do Ser: o homem da *obra* se opõe a isso pela busca da satisfação. A analogia entre a categoria do finito e a da *consciência* é, assim, notável. E ela não o é apenas para nós e no plano da comparação: o próprio finito vê na consciência uma espécie de precursor, inadequado, é certo, e insuficientemente radical, extraviado pelo esquecimento, seduzido ainda pelas ideias de presença, satisfação, coerência, mas apenas extraviado e seduzido e, por conseguinte, já orientado para o fim que foi agora alcançado.

O homem da consciência se sabe livre e finito, livre em sua finitude, possibilidade, e possibilidade de ser ele próprio; o que ele não sabe ou, antes, o que ele esquece é que ele é temporalidade e fracasso, que ser no tempo não é o acidente de uma "essência" razoável, que fracassar não é uma infelicidade da qual o homem deva se consolar, que poder se consolar disso é precisamente a possibilidade do homem de não ser ele próprio. A consciência se deixou ludibriar pela ideia do discurso coerente, porque ela permaneceu presa na tradição do *objeto*; ela não foi até o fim, ela o vislumbrou, no entanto, quando descobriu a impossibilidade da coerência no interior do mundo. A coerência é impossível nesse mundo que, com sua compreensibilidade jamais completamente realizada, é *fato*, mas ela permanece mantida para a consciência em um além que não é um fato, mas uma esperança tão inapreensível quanto irrefutável no mundo que é: ela é concebida como o Ser no fundo daquilo que é, no âmago, portanto, também do homem no mundo que, nessa *ideia*, além de todo conteúdo, transcende o mundo, ou mais exatamente, compreende nessa ideia que ele o transcendeu antes de havê-lo adentrado. Mas esse extravio no esquecimento, que faz do homem que transcende o mundo e é transcendido pelo Ser um não ser que transcende, na razão, o próprio Ser, não basta para esconder ao olhar prevenido (o da categoria do finito) a finitude do homem que aí é des-coberta, embora ela aí não descubra a si mesma: em última instância, é sempre a vida do homem que está em jogo para ele, sua vida a ser conduzida como sua, o projeto no mundo pelo qual ele é responsável, e responsável diante de si mesmo.

A comparação entre as duas categorias é ainda mais instrutiva porque a retomada da atitude presente pela categoria anterior é, por assim dizer, natural, dado o parentesco que existe entre ambas; na realidade, ela é tão difundida que seria difícil encontrar uma apresentação pura da categoria (se há outras retomadas, todas elas passam pela consciência). Fala-se de "condição da possibilidade", de "em-si", sem lembrar que esses conceitos têm um sentido apenas com relação ao discurso coerente, realizado ou apresentado como ideia diretriz; faz-se da filosofia uma teoria verdadeira (além ou aquém da ciência), em vez de um ato do homem no mundo, e sem lembrar que o essencial dessa condição e desse em-si é ser sem verdade, visto que a condição da vida autêntica e o em-si do homem consistem na ausência de coerência, mesmo (e talvez sobretudo) como ideia diretriz. Na consciência, o homem se defende contra a ciência da *condição*, contra o discurso que o faz ser para ele mesmo uma coisa no mundo; basta-lhe convencer-se, no plano teórico, da possibilidade – mesmo irrealizável para ele – de outra verdade (revelação) do Ser. Aqui, a ameaça da condição é apenas uma reminiscência; o *Absoluto*, sem falar da obra, a descartou para sempre: já não há problema para o homem, ele *é* o problema, porque nada é "lançado diante" dele, exceto ele próprio, por ele próprio.

Por isso, a grande questão da consciência, a da ação livre no mundo, é do âmbito – para a categoria presente – da má consciência que pertence apenas à tradição. A consciência devia se perguntar como ela realizava para ela mesma a liberdade, sendo a liberdade transcendente com relação a um mundo que era, no entanto, o lugar de todo discurso, e mesmo o da liberdade, sem falar do fato de que as consequências práticas do discurso moral eram entregues ao mundo. A ideia de coerência no transcendente respondia a isso. Aqui, o problema e sua solução desaparecem juntos: o homem é único em seu projeto e em sua finitude, e não deve prestar contas a ninguém, precisamente porque está num mundo e é responsável diante de si mesmo; pois sua responsabilidade diz respeito ao seu mundo e ao seu ser no mundo, e não pode se traduzir em *contas*, visto que ela é total, que ela é a realidade de sua aceitação total do mundo no mundo pela qual ele transcende o mundo (sendo este compreendido como possibilidade e projeto, não como discurso coerente e satisfeito) e, ao transcendê-lo na finitude, transforma-o em seu. No mundo humano só existe a liberdade, enquanto o homem é ele próprio, todas as vezes (é a mesma coisa) que ele faz a pergunta sobre a liberdade; todas as vezes que ele não a formula, que a esquece, existe necessidade, mas ainda necessidade para o homem que se fechou *livremente*, que se esqueceu como possibilidade, que se tornou coisa.

Essa liberdade do homem não é, portanto, a da consciência, que era liberdade do mundo, mas liberdade para o mundo e no mundo. É ao se projetar do mundo presente em seu passado e do mundo passado em seu presente que o homem é livre em sua finitude; ao aceitar a condição humana, ao renunciar a qualquer garantia, a qualquer satisfação (que só poderia ser encontrada no discurso coerente): o homem se decide no mundo, se decide naquilo que é na medida em que ele *é* por seu *projeto-passado*, se assume e se liberta. Ele é único. Ele não está só: ser só é uma maneira de estar no mundo, de estar com os outros; ele é único porque está num mundo com os outros e porque ninguém é responsável por ele, ninguém é responsável em seu lugar, ninguém o é por seu lugar. O mundo não está fora dele, e todas as sutis distinções entre sujeito e objeto não podem libertá-lo de sua responsabilidade, que é sua liberdade; por mais que ele se desculpe lembrando sua insuficiência: essa insuficiência é ele próprio. Ele sempre cai no esquecimento, nem por isso ele *quis* menos esse mundo e esse esquecimento; sempre existem causas e razões da sua responsabilidade concreta, e nem por isso ele é menos responsável dessa responsabilidade concreta.

Falar de responsabilidade moral só tem sentido, portanto, no mundo. É o projeto que funda, com seu mundo, uma responsabilidade moral – isto é, de homem para homem – no interior desse mundo. Sempre há uma moral, visto que o homem está sempre ligado aos homens, por estar sempre num mundo; mas essa moral não transcende o mundo: a ideia da coerência dos fins é apenas a moral de um mundo e a moral mais próxima do esquecimento, porque a mais aparentada ao discurso coerente, porque moral para seres infinitos em sua essência. Cada mundo tem seu bem e seu mal, sua virtude e seu vício, sua satisfação e sua punição – e por tudo isso o homem é responsável, e nada disso o julga em seu ser autêntico, que não é ser, mas possibilidade. A coerência (dada e insuficiente) envolve o compromisso do homem (dado e insuficiente); o homem que se sabe insuficiente se compromete com vistas a uma coerência que ele aceita como insuficiente, e assim ele transcende o dado no projeto.

O que acaba de ser dito pode ser diferentemente enunciado na linguagem da fé (linguagem que, neste ponto, foi aceita por todas as atitudes ulteriores, na medida em que elas não proibiam ao homem falar dele próprio): o essencial do indivíduo é o sentimento, isto é, a relação *imediata* entre o único e o Ser. É evidente que essa formulação não basta aqui, pois o discurso absolutamente coerente estabeleceu a *mediação* total: se existe, portanto, sentimento, o sentimento deve ser tudo e deixa de ser um *aspecto* da vida, uma *relação* entre um *homem* e um *mundo*, separados um do outro e ligados por relações de toda espécie, entre as quais se encontraria *também* a do sentimento: o homem já não é homem do sentimento como *tipo* particular, não tem *momentos* consagrados ao sentimento, não tem sentimentos, ele *é* sentimento por inteiro, anterior a qualquer oposição do indivíduo e do universal, do subjetivo e do objetivo.

Mas também é evidente que mesmo essa maneira de falar ainda é do âmbito de uma linguagem que não alcançou a finitude: é somente para o homem que se entregou ao mundo que o sentimento aparece como tal; se o sentimento fosse verdadeiramente tudo para o único (ou se o homem fosse verdadeiramente único), o sentimento, justamente por essa razão, não lhe apareceria. No entanto, mesmo sendo do âmbito de uma linguagem que é linguagem no mundo, a tese se justifica – do ponto de vista do finito – na medida em que o homem está sempre num mundo e preso em seu mundo, que ele, portanto, jamais *é* único, não *é* fora do que ele é, e que ele deve falar do homem como de uma coisa particular no mundo: seu não ser se torna, em sua linguagem, ser particular, e ele não pode falar sem falar *do* sentimento, sem parar de falar *como* sentimento, sem ver no sentimento *uma* de suas possibilidades, ao mesmo tempo em que sabe que o sentimento é o que ele compreendeu como *a* possibilidade. O homem cria, mas ele não cria na realidade, ele cria a realidade – cria-a no fracasso, mas é ele quem cria o fracasso e esse fracasso é mais real que qualquer realidade, porque ele é a insuficiência que se revela e revela, assim, o Ser.

Ora, se assim é, o homem só é filósofo para reconhecer o fundo de sua existência na *poesia*: seu discurso filosófico o conduz, o reconduz à poesia. Como seria ele tocado pelas objeções do discurso absoluto, que só enxerga na poesia uma máscara da filosofia total, uma forma inconsciente da presença do Absoluto? O homem que se sabe finito admitirá isso facilmente – no plano do discurso: se houver entrega ao discurso, se o homem esquecer que ele é único, então, com efeito, a poesia, ato criador que, ao revelar, revela e constitui o mundo do homem, deve ser reduzida à coerência formal. No entanto, trata-se precisamente de não cair no esquecimento, mas de apreender-se em sua autenticidade própria, em seu projeto, nesse discurso coerente-incoerente da poesia (ποιητής, a palavra não designa aquele que cria?), coerência originária e, por isso mesmo, incoerência para todo discurso anônimo e "universal". É o poeta que é homem autêntico, e o homem é *ele próprio* na medida em que é poeta. É na poesia, no pro-jetar de si mesmo para o Ser e no fracasso desse pro-jeto que a possibilidade humana se realiza como possibilidade, é aí que ela constitui primeiramente o mundo no qual razão e poesia, realidade e sonho, necessidade e liberdade irão se opor. No interior do mundo, o homem é ou não poeta, mas esse mundo é a obra do criador-homem em sua finitude, e não é por acaso que ele leva o título de ποιητής.

Não se trata, portanto, de *idealismo*, de uma *forma* que o homem (como razão ou como apercepção) imporia a uma matéria amorfa: o homem é finito, ele está sempre num mundo, ele se *encontra*, e é ele que se encontra; ele não é uma *razão*, um *Eu* que encontra um *eu* empírico. Ele cria o mundo como mundo seu, como mundo pelo qual ele é responsável, porque ele o aceita em seu projeto: criação livre da liberdade para, na e pela revelação do Ser, criação *ad nihilum*. A poesia é a revelação que revela o mistério como mistério, que não o trai, não o *resolve* e não teme traí-lo (tal como o poeta da *consciência*): nela a possibilidade pura se projeta puramente do esquecimento (do homem que é no mundo) na pureza do Ser que o aniquila, e se apreende em seu fracasso.

Se a poesia é, assim, o fundo da filosofia, será que daí se conclui que a filosofia do finito refuta a si mesma? A objeção seria tão natural quanto pouco pertinente, comparável àquela outra, que acusa a atitude de imoralismo. O homem é sempre (positiva ou negativamente) moral em seu mundo: na medida em que ele é (dado), seu projeto o coloca em questão, ao mesmo tempo em que seu mundo, e sua decisão finita o compromete não segundo uma moral, mas com uma moral. Da mesma maneira, o homem é sempre filósofo no mundo (positiva ou negativamente): é a criação poética que o compromete, não segundo uma filosofia, mas com uma filosofia. A poesia não se opõe à filosofia, ela é a filosofia tomada em sua origem. O mal-entendido vem do fato de que a crítica esquece o essencial, a saber, que a filosofia é ato do homem em sua finitude aceita, ato para o Ser e para o fracasso; em outras palavras, a crítica esquece que a coerência está na origem, na *possibilidade* como coerência do projeto que se aceita como fracasso. Se ela não o esquecesse, veria que a poesia *é* a filosofia, e que o que ela mesma concebe como filosofia não é poesia simplesmente porque essa "filosofia" é *ciência* do homem no mundo e não é, portanto, filosofia autêntica.

No entanto, esse esquecimento não é um acidente reparável e evitável, visto que o homem é ele próprio no mundo, no modo do não ser – no esquecimento que é a insuficiência da possibilidade diante do Ser: ele não *é* ele próprio (já falamos sobre o contrassenso dessa expressão), ele é *rumo* a si próprio ao se projetar no fracasso – que é o de haver sido, que é o mundo que *é* e no qual ele *é*. O esquecimento da crítica está, assim, fundado na existência intramundana do homem: o homem não pode não esquecer, não pode não ser filósofo, e a crítica é justificada por esse fato (que é *o* fato), mas justificada aos olhos daquele que alcançou a categoria da finitude, ao passo que está errada quando se toma o que ela diz no sentido em que ela o diz.

A poesia é, portanto, realmente a filosofia em sua origem; é na poesia que se constitui e toma forma o dado da filosofia a partir do qual ela pode voltar à sua origem: é apenas na poesia que o projeto se mostra como ato de *pro-jetar*.[4] O que diz a crítica é fundado, mas não constitui uma crítica, sendo uma simples retomada da categoria sob a categoria do *Absoluto* (ou, em formas menos perfeitas, da *consciência*). No entanto, a poesia só é filosofia em sua origem, projeto que só se conhece como tal ao se voltar para si mesmo, e esse retorno se efetua no mundo que é constituído pela poesia, mas que já não se conhece como poético. Em outras palavras, na poesia, no "instante poético", o homem é possibilidade, mas o é para aquele que, pela realização dessa

---

[4] Em francês, *pro-jeter*: divisão silábica que faz aparecer a palavra *jeter*, "lançar". Com essa divisão, explicita-se o sentido do "lançar adiante". (N. T.)

possibilidade, se encontra distanciado da criação e busca o caminho de seu retorno por meio do discurso e da violência. A poesia revela, a filosofia revela o fato da revelação poética.

A filosofia, separada da poesia no mundo, una com ela no projeto do mundo, é, portanto, *protréptica, um* λόγος προτρεπτικὸς πρὸς ποίησιν: o homem é sempre poeta, mas ele não o é todo o tempo, ele é poeta *e* filósofo, mas só é filósofo porque é poeta, e só se sabe poeta porque é filósofo. Sem a poesia a filosofia seria vazia, sem a filosofia a poesia seria cega. Mas a filosofia fica sempre tentada a esquecer sua origem e já não vê que ela é apenas compreensão ou, antes, iniciação à compreensão da poesia, esquecimento que é baseado no sucesso – se for permitido falar assim – da poesia que foi bem-sucedida em seu projeto. É por isso que a filosofia é necessária no mundo ao homem que não realiza a possibilidade todo o tempo e que inclusive não se apreende como possibilidade: em consequência da poesia (mas não no instante poético), o homem é para ele próprio coisa no mundo, e precisa da reflexão dessa coisa no mundo estabelecido, isto é, na violência, para se encontrar. Para a filosofia da finitude, é na poesia que o discurso se revela como insuficiente: a poesia *ainda não* é discurso, porque, já, ela não é *mais* discurso, ela *ainda não* é coerente, porque, já, ela não o é *mais*; mas porque só está no mundo "antes" ou "depois" do discurso, ela só se revela como aquilo que ela é ao discurso da finitude.

Eis por que a poesia possui uma dignidade única: ela é parente (*alma parens*) do discurso; ela é discurso incoerente que se projeta da coerência original no Ser; em outras palavras, nela o discurso retorna à linguagem, mas é o discurso que para lá retorna, não é a linguagem antiga que se restabelece como *Verdade* ou *Não Sentido* ou apenas como força mágica. Essa linguagem, expressão direta do mundo no qual o homem está tão em casa que ele nem mesmo se sabe em casa, se separou da palavra na discussão. É verdade que o projeto funda igualmente a arte que não é linguagem, que não fala em palavras e conceitos e é tão ambígua para o discurso quanto o próprio homem, que é, portanto, projeto, e projeto em suas profundezas; mas esse projeto é exposto ao discurso da reflexão e não pode se defender contra a "compreensão", uma vez que o homem se esqueceu no mundo do discurso: o artista se torna a exceção e se toma por uma exceção, porque na qualidade de artista ele não participa da linguagem e participa, no entanto, do discurso, na qualidade de homem de seu mundo. Somente a poesia reúne o discurso à sua fonte, à linguagem; sem a poesia haveria homens livres na e pela arte, não haveria libertação do homem. Isso porque *no* mundo – para falar com a categoria do *Absoluto*, que é a categoria na qual o homem se apreende *no* mundo – somente a negação liberta, e é somente no discurso que ela existe; mas é só no retorno da filosofia à poesia que ela desaparece ao se aplicar a ela mesma.

4. Nota sobre as retomadas

No que precede, o problema da retomada se apresentou particularmente com o desdobramento da filosofia em filosofia poética (ποιητική) e filosofia no mundo (προτρεπτική), e ele se apresentou para a própria categoria, que segue nesse ponto a do *Absoluto*, admitindo sua obrigação de compreender as categorias anteriores como visões legítimas, mas insuficientes, daquilo que ela des-cobriu. Com efeito, assim como o discurso não seria coerente se não pudesse atribuir seu lugar a qualquer discurso, o homem não se teria descoberto como origem do projeto no Ser se não descobrisse em todo discurso a expressão (mais ou menos despreocupada) da possibilidade. A categoria encara, portanto, todas as categorias anteriores como interpretações do ser-no-mundo (do projeto) que permanecem determinadas pela concreção do mundo. A tarefa da filosofia conforme a categoria é, assim, a de libertar o homem para a possibilidade pela destruição das formas enrijecidas do pensamento, pela redução das questões tradicionais à sua origem na possibilidade do discurso aberto.

Após a apreensão da poesia, a história da filosofia, que dessa maneira se desenha, forma o verdadeiro trabalho da categoria que se põe à prova, assim, diante da realidade humana. Essa realidade é, com efeito, constituída por inteiro pelas retomadas do finito (aqui também, a analogia com o Absoluto é evidente). O homem é possibilidade no mundo e, como tal, projeto insuficiente; em outras palavras, ele nem sempre fala do projeto, ele se projeta, e trata-se para a categoria de reencontrar no *projeto*, fossilizado pelo esquecimento da finitude e pelo desejo da coerência, o *projetar*, que, no entanto, só *é* ao modo de tudo que *é*, como finito no mundo, como projeto realizado e que, justamente por sua realização, se trai, participando sempre do discurso e deixando de ser nascente ao se tornar rio. A possibilidade não pode ser apreendida como possibilidade, exceto pela redução da história do homem à sua historicidade, e a possibilidade não se descobre, exceto na realidade que não é possibilidade: nesse plano, a categoria é a redução das retomadas.

Por isso, não nos cabe insistir nas retomadas. A categoria se encarrega disso e falamos das retomadas na medida em que elas poderiam dar margem à confusão e, por conseguinte, nos importam aqui.[5]

---

[5] O que as análises deste capítulo devem aos trabalhos de Martin Heidegger e Jaspers é visível demais para que nos sintamos obrigados a insistir longamente nessa dívida. Talvez seja mais importante notar que não tivemos em absoluto a intenção de reduzir o pensamento desses autores à "sua mais simples expressão": ao contrário, tanto a filosofia de um como a do outro são complexas demais para que possam ser esgotadas por uma simples categoria isolada (assim como sistema filosófico algum ou mesmo discurso humano algum pode sê-lo). Se eles alcançaram a categoria pura, se eles a superaram ou se somente as apresentam por meio de certas retomadas (o *ideal* ontológico de um, o de uma ciência completa, porém impossível, do outro), essa é uma questão que pertence ao âmbito da crítica filosófica e não deve nos deter aqui. No entanto, mesmo no caso em que se constatasse que a categoria pura foi alcançada por eles (ou por um deles), não se deveria esquecer que esta, como qualquer categoria, está presente em qualquer filosofia: uma análise do papel da poesia (do mito) na obra de Platão, uma interpretação do mito de Er da *República* mostrariam sua presença agente.

16. A AÇÃO

Ao revelar a condição humana, a própria finitude se revela como simples discurso ao homem que se opõe à violência no plano da violência: esse homem age sobre a realidade em sua totalidade para submetê-la a seu discurso.

1. O problema da satisfação real do indivíduo. – A ação e a condição. – Razão e violência

É evidente que a atitude e a categoria do finito não podem ser refutadas. Mas é um fato que elas podem ser autenticamente compreendidas sem serem retomadas sob uma categoria anterior; isto é, podem ser ultrapassadas. Isso implica que o homem que ultrapassa a categoria da finitude não retorna simplesmente ao discurso coerente. É verdade que nenhum retorno seria mais fácil: esse discurso, pelo conceito da particularidade existente para ela mesma, indica lugares e funções bem determinadas tanto para a *finitude* como para a *obra*. No entanto, se o homem na atitude do Absoluto pode se consolar da revolta do particular contra o universal, nem por isso ele esquece que essa revolta se realizou contra o Absoluto por recusa, e não por ignorância, na vida, e não na doutrina. É verdade que o homem, se quiser se satisfazer de modo consciente, em outras palavras, se pede a satisfação ao discurso, chega necessariamente ao *Absoluto*, à atitude que se pretende categoria. Mas se ele não apenas renuncia a essa satisfação, como também a repele, se ele inclusive se opõe a toda satisfação definitiva, o discurso coerente e sua categoria já não têm influência sobre ele, e a ciência absoluta, mesmo tendo razão, só tem razão contra o homem que já não busca a satisfação no discurso e contra aquele que não a busca de forma alguma.

Deve-se, então, indagar como a categoria do *finito* pode ser superada. Existirá outra coisa além da satisfação consciente e da recusa consciente da satisfação? Vê-se que se trata de uma simples petição de princípio: uma vez que se admite o direito de proceder por perguntas teóricas e assim se supõe que o discurso está em seu princípio, pode-se estar seguro de reencontrá-lo no fim. "Se o homem é essencialmente discurso, é evidente que apenas a conclusão do discurso pode lhe proporcionar a paz; se ele não o é, talvez encontre a paz, mas não pode buscá-la", responderá o homem do discurso, esquecendo ou, antes, negligenciando a possibilidade da busca não teórica. Isso porque o problema não é o da satisfação e o da paz *alcançadas*, mas o da satisfação *por alcançar*. No *Absoluto*, a *obra* é a revolta do sentimento particular, a *finitude* é o desespero da particularidade revoltada diante do universal, e a salvação deles está ao alcance deles: basta ao homem submeter-se para compreender que não se trata aí de uma submissão a um outro, mas do retorno ao Absoluto que, quando se trata de perguntas e respostas, é o próprio homem, mais até do que tudo que ele "sente" como ele próprio. O fato, contudo, é que a tese pode ser verdadeira e pode ser satisfatória, e que ela não proporciona a satisfação. "Muito bem", retrucar-se-á, "não há nada de impossível nisso; vós não quereis compreender, o caso estava previsto. Vós não quereis estar satisfeitos; pois bem! Como quiserdes! Vossa obstinação não nos incomoda. Não impedireis que vos compreendam; vossa particularidade sempre vos foi reconhecida".

Essa maneira de argumentar é a de qualquer categoria anterior diante de qualquer categoria posterior. Mas ela é aqui levada ao limite extremo, porque o Absoluto é o discurso coerente, porque fora dele não há outras possibilidades senão o ato mudo e o discurso não coerente, e porque nós, nessa busca, permanecemos inevitavelmente no plano do discurso: mesmo que a natureza desse discurso não fosse elucidada, é claro o simples fato de que buscamos no ambiente da linguagem. Por isso, os argumentos do discurso vencem num ponto: tão logo se *fale* do homem, não se escapa à dialética do universal e do particular, à conjunção entre o falar e o que se revela no falar. Só que o discurso coerente, que assim estabeleceu sua onipotência formal, não vê que essa potência é nula naquilo que o homem da obra e o da finitude denominam a realidade. O falar (ou, se assim se preferir, o pensamento) revela, mas ele jamais revela por completo a situação, porque o ato que a revela também a modifica: o discurso, de um lado, e a situação, do outro, não se opõem nem coincidem jamais, pois todo discurso é discurso numa situação, e a situação jamais é determinada, porque o discurso faz parte dela e a forma em vez de descrevê-la. A obra mostra, a finitude demonstra que o homem não é essencialmente saber (e nisso as duas categorias, sendo filosóficas apesar de seu conteúdo, se separam de toda a tradição da filosofia ocidental) e que a satisfação pelo discurso é apenas uma possibilidade que o homem pode recusar.

Se, portanto, o homem não pode retornar ao Absoluto do discurso coerente; se, por outro lado, ele não se contenta, na obra e na finitude, em exercer ou aceitar a violência; se, além disso – e de outra maneira não haveria pergunta para nós –, ele tem em mente as atitudes que ele se recusa a tomar, ele se encontra precisamente diante do problema da linguagem e da situação. O Absoluto é a atitude que se pretende categoria; o que o homem busca agora – e sabe que busca – é a categoria que seja atitude, a *obra* que possibilite um *discurso* coerente na *finitude* ou, para dizê-lo mais simplesmente, uma ação razoável. O Absoluto descartou a violência, naquele sentido em que o discurso está concluído e que o insensato tem um sentido na qualidade de insensato, mas ele não a descartou da vida: não há nada que dê um conteúdo à vida, nenhum fim *razoável* (essa é a condição que faz a diferença entre a ação e a obra) pelo qual o homem possa viver e, se for o caso, morrer.

Ora, a resposta parece pronta: será que a categoria da *condição* não oferece o que o homem pede aqui, e que a dificuldade não provém de um simples extravio do espírito, que se desviou da vida ativa para seguir o fogo-fátuo do discurso coerente? E o que serão a *obra* e a *finitude*, senão a recusa de reconhecer-se decepcionado e derrotado? Não basta entrar na linha, não será preciso aí entrar? A vida do homem tem seu sentido no trabalho e na organização, seu fim, no progresso rumo ao domínio da natureza; sua situação é determinada, sua linguagem encontrou sua função: ele pode viver e morrer por alguma coisa.[1]

Com efeito, a condição oferece tudo isso, e visto que ela o oferece, ela é a atitude mais difundida e, nesse sentido, a mais natural, a atitude do homem que só fala "para dizer alguma coisa". O retorno do homem a essa atitude é sempre possível; a bem dizer, exceto nos casos de todo excepcionais, ela nunca é abandonada, a tal ponto que, exceto extraordinariamente, as atitudes seguintes se relacionam a ela – inconscientemente, e de modo quase instintivo – desprendendo-se dela como de algo "comum", e ao mesmo tempo repousando-se nela como em algo "evidente" e entregando-lhe os "assuntos corriqueiros". O homem sempre pode efetuar o retorno a essa realidade e declarar que todo o desenvolvimento que se origina na *consciência* não é "sério": a filosofia que pretende ser outra coisa além de reflexão metodológica não leva a lugar algum e impede o homem de viver. Posição que não apenas é inexpugnável, como toda atitude fundamental, mas que, na qualidade de herdeira da tradição (que ela remata e substitui ao mesmo tempo), possui a força da realidade viva que se opõe às proclamações e pretensões daqueles que alardeiam sua fé em uma das categorias posteriores, sem, no entanto, viver nas atitudes que lhes correspondem, essa força da realidade que refuta e torna ridículas todas as profissões "avançadas" e "independentes" se o pregador não for o santo, o herói ou o sábio de sua categoria. Por isso não é surpreendente que, em cada categoria, a existência comum seja reconhecida sob o título de vida inconsciente, vida das pessoas, da massa, da particularidade, etc., que em toda parte a *condição*, como atitude, seja vista como o solo a partir do qual a nova atitude ganha impulso, na medida em que a nova categoria se apreende na oposição àquela que a precede imediatamente.

---

[1] Para ser justo com o discurso absolutamente coerente, seria preciso dizer que ele próprio atribui esse sentido à vida do particular; mas visto que ele conclui que não há satisfação absoluta para o particular como tal, a revolta da particularidade permanece possível.

Mas essa força, igual àquela da tradição nas atitudes antigas, não basta para tornar possível o retorno à condição no plano das categorias: lá, ela é tão somente retomada. A existência de um único santo, de um único herói, de um único sábio, e até a simples possibilidade de sua existência impedem a filosofia de retornar à *categoria* da condição. Isso porque se o homem em sua vida pode renunciar a pensamentos que não lhe parecem condizentes com sua existência, a filosofia não poderia anular esses atos da liberdade constituídos pelas passagens de uma categoria a outra. No entanto, outra coisa é o retorno a uma categoria (que não passa de honesta confissão de uma atitude e só tem, assim, por mais respeitável – e raro – que ele seja, um interesse biográfico, no máximo histórico), e outra coisa ainda é a tentativa consciente que busca dominar e assimilar uma realidade sempre reconhecida, jamais dominada. Desde a *consciência* – é somente o *Absoluto* que revela isso –, o homem não apenas é para si próprio, como além disso sabe que é ser-para-si. Essa consciência de si só é total porque é formal e, por conseguinte, vazia: é o que mostram as categorias seguintes (deve ser bem entendido que esses predicados não têm sentido para a própria consciência); ora, o que impele o homem é a busca de uma ação no mundo, à qual, no entanto, ele não chega. O Absoluto que lhe mostra a satisfação na coerência do discurso forma apenas o discurso, e não a vida, e prova-lhe, no fim das contas, que ele não pode *razoavelmente* pedir mais; sua vida tem um sentido, mas, na medida em que ela tem um sentido, ela não é sua: daí as categorias da revolta que, do ponto de vista presente, nada resolvem; se elas fazem a pergunta sobre a vida humana, elas o fazem negando a possibilidade de uma resposta para a pergunta no plano da pergunta, oferecendo como solução do problema (distinto da pergunta) o ato que não explica ou a explicação para a qual o ato em seu conteúdo é um acidente. À razão separada da vida se opõe a vida que recusa a razão.

Também aqui é evidente que essa "crítica" não alcança as categorias e as atitudes anteriores em seu ser, seja este compreendido logicamente ou em seu sentido antropológico: nada seria mais perigoso do que projetar as relações das categorias entre elas, por uma retomada das mais rasas, sobre o fundo da *discussão*. Ela indica apenas que o homem passou da *finitude* a outra atitude, que exige precisamente o impossível, tanto do ponto de vista da finitude como do ponto de vista do Absoluto: nem um ato, nem uma razão, mas a ação, uma vida que seja coerente, uma razão total que possa guiar a vida.

É de se esperar, portanto, que a nova atitude procure unir o *discurso coerente* com a *condição* em uma *obra* satisfatória para o *ser finito*, no risco de sua finitude, que ela procure excluir a violência pela força da razão no próprio plano da violência, que, para repeti-lo, ela se saiba categoria e se pretenda atitude. O problema para ela é desenvolver um discurso que seja coerente sem se fechar, e que prometa tornar coerente a realidade, definida pela *condição* no que tange à situação, pela *revolta* no que concerne ao indivíduo.

2. O fim da ação e os fins. – O descontentamento do homem. – O filósofo e o homem des-humanizado. – A realização da filosofia. – A vida na ação

Em uma primeira aproximação, haveria a tentação de dizer que o homem da ação busca um fim na realidade. Mas essa formulação se mostra insuficiente tão logo se formule a pergunta sobre a natureza desse fim, pois então se evidencia que, para o homem na atitude presente, os termos *fim* e *realidade* não podem se conciliar sem dificuldade: o que se chama fim na realidade – fim que o homem persegue ou escolhe ou estabelece – não falta em lugar algum, e todas as atitudes o conhecem. Decidir-se por um ou outro desses fins fundamentais seria próprio da *personalidade* que se interpretasse sob a categoria do *interesse*. O discurso do *Absoluto* reduziu todos esses fins ao seu papel particular na totalidade do real compreendido, e seu julgamento é irrevogável para quem passou por esta categoria. Se o fim é concebido dessa maneira, como fim do particular e como fim particular, a ação não busca, portanto, um fim, assim como não poderia se contentar com os fins, jamais definitivos, que a atividade conhece na *condição*: a atividade é, ao contrário, a ausência de fim no sentido da ação.

O que a ação quer? A satisfação do homem revoltado, isto é, a realização de um mundo tal que, nele, a revolta não apenas seja não razoável – ela o é desde que o discurso se tornou coerente no *Absoluto* –, mas se torne impossível, humanamente impossível, ou, o que é equivalente, que a revolta, que é o ser do indivíduo, faça parte integrante da realidade na qual o indivíduo vive, ou ainda, que a coerência deixe de ser o *outro* do indivíduo. Não se trata de encontrar um fim *na* realidade, mas de encontrar um fim *para* a realidade; em outras palavras, visto que a realidade é concebida sob a categoria (mas não na atitude!) da *condição*, trata-se de encontrar o termo do progresso. Se o *Absoluto* conduziu à revolta, não foi porque ele exigia a coerência, mas porque afirmava que ela fora alcançada exclusivamente no discurso e pelo discurso. É *na* condição que essa coerência deve ser realizada, mas ela não será realizada *pela* condição.

Isso porque a condição constitui aquela realidade que se trata de dominar. A luta com a natureza – luta que ela havia empreendido – é, sem dúvida, necessária, assim como é verdade que essa luta é travada, por meio da ciência, pela comunidade do trabalho organizado. Mas o domínio da natureza, embora necessário, não é suficiente: nessa luta com a natureza, o homem se torna ele próprio natureza, coisa, objeto a ser transformado. O que ele aí encontra no lugar da satisfação é a renúncia à satisfação, a perda de si mesmo, perda insuportável desde que a *consciência* a revelou como perda. A revolta é apenas o protesto do homem que não *quer* ser consolado dessa perda, mas quer entrar em seus direitos: não basta dominar a natureza, é preciso dominar o próprio mundo da condição; não basta que o homem sirva o progresso, é preciso ainda que o progresso sirva o homem.

A ação quer, portanto, que a realidade esteja a serviço do homem? Formulação cômoda, e também perigosa. Isso porque a ação não *quer* nada, e é absurdo falar de sua vontade: no discurso absolutamente coerente, essa expressão não apenas tinha um sentido, como era até mesmo inevitável, lá onde o discurso era seu próprio sujeito, onde o particular só se revelava em sua verdade com relação à totalidade e, portanto, queria algo sem saber que o queria. Mas aqui, onde a revolta fez do projeto do homem o sentido do mundo, onde a *obra* devia criar, onde a *finitude* se havia resignado à impossibilidade do empreendimento inevitável, como se poderia ainda falar da vontade da ação? É o homem que quer, o homem na realidade de todos os dias, na realidade da sociedade do trabalho e da luta com a natureza, nessa sociedade da *condição* que adquiriu certo domínio sobre a natureza e que está segura de que dominará completamente todas as condições exteriores que ainda acorrentam o homem: é o homem que quer que a realidade esteja a seu serviço.

Ora, será que ele já não o havia querido na atitude da *condição* e já não o havia claramente enunciado na categoria dessa atitude? O que tem ele a fazer que ele não houvesse exigido de si mesmo naquele momento? As categorias seguintes haviam respondido a isso: o homem será senhor da natureza, mas um senhor natural, o fator dominante, mas um fator livre e contente, para expressá-lo na linguagem do *Absoluto* (e não é um acaso que o homem da *consciência* tenha ido até o *Absoluto*), em si, mas não para si. E as categorias da revolta haviam continuado dizendo, ou mais corretamente, mostrando que não basta dizer ao homem que ele é contente em si para que ele o seja para si. Sem dúvida o homem, um homem específico, pode se contentar em uma atitude específica, formular seu discurso – um discurso que lhe baste – em uma categoria específica. Porém – e esse é o grande *porém* do homem que pensa a ação – *os* homens não o fazem; preferem recusar qualquer pensamento a se declararem contentes se não se *sentem* contentes. Sim, *alguns* homens foram contentes, e isso prova que o mundo é tal que certos homens podem sê-lo; mas trata-se agora da revolta do homem, de todos os homens que não se sentem os senhores do mundo.

Sabia-se disso há muito tempo: somente o senhor é contente, porque somente ele é livre, com aquela liberdade que conta, a de desfrutar de sua existência. Quanto aos outros, pode-se impedi-los de compreender que são descontentes, pode-se proibi-los de se precipitarem sobre os bens que cobiçam, pode-se fazê-los compreender que a revolta brutal, o poder sobre a fortuna social existente não lhes adiantará de nada, visto que só o trabalho organizado e racional pode produzir e preservar essa fortuna: nem por isso eles estarão menos cientes, com aquela certeza do sentimento que é a mais profunda, de que estão insatisfeitos. Por isso, ninguém pode estar satisfeito *verdadeiramente*: mesmo os senhores do momento, aqueles que dispõem dos frutos do trabalho social, que dominam este ou aquele grupo histórico, que estabelecem as regras do trabalho dos outros como lhes apraz, mesmo eles não são contentes, porque são senhores apenas em parte, senhores de homens, senhores de consciências e de sentimentos passíveis de se revoltar, continuamente revoltados, embora essa revolta seja continuamente reprimida, e eles não vivam como verdadeiros senhores, mas lutam e trabalham. O que os distingue é que seu inimigo não é a natureza nem a necessidade, mas o resto da humanidade. Se eles têm alguma vantagem, ela é constituída pelo fato de que, por estarem ao abrigo da necessidade e do perigo imediatos, eles têm tempo para pensar e formar discursos, e podem, portanto, se consolar daquilo que lhes falta, podem, em suma, se consagrar à filosofia.

Mas a filosofia deles se revela, assim, aos olhos do homem da ação, precisamente como o pensamento de homens insatisfeitos: eles seriam sábios, não buscadores da sabedoria, se o mundo deles realmente lhes pertencesse. Eles formam discursos porque não são capazes de viver no presente, porque não ousam sentir, porque não podem ousá-lo. Mas mesmo sendo pensamento de homens insatisfeitos, o discurso deles também é pensamento; é até mesmo o único pensamento e, por isso, é somente a partir dele que a ação é possível. O pensamento da *condição* constitui o discurso dos homens que dirigem o trabalho dos outros em benefício próprio (somente eles encontram aí a liberdade para pensar sua não liberdade consciente, que é liberdade na medida em que é pensamento); mas não é também esse discurso que permite a todos os homens emanciparem-se do jugo da necessidade imediata? A *inteligência*, o *Absoluto*, o que fazem senão proibir os homens de transformar o mundo para que eles aí sejam felizes? Não constituem, porém, ao mesmo tempo, a única via pela qual o homem pode pensar o mundo, e não será preciso pensar o mundo para se distanciar suficientemente dele, para julgá-lo? Sim, a *obra* pede a satisfação para um único homem, e a *finitude* tenta impor a renúncia a todos e a cada um; no entanto, seus discursos ou pseudodiscursos não expressam a simples revolta do sentimento contra uma razão que nega o sentimento?

A força do homem da ação é enxergar isso: não se trata, para ele, de abandonar o discurso, os discursos dos homens que, senhores parciais, estavam perfeitamente satisfeitos. Não se trata de renunciar ao que eles criaram, ao que eles forçaram os outros a criar; trata-se, ao contrário, de perfazer o que eles empreenderam e não souberam, não puderam levar a bom termo, ao seu fim natural no contentamento de todos.

É preciso transformar o mundo: que mundo? E qual transformação? Nada seria mais esdrúxulo do que inventar um mundo perfeito; um mundo inventado seria um mundo pensado, não um mundo real, seria outra consolação, uma satisfação imaginária a mais. Não, o mundo é o que ele é, o que ele é na vida daqueles que não pensam sobre ele porque não têm tempo para pensar sobre ele, porque estão presos na organização desse mundo como as engrenagens em uma máquina: isto é, o mundo da condição. E agora esse mundo deve ser pensado, pensado nos discursos daqueles que produziram discursos, daqueles, em outras palavras, que haviam conseguido escapar desse mundo parcialmente, que haviam construído esse mundo e haviam dito (se não para eles próprios, ao menos para o homem da ação) que esse mundo não continha contentamento para o homem.

Devemos nos perguntar qual o resultado desse desdobramento em discurso e em exigência da unificação do discurso pela ação e na ação, o que é implicado por esse fato de que o descontentamento sem mistura, sem satisfação parcial, está do lado daqueles que nem sequer pensam seu descontentamento, que de costume nem sequer ousam senti-lo, presos como estão no discurso de seus senhores, e que o contentamento só pode ser pensado no discurso daqueles que se pretendem contentes sem sê-lo, ou pretendem que não haja contentamento para o homem, que, portanto, a ação é realizável apenas por aqueles que não a concebem e não é universalmente concebida por aqueles que são guiados pela ideia do contentamento. O que detém nossa atenção, por enquanto, é o resultado a que chega o homem da ação, herdeiro do discurso e de todos os discursos, que quer pensar, mas quer, ao pensar, realizar universalmente a presença do sentimento, que quer, para falar junto com ele, que o mundo seja para o homem e não o homem para o mundo.

Ele constata, portanto – constata-o porque recusa a um só tempo o contentamento parcial e o sacrifício do discurso, a violência imediata e o pensamento formalmente universal –, que o mundo no qual vivem os homens é o mundo da *condição*, que o homem, tendo vencido a natureza, ao menos em princípio, trabalha, e que todas as categorias seguintes só serviram para fazê-lo esquecer esse lugar e essa função que são os seus. Sem dúvida essas categorias nem por isso eram ilegítimas; ao contrário, haviam permitido ao descontentamento expressar-se na construção de uma coerência, das coerências, da coerência, na revolta, na resignação. Mas elas diferem da categoria da condição por não permitirem e nem mesmo pretenderem permitir ao homem mudar o mundo. Elas haviam reinterpretado a realidade da condição, mas haviam deixado o mundo à atitude da condição, que havia recusado até mesmo o problema do contentamento. O homem da ação, fortalecido por essa constatação, quer pensar o mundo com relação ao homem, esclarecido pelo pensamento coerente do contentamento num mundo coerente tal como esse pensamento fora elaborado pelo Absoluto, guiado pelo protesto do sentimento tal como esse protesto se havia expressado na aspiração da obra e na resignação da finitude.

Esse mundo se mostra, então – no que tange ao homem –, como organização: o homem tem um lugar na sociedade do trabalho e só vale para essa sociedade na medida em que contribui para a atividade comum. Mais precisamente, maior será seu valor na sociedade quanto mais ele dirigir o trabalho comum, quanto mais *comandar* (quanto ele for senhor parcial, para retomar os termos empregados anteriormente). No entanto, ele só se distingue dos outros de acordo com o grau de seu poder, não de acordo com a natureza desse poder: ele jamais é poderoso absolutamente. Existem diferenças entre os homens, mas justamente porque existem diferenças entre eles nenhum deles é homem, nem os que defendem a sociedade contra a violência da natureza, nem os outros, que defendem seus postos de comando contra os primeiros, nem os que desejam tudo, nem os que possuem uma satisfação parcial e que devem temer sua perda. O homem tem um lugar na sociedade, ele *é* um lugar na sociedade e é apenas isso, e essa sociedade é, assim, o terreno fechado da luta entre os homens pelas satisfações, primeiro, pelo contentamento, depois: a sociedade se interpôs entre os homens e a natureza, mas para cada homem ela é uma segunda natureza, um exterior contra o qual e no qual ele deve lutar para ser homem, e que o impede de vir a sê-lo, uma pseudonatureza tão hostil e ameaçadora quanto a própria natureza.

A *condição* havia reconhecido isso e havia parado aí. O homem da ação, tendo passado pelos discursos do homem infeliz e sabendo que o homem na condição é sempre infeliz, não se revolta: ele compreendeu que a revolta do indivíduo, mesmo que fosse bem-sucedida (e depois do discurso da *finitude*, ele já não acredita nisso), não libertaria o homem, mas apenas o levaria a esquecer a ideia do contentamento na presença: que eu consiga me libertar de toda nostalgia da felicidade, em que isso faria progredir a humanidade? Que eu declare como insignificantes o trabalho e a organização, não é graças a esse trabalho e a essa organização que eu vivo? Será que eu pensaria a obra, e até mesmo a finitude, se não estivesse protegido da necessidade natural, se não tivesse tempo para pensar? Mas embora o homem da ação não se revolte, ele tampouco se apazigua no mundo tal como ele é, na pseudonatureza na qual aquilo que o homem criou com seu trabalho se opõe a ele como se o resultado de sua atividade e a forma na qual essa atividade está organizada fossem coisas. O problema, o que se encontra diante dele como obstáculo a ser vencido, é precisamente, para o homem da ação, o de fazer que o homem, tendo vencido a natureza, vença a natureza da sociedade.

Isso porque, visto que a sociedade se apresenta ao indivíduo como uma natureza, natureza concebida de acordo com o discurso da *condição*, nenhum homem é aí ele próprio para si próprio, nem para qualquer outro; ele é o que ele faz, o que ele produz, o que ele transforma. O resto é luta entre os homens para obter os lugares mais distantes do contato com a simples natureza, os lugares que conferem o poder mais amplo sobre o maior número de homens, a disposição da maior quantidade de bens "de consumo", de coisas produzidas e imediatamente apropriáveis na e pela fruição. A humanidade se alçou acima da natureza animal e, desvencilhada da necessidade, pode perseguir a satisfação de seus desejos. Mas a humanidade só alcançou essa liberdade em si, para o discurso do *Absoluto*, ela não a realizou para si, isto é, para todos os homens. Todos os homens têm desejos humanos, e apenas uma parte da humanidade alcança a satisfação desses desejos, e mesmo essa parte não alcança essa satisfação humanamente, mas no temor e pela dominação. A realidade permaneceu a da condição; é preciso que a revolta se compreenda como condicionada no discurso absolutamente coerente para transformar, para submeter ao homem a pseudonatureza da sociedade humana.

Não nos cabe perguntar aqui de que modo essa exigência fundamental será traduzida em prática política (voltaremos a isso na sequência). É evidente, no entanto, que a ação só pode se apresentar no "fim dos tempos", no momento em que o domínio do homem sobre a natureza está no horizonte e no qual, conforme o discurso do *Absoluto*, o homem é na realidade histórica o que ele é em si, momento no qual ele se compreende como liberdade no contentamento. Até lá, a ação pode ser pensada, mas não pode ser concebida como universal: ela é revolução, mas revolução empreendida por e para os homens razoáveis contra a dominação dos homens destituídos de razão.[2] No presente, quando a *condição* organizou a luta com a natureza e quando o discurso absolutamente coerente revelou o fim dessa luta, a revolução será universal.

Ora, para ser universal, ela deve ser pensada universalmente e deve ser empreendida universalmente. O mundo é inumano, a sociedade é uma pseudonatureza porque não é o mesmo homem

---

[2] O termo "revolução" não indica aqui a revolução "popular" exclusivamente. Designa a dominação da "teoria" sobre a "realidade" e abarca tanto a "revolução" platônica dos filósofos, que devem se tornar reis, quanto a dos funcionários públicos da filosofia do direito hegeliana, que devem organizar a sociedade no Estado para a satisfação razoável de todos os cidadãos, e, enfim, a revolução de Marx, na qual a parte mais "alienada" da humanidade, ao tomar consciência de sua situação desumana, realiza a razão pela violência em vista de alcançar uma vida plenamente desenvolvida. As diferenças se caracterizam, no plano da lógica, como as das retomadas (ou como aquela entre as retomadas e a categoria pura).

que pensa a realidade e que a constitui: ela é pensada por aquele que faz trabalhar os outros, ela é mantida por aqueles que trabalham e não pensam. Para que a sociedade sirva o homem, é preciso que o trabalho seja pensado e que o pensamento insatisfeito – precisamente na qualidade de insatisfeito e consciente de seu descontentamento – se encarne no mundo do trabalho e da organização. A ação só pode ser instaurada pelo homem que pensa, só pode ser exercida pela massa dos homens insatisfeitos e sem pensamento. Não é que o primeiro tenha um evangelho a pregar aos outros: ele só pode mostrar-lhes o que é; mas, por isso, basta que ele lhes mostre. Eles só precisam tomar consciência de seu descontentamento para poderem se apropriar ativamente da verdade do discurso absoluto e para realizar o que a revolta buscava por meio de um subterfúgio. E eles tomarão consciência disso tanto mais radicalmente quanto mais bem des-humanizados tiverem sido, quanto mais completamente tiverem perdido qualquer contato com a tradição, quanto mais brutalmente tiverem sido privados de qualquer satisfação parcial: quanto mais eles forem os animais da pseudonatureza, mais profundamente sentirão e pensarão o contentamento na liberdade e menos tentados ficarão de imitar os senhores parciais na busca de satisfações parciais. Ao se libertarem, eles libertarão o homem, todos os homens. Suas aspirações inconscientes só precisam ser atraídas à luz do discurso para se revelarem como as do homem como homem.

Revelar-se-ão como tais, no entanto, apenas ao homem da ação, ao pensador da ação: não é o homem des-humanizado que dará origem à ação, mas o pensador insatisfeito do pensamento abstrato, não o animal social, mas o filósofo que pretende se contentar na realidade social e que sabe que só se contentará ao contentar todos os homens. O animal social não virá por si mesmo à revolução, não irá além da revolta, e mesmo a revolta lhe será impossível numa sociedade convenientemente organizada e cujos senhores não dormem. Mesmo que as leis "naturais" da sociedade fossem tais que a organização destruísse a si mesma se o homem não se apoderasse dessa segunda natureza para transformar a ela também, seria mais provável essa destruição se realizar do que o mundo da condição se transformar sozinho; é verdade que a filosofia só pode se realizar no mundo tal como ele é, mas não é esse mundo que realizará a filosofia, que realizaria o que ele próprio é no fundo (isto é, para a filosofia); é preciso que a filosofia se decida a se realizar, fazendo aparecer ao mundo e no mundo o que é a verdade desse mundo desde que o homem se emancipou da natureza exterior.

O homem da ação reconcilia, assim, a grande contradição que o Absoluto havia deixado subsistir, aquela entre o homem satisfeito em si e o homem que pensa a satisfação, entre o herói que termina a história impelindo-a para a razão objetiva e total e o pensador no qual o mundo assim construído se compreende. Para o Absoluto, essa reconciliação nem mesmo havia sido um problema; bastava-lhe que o pensador que formulava as perguntas e que era o único a formulá-las houvesse encontrado as respostas, a resposta a essa pergunta, que ele houvesse constatado que, em verdade, em si, o mundo estava organizado razoavelmente, organização una, trabalho uno, comunidade una, ao menos em princípio: depois que todo indivíduo foi reconhecido como indispensável em seu lugar, que todo sentimento pessoal foi liberto como algo destituído de importância para a marcha do progresso definido e, em princípio, finito, que toda necessidade "moral" e "estética" foi satisfeita pela organização que compreende a tradição religiosa e artística como a imagem de sua própria compreensão perfeita e final, e organiza essas necessidades e suas satisfações de acordo com essa compreensão clara e justa, o que mais o indivíduo pode ainda pedir? Mas o indivíduo pede para ser justamente aquele que compreende e para deixar de ser aquele que é compreendido, enquanto houver coisas a serem compreendidas, em outras palavras, enquanto a razão total não tiver fornecido o que ela pretende ter dado ao homem, a todos os homens, o contentamento, um contentamento que tenha voltado a ser imediato, porque a mediação foi completamente realizada entre o homem e seu *outro*, com todo outro, fosse ele o outro homem ou a organização dos homens na sociedade. Tal como ele é, o mundo não pode fazer coincidir, no mesmo indivíduo, a satisfação do filósofo e a do homem que é reconhecido, mas só o é em seu lugar no mundo humano, e pode menos ainda fazer coincidir um e outro lado do contentamento em todos os homens: o que a revolta e o desespero haviam proclamado de diferente? Ora, tanto para o discurso absolutamente coerente como para a revolta, é essa coincidência que importa: eles não enxergam isso e, assim, deixam escapar o mundo e entregam-no à violência, afirmando que a violência *em si* está eliminada ou que só ela conta ou que ela é o fato último, o único fato. Mas o que eles não enxergam é por eles proclamado aos ouvidos daquele que sabe ouvir, assim como a realidade do mundo da condição mostra isso aos olhos daquele que sabe ver, ao mesmo tempo em que nega seu papel essencial (para ela, isso é apenas uma falta de compreensão da parte das pessoas).

Esse homem desperto, essa orelha dos surdos, esse olho dos cegos, sabe o que o mundo quer, e o que o pensamento quer, e para onde tende a revolta, e ele sabe que não se trata de um saber pessoal ou privilegiado que lhe permite contentar-se na *théoria*: o círculo não se fechou, a humanidade não chegou ao fim da corrida, e ele não se convence de que só ele possa assistir como espectador à luta dos homens que querem ser livres no contentamento, contentes na liberdade, ele sabe também que não pode lutar no lugar deles ou dar-lhes a receita infalível que os conduz à vitória. Mas ele pode ser a consciência deles, pode formular a revolta deles, pode chamá-los à decisão, pode dizer-lhes o que eles querem, o que quiseram desde sempre e nunca obtiveram. Nele, a ação, iniciada desde o nascimento do homem, se pensa, e se pensa como ação. O que os homens criaram será nele compreendido por eles como criação deles; o que havia se tornado prisão para eles será por meio dele apropriado por eles e transformado em habitação deles, para que aí vivam livremente. Nele, o passado de sofrimento e de necessidade, de trabalho e de desejo se termina; esse passado ainda não está morto, porque ainda não está acabado, porque a natureza ainda não está completamente vencida, porque a pseudonatureza da organização continua a se apresentar aos homens como *outro* e como exterior; mas o homem conhece, agora, o que é preciso concluir, e conhecendo sua potência ele se tornará senhor desse passado, a fim de que eles vivam na presença, ele e seu passado, que só será verdadeiramente seu no momento em que deixar de ser passado e quando, de condição, tiver se transformado em forma vivida do sentimento.

Até lá, é preciso agir, é preciso evitar toda distração, todo sentimento que só poderá ser ilegítimo enquanto o mundo não estiver transformado para o sentimento; é preciso pensar, porque só o pensamento, e o pensamento mais abstrato, apreenderá a verdade do mundo da abstração; é preciso não ser si mesmo em uma realidade que nega, e nega com eficácia, o indivíduo; nega-o ainda mais perigosamente quanto mais escapatórias e falsas satisfações lhe oferece; é preciso pensar a *condição* na *revolta*, com vistas à presença do *Absoluto*; então, o homem verdadeiramente livre, verdadeiramente satisfeito, poderá renunciar ao discurso; então, ele não terá nem mesmo de renunciar ao discurso, porque viverá na presença.

3. A ação e a retomada essencial da condição. –
A ambiguidade do discurso agente, seu determinismo, seu materialismo. – Retomadas "interiores" e "exteriores". –
A ação em Platão

O homem com o qual lidamos na categoria da ação é aquele que, do pensamento, passa à ação; em outras palavras, ele é, no plano da história, o herdeiro da filosofia que com ele deixa de buscar compreender o mundo: trata-se, agora, de transformá-lo. Visto que ele é o herdeiro do discurso coerente e passou pela revolta, ele não se opõe ao saber absoluto, mas à atitude do homem que se satisfaz nesse saber: ele não é o adversário da filosofia (ele sabe que é graças a ela que ele pode superá-la na ação), mas o dos filósofos. Ele passa, portanto, à ação, mas como herdeiro da filosofia: sua ação é científica. Ele age, porque a ação é objetivamente possível, historicamente necessária se o homem quiser ser homem.

Na medida em que ele compreende a si mesmo como indivíduo – ele não pode não fazê-lo, visto que o universal não está realizado –, apreender-se-á sob as categorias da *obra* e da *finitude*. Mas ele se proíbe esse tipo de compreensão; o que conta é a ação, e o essencial da ação é precisamente de não ser dele nem a de nenhuma outra pessoa; ela é a ação da negatividade universal (ou, se assim se preferir, do universal que nega sua negação). Ele se põe, portanto, a elaborar a teoria concreta da revolução: ciência analítica que mostra as contradições da sociedade e a destruição da organização pseudonatural por ela mesma, ciência sintética que indica as condições técnicas da ação do revolucionário sobre as massas, da ação revolucionária das massas sobre a sociedade. O resultado é a demonstração da necessidade da revolução – *se* o homem quiser ser livre –, demonstração não filosófica, mas científica, visto que ela busca e encontra a contradição na observação dos fatores materiais do trabalho humano (entre os quais está o homem, como fornecedor de trabalho).

Seria supérfluo insistir no caráter especial dessa ciência, se ela não dificultasse a compreensão da categoria justamente por seu sucesso, pelo fato de que ela redunda na ação: na ação, que é ação sobre as massas e ação das massas, a categoria se oculta (querendo ser atitude) e conforma seu discurso ao mundo com o qual ela lida. As retomadas não são acidentais, mas tecnicamente necessárias.

A ação parte do fato de que o domínio parcial não realiza o universal (diga-se de passagem: se ela o fizesse à sua maneira – pela dominação de um só –, o mundo humano tornar-se-ia um cosmos animal, visto que o senhor, sendo único, não possuiria linguagem e não *saberia* que é livre, ao passo que o restante da espécie *homo* formaria apenas ferramentas de "pensamento" técnico, sem compreensão nem atitude para si) e de que os outros, a massa, são o universal apenas na negação. A ciência da ação, a ciência revolucionária deve, portanto, se dirigir àqueles que não a compreendem e lutar contra aqueles que a compreendem parcialmente. Na medida em que ela se difunde nas massas, em que ela faz a educação das massas, ela se empobrece, portanto, do ponto de vista filosófico (retomadas do *Absoluto* e, com mais frequência, da *personalidade*, da *inteligência*, da *consciência*, etc.): empobrecimento que é enriquecimento da realidade pobre e que só pode se revelar como tal após a revolução.

O que precede explica que a ação se sirva sempre, sejam quais forem as outras retomadas que aí se acrescentem e se sobreponham, da mesma retomada, a da condição. A consciência categorial pertence à minoria agente, e essa minoria, porque consciente, age sobre a massa ao traduzir o que ela pensa em linguagem do mundo da condição – pois é essa linguagem que liga os homens entre si, por ser comum a todos: o homem-ferramenta perdeu todo discurso pessoal, mas ao participar do trabalho organizado e, assim, do Estado (mesmo que passivamente), ele não é escravo, mas cidadão; ele não perdeu a liberdade no Estado, mas na vida. A minoria pode falar-lhe. Ela se serve, portanto, dos conceitos fundamentais da ciência da condição, não apenas para transformar este mundo – o que é uma necessidade evidente, visto que não há outra teoria técnica da transformação, seja do lado das coisas (trabalho e organização do trabalho), seja do lado dos homens (educação, propaganda, política) –, mas também para se formular e expressar: para realizar uma sociedade universal sem discurso particular, ela deve formar a massa, o universal inconsciente, como classe oposta à classe dos senhores, isto é, dar-lhe um discurso particular e um interesse particular. Para realizar a liberdade do indivíduo, para criar um mundo da presença, ela ensina a necessidade concreta e a renúncia à individualidade do sentimento; para colocar a organização a serviço do homem, ela exige a subordinação à organização e uma disciplina sem limites; para que exista um mundo no qual todo conflito seja conflito do sentimento, ela não admite outra análise das motivações senão aquela conforme ao conceito do interesse material. A ciência da ação, que é o saber do Absoluto, fala – para ela, porém, falar é agir – dentro dos conceitos da condição, visto que a própria realidade a ser transformada se pensa dentro desses conceitos.

Resulta desse fato uma dificuldade muito grande para quem não vê a ação do interior, em sua relação com o Absoluto, e que tenta fazer o caminho de volta – das manifestações da ação à categoria. Seu empreendimento é tão difícil quanto seria o de reconstruir a *filosofia* de Platão a partir da realidade observável de uma cidade constituída de acordo com os preceitos da *República* ou das *Leis*.

Para aquele que percorreu as etapas que conduzem à categoria da ação, o resultado, a ação na e pela condição, não tem nada de chocante nem de surpreendente. Mas a situação é muito distinta para quem passa diretamente da vida na condição à *ideia* da ação. Este está no estágio da *consciência* e se encontra diante de um grupo de homens que afirma visar à liberdade, de uma atividade que se pretende ação, de uma política que afirma visar à abolição de todo interesse particular, de uma teoria "materialista" da história que declara realizar a coerência e dar ao indivíduo uma linguagem pessoal no sentimento. Ele só pode enxergar mentiras e traições nessa contradição entre o fim e os meios, porque para ele fim e meios são absolutamente separados, como o inteligível do sensível; e, no entanto, ele constata que os adeptos da doutrina estão prontos para fornecer a prova de sua "sinceridade" e de seu "idealismo".

Deverá ele, portanto, ver aí uma *obra* e reconhecer nesses homens, homens crentes? Deverá ele se salvar na atitude da *inteligência* e interpretar o fenômeno como um novo interesse concreto? Todas as categorias anteriores estão à sua disposição (visto que estão presentes na consciência da época) e lhe oferecem possibilidades de crítica, razões de recusa. Ora, essas retomadas não lhe proporcionam satisfação se ele escuta a teoria da ação, que aí detecta discursos destinados a justificar, a defender, a escorar o interesse particular dos senhores parciais. Por isso, quem pede a possibilidade da ação – e é dele que se trata – não para por aí. Mas ele não pode não ver que está em curso uma ação cujo fim é realizar a liberdade livremente e razoavelmente, e que essa *ação* se anuncia *materialista* e *determinista*, isto é, que ela não pode ser pensada e que, por conseguinte, ela não é razoável.

A solução foi dada anteriormente. Mas visto que ela nada proporciona àquele que não se apropriou das categorias precedentes, que a ação, uma vez realizada a passagem da categoria à atitude, se contenta com lutar, trabalhar, organizar sem se explicar sobre seu devir categorial, e que, além disso, e por uma consequência legítima dessa limitação, os representantes da ação renunciam a explicar, até para si próprios, o sentido da ação, que, enfim, lá onde eles se encontram presos na discussão sobre os princípios, basta-lhes protestar na linguagem do adversário contra essa linguagem – podemos negligenciar a possibilidade de que eles acabem por acreditar nisso, pois esse perigo *psicológico*, por maiores que possam ser suas consequências práticas, não nos interessa aqui –, uma explicação terminológica pode ser útil na situação atual.

A ação tem uma teoria materialista e dialética. Não nos detenhamos nas interpretações não dialéticas (que se reconhecem facilmente pelo emprego que fazem dos conceitos de causa e efeito – retomada da *condição* sob o *objeto*), desejosas de determinar de fora o *ser* verdadeiro oposto às *aparências*: a dialética real livrou delas a ciência da condição, ao livrá-la do conceito de substância. O atraso histórico desse tipo de materialismo é grande demais para ser perigoso. Se ele sobrevive, é porque tem sua utilidade na destruição de conceitos mais antigos ainda, tal como o de espiritualismo substancialista (retomada de *Deus* sob o *objeto* por intermédio do *eu*). É mais útil buscar o sentido desse materialismo na oposição que ele próprio estabelece entre ele e o idealismo.

Para a metafísica tradicional, essa oposição é absurda: ao idealismo não se opõe o materialismo, mas o realismo. Essa observação, por mais pueril que ela seja, mostra por si só que a dificuldade não é de ordem ontológica e, para empregar outra linguagem, que ela não diz respeito à "teoria do conhecimento". Por isso se tropeça em contrassensos tão logo se ataca – ou se defende – a teoria da ação nesse plano. Quando se quer a qualquer custo "classificar" a categoria em uma das gavetas da história da metafísica, quando se insiste no jogo das retomadas (jogo pouco inocente), a ação é evidentemente idealista quanto ao "papel" da razão: nada, para ela, está fora da razão, nada é inacessível ao conhecimento, e falar de substâncias que não sejam *para* a razão é para ela falar e não dizer nada. Mas a própria pergunta está mal formulada; a filosofia teórica da ação é a do *Absoluto* (o que as distingue não é uma diferença teórica, mas uma diferença entre teoria e realização), e na categoria do Absoluto o "sujeito" e o "objeto" coincidem: já não há lugar para uma teoria do conhecimento como parte da filosofia (embora ela possa ser necessária em uma metodologia geral das ciências).

Isso posto, a pergunta reveste um sentido preciso no único plano em que ela ainda pode ser formulada, no plano político, isto é, histórico. Precisamente porque a ação se sabe e se pretende herdeira do discurso coerente (que com frequência é chamado, com um termo contraditório em si mesmo, idealismo absoluto), a história é, para ela, a história do homem no mundo, a história na qual o homem se transforma ao transformar o mundo. O discurso apenas revela o que é, mas a revelação já é transformação do mundo e só é autêntica na medida em que ela é transformação da realidade (material e pseudonatural = social). O homem pode não sabê-lo, isto é, pode parar antes de chegar ao discurso coerente; pode então acreditar que seu discurso particular e parcial basta para lhe proporcionar o contentamento, que as boas intenções e as boas convicções bastam: na medida em que ele só se ocupa consigo mesmo, ele é, então, irrefutável. Mas sua solução não realiza nem o domínio do homem sobre a natureza, condição necessária da liberdade, nem o contentamento pelo discurso coerente para todos e para cada um, que seria sua condição suficiente. O problema insolúvel, o escândalo para esse idealismo moral aplicado à história e à política, é a existência da violência e dos homens de má vontade, e visto que o problema permanece insolúvel para ele, que o escândalo persiste, seu discurso inteiro permanece abstrato: como ele não nega o mundo, mas sua própria negatividade agente, ele próprio cria continuamente o escândalo e em seguida declara-o inevitável nessa realidade má da qual ele então se desvia, para tentar encontrar a paz em sua consciência particular. Mas, para a ação, o homem só pode se libertar como indivíduo ao libertar o homem e todos os homens. Ora, essa libertação só pode se realizar pela vitória do universal sobre o parcial e o particular. A violência só pode ser vencida em seu próprio plano, e pode sê-lo porque a verdade e o bem não *são* ideais exteriores ao mundo e à história, mas se *fazem* na luta do homem com a natureza e a pseudonatureza: nessa luta, o homem revela a verdade e cria a si próprio ao criar suas condições. A história é a da condição, mas compreendida, a história do trabalho humano em sua marcha da parcialidade à universalidade, e a ação busca apenas continuar conscientemente o que o homem na condição empreendeu sem o compreender: são as condições materiais (naturais e sociais) que interessam a ela, simplesmente porque não há outras condições. Todo discurso que nega, negligencia ou esconde esse fato *material* é um discurso particular e, como tal, diga ele o que disser, ação parcial contra a ação universal que é razoável porque libertadora, libertadora porque razoável.

Em suma, a dificuldade resulta de que quem olha a ação de fora nada faz além de olhá-la, e transpõe o materialismo inerente a toda ação e a toda atividade ao plano da moral (da *consciência*). Ele não deve contar com esclarecimentos, por parte dos representantes da ação, da natureza daqueles que acabam de ser dados; eles não discutem, mas lutam, trabalham, organizam, esclarecem: é na condição, querendo ser homens da condição, que eles tratam de suprimir a condição consumando-a. Sua linguagem não se dirige àquele que possui uma linguagem particular, mas àqueles que não têm linguagem nenhuma à sua disposição, porque não vivem *para eles*, mas no modo da liberdade alienada, e que só podem reconhecer a verdade de sua vida em um discurso "materialista", porque estão presos na pseudonatureza da sociedade: o sermão moral, seja ele qual for, não tem sentido para eles, mas apenas para aquele que é livre parcialmente, o que quer dizer (para o homem da ação), para o senhor parcial, que é o adversário enquanto não se desfizer de sua particularidade e de sua parcialidade. É somente participando da ação que o homem age, e não tentando "compreendê-la": ela é a liberdade que não é nem vem a ser, mas se faz, ἡ τοῦ δυνάμει ὄντος ᾗ τοῦτο ἐντελέχεια, a atualidade do homem que é na medida em que é *potencial*.

Não é, portanto, um mal-entendido evitável que se instala, assim, entre o homem da ação e aquele que quer compreender a ação. Sim, a ação pode se justificar e se fazer compreender no que ela é verdadeiramente; mas é precisamente o que menos lhe interessa. Ela não teria dificuldade alguma em retornar à sua verdade da retomada da condição sob a qual ela se apresenta: mas ela faz questão dessa retomada pela qual ela age. Ela poderia esclarecer o seu crítico; mas por que o faria, visto que a pergunta que este lhe dirige lhe mostra que ele não está decidido, que ele não está nem mesmo desejoso de agir? Senão ele não perguntaria se é preciso agir, mas como se deve agir. E, por outro lado, esse homem que quer uma resposta *hic et nunc* não pode encontrar a resposta que o homem da ação poderia lhe dar e não lhe dá; se ele quer uma resposta de imediato, isso indica suficientemente que, no fundo, ele não a quer, do contrário saberia que toda resposta dada nesse momento da história é uma resposta falsa, porque a realidade ainda é falsa e inumana e o *outro* da liberdade, e ele não pediria à categoria que se pretende atitude que ela fosse categoria sem atitude e em busca de uma atitude – senão ele falaria à ação no plano da ação, isto é, no plano da condição compreendida com relação à liberdade a ser realizada –, senão ele compreenderia, a um só tempo, que a retomada é uma retomada, e que ela é inevitável para a ação real.[3]

Quanto às retomadas em geral, pouco resta a ser dito depois das explicações anteriores. A categoria é a última à qual o homem chegou. Isso não significa que ela seja apreendida mais facilmente que as outras. Ao contrário, o simples fato de sua "juventude" bastaria para explicar que ela provoque as interpretações e as críticas das categorias anteriores. A isso se acrescenta, como acaba de ser dito, que ela se opõe por sua natureza à expressão teórica; ela só se descobre por um instante, para logo entrar na realização e na atividade, e é uma necessidade para ela dificultar sua re-descoberta. Por isso, seus representantes mais autênticos na realidade política são os menos inclinados, e não raro os menos aptos, a consegui-lo. As retomadas são, portanto, particularmente numerosas e complicadas; além disso, são de difícil análise, porque preferências morais, políticas, religiosas, estéticas se expressam nelas, mas não lhes permitem estabelecerem-se como teorias.

No entanto, por maiores que pareçam os obstáculos, uma vez elucidado o papel da condição, basta estar em posse da categoria para reconhecer as retomadas: trabalho necessário tanto para o historiador do pensamento político como para o teórico da ação, mas que não nos cabe levar mais longe do que já o foi.

O simples nome de Platão é suficiente para lembrar a existência de retomadas da categoria em que a ação é pensada com vistas à ação, mas sob outra categoria. Nesse sentido, ela não é a

---

[3] Não é do âmbito da lógica decidir se, em determinado caso histórico, se trata dessa retomada da ação pela própria ação ou de uma retomada da ação por outra categoria-atitude, por exemplo, a *obra* que, então, se serve do discurso da *ação* para construir um mito. Mas é a lógica, e somente ela, que torna possível a resposta a essa pergunta.

categoria mais jovem: ela é, então, a categoria mais velha da filosofia, o fundamento de toda grande filosofia, assim como de todo grande pensamento político. Mas ela é somente, então, o fundamento, e a ação se apresenta como derivada da categoria sob a qual ela é retomada. Que se trata, no entanto, de retomadas, em outras palavras, que a sequência das categorias seja realmente aquela que se mostrou a nós, isso se evidencia aqui, assim como em toda parte: a ação é capaz de compreender como necessárias as categorias que a precedem (as que precedem o *Absoluto*, por meio deste), ao passo que, para a retomada, a ação aparece como um fato irredutível, incompreensível em si mesmo, mas ao qual é preciso se adaptar porque, muito precisamente, essa expressão da *natureza* humana interfere na filosofia. Por isso, é natural que, do lado da política, a filosofia seja desprezada; a ação do universal inconsciente, a do Estado assim como a dos que lutam pelo domínio do Estado, é muito segura de seu direito para se deixar preocupar ou desnortear por discursos que pretendem lhe dar um sentido do qual ela teria sido anteriormente desprovida.

A unidade da filosofia e da política só é alcançada aqui, e apenas aqui a política pensa a si mesma. Não é que até agora ela tenha sido destituída de qualquer outro conceito que não o técnico: o simples fato do desacordo entre ela e a filosofia o comprova, desacordo em que uma reconhece na *outra* um pensamento, embora esse pensamento pareça falso para uma e pernicioso para a outra; mas antes que a unidade do discurso seja estabelecida pelo Absoluto, isto é (visão da política), antes que todos os homens tenham adentrado uma única sociedade humana (embora por diferentes razões), política e filosofia não podem coincidir, e a política não pode ser a realização da filosofia, a filosofia não pode saber-se política. A reconciliação da revolta e do discurso não pode ser empreendida antes que ambas tenham atingido sua forma extrema.

Até lá, mesmo a oposição entre elas não é pura: a filosofia quer dirigir a política e, ao mesmo tempo, permanecer o que é; a política, esteja ela baseada na *tradição*, na *condição* ou na *obra*, quer relegar a filosofia à vida privada do indivíduo e se contenta, para si mesma, em perseguir o que para ela constitui o bem com uma evidência tal que toda pergunta lhe parece ato hostil, crime, traição. Tanto de um lado como de outro, trata-se de retomadas que podem sobreviver por muito tempo na época em que suas categorias expressam e criam a realidade humana, para fornecer argumentos de propaganda. Em seu tempo – e é o que a categoria pura revela –, essas retomadas não foram "erros de julgamento" ou provas de preguiça do espírito.

Para dar um exemplo, numa sociedade do trabalho parcial e tradicional, onde o homem se defende contra a natureza sem buscar dominá-la, o trabalho não é assunto de todos, e aí o homem-ferramenta não é homem em absoluto, ao passo que o "verdadeiro" homem está aí completamente separado da natureza-condição. Nesse estado (ou nesse Estado), a política visa tão somente à dominação que emancipa o indivíduo da violência pela violência individual, a filosofia política visa tão somente ao acordo dos homens livres no discurso do *objeto* que põe fim à *discussão*: Cálicles não tem menos (nem mais) razão que Sócrates, e o "realismo" de um é tão justificado quanto o "mito" do outro; mas em (e para) Platão, a limitação do Estado grego salta aos olhos diante da visão dessa oposição; não foi por acaso ou por gosto pessoal que ele buscou um papel real na história de seu tempo e que sua última obra foi um código de leis "aplicáveis" (na discussão dessas leis, nem Sócrates nem Cálicles desempenham papel algum): trata-se de formar a realidade, de transformar o mundo, porque é pela transformação do mundo que o homem é transformado. A ação no sentido da categoria é assim apreendida. Mas não é a categoria da ação que a apreende, é a do objeto, pois é esta que é a verdade de um mundo onde o discurso está separado do trabalho e onde o trabalho não se realiza com vistas ao progresso, mas da continuação, onde o trabalhador não possui um discurso seu (Aristóteles enxerga isso quando diz que o bárbaro não tem Estado) nem jamais o possuiu. Por isso, a ação permanece reservada ao filósofo, que deve deles se tornar o rei e o senhor, porque os homens não poderiam ser livres e felizes, mas somente livres ou felizes. É preciso que essa diferença desapareça, que todos, ao perder o Estado, sejam obrigados a se voltar para o trabalho na natureza, para que aqueles que assim perderam seu discurso (sem perder *o* discurso) busquem a satisfação na libertação da violência natural, para que o homem passe pela mediação do *eu* e de *Deus* para a *condição* e para a *consciência*.

Podemos nos contentar com esse exemplo. Elaborar uma análise completa dessas retomadas é a tarefa do historiador da filosofia e do historiador puro e simples: o trabalho de um já não pode se separar do trabalho do outro. Isso porque a categoria se encontra em todo pensamento político – ou melhor, no pensamento do político, visto que estão muito difundidos os pensamentos que se denominam políticos porque refletem sobre a forma da sociedade, sobre o Estado, as leis, etc., mas fazem-no para liberar seus autores de qualquer obrigação para com as realidades de que se trata. O político é homem de ação; esse lugar-comum tem aqui um sentido bem preciso. Enquanto na acepção usual, a ação é o oposto do pensamento, a vida ativa é o contrário da vida contemplativa, para o político uma e outra não apenas não se separam, como são uma única e mesma coisa. Que a condição de sua época o obrigue a separá-los, isso é para ele justamente a prova de que essa condição deve ser transformada em sua totalidade; se ele pensa o ideal como separado da história, como um fim revelado, ou inventado, ou construído, mostra apenas que não alcançou a categoria em sua pureza, mas a interpreta e a si mesmo por meio de uma categoria anterior. Mas pouco importam essas retomadas; o que está aí subsumido, quando se trata do político, é sempre a categoria, e é sua presença que distingue o político – porque ele assume a ação, mesmo que o faça "compreendendo-a" – do profissional da política, do intelectual, do funcionário, de todos aqueles que vivem numa tradição e que lá estão para cultivá-la, aperfeiçoá-la, corrigi-la, defendê-la, criticá-la – homens indispensáveis em qualquer tradição, necessários, talvez, após cada ação (clero, administração pública, executivos até mesmo, e sobretudo, do pensamento), homens que, se for o caso, servirão à ação, mas que não a apresentam nem a representam. Suas retomadas apreendem a ação, mas como um "fato humano" que não é o deles, como assunto do qual se fala como se fala de qualquer outro assunto que importe, na certeza da tradição: os problemas e os riscos deles são parciais ou particulares, e o universal é neles inconsciente; eles participam da ação, por assim dizer, por pensamento interposto.

17. Sentido

O homem encontra na ação a unidade da vida e do discurso. Ora, como a ação, na qualidade de universal, nega o discurso do homem na medida em que é seu, por meio da ação e na sua própria ação, do discurso se destaca a linguagem, do sentido da vida, o sentido.

1. A ação como a última categoria do discurso. – O problema de uma existência humana fora do discurso. – O fato dessa existência

A categoria-atitude da ação é a mais alta à qual o homem pode chegar em seu discurso: o discurso aí não apenas se sabe real, como se realiza; aí ele não apenas justifica a realidade, como a torna justa. Por isso ela não pode ser superada; o homem não estabelece para si um fim mais elevado que sua liberdade na realidade de sua vida, que uma vida com vistas a uma realidade livre, com vistas à unidade entre discurso coerente e realidade coerente, mais elevado que uma ação consciente e razoável, livre e não arbitrária, em vista de um futuro que seja presença na liberdade do sentimento. Trata-se, com efeito, de realizar o homem, e essa tarefa é fixada *para* o homem e *pelo* próprio homem, que sabe que ainda não é homem, isto é, liberdade existente. Todas as categorias, desde que o homem se busca, visavam apenas a isso; mas é somente na ação que o homem sabe estar no caminho: anteriormente, ele buscava sua salvação, sua realidade, sua personalidade, sua obra, seu ser; agora, ele sabe que em tudo ele não buscava (ou perdia as esperanças de alcançar) a realidade de sua liberdade.

É assim que se encontram, na ação, assim como no resultado delas, todas as categorias da reflexão, juntamente com as do Absoluto e da revolta absoluta. A *personalidade*, ao se apreender como sentimento diante do *Absoluto* que é *Deus*, mas um Deus revelado absolutamente como a coerência a ser realizada, encontrou sua *obra* em sua *finitude*: ela é *consciência livre* que se impõe à *condição* para transformá-la de acordo com seu *interesse*, que ela sabe agora ser único e essencial, e graças ao qual ela pode *interpretar* aquilo que é. A filosofia voltou a se fechar em si mesma e deixa o homem seguir rumo ao seu fim; ele descobriu aquilo pelo que ele pode viver e morrer na *certeza* de que nenhum pensamento pode depreciar seu fim, antes que este seja alcançado. Depois? O depois não lhe diz respeito; se ele quisesse predizer o que será o homem na liberdade, ele se contradiria; pois se uma previsão concreta fosse possível, o homem não seria livre, mas determinado de antemão. Ele só sabe uma coisa: esse futuro será plenitude do sentimento, esse futuro será presença sem futuro.

É essencial que esse fim da filosofia na ação seja levado a sério e lembrado com essa seriedade. As retomadas implicam justamente esse perigo, de que na forma que elas impõem à categoria-atitude, ambas se separam e a ação já não *se pensa*, mas *é pensada* como livre atitude no sentido vago desse termo, algo no gênero dos interesses concretos da interpretação. Razoavelmente, o homem pode, então, escolher recusar a ação; razoavelmente, na acepção que é a da *discussão*, isto é, sem contradição. Os representantes da ação são com frequência os primeiros a empregar essas retomadas: eles *agem*, e para a ação deles, que se situa na condição, é irrelevante que ela seja compreendida, contanto que ela seja eficaz; mais do que isso, eles se dirigem àqueles que não têm discurso no sentido do senhor, mas falam uma linguagem formada por restos de tradições (e não a linguagem de uma tradição) e de peças do falar técnico da ciência da condição; o que é necessário é fazê-los agir, para que a liberdade, que neles é *em-si*, torne-se consciente em sua realização, na ação, mas não em um discurso sobre a liberdade do indivíduo, o que equivaleria a querer lhes dar o pensamento do senhor sem a realidade de seu domínio e de sua liberdade parcial.

Essas retomadas são, portanto, *úteis*: na luta, elas podem indicar fins ou obstáculos a serem conquistados, servir à educação das massas com vistas à eficácia revolucionária, propor "ideais" que falam às formas tradicionais do sentimento, tornar visíveis "ideologias" a serem demolidas, mentiras a serem desveladas, tudo isso no plano das retomadas que dominam a linguagem desse mundo e caracterizam a condição, tanto para aqueles que aí se encerraram como para aqueles que querem consumá-la e revogá-la. Em vez de retornar sempre ao início deles, estes últimos têm toda razão em se ocupar da condição na condição; mas do ponto de vista da filosofia, que é aqui o nosso, o falar deles não é mais suficiente que o de seus adversários. Eles têm o direito de não levar essa observação a sério, visto que lutam e trabalham contra a luta e o trabalho. Mas o discurso, tanto o deles como o de seus adversários, parece sempre recomeçar e nunca se concluir.

Ora, o fato é que, *razoavelmente*, o homem não tem escolha, pois a razão deixou de ser a razão da discussão. Não é que todos os homens vivam necessariamente na atitude-categoria da ação – longe disso, a própria ação afirma e pressupõe o contrário –, mas também nem todos os homens são filósofos. Qualquer atitude pode se pensar em sua própria categoria, qualquer categoria pode ser vivida em sua atitude, e assim como a categoria não pode ser refutada, a atitude não pode ser depreciada; para o homem que aí se mantém e que se recusa a passar a uma nova categoria e a uma outra atitude, a liberdade do homem é total, no sentido de que ele pode recusar qualquer coisa, contanto que aceite as consequências reais de sua atitude num mundo que ainda é o da condição, e no qual sua atitude e os atos decorrentes dela se expõem como fatores, naturais ou pseudonaturais, a todos os outros fatores, e, por último, à morte violenta. Se ele quiser correr esse risco, as atitudes que o justificam em suas categorias não lhe faltam, e esse risco lhe aparecerá como destituído de importância, não obstante sua realidade ou porque ele é tão somente real. Mas não é essa a questão para a filosofia. Se ela não pode nem quer impedir ninguém de viver e morrer como bem entende, se, ao contrário, ela se empenha em compreender o que os homens "entendem", ela pode e deve protestar se o termo "razoável" for tomado num sentido que está superado *para ela*. Ela não pensou a história, ela não viu o discurso coerente e a revolta absoluta se reunirem, não sofreu o desespero da finitude para ouvir a repetição de conceitos que ela própria levou àquela clareza categorial, cuja possibilidade não foi sequer suspeitada por esses pretensos críticos na sinceridade corajosa de sua "tomada de posição". Isso porque a filosofia se apoderou da história não como de um objeto exterior e resistente, mas como de sua própria essência, que assim deixa de ser apenas essência, o fundo inapreensível e que sempre escapa: a história é a filosofia em devir, a filosofia expressa a realidade do homem a ser realizada na história. *Razoavelmente*, para a filosofia, quer dizer *universalmente*; o homem que não se eleva à unidade da atitude e da categoria pode ser grandioso, heroico, puro, admirável, mesmo aos olhos daquele que o superou em seu pensamento, já que, de fato (isto é, em si, para aquele que o julga a partir da categoria posterior) ele sacrifica sua individualidade concreta ao seu universal: mas ele não sabe que ele se nega assim para estabelecer seu próprio universal; somente seu sacrifício é universal, mas o universal ao qual ele se sacrifica é particular, e seu ato não é ação, porque ele quer *um* universal e *uma* liberdade, e porque, assim, o universal e a liberdade de seu ato não se mostram a ele próprio em seu discurso.

Ora, se todas as atitudes existem ainda no momento da ação, a filosofia, que quer tudo compreender – tudo, inclusive ela própria –, se encontra, então, diante de uma dificuldade extremamente séria. O homem que quer compreender ou pede a satisfação a um discurso coerente; nesse caso, o *Absoluto* lhe fornece a solução; ou então ele se diz que o homem busca compreender *porque* não está satisfeito e, portanto, que o que ele tem a fazer é encontrar a satisfação ou renunciar a ela de uma vez por todas para se desvencilhar dessa obsessão; então, a *obra* e a *finitude* lhe respondem; enfim, no entanto, a *ação* une um e outro, o discurso coerente com a revolta. Como dissemos antes, *razoavelmente*, o homem já não tem escolha; uma vez alcançada a ação, é somente para a inteligência que ele escolhe entre a compreensão, a revolta e a ação: a ação *é* precisamente a escolha razoável, e, para a filosofia, é uma recusa da razão persistir nas atitudes ultrapassadas: uma existência sem razão. No entanto, a existência dos homens não se desenrola fora da razão? A razão e o discurso não aparecem apenas excepcionalmente? As atitudes, e as atitudes inconscientes e sem categoria, não são as que de costume dirigem a vida? Ora, essa existência sem razão é um fato, e a filosofia, se quiser ser ela própria, deverá compreendê-la.

Mas o que significa compreender essa existência? Dar-lhe um lugar em uma das categorias ou apreendê-la – o que seria equivalente – no discurso absolutamente coerente? Isso é possível, evidentemente, evidentemente demais para que possa ser a solução que buscamos: teríamos um discurso particular que falaria de seu *outro* e, em vez de haver compreendido uma possibilidade última, teríamos simplesmente retrocedido. Na hipótese mais favorável, a filosofia teria compreendido tudo, mas seria impossível verificar essa hipótese enquanto a filosofia não houvesse compreendido a si mesma: se existe uma vida sem razão, sem discurso coerente, sem discurso que recusa ou busca a coerência, a filosofia é apenas uma das possibilidades do homem, tanto nas formas mais primitivas como nas formas mais completas; ora, na medida em que é coerência, ela não se compreendeu como *possibilidade*.[1]

Pode-se dizer que o problema não tem sentido. Com efeito, será que ela ainda é humana, uma vida sem discurso e, por conseguinte, sem julgamento, sem justificação da atitude, sem compreensão, sem revolta, sem ação, e até sem futuro e sem passado, sem consciência, portanto, de tudo que, para a filosofia, se mostra como o substrato da vida? O peso inteiro da história inteira da filosofia ocidental apoia a objeção. Nela, o homem foi sempre considerado *essencialmente* filósofo e, desde Sócrates, o problema foi explicar por que existem na vida, em grande número inclusive, indivíduos que não são filósofos, que não participam da filosofia, que a enxergam tão pouco que nem mesmo a rejeitam. As soluções não nos importam, sobretudo porque cada categoria enunciou a sua; elas nem mesmo formulam o problema por trás desse problema da tradição: se uma vida sem discurso é humana, como a filosofia, ela própria discurso, poderá apreendê-la? Qual é a origem do discurso,

---

[1] A filosofia é compreendida como possibilidade pela *finitude*, mas como possibilidade não realizável em coerência.

mais profunda que qualquer discurso? Para a filosofia, tudo depende da resposta à primeira pergunta. Mas se a vida sem discurso é humana, a primeira pergunta só será resolvida pela resposta à segunda, que então *deve* existir.

Ora, na mesma tradição que define o homem pelo discurso, a vida sem razão é conhecida sob duas formas: a do animal e a de Deus (não o Deus da categoria pura, mas sua retomada pelo *objeto* e pela *consciência*: o Deus da teologia greco-cristã). A mesma tradição, que condena uma existência sem razão, encara essa existência como o pináculo do Ser e do pensamento, e como sua base; o homem não é Deus, porque vive no discurso, e o animal não é homem, porque não tem discurso. Em linguagem de *Absoluto*, Deus é para si, pura consciência de si e, como tal, consciência originária e originadora (desconsideremos as retomadas: o *intellectus archetypus* kantiano, a νόησις νοήσεως de Aristóteles), a forma pura que se revela não *dentro*, mas *como* o todo da história; o animal é em si; somente o homem é movimento do em-si ao para-si: não foi erroneamente que se condenou ou admirou a categoria do Absoluto, porque ela coloca o pensamento humano (em sua totalidade e em seu fim) no lugar de Deus.

A revolta da *obra* e da *finitude* é um protesto contra essa divinização, mas não uma refutação; ela afirma que o homem não deixa de ser animal por se saber animal (= em si) e que a satisfação, possível ou excluída, não está na *posse* do saber absoluto; mas o homem não ficaria menos satisfeito, para ela, se ele pudesse ser saber absoluto ou poder absoluto. Pode-se dizer, portanto, que as últimas categorias romperam com a tradição, que foi consumada pelo Absoluto, mas que essa ruptura é incompleta. Contra a razão, é verdade que a *obra* reprova e rejeita a razão, e que a *finitude* se compreende como o fim da razão. No entanto, em ambas as categorias, é preciso ser filósofo (ou tê-lo sido) para não ser filósofo, e a consciência que elas têm da ruptura é menos profunda que a própria ruptura.

Por isso, a filosofia do homem-filósofo só chega ao seu fim com a ação. As categorias que a precedem proclamam que o ser do homem não é definido e limitado pelo discurso: nela, o discurso se termina. O homem que sabe o que ele é em si empreende agora sua própria criação e, tendo descoberto o futuro, ele se coloca a caminho da presença que será o fim da preocupação com o que há de vir, fim como objetivo, fim como termo do *não mais* e do *ainda não*: o homem (não o indivíduo) age razoavelmente para não mais agir e não mais raciocinar; o homem não é animal-Deus, mas o fará ser.

Mas se assim é, a categoria da ação já respondeu: o homem é tão pouco razão e discurso que os dois não têm outro sentido senão o de se suprimirem. O que há de propriamente humano é que essa supressão da razão se faz pela própria razão, que a negatividade que nega todo dado não pode negar a si mesma antes de haver negado tudo *realmente*, que a positividade só pode ser o *resultado* da negatividade, que a razão nem se perpetua, nem se abole, mas se conclui e se ultrapassa. A tradição havia enxergado corretamente; e, no entanto, ela se equivoca, porque lhe faltou coragem: o homem está entre o animal e Deus, mas ele aí está porque, *realmente*, ele se faz Deus-animal. O homem é razão no lugar que é o seu na realidade da condição; ele nunca o é demais, se é que o é suficientemente. E, no entanto, a razão não é ele, nem ele é a razão. Ao contrário, a ação estabelece que ele é outra coisa e que aqueles que o limitam à razão são também aqueles que acreditam ter chegado à presença (na fruição de seu domínio parcial) e que se opõem à realização do homem, para os outros no pensamento deles (se esse pensamento for sincero), para eles próprios de fato e sem que eles o saibam. A filosofia lida com outra coisa que não um discurso, mesmo coerente, com outra coisa que não a razão, mesmo em ação, outra coisa, mas algo de humano, se ela quer se compreender. O que esse fato significa na filosofia e para a filosofia, eis o problema que devemos enfrentar. Mas desde já, ficou claro que a vida fora da razão discursiva não é apenas um fato observável: ela constitui, e para a própria filosofia, o limite do discurso.

2. *A linguagem e a poesia. – Poesia e presença. – A filosofia como ciência do sentido. – O indivíduo e a presença, o discurso e a poesia*

Foi dito anteriormente, e será bom relembrá-lo aqui, que a categoria da ação não pode ser ultrapassada; toda a dificuldade do problema presente se reduz a isso. A filosofia é discurso, o discurso levou à ação, a ação é ação com vistas ao fim do discurso: o que resta a fazer, senão agir? A resposta é: nada. Em outras palavras, não existe atitude para além da ação. A importância desse resultado não poderia ser sobrestimada, pois ele põe fim de imediato a qualquer consolação pelo sonho de uma vida mais aprazível, mais tranquila, mais idílica na contemplação; põe-lhe um fim imediato ao menos para o homem razoável (no sentido da filosofia). Mas a impossibilidade dessa consolação não é a "possibilidade impossível" da *finitude*; ela é impossibilidade atualmente, concebida como tal, precisamente porque a presença constitui a verdadeira possibilidade para o homem: o pensamento (o discurso), na *ação*, apreendeu o universal como realizável, e assim ele concebeu o para além concreto de toda atitude.

A ação aparece assim de novo em analogia com a *condição*. Analogia dupla: ela se revela como um *ainda-não*, como movimento, e ela se compreende como atividade razoável pela redução da realidade à possibilidade. Está claro em que ela se diferencia da condição: de um lado, o *ainda-não* tem agora um fim, ao passo que o domínio da natureza na categoria da condição não devia jamais ser realizado, porque o fim alcançado teria deixado o homem sem conteúdo; por outro lado, a possibilidade de que se trata aqui é a da condição em sua totalidade, não aquela no interior da condição: o que está em questão não é a natureza, mas o homem que nega a natureza por sua ação histórica, o homem que abole a condição como tal pela conclusão real da condição. Ora, a analogia e a diferença entre as duas categorias pode fornecer indicações analógicas, positivas e negativas, para o nosso problema. Com efeito, o que responde à *condição* é a *consciência*, e ela responde pelo retorno do homem ao presente, que ela apreende na razão que transcende tanto a condição como o homem condicionado. Para a ação, essa transcendência está excluída; ela já o está pelo *Absoluto* e pela *revolta*: o homem não se contenta com *pensar a si mesmo* fora da condição; ele quer se libertar realmente; ele não se limita ao pensamento do impensável, ele sabe que o pensamento não é compreensível pelo indivíduo, mas que, ao contrário, o indivíduo só pode ser pensado no discurso coerente no qual o absoluto está presente como totalidade. A filosofia se realiza e se conclui na ação; o que resta não pode, então, conduzir a uma nova liberdade *interior* que entregue o homem concreto ao mundo transcendido. Toda fuga é proibida. Se, portanto, existe uma categoria para além da categoria da ação – e a ação o exige, na medida em que ela *ainda não* se concluiu, na medida em que ela fala de negatividade, de fim e de futuro –, ela só pode ser a categoria da filosofia, uma categoria que não serve para compreender tudo, mas que funda a filosofia para ela própria, uma categoria sem atitude, categoria vazia que sempre se preenche, categoria essencialmente por vir na qualidade de não atitude, e que *é* a categoria da presença. Ela não ultrapassará a ação; no entanto, ela não indicará um fim à filosofia; ela será sua conclusão, assim como será sua origem. Ela não transcenderá o mundo, mas será a transcendência no mundo. Ela será, portanto, a fonte de discurso na qual o discurso se apreenderá.

Cabe-nos, no entanto, explicitar o que precedeu: senão o programa seria apenas analógico e "poético". Em linguagem de lógica, trata-se da categoria de um discurso que não trata unicamente do discurso-razão e que, no entanto, é humano no sentido preciso do *para-si*, ou melhor: de um para-si absoluto, sem em-si; insistamos: esse para-si absoluto é o que a categoria apreende, não é a categoria, pois esta continua sendo filosofia e conhece, portanto, o outro do para-si, e até o reconhece, ao ponto de encarar a ação como a última *atitude*. Caso se queira jogar com as palavras (e o jogo é divertido), pode-se dizer que é preciso traduzir em para-si o em-si do para-si, que é preciso uma consciência filosófica da filosofia.

O que a ação visa a realizar na qualidade de ser fundamental do homem é o contentamento na liberdade ou, como foi dito, a presença. Ela acaba com a filosofia, porque nela a filosofia se conclui; ela se reconhece como a atitude do homem que precisa do discurso para se libertar da pseudonatureza no interior da pseudonatureza, assim como ele precisava da ciência do trabalho para se libertar da natureza no interior da natureza: o homem livre não precisará de filosofia, porque não viverá na necessidade nem na servidão. Ora, se a ação não é um programa moralizador e uma utopia, aquilo a que ela visa já *é* e sempre *é*; o homem que realiza sua liberdade *é* livre, mas ele *ainda* é liberdade negativa porque liberdade *negada* (e negada por ela mesma – não há o problema da liberdade do animal); eis por que o homem pode falar da liberdade.

Mas essa "dedução transcendental" da "realidade" da liberdade como autocriação concreta é insuficiente por si só. Embora ela mostre a condição da possibilidade da ação, basta negar a realidade filosófica desta última – e todas as categorias anteriores a negam – para que essa dedução já não deduza mais nada; além disso, recai-se assim em todas as dificuldades da filosofia da reflexão que, com suas condições e sua possibilidade, pressupõe a razão e um real que ela, no entanto, é obrigada a colocar fora de seu próprio alcance. A liberdade deve se mostrar, concreta e concretamente, como o substrato real do discurso.

A linguagem é essa aparição concreta. Ela é liberdade, porque ela é ser para si, porque ela funda o em-si e, com ele, o trabalho do retorno para si, porque ela é o universal e porque somente nela o particular pode se voltar para o indivíduo e o indivíduo pode rumar para o universal, porque ela é a possibilidade (*potestas*) que se expressa pela negação, porque nela a filosofia se compreende como possibilidade humana, porque é ela que lhe dá a sede da presença e que a sacia.

Esses traços – que estão longe de constituir uma análise da linguagem (se esse termo tiver um sentido filosófico, este coincidirá com o de lógica filosófica) – indicam em seu conjunto um fato, a saber, que a linguagem, mais vasta e mais profunda que o discurso, é também mais antiga do que tudo que o discurso produz. É essencial que esse caráter formal do termo linguagem seja mantido em mente ao longo de todo este capítulo. A linguagem é aquilo em que se constitui o *sentido*: isso não passa de uma definição, e não deve ser tomado por outra coisa. A linguagem não *é*, ela se cria; ela não é a minha ou a tua, nem mesmo a nossa: eu, tu e nós, tudo isso é posterior (logicamente) à linguagem; a linguagem não é o "durante" da realidade: a realidade e o discurso que lhe corresponde se separam somente nela. Ela é, em suma, a espontaneidade.

Mas isso, precisamente, faz dela o "fato" mais pobre e mais vazio, e nada seria mais absurdo do que querer enxergar aí uma última escapatória. A linguagem, tal como ela aparece aqui, não é um paraíso perdido pela queda no trabalho, no interesse e em todas as categorias concretas: "Cinérea, amigo, é toda teoria; mas áurea verdeja a árvore de vida" – é Mefistófeles quem o diz, o mesmo que aconselha a desprezar "a razão e a ciência, forças supremas do homem".[2] A linguagem como fato último dispensa tão pouco do esforço do pensamento que, ao contrário, ela só se mostra em seu caráter verdadeiro ao fim desse esforço e contanto que a filosofia tenha escolhido compreender a si mesma a partir do homem: somente nesse caso e somente nessa perspectiva o ser do homem se revela como linguagem. Não há *a* linguagem: todo "haver" para o homem nasce dentro da linguagem. Só *há* linguagem, esta ou aquela, e a passagem de uma a outra se faz na realidade da vida: não se pode saltar para dentro *da* linguagem a fim de chegar, como por mágica, ao universal ou à presença; seria mais fácil pular por cima da própria sombra.

Mas esse "fato", que não tem valor na vida, é da maior importância para a filosofia. Lá a palavra "fato" é apenas uma metáfora; a linguagem não existe, somente homens que falam ou pensam, ou que são poetas, ou que se calam; falar de uma atitude da linguagem seria um contrassenso. Em contrapartida, aqui a linguagem é o fato fundamental, e que revela à filosofia sua própria categoria, a do *sentido*. Isso porque a linguagem não é categoria (não mais do que o Ser o é para Aristóteles, ou a liberdade, para Kant), visto que ela não determina nenhuma linguagem concreta, mas se determina e se torna concreta nas linguagens concretas: a determinação formal da linguagem é o *sentido*, e é sob a categoria do sentido que a filosofia se compreende.

A filosofia se define, assim, como a ciência do sentido. Ela é ciência não porque explora um domínio limitado e "objetivamente" uno – pois essa limitação e essa objetividade devem primeiramente legitimar o *sentido* delas diante de seu tribunal –,

---

[2] Goethe, *Fausto*, I.

mas porque ela constitui o sentido na qualidade de coerência de todas as atitudes reais, e porque assim ela constitui a si mesma no sentido. Ela é ciência porque é essencialmente o sistema, no qual entra *todo* sentido concreto (não existe louco para a filosofia) e que nunca é fechado, porque o sistema filosófico em sua forma lógica é apenas o sentido formal do sentido concreto: a filosofia, que se constitui como a liberdade na *forma* do sentido, não freia a liberdade de criação concreta de sentido (a filosofia não ensina um modo de viver, ela define a vida razoável, mas ela não tem a possibilidade nem a pretensão de impô-la). Ela é ciência por excelência, ciência no sentido absoluto (e no sentido do Absoluto), da qual todas as ciências derivam seu direito a esse título, ciência que não toma seu modelo num outro lugar (a filosofia não tem um método que se oponha ao seu conteúdo ou à sua matéria), porque ela cria o modelo ao se criar.

Ora, o filósofo não possui *o* sentido, mas deve elaborá-lo, e a espontaneidade se apreende apenas nas criações nas quais ela se cristaliza. A filosofia é, portanto, ciência do sentido em ambas as acepções: que visa ao sentido (concreto) e é constituída pelo sentido (formal). É um único e mesmo homem (na unidade da linguagem) que cria os sentidos concretos e a ciência formal do sentido, que, em outras palavras, quer a presença e fala sobre ela em função de sua ausência. O homem é filósofo porque não está na presença, mas a ausência que o impele a compreender é também o modo no qual ele obtém a presença.

É a partir desse ponto que a linguagem se revela: ele é o plano do sentido no qual tudo aparece, o discurso e seu outro, a razão e a violência, o dado e a liberdade. A linguagem está além de tudo que é: ela é espontaneidade, criação, ela *é* essencialmente aquilo que não é (*ser* no sentido de qualquer categoria da reflexão, de *Deus* até a *personalidade*), porque ela é antes de tudo aquilo que revela. Em suma, o homem é *poeta* antes de ser filósofo, e depois de tê-lo sido.

A poesia de que se trata aqui não é a arte das rimas, das medidas, do verbo bem escolhido e bem posicionado. Ela não é essa arte, porque lidamos com algo incomparavelmente mais antigo que qualquer distinção entre a arte e a vida, a arte e a verdade e todas as oposições que preenchem as profissões de fé dos artistas e as acusações de seus críticos. As categorias anteriores mostraram ou permitem que se veja o valor dessas definições. Aqui, o termo poesia designa aquela espontaneidade na qual a arte tem sua origem – a arte e seu outro, a arte que se desprende de outro e esse outro do qual ela se desprende, e que se desprende dela. Se empregamos esse termo é porque ele ainda preserva um sentido de criação espontânea, e porque ele é o único a preservá-lo. E justificadamente: a poesia mais pobre, a mais abstrata, a mais consciente do modo mais refletido, é criadora de linguagem, isto é, criadora de sentido concreto. Onde não existe essa criação (que pode ser e, em certos momentos da história, só pode ser criação *contra* um sentido existente, criação destrutiva), não há poesia, e ela existe em toda parte onde aparece um sentido, seja qual for sua "forma".

Nada é mais natural, portanto, do que o lugar verdadeiramente extraordinário que a humanidade sempre atribuiu aos poetas. Que a poesia seja considerada a linguagem reservada à tradição e à fé, que o poeta seja profeta (*vates*), possuído (ἐνθουσιασμός) ou gênio, a poesia está ligada ao sagrado; mais que isso, ela é o lugar do sagrado, o qual só se torna ele próprio "sagrado" depois de a poesia ter se tornado arte num mundo em que sua fronteira é o profano. Isso porque a poesia revela. Melhor seria dizer que ela é revelação: o discurso também revela, e revela até essencialmente, mas ele não é revelação, e a linguagem prosaica não se engana quando designa como revelação do discurso o objeto do discurso, e não o próprio discurso: "É uma revelação", eis a exclamação admirada diante de um novo "objeto" (em qualquer categoria), não diante de um novo discurso. A poesia não faz essas revelações. Por isso se fala sobre ela em termos curiosos, e que mudam de época para época: o coração aí se expressa, aí nasce um mundo, as nascentes aí jorram, a personalidade aí se manifesta na verdade de sua essência, a liberdade aí aflora, o absoluto aí se mostra sob a forma de imagens, o Bem sob os aspectos do Belo – enumerar todas as expressões seria escrever uma das histórias da humanidade, e não das menores; analisá-las seria refazer, mas em uma aplicação, a lógica da filosofia com todas as suas categorias e, sobretudo, com um número impressionante de retomadas que indicam, todas elas, a mesma coisa: que se trata do que existe a um só tempo de mais familiar e de mais incompreensível.

Isso porque, nessa acepção mais ampla e mais profunda em que a poesia é tomada aqui, ela não é coisa de gente bem-dotada e talentosa: ela é o próprio homem. E ao mesmo tempo, ela é, justamente por isso, o que há de mais estrangeiro e de mais estranho para o homem, porque nela ele olha para si e se vê fora de si (em êxtase, arrebatado – em termos "poéticos"). A poesia é a presença, mas a presença indistinta que se opõe, ou antes – porque ela não conhece a oposição – é radicalmente distinta de qualquer presença de alguma coisa (que ela apenas cria). Ela é a Unidade imediata, e o poeta não sabe – se ele for despertado e a pergunta lhe for feita – se falou de si ou do mundo, e até se foi realmente ele quem falou, tal como ele se "conhece". A poesia compreende, mas não sabe nem o quê, nem como.

Aquilo que, na poesia fundamental, diz respeito à lógica é o fenômeno da presença. Nessa presença, o que está presente é o sentido. Ora, deve-se notar que essa formulação não tem "sentido" na presença em si, mas apenas no discurso da filosofia. O sentido na presença está precisamente presente, e o compreendido não se distingue da compreensão; mas essa identidade é imediata e, por conseguinte, não vê a si mesma; ela só se torna visível para o discurso, ao fim do discurso e como fim da ação razoável – ela só se torna visível na qualidade de origem primeira e fim último.

É assim, portanto, que a filosofia acaba por enxergar por que ela constituiu seu início no *verdadeiro* e no *falso*, e por que tem seu fundamento no *não sentido* e na *Verdade*. Tudo é verdadeiro, tudo é absurdo, eis as duas atitudes das quais provém o discurso a partir do instante em que, por um ato livre, isto é, não necessário e compreensível apenas depois de realizado, o homem já não se mantém na presença. Mas aquilo que, no início, é atitude sem categoria, visto que a categoria existe apenas para nós, tornou-se categoria sem atitude, a categoria das categorias, compreensão da compreensão, presença formal da presença (no modo da ausência real). Não há retorno à poesia fundamental pelo discurso, exceto por sua conclusão real, e a revelação poética, que é compreensão criadora, deve ser compreendida sempre de novo pelo discurso.

Isso porque, no mundo da contradição e da ação – para designá-lo por esses termos extremos –, não há sentido (concreto) algum no sentido (formal), e esse mundo é o da filosofia e do filósofo em suas respectivas existências concretas: o homem que vive no sentimento e na presença, o homem quando ele aí *é*, mais do que aí *vive*, não necessita de filosofia, porque não tem necessidades. Tão logo ele deixa de aí *ser*, fala de "momento poético", de "iluminação mística", de um "clarão", de uma "erupção" ou de uma "irrupção", e quando ele relembra sua linguagem "inspirada", seus "*tat twam asi*", seu grito no qual se revela o *Uno*, os símbolos nos quais aparece a unidade de toda vida e de toda morte, o amor tão pungente que ele é a luz que devora, ele sabe que havia compreendido, que *houvera* compreensão, desaparecimento de toda exterioridade, de toda estranheza, mas *sabe*-o apenas e já não *compreende* que compreendeu.

Quando a filosofia se volta para a poesia (a religião – não a teologia ou o dogma! – é poesia nesse sentido fundamental) – o que ela é levada a fazer, ao fim de seu percurso –, ela se torna herdeira da forma vazia do sentido. Mas o valor dessa herança é imenso, e seria loucura rejeitá-la, sob o pretexto de que somente a presença imediata tem valor. Os poetas, é verdade, não pedem ao discurso o que encontram no sentimento. Mas a filosofia não conflita com eles nem é depreciada por eles: aceita-os como são, porque neles ela descobre sua origem. Ela está no mundo da história e sabe que esse mundo é seu lugar: ela nasce com ele, com ele terminará. Mas ela e ele nasceram de uma espontaneidade que é anterior a todo dilaceramento e a toda diferença entre mundo e sujeito. Ela é a ciência do sentido: o discurso que apreende o que constitui seu fundamento; nela, e graças à sua categoria formal, o discurso se liga à poesia, e o homem do *não-mais* e do *ainda-não* reencontra, da presença, a *ideia*.

Isso porque a forma do sentido é o infinito da filosofia, que é discurso, e discurso absolutamente coerente, mas discurso absolutamente coerente da liberdade no progresso de sua realização. Ela pensa, isto é, ela discorre, mas na forma da unidade. Ela só fala sobre o que é, mas fala sobre isso como sobre a possibilidade (de *posse*: poder) realizada do homem. Ela é poesia, mas uma poesia que criou seu outro e que se criou nesse outro, e que deve se refazer dessa realidade onde ela se tornou outro para si mesma. Tendo criado, ela já não cria, ela trabalha no ambiente do pensamento agente, mas seu trabalho é a força maior, porque, pela *forma* do sentido, ela se sabe senhora de todos os sentidos *concretos*: o que o homem cria na espontaneidade, as "expressões" de seus "sentimentos", essa existência criadora que é a mais universal porque reside por inteiro na linguagem, essa compreensão que não se compreende e não precisa se compreender, ela as tira da contradição na qual o homem caiu junto com eles, quando, também por intermédio deles, mas não mais neles, disse pela primeira vez: "Isto *não é*". A filosofia, como ciência do sentido, é a história da reconquista da espontaneidade.

3. Situação e discurso como conceitos da ciência do sentido.
– Filosofia formal do sentido e história concreta da ação

A categoria do sentido se desenvolve no conceito da "ciência da filosofia", que é ciência do sentido, em ambas as interpretações admitidas por essa formulação: ciência que parte do sentido, formada pelo sentido, e ciência que trata do sentido – distinção na qual se reencontra aquela entre sentido formal e sentido concreto. Pode-se igualmente denominá-la ciência da unidade formal dos sentidos concretos: *o* sentido da existência é ter *um* sentido.

Dissemos que esse resultado não vale no isolamento, que não se pode salvar a si mesmo na filosofia como em um mundo fora do mundo de todos e de cada um, enquanto se quiser ser razoável; indivíduos podem se manter numa atitude e pensar numa categoria que foram ultrapassadas, uma pela história agente da comunidade, a outra pela consciência dessa ação no pensamento, sem que por isso seus críticos os refutem, se estiverem prontos para a revolta absoluta da individualidade, isto é, para a morte. Em suma, o próprio discurso conduz a outra coisa, a saber, à sua realização na ação, que visa à conclusão do discurso e da atividade na presença – nós o dissemos com frequência suficiente para não mais recear a confusão entre a categoria do sentido e os sentidos concretos que ela revela e dos quais ela não é, e podemos dizer, portanto, que a filosofia é *o* discurso *na* situação, que tem sua origem e seu fim *no* sentido.

É evidente, após a observação anterior, que os conceitos de discurso e de situação são tão formais – ou, se assim se preferir, tão especificamente filosóficos e lógicos – quanto a categoria que os engendra. Se é possível dizer que *o* homem é por meio *do* discurso dentro *da* situação e por meio *da* situação dentro *do* discurso, não se pode dizê-lo de homem algum, de situação alguma e de discurso algum: é preciso substituir os *o* e os *a* por *uns* e *umas*. No entanto, a função formal dos conceitos formais é ela própria real.

O discurso que revela a situação e a situação que se revela no discurso são os dois conceitos formais nos quais se define razoavelmente o homem, como ser razoável. O homem não é apenas razoável: a razão é sua possibilidade essencial, mas não sua possibilidade essencialmente (= necessariamente e sempre) realizada. Essa possibilidade (poder, δύναμις, *potentia*, *Vermögen*), que *deve* ser realizada para que haja homem, e na qual o discurso se funda, é a linguagem, e é a partir dela que a liberdade se determina. Em outras palavras, a qualquer momento o homem pode não ser razoável, visto que pode se recusar, a qualquer momento, a continuar seu discurso sob a conduta do sentido. A razão é discurso na situação, a filosofia é a ciência desses dois conceitos guiada pela categoria do sentido.

Na situação, o homem fala da situação. Ele o faz porque não está satisfeito, porque não se sente de acordo com ela. Se esse não é seu caso, ele se cala ou expressa sua satisfação, mas ele não precisa compreender, isto é, *prender juntas* as contradições na unidade de um sentido, num discurso que o concilia com aquilo que é como seu outro, e que só se torna mundo no discurso. A *finitude*, por exemplo, descreve o fenômeno filosófico sob o nome de projeto, assim como a *personalidade* o apreende na forma da contradição; elas colocam, assim, no centro, o que se encontra em todas as atitudes, a negatividade e a transcendência do homem, mas elas o apreendem no ambiente da reflexão, e acontece-lhes assim de tomar – em planos diferentes, conforme a diferença desse *outro* no qual elas se refletem e que elas não determinam – por fenômeno concreto o que é formal e de não se compreenderem como filosofia: o homem não é essencialmente infeliz, isto é, não satisfeito, e ele não é, portanto, "naturalmente" filósofo.

O homem fala na situação sobre a situação: isso, portanto, é verdadeiro para o discurso, mas apenas para ele. O homem na situação se ocupa de situações concretas que, para a filosofia, são apenas os produtos *da* situação. Isso porque o sentido concreto está sempre presente, mas ele só é *dado* excepcionalmente. De costume, a *atitude* para a qual e na qual a situação se constitui não se concebe como discurso coerente sob a *categoria* que lhe corresponde, e a regra é o que foi por nós denominado a retomada: o sentido concreto descoberto pela filosofia mudou, ao passo que o homem ainda fala a seu respeito por meio de um discurso que fora fundado por outra atitude. O homem está sempre em um mundo, porque está sempre em uma atitude, porque sempre tem, como diz a *inteligência*, um interesse concreto, a menos que (e é esse *a menos que* que ultrapassa a inteligência) ele chegue ao discurso coerente, que ele apreenda a categoria que é verdadeiramente (= para a filosofia) a sua. A cada passo, a marcha do discurso pode assim estacar para o homem na situação, e não raro estacou, com efeito. E inversamente, é um *passo* para a filosofia o que permite ao homem parar, porque ele conseguiu se encerrar na coerência de um sentido *concreto*: o sentimento se expressou num "projeto" elaborado, a situação foi apreendida e o homem, *esse* homem, se satisfez. Para ele, o discurso está doravante acabado; seu falar, se ele continuar a falar, será, de acordo com sua categoria, poesia (de poeta), anunciação, sermão, atividade, ciência, mas ele já não terá necessidade de se compreender, porque se satisfez, ainda que pelo reconhecimento de que não há satisfação no mundo; uma única coisa é decisiva, o fato de que existe mundo e de que tudo tem um sentido nesse mundo.

Esse homem se satisfez, mas *o* homem não está satisfeito, e o resultado para a razão é simplesmente que, em cada um dos momentos revelados por ela na totalidade de sua consciência histórica, o filósofo *pode* se contentar. Ora, ela constata também que, em cada caso, a atitude seguinte declara que a categoria anterior expressou bem a verdade, mas não o sentido dessa verdade; o mundo foi descrito no que ele é, e esse mundo não tem sentido; o homem o apreendeu, mas a um preço que a nova atitude se recusa a pagar: ao apreendê-lo, ele se deixou apreender por ele. A cada novo passo essa descrição é verdadeira, pois ela é tão somente a descrição do contentamento na presença dada por aquele que não está satisfeito. Aqui, também, a *inteligência* está certa, e o homem está sempre preso num interesse concreto; mas ela esquece que a passagem de uma categoria a outra atitude, e desta a uma nova categoria, é um ato da liberdade, sem por isso ser um ato arbitrário; que o que ela pode qualificar, em uma retomada do *Absoluto* ou da *ação*, como método dialético, não é um procedimento de organização proporcionado, não se sabe de onde nem a que título, a uma matéria supostamente bruta, mas o processo real do pensamento na realidade e da realidade no pensamento. Isso porque o homem vive e age realmente nesse mundo concreto do qual ele sai, e sai por *razões*: seu ato *livre* é para ele um ato *necessário* no interesse real da liberdade. Ele poderia ter permanecido nele (é essa possibilidade que a inteligência tem em vista), mas tão logo ele o deixa, a primeira tarefa que ele se impõe é a de provar que não *poderia* ter permanecido nele.

A atitude da *ação* não pode ser ultrapassada, precisamente porque ela colocou, depois do *Absoluto* e das categorias da *revolta*, o interesse na realização de um mundo sem interesse, em um *não mundo* do sentido e da presença. Sua categoria é a última das categorias concretas, porque ela não abre um caminho para o contentamento *no* discurso, mas apenas *pelo* discurso, porque o homem aí não admite a violência como a realidade última, mas como o meio da realização da razão. Por isso ela não cria um mundo; o que ela quer é chegar a um mundo que já não seja projeto para o homem que nele vive, mas presença e caráter imediato do sentimento. Sua própria verdade, para ela mesma, é revelar a insuficiência do mundo no qual ela se mantém e do discurso que ela aí sustém, porque esse mundo é um mundo da necessidade e da violência. O que ela lhe opõe não é, portanto, outro mundo nem outra contradição particular, mas a contradição dos sentimentos individuais: o homem poderá ser infeliz em seu sentimento, mas também a infelicidade será presença e, assim, satisfação. A violência (da natureza, do outro) poderá atingi-lo, enquanto ele não for o senhor absoluto da natureza dentro e fora dele (inclusive a morte); isso, no entanto, não será *a* infelicidade, *a* violência, mas *sua* infelicidade e *seu* sofrimento.

Ora, a situação apreendida já não é a situação que se tratava de apreender, porque o homem mudou por seu ato de apreensão e porque sua ação já não é a mesma. O sentido pode, assim, se descobrir em seu papel formal para a filosofia: o *Absoluto* descobriu a coerência do discurso, a *obra*, a revolta absoluta do sentimento, a *finitude*, o sentido formal do mundo, e a *ação*, a conciliação dos três, não no discurso, ou na revolta, ou na compreensão, mas na ação razoável com vistas à presença: o sentido da filosofia se compreende ao se relacionar à ποίησις.

A filosofia se compreende, portanto, como a unidade, em devir, do discurso e da situação, da atitude e da categoria, no momento em que ela chega ao seu fim, em que o homem se compreende pelo discurso como fonte não discursiva deste último, como linguagem. Ela se compreende como a expressão da liberdade em uma não liberdade que o homem criou livremente, e que ele criou realmente, visto que sua liberdade não é de forma alguma transcendental. Eis por que a filosofia pressupõe, sempre e em todo lugar, que o homem seja razoável, em outros termos, que ele queira compreender a situação e compreender a si mesmo na situação, em um discurso que tenha um sentido e confira um sentido a tudo que se revela na situação. Eis também por que o homem não é naturalmente ou necessariamente filósofo e razoável, e sempre pode estacar, assim como sempre pode dar outro passo. Enquanto o homem viver na necessidade, ele deverá, se for razoável, explicitar num discurso coerente o que tiver criado em seu sentimento como sentido do mundo e de sua vida.

A filosofia não tem de se perguntar se e quando a ação alcançará seu fim, quando o homem deixará de viver na necessidade. A própria ação, como vimos, admite, e mais, como liberdade que quer se realizar, ela postula a possibilidade do fracasso. A filosofia tem uma única pergunta a fazer a si mesma, qual seja, se novas atitudes e, em sua explicitação discursiva, novas categorias podem surgir. A resposta, no entanto, foi dada implicitamente; a filosofia se compreendeu na categoria do sentido, e os conceitos fundamentais de situação e discurso, de atitude e categoria prepararam-na para compreender todo sentido concreto e todo mundo concreto. É impensável que outras categorias lógicas pensem mais do que todo o pensável. No entanto, a lógica da filosofia não esgota sua matéria mais do que a lógica da discussão esgota a dela, e o que não é novo no sentido da ciência filosófica, o que não lhe traz nada *para ela*, pode ser novo para o lógico como homem concreto em uma situação histórica. Mais simplesmente, a análise filosófica de uma atitude real não é feita quando se declarou, *a priori* e corretamente, que só pode se tratar de uma retomada: as retomadas são a realidade viva do homem no mundo, ao passo que a categoria pura é a parada, não da história, mas da história *desse* homem ou *dessa* comunidade; *o* homem só compreende concretamente a si próprio nesse trabalho concreto de análise.

4. Sucessão lógica e sucessão histórica das atitudes e das categorias. – A coexistência das categorias no discurso uno. – Nota sobre o sentido da filosofia

Daí se segue, para a história da filosofia compreendida como devir das categorias, um corolário que é de uma importância incontestável, porque pode prevenir uma confusão muito frequente: entre sucessão lógica e sucessão histórica. As atitudes – dir-se-á, com efeito – se sucedem no tempo, e a atitude anterior por sua categoria é anterior também no devir da humanidade, simplesmente porque é a ela que a atitude seguinte responde. Mas a coexistência das atitudes não refuta essa afirmação? Ela o faz, com efeito, quando se considera apenas a atitude do indivíduo em sua linguagem (poética), a qual revela seu sentido apenas à filosofia, mas não é nem quer ser resposta. Mas se ela forma um discurso, muito pelo contrário, a atitude dominante se apropria das mais antigas; as mais jovens, se ela as encontra em seu presente, serão por ela consideradas como perigosos extravios. A diferença entre essas duas maneiras é essencial, pois o passado é compreendido pela atitude como insuficiente, mas legítimo, ao passo que o que a ela se segue não é visto em sua significação positiva: no primeiro caso, a oposição – se ela existir – expressar-se-á nas tentativas de conversão e de educação; no outro, por uma resistência violenta ou desesperada, porque a nova atitude só pode aparecer à antiga sob a forma do arbitrário, portanto, da violência, e porque a passagem só se torna possível pela derrota real da antiga atitude.

Mas essa diferença, essencial quando se trata da coexistência de atitudes diferentes, remete – visto que ela só se declara no plano do discurso – ao problema da ordem de categorias, que é mais complicado. Isso porque, de um lado, é evidente que a categoria não pode ser pensada antes que exista a atitude que nela se pensa: ela não cai do céu e tampouco é o produto de uma "imaginação lógica" ou a obra de um "gênio" (são metáforas sem significação precisa no que tange à filosofia), e a categoria deve, portanto, ter uma data de nascimento. Por outro lado, se for preciso definir as categorias, elas são os princípios que unem, em (ou para) um discurso, discurso e situação; ora, o discurso é uno, visto que sempre existe possibilidade de compreensão: as categorias e seus discursos são apenas "momentos" *do* discurso; em outras palavras, elas só se compreendem como categorias em seu conjunto, elas não podem existir isoladamente e devem estar reunidas em todo discurso. Como se deve, então, conceber o devir histórico das categorias em sua coexistência histórica?

A resposta é que a filosofia nasce num momento determinado, em circunstâncias determinadas (pouco importa se se trata de um único acontecimento ou se rios que vertem de nascentes diversas acabam por confluir), e nasce então filosofia completa, num momento, portanto, em que todas as atitudes estão presentes. Mas isso não implica de forma alguma que todas as categorias sejam, por conseguinte, pensadas *como tais*; ao contrário, a função formal delas e sua autonomia relativa, sua natureza irredutível, só serão claramente vistas ao cabo de uma longa e complicada evolução, que é a da autocompreensão da filosofia. Todas as categorias estão presentes, mas é só tarde que a presença de todas será compreendida. Isso porque, a cada passo da história, uma única categoria está no centro, e as outras são relegadas por ela ao segundo plano como reais, sem dúvida, mas como não essenciais: é essa contemporaneidade que torna possíveis as retomadas, as quais, na história, apreendem com mais frequência as categorias encarnadas nas atitudes do que as categorias puras. As "razões" dessa rejeição variam; ora é o que "é evidente", ora é o "banal demais", ora a "matéria" ou o "impessoal", etc., conforme a gama inteira das categorias (e das retomadas). Mas tão logo uma categoria chega à sua expressão pura, sua análise reencontra (ou pode encontrar) todas as categorias anteriores, e possui todas elas como tais sem, no entanto, possuir a si mesma; para retomar a formulação empregada, a categoria compreende tudo, exceto a si mesma, e a isso é preciso acrescentar: como categoria, visto que ela se compreende expressamente como "fundo" da realidade. Somente a lógica concluída possui todas as categorias como tais, e encontra todas elas no sistema de cada categoria, mas como o em-si desse sistema.

Toda filosofia, sendo desenvolvimento de um sentido concreto num discurso *uno*, contém, portanto, todas as categorias, mas é somente na sequência histórica dos sistemas que elas aparecem, uma após a outra, em suas respectivas funções categoriais. Nada indica nem exige que isso ocorra numa filiação direta, no sentido doxográfico. A categoria pode se elaborar na oposição à atitude que corresponde à categoria anterior, sem que esta seja enunciada num sistema; e mais, isso representa inclusive o caso normal, visto que a nova categoria só formulará seu discurso num momento tardio na história da atitude, e que somente a consciência madura saberá compreender seu próprio devir. Mas nada impede que as diferentes categorias, ainda inconscientes, constituam os diferentes discursos, os "sistemas de pensamento". Elas desempenham seu papel de princípio de unidade de discurso e de situação nas situações históricas (essa palavra tomada tal como a entende a *ação*) que se tornarão situações pensadas nelas (mais do que *por* elas, visto que é preciso se abster de todo conceito causal onde o próprio todo coloca a si mesmo em questão); uma por vez, elas têm sua ἀριστεία no devir da razão para ela mesma; uma por vez, elas são as protagonistas da história da liberdade.

Mas elas não passam de protagonistas e não chegam a fazer desaparecer os outros atores nem esquecer que somente a peça inteira confere uma significação aos seus papéis. Isso porque se cada categoria confere um sentido e um centro à situação, ao opor, no ambiente do discurso, a atitude em que ela vive às outras atitudes, esse mesmo ambiente, que é o da razão concreta (ou da ação razoável), não é visto – *por* ele próprio *como* ele próprio – antes da categoria do *sentido*. Em relação a esta última, as categorias são todas particulares, assim como ela própria não é nada, o vazio do impensável, sem todas as outras. É nela que as outras categorias revelam seu ser: elas são as articulações do sentido, e depois que isso foi compreendido, é de acordo com elas que todo sentido concreto (todo sistema histórico) deve ser interrogado pela filosofia que se sabe razoável. Do ponto de vista da filosofia, que é compreensão dela mesma na compreensão da situação, elas são os exórdios dos capítulos da análise concreta.

O sentido é, assim, a categoria que constitui a filosofia. Poder-se-ia dizer que ela é aquela unidade viva na qual o caráter imediato do sentimento se organiza em unidade pensada, e que ela é a forma na qual, inversamente, a categoria se torna aplicável à atitude: o *esquema*, para empregar o termo kantiano. Ou poder-se-ia dizer que todas as outras categorias são retomadas da categoria do sentido, caso se quisesse definir a retomada de modo puramente formal, e não mais apenas como a compreensão de uma atitude particular sob uma categoria anterior. A primeira formulação faria sobressair o caráter formal da categoria; a segunda mostraria por que ela só aparece no fim, embora seja no início o verdadeiro λόγος ἐν ἀρχῇ da filosofia.

No entanto, embora essas indicações possam conduzir a elaborações suscetíveis de esclarecer o que foi exposto anteriormente e de determinar a posição que é a da presente pesquisa na filosofia (tecnicamente falando) da época, parece preferível formular uma pergunta aparentemente muito distinta, e que, no entanto, é o fundamento, na realidade, dessas duas considerações, a saber: o que filosofar significa para o homem concreto, que está numa situação concreta, com um discurso concreto? Não se deve esperar demais da resposta que a lógica pode dar a essa pergunta. Seu âmbito é o do formal, da reflexão da filosofia em si mesma, e sua resposta é necessariamente formal: filosofar é buscar o sentido, e o sentido da filosofia é o sentido em si.

Mas por trás dessa formulação vazia (vazia de sentido concreto, porque filosofar não é uma atitude, mas uma possibilidade em cada atitude) se descobre um sentido negativo e, assim, concreto, com relação à opinião comum: a lógica não aconselha nem desaconselha, e muito menos prescreve ou proíbe isto ou aquilo na vida dos homens. O homem pode fazer da filosofia o seu guia, se buscar o sentido em sua atitude; em outras palavras, se quiser ser razoável. Mas a filosofia pressupõe a si mesma e só pode convencer quem se decidiu pela filosofia. Para este, no entanto, ela é tudo, porque somente nela sua vida – que, conforme ele sabe, não consiste no caráter imediato do sentimento – recebe seu *sentido*, em tudo que ela é, naquele tudo que é o todo das categorias concretas: a poesia aí está, e a condição, a razão e o coração, a ação e a personalidade, o não sentido e o dever; a tarefa que esse homem se impôs é a de pensá-los juntos em sua situação concreta com vistas à realização deles.

Isso mostra que a filosofia é sempre a mesma pela identidade de sua intenção, e que suas produções, sejam quais forem seus lugares cronológicos, são sempre compreensíveis assim que um descendente refaz a pergunta dos ancestrais; nesse sentido, não existe história da filosofia, porque todo pensamento filosófico desenvolve o real (de seu tempo) de acordo com as mesmas categorias, ou mais exatamente, porque o real do discurso se constitui sempre nas mesmas categorias. E a mesma filosofia *é* a história (tomada absolutamente) e a historicidade do homem, porque, nas categorias sempre idênticas, ela é o devir dessas categorias para elas mesmas, na busca e no devir da liberdade, liberdade para o discurso que acaba por se saber discurso e por querer se libertar dele próprio na presença.

A lógica, que lida com as categorias e para a qual as atitudes só importam em suas relações com elas, pode esquecer por muito tempo esse segundo lado da filosofia, que só se revela em seus últimos capítulos. Para ela, a atitude que corresponde à categoria pura e que constitui sua vida razoável (particular) sobrepuja a retomada, na qual ela enxerga – com razão – um pensamento incoerente e errôneo, mesmo no plano daquela racionalidade parcial; mas para o homem que se decide pela filosofia em sua situação concreta, as coisas são diferentes: ele parte de uma situação que *é* para ele, sem mais, sem perguntas sobre o caráter lógico da situação, sobre a relação entre esta e ele próprio, sobre a liberdade; em suma, ele não faz outras perguntas senão uma, bem simples: o que significa tudo isso? – na qual o "tudo isso" é equivalente a "o que me atinge". Por mais que o lógico prove que essa pergunta muito simples é, de todas, a mais complicada, que o que atinge é, de certa maneira, o produto da espontaneidade de quem se afirma atingido – isso pouco importa a esse homem: herdeiro de uma linguagem e de uma atitude, ele busca o sentido daquilo que ele compreendeu sem o haver compreendido suficientemente. Em outras palavras, ele busca a conciliação das contradições que ele nota e que ele postula como conciliáveis, ele não sabe o porquê – simplesmente porque, de outro modo, a vida não teria sentido para ele, ser razoável. Não é a categoria que, para ele, ocupa o primeiro lugar, é a atitude, e a categoria que o homem aí aplica de início é a que aparece por último na lógica; ela é a mais abstrata, a do sentido, justamente porque o conteúdo não desenvolvido da atitude parece precisar apenas de um princípio de ordem. E visto que essa necessidade só existe nos momentos históricos em que as contradições reais despedaçaram uma tradição, nos quais, portanto, nenhuma das categorias possui aquela primazia que em outros momentos as caracteriza, o início está na retomada: o discurso categorialmente puro é resposta sem pergunta, teoria, e não filosofia. As épocas da filosofia são as épocas de crise (χρίνειν = discernir) nas quais as perguntas são tão ambíguas quanto as respostas, e é somente nas crises mais profundas, as da tradição filosófica e de todo sentido concreto da vida, que a lógica se torna necessária e, assim, compreensível.

A filosofia é sempre a mesma, não porque ela persiste, mas porque ela sempre começa. Assim como a poesia é a eterna juventude da criação, ela é a eterna renovação do homem que se tornou outro para si mesmo. Ela não se aprende, ela se faz; ela não é ciência, mas razão criadora de toda ciência; ela não é histórica, mas o próprio homem que cria sua história, toda a sua história, futuro, presente e passado, que se separam e se unem nas concretizações de sua categoria, *nas* categorias que, juntas, constituem todo sentido concreto e que, cada qual isoladamente, *retomam* o sentido em uma das épocas à qual apõem sua marca.

18. Sabedoria

Uma vez compreendida a filosofia em seu ser formal, o discurso se concluiu: a Verdade está presente na Sabedoria, resultado do pensamento que pensou a si mesmo.

1. A sabedoria como o paradoxo da filosofia. – Presença na poesia e presença na sabedoria

Nada é mais clássico do que traduzir o nome da filosofia por "amor à sabedoria", e nada é considerado com mais desconfiança, evitado com mais prudência do que o simples emprego da palavra "sabedoria", mesmo pelos filósofos que não a encaram como uma palavra vazia de sentido. Mas, também, nada é mais natural: se existe uma sabedoria ou a sabedoria – o que quer que esse nome possa designar –, ela se situará certamente fora da filosofia. Ora, o que pode ser, para a filosofia, aquilo que está fora dela? Pouco importa que se tente substituir a palavra "sabedoria" pela expressão "saber absoluto" e contornar a dificuldade igualando esse saber-sabedoria à totalidade do movimento filosófico: as atitudes-categorias da revolta demonstraram a insuficiência dessa empreitada tão brutalmente quanto Diógenes mostrou a Zenão que existe movimento, e a *ação* pensa essa insuficiência em sua própria empreitada; enfim, a categoria formal do sentido estabelece a filosofia como o que sempre é e sempre está por recomeçar. Portanto, por mais que a história em sua totalidade compreendida se defina como o saber absoluto, ela não dará a sabedoria ao homem concreto, que permanece na particularidade discursiva, naquilo que ele deve percorrer; dizer que a totalidade do percurso é repouso se justifica quando se fala do percurso, mas não freia o movimento daquele que só pode avançar de ponto em ponto: a sabedoria, se ela existir, se encontra fora da filosofia.

Existirá então outra coisa além do *discurso coerente* e da *ação*, ambos pensados formalmente no *sentido*? Pode-se admitir que o saber absoluto não seja a sabedoria, porque ele não é *do* homem concreto nem *para* ele: não se segue daí simplesmente que essa sabedoria é um engodo? Não é preciso se contentar com a coerência? Nem a ação nem o sentido proporcionam ou prometem a sabedoria: o fim do discurso está no sentimento. E, no entanto, mesmo que se negligenciasse a origem histórica da filosofia na busca da sabedoria, essa recusa exigiria antes de tudo uma justificação, visto que se declararia como puro extravio o que consistiu na mola propulsora do *filosofar* em toda parte onde não se tratava de pura tradição ou de "cultura geral", impulso de um movimento que sempre conduziu à imagem do sábio, assim como à imagem (ou, ao menos, uma das imagens) do homem perfeito. E depois restaria, no entanto, o fato de que *formalmente* a lógica conduz a isso e, ao conduzir a isso, pressupõe, se não a sabedoria, em todo caso a ideia da sabedoria.

Com efeito, quando se quer dar uma definição do sábio, é preciso descrevê-lo como o homem que, em sua existência concreta, possui o sentido ou, mais corretamente – pois não se deve opor esse homem ao sentido como um *outro* que diferiria do sentido, e nesse caso ele não seria sábio essencial e concretamente, mas apenas erudito de saber absoluto –, aquele que, em sua existência concreta, *é* o sentido. Que isso reduza a sabedoria ao sábio não constitui um inconveniente. Muito pelo contrário, se a sabedoria é conclusão e fundamento, ela só pode estar além da oposição atitude-categoria (ou situação-linguagem) que é o motor da filosofia. A sabedoria é o que faz o sábio, o homem do sentido, o homem da presença. Basta essa reflexão para mostrar que a sabedoria, como *ideia*, como *possibilidade* última do homem, esteve presente desde o início dessa pesquisa, assim como o *sentido* é ligado a ele.

A dificuldade, porém – que não é mais arbitrária nem mais acidental do que o problema do qual ela é a dificuldade –, se explicita com as palavras *reflexão, ideia, possibilidade*. O que é pensado como o mais concreto o é nos termos da extrema abstração e com relação àquilo que se revelou como o mais formal da filosofia, com relação ao *sentido*, pois é a filosofia que fala de sabedoria, e quem a procura é o homem que não é o sábio. Mais do que isso, a sabedoria só tem sentido para o filósofo, visto que nada *tem* um sentido senão para aquele que não *é* sentido; como não há *problema* do sentido para ele, o sábio é sábio aos olhos do filósofo. A sabedoria só aparece no discurso que não encontra lugar na sabedoria, e ela segue o destino do sentido, de só existir concretamente em uma das categorias-atitudes não formais; a sabedoria, como o sentido, é, para a filosofia, uma categoria formal que se mostra, na qualidade de categoria, somente ao filósofo, não uma categoria filosófica, mas uma categoria constitutiva da filosofia.

Toda a história da filosofia é dominada por esse paradoxo: desde o *Parmênides*, de Platão, que decompõe o Uno no discurso que o revela e o destrói, e o *instante* de sua *Sétima Carta*, que é inapreensível ao diálogo e só pode ser alcançado por ele, até a coincidência dos fins e das condições, impensável e fundo do pensamento, em Kant, o "deixar ir em liberdade" que arremata o movimento da Ideia, em Hegel, até a liberdade realizada da *ação*, a sabedoria está lá, fim, início, totalidade do discurso, desejo irreprimível de satisfação absoluta, fim alcançado pelo homem em Deus ou divindade do homem por realizar – mas sempre como aquilo que está além do discurso e que, no entanto, só é visível no prolongamento desse caminho que para lá conduz sem lá chegar, para além de um abismo insondável e que ponte alguma transpõe. A filosofia possui seu sentido (ou renuncia ao seu sentido) na sabedoria – e sempre permanece filosofia.

Por isso, toda "descrição" da sabedoria sai do discurso: o apelo, a evocação, a imagem são os meios de expressão que parecem os únicos capazes de indicar e de fazer sentir do que se trata. Será preciso concluir daí que a sabedoria nada mais é do que o que foi descrito sob o nome de poesia fundamental, e que a superação do discurso é o advento da linguagem? A solução não seria apenas cômoda; teria também a vantagem de evitar a desagradável impressão de misticismo pseudorreligioso e de revelação sobrenatural que acompanha os sermões habituais sobre a sabedoria, assim como afastaria, por outro lado, a ideia daquelas pessoas comportadas que imaginam o sábio como o modelo das virtudes que elas respeitam, para não praticá-las. Mas se, de fato, a poesia é a coincidência da situação e da linguagem, se, além disso, essa coincidência não é problema para a poesia, mas para o filósofo, na medida em que ele não a alcançou, ela é aquela coincidência sob a categoria do *sentido*, e sua realidade concreta é a do indivíduo numa atitude determinada e num momento da história. A poesia é o *outro* da filosofia sem o qual esta última não se compreende; mas não é seu resultado, embora o sentimento seja o resultado da *ação*: a filosofia, na ação, visa à presença e ao sentimento, isto é, à poesia; ela sabe inclusive que o homem só será livre concretamente nessa presença que apenas se expressará; mas mesmo essa presença, que é apenas visada na ação como o fim natural do discurso agente e da ação razoável, só está presente pensada, isto é, a presença aí está ausente. A categoria do sentido explicitou bem o que existe de presença pensada nessa ausência, mas ela cria a conciliação no plano do formal e remete o homem às atitudes concretas; a passagem do formal ao concreto – em linguagem do cotidiano, da filosofia à vida – não é mostrada por ela, e muito menos efetuada. Ela reduz o discurso à linguagem, a filosofia à vida, mas ela a isso *reduz*, mas a isso não *conduz*, e o homem que aí se *compreende* não encontra aí nada a *prender*.

Ora, o homem, ao pensar o formal *na qualidade de formal*, já se desprendeu desse formal e foi remetido à sabedoria: o pensamento da presença é em si mesmo a presença no pensamento, e o formal pensado como formal se revela em sua pureza como presença concreta que não seria pensada se ela não fosse. O que cumpre esclarecer é o modo no qual a presença *é*, não no fundo e no sentimento, mas no fim e na sabedoria.

2. A sabedoria como categoria da filosofia. – A presença da sabedoria. – A sabedoria e a ação. – A sabedoria como retorno à Verdade

Essa pergunta se apresenta, como era o caso para o *sentido*, com relação à *ação*, isto é, à história razoável: o que é a sabedoria se ela não é nem fim imanente (= liberdade concreta) nem poesia (como estado extra-ordinário no mundo ainda histórico)? O que ela é, em suma, *hic et nunc*? Se a ação, é verdade, não está por vir, mas sempre em andamento, a sabedoria é a coincidência do discurso e da situação do homem tal como ele vive hoje. Esse homem não busca a satisfação da liberdade concreta para si mesmo; sendo razoável, ele sabe que não poderá antecipá-la a título pessoal e que pode apenas contribuir para realizá-la em sua universalidade. Ele não é, tampouco, poeta; ele sabe que, no mundo da *condição*, na pseudonatureza, a poesia é apenas um *clarão* e que o homem não vive nela. A sabedoria é, portanto, caso não se queira cair no misticismo (retomada mais ou menos complicada da categoria do *objeto*), o concreto pensado ou, então – conforme o que foi dito sobre o *sentido*, isso dá no mesmo –, ela é a revelação do sentido. Mas revelação do sentido no discurso, não criação do sentido na poesia; se a poesia pode ser criação contínua do mundo humano, se a ação se dirige para a liberdade humana como sentimento expresso e reconhecido como sentimento, o homem que busca a sabedoria sabe que vive num mundo cuja história é a da condição. Ele não poderá – razoavelmente – renunciar à ação nem esquecê-la; ele não poderá sair do discurso. Ora, esse discurso não é seu: a linguagem que é pessoal é poesia para o *sentido*, evasão para a *ação*, e o homem razoável sabe disso. A sabedoria que ele procura e não pode não procurar não se expressará, portanto, em uma criação poética nem se formulará em um discurso parcial ou particular. Pode haver um discurso sobre a sabedoria, e conforme o *sentido*, todo discurso é, como retomada dessa categoria, discurso a respeito dela; mas a sabedoria não tem discurso próprio.

Ela é, portanto, atitude, a atitude mais íntima que existe, porque vive no *hic et nunc* e, na qualidade de razoável, um *hic et nunc* para todo *hic et nunc*: e é por isso precisamente que ela é apreensível apenas como categoria, e como categoria da filosofia. Ela existe concretamente em toda parte onde existe sentido concreto, em todas as atitudes; em cada uma, o homem pode viver seu discurso, realizar o sentido de sua existência. Não é de importância alguma que ele seja "bem-sucedido" nisso; o essencial não é que ele realize a finalidade do discurso que é o seu (no caso de esse discurso fixar um fim, o que não é necessário), mas que ele viva na visão do sentido que ele se deu e ao qual se deu. Ser sábio, nesse sentido, é saber o que importa e a isso se ater sem confusão.

Se essa descrição dá uma impressão de banalidade moralizadora, é porque costuma ser encarada como uma regra de vida concreta e não reconhecida como a definição de uma categoria formal e teórica. Essa sabedoria só existe como *uma* sabedoria em *um* sentido; a sabedoria pura e simples existe tão pouco quanto o sentido puro e simples, e assim como não existe manual para inventores de sentido, também não existe um para os buscadores de sabedoria. A sabedoria, formalmente falando, é possível a qualquer momento, em qualquer lugar, para qualquer um, contanto que o homem realize sua vida em conformidade com seu discurso, seu discurso em conformidade com sua vida. Concretamente, o homem entra, com essa decisão pela sabedoria, no devir da razão e – o que é a mesma coisa, identicamente – na história. Elaborar um discurso que seja tal que o homem possa a ele se ater, trabalhar na realização de um mundo no qual o homem possa se ater ao seu discurso, isso é buscar a sabedoria.

Ora, aqui, essa unidade do discurso e da situação (não na situação concreta, mas em todas as situações concretamente possíveis, isto é, pensadas nos discursos concretos) – ou então, a vida como *totum* das situações, pensada como *totum* – é pensada como *pensamento* (não como sentimento expresso). O sentido criador cria o homem e seu mundo; mas esse sentido se explicita como discurso, e esse discurso remete à unidade da vida. Que isso possa ser feito em qualquer atitude, eis um pensamento formal, mas esse pensamento formal é pensado por um homem concreto. O que era recusado sob a categoria do sentido, a saber, *a* vida *no* sentido, é aqui proposto, proposto como resultado concreto do pensamento formal, e proposto ao homem que se mantém na razão, que é discurso e ação.

Proposto como *resultado* ao homem *razoável*, o sentido pensado *formalmente* pelo homem *concreto*: o termo *sabedoria* assume, assim, um significado com relação ao qual os significados concretos sob as outras categorias se revelam como retomadas, com o caráter preciso e especial que as retomadas do *sentido* possuíam. A sabedoria é categoria formal, é sob ela que é pensada a unidade do discurso e da vida, a vida como unidade num sentido que ela não apenas cria – a poesia para aí –, mas des-vela e explicita no mundo de todos e de cada um. Mas nessa qualidade de categoria formal, ela existe concretamente, sendo concreta no homem que a pensa depois de haver pensado as outras.

Uma objeção, por assim dizer natural, se impõe então: essa presença concreta não poderia caracterizar a sabedoria, visto que ela se produz para toda categoria, que cada uma possui, além de seu sentido lógico, uma realidade concreta no homem que a pensa. Isso é verdadeiro; mas para que essa observação seja encarada como objeção válida, é preciso haver esquecido que o desdobramento não existe para o homem que pensa *dentro* da categoria e aparece apenas quando o conceito de categoria é pensado como tal: na categoria formal do *sentido*. Da mesma maneira, uma objeção que pretendesse introduzir essa presença na categoria do sentido, que, com efeito, pensa a si mesma como categoria, esqueceria que o próprio sentido se recusa e deve se recusar a ser concreto para o homem que o pensa; para ele, o concreto não tem, de fato, sua origem no discurso. Até este ponto a presente categoria segue o sentido; mas o sentido apenas liberta para o concreto da poesia, e pedir-lhe para se tornar concreto no presente de seu pensamento formal é justamente passar do sentido à sabedoria, e só é compreensível – mesmo como exigência – a esta última.

A sabedoria é, assim, a última categoria; nela coincidem o formal e o concreto, na qualidade de pensados, um e outro, e coincidem para o homem que se sabe homem em sua situação histórica. Em outras palavras, o homem em sua situação, o homem que pensa e age no interior de um sentido concreto, sabe também que pensa essa situação e sabe, além disso, que ao pensá-la no universal formal do *sentido* ele deixou de *se pensar* para *pensar*; tudo tem um sentido, e a sabedoria é viver no sentido pensado. A frase de Sócrates se explica (sem se justificar): tornar-se sábio é morrer; pois o que perece no devir da sabedoria – devir esse que é o processo da filosofia – é o discurso do indivíduo, a vida individual que quis se manter como individual *e* como razoável. A sabedoria reconheceu a impossibilidade disso: a individualidade pode se manter como tal, e será então expressão poética ou violência; ela pode também se manter como individualidade razoável; nesse caso, ela não será pura e simplesmente razoável, mas pensamento que se atém a uma atitude particular e a explicita; ela pode, enfim, aceitar, individual e concretamente, o movimento da liberdade que é a razão; então, com efeito, ela renuncia à individualidade e aceita a morte daquilo que só vivia na recusa da coerência agente. Mas essa renúncia é morte apenas para o que foi superado e é vida plena e inteira para aquele que, sem renunciar àquilo em que o movimento se torna concreto, aí se liberta realmente como homem e como razoável; não se trata de forma alguma de morrer para o mundo, de desprender-se dele, de retirar-se dele; não se trata de ser sábio fora do mundo ou ao lado dele, mas no mundo. A filosofia sabe – e em seu discurso, ela *fez* – que atitudes e categorias, nas quais esse desprendimento humilde ou altivo tentava se fixar, passaram e se revelaram tal como são: particulares, as atitudes; parciais, as categorias. A liberdade, buscando a si mesma, reconheceu-as em seu valor e em sua limitação, e o movimento já não pode se fixar em uma das etapas percorridas. A sabedoria é a morte do indivíduo que quer se conservar na razão, ela é a vida do homem razoável.

Ora, ao chegar à vida do homem razoável, não andamos em círculos? Por acaso não retornamos à *ação*? Não é a ação que concilia a liberdade com a condição, o discurso com a situação? Com efeito, esse é o conteúdo da ação, e por isso ela não pode ser superada na vida do homem razoável. Mas o problema é outro aqui, onde, com a poesia, o não razoável foi pensado razoavelmente na categoria do *sentido*. O homem que pensou esse não razoável descobriu, na poesia, a presença; mas ao compreender a categoria do sentido como categoria formal e a presença como possibilidade a ser realizada na *ação*, ele apreende a presença como ausente para ele; ela só está presente na obra poética, que é o extraordinário, e não pode conferir um sentido à vida comum, a menos que ela seja interpretada, isto é, transformada em discurso (tradução que nunca é adequada, porque essa presença tem seu lugar no sentimento, que é o outro do discurso). A *ação* é, portanto, o guia da vida rumo à reconciliação do indivíduo com o universal, e o *sentido* estava certo quando declarava que ela só podia ser superada formalmente. Eis por que essa sabedoria é a mais alta no primeiro sentido da palavra: não apenas o homem aí vive conforme seu discurso, como também e, sobretudo, ele levou o discurso ao ponto no qual se torna vida concreta e une o homem razoável e sua situação. Mas o próprio da sabedoria é essa coincidência do formal e do concreto na qual o formal (do sentido) se torna concreto naquele que o pensa e para ele, e a sabedoria é então o resultado da filosofia para o filósofo. Ela não é esse *para* o que ele vive (onde há fim, a ação é a categoria mais alta, e o filósofo, que, como tal, não é sábio, não pode nem mesmo querer superá-la), mas aquilo a que ele chega, tendo passado pelo *sentido*. Ela é a atitude na qual o homem já não se sacrifica ao universal, mas é a realidade pensada em sua universalidade – onde ele não *para* de ser particularidade, mas *parou* de sê-lo –, onde a presença não está por vir, embora ela esteja sempre por realizar, mas está presente no fundo de sua realização –, onde o sentimento já não é o outro do discurso, mas onde o discurso na totalidade de suas categorias é *explicitação* razoável do sentimento, onde ele é o sentimento na multiplicidade razoável de suas atitudes, a existência concreta e a presença do discurso total – onde o homem vive na *Verdade* na qual tudo se revela.

A filosofia, como lógica, concluiu assim sua trajetória e retornou ao ponto que ela havia escolhido para seu início: o homem que passou pelo caminho da reflexão encontrou a *Verdade* e, nela, a consciência e a boa consciência da liberdade que, agora, ele sabe que ele é em verdade. Ele é sábio, porque a sabedoria já não é um estado de graça, um saber particular, mas a segurança de que a razão é o mundo e de que o mundo é a razão, um e outro inacabados para o indivíduo, mas ambos passíveis de acabamento e a serem acabados pelo homem no mundo de sua situação e de sua condição. Ele é sábio porque a sabedoria não é, para ele, a posse imediata do infinito nem a resignação que vê o "Ser" a uma distância impossível de ser vencida: ele sabe que a razão é sua possibilidade, que ela *é* como possibilidade e que sua possibilidade é seu poder. Ele é sábio porque não procura a sabedoria, mas porque sabe que a detém na totalidade do discurso agente. Ele é sábio porque sabe que, em sua liberdade, ele escolheu o discurso e a ação, que ele pode recusar o discurso e a ação, mas não pode buscar a um só tempo a presença imediata e a razão agente, que a violência e a revolta são o quinhão do indivíduo que lhes confere um sentido na linguagem de seu sentimento, mas que ele próprio escolheu outra possibilidade. Ele é sábio porque sabe que o discurso apreende todo sentido e que todos os sentidos concretos constituem o discurso, que ele está aberto ao mundo na Verdade, assim como o mundo lhe está aberto na ação que é a criação do sentido do homem pelo homem na finalização concreta do sentido, que a sabedoria não é a satisfação do indivíduo – que tem seu lugar no devir do discurso –, mas presença para o homem que saiu da reflexão: visto que ele escolheu a liberdade no mundo, a razão, ele sabe que, sempre, ele realiza o universal que é sempre.

A sabedoria não é, portanto, o saber de um conteúdo: ela não proporciona conhecimento algum em sentido algum; ela é a atitude que não se *pretende* categoria, mas se *sabe* categoria – a categoria que já não se *pretende*, mas se *sabe* atitude, cujo saber, em ambos os casos, se sabe saber formal: categoria formal que só compreende a atitude formal na identidade formal de ambas. Para o indivíduo, a sabedoria se mostra como a realidade de sua vida, na medida em que ela é vivida como responsabilidade diante do universal, no discurso sempre inacabado, sempre por acabar. Em si mesma, isto é, para a filosofia (ou: para o homem que se pretende sábio), ela é a simples coincidência da violência e do sentido na razão, a *possibilidade* existente da filosofia, presente para si mesma como potência e como realidade: a possibilidade da Verdade do homem na liberdade do indivíduo.

3. *Nota sobre a circularidade da lógica da filosofia*

É de costume que, uma vez alcançado o fim do percurso, se lance um olhar para o caminho que a ele conduziu. No caso presente, é preciso renunciar a isso; não há visão de conjunto ou ponto panorâmico em filosofia, e o resumo cria somente confusão lá onde todo o trabalho só se destina a desenvolver o que está envolvido em tudo que é humano. Não há lugar, tampouco, para considerações "metodológicas" que ornam, nem sempre em vão, as primeiras ou as últimas páginas dos manuais científicos e dos trabalhos especializados no âmbito da filosofia; isso porque, visto que esta, em sua totalidade, é a juíza de todas as questões de método, isto é, de todo discurso particular e parcialmente coerente, seria absurdo estabelecer uma filosofia da filosofia, e assim ao infinito: a filosofia – isso ficou claro na categoria do sentido – é seu próprio método. Por isso, não há "resultado": pode-se parar de filosofar, mas para o filósofo a filosofia não para, e mesmo a sabedoria não é repouso e sono, mas a presença concreta do mundo real no homem que vive no discurso completamente desenvolvido. A filosofia é o esforço, seguro de si mesmo, no qual o indivíduo a cada momento compreende – e sabe que pode compreender – o mundo na Verdade que se sabe, agora, realização da liberdade: para o homem concreto na razão, razoável na realidade, a sabedoria é o esforço mais intenso e a tarefa mais elevada.

O que se pode perguntar, ao fim de um trabalho filosófico – o qual, porque se pretende filosófico, se pretende *ipso facto* sistemático –, é coisa completamente distinta, a saber, a justificação de seu início. O sistema filosófico se distingue, com efeito, de um corpo de doutrina científica pela impossibilidade em que se encontra de partir de um axioma, formulado ou não, de um *consensus gentium*, de um fato. Ela pressupõe um ato livre do homem e deve se justificar diante de si mesma em cada uma de suas iniciativas a partir desse ato: *formalmente* – isso apareceu na categoria do *sentido* – ela só pode ser discurso coerente que se realiza. A circularidade do sistema não é, portanto, uma qualidade acessória da qual ele poderia muito bem prescindir; ao contrário, onde ela faltar, o pensamento não terá atingido a maturidade, e mesmo que todas as categorias aí estivessem presentes, uma doutrina que não reencontrasse seu início não teria elaborado todas essas categorias em sua pureza e teria parado em uma das retomadas da categoria do *sentido*.

Caberá ao historiador da filosofia mostrar como Hegel, ao recusar a filosofia da reflexão (reflexão do pensamento em um transcendente dado, seja qual for a natureza deste último) e ao estabelecer, justamente assim, a circularidade como o critério da filosofia, não foi apenas um daqueles grandes filósofos cujo número provavelmente não alcança a dezena, mas marca o fim de uma época do pensamento ocidental. Caberá igualmente a ele expor em que medida Hegel foi bem-sucedido em sua empreitada, a partir de que ponto ele criou problemas novos ao criar, pela solução dos antigos, outro mundo, uma nova razão, um homem novo. Para nós, é sua ideia filosófica de sistema que importa e a conclusão que ele extraiu daí, a saber, que não há introdução à filosofia. Talvez uma introdução pedagógica seja possível, um λόγος προτρεπτικὸς πρὸς φιλοσοφίαν que leva o homem, na situação concreta de seu momento histórico, à ideia da verdade. Mas a escala assim colocada à disposição do homem que vive em sua tradição não servirá para fazê-lo ascender ao plano da filosofia, se ele se recusar a saltar no círculo diante do qual ele se encontrará ao fim de sua ascensão: pode-se fazê-lo sentir que a filosofia *é* – seria mais correto, porém menos prudente, dizer que a sabedoria é: nem por isso ele será filósofo ou sábio.

A simples introdução ao sistema se encontra, portanto, em seu fim, e consiste na justificação da escolha que foi feita no início. Ela se confunde com a prova da circularidade. Isso implica que todo livro filosófico só é verdadeiramente compreensível na segunda leitura, visto que a primeira "ideia" só é pensada, isto é, completamente desenvolvida e, assim, apreensível, na última, visto que somente então a aparência de uma primeira e de uma última ideia se dissipa. Em princípio, o discurso da filosofia pode começar em qualquer ponto (e fora o que pode resultar daí como dificuldade técnica de terminologia, etc., o mesmo vale para a leitura de um livro filosófico: no caso deste livro, é de recear que, para cada leitor, a primeira compreensão na primeira leitura só comece na categoria que corresponde à atitude que lhe é "natural" – e pare nos mesmos limites, na última que lhe parece "possível"). Na prática, porém, é preciso começar em um ponto que é determinado pela situação do momento do discurso e pela forma da exposição.

Ambas as condições parecem preenchidas pela categoria da *Verdade*. Se a filosofia começa no espanto, nada é mais apto que a verdade a provocá-lo numa época que há muito tempo, ao menos desde Kant, se ocupa com tudo, menos com a verdade, cuja simples designação se tornou suspeita. Ora, o fato é que é impossível "construir" a verdade a partir de outra coisa, isto é, do erro. Eis por que a clareza da exposição (não se trata da facilidade da leitura; em matéria de filosofia, uma exclui a outra) também se beneficia com isso; a Verdade é a categoria menos compreensível se ela for tomada como início e, justamente por essa razão, a menos exposta à má compreensão. Nisso não há contradição alguma com o princípio da circularidade: o início permanece arbitrário; no entanto, qualquer outro início exigiria um longo trabalho no intuito de demolir os preconceitos que formam nossa tradição, trabalho esse que, no fim das contas, mostraria indiretamente, por uma redução ao absurdo dos mais complicados – ou, se assim se preferir, por uma análise "transcendental" ou "fenomenológica" –, que a única demonstração válida (a verdadeira palavra seria *mostração*) deve se realizar tal como foi feita aqui diretamente, sob a garantia da circularidade.

A única questão legítima é, assim, de saber se o retorno foi efetuado realmente, ou se houve uma espécie de fraude por ambiguidade. Será que a *Verdade* da qual o discurso partiu é aquela na qual ele desemboca, ou será que esta última difere radicalmente da primeira, assim como a consciência mais perfeita que o homem pode alcançar difere da inconsciência mais absoluta? Parece que a enganação é evidente e que um simples jogo de palavras encobre um fracasso fundamental. No entanto, é preciso se abster de julgamentos precipitados, pois essa diferença é equilibrada por uma analogia igualmente notável, visto que, tanto em uma como na outra dessas *Verdades*, só o universal está presente no indivíduo (empregamos a linguagem do *Absoluto*, a mais prática quando se trata de falar, não em filosofia, mas de filosofia, e no plano da tradição): o homem, tanto lá como aqui – digamos, em vez de *pensa*, visto que esse termo seria reservado para outras categorias –, *está aberto*, sem estar ocupado por ele mesmo, sem estar tomado, preenchido, fechado. Qual dos dois vencerá, universalidade comum ou oposição entre consciência-de-si do pensamento e inconsciência?

Basta formular a pergunta dessa maneira para ver que ela está mal colocada. Comparar vantagens, separar o essencial do que não o é seria um empreendimento no gênero de uma filosofia da filosofia, uma reflexão sem fundo nem fim. Por isso, a pergunta é o resultado de um mal-entendido: a *sabedoria* não é a *Verdade* (caso contrário ela não seria a última categoria – o *sentido* o seria), mas reconduz a ela. Em outras palavras, o sábio, na certeza da compreensão e da ação razoável – seria preciso dizer, da "razoabilidade" da ação, ou mais simplesmente, de sua possibilidade – está aberto; ciente de que percorreu o círculo do discurso nas atitudes, o das situações na realidade do discurso, aceita todas as coisas em sua verdade e já não se preocupa em saber se o *sua* de *sua verdade* é relativo a ele ou à coisa. Sabendo-o, está na categoria da sabedoria; mas visto que não apenas ele sabe disso, mas sabe também que esse saber tem um sentido, ele se sabe e se torna, pela sabedoria, livre para a vida no mundo que é mundo na segurança da razão.

É assim que o dilema que acabamos de considerar recebe, com uma significação, sua solução. O universal existe e *é uno*, mas se mostra à categoria na atitude, ao discurso na situação (e, *tão logo é interpretado*, à poesia no mundo) sob dois aspectos: como Liberdade e como Verdade. É a dualidade mais profunda do discurso, dualidade que sempre se concilia, mas que jamais é conciliada, exceto no silêncio. A esse silêncio ela pode chegar em cada um de seus passos, se, por um ato livre, ela limita seu discurso à sua atitude, sua atitude ao seu discurso; tudo está dito, e o resto é silêncio (quanto ao essencial: se essa é a categoria-atitude, o discurso técnico pode continuar, mas ele já não diz respeito nem ao homem nem à verdade). Em toda parte, esse abandono livre da liberdade está na possibilidade do homem; em toda parte, o homem pode se *fechar*. Mas o sacrifício de sua liberdade só lhe é poupado se ele segue a estrada do pensamento agente até o fim, até que, reconquistando a Verdade, ele realize sua liberdade na qual ele se sabe *aberto* ao mundo, na qual ele se sabe aberto à razão do mundo, razoável para tornar-se razão. Ao apreender a presença como o fim da violência, ele se liberta para a Verdade, e a consciência-de-si consumada o faz adentrar o universal da consciência que, depois de *não* haver conhecido o *si*, não o conhece *mais*.

DADOS INTERNACIONAIS DE CATALOGAÇÃO NA PUBLICAÇÃO (CIP)
(CÂMARA BRASILEIRA DO LIVRO, SP, BRASIL)

Weil, Eric, 1904-1977.
  Lógica da filosofia / Eric Weil ; tradução Lara Christina de
Malimpensa. – São Paulo : É Realizações, 2012. – (Coleção filosofia atual)

  Título original: Logique de la philosophie.
  ISBN 978-85-8033-029-8

  1. Filosofia 2. Lógica I. Título. II. Série.

12-03108   CDD-170

ÍNDICES PARA CATÁLOGO SISTEMÁTICO:
1. Lógica da filosofia   170

Este livro foi impresso pela
Prol Editora Gráfica para
É Realizações, em maio
de 2012. Os tipos usados
são Minion Condensed e
Adobe Garamond Regular.
O papel do miolo é pólen soft
80g, e o da capa, cordenons
stardream ruby 285g.